富阳年鉴

FUYANG YEARBOOK

2016

杭州市富阳区地方志编纂委员会　编

（总第21卷）

方志出版社
Publishing House of Local Records

图书在版编目（CIP）数据

富阳年鉴. 2016 / 杭州市富阳区地方志编纂委员会编. -- 北京 ：方志出版社，2016.12
ISBN 978-7-5144-2250-4

Ⅰ. ① 富… Ⅱ. ① 杭… Ⅲ. ① 富阳 — 2016 — 年鉴 Ⅳ. ①Z525.54

中国版本图书馆CIP数据核字(2016)第291338号

富阳年鉴（2016）

编　　者：杭州市富阳区地方志编纂委员会
责任编辑：刘方圆

出 版 人：冀祥德
出 版 者：方志出版社
地址　北京市朝阳区潘家园东里9号（国家方志馆4层）
邮编　100021
网址　http://www.fzph.org
发　　行：方志出版社发行中心
电话（010）67110500
经　　销：各地新华书店
印　　刷：杭州富阳正大彩印有限公司

开　　本：889×1194　　1/16
印　　张：26.75
字　　数：786千字
版　　次：2016年12月第1版　2016年12月第1次印刷
印　　数：0001～1000册

ISBN 978-7-5144-2250-4　　定价：150.00元

编辑说明

一、《富阳年鉴》是综合性地方年鉴，以大型资料性工具书的形式，全面、系统、连贯地逐年记载富阳区政治、经济、文化及社会发展的主要情况，为广大读者了解富阳提供丰富、翔实的信息资料。自1996年开始编纂至今，已连续公开出版21部。

二、《富阳年鉴（2016）》以马克思列宁主义、毛泽东思想、邓小平理论、“三个代表”重要思想、科学发展观为指导，认真贯彻习近平总书记系列重要讲话精神、紧紧围绕中国共产党的路线、方针、政策，全面、客观地反映富阳区人民在2015年勇于开拓创新，在经济、文化、社会、生态文明建设中，取得的新成就、新经验，以及在前进道路上遇到的新情况、新问题。本部年鉴的记述时间为2015年1—12月。

三、《富阳年鉴（2016）》集资料、信息、知识于一体，以文字记述为主要形式，采用分类编纂法，由卷首、百科、卷尾3个基本部分组成，以类目、分目、条目3个层次为框架结构。卷首设：特载、特辑、大事记、总述。百科部分设：中国共产党杭州市富阳区委员会、杭州市富阳区人民代表大会、杭州市富阳区人民政府、政协杭州市富阳区委员会、纪律检查·监察、民主党派·工商联·人民团体、法治、人民武装、农业、工业、国内外贸易及口岸监管、富阳经济技术开发区、投融资管理、交通·运输、邮政·电信、运动休闲、经济管理、城乡建设与管理、环境保护、国土资源管理、财政·税务、金融·保险、教育、科学技术、文化、卫生、社会事业、乡镇·街道。卷尾设：名录、附录。全书共设34个类目，241个分目，1507个条目。类目之首一般设“综述”，分目之首一般设“概况”，以集中记述各行各业的综合情况。

四、《富阳年鉴（2016）》的文稿大部分由富阳区各部门和各乡镇、街道提供，部分由区史志办公室和有关人员撰写。文稿由领导审核，文后作者署名，以示负责。凡涉及全区性国民经济和社会发展的数据，均以富阳区统计局当年《统计年鉴》为准；《统计年鉴》未收录的，采用各专业部门提供的数据。个别数据由于来源不同、统计口径不一而不尽相同的，以该行业主管部门提供的为准。各业所涉及的产值均指当年价。

五、先进名录由各部门单独提供，收录标准为国家级和国家属部门级、省级和省属部门（厅）级及杭州市委、杭州市政府以上颁奖或命名的先进集体和先进个人。

六、附录的收录范围为新任区领导简历、重要文件目录。

七、全书所涉浙江省委、杭州市委、区委如无特殊说明，一般指中国共产党浙江省委、杭州市委、富阳区委。

《富阳年鉴》编辑部

2016年6月

杭州市富阳区地方志编纂委员会

顾　问：姜　军

主　任：黄海峰

副主任：赵玉龙　仰中旻　华之江　孙　洁　蒋建民　刘文灿

委　员：胡海龙　包国灿　潘　渭　申屠裕仁　陈　平　朱　竣
包文明　赵骊中　吴祖仁　俞加兴　刘学军　陆　登
董江军　蒋寿南　孙晓明　王吾木

《富阳年鉴》编辑部

2016

主　　编：刘文灿

副 主 编：董江军　陈炜祥

责任编辑（以姓氏笔画为序）：
汪校良　陈炜祥　洪菁龙　胡春国　赵雪红
赵慧雯　骆关水　董江军　蒋虹瑶

彩页编辑：洪菁龙

编　　务：严能英

校　　对：各责任编辑

2015 年 6 月 15 日，省委副书记、省长李强（前排左一）到富阳调研　　（徐明华　提供）

2015 年 9 月 29 日，省委常委、杭州市委书记赵一德（前排右一）到富阳调研　　（徐明华　提供）

2015 年 4 月 1 日，杭州市委副书记、市长张鸿铭（前排右一）到富阳调研　　（包　键　提供）

2016 年 1 月 6 日，中共杭州市富阳区委十三届十二次全体（扩大）会议召开　　（朱啸尘　提供）

2016年1月19日，杭州市富阳区第十五届人民代表大会第五次会议召开　　（沈　虹　提供）

2016年1月18日，政协杭州市富阳区第八届委员会第五次会议召开　　（骆晓飞　提供）

2015 年 2 月 15 日，富阳撤市设区正式授牌　　（朱啸尘　提供）

2015 年 2 月 17 日，杭州电缆股份有限公司挂牌上市，股票简称“杭电股份”，股票代码“603618”

（徐明华　提供）

2015年3月6日，富阳区工业强区建设推进大会召开　　（徐明华　提供）

2015年3月26日，杭州中泰深冷技术股份有限公司挂牌上市，股票简称“中泰股份”，股票代码“300435”
（中泰股份　提供）

2015 年 4 月 28 日，传化物流富阳公路港正式启用　　（朱啸尘　提供）

2015 年 5 月 1 日，320 国道杭州段收费站停止收费　　（朱啸尘　提供）

2015 年 6 月 26 日，富阳通过国家级生态区创建考核验收　　　　　　　　　　（沈　虹　提供）

2015 年 6 月 29 日，举行项目集中签约仪式，共有 6 个项目（中国智慧体育产业基地、奥特莱斯等）落户富阳，总投资近百亿元　　　　　　　　　　（沈　虹　提供）

2015年7月17日，富阳区委理论学习中心组“三严三实”专题学习会召开　　（包　键　提供）

2015年9月2日，浙江省社会各界纪念中国人民抗日战争胜利70周年活动在富阳区银湖街道受降村“侵浙日军投降仪式旧址”举行　　（洪菁龙　提供）

2015 年 9 月 11-12 日，2015 年杭州（富阳）智慧产业发展高峰论坛举行　（朱啸尘　提供）

2015 年 9 月 17 日，富阳首所本科高校——浙江中医药大学富春校区投入使用　（浙江中医药大学　提供）

2015 年 11 月 14 日，杭州富阳·渔山稻香节暨富阳区农事节庆体验发布仪式在渔山乡千亩高产示范区举行

（蒋　侃　提供）

2015 年 12 月 29 日，富阳区举行五大项目集中开工仪式　　（徐明华　提供）

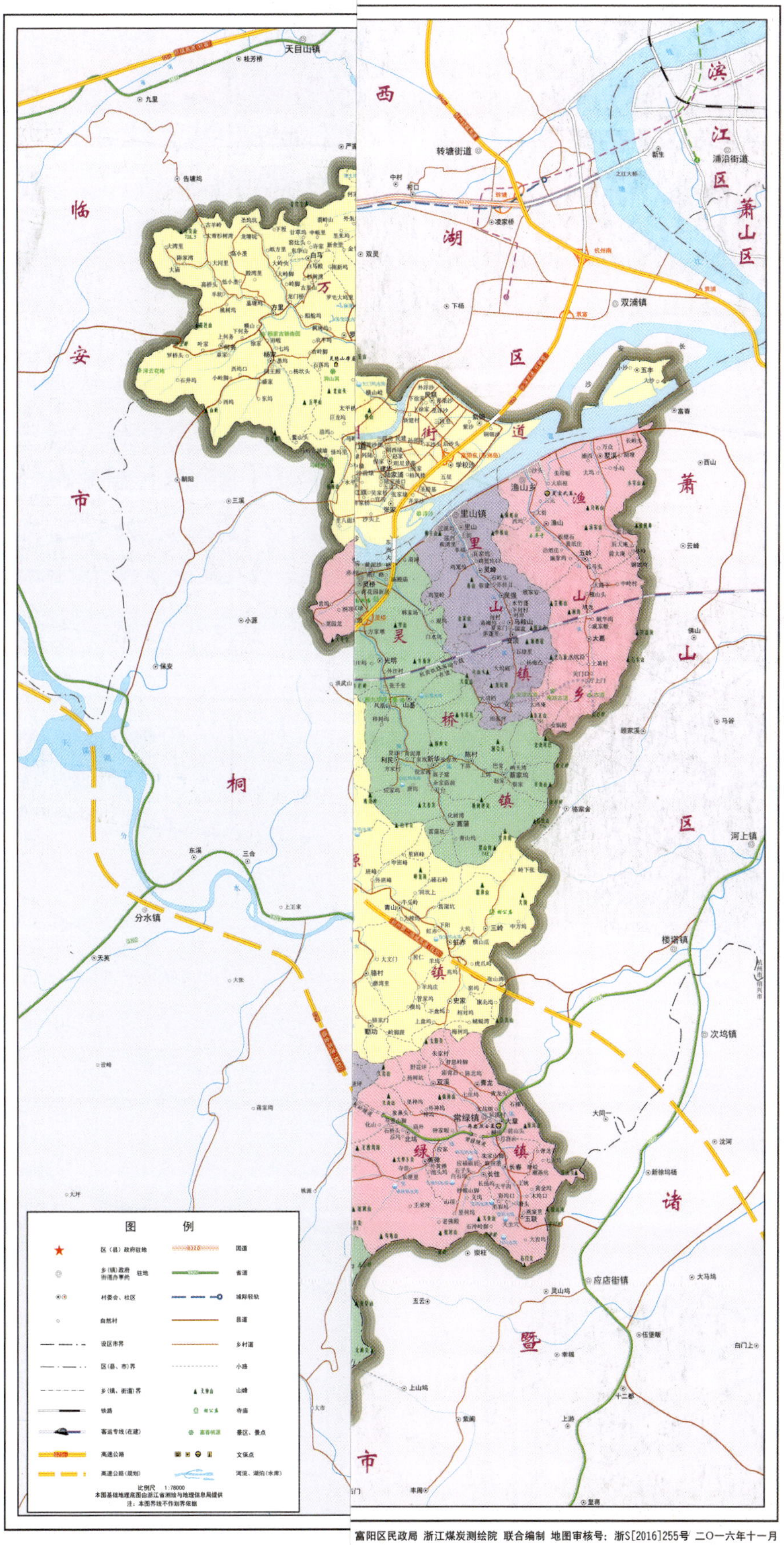

富阳区民政局 浙江煤炭测绘院 联合编制 地图审核号：浙S[2016]255号 二〇一六年十一月

目　　录

特　载

特　辑

大事记

总　述

中国共产党杭州市富阳区委员会

杭州市富阳区人民代表大会

杭州市富阳区人民政府

政协杭州市富阳区委员会

纪律检查·监察

民主党派·工商联·人民团体

法　治

人民武装

农　业

工　业

国内外贸易及口岸监管

富阳经济技术开发区

投融资管理

交通·运输

邮政·电信

运动休闲

经济管理

城乡建设与管理

环境保护

国土资源管理

财政·税务

金融·保险

教　育

科学技术

文 化

卫 生

社会事业

乡镇·街道

名　录

附　录

特　载

新起点　新要求　新作为
全力描绘富春山居新画卷

——在区委十三届十二次全体(扩大)会议上的报告

(2016年1月6日)

姜　军

同志们：

这次全会的主要任务是：深入学习贯彻党的十八届五中全会、省委十三届八次全会和杭州市委十一届十次全会精神，回顾总结2015年及“十二五”时期主要工作，深入研究富阳“十三五”发展的重大问题，审议通过区委《关于制定杭州市富阳区国民经济和社会发展第十三个五年规划的建议》，部署2016年重点任务，动员全区各级党组织和广大干部群众，凝心聚力、克难攻坚、开拓进取，为“十三五”良好开局，高水平全面建成小康社会而努力奋斗。

现在，我代表区委常委会，向全会报告工作，请予审议。

一、关于2015年及“十二五”主要工作

过去一年，在党的十八大，十八届三中、四中、五中全会精神指引下，在省委、杭州市委的正确领导下，全区上下始终保持“赶考”姿态，努力答好民生、眼界、能力、标准“四道考题”，适应新常态、

抢抓新机遇，牢牢把握“转型升级、城市治理、法治建设”三大中心任务，深入开展“标杆三学”活动，战略上保持定力，战术上精准发力，紧盯目标、合力攻坚，经济社会保持了平稳健康发展。

一是融入主城取得新突破　按照杭州市《关于加快富阳区与主城区一体化发展的若干意见》，系统谋划、有序推进撤市设区各项工作，基本完成了2015

年7月杭州市委常委会专题研究杭富融合发展有关部署。推动就业困难人员补贴等25项民生保障政策与主城区实现并轨，受益群众达到20万人，其中困难弱势群体受益达6万人(次)。融杭交通进一步改善提升，320国道中村收费站正式取消收费并被拆除，新增富阳至滨江区等公交专线3条，杭富城际铁路开工建设，杭黄高铁(富阳段)进展顺利。

二是转型升级取得新进展 重点产业平台建设成效显著，“硅谷小镇”“药谷小镇”分别被纳入浙江省和杭州市首批特色小镇建设行列，“黄公望金融小镇”成为钱塘江金融港湾重要组成部分，成功申报杭州富阳保税物流中心(A型)。天安·富春硅谷、大华智慧产业园等重点项目扎实推进。以“五水共治”倒逼产业转型升级，组建3家造纸企业大集团，基本完成彩钢、球拍等行业整治，顺利通过国家级生态区创建验收。新增上市(挂牌)企业6家。高新技术产业销售产值、高新技术产业增加值、战略性新兴产业增加值、装备制造业增加值增幅均居杭州地区前列。预计，社会消费品零售总额实现197.30亿元，同比增长15.50%，列杭州13个区(县、市)第1位。深化“四张清单一张网”，探索建立“大审批”模式。省级资源要素配置综合改革试点有序推进。

三是项目建设取得新优势 持续开展“项目竞赛年”活动，固定资产投资和工业性投资持续保持较快增长，20个省重点项目和35个杭州市重点项目分别完成年度计划的117%和126%。深入开展项目建设施工环境专项整治行动，完成杭黄高铁、富阳中学改扩建等项目征迁，推动银湖花苑等一批回迁安置。320国道至富阳大桥连接线、金秋大道建成通车，千岛湖配水工程、23省道改扩建、江滨西大道景观二期等重点工程加快推进，行政服务中心、公园路向东延伸隧道等项目动工建设。项目招引形势喜人，举办首届富商大会，三次集中项目签约引进项目26个，签约总额320亿元，首创奥特莱斯等一批优质项目落户富阳。“浙商创业创新”到位资金33亿元，完成年度计划的183%。

四是城乡面貌取得新提升 “五水共治”持续发力，两年累计实施241个行政村的农村生活污水处理工程，基本实现全覆盖；三大城市污水处理重点工程进展顺利，完成11条黑臭河、275条垃圾河整治。“三改一拆”成效显著，全年拆除违法违章建筑213万平方米，拆违量居杭州地区第3位。完成“两路两侧”省政协督办问题点32个，整治完成率100%，自查自纠整治问题点1888个，整治率98.80%。以治堵、治气、治废、治乱、治差、治脏为重点的城市“六治”行动成效显著，贯通断头路4条，新增停车位1180余个，公共自行车全年租借量达83万次，每天每车周转平均超过4人次；整治背街小巷12.65万平方米，拆除违法户外广告2400多处，查处违法倾倒渣土案件近200件，城市治理水平显著提升。美丽乡村建设走在全省前列。成功举办全省农房设计和村庄规划落地现场会，文村村省级美丽宜居村庄建设试点成效显著，莲桥村、唐昌村顺利通过省级美丽宜居示范村验收，东梓关村、大源村等“杭派”民居建设示范作用明显，“富春山居”精品线路成效显著，民宿经济持续升温。

五是社会事业取得新发展 加快推进各项社会事业发展，着力保障和改善民生。富阳博物馆、档案馆、美术馆(富春山馆)完成主体工程，建成抗日战争胜利浙江受降纪念馆，成功举办浙江社会各界纪念抗战胜利70周年、郁达夫烈士殉难70周年、“画好同心圆·共绘新画卷”、富春江运动节暨第八届全民运动会等一系列重大活动。农村文化礼堂建设成效显著，全年开展活动650场(次)，群众精神文化生活丰富多彩。成功引进“阿卡文村”“自在公望”艺术小镇等文创项目。全区学校布局进一步优化，富阳中学、富阳学院等改扩建工程进展顺利，富春第八小学等一批重点教育项目建成投入使用。区医疗卫生中心、区妇保院新病房大楼顺利启用，创新大病保险政保合作模式，成功通过国家卫生城市省级复评。深入推进“平安富阳”建设，开展“百日攻坚维稳”专项行动，积极稳妥处置各类矛盾问题，确保了“9·3”阅兵等重大节庆活动期间的平稳有序，社会大局保持和谐稳定。

六是党的建设取得新加强 高标准、高质量开展“三严三实”专题教育，坚持边学边查边改，认真抓好专题党课、学习研讨、专题民主生活会等关键环节，开展党章党规党纪集中轮训，推进“四风”问题整改落实，深化完善“组团联村”“智慧党建”等有效载体，努力形成作风建设新常态。严格落实党

风廉政建设主体责任，率先完成纪委派驻机构改革工作，严肃查办各类腐败案件，审查违纪案件220件，处理党员干部216人，“正风肃纪”专项行动成效显著，发现问题251个，问责处理干部33名。深入抓好意识形态领域工作，进一步转变干部队伍作风，扎实推进不作为、不担当、不落实“三不”专项整治，调整完善不适宜担任现职领导干部工作机制，完成省委巡视组反馈问题和省审计组经济责任审计的边审边改工作。推进基层协商民主，实行党建工作单列考核，新增2600万元资金提高基层党建工作经费保障力度，选派年轻干部挂任薄弱村“第一书记”。

预计，全年实现地区生产总值632亿元，同比增长9.20%；财政总收入91.60亿元，增长0.40%，其中一般公共预算收入54.30亿元，增长3.80%；全社会固定资产投资395.60亿元，增长13%；规上工业增加值182亿元，增长6%；自营出口总额14.90亿美元，增长8.70%。农村和城镇常住居民人均可支配收入分别达到25010元和43550元，分别增长9.50%和9%。

回眸“十二五”，这是富阳发展极不平凡的五年，面对产业转型升级、城乡融合发展等艰巨任务，区委坚决贯彻中央、省委和杭州市委各项决策部署，团结带领全区人民高举“工业兴区”大旗不动摇，克难攻坚、开拓创新，顺利完成“十二五”规划确定的主要目标任务，基本建成小康社会，为“十三五”发展奠定了扎实基础。2014年12月13日，富阳撤市设区正式获批，标志着富阳正式结束了两千多年的“县域”治理模式，正式跨入了“区”时代，富阳的发展从此翻开了崭新的一页，这是富阳发展历史上浓墨重彩的一笔。

五年来，我们凝聚共识绘蓝图　区十三次党代会以来，区委提出和丰富了一系列符合富阳发展实际的目标愿景、发展理念和重大举措。在总体战略上，准确判断富阳处于并将长期处于新型工业化发展的重要时期，提出了坚定实施“工业兴区”战略不动摇，持续打牢产业、均衡、文化、民生四大基础，全力描绘好“富裕阳光的富春山居图”这一发展愿景。在发展目标上，明确在全省层面致力于尽快进入全省县域经济“第一方阵”；在杭州市层面致力于建设产业发展新蓝海、统筹城乡新样本、文化强市新亮点；在富阳自身层面致力于描绘好“富裕阳光的富春山居图”。在发展理念上，一手抓转型升级，坚定走好“绿水青山就是金山银山”的科学发展道路；一手抓城乡统筹，牢固树立并探索实践“兼田园之美、具城市之利”理念。在工作举措上，先后出台了关于文化强区建设、“美丽富阳”建设、全面深化改革、全面深化法治富阳建设等决定，提出了“学萧山、赶余杭、建强区”等举措。在工作合力上，坚持党委总揽全局、协调各方，政府认真履职、强化执行，人大、政协强化监督、参政议政，四套班子心齐气顺，各级干部群策群力，全区上下奋发有为，为加快富阳发展凝聚了力量。实践证明，这些定位、目标和举措完全符合时代发展要求和富阳发展实际，已经成为全区上下一致的共识，必须继续加以坚持。

五年来，我们咬定发展强实力　牢牢把握发展这一主题，以长远发展的战略眼光和胸襟，紧盯关键领域，厚植发展优势，持续打牢健康可持续发展的坚实基础。2012年，在基础和条件并不占优的情况下，我们成功创获了国家级经济技术开发区，成为杭州地区又一个国字号开发区，富阳产业发展迈上了一个新的高地。通过几年来坚持不懈优机制、抓配套、强基础，“一区多园”的发展模式初步形成，银湖、东洲、新登、场口等板块已经成为投资创业的沃土。近年来，我们先后招引了天安·富春硅谷、海正辉瑞、京东电商产业园、大华智慧产业园等一批大好高项目，连年获得杭州市招商引资工作一等奖，信息智慧、生物医药、先进制造等新兴产业逐步壮大。我们连续四年开展“项目竞赛年”活动，攻克了横凉亭路、东大道城市小客厅等征迁难题，推进了东方茂、闲祝线、23省道、城市内环快速路等一批重大项目。“十二五”期间，全区固定资产投资和工业性投资总量分别达到1458亿元和602亿元，近三年来工业性投资额保持年均16%以上的增幅，连续两年工业性投入年度总量连续超过余杭区，2015年度更是居杭州地区首位。应当看到，富阳新的发展动力正在加快形成并不断积蓄力量，新的增长点正在加快孕育并不断破茧而出，富阳发展基本面进一步向好，发展实力显著增强。

五年来，我们坚定不移抓转型　“十二五”是富阳产业发展爬坡过坎、经历阵痛的关键时期，加快产业转型是唯一的出路和方向，也是我们必须肩负的使命和担当。面对经济下行、收支平衡、就业分流等多重压力，我们以壮士断腕的勇气和决心推进传统产业转型，扎实开展第六轮造纸行业整治提升，五年累计关停造纸企业169家，削减COD6500吨，造纸污水总量减少7800万吨。我们还主动关停80余家电镀、化工、印染等企业，基本完成了高污染、高能耗行业整治工作。我们不断优化转型发展的环境，着力推进体制机制的改革创新，“权力清单”制度改革走在全国前列，形成了“四张清单一张网”的改革成果，资源要素配置市场化改革有序推进，转型发展的活力进一步激发。有付出总会有收获，富阳的产业结构趋于优化，“绿水青山”和“金山银山”优势互为转化，2015年富春江水质省级考核等级十年来首次达到“优秀”，得到了省市主要领导的高度肯定，省委夏宝龙书记批示：“效果好，要继续坚持。”省委常委、杭州市委赵一德书记批示：“钱塘江水质的明显好转，富阳区功不可没。这些年，富阳区以壮士断腕的决心和意志推进造纸行业的转型升级，算的是‘大账’，走的是可持续发展的科学之路，我们要的就是这种发展思路，要的就是干部的这种精气神。”市委副书记、市长张鸿铭批示：“富春江富阳段水质变化的结果来之不易，其背后是富阳区加快去产能，产业结构调整的结果，是壮士断腕、铁腕治污的结果，应予肯定。”可以说，富阳的转型发展已经找到了跑道、见到了曙光。

五年来，我们持之以恒惠民生 始终把群众的期盼植根于内心，顺应群众呼声，不断推进社会民生各项事业的发展。着力推进“美丽富阳”建设，持续打好“五水共治”“三改一拆”“四边三化”环境整治组合拳。“富春山居”精品线路建设串珠成链，“浙派”“杭派”民居建设全省示范。着力推进“文化强区”建设，建设博物馆、档案馆、美术馆(富春山馆)等重大文化项目，大力弘扬社会主义核心价值观，挖掘“最美现象”，打造“最美富阳”风景线。着力推进“平安富阳”建设，成功实现省“平安区(县、市)”十连冠，捧回“平安银鼎”，群众安全感持续保持较高水平。着力推进民生保障，五年办好50件民生实事，建成保障性住房2408套，实施农村困难家庭住房救助1200户，建成农村联网公路218千米，完成农村公路大中修240千米，改造病危桥梁100余座，新建乡镇卫生服务中心3个，整治背街小巷12个，投入使用区医卫中心、中医骨伤医院、区委党校等一大批重点民生实事工程。五年来的共建共享，我们交出了一份“有温度”的民生答卷。

这五年，全区经济社会各项发展指标持续攀升，地区生产总值突破600亿元大关，年均增长9.20%，人均GDP达到94600元，年均增长8.30%。农村和城镇居民可支配收入保持高速增长，分别迈上2.50万元和4.30万元台阶，年均增长13.50%和10.90%，城乡居民收入差距进一步缩小，领先于全省平均水平。这五年，我们收获了中国最具幸福感城市、中国书法之乡、国家级生态区、浙江省示范文明城市、浙江省美丽乡村先进市、浙江省“千万工程”先进单位、浙江省农村生活污水治理工作优胜县(市、区)、浙江省红十字会工作示范县等一系列荣誉称号。

五年急行军，我们收获的不仅是成绩和荣誉，更是发展的底气和自信。这些成绩的取得，是省委、杭州市委正确领导的结果，是全区各级党组织、广大党员和干部群众齐心协力、共同奋斗的结果，是历届班子打下良好基础以及广大老同志倾注心血的结果，是社会各界关心支持、鼎力相助的结果。在此，我谨代表区委，向全区广大党员、干部、群众，向所有为富阳发展做出贡献的各界人士，表示衷心的感谢和崇高的敬意！

二、关于“十三五”规划建议的说明

“十三五”时期，我们仍然处于可以大有作为的重要战略机遇期，既面临难得的历史机遇，也面临诸多风险挑战。总体而言，今后五年，富阳的发展环境、发展条件和发展动力将发生深刻变化，既有着与全国全省全市共同的形势特征，也有着自身独特机遇和优势。特别是撤市设区后，我们面临着全面融入杭州主城的重大历史机遇，“十三五”时期，我区规划、交通、产业、民生、体制等方面将迎来全面调整和优化，区位、空间、环境优势将进一步凸显，必将成为杭州产业发展、城市建设、文化繁荣的新空间和主阵地。同时，我们也要清醒地看到，“十三五”时期，富阳面临着巨大的困难和挑战，需要我们深入思考，认真回答好一系列事关长远发展的重要命题。

第一，新利好下如何实现融合发展。“十三五”期间，杭州将承办G20杭州国际峰会、亚运会，实施国家自主创新示范区、跨境电子商务综合试验区建设等一系列重大战略，必将显著提升杭州城市国际化水平。对于富阳而言，既是机遇，也是挑战。从机遇看，作为杭州主城的新区，杭州城市国际化战略必将进一步加快富阳基础设施和重大项目建设步伐，提升富阳开放发展的层次和水平。从挑战看，富阳自身建立与杭州国际化大都市相适应的发展模式、治理体系尚需时日，融合发展的体制机制障碍还较多，民生保障、文化个性、角色转换等挑战依然严峻。当前，我们正处于一个开放、共赢发展的重要时期，尤其是集聚了人才、资本、技术的都市经济蓬勃发展期，富阳融入杭州主城不是“零和游戏”，而是双赢的过程，是一个开放发展、共赢发展的过程。这就需要我们以更加主动开放的姿态，进一步准确定位杭州主城与富阳之间的关系，总结和吸取萧山、余杭融入主城发展过程中的利弊得失和经验教训，抢占更多先机，争取更多支持，更好谋求与杭州主城区的融合发展，切实把“利好”变成“真好”。

第二，新常态下如何推动经济转型。认识新常态、适应新常态、引领新常态是“十三五”时期经济发展的大逻辑。可以预见的是，新常态下，经济增长将由高速增长进入中高速，甚至是中速增长，“十一五”“十二五”时期高歌猛进的发展态势将不复重现。2015年中央经济工作会议全面绘就了经济新常态下“怎么干”的行动路线图，提出了在适度扩大总需求的同时，着力加强供给侧结构性改革，这是针对传统投资、出口、消费“三驾马车”拉动作用减小的对症下药，也是缓解当前我国经济供需矛盾的必由之路，特别是针对有效供给不足的一剂良方，对传统产业转型而言是一个重要机遇。对富阳而言，经济新常态下，我们仍将面对转型发展的阵痛期、换档期、爬坡期，调整产业结构、推进转型升级仍然是“十三五”时期主线。这就需要我们更加强化创新驱动战略，进一步聚焦劳动力、资本、资源、技术、制度等供给要素，改善供给环境、增强供给动力、提升供给效率，进而促进经济更加稳定、协调和可持续增长。

第三，新城区下如何推进城乡建设。“十二五”期间是城乡统筹发展的关键时期，我们在城乡建设上投入了大量的精力和财力，虽然宏大的规划总是鼓舞人心，但美好的愿望未必都是可以实现的，从“十二五”城乡建设的实际效果看，投入与成效之间的正比关系、乘数效应还不够明显，尤其是中心镇、中心村的集聚效应偏小是不争的事实。造成这一现象的一个重要原因就是城乡统筹建设层级过多，摊子铺得过大，导致了资金和力量的相对分散。时隔37年召开的中央城市工作会议提出要坚持以人为本，尊重城市发展规律、转变城市发展方式、完善城市治理体系、提高城市治理能力，不断提升新型城镇化建设水平。相比较于杭州其他各区，富阳拥有独特的自然山水、深厚的人文底蕴、扎实的产业基础等综合集成优势，“十三五”时期，富阳的城市化进程将显著提速，同时我们也面临着城乡建设品质相对较低、治理水平不高、资金保障压力加大等一系列的挑战，这需要我们集中资源和财力，明确方向、突出重点推进城乡一体化建设。

第四，新期待下如何提升民生保障。保障改善民生，特别是改善困难群体、弱势群体的生活，是高水平全面建成小康社会的题中应有之义，也是我们工作的重中之重。当前，经济发展步入新常态，稳增长调结构促改革任务艰巨繁重，财政收入增速放缓与民生保障刚性增长之间的矛盾日益突出，尤其是撤市设区以来，老百姓对民生改善有着新期盼，社保、教育、医疗、生态、平安等诸多方面面临着新形势、新要求、新挑战。对此，我们必须用全新的眼光和思维认识新期待下的民生工作，不作空头承诺，既尽力而为又量力而行，要以保基本、兜底线、促公平为重点，从发展实际出发，从群众最需要和最关切的问题入手，把有限的资源用来解决最突出的问题，把有限的财力用到解决民生问题这一刀刃上，不断提高群众的满意度。

第五，新要求下如何加强党的建设。推进党的各项事业发展，完成各项目标任务，关键在党，关键在人。习近平总书记提出，好干部要做到信念坚定、为民服务、勤政务实、敢于担当、清正廉洁。对照这一标准，我们许多党员干部还存在着能力不足、精神懈怠、脱离群众等问题，面对改革发展稳定繁重的任务，还有不担当、不作为的现象。党的十八大以来，中央出台“八项规定”，持续开展“四风”整治，修订完善《中国共产党廉洁自律准则》《中国共产党纪律处分条例》等党内法规制度，都体现了全面从严治党的新要求，各级党员干部面临着更严的作风标准、更实的工作要求。面对新要求，各级党组织必须树立“抓好党建是最大的政绩”这一理念，激发干事动力，坚定理想信念、坚持执政为民；提升干部能力，对标先进、认真学习；狠抓责任落实，一级抓一级、一级对一级负责；优化政治生态，守纪律讲规矩、重实干树导向，努力打造一支具有凝聚力、战斗力、创造力的干部队伍。

未来五年，是我们一鼓作气向着高水平全面建成小康社会的决胜五年，也是富阳实现与杭州全面融合发展，推动自身转型发展的关键五年。制定和实施好“十三五”规划，描绘好未来五年发展蓝图，事关全区经济社会持续健康发展，意义重大，影响深远。

区委对制定“十三五”规划建议高度重视，精心部署，周密安排。建议稿起草工作在区委常委会领导下进行，由我主持，黄海峰区长和其他常委共同参与，区级有关单位围绕“十三五”发展重点课题，深入开展调查研究，区委常委会先后4次召开会议，就建议稿的指导思想、发展目标、主要任务和重大举措开展集体研究讨论。形成建议稿初稿后，区四套班子主要领导分别在不同层面、不同领域、不同范围开展了意见建议的征求工作，对建议稿作了多次修改完善。可以说，建议稿的形成过程，是科学决策、民主决策的过程，是总结过去、谋划未来的过程，是统一思想、凝聚共识的过程。

下面，我就建议稿向全会作一说明。

(一)关于建议稿的基本框架

建议稿分三大板块，七个部分。导语和第一部分构成第一板块，属于总论，主要是总结“十二五”发展成就，分析发展形势，明确“十三五”发展的指导思想、发展目标和基本要求。第二至第六部分构成第二板块，属于分论，围绕贯彻落实五中全会的五大发展理念，谋划富阳在“十三五”发展的着力点。主要是坚持开放融合，全面推进杭富同城一体；坚持创新引领，持续推进经济转型升级；坚持统筹协调，深入推进社会均衡发展；坚持绿色主题，加快推进“美丽富阳”建设；坚持共建共享，不断提升人民生活品质，分五个部分进行阐述和部署。第七部分和结束语构成第三板块，主要是加强和改善党的领导，为实现“十三五”规划提供坚强保证。

(二)关于“十三五”时期的总体要求

根据新的形势和要求，区委提出，“十三五”时期富阳发展的指导思想是：高举中国特色社会主义伟大旗帜，以马克思列宁主义、毛泽东思想、邓小平理论、“三个代表”重要思想、科学发展观为指导，深入学习贯彻习近平总书记系列重要讲话精神，按照“四个全面”战略布局的要求，坚持创新、协调、绿色、开放、共享的发展理念，坚持融合发展、转型发展这一主线，以提高发展质量效益为中心，坚定不移地实施“工业强区”战略，加大城乡统筹力度，加大“文化名区”建设力度，加大社会治理和民生保障力度，加快由“县域经济”向“都市经济”“无限政府”向“法治政府”“郊县”向“城区”转型，统筹推进政治、经济、文化、社会、生态文明和党的建设，高水平全面建成小康社会，打造智慧山水城、都市新蓝海，描绘富春山居新画卷。

围绕这一指导思想，区委提出，“十三五”时期富阳发展的基本要求：一是必须跳出富阳发展富阳，主动融合，全面开放，全力以赴推动富阳由“郊县”向“城区”转型，真正实现从融入到融合的转变。二是必须高举“工业强区”大旗不动摇，转方式、调结构、促转型，加快发展方式由要素驱动、投资驱动向创新驱动转变，提升经济增长质量和效益，基本建立起结构合理、竞争力强、可持续发展的产业体系。三是必须坚持“兼田园之美、具城市之利”理念，促进城乡均衡协调发展。更好利用富阳山水、环境、生态、人文等资源禀赋，进一步优化城乡布局，推动城乡更加均衡发展。四是必须坚持保护和利用特有的山水文化资源，加快推进“美丽富阳”建设，推动形成人与自然和谐发展的新格局。五是必须持续保障和改善民生，让全区人民有更多获得感、幸福感，做到发展为了人民、发展依靠人民、发展成果由人民共享。

(三)关于“十三五”发展目标

“十三五”时期是我国全面建成小康社会的决胜

阶段。我省是沿海发达省份，各项基础和条件比较好。习近平总书记在去年视察浙江时，提出了“希望浙江努力在提高全面建设小康社会上更进一步，在推进改革开放和社会主义现代化建设中更快一步”的要求。对此，省委提出我省“十三五”时期的发展目标是“高水平全面建成小康社会”。富阳作为全省发达区（县、市）之一，应当自觉把“高水平全面建成小康社会”作为总目标，为全省、全市作出应有贡献。规划建议稿以“高水平全面建成小康社会”和综合实力更强、发展质量更优、城乡建设更均衡、生态环境更优美、治理体系更健全、人民生活更美好“六个更”作为定性目标，以率先实现“四翻番”作为定量目标，即到2018年，比全国提前两年，实现地区生产总值、人均生产总值、城镇居民人均收入、农村居民人均收入四个指标比2010年“翻一番”目标。

（四）关于城市发展定位

城市定位引领一座城市发展的未来，是城市经济、社会、文化发展的坐标。区十三次党代会以来，我们持续打牢产业、均衡、文化、民生四大基础，在统筹协调“富裕”和“阳光”、生产力和生产关系、物质文明与精神文明等关系上作出了努力探索，取得了显著成就。根据新的发展形势和要求，结合富阳发展实际和发展前景，建议稿提出了“智慧山水城、都市新蓝海”的城市定位。我们认为，这与区十三次党代会以来提出的定位、目标既一脉相承，又与时俱进。“智慧”代表着先进的发展方式，是统一生产力和生产关系之间的最佳契合点和着力点；“山水”是富阳的城市最大特色，是我们个性化的彰显；“都市”是撤市设区之后富阳发展的最新要求，也是今后发展的新坐标；“新蓝海”意味着站在新起点上，富阳在产业、均衡、文化、民生等方面具有广阔的发展空间，也是杭州产业转型、城市建设的新空间、主阵地。

（五）关于“工业强区”战略

经过“十二五”时期的持续推进转型升级，富阳的产业结构已经明显优化，造纸等传统产业的比重进一步下降，信息智慧、生物医药、先进制造等新兴产业逐步壮大，一大批优质项目和企业陆续建成投产，为“十三五”时期富阳的发展打下了十分坚实的基础。我们要进一步深化对“工业意味着什么？如何看待当前工业化所处的阶段？如何看待第三产业占GDP比重升高？如何看待富阳的比较优势与劣势？”等问题。国务院颁布的《中国制造2025》指出，工业是立国之本、兴国之器、强国之基，说明工业的基础性地位仍然不可替代，中国制造应该由“made in china”向“made by china”转变。我们认为，“十三五”时期，富阳仍将处于以工业为主导，扩大经济总量和提升发展质量并重的重要时期，必须始终把发展工业作为经济社会发展的主心骨。因此，未来五年，富阳工业将由注重投入拉动、粗放发展向注重创新驱动、绿色发展转变，向着工业化与信息化“两化融合”，制造业和服务业“两轮驱动”迈进。对此，区委提出将“工业兴区”战略升级为“工业强区”战略，“工业强区”意味着更加绿色的发展要求，意味着更加注重发展质效，意味着产业结构更趋合理，产业竞争力和支撑度将进一步增强。

（六）关于城乡发展格局

鉴于“十二五”时期发展的经验，根据富阳撤市设区之后的发展要求，建议稿提出了突出重点，优化城乡空间布局的工作思路。继续坚持“兼田园之美、具城市之利”理念，集中力量办大事，进一步统筹城市发展结构、环节、动力、布局和主体，扎实推进以人为核心的新型城镇化。借用围棋的术语，要“粘”，主动接轨杭州主城，接受杭州主城辐射，着力推进老城、鹿山新区等重点板块建设，加快东洲、银湖两大融杭“桥头堡”建设步伐，提升江南板块基础设施配套建设。要“接”，以重大交通项目连接杭州主城与富阳，进一步优化完善组团和区域交通网络，辐射带动新登、场口两大组团，提升组团集聚能力。要“飞”，与主城保持一定的空间距离，实现适度差异化、特色化发展。要做“眼”，科学编制村庄规划，改善环境面貌，强化基础设施建设，建立长效管护机制，因地制宜推进美丽宜居示范村、特色村、历史文化村落保护建设，实现美丽乡村由“盆景”变为“风景”，重构乡村的美与生活。

三、关于2016年工作

2016年是“十三五”规划的开局之年，也是富阳全面融入杭州主城的关键之年。做好全年经济社会发展各项工作意义重大。今年工作的总体思路是：全面贯彻党的十八大，十八届三中、四中、五中全会和习近平总书记系列重要讲话精神，贯彻落实省委十三届八次全会、省委经济工作会议和杭州市委十一届十次全会精神，坚持创新、协调、绿色、开放、共享发展理念，主动适应经济新常态，深入推进“工业强区”建设，大力推进杭富融合发展、产业转型、城乡统筹、环境治理、民生改善和党的建设，全力服务保障G20杭州国际峰会，加快由“县域经济”向“都市经济”“无限政府”向“法治政府”“郊县”向“城区”转型，开启“十三五”富阳发展新篇章，着力描绘富春山居新画卷。

今年经济社会发展的主要预期目标是：地区生产总值增长8%；农业增加值增长1.50%，规模以上工业增加值增长6%，服务业增加值增长11%；一般公共预算收入增长6%；固定资产投资增长12%，工业性投资增长10%；社会消费品零售总额增长12%；自营出口增长5%；城镇常住居民人均可支配收入增长8.50%，农村常住居民人均可支配收入增长9%；城镇新增就业1万人；万元GDP综合能耗、主要污染物排放等约束性指标完成上级下达的目标任务。

实现全年目标任务，为“十三五”开好局，需要我们继续保持“赶考”姿态，抢抓机遇、突出重点，抓好各项工作的落实，确保经济社会平稳健康发展。

（一）开好新局抓落实　起步影响全程，开局决定结局。一要把蓝图转化为共识和行动。我们要以高度的政治责任感和历史使命感，认真思考、深入讨论、共同审议好“十三五”规划建议稿，使之成为符合富阳发展实践的行动纲领。要以规划建议为指导，精心编制“十三五”规划纲要，制定好各类专项规划。要通过各种渠道广泛宣传，引导全区广大干部群众认识、理解和领会区委意图，广泛达成共识，尽快把绘就的蓝图转化为全区上下共同的愿景、发展的举措和自觉的行动。二要主动对接省市战略。抢抓撤市设区“窗口期”，以省市重大战略布局为切入点，进一步找准撬动富阳发展的支点。积极对接杭州城西科创大走廊、钱塘江金融港湾、沿江产业带等省市重大产业布局，认真谋划一批重大项目和重点工作。坚持交通先行，加快推进杭黄高铁、杭富城际铁路、杭州绕城高速西复线等重点交通项目，积极促成彩虹快速路西延等融杭项目，为“十三五”富阳发展抢占更多先机，取得更多优势。三要狠抓全年目标任务。以时不我待、只争朝夕的紧迫感，强化目标意识和节点意识，坚持开头抓、抓开头，任务倒排、时间倒逼，从年初就谋划好、部署好、推进好每一项工作，确保“开门红”“双过半”，为完成全年目标任务打好基础、赢得主动。

（二）紧盯项目抓落实　实现经济社会平稳健康发展，投资是关键，项目是重点，要把项目建设作为一切工作的载体和抓手。一要抓好产业转型项目。围绕扩大有效投资，认真谋划推进一批重大产业项目，紧盯关键环节，强化要素保障，加快京东电商产业园、大华智慧产业园等重点项目建设，推动项目早建成、早投产、早见效。持续抓好“四换三名”等工作，加大科技创新力度，推动实施一批“两化融合”项目，加快产业转型步伐。二要抓好平台建设项目。充分发挥产业平台主阵地作用，以国家级经济技术开发区为重点，切实抓好“硅谷小镇”“黄公望金融小镇”“药谷小镇”等特色小镇建设，大力开展征迁“拔钉”专项行动，加快推进一批道路、电网、学校等重大基础设施和功能配套项目，不断提升平台的发展环境。三要抓好招大引强项目。大力发扬“店小二”精神，紧盯重点区域、重点客商，瞄准500强企业及国内外行业龙头企业，围绕优势产业和特色产业，持续加大招商引资力度，着力引进一批关联度大、带动力强、产业链优的大项目、好项目。要加大天安·富春硅谷、浙大网新等二次招商力度，尽快形成信息智慧经济的集聚发展。

（三）协调城乡抓落实　坚持以新型城镇化为引领，深入贯彻中央城市工作会议精神，着力优化城乡发展空间布局，持续打好环境整治组合拳，全面提升城乡建设品质。一要提升治理美城乡。持续推进“五水共治”“三改一拆”等省市重点工作，推进千岛湖配水工程，启动和推进高桥、新登污水处理二期工程，加快污水处理四期项目。深入推进“两路两侧”“四边三化”专项整治，重点抓好杭新景高速等重点交通干道和城郊接合部等重点区域的环境综合整治。总结完善城市“六治”行动成果和经验，以更科学的机制、创新的手段，推进城市的品质化、精细化、智慧化管理。二要突出重点建城乡。以“一主两副”为架构，着力提升主城功能，进一步推动主城有机更新，积极推进富春山馆、行政服务中心、江滨西大道景观二期等项目，确保鹿山新区雏形初显。加大银湖、东洲基础配套建设，打造产城一体、融入杭州主城“桥头堡”。加快推进新登小城市培育和场口集镇建设，进一步提升两大组团集聚辐射能力。完善城乡交通体系，完成23省道拓宽改造和综合整治工程，推进内环快速路、公园路隧道、江滨西大道延伸等项目，启动东洲大桥、江滨南大道延伸工程、大桥南路延伸至大源综合整治等项目，开展环金线、春永线整治工程。三要打造活力新农村。以“富春山居”精品示范线路为重点，点、线、面相结合，发挥“浙派”“杭派”民居试点项目的示范作用，传承历史文脉，满足当代村民的生活需求，着力提升精品村、历史文化村、美丽乡村的建设品质。积极发展美丽经济，增加农民收入，重构乡村的美与生活。

（四）和谐稳定抓落实　坚持以人为本、民生优先，统筹推进各项社会事业，让广大群众共建共享发展成果。一要全力维护社会稳定。坚持稳定压倒一切，以问题为导向，做好反恐怖、防破坏等各项安保工作，全力服务保障G20杭州国际峰会。坚持守土有责、守土尽责，严格按照属地管理、分级负责原则，着力把各类矛盾隐患排查在网格、解决在基层。稳妥处置“两链”风险，依法打击一批重大违法犯罪事件，坚决杜绝各类重特大安全事故发生。二要统筹推进社会事业。进一步提高保障水平，扩大就业、社会保障、社会优抚、社会救助等政策覆盖，稳步提高政策标准，深化大病保险政保合作等新模式。统筹抓好教育、医疗、计生、体育等工作，加快富阳中学、富阳学院等改扩建工程，积极稳妥推进医药卫生体制改革，开展“做强做优公益性医院、放开放活营利性医院”省级试点，加快区第二人民医院病房扩建、区中医院搬迁改造等项目建设，有序推进全面二孩政策实施。三要加快建设“文化名区”。落实党委（党组）意识形态工作责任制，深入开展学习贯彻党的十八届五中全会精神宣讲活动，培育和践行社会主义核心价值观，着力抓好各类突发事件的舆情应对工作。精心组织“迎峰会、迎亚运”、纪念郁达夫诞辰120周年等系列主题活动。加快推进泗州造纸文化遗址公园、龙门古镇等重点文化项目，持续抓好农村文化礼堂建设，推进杭州市公共服务标准化、均等化综合试点工作，开展各类群众性文化活动。积极发展文创产业，加快推进新沙岛玫瑰园、“自在公望”“阿卡文村”等项目。

（五）强化保障抓落实　落实全面从严治党要求，树立大抓基层的鲜明导向，持续推进作风建设，以党的建设新成效强化富阳各项事业发展新保障。一要抓队伍强执行。着眼好班长、好班子、好梯队建设，扎实做好换届选举工作，健全完善区管领导干部选拔任用、领导干部日常考察和领导班子（干部）综合研判等制度，进一步深化领导干部能上能下、不适宜担任现职领导干部等机制，选优配强各级领导班子。树立干事导向，深化岗位目标责任制考核等制度，着力推进“不担当、不作为、不落实”专项整治，抓协调、重担当，切实培养造就一支过得硬、打胜仗的干部队伍。二要抓基层强堡垒。全面落实基层党建工作责任制，扎实开展“百村示范、百村规范”攻坚专项行动，突出抓好软弱涣散党组织整转提升，深入推进“领头雁”工程，抓班子、强队伍，发挥“智慧党建”作用，提高党员队伍的纯洁性、先进性，推动基层党组织建设全面加强、全面过硬。三要抓纪律强作风。把守纪律、讲规矩放在突出位置，强化党风廉政建设主体责任和监督责任，巩固和提升党的群众路线教育实践活动成果，落实“三严三实”要求，强化作风建设制度执行，持续推进“四风”整治，健全完善惩治和预防腐败体系，严肃查处各类违纪违法案件，努力营造良好的政治生态。

同志们，在区第十三次党代会上，区委提出“不折腾、不争论、不蛮干”，坚持“一张蓝图绘到底”，实现了“十二五”圆满收官。展望“十三五”，富阳又站在了新的起点上，我们怀揣着富阳加快发展、融合发展的光荣与梦想，着力描绘新的美好蓝图。新起点推动我们要有新干劲，新征程激励我们要有新作为。让我们紧密团结在以习近平同志为总书记的党中央周围，在省委和杭州市委的坚强领导下，汇聚全区人民的智慧和力量，克难攻坚、奋发有为，建设新城区、实现新发展，为高水平全面建成小康社会，描绘富春山居新画卷而努力奋斗！

杭州市富阳区人民代表大会常务委员会工作报告

（2016年1月20日在杭州市富阳区第十五届人民代表大会第五次会议上）

汤金华

各位代表：

我受富阳区第十五届人民代表大会常务委员会委托，向大会报告工作，请予审议。

过去一年的主要工作

2015年是富阳撤市设区、全面融入主城的开启之年，也是“十二五”规划的收官之年。一年来，区人大常委会在中共富阳区委的正确领导下，深入学习贯彻党的十八大、十八届三中四中五中全会和习近平总书记系列重要讲话精神，扎实开展“三严三实”专题教育，紧紧围绕全区发展大局，认真履行宪法和法律赋予的职权，努力在推动产业升级、促进融合发展、保障民生改善等方面体现人大作为。全年共召开常委会会议10次，召开主任会议14次，听取和审议专项工作报告31个，依法做出决议决定18项，组织开展视察活动37次，圆满完成十五届人大四次会议确定的各项任务，为保障经济社会发展、提升百姓民生福祉和推进民主法治建设作出了积极贡献。

一、服务发展大局，依法行权更显作为

常委会紧紧围绕全区经济社会发展大局，积极助推富阳在全面融入、深化改革、转型升级中迎接新挑战，承担新使命。

积极推动新区融合发展　及时审议通过关于撤市设区后“一府两院”人员转任的相关事项，保证了设区后机构人员的有序衔接。围绕大会议案督办，立足富阳区成立的新起点，督促政府和相关部门以更高标准加强城市综合治理，着力打造美丽宜居新城区。常委会持之以恒积极争取，人大代表历时8年持续建议，320国道中村收费站于2015年5月1日正式取消收费，百姓与主城的心理距离进一步拉近，富阳融合发展之路更加通畅。围绕撤市设区背景下富阳的发展战略，结合人大法律监督职能，对城乡规划法实施情况开展执法检查，助推政府强化规划引领，明确功能定位，提升城市形象。

有力推进农村综合改革　以农村产权制度改革为突破口，组织两级人大代表联动视察，支持政府大力推进农村各项改革。专题审议区政府关于农村产权制度改革的工作报告，围绕农民最关心的土地权益和财产性收益问题积极作为，推动政府出台农村产权交易管理办法，建立区级产权交易平台。针对粮食生产功能区建设、农资经营服务体系建设等

问题展开专题调研，积极助推现代农业发展，推进全面深化改革在农村的生动实践。专题听取农村生活污水治理审议意见落实情况报告，进一步推动农村生活污水处理设施建好、管好、用好。

切实强化重大项目监督　政府投资重大项目事关富阳发展全局，是全区工作的重中之重。常委会精准把握，持续对江滨西大道景观工程、钱塘江治理工程、银湖公寓建设项目、320国道至富阳大桥连接线、23省道综合整治和改建工程、行政服务中心工程等政府投资重大项目开展全程跟踪监督。跟踪监督由常委会主任、副主任分别带领，特邀专业人员参与，将"把脉问诊"贯穿政府投资重大项目建设始终，变重大项目"结果监督"为"过程监督"，有力推动了政府投资重大项目效益提升。

严格财政经济审查监督　面对全区经济整体运行压力加大的基本态势，常委会深入贯彻修订后预算法的要求，高度关注政府举债、财政资金使用、财经政策落实和民生保障、重大项目支出绩效，继续把监督预算计划执行情况和经济决策落实情况摆在突出位置，不断创新监督方法、拓展监督范围，积极构建更加科学的全口径预决算监督体系。十五届人大四次会议首次将部门预算纳入审查范围，全区165个区级机关及下属单位预算全部上会接受审查，有力保障了预算监督的完整性，使政府支出更加透明。扎实开展"十三五"规划编制的调研与谋划，为科学编制"十三五"规划提供保障。

二、关注民生福祉，监督工作更为有力

常委会始终聚焦保障改善民生、增进人民福祉这一重要职能，着力推动百姓的心头事、身边事、紧要事逐步得到解决。

跟踪督办政府实事项目　实事工程是政府在人代会上对全区百姓的庄重承诺。为确保2015年10件42项政府实事落到实处，常委会及时出台跟踪监督方案，实现对政府实事工程的督查常态化、规范化、长效化。成立由主任、副主任担任组长的监督小组，分头对政府实事工程开展跟踪督查，通过集中视察、听取报告、专题审议，及时发现实事项目推进中的问题，督促政府和相关部门、乡镇街道加大实事项目建设力度，确保今年实事工程如期完成，政府为民承诺全面兑现。

大力推进教育优先发展　常委会以撤市设区后百姓对教育优质均衡发展的更高需求为新标杆，积极正视"后普及教育时代"富阳教育面临的全新挑战。结合代表建议督办和义务教育法落实情况跟踪督查，对全区所有初高中及城区所有小学的办学情况进行全面调研，在充分吸收先进地区教育发展经验的基础上，形成富阳教育优先发展的调研报告。报告立足富阳教育发展现状，从战略目标、发展路径、机制保障等角度，对如何接轨主城区优质教育资源、嫁接国内外知名学校、提升教师队伍整体素质、推进集团化办学、完善保障教育优先发展的体制机制等方面提出意见建议，为高起点、高标准谋划"十三五"期间富阳教育发展提供有力支撑。

高度关注健康卫生事业　生命健康是百姓最宝贵、最现实的问题，也是人大最关心的民生事业。常委会连续四年关注食品安全问题，继续对食品安全审议意见落实情况进行跟踪督查，积极推动建立全天候、全流程的食品安全监管体系。深入调研我区卫生事业现状，主任会议专题听取关于改善医患关系的报告，提出坚持医疗事业公益性、扩大医疗保障覆盖面、提高医疗服务透明度、推动纠纷化解专业化等工作意见，着力从更深层次为破解医患关系困局寻求对策。扎实开展农村饮用水安全代表建议督办和大气污染防治专项检查，积极做好保障饮水安全、改善生存环境的大文章。

积极推动社会治理创新　常委会坚持以法治思维推进社会治理。主任会议专题听取关于和谐社区建设的报告，围绕拓展社区服务、健全社区组织、优化社区环境、丰富社区文化提出意见建议，推动城市社区实现共建共治、有序自治。围绕《村民委员会组织法》的贯彻实施，对乡村治理问题开展深入调研，提出"四权合力、三治并重"的乡村治理基本模式，助推构建自治意识全面回归、基层民主有效落实、村级法治水平提升的乡村治理格局，实现由乡村治理向乡村善治的变化。围绕基本公共文化服务标准化、均等化等社会文化建设重点，常委会审议并提出强化规划引领、明确绩效考核、加大财政投入、提高服务能力、打造文化品牌等意见，着力推动公共文化服务体系现代化，实现城乡发展与人的自我发展相统一。

三、推进民主法治，社会运行更加公正

常委会紧紧围绕推动“科学立法、严格执法、公正司法、全民守法”发挥职能作用，全力当好民主法治的践行者和社会公正的推动者。

参与意见征询，推动科学立法 常委会在充分听取职能部门、乡镇街道、人大代表意见的基础上，积极对《浙江省农村集体资产管理条例(草案)》《浙江省流动人口居住登记条例(修订草案)》《杭州市第二水源千岛湖配水供水工程管理条例(草案)》《杭州市生活垃圾管理条例(草案)》等地方性法规草案提出立法建议，及时传递基层声音，反映百姓立法期望，推动省、市地方性立法更加贴近基层百姓需求。结合我区深化权力清单制度试点，对权力清单和行政审批制度改革中涉及的法律法规缺位、冲突、滞后和权力设置不科学等问题开展调研，共梳理出59部法律法规中存在的问题，以专题报告的形式向省、市人大提出“立、改、废”意见建议，推动法律法规进一步完善。

关注权力运行，助推依法行政 结合权力清单制度深入推进，由常委会分管副主任牵头，组成6个调研组对“三单一图一改”暨“四张清单一张网”行政审批制度改革落实情况开展督查，力求全面掌握权力清单制度试点一年来的运行现状。常委会会议听取审议区政府关于落实“三单一图一改”情况的报告，针对视察中发现的制度落实不到位、改革红利难释放、激励考核不及时等问题，提出强化权力清单制度落实、统筹推进行政审批改革、加快政府服务信息化建设等意见建议，支持和推动政府部门进一步简政放权、转变职能，加快法治政府、服务型政府建设，切实解决群众办事审批难问题。按照规范性文件备案审查要求，共备案审查规范性文件12件，有力推动政府行政行为进一步规范化。

深化司法监督，促进公平正义 全面总结2014年法官履职评议的成功经验，积极探索人大司法监督新机制，启动对区检察院和部分检察官依法履职公正司法情况的监督，从转变司法理念、规范司法行为、强化监督制度、加强队伍建设等四个方面，督促检察机关和检察人员自觉接受监督，提升司法能力。出台2015年深化司法监督工作实施意见，广泛征求对公检法司机关和工作人员的意见建议，开展对基层站所的视察检查，督促认真整改，促进基层执法司法人员依法履职、规范执法、公正司法，着力提升执法能力和司法水平。创新司法监督工作举措，首次对区法院落实审议意见情况开展满意度测评，不断增强人大司法监督的权威性、针对性和实效性。

带头学法尊法，发挥示范效应 常委会以增强法治意识、依法行使职权为目标，深入开展常委会会前学法、机关活动日固定学法、代表履职培训集中学法等多种形式的法律知识学习活动，结合修订后地方组织法、选举法、代表法的要求，着力提升常委会组成人员和人大代表以法治思维和法治方式开展工作的能力。紧紧抓住国家宪法日、新法公布日等重要时点，充分利用会议、培训等各种契机，加强对宪法和法律的学习，使代表依法履职的意识更加强烈，人大对法律实施的监督更趋专业。

四、丰富载体平台，代表履职更富热情

常委会高度重视代表主体作用的发挥，积极为代表依法履职筑基础、建平台、创条件，使人大代表反映民意民情的热情更高，投身发展改革的意愿更强。

强化履职保障，为代表“能为”打基础 举办全区人大代表集中履职培训，结合人大工作新形势、新任务确定培训内容，着力提高人大代表的政策水平、法律水平和专业水平，提升代表参与行使国家权力的能力。坚持和完善常委会组成人员、区政府领导联系代表制度，建立人大、政府面对面听取代表意见建议的常态化机制，畅通社情民意反映渠道。扎实推进代表联络站规范化建设工作，积极开展网上代表联络站建设，密切人大代表与选民的经常性联系。认真做好省、市人大代表履职服务工作，组织代表围绕“两富”“两美”浙江、美丽杭州建设开展视察，为省、市代表依法行权提供有力保障。

丰富活动内容，为代表“有为”建平台 继续深化政情报告会“代表问政”制度，更加注重“代表问政”的“前展”和“后延”，充分发挥问前调研和问后督政的作用，推动“代表问政”更加富有成效。加强主题监督的上下联动，根据省市人大统一部署，先后组织1379名各级人大代表开展转型升级十大组合拳落实情况、人大代表监督已治理的河、查找基层

群众办事审批难事项、农村生活污水处理代表在行动、低收入农户“消除4600”核查等主题监督活动。全区人大代表共视察河道170条次，查找上报群众办事审批难事项150余项，累计对“五水共治”“三改一拆”“四边三化”、创新驱动等10个方面转型升级举措落实情况开展监督，有效促进了政府和相关部门改进工作，有力助推了省委重大决策部署的落实。组织代表对8个政府组成部门开展定向视察，实现本届内定向视察的全覆盖。

抓好建议督办，为代表“愿为”创条件 十五届人大四次会议共收到代表建议175件，已解决、基本解决或列入解决计划的有99件，总解决率为56.60%，代表满意率为98.90%。常委会紧紧围绕会前发动、会后督办两个关键环节，组织代表会前广泛开展调研，深入走访选民，认真倾听意见，确保议案建议的高质量。会后以常委会领导督办、政府主要领导领办、二次答复、代表小组集体评议、跟踪通报等有力举措，着力提高代表建议办理质量。如对要求尽快完成江滨西大道延伸工程的建议，经多次督办，政府及时实施道路疏通，于2015年7月28日实现贯通，受到代表好评。针对城中村改造等代表关注的问题，常委会认真组织对巨利区块的视察检查，着力推动该区块人居环境进一步改善。

五、践行“三严三实”，自身建设更具成效

常委会坚持边学边查、立改立行，扎实推进“三严三实”专题教育，把专题教育与服务大局、依法履职、改善民生有机结合起来，在强化自身建设方面务求实效。

以严促实，不断优化工作作风 按照上级部署和区委要求，认真抓好党课宣讲、学习研讨、民主生活会、整改落实、建章立制等专题教育关键环节，坚持领导带头、以上率下，深入查摆、全面剖析，积极整改、严肃执纪，以“三严三实”标准谋划人大工作新思路、新举措，在依法履职中贯彻严的标准、实的作风。制定出台《区人大常委会对区政府投资重大项目和实事工程开展全程跟踪监督实施方案（试行）》等工作制度，推动人大监督工作更加规范、更有刚性。高度重视调查研究工作，始终将调查研究作为依法履职的前提和基础，扩大调研的广度和深度，提升调研的质量和水平，全年完成教育优先发展、乡村治理创新等调研报告19篇，为党委政府的决策提供参考，收到良好效果。

强化指导，不断夯实基层基础 认真贯彻《全国人大常委会党组关于加强县乡人大工作和建设的若干意见》及省、市委关于加强乡镇（街道）人大工作的意见，指导乡镇人大每年召开好两次人代会，每次会期不少于1天，进一步发挥乡镇人大的工作职能，有效保障代表依法履职的政治权利。在乡镇人大全面推行政府投资项目（实事工程）代表票决制度，扎实开展代表小组全程跟踪监督政府投资项目工作，积极推进政府投资项目决策、实施的民主化、科学化。首次将人大工作和建设纳入乡镇（街道）工作考核，助力乡镇（街道）人大积极探索符合自身特点的创新举措，进一步增强人大工作实效。

完善机制，不断提升履职能力 认真组织代表小组视察活动，加强常委会组成人员与代表、代表与选民的联系，使人大决策的民意基础更加充分。加大政府投资重大项目跟踪监督力度，完善常委会与乡镇（街道）人大工作的联动机制，推动监督工作更富成效。全面启动常委会会议电子表决，保障组成人员更加真实、充分地表达个人意愿，有效提高了人大民主决议的科学性和透明度。对义务教育法执法检查等常委会审议意见开展满意度测评，进一步提高审议意见处理质量，增强监督工作实效。成立人大工作理论研究会，加强对人民代表大会制度、县乡人大工作和建设的理论研究，提高人大工作的前瞻性和针对性，推动人民代表大会制度和人大工作实现新的发展。

加强宣传，不断扩大人大工作影响 常委会认真贯彻落实全省人大宣传工作会议精神，加强和改进对人民代表大会制度的宣传，积极拓宽宣传思路、提升宣传水平。围绕政情报告会等重要活动和乡镇政府投资项目票决制度等创新实践，精心策划主题，强化宣传引领。配合司法监督、专项监督、视察调研等常规工作，加强跟踪报道，助推监督实效。主动适应新媒体时代信息传播的特点，创新宣传工作举措，加强人大网站、微信平台建设，以更接地气的宣传方式，不断提升人大工作影响力，努力为人大依法行权、代表有效履职营造良好氛围。全年累计有185篇介绍人大工作举措和实效的稿件被省、

市人大采用，各级新闻媒体共刊发宣传人大工作的新闻报道175件，其中政情报告会“代表问政”等创新举措被省人大作为典型经验宣传推广。目前，人大网站也已全面改版上线。

一年来，常委会严格依照法定程序，先后任免国家机关工作人员79人次。通过组织任前法律知识考试、颁发任命书等方式，切实增强了被任命人员的人民意识和法治观念。

一年来，常委会认真处理群众来信来访，共受理群众来信来访87件次，积极推动信访回归法治轨道，保障百姓诉求依法解决。

各位代表，过去一年所取得的成绩，是区委正确领导和常委会组成人员、全体人大代表共同努力的结果，也是“一府两院”积极配合、全区人民大力支持的结果。在此，我谨代表区人大常委会，向全区人大代表、向所有关心人大工作、支持人大建设的同志们表示衷心的感谢！

面对新机遇和新挑战，我们清醒地认识到，常委会的工作与当前人大工作的新形势、与全区人民的新期盼、与人大代表的新要求还有不少差距。人大监督的刚性有待进一步提升，监督的手段仍需不断探索；常委会工作程序还需要进一步完善，一些好的制度机制还应抓好落实；代表主体作用的发挥还不够充分，与选民联系的渠道仍需要不断拓宽；常委会的自身建设与当前人大承担的工作职能还不完全适应，人大领域的一些改革措施仍需进一步深化。对此，我们将虚心听取代表意见，主动接受人民监督，切实提升履职能力，不断提高监督实效，更好地发挥地方国家权力机关的职能作用。

2016年的主要任务

2016年是“十三五”的开局之年，是富阳融合发展、转型发展的关键之年，也是人大工作承前启后、继往开来的跨越之年。今年常委会工作的总体要求是：深入贯彻党的十八大，十八届三中、四中、五中全会和习近平总书记系列重要讲话精神，按照“四个全面”战略布局，坚持创新、协调、绿色、开放、共享的发展理念，全面落实中央和省、市、区委关于加强人大工作和建设的意见，在中共富阳区委的正确领导下，牢固树立民生导向、问题导向和结果导向，紧紧围绕“十三五”规划实施、代表换届选举、加强基层建设依法履行职权，在推进“工业强区”战略、城乡统筹发展、“文化名区”建设、社会治理和民生保障方面发挥人大职能，为打造智慧山水城、都市新蓝海，描绘富春山居新画卷做出应有贡献。

根据这一总体要求，常委会今年的主要任务是：

一、抓好换届选举，在推进民主政治上再谋新篇

把区、乡镇两级人大代表换届选举作为推进基层民主政治的要事来抓，认真贯彻落实代表法、选举法，坚持党的领导、充分发扬民主、严格依法办事的有机统一，认真筹备、加强指导、精心组织，确保换届选举工作依法有序进行。切实把握好依法设立选举委员会、科学合理划分选区、扎实做好选民登记、依法提名推荐和协商确定代表候选人、组织投票选举等关键环节，保障选民依法充分行使民主权利。依照代表法要求，进一步加强代表资格的审查和对代表选举全过程的监督，让政治素质高、履职能力强、民意基础好、选民意识强的候选人当选人大代表，以对人民群众高度负责的态度，确保圆满完成换届选举工作任务，为人大下一个五年的发展打下坚实基础。

二、围绕发展大局，在增强履职实效上精准发力

全面贯彻落实区委十三届十二次全会精神，立足全区工作新要求，加强和改进人大工作。综合运用多种监督方式，强化对“十三五”规划重要指标、重点工作的监督，推动“十三五”规划顺利实施。主动回应人民群众对良好生活环境的期盼，专题听取大气污染防治等情况报告，对富春江治理工程开展视察，共同打好环境改善攻坚战，为G20峰会胜利召开贡献力量。按照修订后预算法的要求，加强对政府全口径预决算的审查和监督，着力提高政府投资项目绩效，推动转型发展提质增效。扎实开展“三改一拆”土地利用、污水处理厂建设运行等问题的调研，积极推动重要部署有效落地，重大项目更具成效。对“三农”问题、扶贫开发、教育发展、卫生事业、宗教工作、“富春山馆”建设、垃圾分类处理等开展专题视察，着力解决人民群众关心关切的突出问题。继续强化常委会审议意见跟踪督查，进一步提高人大监督刚性。健全人大讨论、决定重大事项的制度机制，积极推动政府重大决策出台前向人大常委会报告。

三、推进民主法治，在促进社会公正上敢于担当

切实强化对法律实施情况的监督，认真开展法律执行情况的检查，增强人大监督法律实施工作的权威性和实效性，推动法治富阳建设迈向新阶段。安排听取公安富阳分局经侦工作、区法院执行情况、区政府“七五普法”规划等专项工作报告，继续对司法机关依法履职公正司法情况开展监督，着力解决人民群众关心的司法公正问题，积极维护社会公平正义。认真开展人大选举或决定任命的国家工作人员就职时向宪法宣誓工作，督促国家工作人员树立宪法意识，履行宪法使命。积极探索完善规范性文件备案审查工作规程，不断提高全区规范性文件的合法性和科学性，切实维护法制统一。

四、强化主体地位，在发挥代表作用上积极有为

不断探索和完善新形势下的代表履职渠道建设，充分发挥人大代表联络站、代表履职服务平台、代表接待日、主题实践活动等多种履职平台和履职渠道的作用，积极开展网上代表联络站建设，努力为代表联系选民提供更为及时、更加便捷的服务，进一步密切人大代表同人民群众的联系。加强常委会对代表依法履职情况的监督，拓宽人民群众监督代表履职的途径，使人大代表的权利与义务相一致，使命与职责相统一。以回顾代表五年履职实践为主题，认真总结本届以来人大代表的履职成效，努力开创代表工作新局面。

五、加强自身建设，在提升素质能力上更进一步

切实增强人大工作的责任感和使命感，拉高标杆、借势发展，自觉以城区的标准推进人大工作，以全面融合为契机，全力推动人大工作实现新起点上的新提高。深入践行“三严三实”，从严从实履职尽责，清正廉洁、敢于担当，用好人大权力，办好人民事情。围绕中央和省、市委关于县乡人大建设意见的全面贯彻落实，不断提高履职能力和履职水平，健全人大组织制度和工作机制，推动人民代表大会制度和人大工作与时俱进、创新发展。

各位代表，时代赋予人大工作的责任重大、使命光荣。让我们更加紧密地团结在以习近平同志为总书记的党中央周围，在中共富阳区委的坚强领导和上级人大的正确指导下，在全区人民的大力支持下，锐意进取，扎实工作，不断深化“四个全面”在富阳的生动实践，为共同描绘富春山居新画卷而不懈奋斗！

政府工作报告

（2016年1月19日在杭州市富阳区第十五届人民代表大会第五次会议上）

黄海峰

各位代表：

现在，我代表区人民政府向大会报告工作，并作《杭州市富阳区国民经济和社会发展第十三个五年规划纲要(草案)》的说明，请予审议，并请各位政协委员和其他列席人员提出意见。

2015年工作回顾

过去一年，我们深入贯彻落实中央、省、市和区委决策部署，在区人大、区政协的监督和支持下，适应新常态，抢抓新机遇，紧紧围绕转型升级主线，着力加快融合发展步伐，紧盯目标，合力攻坚，较好地完成了“十二五”规划和区十五届人大四次会议确定的主要目标任务。

一年来，全区经济社会发展总体平稳。初步核算实现地区生产总值643.50亿元，同比增长9.30%；固定资产投资403.80亿元，增长15.30%，其中工业性投资151.10亿元，增长7.70%；财政总收入91.60亿元，增长0.50%，一般公共预算收入54.30亿元，增长3.80%；规上工业增加值187.70亿元，增长4.10%；社会消费品零售总额198亿元，增长16%；自营出口总额15.10亿美元，增长10.50%；城镇常住居民人均可支配收入43510元，增长8.90%，农村常住居民人均可支配收入25010元，增长9.50%。全面完成“十二五”节能减排任务，通过国卫复评验收，创获国家级生态区，权力清单制度改革获浙江省公共管理十佳创新奖。

过去一年，我们紧紧依靠全区人民，主要做好了以下工作：

一、主动抓机遇谋发展，融合步伐不断加快。开展杭富一体化发展战略研究，完成区域总体规划中期评估和土地利用、环境功能等多规融合修编。按照杭州市《关于加快富阳区与主城区一体化发展的若干意见》，系统谋划、有序推进撤市设区各项工作。新增财政资金1.20亿元，就业困难人员补贴等25项民生政策与主城区实现并轨，受益群众达到20万人，其中困难弱势群体受益达到6万人(次)。融杭交通改善提升，拆除320国道中村收费站，杭富城际铁路试验段和都市高速(绕城西复线)中埠枢纽节点工程动工建设，杭黄高铁等重大交通项目加快推进。积极对接杭州“两区”建设和钱塘江生态经济带布局，硅谷小镇、药谷小镇分别入选省、市首批特色产业小镇，黄公望金融小镇成为钱塘江金融港湾重要组成部分，成功申报杭州富阳保税物流中心(A型)。3所中小学、幼儿园与主城区名校对接联盟，区一院与浙江中医药大学建立合作关系。对16条道路进行更名，率先与市本级市民卡实行资源整合，新增进杭公交专线3条。

二、全力攻项目扩投资，发展后劲不断夯实。持续开展“项目竞赛年”活动。京东智慧物流基地、大华智慧产业园、千岛湖引配水工程等120个项目开工建设，富春硅谷一期、瑞利科技、华日冰箱等102个项目竣工投用。20个省重点项目和35个杭州市重点项目分别完成年度计划的117%和126%。实行全区“一盘棋”征迁政策，深入开展施工环境专项整治，完成征地3420亩，拆迁房屋1987间、企业90家，杭黄高铁、富中改扩建及东大道等一批重点项目地块征迁“清零”，交付银湖花苑等回迁安置房2554套，回迁安置9090人。借势推进重大项目招商，举行三次项目集中签约仪式，引进中国智慧体育产业基地、首创奥特莱斯、龙晖水上乐园、中民筑友等优质项目26个，签约金额达320亿元。全年实到内资87.90亿元、外资2.82亿美元。举行首届富商大会，浙商创业创新到位资金33亿元。

三、突出稳增长促转型，产业结构不断优化。深入实施“一号工程”，实现限上信息(智慧)经济主营业务收入320亿元，增长33.40%。高新技术产业增加值增长14.50%，生物医药、装备制造等战略性新兴产业增加值增长11.50%。鼓励和引导造纸企业兼并重组，造纸企业整合至80家以内，组建3家造纸企业大集团。基本完成彩钢、球拍等行业整治。传化物流、宝龙城市广场、运通网城电商园等重点服务业项目投用，实现服务业增加值285.90亿元，增长16.20%。阿卡农庄、云尚农庄、玫瑰园、九重天等现代农业新业态不断涌现，民宿经济向特色化发展，完成农业总产值59.80亿元，增长6.10%。深入实施“四换三名”工程，腾出用能空间18.70万吨标煤，完成11家“互联网+”企业试点，实施100个机器换人项目，新认定国家重点支持高新技术企业19家，新增上市(挂牌)企业6家。引进“5110”创业项目11个，国千、省千人才累计达到19名。开展“五帮一化”服务企业活动，组织集中走访企业755家(次)，协调解决问题380个。

四、坚持强统筹优环境，城乡品质不断提升。320国道至富阳大桥连接线、富春江第一大桥加固工程基本完工，金秋大道完成改造，公望路隧道、九龙大道改造工程等动工建设。鹿山新区总部楼宇有序推进，行政服务中心、江滨西大道景观二期加快建设。高教园浙江中医药大学建成开学。城市“六治”深入实施，完成4个背街小巷整治工程，拆除违法户外广告2400处，投用1000辆公共自行车、1180个公共停车泊位和55辆新能源公交车，新增优化公交线路15条。小城市、中心镇和美丽乡村建设有序推进，全省推进村庄规划暨农房设计落地工作现场会在富阳举办，文村、东梓关、大源、秉贤等浙派、杭派民居试点成效显著。启动城区“污水零直排区”建设，城市污水处理厂四期和第二批126个农村生活污水治理工程开工建设，关停整治畜禽养殖场277家，城区河道、洋浦江、大(小)源溪整治成效明显。提标建设富春江堤防10.80千米，除险加固山塘水库45座。编制农房建设控高导则，建立“两违”防控综合信息平台，完成“三改”123万平方米，拆违213万平方米，拆后利用率达82.50%。“两路两侧”1920个省政协督办和自查自纠问题得到整治。实施大气污染防治行动，淘汰黄标车3137辆，淘汰和改造锅炉579台，整治可视烟囱94支，主城区基本建成“无燃煤区”。

五、积极推改革破难题，活力动力不断增强。深化“四张清单一张网”改革，全面取消非行政许可审批事项，新明确部门责任边界65项、事中事后监管事项92项、服务清单283项，启用浙江政务服务网(富阳区)平台。建立“大审批”体系，实施“证照到期告知系统”、商事登记“五证合一”和“一照一码”，实行企业“零增地”技改项目和园区负面清单外项目不再审批，新增市场主体8471户。省级资源要素市场化配置综合改革试点有序推进，对601家规上工业企业进行亩产效益综合评价，完成城镇低效用地再开发1911亩，盘活存量建设用地1117亩，消化批而未供土地5232亩、村级安置留用地324亩。新引进3家银行机构，设立中小企业金融管理中心和金融服务中心，全年存贷款余额达到878.20亿元和968.70亿元。实行天然气、用电、用水价格改革。全面实施户籍制度改革，建立城乡统一的户口登记制度，8项与户籍相关的待遇差异得以消除。成立276个村股份经济合作社，完成农村土地确权登记，建立农村集体产权交易平台。

六、着力惠民生强保障，社会事业不断发展。十个方面民生实事项目42项具体任务全面完成。“富春山馆”主体完工，建成抗战胜利浙江受降纪念馆，成功举(承)办浙江社会各界纪念抗战胜利70周年、郁达夫烈士殉难70周年纪念等活动。创建3个省文化示范村。新建农村文化礼堂34个，全年开展活动650场(次)。区医卫中心、富春八小建成启用，区中医院搬迁改造、区二院病房大楼、富中改扩建、银湖实验学校、富阳学院改扩建等民生项目有序推进。新增专用校车24辆。举办区第八届全民运动会，承办滑翔伞世界杯、全国业余铁人三项等国际国内赛事，15所学校体育场地对外开放。完善就业创业促进体系，城镇新增就业15687人，城镇登记失业率为2.54%。城乡居民养老保险、医疗保险参保率分别达到95.30%和99.80%，6万多名城乡居民基础养老金提高至150元/月，企业退休人员养老金平均每人每月增加250元。新建居家养老服务照料中心70家、残疾人小康·阳光庇护中心4家，为60周岁以上老年人购买意外伤害保险。竣工交付各类保障住房596套，完成农房改造3133户，农村困难家庭住房救助202户。推进食品安全检测和可追溯体系建设，建立阳光厨房137家。完善治安管理和社会应急联动体系，快速处置各类公共突发事件，严厉打击各类违法犯罪活动。实施“百日维稳”行动，加大信访积案化解力度，信访总量下降11.80%。安全生产形势总体平稳，安全生产事故起数下降6.10%。

七、切实转作风提效能，政府建设不断加强。坚决落实区委决策部署，自觉接受人大法律监督和政协民主监督，主动接受司法、舆论和群众监督，认真办理人大代表建议175件，政协委员提案170件。制定实施法治政府7个方面32项举措，执行区政府常务会议会前学法制度。实施政府职能转变三年行动计划，政府组成部门减少至25个。深入开展“三严三实”专题教育，实行行政约谈、“公述民评”和“电视问政”，查处“不担当、不作为、不落实”问题251起，问责处理公职人员33名。严格落实党风廉政建设主体责任，完成政府部门纪检派驻机构全覆盖。试点涉农专项资金支付“2+4”改革。推进全口径预算管理，加强经济责任审计和财政、金融、投资审计，严格控制行政支出，区本级“三公”经费下降15.30%。

过去一年，我们积极支持工会、共青团、妇联、科协、文联、侨联、红十字会、慈善总会、关工委等群众团体和社会组织开展工作，人武人防、外事侨台、民族宗教、防灾减灾、气象、地方志、结对帮扶等工作进一步加强，工商联、青联、商会等有力助推经济社会转型发展。

各位代表，这些成绩凝聚着全区人民的心血和汗水，坚定了我们奋勇前行的信心和决心。在此，我谨代表区人民政府，向奋斗在各条战线的广大干部群众和外来建设者，向给予政府工作不懈支持的人大代表、政协委员、离退休干部，向各民主党派、工商联、各人民团体和社会各界人士，向各级驻富直属单位和部队官兵，向所有关心支持富阳发展的社会各界朋友，致以崇高的敬意和衷心的感谢！

在看到成绩的同时，我们也清醒地认识到富阳发展中存在的问题和矛盾，政府工作中存在的差距和不足，主要表现在：经济下行压力仍然较大，部分传统企业生产经营困难，企业“两链风险”不容乐观；长期积累的结构性、素质性矛盾还未能根本解决，转型升级任务相当艰巨；城乡统筹协调、城市治理体系和治理能力有待提升；土地、资金等要素保障矛盾突出，财政支出压力日益增大；就医就学、养老服务、交通出行、生态治理和社会保障等工作与群众要求还有差距；一些干部担当精神、办事能力和服务水平有待进一步提升。这些问题，需要我们勇担责任、综合施策，认真加以改进和解决。

《杭州市富阳区国民经济和社会发展第十三个五年规划纲要(草案)》说明

根据区委十三届十二次全体会议通过的《“十三五”规划建议》，区政府编制了《杭州市富阳区国民经济和社会发展第十三个五年规划纲要(草案)》。在编制过程中，我们认真贯彻落实中央、省、市有关会议精神和区委全会精神，充分征求了专家组、人大代表、政协委员和社会各界人士的意见建议，并加强与各专项规划的有效衔接，认真研究谋划了重大工程、重大平台、重大项目、重大改革“四个重大”体系，提出了36个预期性指标和约束性指标，初步安排了总投资2250亿元的重点项目计划，努力提高规划的针对性、可操作性。下面，我就《规划纲要（草案）》主要内容作简要说明。

一、“十二五”时期国民经济和社会发展主要情况

“十二五”时期是富阳发展很不平凡的五年。面对经济下行、产能淘汰、要素趋紧等多重压力和挑战，我们高举“工业兴区”大旗，咬定转型升级不动摇，砥砺前行、厚植基础，除科技研发投入、财政总收入两项指标外，较好地完成了“十二五”规划确定的主要目标任务。

过去的五年，产业结构不断优化，综合实力稳步提升。与2010年末相比，全区生产总值年均增长9.20%，人均地区生产总值达96475元，固定资产投资、社会消费品零售总额年均增长17.60%和17.20%，提前实现“翻番”目标，其中固定资产投资和工业性投资总量分别达到1466.50亿元和607.70亿元。五年累计淘汰关停造纸企业169家，信息经济、生物医药、装备制造等行业的引领和支撑作用逐步显现。三次产业比重从6.9:60.4:32.7调整至6.6:49.0:44.4。成功创建国家级开发区。累计实到外资12.85亿美元、内资329.93亿元，连年荣获杭州市招商引资工作考核一等奖。3家企业销售产值突破百亿，上市（挂牌）企业达到9家。

过去的五年，融杭发展实现突破，城乡建设更加均衡。统筹城乡发展水平进入全面融合阶段。特别是2014年12月13日，富阳正式获批撤市设区，成为杭州第九区。鹿山新区、高教园初具雏形，东方茂、汽贸城等综合体建成投用。推进富阳大桥连接线等内环路网建设，祝闲线、江滨南大道等一批道路建成通车。小城市、中心镇培育扎实推进，4条富春山居精品线路串点成线，浙派、杭派民居建设呈现亮点。深入打好治水治气、“三改一拆”“四边三化”“两路两侧”等环境整治组合拳，成功创建国家级生态区，荣获浙江省美丽乡村先进县（市），富春江水质考核十年来首次达到“优秀”。

过去的五年，社会事业全面发展，民生福祉持续增进。“十二五”期间，新增财力80%用于民生支出，累计投入230.60亿元。每年办好十个方面民生实事项目，整治背街小巷12个，交付保障性住房2408套，建成投用区医卫中心、妇保院二期、职教中心等一批民生工程。成功实现“省平安县（市、区）”十连冠，捧回“平安银鼎”。创获中国最具幸福感城市、国家慢性病综合防控示范区、中国书法之乡、浙江省示范文明城市。加快推进民生政策与主城区并轨步伐，基本公共服务一体化水平和均等化程度明显提高。城镇常住居民和农村常住居民人均可支配收入年均分别增长10.90%和12.20%，城乡居民收入比缩小至1.74:1，处于全省前列。

过去的五年，法治建设深入推进，重点改革走在前列。建立政府重大行政决策程序规则等规章制度，落实法律顾问、信息公开、行政复议、行政应诉等法治举措，荣获浙江省创建法治区工作先进单位，“六五”普法考核获全市第一。实施“四张清单一张网”、资源要素市场化配置、户籍制度改革、农村确权赋权、公立医院改革等省级试点，晒出全国首张县域政府权力清单，探索创新“大审批”、责任清单、服务清单等便民举措。高桥镇、受降镇撤并成立银湖街道。经济、社会、文化、政府等领域其他各项改革扎实推进，中央电视台等国家级媒体累计报道400余次。

二、“十三五”发展的指导思想和主要目标

党的十八届五中全会描绘了未来5年我国发展的新蓝图，确立了创新、协调、绿色、开放、共享五大发展理念，为“十三五”乃至更长时期的发展指明了方向。从全国来看，“十三五”时期是我国全面建成小康社会，实现第一个百年奋斗目标的决胜阶段。从全省来看，浙江肩负着“干在实处永无止境，走在前列要谋新篇”的新使命，省委省政府提出要高水平全面建成小康社会。从杭州来看，“十三五”时期将承办G20峰会和筹办亚运会，推进国家自主创新示范区和跨境电子商务综合试验区建设，朝着建设世界名城目标大步迈进。从富阳来看，“十三五”时期是我区融合发展的重要机遇期、转型升级的持续攻坚期、创新驱动的发力关键期，既面临难得的历史机遇，也面临诸多的风险挑战。我们必须顺应新形势、把握新要求、谋求新作为，加快富阳在新起点上的高发展，全力描绘好富春山居新画卷。

根据区委《“十三五”规划建议》，“十三五”时期，我区经济社会发展的指导思想和总体目标是：高举中国特色社会主义伟大旗帜，以马克思列宁主义、毛泽东思想、邓小平理论、“三个代表”重要思想、科学发展观为指导，深入学习贯彻习近平总书记系列重要讲话精神，按照“四个全面”战略布局的要求，坚持创新、协调、绿色、开放、共享的发展理念，坚持融合发展、转型发展这一主线，以提高发展质量效益为中心，坚定不移地实施“工业强区”战略，加大城乡统筹力度，加大“文化名区”建设力度，加大社会治理和民生保障力度，加快由“县域经济”向“都市经济”“无限政府”向“法治政府”“郊县”向“城区”转型，统筹推进政治、经济、文化、社会、生态文明建设，高水平全面建成小康社会，打造智慧山水城、都市新蓝海，描绘富春山居新画卷。

根据上述指导思想和总体目标，《规划纲要（草案）》提出“十三五”时期我区经济社会发展的具体目标是：

——*经济实力实现新提升* 地区生产总值年均增长8%以上，期末突破900亿元，人均生产总值达到13万元；第三产业比重提升到50%；一般公共预算收入年均增长6%以上，期末达到70亿元。到2018年实现全区生产总值、人均生产总值、城镇常住居民人均可支配收入、农村常住居民人均可支配收入比2010年翻一番，比全国提前两年实现“四个翻一番”目标。

——*发展动力实现新转换* 研发投入占生产总值比重年均提高0.10个百分点；发明专利授权量五年累计达到1000件以上；全员劳动生产率达到18万元／人；规上高新技术产业销售产值占规上工业销售产值比重达到43%；固定资产投资五年累计达到2500亿元以上；社会消费品零售总额年均增长10%；对外贸易总额达到35亿美元。

——*城乡统筹实现新突破* 以多规融合为指导的全域空间开发格局基本确立，现代化美丽城区展现新面貌，美丽乡村建设扩面提质，城乡基础设施、公共服务一体化发展格局基本形成，户籍人口城镇化率达到43%以上。

——*社会民生实现新跨越* 与杭州主城一体化、同步化发展水平明显提高，基本公共服务均等化更加优质，群众文明素养不断提升，社会更加和谐稳定。城镇调查失业率控制在5%以下，城乡常住居民人均可支配收入年均增长8%以上。

——*生态文明实现新发展* 以治水、治气、治废为重点的环境综合整治取得明显成效，全面完成上级下达的节能减排任务。推进“三江两岸”生态景观保护与建设，构筑沿江、沿山、沿路绿色景观廊道，森林覆盖率保持在63%以上。

三、“十三五”时期的主要任务

《规划纲要（草案）》提出了今后五年六个方面的主要任务，即实施好六个重大工程：

——*实施科技创新驱动工程* 我们将进一步聚焦创新平台建设，重点沿320国道—高尔夫路—江滨东大道—富春江，打造富春创新创业带。推进一批特色小镇和众创空间建设，整合集聚各类创新要素，加快企业创新、人才创业，推动发展方式和发展动力转换，使富阳成为杭州国家自主创新示范区的重要拓展区。

——*实施城市功能提质工程* 我们将全面加快杭富同城一体发展，推进与杭州主城区之间的规划、交通、产业、环境等全方位融合。坚持以“兼田园之美，具城市之利”理念统筹城乡发展，优化“一城两组团”的空间结构，突出融杭“桥头堡”和鹿山、新登、场口等建设重点，提升城市品质，完善基础配套，重构农村美与生活，推进城乡协调发展。

——*实施智慧经济引领工程* 我们将深入实施“工业强区”战略，围绕“中国制造2025”，顺应“互联网+”趋势，以智慧经济为引领，推进“两化融合”，主攻智能制造，持续打好转型升级组合拳，加快形成“5+5”融合型产业体系，推动产业向中高端迈进。

——*实施美丽富阳推进工程* 我们将坚定走“绿水青山就是金山银山”的科学发展之路，落实生态文明战略，推进绿色清洁生产，加强环境综合治理和生态资源保护性开发，不断优化山水宜居环境，积极争创国家级生态文明建设示范区和“美丽杭州”先行区。

——*实施民生共建共享工程* 我们将坚持全区财政支出增量的三分之二以上用于民生，把不必要的开支节省下来，增加公共服务供给，提高公共服务水平，办好民生实事。深入推进文化强区建设，完善就业促进和社会保障体系，全面实现民生政策与市本级并轨，进一步加强和创新社会治理，不断提升人民群众的获得感和幸福指数。

——实施治理能力提升工程　我们将坚持以法治化、市场化为导向，进一步理顺政府、市场、社会关系，全面深化法治富阳建设，加强重点领域改革，推进社会信用体系建设，着力构建现代治理体系，不断提升政府推动经济社会发展的能力和水平。

各位代表，《规划纲要(草案)》全面落实了区委《“十三五”规划建议》的战略意图，描绘了“十三五”我区经济社会发展的宏伟蓝图，反映了全区人民的共同意愿。我们坚信，在市委市政府的大力支持和区委的坚强领导下，经过全区人民的共同努力，《规划纲要(草案)》提出的各项目标任务一定能够实现！

2016年主要工作

2016年是“十三五”的开局之年，也是本届政府任期的收官之年，更是G20杭州峰会的保障之年，做好今年的工作，责任重大、意义深远。我们必须全面贯彻创新、协调、绿色、开放、共享五大发展理念，按照稳中求进、转中求好的总基调，紧盯发展目标，破解发展难题，增强发展动力，厚植发展优势，实干至上、行动至上，全面推进富阳融合发展、转型发展，为“十三五”开好局、起好步。

综合各方因素，建议今年经济社会发展的预期目标是：地区生产总值增长8%；规模以上工业增加值增长6%；一般公共预算收入增长6%；固定资产投资增长12%；工业性投资增长10%；社会消费品零售总额增长12%；自营出口总额增长5%；城镇常住居民人均可支配收入增长8.50%，农村常住居民人均可支配收入增长9%；万元GDP综合能耗、主要污染物排放等约束性指标完成上级下达的目标任务。

根据上述目标任务，我们将奋力抓好以下六个方面工作：

一、围绕开放发展，加快融合步伐，进一步激发新区活力

加快构建开放式融杭格局　以杭州市新一轮城市总规修编为契机，科学做好综合交通、重点平台、重大配套和要素保障等重大功能布局研究。深化区域总体规划和多规融合编制，细化全区空间管控构架，加强银湖、东洲两个融杭“桥头堡”控规的编制和实施工作。推进都市圈综合交通体系建设，加快杭富城际铁路、都市高速(绕城西复线)、杭黄高铁等重大项目建设，推动彩虹快速路向西延伸工程。积极对接钱塘江生态经济带、钱塘江金融港湾、城西科创大走廊等省、市重大产业布局，推进富春创新创业带建设，完善各重点平台基础设施和公共服务配套功能，加快硅谷小镇、药谷小镇、金融小镇等省、市、区三级特色小镇培育建设。

抢抓“两会两区”重大机遇　把服务保障G20峰会作为各项工作的圆心，以只有确保、没有力争的决心，全力打好融合发展、环境整治、安保维稳、项目投资、作风建设5大专项行动攻坚战，推动城市硬软环境大提升。抢抓G20峰会机遇和“峰会后”效应，科学制订招商引资、招才引智行动方案，积极推介我区创业投资、旅游发展环境。加强对接杭州市“亚运前”行动方案，积极争取承办相关赛事和展会活动。推进国家自主创新示范区拓展区和中国(杭州)跨境电商富阳园区建设，积极探索先行先试政策，争取杭州“两会两区”辐射带动富阳的最大红利。

深入推进体制机制一体化　按照“一年启动、两年实施、三年融合”的思路，深入推进财政体制、管理权限、行政审批、户籍管理等体制机制的研究和调整工作。推动剩余15项民生政策标准与杭州市逐步并轨，缩小低保金、企业退休人员生活补助金等政策与市本级的差距。实现与杭州各城区医保定点单位互认，住房公积金与杭州主城区实行一体化管理。试行重点普通高中双向定额招生，推动医疗卫生、文化教育等多个领域开展协作。完善公共交通专项规划，实行出租车营运与主城区“五个统一”管理。通过体制机制融合，进一步打通主城区产业、人才、资本、技术等资源向富阳溢出的通道。

二、围绕创新发展，推进结构改革，进一步注入增长动力

更加注重产业结构调整　坚持把“一号工程”作为引领转型升级的主攻方向，加快京东、大华等项目建设，推动富春硅谷、颐高圣泓、浙大网新等产业园二次招商，全年限上信息(智慧)经济主营业务收入增长12%以上。推进造纸、铜冶炼、建材等传统行业规模化、绿色化、特色化发展，继续引导造纸企业兼并重组，加快富春环保·东顺集团10万吨高档生活用纸、和鼎铜业二期等项目建设。突出富通集团、海正药业、金固鞍钢等龙头企业带动作用，引导中小企业协作配套，加快推进装备制造、生物医药等战略性新兴产业做大做强。坚持工业与服务业两轮驱动，推动服务业加快发展，实现服务业增加值增长11%以上。加快建设杭州富阳保税物流中心(A型)，推进五大电商园区和“汽车超人”等电商平台建设，健全送货郎等农村电商服务网络，建立50个农村电商服务网点。建设黄公望金融小镇，年内入驻基金管理机构30家以上，管理资金规模超过200亿元。加快锦绣富春、龙晖水上乐园等项目建设，野生动物世界创建AAAA景区，提升龙门古镇、黄公望隐居地等景区品质。围绕都市型农业，进一步做精做优农业，全年农业增加值增长1.50%以上。稳定粮食种植面积，努力提高粮食单产。推进阿卡农庄、玫瑰园等观光农业、创意农业、体验农业发展，继续办好农事特色节庆活动。开展全国新型职业农民培育试点工作。鼓励工商资本投资开发现代农业，培育壮大农业龙头企业，新建农林现代园区5个，新增示范农民专业合作社15个。

更加注重释放有效需求 着力发挥投资对稳增长和促转型的关键作用。继续开展“项目竞赛年”活动，全年实施100个重点产业项目和239个政府投资项目，确保183个项目建成投用。落实三级协调和“六个一”全程跟踪服务机制，有效加强项目进度和施工管理，切实减小项目施工对群众生活的影响。充分发挥重点平台主阵地作用，银湖、东洲、江南、场口、新登、金桥等平台完成基础设施投入9.30亿元，重点产业项目投资超百亿。注重平台引企、以企引企和以资引企，争取再引进一批10亿元以上项目，全年实际利用外资2.89亿美元，实到杭外内资46亿元以上。着力推进“双清”行动，继续实施“阳光征迁”，完成征地2000亩和重点项目拆迁任务。努力破解“占水补水”难题，加强低丘缓坡土地开发利用，全年新增建设用地2000亩。着力发挥消费的基础作用和出口的促进作用。面向主城区市场和刚性需求，稳定住房消费，推进商品房去库存化。贯彻国家“一带一路”战略，支持企业运用B2B、B2B2C、“海外仓”等多种模式，进一步打开对外贸易新通道。

更加注重供给结构改革 在适度扩大需求的同时，重点通过鼓励创新创业、化解产能过剩、降低企业成本、优化要素配置，调整供给结构，增强发展内生动力。建立省科技大市场富阳分市场，积极打造各类众创空间，集聚创业者、风投资本、孵化器等高端要素，促进产业链、人才链、创新链等耦合，新增市、区级孵化器各1家。突出企业创新主体作用，新培育国家级高新技术企业15家、省级科技型企业50家左右。深化资源要素市场化配置综合改革，完善科学公平的综合效益评价体系，实行用地、用电、用能、排污等差别化管理。争取国家、省、市政策支持，积极落实降低企业成本的各项措施。推进“四换三名”工程，实施“机器换人”项目100个，新增“互联网+”企业试点20个，消化批而未供土地2400亩，完成低效用地再开发1200亩。大力弘扬企业家精神，营造创新创业氛围，加强“创二代”培养。新增上市企业1家、新三板挂牌5家，新增一批中国驰名商标、省级名牌和省著名商标，鼓励企业参与各级标准修(制)订。继续实施“塔基工程”，加强小微企业培育，着力推进科技型、成长型中小企业发展壮大。

三、围绕协调发展，促进城乡均衡，进一步增添城市魅力

打造山水宜居的品质之城 加快城市重点区块建设，鹿山新区重点完成和推进江滨西大道景观二期、4幢总部楼宇、行政服务中心等项目；高教园建成开学武警士官学校；江南新城实施大桥南路延伸、蔡伦路综合改造，启动江滨南大道延伸工程；银湖区块重点完成银湖水系、银湖实验学校建设；东洲新城加快推进首创奥特莱斯等项目建设。主城区以截污纳管为重点，加大背街小巷整治力度，扩大群众受益面；深化城市“六治”，推进“智慧城市”建设，强化对重点易堵路段、占道经营、乱停车、乱搭建等行为的治理力度，稳妥做好营运三轮车处置工作。完善地下管线信息平台建设，加强路面开挖建设综合管理，减少“拉链马路”现象。

打造均衡完善的基础设施 在加快融杭交通体系

建设的同时，积极推进内环快速路、城区路网、组团连接线、农村公路的建设和改造。全力以赴确保完成23省道拓宽改造和综合整治工程，加快公望路隧道建设，开展春永线路面改造，实施环金线、横桐线、乘七线整治和江滨西大道延伸工程，启动东洲大桥建设。加快城乡公交一体化，增加新登、场口等平台至富阳城区、杭州城区公交线路，推进城区公交零距离换乘，努力让交通更畅通、出行更便捷。推进千岛湖引配水工程，开工建设江北第二水厂，启动高桥污水处理项目，加快城市污水处理厂四期和城区污水提升泵站、主干管网建设。投运110千伏高桥变、九龙线等电力工程，开工建设220千伏龙星变，配合做好 ±800千伏灵绍特高压工程建设，新增主网变电容量25万千伏安，开展新一轮电网升级改造工程。

打造产城融合的城市组团　将新登、场口提升至杭州城市组团予以规划建设，增强产业集聚、公共服务功能，辐射带动区域发展。深入实施新登小城市培育三年行动计划，重点推进新登镇公共服务中心、区二院病房大楼、福光小学迁建等项目。加快场口新区和场口集镇建设，推进青江畈土方平整和一批集镇路网工程。推进万市集镇综合改造、大源旧城改造、大(小)源溪综合整治等一批提升工程。更加注重人的城镇化，加快引进和提升商业配套设施，推动教育卫生等资源向小城市、中心镇延伸。进一步推进强镇扩权改革，推动便民服务事项、审批权限、执法力量下放下沉。

打造田园风情的美丽乡村　继续提升4条富春山居精品线路，启动2条新精品线路建设，新建2个省级重点历史文化村、2个杭派民居示范村和10个特色村，使美丽乡村更具富春味道、乡愁气息。加强民宿产业整体规划，新增农村现代民宿点6个。优化村庄规划和村庄设计，加强农村建房管理，推动美丽村庄规划落地。全面开展农村土地承包经营权登记工作。深化清洁城乡工程，扩面农村生活垃圾分类处理试点。加强对基层组织运行的经费保障，完善村级资金第三方监管体制机制。

四、围绕绿色发展，深化环境治理，进一步加大组合拳推力

深入推进节能减排　开展全省污染总量控制制度改革创新示范点建设，严格实施能耗倒逼和污染物排放总量控制。推进工业园区生态循环化改造，完成50家企业清洁生产审核和20家企业电平衡测试，实施重点节能项目15个。完善排污权交易市场，建立排污权储备和出让制度，推动排污权抵押。深化生态公益林、自然保护区、森林公园的建设和保护。落实环境污染责任保险，加强环境执法司法联动，强化责任追究和损害赔偿制度，严厉打击环境违法行为。

深入推进治水治气　全力争创治水“大禹鼎”和省级“清三河”达标区。重点推进城乡污水处理设施及管网建设，基本实现城区截污纳管和农村生活污水治理工程全覆盖，完成全区养殖场生态治理，切实加强农村生活污水治理工程的后续管理，全面消除乡镇(街道)级以上河道劣Ⅴ类水质断面。统筹抓好防洪、排涝、供水、节水等工作，试点开展海绵型城市建设，推进富春江标准堤工程建设，完成青云闸等城市排涝项目，做好山塘水库除险加固工作。全面推进大气污染防治计划，完成全区燃煤锅炉、热电锅炉淘汰改造任务，加强机动车尾气、秸秆焚烧和各类扬尘治理。推进生活垃圾、建筑垃圾、工业固废、有害固废、再生固废综合处置，提升垃圾处理“无害化、减量化、资源化”能力水平。

深入推进三改一拆　围绕创建“无违建区”目标，实施新一轮“三改一拆”工作，全年完成拆改面积137万平方米以上，确保无增量违建，存量违建分类处置到位。坚持拆改结合、改用结合，认真做好拆后土地复绿、复垦和综合利用等工作，切实提高拆后实际利用率。扩大城中村“一村一策”改造试点，探索推进老旧区块、危旧房综合改造。深化“四边三化”“两路两侧”整治工程，推进违规出租房、企业钢棚、农村附房等专项整治行动。坚持疏堵结合，科学合理安排中小企业和农村建房用地，努力缓解群众生产生活用地需求。

五、围绕共享发展，加强社会保障，进一步凝聚民生合力

深化平安富阳创建　围绕G20峰会保障任务，强化全区“一张网”的社会治理网络体系建设，全力做好反恐怖、防破坏等各项安保工作，全力以赴捧回“平安金鼎”。健全矛盾纠纷排查化解机制，注重通过法定途径，分类处理群众合理诉求。层层落实安全生产责任制，坚决遏制重特大安全事故发生。推进社会诚信体系建设，启动实施统一社会信用代码制度。加强对强揽工程、阻挠施工等行为的整治，优化净化项目建设环境。启动"七五"普法教育。进一步做好公共安全、应急管理、人民防空、网络舆情等工作，开工建设民兵·巡特警训练基地、工兵营机械库工程。

加强文化强区建设　全面掀起"办好G20、当好东道主"热潮，深入开展市民素质提升工程，扩大公众参与，增强遵守交通、文明出行、爱国卫生等自律意识。抓好城区文化广场、农村文化礼堂等文化阵地，加强青少年校外教育，促进公益组织、志愿者队伍建设。深入实施"城市记忆"工程，建成启用"富春山馆"、泗洲造纸遗址保护二期工程，深入实施龙门古镇提升五年计划，做好龙门古镇——江南水乡联合申报世界文化遗产工作，完成全区首次可移动文物普查。开展省、市公共文化服务标准化、均等化建设综合试点。举行郁达夫诞辰120周年纪念、"公望富春"文化周等系列活动。推动文创产业与块状经济、美丽乡村、现代农业融合发展，打造一批艺术创客中心。倡导全民阅读，建设书香富阳。

推动社会事业发展　对接省、市教育和卫生事业发展规划，积极采取合作办学、办医等形式，推动杭州主城区优质教育、医疗等资源向我区辐射。动工建设东吴小学、富春第四（浪漫香槟）幼儿园，加快推进富中改扩建、富阳学院改扩建、区中医院搬迁改造和乡镇社区卫生服务中心建设工程，建成启用青少年宫。鼓励社会资本兴办教育、医疗机构。深化医疗卫生体制改革，实施"双下沉、双提升"工程，加快医联体建设，引导患者分级就诊。实施"全面二孩"生育政策，科学分析人口变化，提前谋划幼儿园等配套设施。推进省体育现代化乡镇和特色乡镇创建，办好中国国际滑翔伞定点邀请赛等体育赛事。进一步做好民族宗教、外事侨务、对台事务，支持总工会、共青团、妇联、工商联、科协、文联开展工作。

提高社会保障水平　完善促进就业创业机制，全年新增城镇就业1.20万人，培养各类技能人才1万人。全面推行机关事业单位养老保险制度改革，推进失地保险转企业养老保险工作，提高城乡居民医保报销比例，探索行业自律、社会评价的医保定点监管新模式。继续实施低收入农户增收致富奔小康工程。完善最低生活保障体系，加强支出型贫困群体和残疾人救助帮扶，做到困难群众"应保尽保"。围绕"9643"养老服务格局，推进各类养老机构发展，重视做好失能失智老年人救助工作。稳步推进保障房货币化安置改革，完成第九期保障性住房建设。健全社会救助体系，深入开展"春风行动"，大力发展红十字、慈善等公益事业，切实保障妇女、儿童权益。

六、围绕服务发展，转变政府职能，进一步强化政府执行力

提升依法行政水平　自觉接受人大及其常委会的法律监督、工作监督和政协的民主监督，高度重视舆论监督和公众监督，认真听取民主党派、工商联、无党派人士和人民团体的意见建议，进一步提高人大代表建议和政协委员提案办结满意率。严格落实政府信息公开条例，执行重大行政决策程序规则。加强规范性文件制定和备案审查工作，重视行政复议和行政应诉，规范行政执法流程和执法行为。加强基层民主建设，依法做好村级组织换届选举。

推进政府自身改革　深化"四张清单一张网"改革，推进权力清单"瘦身"、负面清单"扩面"、责任清单"强身"、政务服务网提升。完善"大审批"服务体系，探索网上代办、多级联办等服务新模式，进一步减少审批层级和事项。启动综合行政执法体制改革。加大产业基金与社会资本、银行资金的对接合作，充分发挥产业基金、PPP等新型融资模式的杠杆效应。积极探索工作新机制、新方法，着力加强工程建设、政府采购、公开招投标等重点环节管理。

强化政府服务职能　我们将继续走好群众路线，把人民群众满意不满意作为衡量政府工作的最高标准。办好民生实事项目，增进群众社会福祉。完善和创新政府"服务清单"，更好地履行政府服务职能，让企业、老百姓享受更优的服务、更多的便利。落实区政府领导接访包案和接听区长公开电话制度，认真办理群众来电来信来访，切实解决一批群众诉求，化解一批纠纷矛盾。完善落实联系基层、联系企业制度，重视和加强"两链风险"分类处置，着力帮助企业解决实际困难。

建设高效廉洁政府　我们将践行“三严三实”要求，大力倡导讲实效、重实绩的优良政风，真正把心思用在干事业上，把精力放到抓落实上，做到紧盯不放，一抓到底，全力以赴完成既定目标任务。深化行政约谈、“电视问政”等治庸问责措施，切实治理干部“三不”行为。严格落实党风廉政建设责任制，认真履行“一岗双责”。加强审计监督和行政监察，严厉查处各类违法违纪案件，坚决纠正损害群众利益的不正之风。牢固树立过紧日子思想，厉行勤俭节约，深化公车改革，集聚财力办大事、办实事、办好事，以良好政风取信于民，以良好业绩造福于民。

各位代表！时代赋予重任，人民寄予期待，实干成就梦想。让我们紧密团结在以习近平同志为总书记的党中央周围，在市委、市政府和区委的坚强领导下，紧紧依靠全区人民，振奋精神，勇于担当，开拓创新，真抓实干，为加快高水平全面建成小康社会，描绘富春山居新画卷而努力奋斗！

附件1

2016年政府民生实事项目

1. 加大污水治理力度　全面完成城区“污水零直排区”建设，对城区河道流域实行截污纳管。完成第二批126个行政村农村生活污水治理工程，启动农村生活污水工程开挖道路生态修复。

2. 改善交通出行环境　新增优化城区公交线路5条，新增新能源公交车30辆，新增公共停车泊位1000个。对鸣翠桃园出入口处等3个城区交通堵点路段进行整治。实施农村公路提升改造20千米，完成农村公路大中修40千米。

3. 提高社保医保水平　实现与杭州各城区社保权益互查互认和医保定点医院互认互通。城乡居民基本医疗保险门诊报销比例根据不同等级医院分别提高5%~10%。困难人群医疗救助标准提高10%，最高限额提高到10万元。建立商业保险远程诊疗会诊系统。城乡低保标准增长10%以上。

4. 加强城乡住房保障　完成江南新城民主安置小区(二期)等安置公寓建设，竣工交付1751套20.53万平方米，回迁安置农户3180人。完成2500户农村住房改造、200户农村困难家庭住房救助。

5. 深化大气治理工程　开展4家热电企业超低排放改造，完成5家挥发性有机物重点企业的治理。开展加油站、油罐车及储油库的油气回收工作。

6. 强化食品安全管理　创建省级农产品质量安全示范区，开展农林产品质量安全追溯体系建设。新增菜篮子基地8个。食品定量检测达到5.50批次/千人。完成50家学校、幼儿园、大中型餐饮企业“阳光厨房”建设。完成5个小区高层住宅二次供水设施改造。

7. 丰富城乡文体活动　新(改)建农村文化礼堂20个，开展文化下乡活动300场、流动青少年宫活动80场，修缮历史文化建筑20处。城区符合条件的学校室外体育健身场地向社会开放率达到95%以上。

8. 加强养老为老服务　新增养老床位500张，新(改、扩)建城乡社区居家养老服务照料中心45家。动工建设老年健身中心，建成标准化门球场2个。

9. 强化公共安全保障　完成26个社区微型消防站建设，推广应用独立感烟报警器3000个。开展1.20万人次红十字应急救护培训。实施地质灾害点房屋搬迁或治理8个，除险加固山塘水库37座。建设85个灾害点实景监控，新增45个水位实况监测点，构建“防灾减灾一张图”综合指挥系统。

10. 优化便民办证服务　加快推进“互联网+政务”，全面推行预防性健康体检合格证、行驶证补换等10项网上便民服务，实现相关证照网上申请、在线服务、快递送达。取消补办户口簿工本费。实行机动车驾考互联网自主预约考试。

附件2

名词解释

钱塘江金融港湾　省政府主导的七大万亿级产业平台之一，上至千岛湖，下至海宁，沿钱塘江、富春江两岸集聚布点，旨在打造能够集聚资本、转化资本的平台和载体，成为全国有影响力的区域金融中心。

保税物流中心　封闭的海关监管区域并且具备口岸功能，分A型和B型两种。A型保税物流中心，是指经海关批准，由中国境内企业法人经营、专门从事保税仓储物流业务的海关监管场所。B型保税物流中心，是指经海关批准，由中国境内一家企业法人经营，多家企业进入并从事保税仓储物流业务的海关集中监管场所。

一号工程 2014年7月杭州市委十一届七次全会提出要把大力发展信息经济、智慧经济作为“一号工程”。

四换三名 腾笼换鸟、机器换人、空间换地、电商换市和名企、名品、名家培育。

互联网+ “互联网+各个传统行业”，利用信息通信技术以及互联网平台，让互联网与传统行业进行深度融合，创造新的发展生态。

5110 “十二五”期间的5年内，引进培养并重点支持100名海外高层次创新创业人才，其中国家“千人计划”、省“千人计划”和杭州市“521”计划人选10名左右，简称“5110”计划。

“五帮一化”服务企业活动 “五帮”是指帮助企业落实新政策，帮助企业招商引资、招才引技，帮助企业推广技术、机器换人、节能减排等，帮助企业创新创业、开拓市场，帮助企业村企接对、区企对接，营造良好发展环境。“一化”是指建立经常化服务企业机制。

城市“六治” 治堵，完善交通组织；治废，强化源头监管；治乱，实施市容环境整治；治差，推进背街小巷整治；治脏，加强渣土运输管理；治气，开展“五气共治”。

两路两侧 铁路、公路两侧。

无燃煤区 在划定区域内的企事业单位(含个体工商户)所有的燃烧设备禁止燃用原煤等高污染燃料。

非行政许可审批 由行政机关及具有行政执法权的事业单位或其他组织实施的，除依据法律、法规和国务院决定等确定的行政许可事项外的审批事项。

四张清单一张网 政府权力清单、政府责任清单、投资负面清单、部门专项资金管理清单和浙江政务服务网。

证照到期告知系统 进驻区行政服务中心的9个行政审批部门44种证件或执照，在有效期截止日前30日，通过短信的方式提前告知办事群众及时延续有效证照。

五证合一 将由市场监管、国税、地税、人力社保、统计等部门分别办理、各自发证(照)，改为由申请人“一表申请”、由市场监管局统一收件，并与国税、地税、人力社保、统计部门并联审批，统一核发加载注册号、组织机构代码、税务登记证号(纳税人识别号)、社会保险登记证号和统计登记证号的营业执照(正副本)，以“一照五码”形式实现“五证合一”。

一照一码 建立统一登记流程、统一编码和赋码规则，通过“一窗受理、互联互通、信息共享”，由市场监督管理部门、税务部门分别核发不同证照改为由市场监管部门核发加载法人和其他组织统一社会信用代码的营业执照。

富春山馆 博物馆、美术馆、档案馆“三馆合一”文化综合体项目。该项目从黄公望的《富春山居图》及其《写山水诀》中的“远山”“次山”“近山”的空间表现手法中汲取灵感，整个建筑高低错落，廊檐绵延，水墨意境，恰似富春江边的富春山之形。清光绪十九年(1893)的浙江舆图局“杭州府二十里方图”和“富阳县五里方图”上，在富春江北、县城东北的自然之山中，就标注有“富春山”,“富春山”从侧面代表了富阳悠久的富春文化。另，“山”与“三”谐音，使用“富春山馆”一名，更能反映该建筑的数量集成和文化考量。

涉农专项资金支付“2+4”改革 “2+4”是指2个乡镇(街道)实行综合性改革试点和4个乡镇(街道)实行单项性改革试点，将所有涉农部门全年专项资金的项目安排权交给这2个乡镇(街道)和将某一部门全年涉农专项资金的项目安排权交给这4个乡镇(街道)，由乡镇(街道)根据实际情况安排项目，项目完成后由主管部门进行验收，财政部门根据项目进展情况和验收情况拨付资金。该改革旨在加强乡镇(街道)的自主管理能力，调动乡镇(街道)的积极性和主动性，提升项目的针对性和资金绩效。

“三公”经费 财政拨款支出安排的因公出国(境)经费、公务车购置及运行费、公务招待费。

“两链风险” 资金链、担保链风险。

三改一拆 旧住宅区、旧厂区、城中村改造和拆除违法建筑。

四边三化 在公路边、铁路边、河边、山边等区域开展洁化、绿化、美化行动。

“六五”普法、“七五”普法　分别指在公民中开展法制宣传教育的第六个五年规划（2011—2015年）和第七个五年规划（2016—2020年）。从1986年党中央通知全国普法开始，每五年为一个周期。

平安银鼎、平安金鼎　实现平安区（县、市）九连冠和十二连冠，省委省政府分别颁发“平安银鼎”和“平安金鼎”。

中国制造2025　国务院于2015年5月8日公布的强化高端制造业的国家战略规划，是建设中国为制造强国的三个十年战略中第一个十年的行动纲领。

两化融合　信息化和工业化的高层次的深度结合，是指以信息化带动工业化、以工业化促进信息化，走新型工业化道路，其核心是信息化支撑，追求可持续发展模式。

“5+5”融合型产业体系　培育壮大信息技术、高端装备、生物医药、电商物流、现代金融五大新兴产业和提升发展绿色造纸、金属材料、文化创意、健康休闲、都市农业五个优势产业。

两会两区　“两会”即杭州2016年举办G20峰会和2022年举办亚运会，“两区”即建设中国（杭州）跨境电子商务综合试验区和创建国家自主创新示范区。

城西科创大走廊　东起浙大紫金港校区，西至临安市区，旨在打造企业创新、人才创业的重大战略平台，建设成为全球人才创业创新的新高地。

5大电商园区　京东、运通、华辰、东箭、泓隆等5个电商园区。

三级协调　根据项目存在问题的轻重缓急，分区委区政府领导、区项目办或区各有关部门、区项目办督查组或各项目有关责任单位三个层级牵头协调解决问题。

“六个一”全程跟踪服务机制　招商引资项目签约以后，根据项目类型和落地区域，明确一名联系领导，落实一个牵头部门，建立一个联席机制，强化一个考核办法，实行一个督查机制，完善一套代办机制。

“双清”行动　重点项目征迁清零和回迁安置清零。

阳光征迁　征地拆迁阳光工程建设，通过媒体、网址等多种形式公开征地拆迁补偿安置政策、公开征地拆迁工作程序、公开实物指标、公开补偿安置结果。

一带一路　国家“丝绸之路经济带”和“21世纪海上丝绸之路”，是目前中国最高的国家级顶层战略。

B2B、B2C、“海外仓”　B2B是指企业与企业之间通过专用网络或互联网，进行数据信息的交换、传递，开展交易活动的商业模式。B2C指电子商务的一种模式，也就是通常说的直接面向消费者销售产品和服务商业零售模式。海外仓指先把货运往海外，然后根据国外买家订单进行派送。

塔基工程　2013年区政府提出实施塔基工程，即把整个工业经济比喻成一座塔，量大面广的小微企业为“塔基”，塔基工程就是要夯实塔基，包括推进小微企业上规升级和个体工商户转为企业，即“小升规”和“个转企”两个方面的工作内容。

横桐线　富春街道横山下至银湖街道桐岭坞路段。

乘七线　新登乘庄至七板桥路段，系老05省道路段。

省级“清三河”达标县　省治水办对全省各县（市、区）“清三河”（治理黑河、臭河、垃圾河）工作的专项评比。

大禹鼎　省政府每年对11个地级市、90个县（市、区）“五水共治”工作考核情况的综合评比，获得优秀奖的，授予大禹鼎，是浙江省治水最高荣誉。2014年度，全省共授予地级市大禹鼎4个，县（市、区）大禹鼎20个。

“双下沉、双提升”工程　通过完善政策、创新机制，以“人才下沉、资源下沉”为手段，努力引导优质医疗卫生资源流向基层，支持基层医疗卫生机构“服务能力提升，服务效率提升”，强化基层医疗卫生体系建设。

“9643”养老服务格局　96%的老年人居家接受服务，4%的老年人在养老机构接受服务；不少于3%的老年人享有养老服务补贴。

PPP　公私合作模式，是公共基础设施中的一种项目融资模式。在该模式下，鼓励私营企业、民营资本与政府进行合作，参与公共基础设施的建设。

一岗双责　既要抓好分管的业务工作，又要抓好分管部门的党风廉政建设，把反腐倡廉、案件防范工作与业务工作同研究、同规划、同布置、同检查、同考核、同问责，真正做到“两手抓、两手硬”，使党风廉政建设和反腐败工作始终保持应有的力度。

中国人民政治协商会议
杭州市富阳区第八届委员会常务委员会
工 作 报 告

（2016年1月18日在政协杭州市富阳区第八届委员会第五次会议上）

陆洪勤

各位委员：

我代表政协杭州市富阳区第八届委员会常务委员会，向大会报告工作，请予审议，并请列席同志提出意见。

2015年工作回顾

2015年，是富阳建设新城区、实现新发展的开局之年，也是人民政协协商民主深入推进之年。一年来，在中共富阳区委的领导下，区政协常委会认真学习贯彻中共中央和省、市委一系列重大决策部署，高举爱国主义和社会主义旗帜，坚持团结和民主两大主题，认真履行三大职能，充分发挥协商民主重要渠道和专门协商机构作用，围绕“党政所需、群众所盼”出实招、献良策、强监督、促和谐，顺利完成八届四次会议确定的目标任务，为描绘好富春山居新画卷做出了积极贡献。

一、坚持在大局下思考和行动，把牢正确的政治方向

常委会切实把加强思想建设、提高政治定力摆在首位，坚持在大局下思考和行动。

凝聚思想共识 通过多种方式和渠道，把党的十八大、十八届三中、四中、五中全会和习近平总书记系列重要讲话精神传递到社会各界，增进政治认同；准确把握中央治国理政新思想新要求，深刻认识“干在实处永无止境、走在前列要谋新篇”新使命，动员各党派团体和政协委员为“四个全面”战略布局在富阳的生动实践献计出力。认真学习中共中央《关于加强社会主义协商民主建设的意见》《关于加强人民政协协商民主建设的实施意见》，及时贯彻中央推进社会主义协商民主的新部署，不断深化对人民政协性质定位、任务作用和本质内涵的认识，切实增强做好新形势下政协工作的责任感和使命感。全年召开16次区政协党组会议和主席会议进行集体学习，组织5期委员培训班和专题讲座，认真传达贯彻中共富阳区委十三届十次、十一次全会精神和重要决策部署；组织全体政协委员和政协工作者深

入开展"撤市设区"解放思想大讨论，认真回答"民生、眼界、能力、标准"四大考题，推动各党派团体、各族各界人士与中共富阳区委思想上同心同德、目标上同心同向、行动上同心同行。

坚持一线作为　一年来，积极投身全区中心工作，认真执行"八个一"联系制度，走访服务37家重点企业，帮助协调解决存在困难。着力抓好软弱涣散村的联系整改。四位担任"河长"的同志切实承担起河道整治提升的职责，促进"五水共治"工作。

二、围绕中心履职建言，推动富阳高起点上的新发展

常委会紧紧围绕加快富阳与主城融合发展和"转型升级、城市治理、法治建设"三大中心任务，扎实开展履职活动。

全力助推融合发展　配合杭州市政协就"加快富阳与主城融合发展"进行深入调研，结合外地经验做法，提出五个方面的针对性建议，得到张鸿铭市长的批示和区委姜军书记的肯定，并为杭州市委、市政府出台《关于加快富阳与主城一体化发展的若干意见》所吸收和采纳。在杭州市"十三五"规划编制中，与杭州市政协联动，就杭州城市空间布局、产业发展重点、民生项目向富阳延伸等提出协商建议。

紧扣中心强化监督　协助区委出台委派民主监督员实施意见，围绕"转型升级、城市治理、法治建设"，向工作任务重、社会关注度高的12个职能部门(单位)委派60名政协委员担任民主监督员，以监督小组形式开展"三监督三促进"专项活动。各监督小组通过听取情况汇报、查阅台账资料、开展调研暗访、搜集社情民意等方式，认真开展民主监督，提出意见建议59条。区政协以《民主监督报告》提交区委、区政府及相关部门并督促整改，有力助推全区中心工作。

围绕转型深入调研　区政协八届四次会议凝聚全体委员智慧和共识，提出《加快要素市场化配置综合改革推动富阳经济转型升级》全会建议案。区政府认真办理，成立资源要素市场化配置改革工作领导小组，出台改革实施方案和《亩产效益综合评价办法》，在鹿山街道试行规下企业评价工作，开发软件评价系统，资源要素市场化配置综合改革扎实推进。围绕"智慧经济"一号工程组织主席会议视察，外出学习云栖小镇、梦想小镇等建设经验，现场督察重点项目推进情况和特色小镇建设，形成《让特色小镇成为富阳转型发展示范区》的视察报告，相关建议得到区政府、开发区的重视和采纳。围绕农村电子商务发展等转型升级的重要问题，开展课题调研，提出针对性建议，为区政府制订出台《关于进一步加快电子商务发展的若干意见》所吸收。

积极助推城市治理　以"智慧城市建设"为切入点，充分借鉴国内先进城市经验，就我区智慧城市顶层设计等亟待解决的问题建言献策。高度关注城区农贸市场规划不到位、市民需求不满足的突出问题，提出尽快改造提升老市场、合理规划布局新市场等建议。围绕地下管线信息系统建设、生活垃圾分类处理等难点问题开展建言献策。区政府成立管线办，出台相关实施意见，对城区22平方千米范围开展地下管线普查试点。区城市管理部门积极推广废旧衣服回收箱和垃圾智能回收平台，提升垃圾分类处理水平。

着力推动法治建设　通过提案建议，推动区政府出台《关于深入推进依法行政加快建设法治政府的实施意见》。围绕行政审批制度改革、户籍制度改革等热点，开展专题视察，提出精简审批事项、推进中介纳管、深化网上服务等27条建议。开展"深入贯彻'杭法十条'加强和完善法律服务体系建设"课题调研，就进一步推动法律服务资政、助企、惠民提出建议，并在杭州市政协常委会上发言。

三、聚焦热点竭智尽力，促进民生福祉持续改善

常委会始终坚持政协的"人民性"，注重围绕关系群众切身利益的社会事业、生态文明、文化建设等开展协商议政。

持续关注民生热点　确定"深化医药卫生体制改革"和"加强食品安全管理"这两个与人民群众身体健康、生活幸福息息相关的课题开展民主议政。在学习考察、深入调研的基础上提出具有针对性和可操作性的建议，分别形成一个主报告和若干子课题的调研成果。区长黄海峰等领导应邀参加民主议政会，与委员面对面交流和探讨，高度重视并采纳落实相关建议。针对电力服务这个关系发展和民生的重要工作，对区供电公司2014年以来服务发展、服务企业、服务民生情况开展民主评议，采取听、看、访、谈、查、评及媒体、网络等渠道征集各方意见，立足于帮助查找存在问题、帮助解决实际困难、帮助呼吁有关工作，督促整改落实，助推供电事业良性发展。开展应对新高考模式、职业教育规模化、解决外来务工人员子女就学、社会慈善组织建设等专题调研，不断为改进民生建言献策。

助力打造美丽富阳 与省、市政协联动，深入开展“五水共治”长效机制建设专项民主监督，建立“5+19+23”的专项监督工作机制，点面结合、突出重点、注重实效，以暗访为主，共发现问题点43处，以视频短片、图文意见等形式与区政府开展专题协商。截至目前，43处问题点已整改29处，其余14处正在整改中。开展“两路两侧”“四边三化”专项整治监督，助推我区“三改一拆”和“无违建”创建。通过提案办理和视察监督，推进农业投入品废弃物集中治理。扎实开展富春山居精品线路建设、发展乡村旅游等课题调研，为美丽富阳建设出谋划策。积极参与名品茶建设与推广工作，促成依江路茶叶一条街开市。

着力推动文化繁荣 调研古镇古村落保护、黄公望隐居地文化陈设等工作，着重就保护精神家园、留住富阳的乡愁和文化之根、提升公望富春文化品牌等提出建议。面向未来，持续推动青少年艺术教育，举办第二届“孙过庭奖”中小学生书法比赛；选送16幅作品参加省第四届“兰亭奖”，获得小学低段组一等奖1名。《富阳石刻遗存》获杭州市政协优秀文史图书评选二等奖。征编出版《当代富阳名人》。

四、充分发挥协商民主优势，强化各界政治参与

常委会注重发挥政协协商优势，持续推动社会各界和基层群众依法有序扩大政治参与。

规范协商工作机制 会同区委、区政府制订出台年度协商计划和民主监督计划。协助区委出台《关于加强和改进人民政协参政议政的意见》。制订《政协杭州市富阳区委员会意见建议办理反馈制度》并由区委办、区政府办、区政协办联合发文，完善政协建言献策、民主监督等意见建议的办理反馈，推进政协履职成果的有效转化。

开展多层协商活动 在政协八届四次会议期间，就“一府两院”工作报告、计划、财政等报告进行协商。就2015年区政协重点履职工作计划与区委、区政府开展专题协商。围绕区委关于制定“十三五”规划的建议和区政府关于“十三五”规划纲要编制，区政协广泛发动各界别小组和党派团体开展专题调研、座谈交流，召开常委会议与区委、区政府专题协商，提出相关意见建议80条，被《建议》和《规划纲要》较好吸收。区政协各专委会与相关党政部门加强联系交流，围绕企业职工工资集体协商等一些重要专业性领域性问题开展对口协商，推动企业工资集体协商条例的制订。

加强提案办理协商 八届四次会议共收到政协委员和政协各参加单位提交的提案形式的意见建议216件，立案171件，交60个部门(单位)承办，已全部办理答复完毕。认真开展大会建议案、重点提案办理协商，对综合性提案、合并提案开展提案人、承办单位、督办单位三方协商办理。“乡镇工业功能区整合提升”等10件重点提案得到认真办理。如针对“大力推进城区停车市场化的建议”，相关部门在城区新建1150个停车位，并积极引进社会力量建设虎山停车场；针对“加快发展健康服务业，促进产业转型和民生改善”的提案，有关部门组织申报杭州市健康服务业试点，富春药谷列入杭州市首批特色小镇。

推进基层协商民主 继续在全区各乡镇(街道)组织开展基层协商民主。大源镇“杭派民居”项目，通过民主推选协商小组、深入调研焦点问题、民主协商分房方案等，助推一期项目顺利实施；富春街道、春江街道、场口镇联合开展鹿山社区改造提升民生工程联动协商，有效破解该区块土地归属复杂、政策处理难等矛盾，不但推进了民生工程顺利实施，还探索建立了基层协商联动机制；上官乡政协工委连续三年开展羽毛球拍行业性工资集体协商，促进了职工队伍稳定和行业健康发展。对我区近几年基层协商优秀案例和相关理论研究、政策文件等汇编成《基层协商民主集粹》，将有效提升我区政协基层协商民主制度化、规范化水平。

五、广泛开展团结联谊，促进社会和谐稳定

常委会始终把握团结和民主两大主题，为协调各方关系、维护社会和谐发挥积极作用。

开展“走亲富商”活动 组织政协委员分四组赴北京、天津、上海、广州、深圳等地，开展“走亲

富商”活动。拜会所在地浙江商会、富阳商会6家，参观富商企业17家，召开相关推介会、座谈会8次，走访慰问在外富商近300人，征集到52条意见建议和16项招商信息，积极为吸引富商回归发展牵线搭桥、献策出力；建议并推动首届富商大会召开。

深入推进各方合作　加强同民主党派、工商联、人民团体和无党派人士的团结合作，在大会发言、集体提案、课题调研、民主议政会等工作中充分发挥他们的人才、智力优势。开展政协委员“送文化、卫生、科技、教育、法律、体育下乡活动”11次，受到基层群众欢迎。发挥委员优势广泛开展公益活动，如卢祝靖委员牵头的“全民爱心行动”，向西部贫困地区捐赠衣服17000余件。认真做好茶文化研究会、政协联谊会工作。组织政协书画院画师赴福建、安徽等地交流。

促进各界团结和谐　加强对少数民族村和聚居村落的联系指导。帮助双江村策划罗隐文化、畲族文化、绿色农业的综合挖掘与项目设计，在春江街道“少数民族之家”开展联谊活动。深化同港澳台同胞和海外侨胞的团结联谊。加强与宗教团体、宗教界委员的联系交流，倾听他们的呼声和建议，协助党委、政府对宗教场所标识进行规范。

六、落实“三严三实”要求，扎实推进自身建设

常委会紧紧抓住“三严三实”专题教育契机，持续改进作风、提升能力。

深入开展专题教育　把“三严三实”专题教育作为转变作风、推动履职的重要抓手，严格要求、精心部署，高标准抓好各个环节工作。深入开展专题学习研讨，向社会各界广泛征求意见建议，高质量地开好专题民主生活会。严格执行中央八项规定和省市委有关规定，巩固党的群众路线教育实践活动成果。坚决贯彻《中国共产党廉洁自律准则》和《中国共产党纪律处分条例》，严守政治纪律和政治规矩。

提升委员履职能力。认真实施《政协委员届中调整实施办法》，打通委员进出通道。组织开展新任政协委员和特聘委员培训。举办政协讲坛2期；举办政协读书会，邀请中国战略文化促进会常务副会长、第十一届全国政协委员罗援少将作《我国周边安全环境及软实力建设》报告和区长黄海峰作政情通报，促进委员知情明政，提升政治把握能力、调查研究能力、联系群众能力、合作共事能力。

切实加强机关建设。学习贯彻《中国共产党党组工作条例》，加强政协党组和领导班子建设。完善区政协领导联系委员制度。成立政协机关党组，加强机关党的组织建设。加强专委会建设，坚持专委会与党政部门对口联系协商制度，将委员学习和联络工作委员会调整为委员工作委员会。注重宣传和理论研究。广泛宣传政协履职成果。《基层协商民主视阈下的政协履职能力建设》等三篇论文在省政协理论研究会征文中分获一、二等奖和优秀奖。

各位委员，各位同志！过去一年我们所取得的成绩，是中共富阳区委正确领导和省、市政协有力指导的结果，是区人大常委会、区政府大力支持的结果，是区级机关各单位、各乡镇（街道）和社会各界大力支持帮助的结果，是区政协各参加单位和广大政协委员共同努力、辛勤工作的结果。在这里，请允许我代表区政协常委会，向关心、支持、参与政协工作的各位领导、同志们、朋友们致以崇高的敬意和衷心的感谢！

我们也清醒地认识到，对照中央和区委的要求、广大群众的期待，常委会工作还存在不足，比如：专委会和界别小组的对口协商有待加强；民主监督的实效有待提升；委员知情明政渠道不够畅通，履职能力仍需提高；调查研究工作需要改进，议政建言和提案的质量有待提高，等等，希望广大委员和列席同志提出宝贵意见，以使常委会更好地改进和做好工作。

2016年工作思路

2016年是富阳全面实施“十三五”规划的开局之年，也是本届区政协的届末之年。在新的一年里，区政协要深入学习贯彻中共十八大、十八届三中、四中、五中全会和习近平总书记系列重要讲话精神，按照中共富阳区委十三届十二次全会部署，以“四个全面”为统领，牢固树立创新、协调、绿色、开放、共享的发展理念，牢牢把握团结和民主两大主题，围绕加快与主城融合发展、服务G20、“十三五”开好局起好步，切实强化政治协商、民主监督、参政议政职能和团结统战功能，充分发挥政协协商民主重要渠道和专门协商机构作用，进一步提升政协履职水平和实效，为描绘好富春山居新画卷做出新的贡献。

根据上述总体要求，重点做好以下六个方面的工作：

一、助推改革发展促进共识共为

始终不渝坚持中国共产党的领导，牢牢把握政协工作的正确方向，引导广大委员进一步学习贯彻中共十八大和十八届三中、四中、五中全会精神，领悟新要求，把握新部署，适应新常态，不断夯实团结奋斗的共同思想政治基础。牢固树立“创新、协调、绿色、开放、共享”发展理念，把助推“十三五”规划实施作为履职重点。紧紧围绕加快与主城融合发展、助力服务保障G20峰会等中心工作，精心组织履职活动。认真总结八届政协事业蓬勃发展的实践和经验，在区委的领导下，以高度的政治责任感做好政协换届、委员协商提名等工作，为下届政协工作的良好开展打下基础。

二、推动政治协商更加民主规范

自觉把协商民主贯穿政协履职全过程，更好发挥政协作为协商民主重要渠道和专门协商机构的作用。进一步优化协商选题，丰富协商内容，创新协商方式，认真组织实施年度协商计划。围绕“一府两院”工作报告开展全体会议协商；围绕加快与主城融合发展提升城市规划建设管理水平、贯彻落实“中国制造2025”提升富阳先进制造业开展常委会议专题协商；针对新一年村级组织换届的实际，选取加强农村基层组织建设等议题开展主席会议重点协商；围绕推动低效土地二次开发、社会保障制度规范化建设等专业性议题开展对口协商和界别协商；深入推进基层协商民主，继续指导乡镇(街道)开展基层协商民主活动；深化提案办理协商。完善协商成果采纳落实和反馈机制，推动协商成果更好地转化为党政决策和社会共识。

三、强化民主监督务求精准有效

紧紧围绕推动党委政府重大决策部署落实和社会民生问题，组织实施年度民主监督计划，着力提高民主监督的有效性。深入开展“五水共治”专项集体民主监督，助推治水重点项目和长效机制建设；狠抓“两路两侧”“四边三化”整治和大气环境治理专项民主监督，推动环境持续改善提升；围绕重点交通项目推进、美丽乡村精品线路建设等开展常委会议、主席会议视察监督；围绕城区污水处理设施建设、海峡两岸交流基地深化提升、医药卫生体制改革深化推进等专业性问题开展对口监督；继续选择1个窗口单位，围绕提高服务保障水平开展民主评议；组织委员参与行政执法监督、政风行风监督等联合监督活动。进一步加强和改进社情民意报送工作，畅通委员反映民情民意的渠道。

四、改进参政议政体现智慧品牌

认真贯彻市委、区委《关于进一步加强和改进人民政协参政议政的意见》，以提高制度化、规范化、程序化水平为重点，组织实施年度参政议政计划。进一步提高调查研究的组织化、科学化水平，切实抓好重点课题的调研。落实好“政协意见建议办理反馈制度”，促进议政成果有效转化。持续打响民生系列议政品牌，就提升富阳体育产业事业发展等民生热点问题组织开展民主议政，积极为党政决策建言献策。不断提高提案质量，健全交办、办理、督办提案协商机制，组织开展政协八届一次会议以来政协建议案、重点提案办理落实“回头看”，健全提案办理民主评议机制，进一步提高提案办理的落实率。加强与区级媒体的合作，充分运用政协网站、公众微信等载体，拓展议政平台，汇聚各方智慧。

五、深化团结联谊凝聚各方能量

坚持中国共产党领导的多党合作和政治协商制度，进一步为民主党派、工商联和无党派人士在政协发挥作用搭建平台，创造条件，健全联动配合和联谊联络工作机制。引导和支持宗教界政协委员发挥作用，助推依法管理宗教事务。深化富商走亲活动，开展“文化走亲”“科技走亲”，团结在外富阳籍文化、科技、教育界人士积极为家乡发展献计出力。加强港澳台和对外交往工作，发挥海峡两岸交流基地作用，促进经济文化交流合作。不断创新“六下乡”活动的方法和载体，组织引导委员发挥特长优势，参加慈善公益活动。围绕G20峰会召开和筹备亚运会，积极参与环境整治提升、社会矛盾化解、市民素质提升、志愿者服务，展示政协组织和政协委员良好形象。做精做深文史工作，开展龙门古镇文化挖掘和保护申遗工作调研，征编出版《富阳方言》并制作成视频专题片。筹划推动郁达夫纪念馆建设。

六、坚持强本固基狠抓能力建设

不断探索推进履职能力现代化，优化“政协读书会”“政协讲坛”等学习平台，加强委员经常性学习培训，结合履职活动抓好骨干委员、民主监督员的专题培训，提高培训的针对性和实效性。优化委员管理服务，科学安排委员履职活动，扩大委员履职参与度和均衡度；完善委员考核和评优评先机制，激发委员履职活力。坚持政协领导和专委会走访联系委员制度。加强界别工作，增进与界别群众的联系，完善界别民意形成和表达机制，增强界别的代表性和凝聚力，发挥界别的特色作用。加强政协机关建设，严格政治纪律和组织纪律，不断改进工作作风。继续探索政协工作向基层延伸的有效方法和途径，充分发挥政协在基层民主协商中的独特作用，深化与乡镇（街道）的联系、联谊、联动，形成履职合力。进一步做好政协理论研究、信息宣传、信息化建设等工作，增强工作实效。

各位委员，新征程新使命。让我们紧密团结在以习近平同志为总书记的中共中央周围，高举中国特色社会主义伟大旗帜，在中共富阳区委的领导下，解放思想，开拓创新，发扬民主，增进团结，为高水平全面建成小康社会、为早日描绘好富春山居新画卷而不懈奋斗！

【责任编辑　骆关水】

特 辑

·融杭发展·

2015年2月15日，杭州市委、市政府举行富阳撤市设区授牌仪式，富阳市正式变为富阳区，成了杭州面积最大、也是最年轻的一个区。

富阳地处钱塘江上游，是杭州的水源地。区委、区政府在推进融杭发展中始终把“一江清水送杭城”作为前提，把“五水共治”作为富阳融入杭州主城区核心抓手之一。区委、区政府强化对“五水共治”的领导、统筹、协调力度，区人大、政协保持“一线”状态，在“五水共治”工作中发挥“一线”作用，进一步落实和完善“河长制”，构建区、乡镇(街道)、村三级治水网络，实行“一河一方案”，有针对性地开展整治，推进流域治理，加快水质改善。加大投入抓治水，制定“五水共治”三年行动计划(2014—2016年)，进一步明确了“五水共治”的时间表、路线图和目标值，三年共安排“五水共治”项目资金100.20亿元。同时，按照统筹推进城乡治水要求，积极开展创建省级“清三河”达标县工作，基本完成黑臭河整治。按照规划引领、因地制宜、分类指导、有效治理和长效运行的要求，以截污到位、质量到位和达标排放为重点，农村生活污水处理工程建设已基本实现了全覆盖。全面启动城区“污水零直排区”建设，两年累计完成城区30千米污水管网建设。

传统污染企业的转型升级是富阳由县域经济向都市经济转轨的必然。针对传统产业“低小散”问题，富阳区以治污水为突破口，推进省市高度关注的造纸行业整治提升工作，积极推进江南循环经济示范区建设。造纸企业整合至80家以内，组建了3家造纸集团，富春环保·东顺集团10万吨高档生活用纸项目启动。同时，加快推进电镀、化工、印染等其他三大重污染、高耗能行业专项整治。推进铜冶炼、建材等传统行业规模化、绿色化、特色化发展，基本完成彩钢、球拍等行业整治。

为接轨杭州都市经济，富阳以国家级富阳经济技术开发区为主平台，培育壮大信息技术、高端装备、生物医药、特色金融、电商物流五大新兴支柱产业。京东智慧物流基地、大华智慧产业园、千岛湖引配水工程等120个项目开工建设，富春硅谷一期、瑞利科技、华日冰箱等102个项目竣工投用。引进中国智慧体育产业基地、首创奥特莱斯、龙晖水上乐园、中民筑友等优质项目26个，签约金额达320亿元。全年实到内资87.90亿元、外资2.82亿美元。举行首届富商大会，浙商创业创新到位资金33亿元。2015年，高新技术产业销售产值、高新技术产业增加值、战略性新兴产业增加值、装备制造业增加值增幅均居杭州地区前列。

富阳对接杭州“两区”建设和钱塘江生态经济带布局，硅谷小镇、药谷小镇分别入选省第一批、第二批特色产业小镇创建名单，黄公望金融小镇纳入钱塘江金融港湾的组成部分。同时，中国(杭州)跨境电子商务综合试验区富阳园区正式开园，这也是跨境电商综试区线下第九个园区。富阳在国家级富阳经济技术开发区的银湖新区和东洲新区，设立跨境电商综试区富阳园区两大核心产业园，园区总规划面积11.30平方千米。按照杭州“综试区”建设的部署要求，富阳掀起了发展跨境电商的热潮，正式启动全国首批跨境电子商务B2B出口业务试点，杭州富阳保税物流中心(A型)也成功获批。

对于富阳融入杭州主城区，杭州市委、市政府提出了“一年启动，两年实施，三年融合”的目标，为此，富阳区委、区政府提出社会保障、规划管理、财政体制“三个先行”的思路，并把民生保障放在优先位置，推进各项社会事业的发展。职能部门梳理了撤市设区相关民生政策，共涉及民生类项目40个，其中14个项目与杭州市标准已同步，其余26个为增资项目。撤市设区的第一年，富阳新增财政资金1.20亿元，用于保障民生项目同城并轨。到2015年11月底，城乡居民养老保险基础养老金、企业退休人员一次性生活补助金、失业保险金等25个项目已实现与杭州市标准同步，受益群众达到20万人，其中困难弱势群体受益达到6万人(次)，仅基础养老金标准提高一项受益人数达4.80万人。

总投资约6.55亿元的富阳区医疗卫生中心工程，占地11.13公顷，总建筑面积13.08万平方米，包括区第一人民医院、区疾病预防控制中心、区卫生监督所、杭州市“120”急救中心富阳分中心整体迁建4个分工程，被确认为浙江省A类重点工程项目，也是富阳历史上投资规模最大、占地面积最多、建设标准最高的医疗卫生项目。

撤市设区后，富阳区与杭州主城区优质教育资源的也在融合，以东洲区块中小学为试点，东洲中学与北师大附属杭州中学、东洲中心小学与杭州市学军小学、东洲中心幼儿园与杭州市胜利幼儿园成为联盟学校，推进结对学校在教育合作、优化办学、引进资源等多个层面的深度合作，缩小与主城区的教育差距。

区人社局调整出台社保权益互查互认、提高城乡居民基本医疗保障水平、提高城乡居民基本医疗保障水平、加大困难人员医疗求助力度、建立商业保险远程诊疗会诊系统、提高城乡居民基本养老保险基础养老金标准、提高企业退休人员一次性生活补助金、鼓励被征地人员转保、职工基本医疗保险可提前补缴等9项社保民生政策。

在新农村建设上，富阳以撤市设区为契机，坚持“兼田园之美，具城市之利”的发展理念，推进农村基础设施建设，因地制宜建设了一大批有“乡愁味”的美丽乡村，如洞桥镇文村、场口镇东梓关村、龙门镇、大源镇望仙畈村等。

2015年5月1日起，320国道杭富收费站停止收费。3个月后，该收费站被拆除。

（傅　伟）

·一江清水入杭城·

2015年，全区以产业结构调整为治水根本，由区四套班子主要领导担任河长，区级部门包干河道，实施方案到河、责任到人，全力保障一江清水入杭城。2012年至2015年，累计投入治水资金超百亿元，富春江干流常年保持II类水质，跨县域交接断面水质省政府考核等级，从2012年的合格、2014年的良好，提升到2015年全年优秀，为十年来首次。总磷等部分指标出境水质优于入境水质。全区6个集中式水源地达标率100%，12个地表水监测断面达标率100%。全区10条主要支流无劣V类水质。城区河道水质从整治前的劣V类提升至IV水平，乡镇级河道劣V类断面从44个下降至10个左右。顺利通过国家级生态区创建考核验收。

2012年至2015年，造纸产业累计减少产值200余亿元、税收10余亿元，累计关停淘汰造纸企业126家、整治提升95家、搬迁入园16家。2015年底，全区有造纸企业111家，其中正常生产98家，吨纸排水量从20吨降为8吨，废水重复使用率由48%提高至68%，废水排放总量减少6400余万吨，削减48%；COD排放总量减少5200吨，削减49%；氨氮排放总量减少190吨，削减47%。直接影响或减少从业人员10万余人，社会面保持总体平稳，未发生因企业关停淘汰引发的群体性事件。完成电镀、化工、印染等三大重污染、高耗能行业专项整治，淘汰落后电镀、印染、化工企业78家，建成投运废塑料集中处置中心14个、污泥综合处置项目7个，日处置能力分别达5330吨、7900吨。133家企业完成刷卡排污设施安装并投运。顺利通过省重污染、高耗能行业解挂督查工作。

建设城区“污水零直排区”，累计投入6亿元，完成城市内河截污纳管、排水防涝等规划方案编制，开工建设城市污水处理厂四期等重大工程项目5个，建成投运场口污水处理厂、城区污水管网40余千米，完成管网清疏160余千米，改造供水管网41千米，新增农村饮用水受益人口7900人。10条城市内河中7条完成截污，基本实现城区“中雨不积水、大雨少积水、暴雨短积水”目标。

开展省级“清三河”达标县创建工作，完成“垃圾河”治理13条217.40千米、“黑臭河” 11条161.40千米。投资13亿元，加快推进241个行政村农村生活污水处理工程，受益农户10.60万户。创新探索以环保酵素为代表的农村生活垃圾处置三化新模式，垃圾分类生态降解试点工作覆盖8个乡镇19个行政村。有序开展畜禽养殖三年整治行动，累计整治畜禽养殖386家，削减生猪饲养8.50万头。荣获2015年“全省农村生活污水工作先进县市”称号。

开展治水监管专项行动，对环境违法企业采取曝光、停电、停水、停贷等措施，提高企业违法成本，增强企业环保责任意识。两年立案查处违法企业380家，累计处罚金额1600余万元，移送公安机关20件。率先在全省开展“五水共治—寻找污染源”媒体曝光和大学生村干部治水等行动，聘请“民间河长”志愿者巡查监督，开展“万人清理垃圾河”等活动，党员干部和志愿者自发参与护水行动5万余人次，累计整改曝光水污染问题100余起，清理河道垃圾2000余吨。

推进排污权交易机制建设，在完成13家试点造纸企业排污权初始交易工作基础上，审核完成4批、112家企业排污权初始交易初审工作，开展排污权抵押贷款工作。创新旱地改造水田技术，获得国家发明专利和实用新型两项专利。运用“互联网+智慧水务”模式，建立全区“五水共治”物联网管控平台，实现污水治理、监测的智慧化管理。在86个农村生活污水监控站、93个山塘水库、4个水文站和30家排污企业，安装监控设备311个，通过水环境在线监测系统，采用全数字化通讯，实现对终端处理池出水COD、氨氮和总磷等指标进行实时监测。管理人员24小时进行实时监控，通过地图动态显示、人声报警及APP推送等形式实时反馈问题。

（王亦然）

·抗日战争胜利70周年系列纪念活动·

2015年是抗日战争胜利70周年，富阳举行了系列纪念活动。

2015年6月4日下午，在新登中学教学楼四楼会议室，举行了富阳区纪念抗日战争暨新登战役胜利70周年座谈会。原北京军区副司令(中将)、粟裕大将之子粟戎生，曾参加过新登战役的新四军老战士温金林，新四军老虎团第1任团长王必成之女、原总参三部大校王苏炎，新四军老虎团第3任团长刘别生之子刘新等老革命及后代，以及上海新四军历史研究会、富阳区宣传部、史志办、教育、文广新局、关工委等部门同志40余人参加，老同志们参观了新登战役纪念碑，还在新登中学、贤明中学举办抗战主题报告会及文艺演出。

8月29日上午，富阳区会同省作协举办郁达夫烈士殉难70周年纪念座谈会，中国作协，省、杭州市文联，作协和有关专家、学者、郁氏家属、东南亚文化界代表、有关南行文化人后裔代表等300人出席活动。8月30日上午，“作家与时代”文学研讨会举行，来自中国作协、省杭州市文联以及北京大学、上海华东师大、浙江大学、浙江师范大学等国内高校的专家、学者、作家、富阳区作协部分会员等约40余人，参加研讨。活动期间，《抗战中的郁达夫》《郁达夫新加坡文集》等一批影视作品相继面世。

9月2日上午，在侵浙日军投降仪式旧址——富阳受降村受降厅，举办浙江社会各界纪念中国人民抗日战争胜利70周年主题活动，抗战老战士、老同志、国民党抗日老兵代表，机关干部、解放军及武警部队、公检法干部、大中小学生及市民代表等近500人参加。受降厅是当年全国16个受降点之一、全国爱国主义教育示范基地，2014年8月起，富阳投资6600余万元，扩建成抗日战争胜利浙江受降纪念馆，项目占地2.89公顷，总建筑面积2600平方米。展馆包括侵略暴行、不屈抗战、胜利欢庆、接受投降、审判战犯5部分内容。

（王倩倩）

·编制“十三五”规划纲要·

2014年9月，富阳成立“十三五”规划编制工作领导小组并印发工作方案后，区发改局正式启动富阳区“十三五”规划纲要编制工作。为充分掌握全区经济社会发展的实际情况，区发改局通过乡镇实地调研和各领域部门座谈交流的形式，集中开展“十三五”规划纲要前期调查，并对战略方向和目标定位、多规融合、空间布局、城市建设管理、经济增长动力、基础设施建设、生态文明发展路径、投融资模式创新八大问题进行深入研究。富阳区委、区政府对制定“十三五”规划工作高度重视，区四套班子主要领导先后多次听取区发改局关于“十三五”规划纲要编制工作的情况汇报，多次提出具体的指导意见，推动“十三五”规划编制工作的顺利完成。2016年1月19日，富阳区第十五届人民代表大会第五次会议审议批准《杭州市富阳区国民经济和社会发展第十三个五年规划纲要》。

2014年9月，富阳“十三五”规划纲要编制工作正式启动，通过开展实地调研和部门座谈交流等形式，集中开展“十三五”规划纲要前期调查，在充分听取乡镇街道和有关部门的意见和建议的基础上，形成了城市转型、经济转型、政府转型三大调研报告，对富阳“十三五”时期将面临的八大问题进行深入研究。2015年7月底形成“十三五”规划基本思路。2015年7—8月，利用区内主要新闻媒体和互联网新媒体，向社会各界征集“十三五”规划金点子。2015年8月启动“规划纲要”起草工作，2015年10月上旬形成“规划纲要(初稿)”。“规划纲要(初稿)”形成后，区政府多次进行专题研究讨论，结合国家、省“十三五”规划建议精神，对“十三五”规划纲要进行修改完善。12月上旬，组织乡镇(街道)、区级部门进行研究讨论，并结合杭州市“十三五”规划建议(征求意见稿)，对“十三五”规划纲要进行了修改完善。2015年12月中旬后，“规划纲要(征求意见稿)”向区四套班子领导、“两代表一委员”、区级机关相关部门、乡镇街道等社会各界征求意见，并召开专家论证会征求了省、市专家意见，并及时做好与省、杭州市规划纲要之间的衔接。

在规划编制中着重把握五个方面：一是把握杭州新城区建设导向。“十三五”规划纲要作为富阳撤市设区后的第一个五年规划，着重体现从融入到融合的转变要求，立足杭州新城区的新起点，发挥特色优势，着力实现交通、产业、城乡、民生、环境、政策等全方位同步和融合，努力推动富阳在杭州城市国际化进程中发挥重要作用。二是顺应信息革命和产业变革趋势。随着信息技术革命的加快推进，新产业、新业态、新模式纷纷涌现，需要突出信息智慧主题，坚持创新驱动，着力加快产业结构调整步伐，推动县域经济发展模式向都市经济发展模式转变。三是充分对接国家、省市重大战略举措。“十三五”时期，迎来各层级重大战略叠加推进要求，需要积极对接国家一带一路、长江经济带，钱塘江金融港湾、城西创新大走廊，以及G20峰会、亚运会和国家自主创新示范区、跨境贸易电子商务综合试验区等重大战略举措，实现借力发展、跨越发展。四是充分落实新型城镇化推进要求。随着区域发展方式加快从规模粗放型向质量效率型转变，新型城镇化更加注重以人为本、走集约精致的发展道路，需要把握好空间管控、规模约束、产业支撑要求，坚持有所为、有所不为，突出重点，着力提升城镇建设管理水平。五是充分体现战略性、指导性、可操作性。“十三五”规划纲要作为五年经济社会发展的总纲领，需要体现承前启后的战略性要求，也需要明确未来五年经济社会发展的顶层设计，更需要确立发展重点和实施抓手，要围绕战略定位、奋斗目标，以重大工程为统领，以重大平台、重大项目、重大改革支撑全区经济社会融合发展、转型发展。“规划纲要”对富阳撤市设区后“十三五”发展战略目标进行了高度概括，既体现富阳发展的特色内涵，又体现与杭州的关系。根据区委“建议”，明确“十三五”时期的战略定位为“智慧山水城、都市新蓝海”。

“‘十三五’规划(草案)”分为九章，第一章是“十三五”时期的发展基础和背景；第二章是“十三五”时期的指导思想、战略定位、发展原则、总体要求和奋斗目标，是统领性的；第三章至第八章是“十三五”规划的六个主要任务，以“四个重大”体系中的重大工程为引领，提出经济社会发展重点突破方向，包括科技创新驱动、城市功能提质、产业转型升级、民生共建共享、美丽富阳建设、治理能力提升等方面，与区委“建议”基本对应；第九章提出“十三五”规划实施保障。

根据国家、省、杭州市“十三五”规划纲要指标体系，结合富阳区实际，设置了既与上级相衔接，又体现富阳区特色的“十三五”规划纲要指标体系。指标体系由经济发展、创新驱动、民生福祉、生态文明4大类36个主要指标组成，其中约束性指标19项，均与上级规划相衔接。与“十二五”规划相比，新增加指标16项，减少指标8项。其中，新增加指标为：五大新兴产业增加值、全社会劳动生产率、互联网普及率、新增劳动力平均受教育年限、城镇常住人口保障性住房覆盖率、每千名老年人口拥有养老床位数、每千人口执业(助理)医师数、新增建设用地、万元生产总值耗地量、单位生产总值综合用水量、非化学能源占一次能源消费比重、单位生产总值二氧化碳排放量、森林覆盖率、细颗粒物(PM2.5)浓度下降、空气质量优良天数比例、河流Ⅰ～Ⅲ类水质断面比重等。减少指标为：高等教育毛入学率、人口自然增长率、职工基本养老保险参保人数、城乡居民社会养老保险参保人数、职工基本医疗保险参保人数、城乡居民社会医疗保险参保率、耕地保有量、城市污水集中处理率。

为了提高规划可操作性，国家、浙江省层面提出了重大工程、重大项目、重大政策三个重大体系，杭州市在此基础上提出了重大项目、重大工程、重大政策和重大平台四个重大体系(其中重大工程主要包括政策、项目、工作三类)。根据国家、省、市有关要求，结合富阳实际，提出了重大工程、重大平台、重大项目、重大改革的“四个重大”体系，涵盖工作任务、平台载体、项目支撑和体制机制建设各方面。将“四个重大”作为“十三五”规划纲要主要抓手，通过“四个重大”体系的实施，推动“十三五”规划纲要落实。重大工程为科技创新驱动工程、城市功能提质工程、智慧经济引领工程、民生共建共享工程、美丽富阳推进工程和治理能力提升工程六大工程，引领经济社会发展六个方面主要任务。重大平台为“一带一城三区”。其中，“一带”为富春创新创业带(沿320国道—高尔夫路—江滨东大道—富春江，串联硅谷小镇、高教园、高新园区、黄公望金融小镇、东洲电商物流小镇)，“一城”指鹿山新城，“三区”为新登产业区、场口智造区、江南转型区。根据《富阳区重大项目管理暂行办法》(富委办〔2009〕187号)规定，梳理了一批重大项目，包括基础设施建设、生态环保、社会民生、产业转型升级、城乡统筹发展五大领域。五大改革为资源要素市场化配置改革、服务型政府建设配套改革、现代社会治理配套改革、统筹城乡发展配套改革、城市治理模式改革。

“十三五”时期，拟安排建设245个重大项目，总投资1810亿元，“十三五”计划投资1334亿元。其中，基础设施类项目54个，总投资618亿元，“十三五”计划投资433亿元；生态环保类项目19个，总投资73亿元，“十三五”计划投资54亿元；社会民生类项目41个，总投资147亿元，“十三五”计划投资127亿元；产业转型升级类项目91个，总投资882亿元，“十三五”计划投资665亿元；城乡统筹类项目40个，总投资90亿元，“十三五”计划投资65亿元。

·特色小镇创建·

2015年浙江省人民政府工作报告提出“以新理念、新机制、新载体推进产业集聚、产业创新和产业升级”打造特色小镇，并将特色小镇创建工作列入全省“2015年重点工作”之一，并出台了《浙江省人民政府关于加快特色小镇规划建设的指导意见》(浙政发〔2015〕8号)。根据《意见》精神和省、市对特色小镇创建的统一部署和创建要求，富阳区委区政府以“新理念、新机制、新载体推进产业集聚、产业创新和产业升级”为目标，紧扣富阳七大万亿级产业，聚焦前沿科技、新兴业态及高端装备制造等，根据富阳的产业特色和发展潜力进行优化布局，探索产异化发展路径，避免结构趋同，提升竞争实力，谋划了一批特色小镇，积极开展省、市级层面的特色小镇申报工作。

富阳区委区政府专门成立了富阳区推进特色小镇建设工作领导小组，并由区长任领导小组组长，分管区领导担任副组长，下设办公室在发改局。领导小组明确有关工作职责，落实责任主体，分解目标任务，确保小镇各项工作的顺利开展。2015年8月，由区发改局牵头完成了《富阳培育建设特色小镇思路与对策研究》课题调研，提出坚持聚焦产业、凸显特色、市场运作、产镇融合、梯度培育，科学选址，合理规划原则，形成资源要素均衡配置、文化生态均衡发展、融资渠道均衡配比、职居空间均衡规划的特色小镇创建格局，培育一批产业优势突出、文化特色鲜明、生态环境优美、功能集成完善的精品特色小镇，按照“梯度培育、渐次推进”的原则，结合富阳产业特色现实基础和错位发展比较优势，分省、市、区三个层级培育创建12个特色小镇。其中重点做好硅谷小镇、药谷小镇、金融小镇、电商物流小镇、飞翔小镇、智造小镇、东梓关设计小镇等省、市级特色小镇的谋划创建工作。

2015年6月4日，富春硅谷小镇获批列入第一批省级特色小镇创建名单。硅谷小镇以信息产业为主导产业，依托银湖科技新城的优越地理位置和国家级开发区这一金字招牌，重点发展物联网、科技研发等高端产业。2015年12月1日，富春药谷小镇获批列入杭州市级特色小镇。药谷小镇依托夯实的医药产业基础和优美的自然山水环境，以海正药业为龙头，规划建设集医研、医造、医展、医疗、医闲功能于一体的医药制造专业小镇，致力于培育健康全产业链，优化产业结构，推动经济转型，打造全省乃至全国影响力的健康产业基地。

按照“政府主导、企业主体、市场运作”的要求，加快市场化运作步伐。截至2015年末，硅谷小镇完成年度投资18.76亿元，累计引进企业163家，实现税收0.82亿元，接待旅游人数130余万人次，集聚效益显现；富春药谷小镇实现合并营业收入32.50亿元，利税3.79亿元，完成年度投资13.12亿元。小镇创新团队和各类人才集聚，已引进国千人才4人，省千人才6人，115引智4人，外籍专家21人、海归6人、博士27人、硕士153人。同时，在特色小镇创建过程中，注重土地资源的集约节约，富春药谷小镇充分利用小镇区域内的低丘缓坡进行项目建设，海正药业项目66.67余公顷建设用地均为低丘缓坡用地。

在申报方案的基础上，积极完善规划。为确保小镇高标准建设，推动特色小镇健康可持续发展，硅谷小镇和富春药谷小镇分别邀请了有关设计单位组成设计团队，在申报方案的基础上编制完成了集总体规划、专项规划、城市设计于一体的行动规划。为不断优化小镇创业环境，区委区政府对小镇基础设施和公共配套投入不断加大。初步建成硅谷小镇范围内“两纵两环”主要道路框架，硅谷小镇至富阳行政服务中心、黄龙体育馆及滨江三条公交专线先后开通；小镇会客厅、银湖实验学校、银湖（人才）公寓重大配套工程有序推进；银行、超市、全季酒店、餐饮中心等商业配套逐步投用。

（陶益林）

·“富春山居　美丽乡村”建设·

按照“基础为本、洁净为先、环境为重、特色为优、文化为魂”的要求，以精品示范线路建设为重点，以建设提升特色（示范）村、历史文化村、风情小镇、杭派民居等建设亮点为基础，充分发挥统筹整合的倍增效应，打造“兼田园之美，具城市之利”的美丽乡村风景线。2015年美丽乡村建设项目614个，投入建设资金3.80亿元，其中财政补助2.40亿元。

新开展“美丽西郊、梦里银湖”精品线路、“孙权故里、激情场口”精品线路、“沙洲风情、都市农业”精品线路、“循环经济、转型发展”精品线路4条精品线路建设，合计建设项目184个，总投资15206万元，投入建设资金12248万元。

根据“杭派民居”的建设要求，确定大源镇大源村（望仙自然村）、场口镇东梓关村和新登镇秉贤村等三个村开展“杭派民居”示范村创建。共计建设“杭派民居”253户，规划面积78981平方米，建筑面积85977平方米，投入建设资金1050万元。

继续开展大源镇蒋家村省（第二批）历史文化村落保护利用重点村建设，新开展场口镇东梓关村省（第三批）历史文化村落保护利用重点村和场口镇红星村、场口镇上村村、湖源乡上臧村等三个省一般历史文化村建设，共有建设项目22个，投入建设资金1539万元。

全年共开展30个中心村培育建设，共有建设项目232个，投入建设资金15387万元；完成东洲街道陆家浦村、唐家坞村等10个精品村创建，共有建设项目91个，投入建设资金4154万元；完成王洲岛风情小镇（场口镇联群村）、桃源山居风情小镇（新登镇半山村）等2个风情小镇创建，共有建设项目25个，投入建设资金2072万元；完成银湖转型发展线、岩岭湖生态致富线和岩岭湖生态休闲精品区块建设，共有建设项目60个，投入建设资金1806万元。

（郎亚萍）

【责任编辑　陈炜祥】

大事记

1月

5日　省委第六巡视组巡视富阳工作动员会召开。

6日　“家在中国富春山”羊晓君隶书展在美国纽约中美艺术中心开幕，展出作品100余幅。

9日　市委第十三届十次暨十五届市政府六次全体（扩大）会议召开，审议通过市委《关于全面深化法治富阳建设的若干意见》。

14日　市委召开常委会议，传达学习中央经济工作会议、中央农村工作会议、全国组织部长会议精神。

26—29日　市政协八届四次会议召开，审议通过《中国人民政治协商会议富阳市第八届委员会第四次会议提案和初审情况的报告》《中国人民政治协商会议富阳市第八届委员会第四次会议建议案“加快要素市场化配置综合改革，推动富阳经济转型升级”》《中国人民政治协商会议富阳市第八届委员会第四次会议决议》。

27—30日　市十五届人大四次会议召开，表决通过关于富阳市人民政府工作报告，富阳市2014年国民经济和社会发展计划执行情况与2015年国民经济和社会发展计划，富阳市2014年财政预算执行情况和2015年财政预算的决议，通过关于富阳市人大常委会工作报告，富阳市人民法院工作报告，富阳市人民检察院工作报告的决议，通过市十五届人大四次会议议案和代表建议处理意见的报告。

2月

1日　“我们的中国梦——浙江书法家送‘福’进万家”活动暨富阳市灵桥镇新华村“浙江书法村”授牌仪式在该村举行。

2日　省市常委、宣传部长葛慧君到富阳考察浙江抗日战争胜利受降纪念馆项目推进情况。

8日　杭报集团文创大厦正式启用。

9日　市委副书记、市长黄海峰带队考察余杭未来科技城、临安青山湖科技城。

15日　富阳撤市设区正式授牌。授牌仪式上，杭州市领导龚正、王金财、张鸿铭、叶明、施彩华分别为中共富阳区委、区人大常委会、区政府、区政协、区纪委授牌，区领导姜军、汤金华、黄海峰、陆洪勤、胡光伟代表富阳接牌。

17日　杭州电缆股份有限公司挂牌上市，股票简称“杭电股份”，股票代码“603618”。

25日　区委常委会召开会议，传达学习杭州市委常委会专题研究富阳工作会议精神。

27日　区政府全体（扩大）会议召开。

3月

6日　全区工业强区建设推进大会召开。

11—12日　富阳区党政代表团到天津市河西区考察学习城市治理做法和经验。

14日　亚洲赛艇联合会主席、万科集团董事局主席王石一行到富阳考察。

17—18日　富阳区党政代表团到上海市普陀区学习法治建设做法和经验。

18—19日　区委副书记、区长黄海峰带队赴上海开展招商引资活动。

25—26日　富阳区党政代表团到深圳市南山区学习转型升级经验做法。

26日　杭州中泰深冷技术股份有限公司挂牌上市，股票简称“中泰股份”，股票代码“300435”。

30日　富阳公共自行车开骑。

4月

1日 省委常委、组织部长胡和平带领参加全省农村基层党建工作推进会人员到富阳实地考察农村基层党建工作。

是日 杭州市委副书记、市长张鸿铭到富阳考察。

2日 富阳召开“三学活动”专题会议（转型升级学南山、法治建设学普陀、城市治理学河西）。

是日 中央电视台《焦点访谈》栏目以《用“刚性”管理“任性”》为题关注报道富阳权利清单制度改革相关工作。

13—14日 省“三改一拆”和“五水共治”督查组到富阳进行专项督查。

22日 区委书记姜军带队赴杭州未来科技城考察。

27日 首届中国中小公路物流企业发展峰会在富阳举行。

28日 传化物流富阳公路港正式启用

29日 省人大常委会副主任袁荣祥一行到富阳调研重污染高耗能行业整治提升工作。

5月

1日 320国道杭州段收费站停止收费。

6日 省政协副主席王建满一行到富阳调研。

是日 英雄救人的“最美大学生”何俊斌被追授“杭州青年五四奖章”（后被评为浙江省道德模范）。

15日 富阳召开“三严三实”专题党课暨专题教育部署会。

19日 省委常委、副省长袁家军一行到富阳考察。

是日 副局长黄旭明到富阳实地检查防汛水利等相关工作。

20—21日 台湾南投市访问团到富阳访问交流。

21—27日 区委书记姜军前往法国、德国开展招商引资推介活动和考察。

23日 富春江集团举行创业30周年暨永通慈善关爱基金启动仪式。

6月

3日 副省长熊建平到富阳调研“五水共治”工作。

4日 举行纪念抗日战争胜利暨新登战役胜利70周年活动。

6日 2015杭州生活品质总点评交流发布会在富阳举行。

9日 举行项目集中签约仪式，5个项目正式落户富阳，计划总投资9亿元。

是日 富阳“硅谷小镇”入选全省首批37个特色小镇创建名单。

15日 省长李强到富阳调研美丽乡村建设。

16日 “美丽杭州新城区、创新创业新蓝海”杭州市富阳区（上海）投资环境推介会在上海国际会议中心举行。

26日 富阳通过国家级生态区创建考核验收

29日 举行项目签约仪式，6个项目（包括中国智慧体育产业基地、奥特莱斯等）落户富阳，总投资额近百亿元。

7月

5—12日 第46届国际物理奥林匹克竞赛在印度孟买举行，富阳中学学生张晨星获得比赛第六名，拿到金牌，是富阳第一次获此殊荣。

10日 富阳选手赵中豪获得世界大学生运动会男子50米步枪三姿比赛金牌。

16日 区委理论中心组（扩大）“三严三实”专题学习会召开。

22日 杭州启动跨境电子商务B2B出口业务试点，全国首单出口货物从富阳出发。

27日 富春街道市心北路一楼房突然倒塌，无人员伤亡。

30日 区委第十三届十一次暨十五届区政府七次全体（扩大）会议召开，审议通过《关于全面加强基层党建 巩固基层政权的决定》。

8月

4日 区政府理论学习中心组召开“三严三实”

专题学习研讨会。

4—5日 区委书记姜军率队赴上海开展招商引资推介活动。

8日 上海海立(集团)股份有限公司重组并购暨杭州富生电器有限公司揭牌仪式举行。

是月 《中共杭州市委、杭州市人民政府关于加快富阳区与主城区一体化发展的若干意见》正式出台。

18日 省委常委、宣传部长葛慧君到富阳调研受降厅改扩建工程。

20日 杭州富阳市民卡有限公司正式成立。

27日 杭州市人大常委会主任王金财到富阳调研杭黄铁路项目建设情况。

28—30日 富阳举行纪念郁达夫殉难70周年专题活动。

9月

2日 浙江省社会各界纪念中国人民抗日战争胜利70周年活动在富阳区银湖街道受降村“抗日战争胜利浙江受降纪念馆”举行。

3日 抗日战争胜利浙江受降纪念馆正式对外开放。

11—12日 2015年杭州(富阳)智慧产业发展高峰论坛举行。

17日 富阳首所本科高校——浙江中医药大学富春校区投入使用。

25日 杭州市富阳区2015年富商大会召开。

29日 省委常委、杭州市委书记赵一德到富阳调研。

10月

8日 省人大常委会党组书记、副主任茅临生到富阳督查“五水共治”工作。

27日 杭州市人大常委会主任王金财到富阳调研杭州华日冰箱项目建设情况。

是月 区委书记姜军率富阳区经贸文化考察团赴台湾开展经贸文化考察交流。

11月

3日 区委副书记、区长黄海峰带队赴泰兴市南湖区和杭州市上城区考察基金小镇建设。

5日 区委党建工作领导小组会议召开，传达学习中共十八届五中全会精神，研究部署加强基层党建工作。

6日 举办黄公望金融小镇规划研讨会。

13日 富春环保·东胜集团10万吨高档生活用纸项目正式启动。

14日 2015年杭州富阳·渔山稻香节暨富阳区农事节庆体验发布仪式在渔山乡千亩高产示范区举行。

18—19日 全省推进村庄规划暨农房设计工作现场会在富阳召开，副省长熊建平参加。

20日 省委常委、组织部长廖国勋到富阳调研经济社会发展情况和党建工作。

是月 富阳区首次入选全国科学发展百强区，位列第64位。

25日 中央电视台新闻报道《朝闻天下》栏目报道富阳城乡居民重大疾病补充保险制度。

12月

2日 余姚市党政代表团到富阳考察。

7日 省委督查组对富阳“五水共治”“三改一拆”工作情况进行专项督查。

15—16日 区委书记姜军带领富阳区党政代表团到绍兴、宁波等地学习产业转型升级、城乡统筹发展和美丽乡村建设等方面经验和做法。

22日 召开区四套班子领导座谈会，研究“十三五”规划和2016年工作思路。

是日 中央电视台财经频道《经济半小时》栏目专题报道富阳房地产去库存化做法。

25日 区委召开党的群团工作会议。

29日 举行五大项目集中开工仪式(包括京东电商园、首创奥特莱斯、中民筑友绿色建筑科技园等)。

【责任编辑　陈炜祥】

总 述

·地理位置·

【概况】 富阳区位于浙江省西北部，富春江下游，属杭州市所辖。地理坐标为北纬29°44′～30°12′、东经119°25′～120°09′，东接杭州市萧山区，南连诸暨市，西倚桐庐县，北与临安市、杭州市余杭区接壤，东北与杭州市西湖区毗邻。最东端位于东洲街道五丰村境内，北纬30°06′、东经120°09′；最西端位于万市镇何务村境内，北纬30°06′、东经119°25′；最南端位于湖源乡南坑村境内，北纬29°44′、东经119°55′；最北端位于万市镇东叙村境内，北纬30°12′、东经119°34′。市域东西长69.70千米(东起东洲街道五丰村，西至万市镇何务村)，南北宽49.70千米(南起湖源乡石龙村，北至银湖街道杜墓村)，总面积1831.21平方千米。富春江自西向东斜贯中部，320国道由北而南穿越全境。区政府驻地富春街道桂花路25号，距杭州市政府所在地31.50千米(径距)，水陆交通便利。

·地貌特征·

【概况】 全区整体地貌以“两山夹江”为最大特征。天目山余脉绵亘西北，仙霞岭余脉蜿蜒东南，富春江西入东出，斜贯市境中部。地势由东南、西北向中部倾斜。依其地表水陆形态分，山地、丘陵面积1439.60平方千米，占区境总面积的78.61%；平原、盆地面积299.63平方千米，占16.36%；水域面积91.98平方千米，占5.02%，故有“八山半水分半田”之称。

西北天目山余脉分布区以高丘为主，其特点是丘体零乱，丘顶浑圆，丘坡平缓，脉络模糊，多数呈馒头形。坡度组合15°～25°，山丘间岗地众多，土层深厚，有利于发展粮、林和各种经济特产，为境内茶叶、蚕桑、板栗、银杏等主要产区。

东南仙霞岭余脉分布区以低山为主，其特点是山势挺拔，脉络清晰，重峦叠嶂，山重水复，海拔均在500米以上。主峰杏梅尖，海拔1065.80米，为全境最高峰。由于山体高大，气候、土壤适宜竹木生长，是境内木材、毛竹主要产区。

境内富春江流长52千米，江宽700米～1000米，平均水深7米。两岸风光秀丽，1982年，经国务院批准，富春江—新安江—千岛湖“两江一湖”被列为国家级风景名胜区。

·建置沿革·

【概况】 富阳历史悠久，秦王政二十六年(前221)置县，县治即今富阳区区政府所在地。初置县时幅员辽阔，辖境含今桐庐、建德等地。三国吴黄武四年(225)，析富春部分县地置建德、新昌(后改寿昌)、桐庐3县。次年(226)，又析富春部分县地置新城(后改新登)县。富阳、新登两县建置以此而始。

富阳秦汉称富春。新莽始建国元年(9)，改名诛岁。东汉建武元年(25)，复名富春。东晋太元十九年(394)，为避简文帝生母宣太后郑阿春讳，更名富阳，富阳之名始于此。五代梁开平二年(908)复改名富春，北宋太平兴国三年(978)又改为富阳县，此后富阳之名沿袭至今。新登初名新城，五代梁开平元年(907)，太祖朱温为避其父朱诚讳，改名新登，新登之名始于此。

富春之地，春秋属吴越。战国时，楚国屡败越国，夺取浙江以西土地。周显王三十六年(前333)，越亡，富阳归属楚国。秦汉以后，隶属多变。隋、唐直至宋、元、明、清，均归杭州府(临安府、杭州路)所辖。民国时期，初属钱塘道，民国16年(1927)，废道直属于省。民国27年(1938)改属第一行政区，后又多次变更，至民国37年(1948)，改隶第四行政区。中华人民共和国成立后，初属临安专署，1952年改为省直辖。1955年划归建德专署。1958年12月，改属杭州市至今。

富阳历史上曾两度撤并。隋开皇九年(589)并入钱唐(后改钱塘)县，大业三年(607)复置。新中国成立后，1960年8月并入桐庐县，1961年12月复置。新登历史上曾5次撤并。三国吴黄武五年(226)析富春部分县地置新城县，治所即今富阳市西南新登镇。黄武七年(228)并入桐庐县，西晋太康十年(289)复置；旋又废入富春县，东晋咸和九年(334)复置；隋开皇九年(589)并入钱塘县，大业十四年(618)复置；唐武德七年(624)并入富阳县，永淳元年(682)复置；五代梁开平元年(907)吴越改名新登县。北宋太平兴国四年(979)复为新城县。民国3年(1914)，改名新登县。中华人民共和国成立后，1958年10月撤销，并入桐庐县；1961年12月又从桐庐县析出，划归富阳县。

1994年1月18日，经中华人民共和国国务院批准，撤销富阳县，设立富阳市，行政区域不变，隶属关系依旧。2月4日，浙江省人民政府发出《关于撤销富阳县设立富阳市的通知》。3月28日，富阳市举行撤县设市庆典活动。

2014年12月13日，国务院批复同意浙江省调整杭州市部分行政区划。具体为：同意撤销县级富阳市，设立杭州市富阳区，以原富阳市的行政区域为富阳区的行政区域，富阳区人民政府驻富春街道桂花路25号。

·行政区划·

【概况】 2015年，富阳区设乡、镇、街道24个，其中乡6个、镇13个、街道5个。年底，全区有行政村276个、村民小组4538个、居民区3个、社区28个(乡镇街道概况见表1)。

2015年富阳区乡镇街道概况

表1

乡镇(街道)	面积(平方千米)	行政村(个)	村民小组(个)	居民区(个)	社区(个)
富春街道	103.95	12	190	—	22
春江街道	36.00	9	141	—	—
东洲街道	77.71	15	216	—	—
鹿山街道	66.30	9	150	—	1
银湖街道	158.33	22	405	—	1
春建乡	44.73	6	111	—	—
新桐乡	47.00	7	83	—	—
新登镇	179.92	28	590	—	4
胥口镇	67.98	13	246	—	—
渌渚镇	83.19	13	181	—	—
永昌镇	49.54	5	104	—	—
万市镇	155.14	15	293	1	—
洞桥镇	147.63	11	251	—	—
大源镇	105.43	15	197	1	—
灵桥镇	54.78	13	149	—	—
常绿镇	49.31	8	128	—	—
里山镇	25.43	5	72	—	—
渔山乡	36.71	4	80	—	—
上官乡	27.07	5	72	—	—
场口镇	58.36	24	323	1	—
常安镇	63.31	16	264	—	—
环山乡	38.47	7	113	—	—
龙门镇	27.17	4	72	—	—
湖源乡	127.25	10	107	—	—
总　计	1831.21	276	4538	3	28

·人口变迁·

【概况】 2015年底，全区总户数215025户，总人口667861人，平均每户3.11人，总人口比上年增加1778人。在总人口中，男性335343人，占总人口50.21%；女性332518人，占49.79%。男女性别比为101:100。全区乡村人口222092人，占总人口的33.25%；城镇人口445769人，占总人口的66.75%。

全区全年出生5911人(含2015年前出生而在本年申报户口的)，比上年少出生1333人；出生率10.88‰，比上年下降0.06‰；死亡3856人，比上年多死亡227人，死亡率5.78‰，比上年增长0.30‰；自然增长2055人，自然增长率3.09‰。

全区全年迁入2314人，比上年少迁入3599人，其中省内迁入690人、省外迁入1624人；全年迁出1600人，比上年少迁出337人，其中迁往省内661人、迁往省外939人。全区人口机械增长714人。

（陈炜祥）

·国民经济和社会发展统计公报·

【综合】 经济总量　经初步核算，全年全区实现生产总值645.10亿元，增长9.30%。其中：第一产业增加值42.40亿元，增长2%；第二产业增加值319.90亿元，增长6.60%；第三产业增加值282.90亿元，增长14.70%。三次产业结构由上年的6.6∶52.7∶40.7调整为6.6∶49.6∶43.8。按户籍人口计算人均生产总值96728元，增长8.60%，按2015年平均汇率折算为15530美元。

财政收支　全年实现财政总收入91.60亿元，增长0.50%，其中一般公共预算收入54.30亿元，增长3.80%。全年一般公共预算支出69亿元，增长12.60%。

市场物价　全年居民消费价格总水平比上年上涨1.10%，服务项目价格上涨2.30%。从八大类商品和服务项目价格看，食品类上涨2%、烟酒类上涨3.30%、衣着类上涨1%、家庭设备用品及维修服务类上涨2.50%、医疗保健和个人用品类价格上涨7.30%、交通和通信类价格下降4.10%、娱乐文化教育用品及服务类上涨0.20%、居住类价格上涨0.20%。农业生产资料价格上涨0.80%。

【农业、新农村建设】 农业生产　全年实现农林牧渔业总产值59.80亿元，增长6.10%。粮食播种面积27万亩，下降3.20%。粮食产量11.90万吨，下降1.40%。猪牛羊禽等肉产量57120吨，禽蛋产量8757吨，蚕茧产量1961吨。

农业产业化　建成粮食生产功能区2.86万亩。年末全区农业龙头企业达130家，其中杭州市级以上57家，实现销售收入60亿元。各类农民专业合作社587家。各类名牌农产品72只，其中杭州市级以上35只。

农业生产条件　全年投入水利建设资金6.90亿元。年末全区拥有农业机械总动力44万千瓦。年末耕地有效灌溉面积22.20千公顷。全区各类水库151座，除险加固病险水库4座、山塘33座。

新农村建设　洞桥镇文村、新登镇秉贤村、场口镇东梓关村、大源镇大源村等“浙派民居”“杭派民居”试点成效显著。全年投入“富春山居美丽乡村”建设资金3.70亿元，建成“富春山居美丽乡村”精品村10个，完成中心村培育建设30个。培训农民12627人，实现转移就业1091人。实施16个村的饮用水工程建设，各级投入资金1197万元，解决1.60万人的饮水问题。确定联乡结村项目276个，项目总投资7372万元，承诺资金1382万元，实际到位资金1382万元。

【工业、建筑业】 工业经济　全年实现工业总产值1572.30亿元，下降3.70%，其中规模以上工业产值1271.80亿元，下降0.10%，占工业总量的80.90%。实现工业销售产值1556.30亿元，下降3.60%，其中规模以上工业销售产值1257.80亿元，与去年同期持平。规模工业产销率达98.90%，比上年上升0.10个百分点。

亿元企业　组建3家造纸企业大集团。年末全区工业产值超亿元企业220家（按独立法人计算），其中超100亿元企业1家，50亿元以上100亿元以下1家，20亿元以上50亿元以下8家，10亿元以上20亿元以下11家。亿元企业实现工业产值1087.40亿元，占规模工业企业的85.50%。

企业效益　全区665家规模以上工业企业全年实现主营业务收入1243.60亿元，下降3.70%。实现利税94.60亿元，下降3.40%；实现利润59.20亿元，下降6.30%。

建筑业　全年实现建筑业增加值26.80亿元，增长17.90%。全区有总承包和专业承包资格的建筑企业130家，实现建筑业产值147.60亿元。全区除农户建房以外全社会房屋建筑施工面积1245.70万平方米，下降1.80%；竣工面积489.70万平方米，增长66.30%。

【固定资产投资、房地产业】 固定资产投资　全年固定资产投资完成403.80亿元，增长15.30%。其中，工业投资151.10亿元，增长7.70%；基础设施投资139.90亿元，增长140.30%。从投资结构看，第一产业投资0.80亿元，下降19.40%；第二产业投资151.10亿元，增长7.70%；第三产业投资251.90亿元，增长20.70%。

房地产业　全年房地产开发完成投资97亿元，增长1.20%。房地产住宅施工面积263.10万平方米，增长2.40%。商品房销售面积59.30万平方米，增长4.60%。其中住宅销售55.80万平方米，增长10.90%；实现销售额70.50亿元，增长18.90%。

【商贸、旅游】 消费需求　宝龙城市广场投用。全年实现社会消费品零售额198亿元，增长16%。分行业看，批发零售业零售额178.10亿元，增长17.60%；住宿餐饮业零售额19.90亿元，增长3%。分区域看，城镇零售额135.80亿元，增长16.40%；农村零售额62.20亿元，增长15%。新建(改建)农贸市场3家，年末全区商品交易市场达40个，其中年成交额超亿元市场15个。

旅游业　年末全区有旅行社20家；星级饭店12家，其中五星级2家。A级景区6个，其中AAAA级景区4个。全年共接待国内游客949.60万人次，增长19.10%。实现国内旅游收入83.10亿元，增长18.40%。接待入境旅游者1.70万人次，创旅游外汇收入479.80万美元，下降27%。各主要旅游景点接待游客458万人次，下降2%。旅游景点门票收入14688万元，增长6.60%。全年实现乡村旅游收入43293.60万元。

【对外经济】 内外资利用　成功引进中国智慧体育产业基地、首创奥特莱斯、龙晖水上乐园、中民筑友等一批优质项目。全年新批外商投资项目18个，实到外资28212万美元，增长9.90%。全年内资项目(杭外)52个，比上年减少16个，内资项目(富外杭内)25个，比上年减少9个；实到内资(杭外)67亿元，增长16.50%，实到内资(富外杭内)21亿元，下降17.10%。举行首届富商大会，引进浙商创业创新资金33亿元。

进出口　全年完成进出口总额28.60亿美元，增长0.90%。其中自营出口15.10亿美元，增长10.50%；自营进口13.50亿美元，下降8.10%。全年完成境外投资项目10个，总投资3060万美元。

【交通、邮电通讯】 交通建设　拆除320国道中村收费站。杭富城际铁路试验段和都市高速(绕城西复线)中埠枢纽节点工程动工建设，杭黄高铁等重大交通项目加快推进。320国道至富阳大桥连接线、富春江第一大桥加固工程基本完工。年末全区公路通车里程1948.30千米，其中境内高速公路里程37.30千米。全年全社会货物运输量1059.80万吨，下降5.40%。其中公路运输704万吨，下降8.60%；水路运输355.80万吨，增长1.40%。全年货物周转量148013.80万吨千米，增长6.40%。其中，公路货物周转量101756万吨千米，增长8.80%；水路货物周转量46257.80万吨千米，增长1.40%。全年完成公路旅客运输量1640万人次，下降5.70%；公路旅客周转量78566万人千米，下降13.40%。

邮电通讯　全年邮电业务收入94908万元，增长0.40%。邮政特快专递业务112.30万件，下降1.50%。年末全区固定电话用户12.40万户，下降11.70%。年末全区移动电话用户86.40万户，增长3.20%。全区电话普及率为147.90部/百人。全区国际互联网用户24.70万户，增长10.90%。

【金融、保险】 金融　新引进3家银行机构，设立中小企业金融管理中心和金融服务中心。年末全区金融机构本外币存款余额878.18亿元，增长0.20%；本外币贷款余额968.71亿元，增长8.70%。人民币贷款中，短期贷款余额633.35亿元，增长4.50%；中长期贷款余额298.47亿元，增长16.10%，其中住户中长期贷款余额138.10亿元。

保险　全年保险费收入55826万元，增长17%。其中财产保险费收入29424万元，增长19.90%；人身保险费收入27258万元，增长14%。全年各类保险赔款与给付支出21579万元，增长24.20%。

【教育、科技】 教育　富春八小、高教园浙江中医药大学建成使用。年末全区有23个乡镇(街道)成为省和杭州市教育强乡镇，覆盖率达95.80%。全区学龄儿童入学率100%，初中入学率100%，初中升高中段比例99.94%，高等教育毛入学率61.12%。全区共有幼儿园88所，在园幼儿24131人；小学44所，在校学生44988人；普通中学22所，在校学生32136人。中等职业学校(机构)2所，在校学生7464人。民办学校在校学生6299人。全年普通中小学新增校舍4.23万平方米。年末拥有专任教师5198人，中小学校每位教师负担学生14.84人。

科技创新　年末全区杭州市级以上高新技术企业研发中心97家，其中省级以上35家。年末全区累计被认定高新技术企业193家，其中国家级115家。全年规模以上工业企业新产品产值419.30亿元，增长11.20%，新产品产值率达33%，比上年提高0.10个百分点。规模以上高新技术产业实现销售产值402.20亿元，增长6%。全年组织实施各类科技计划项目203项，其中国家级1项，省级108项。全年专利申请3270项，专利授权3465项；技术合同交易(吸纳)200项，总金额15616万元。全年引进非富阳籍各类人才1597名。年末全区拥有各类专业技术人员55264人，增长5.50%，其中具有中高级职称的14209人，增长4.20%。

【文化、卫生和体育】 文化、广播电视、新闻出版、档案　完成富春山馆主体工程，建成抗战胜利浙江受降纪念馆。成功举(承)办浙江社会各界纪念抗战胜利70周年、郁达夫烈士殉难70周年等活动。创建3个省文化示范村(社区)。新建农村文化礼堂34个。全年越剧团国内演出98场次，观众19.60万人次。区广播电台每日播音17小时，区电视台每日播出18小时。有线电视用户21.42万户，数字电视用户21.37万户。《富阳日报》全年出版300期，日发行2.60万份。区图书馆藏书433千册(件)，书刊外借77.60万人次。全区县级以上文物保护单位81处(群)，其中省级以上5处(群)。年末馆藏全宗档案196个，案卷档案110486卷。开放馆藏全宗档案84个，案卷档案25424卷。

医疗卫生　区医卫中心、区妇保院住院大楼建成使用。年末全区有各类医疗卫生机构497个，医疗床位2945张，其中医院、社区卫生服务中心42个，医疗床位2315张。拥有各类专业技术人员4244人，其中执业医师1740人，执业助理医师296人，注册护士1858人，药剂人员232人，检验人员118人。全年完成无偿献血13682人次，其中流动献血6999人次，献血总量273.60万毫升。全区儿童“五苗”接种率96.91%，“四苗”接种率97.21%，婴儿死亡率2.66‰。计划生育率95.88%。

体育　举办区第八届全民运动会，承办滑翔伞世界杯、全国业余铁人三项等国际国内赛事，15所学校体育场地对外开放。全年举办各类群众性体育比赛82场，参赛运动员4万人次。全区共有体育场馆10个，健身苑点569个。全年新建健身苑点20个、篮球场15个、乒乓球室10个。农村健身设施覆盖率达100%。体育设施达到省级标准行政村276个，体育强乡镇24个。全年全区共获得杭州市级以上各类奖牌137枚，其中金牌52枚、银牌41枚、铜牌44枚。

【人口、人民生活、社会保障、救济福利】 人口　年末全区户籍总人口66.80万人，增长0.30%。出生人口5911人，出生率8.90‰；死亡人口3856人，死亡率5.80‰，自然增长率3.10‰。登记在册的流动人口数16.49万人，增长5.70%。

居民生活　全年城镇常住居民人均可支配收入43510元，增长8.90%；农村常住居民人均可支配收入25010元，增长9.50%。全区私人汽车拥有量97673辆，增长3.50%，全区每百户家庭拥有私人汽车45.40辆。

就业　年末全社会从业人员48.41万人，其中私营个体从业人员24.79万人。全年新增就业岗位15687个，就业安置人数24700人；帮扶5826名城镇失业人员实现再就业，其中就业困难人员1798名。年末全区城镇登记失业人数7964人，城镇登记失业率2.54%。

社会保障　年末全区参加养老保险人数达445052人，比上年末净增3127人，机关事业单位、企业职工、城乡居民养老保险人数分别达25234人、345789人、74029人。工伤保险264369人，减少9468人。生育保险168040人，净增2674人。基本医疗保险262672人，净增12908人。城乡居民基本医疗保险419948人，参保率99.83%。失业保险189454人，净增2653人。社保基金累计积余53.89亿元。年末全区住房公积金缴存登记单位1757户，职工70021人。2015年公积金归集总额85292.60万元，发放公积金个人住房贷款1959户，贷款总额

90895.30万元，支持职工购房面积22.30万平方米。

救济福利　全区最低生活保障人数9805人，其中城镇316人。年末全区敬老院12所，供养老人490人。福利院1所，床位186张，收养婴幼儿童31人，老人9人。社区服务设施291个。共有“五保”对象466人，集中供养466人，集中供养率100%。全年区慈善总会共支出各项救助款3230.60万元。

【城市建设、资源灾害、环境保护和社会安全】 城市建设　金秋大道完成改造。年末主城区建成区面积达25.30平方千米，市区道路长度180千米。全年全社会用电69.30亿千瓦时，下降2.50%，其中城乡居民生活用电6.10亿千瓦时，增长6%。全年城区供水总量5397万立方米，市区管道煤气用户达9.60万户。市区营运公交车辆287辆，客运总量3102万人次，出租车269辆。年末实有公园21个，公园面积473.73公顷。年末市区园林绿地面积994.73公顷，市区公共绿地面积488.48公顷，人均公共绿地面积12.47平方米，建成区绿化覆盖率40.50%。

资源灾害　全区总供用水量14270万立方米。耕地面积42.50万亩，其中基本农田36.50万亩。完成造林面积9725亩，其中人工造林1725亩，更新造林3000亩。全区森林覆盖率62.91%。全区各类自然灾害造成直接经济损失4400.60万元，农作物受灾面积1754.40公顷。

城乡环境　启动“城区零直排区”建设，城市污水处理厂四期和第二批126个农村生活污水治理工程开工建设。全年工业废水排放量12317万吨。城市污水集中处理率达到86.69%。全年空气优良天数302天，优良率达82.70%。主要水系监测断面三类以上比例100%。生活垃圾收集、无害化处理率100%。建成国家级生态乡镇(街道)19个，省级生态乡镇(街道)1个、杭州市级生态乡镇(街道)4个。创获国家级生态区。

节能减排　实施大气污染防治行动，淘汰黄标车3137辆，淘汰和改造锅炉579台，整治可视烟囱94支，主城区基本建成“无燃煤区”。单位GDP综合能耗下降率完成上级下达任务。化学需氧量和二氧化硫排放分别降低3.19%和6.11%，氨氮、氮氧化物排放分别降低22.31%和17.20%。

安全生产　全区共发生各类安全生产事故278起，下降6.10%。死亡82人，与上年同期持平，其中交通事故死亡人数65人，下降14.50%。直接经济损失612.80万元，下降3.10%。

（区统计局）

·气象·

【概况】 2015年富阳气候特点为气温偏高，降水特多，雨日偏多，日照偏少；夏季雨日多、高温天数少、极端最高气温不高，全年仅12天高温；11—12月长时间阴雨；年内灾害天气多发但总体影响较轻。四季气候特点为冬季(2014年12月—2015年2月)气温偏高，雨量、日照正常；春季(2015年3—5月)气温明显偏高、雨量略偏多、日照正常；夏季(2015年6—8月)气温偏低、雨量明显偏多、日照明显偏少，7—8月出现低温阴雨凉夏；秋季(2015年9—11月)气温偏高、雨量特多、日照明显偏少。由于温光水的配置较差，2015年气候属偏差年景。(各月气象要素见表2)

【气温】 2015年年平均气温17.40℃，比常年高0.70℃，与上年相同。全年有9个月平均气温在常年平均之上，偏高1℃或以上的月份有1月、2月、3月、4月、10月、11月和12月，分别偏高2℃、1.30℃、1.50℃、1.20℃、1℃、1.20℃和1.40℃，其中1月为富阳气象台有记录以来历史同期第2高；有2个月平均气温在常年平均之下，7月偏低2.30℃，为富阳气象台有记录以来历史同期第2低，8月偏低0.70℃。

全年日最高气温≥35℃的高温天数为12天，比常年平均少17天，比上年少6天，其中6月出现1天、7月出现5天、8月出现6天。全年日最高气温≥37℃的高温出现7天，其中7月出现2天、8月出现5天。

连续三天日平均气温≤23℃的秋季低温出现在9月13日，比常年平均早2天(常年平均为9月15日)，比上年早5天(2014年为9月18日)；连续三天日平均气温≤20℃的秋季低温出现在10月5日，比常年平均晚6天(常年平均为9月29日)，比上年早8天(2014年为10月13日)。

2015年与2014年富阳区气象要素常年对照

表2

月份	平均气温(℃)			降水量(毫米)			降水日数(天)			日照时数(小时)		
	2015	2014	常年平均	2015	2014	常年平均	2015	2014	常年平均	2015	2014	常年平均
1	6.30	6.30	4.30	65.90	27.80	78.90	10	4	13	108.80	153.30	100.80
2	7.60	5.90	6.30	154.40	146.10	90.60	12	15	13	106.10	70.50	95.50
3	11.70	12.70	10.20	132.30	78.50	140.90	15	11	16	121.70	148.90	115.40
4	17.40	17.20	16.20	205.30	78.60	135.70	13	13	15	166.10	125.90	138.30
5	22.30	22.30	21.40	126.50	172.70	140.90	16	16	14	129.20	168.20	162.40
6	25.20	24.80	24.80	274.30	159.00	226.50	18	11	15	99.40	117.00	140.80
7	26.50	28.30	28.80	402.80	211.60	185.20	19	17	12	144.80	186.60	217.50
8	27.40	26.60	28.10	172.20	213.40	164.20	15	18	14	184.80	119.00	196.00
9	23.70	24.70	23.70	110.90	170.10	124.90	11	15	12	124.40	103.40	140.10
10	19.20	20.00	18.20	44.90	31.40	71.20	11	3	9	137.90	201.30	141.20
11	13.40	13.70	12.20	221.70	58.20	69.70	22	11	9	52.30	108.40	125.30
12	7.70	5.80	6.30	111.40	7.30	49.20	12	5	9	78.00	167.30	125.40
合计平均	17.40	17.40	16.70	2022.60	1354.70	1477.90	174	139	151	1453.50	1669.80	1698.70

说明：数据记录地点位于城区镬子山的富阳区气象台

年极端最低气温-3.50℃，出现在2月10日。

年极端最高气温38℃，出现在8月5日。

入春：日平均气温稳定通过＞10℃的初日出现在3月12日，比常年平均早13天(常年3月25日)，比上年晚1天(2014年为3月11日)。

入夏：日平均气温稳定通过＞22℃的初日出现在5月18日，比常年平均早24天(常年6月11日)，比上年早2天(2014年为5月20日)。

入秋：日平均气温稳定通过≤22℃的初日出现在10月2日，比常年平均早1天(常年10月3日)，比上年晚2天(2014年为9月30日)。

入冬：日平均气温稳定通过≤10℃的初日出现在12月3日，比常年平均早2天(常年12月5日)，比上年晚2天(2014年为12月1日)。

终霜日为2月10日，比常年早27天(常年为3月8日)，比上年早11天(2014年为2月21日)；初霜日为11月27日，比常年晚9天(常年为11月18日)，比上年早8天(2014年为12月5日)；全年无霜期为289天。

【降水】 年降水量2022.60毫米，比常年多544.70毫米，多36.90%；比上年多667.90毫米，多49.30%，全年降水量为富阳气象台有记录以来第1多。雨量比常年平均偏多的月份有2月、4月、6月、7月、8月、11月和12月；雨量比常年平均偏少的月份有1月、3月、5月、9月、10月；其中7月、11月和12月雨量比常年平均多5成以上，7月为富阳气象台有记录以来同期第3多，11月为富阳气象台有记录以来同期第1多。

6月7日入梅，7月14日出梅，梅雨天数37天，梅雨期比常年长16天，梅雨量524.70毫米，梅雨量比常年偏多273.70毫米，多109%。全区平均梅雨量535.80毫米，其中银湖街道千家村自动站最大，达671.60毫米，有13个观测站点梅雨量超过600毫米。今年梅雨期天气特点：一是梅雨期长，梅雨量明显偏多；二是梅雨期中有台风；三是梅雨期暴雨过程局地性、突发性、致灾性强；四是梅雨期间气温异常，7月4—8日出现了历史罕见的低温。

整个梅汛期间，5月雨量为126.50毫米，比常年同期少14.40毫米，少10.20%；6月雨量274.30毫米，比常年同期多47.80毫米，多21.10%；7月上旬雨量205.50毫米，比常年同期多123.30毫米，多150%。

年降水日数174天，比常年多23天。

【光照】 年日照时数1453.50小时，比常年平均少245.20小时，少14.40%；比上年少216.30小时，少13%。全年日照比常年平均偏多的月份有1月、2月、3月和4月；5—12月日照均比常年平均偏少；其中7月为富阳气象台有记录以来同期第2少，11月为富阳气象台有记录以来同期第1少。

【灾害性天气】 全年灾害性天气主要为6次暴雨、4月倒春寒、1次强对流冰雹、4次台风、11—12月罕见秋冬季连阴雨、12月中雪、63天大雾、39天霾、6次大风。

暴雨、连阴雨　全年共出现6次暴雨，分别出现在4月6日、6月8日、6月23日、7月5日、7月11日和7月18日。

4月2—7日连阴雨和暴雨：4月2—7日富阳气象台累计降雨量178.70毫米，其中4月6日富阳气象台日降雨量达81.90毫米，部分乡镇超过100毫米，降雨主要集中在5日夜里。

6月7—10日连阴雨和暴雨：6月7—10日出现连阴雨天气，富阳气象台累计降雨量158.70毫米，全区面雨量149.10毫米，其中6月8日富阳气象台出现84.10毫米的暴雨，最大出现在洞桥镇骆坞村达216.60毫米。该次连阴雨和暴雨天气使富春江超警戒水位，航道全面封航，胥口镇葛溪白家堰和春建乡塘坞塘坝相继出现险情，洞桥镇倒塌房屋4间，333.33公顷农田受淹，经济损失约500万元。

6月23日局地暴雨：6月23日14—20时万市、洞桥、大源、常绿等地出现短时暴雨，其中洞桥镇18—19时降雨量83.10毫米。暴雨致使洞桥镇倒塌房屋28间，1200多户农家不同程度进水，部分农户屋里淤泥近1米厚，有6500人受灾。洞桥镇溪堤冲毁30余处近500米，山体滑坡50余处，32条公路中断。

7月4—13日连阴雨、暴雨和台风"灿鸿"：7月4—13日受梅雨带和台风"灿鸿"先后影响连阴雨10天，累计降雨量226.80毫米，其中7月5日富阳气象台出现52.20毫米的暴雨，7月11日57.40毫米。7月6日富春江水电站、岩石岭水库泄洪，江河暴涨，富春江五丰岛等多个渡口实施封航。7月7日，春建乡咸康村尖山坞和下俞村发生山体滑坡，鹿山街道五四村一处老宅出现墙体倒塌。7月10—11日台风"灿鸿"造成直接经济损失840.60万元，导致18819人受灾，转移人口11438人，倒塌房屋57间；水产养殖损失22.47公顷，农作物受灾面积1212.40公顷，成灾面积769公顷，绝收面积38公顷，减产粮食352吨；停产工矿企业5个，公路中断2条次，供电中断10条次；损坏提防24处长1.36千米，损坏护岸15处，冲毁塘坝5处，损坏灌溉设施7处。

7月18日暴雨：7月18日16—20时富阳气象台雨量为66.10毫米，未造成明显损失。

强对流　7月29日16—17时和19—21时先后出现雷阵雨，有19个自动气象站出现了大于8级的大风，其中富阳气象台最大风力达18.30米/秒(8级)，常安镇永安山和里山镇均达11级，最大为里山镇安顶山37.10米/秒(13级)，安顶山还出现了20分钟冰雹，根据信息员观测冰雹最大直径达4厘米。本次强对流天气使东洲街道100亩葡萄大棚损坏；里山镇和渔山乡的安顶山

气象观测场　（区气象局　供稿）

区块的20公顷西瓜受灾；城区一处彩钢瓦屋顶被掀翻，多个乡镇的树木给风刮倒刮断。直接经济损失约310万元。

倒春寒　4月7—9日出现倒春寒天气：受冷空气影响，气温猛降，4月7—9日连续3天日平均气温11℃以下，7日20时到8日8时富阳气象台最低气温5℃，乡村基本在3℃～6℃之间，安顶山高山茶区0.20℃～0.30℃，局地下了冰粒，对全区农业生产影响轻微。

台风　2015年影响全区的台风偏多，有4个影响台风，其中第9号台风“灿鸿”对我区影响较严重。

7月10—11日，受第9号台风“灿鸿”影响，11日城区出现57.40毫米的暴雨，全区有12个自动气象站出现了8～9级大风，其中富阳本站风力达22.50米／秒(9级)，最大为富春街道三桥23.90米／秒(9级)。

8月7—11日，受第13号台风“苏迪罗”影响连续5天阴雨，7日富阳气象台和里山镇出现了8级大风，9日富阳气象台、受降常安镇安顶山、里山镇永安山、万市镇青岭头出现了8～9级大风，本次台风总体影响较轻，无明显损失。

8月20—24日，受第15号台风“天鹅”外围暖性气流与高空冷性气流共同影响连续5天阴雨，本次台风影响轻微。

9月28—30日，受第21号台风“杜鹃”外围和“杜鹃”减弱后的低压系统影响连续3天阴雨，常安镇安顶山、里山镇永安山出现8～9级大风；29日有5个自动气象站出现暴雨，但全区雨量不大，本次台风影响轻微。

11—12月秋冬多阴雨　11—12月多阴雨天气，雨水特多，2个月降水量合计333.10毫米，为常年同期的2.80倍，降水日数34天，比常年同期多16天，其中11月16—25日连雨10天，12月20—25日又出现6天非雨即阴的天气；同时光照为富阳气象台有记录以来同期最少。因长时间阴雨，空气湿度大、土壤含水量高、光照不足，对农作物生长影响很大。根据区农林局调查，因长期阴雨天气，露地蔬菜水浸、腐烂受灾近666.67公顷，经济损失约1000万元。

中雪　12月5日白天开始降雪，5日夜里出现中雪，富阳气象台积雪4厘米，农村积雪普遍在5～7厘米之间。据区农林局调查，富春、东洲、万市、胥口等乡镇街道受雪灾影响较为严重，农业钢架大棚压塌33.33公顷，直接经济损失约500万元；大棚蔬菜及蔬菜苗受灾26.67公顷，直接损失约200万元。

大雾　全年共出现63天大雾，比常年平均26.50天多37天，比上年多19天，属偏多年份。大雾主要集中在秋冬季，对冬季交通运输影响大，容易诱发交通事故，多次造成高速公路封闭。

霾　全年出现39天霾，比常年平均43.20天少4天，比上年少79天，空气质量有所改善，但灰霾天气对能见度和人体健康影响大。霾主要集中在秋冬季，盛夏稀少。

大风　全年出现6次大风，分别出现在4月12日、7月11日(台风“灿鸿”)、7月13日、7月29日、8月7日(台风“苏迪罗”)、8月9日(台风“苏迪罗”)，最大风速分别为17.10米／秒、22.50米／秒、19.90米／秒、18.30米／秒、19.20米／秒、17.20米／秒。

·水文·

【概况】 2015年，没有发生大的洪水和大面积水情灾害，没有影响大的台风和高温干旱恶劣天气。全年水文状况主要特点：1. 降水集中，分配时空不均。2. 汛前雨量明显偏多。3. 局部性短历时强降雨天气较多。4. 梅雨期长，雨量集中。5. 7月出现较早台风与梅雨同行，历史上罕见。4月2日，向代办雨量站传达杭州市水文站会议精神，落实任务及强调防汛重要性。2015年，富阳站发水情电报488件、收报526件。

【雨情】 汛前降水量明显偏多。据富阳站资料统计(人工)，1—3月降水量为350.50毫米，为历年同期降水量较多年月(历年同期平均为306.20毫米)。

2015年上半年降水天数多，雨量充沛；进入主汛期后，降水集中、强度大；梅雨期长，梅雨量多。据富阳站资料统计，1—6月总降水量955.50毫米(历年平均为780毫米)，汛期降水量为1142.60毫米(近20年平均为927毫米)。6月7日入梅，比常年(6月14日)偏早；7月12日出梅，比常年(7月4日)偏晚；梅雨期35天，比常年偏多14天，为超长梅雨期；梅雨量497毫米，比多年平均269毫米，多228毫米。

富阳站6月雨量273毫米，6月连续发生2次强降雨过程，分别是7日、8日。7日富阳站日降雨量64毫米，全区平均66.80毫米；8日富阳站日降雨量58.50毫米、全区平均67.40毫米；7日遥测雨量站全区日降水量最大站106毫米(贤德站)。1—6月富阳站降水量达955.50毫米、与上年同期相比多280.90毫米。总体降雨比较均匀，但个别小流域地区还是出现了短时强降雨，其中资料站最大的一日降水量为岩石岭站、6月7日雨量为103毫米。月降水量最大的千家村站为427.50毫米。

汛期4月15日—10月15日降水量1142.60毫米，比上年同期多降164.60毫米。1—10月降水量1704.80毫米，比上年同期多降429.20毫米。7—10月，富阳站降水量744毫米，比上年同期多降143毫米。由于厄尔尼诺现象较严重，11月17日全区大暴雨，富阳站降水量65.50毫米，降水最大站亭山站降水70毫米。11月，全区平均50.70毫米、富阳站降水210.50毫米，是1957年建站以来历史同期月中最大月。全区大、小型水库爆满、水位超警戒、出现了严重冬汛，为历史上罕见的现象。

全年全区平均降水量2028.20毫米，比上年同期多517.60毫米，降水日161天(平均各月降水量，降水日见表3)，年降水量最多的盛村站为2205毫米，最小的场口站为1853.40毫米。年蒸发量窄溪站为736毫米。8月4日蒸发量7.50毫米，为年最大日蒸发量；12月9日蒸发量0毫米，为年最小日蒸发量。

富阳站1月降水量为67毫米，比上年同期多40.50毫米；2月降水量为149.50毫米，比上年同期少14.60毫米；3月为134毫米，比上年同期多64毫米；4月为210.50毫米，比上年同期多127毫米；5月为121.50毫米，比上年同期少49毫米；6月为273毫米，比上年同期多113毫米；7月为399毫米，比上年同期多196.50毫米；8月为178.50毫米，比上年同期少43.50毫米。9月为118毫米，比上年同期少29毫米；10月为48.50毫米，比上年同期多19毫米；11月为210.50毫米，比上年同期多151毫米；12月为98.60毫米，比上年同期多93.10毫米。全年降水达2008.60毫米(160天)，比上年同期多降668毫米。

【水情】 6月19日，受连续强降水影响，富春江水位急剧上升，富春江电厂下泄最大流量9800立方米/秒，分水江电厂下泄最大流量500立方米/秒，富阳站洪峰水位9.40米(吴淞基面，下同)，为年最高水位。9月24日，年最低水位4.60米。全年各月平均水位总体高于上年，与历年各月平均基本接近，属水位变化正常年份。

年最大潮差2米，全年平均水位6.24米。窄溪水位站断面最高水位10.14米，出现时间6月19日；最低水位4.62米，出现时间9月24日；年最大潮差2.27米。

徐畈站全年测流126次，其中精测法1次，施测大断面2次。全年最高水位4.35米，相应流量79立方米/秒，最低水位2.50米，相应流量0.10立方米/秒。 (邵　勇)

2015年富阳区平均各月降水量及降水日

表3

月份	降水量(毫米)	降水日(天)
1	75.70	9
2	151.20	13
3	132.00	14
4	186.40	11
5	135.10	14
6	298.90	15
7	352.90	16
8	188.40	14
9	123.40	12
10	53.70	10
11	217.00	19
12	113.50	14
合计	2028.20	161

(张日佳)

【责任编辑　陈炜祥】

中国共产党杭州市富阳区委员会

·区(市)委全委会·

【市委十三届十次全体会议】 1月9日，中共富阳市委召开十三届十次全体(扩大)会议。会议认真学习贯彻党的十八届四中全会、省委十三届六次全会和杭州市委十一届八次全会精神，审议通过《关于全面深化法治富阳建设的若干意见》，认真讨论《关于加快推进城乡一体化发展的若干意见》和《关于进一步推进工业强市建设的若干意见》，总结回顾2014年工作，全面部署2015年重点工作任务，动员全市各级党组织和广大干部群众，立足新起点、把握新机遇、集聚新优势，全面开启融入杭州大都市的新篇章。市委常委会主持会议。市委书记姜军代表市委常委会向全会作工作报告，市委副书记、市长黄海峰做会议总结并部署工作。市委委员、候补委员，市纪委委员，市人大、政府、政协班子领导，法检两长，正、副市级巡视员，副市(长)级干部，有关离退休老同志，市人武部政委，各乡镇(街道)党政正职，市级机关党政正职，正局长级干部，市人大常委会各工委、市政协各专委主任，各建设指挥部相关负责人，市党代表、重点企业主要负责人参加会议。

【区委十三届十一次全体会议】 7月30日，中共杭州市富阳区委召开十三届十一次全体(扩大)会议。会议认真学习贯彻习近平总书记在浙江考察时的重要讲话精神，贯彻落实省委十三届七次全会和杭州市委十一届九次全会精神，审议通过《中共杭州市富阳区委关于全面加强基层建设巩固基层政权的决定》和《关于部分区委候补委员递补为区委委员的决定》，总结回顾上半年全区工作，全面部署下半年重点工作，动员全区上下"以干在实处永无止境、走在前列要谋新篇"的使命要求，加强基层建设、巩固基层政权，坚定发展目标、推进"三大转型"(经济转型、社会转型和政府转型)，振奋精神、克难攻坚，努力完成全年各项目标任务，全力描绘富春山居新画卷。区委常委会主持会议。区委书记姜军代表区委常委会向全会作工作报告，区委副书记、区长黄海峰做总结讲话。区委委员、候补委员，区纪委委员，区人大、政府、政协班子领导，法检两长，区长助理，其他杭州市管干部，有关离退休老同志，区人武部部长，各乡镇(街道)、区级机关党政正职、正局长级干部，区人大常委会各工委、区政协各专委主任，各建设指挥部相关负责人，区党代表、重点企业主要负责人参加会议。

·区(市)委重要会议·

【区(市)委常委会会议】 1月4日，十三届市委常委会举行第87次会议，讨论研究市委组织部有关干部人事工作，市委政研室关于市委全会报告、全面深化法治富阳建设的决定、市委常委会2015年工作要点起草工作等事宜。

1月14日，十三届市委常委会举行第88次会议，讨论研究市政府关于富春山居历史遗留问题处置工作、富阳经济技术开发区关于银湖学校项目有关问题、市人大常委会和市委组织部关于市十五届人大四次会议筹备工作、市政协关于市政协八届四次会议筹备工作，以及市政府办公室关于2015年《政府工作报告》起草等事宜，传达学习中央经济工作会议、中央农村工作会议、全国组织部长会议有关精神。

2月9日，十三届市委常委会举行第89次会议，讨论研究市考评办公室、市财政局关于2014年度市级机关、乡镇(街道)综合考评工作和考核奖金建议有关事宜，讨论研究市纪委关于党员干部违纪处理情况事宜；传达学习习近平总书记重要讲话和十八届中央纪委五次全会以及省纪委十三届四次全会、杭州市纪委十一届四次全会精神，并讨论研究市纪委十三届五次全体(扩大)会议有关事项；传达学习全省组织部长会议精神，并讨论市委组织部关于富阳市贯彻落实会议精神的工作思路；传达学习全国宣传部长会议和省、杭州市宣传思想文化工作会议精神，并讨论市委宣传部关于富阳市2014年宣传思想文化工作总结和2015年宣传思想文化工作的思路。

2月25日，十三届区委常委会举行第90次会议，讨论研究区委组织部有关干部人事工作，研究贯彻落实杭州市委常委会专题研究富阳工作会议精神。

3月30日，十三届区委常委会举行第91次会议，讨论研究区委组织部有关干部人事工作、关于完善富阳区党建工作责任制的建议、杭州市关于富阳区选人用人工作检查情况的反馈结果、杭州市关于规范乡镇(街道)党委领导班子职位设置和职数管理的意见通报及富阳区进一步加强镇村干部激励保障工作方案等事宜；讨论研究区编委办公室关于行政编制控编工作、区信访局关于加强富阳区信访干部队伍建设实施意见、区纪委关于落实杭州市纪委党风廉政建设责任建议书有关整改措施、区外事办公室有关外事工作；传达学习习近平总书记在省部级主要领导干部学习贯彻十八届四中全会精神全面推进依法治国专题研讨班开班式上的重要讲话精神。

4月20日，十三届区委常委会举行第92次会议，讨论研究区委组织部有关干部人事工作、区纪委关于党员干部违纪处理情况的汇报、区民宗局有关宗教工作，传达杭州市深入学习贯彻习近平总书记重要讲话精神暨市文明委全体(扩大)会议精神。

4月20日，十三届区委常委会举行第93次会议，讨论研究区委组织部有关干部人事工作。

4月29日，十三届区委常委会举行第94次扩大会议，讨论研究区政府党组关于一季度全区经济形势。

5月8日，十三届区委常委会举行第95次会议，讨论研究区委组织部有关干部人事工作，学习贯彻全省深化纪律检查体制改革工作会议精神，传达学习《中共中央、国务院关于加快推进生态文明建设的意见》。

5月18日，十三届区委常委会举行第96次会议，讨论研究区委组织部有关干部人事工作、区纪委关于党员干部违纪处理情况，传达王岐山在浙江调研时的讲话精神，讨论研究区委组织部关于在领导干部中开展“三严三实”专题教育的实施方案。

5月18日，十三届区委常委会举行第97次会议，讨论研究区委组织部有关干部人事工作。

6月1日，十三届区委常委会举行第98次会议，讨论研究区委组织部有关干部人事工作。

6月1日，十三届区委常委会举行第99次会议，讨论研究区委组织部有关干部人事工作、区人大关于区委进一步加强人大工作充分发挥人大作用有关事项的汇报。

6月15日，十三届区委常委会举行第100次会议，讨论研究区委组织部有关干部人事工作、区发改局关于加快富阳区与主城区一体化发展政策制订情况、区考评办公室关于2015年度乡镇(街道)、区级机关单位综合考核评价办法有关事宜，讨论2014年杭州市考核富阳综合考评成绩的通报，传达学习中央统战工作会议和省委十三届七次全会精神。

6月23日，十三届区委常委会举行第101次会议，讨论研究区发改局关于富阳区“十三五”规划编制有关事项，讨论研究土地利用规划中期调整工作情况、东洲新区规划修编情况，讨论研究2015年区委常委党建责任分工有关事项。

7月16日，十三届区委常委会举行第102次会议，讨论研究关于巡视反馈意见整改方案有关事项。

7月24日，十三届区委常委会举行第103次会议，讨论研究区政府党组关于半年度全区经济形势、区委政研室关于区委全会筹备和全会报告框架、决定起草有关情况、区财政局关于2014年度考核奖金建议有关情况、区委组织部有关干部人事工作。

8月13日，十三届区委常委会举行第104次会议，讨论研究区委组织部关于干部人事工作。

8月28日，十三届区委常委会举行第105次会议，传达学习《中共中央转发〈中共全国人大常委会党组关于加强县乡人大工作和建设的若干意见〉的通知》(中发〔2015〕18号)文件精神；传达学习中央党的群团工作会议精神。讨论研究区编委办公室关于区卫生计生局、农林局、住建局“三定”规定和部分机构升格事宜、区安监局关于全区安全生产工作事宜。

9月10日，十三届区委常委会举行第106次会议，讨论研究区委政研室关于《中共杭州市富阳区委关于省委巡视反馈意见整改落实情况的报告》、区纪委关于《乡镇(街道)纪(工)委书记、副书记提名考察办法(试行)》文件起草情况。讨论研究区委组织部关于岗位目标责任制考核奖发放方案、有关干部人事工作。讨论研究区商务局关于2015富商大会活动方案。

9月30日，十三届区委常委会举行第107次会议，讨论研究区委组织部有关干部人事工作，学习贯彻省委常委、杭州市委书记赵一德在富阳调研时的讲话精神。

10月20日，十三届区委常委会举行第108次会议，讨论研究区政府党组关于三季度全区经济形势，传达贯彻王岐山在福建调研时和纪检监察干部监督工作座谈会上的重要讲话精神，学习《中国共产党巡视工作条例》，讨论研究区作风办公室关于中央八项规定精神执行情况。

11月9日，十三届区委常委会举行第109次会议，讨论研究区纪委关于党员干部违纪处理事宜、关于《中共杭州市富阳区关于全面推进区纪委派驻(出)机构统一管理工作的意见》《派驻纪检组组长提名考察办法(试行)》《区管企业纪委书记提名考察办法(试行)》起草事宜，以及在区管企业设立纪检组织的建议。传达学习《中国共产党廉洁自律准则》《中国共产党纪律处分条例》精神，传达学习省委常委、组织部长廖国勋在从严贯彻《党政领导干部选拔任用工作条例》、规范选人用人工作会议上的讲话精神。

11月17日，十三届区委常委会举行第110次会议，讨论研究区委组织部有关干部人事工作。

11月30日，十三届区委常委会举行第111次会议，讨论研究区委组织部有关干部人事工作。传达学习省委十三届八次全会精神，传达贯彻省、杭州市党的群团工作会议精神，传达贯彻省委、杭州市委统战工作会议精神。

12月14日，十三届区委常委会举行第112次会议，讨论研究区委组织部有关干部人事工作、区委政研室关于区委“十三五”规划建议起草有关事宜。

12月17日，十三届区委常委会举行第113次会议，讨论研究区委组织部有关干部人事工作、关于《区委常委会“三严三实”专题民主生活会方案》起草事宜。

12月25日，十三届区委常委会举行第114次会议，讨论研究区委组织部有关干部人事工作、区编委办公室关于《富阳区综合行政执法工作实施方案》起草事宜、区委政研室关于区委常委会班子对照检查材料等事宜。

12月31日，十三届区委常委会举行第115次会议，讨论研究区委政研室关于区委全会筹备、“十三五”规划建议、区委全会报告、区委常委会2016年工作要点起草等事宜。讨论研究区政协关于《中共杭州市富阳区委关于进一步加强和改进人民政协参政议政的意见》起草事宜。

【全市党建工作会议】 2月11日，富阳召开全市党建工作会议，贯彻落实中共十八大，十八届三中、四中全会和省、杭州市会议精神，总结回顾2014年党建工作，研究部署2015年党建工作各项任务。会上，市委书记姜军作重要讲话。市委副书记吴玉凤主持会议。市委常委、宣传部长赵玉龙，市委常委、组织部长王进，市政协副主席、市委统战部长夏芬分别就做好全年宣传、组织、统战工作作出部署。

【市纪委十三届五次全体(扩大)会议】 2月11日，富阳召开市纪委十三届五次全体(扩大)会议，学习贯彻中央、省和杭州市纪委全会精神，传达落实习近平总书记重要讲话精神，总结回顾2014年党风廉政建设和反腐败工作，研究部署2015年的工作任务。市委书记姜军作重要讲话。市委副书记吴玉凤主持会议，市委常委、纪委书记胡光伟作报告。汤金华、陆洪勤等市四套班子领导，法检两长，正、副市级巡视员，副市(长)级领导干部等参加会议。

【全区工业强区建设推进大会】 3月6日，在富阳影剧院举行全区工业强区建设推进大会，贯彻落实省经济工作会议、省市扩大有效投资会议和杭州市委常委会专题研究富阳工作会议精神，回顾总结2014年工业强区建设工作，研究部署2015年工业强区目标任务。区委书记姜军作重要讲话，区委副书记、区长黄海峰作工作报告。会议通报并表彰2014年度各类先进企业、科技人才工作先进单位和个人。富阳经济技术开发区、区商务局、富通集团、金固股份等单位负责人作表态发言。汤金华、陆洪勤、吴玉凤等区四套班子领导参加会议。

【全区老干部、关心下一代工作会议】 3月9日，富阳召开全区老干部、关心下一代工作会议。区委副书记、区长黄海峰作重要讲话。区委副书记吴玉凤主持会议，并就贯彻落实会议精神提出要求。区委常委、组织部长、区关工委主任王进作工作报告。区领导汤金华、陆洪勤出席会议。

【全区"五水共治""三改一拆"工作暨国卫复评迎检动员会议】 3月9日，富阳召开全区"五水共治""三改一拆"工作暨国家卫生城市复评迎检动员会议。区委副书记、区长黄海峰要求各级各部门要提高认识，加强领导，突出重点，统筹推进全局工作，努力建设"三美三城"(生产美的智慧新城区、生态美的绿色新城区、生活美的人文新城区)。区委副书记吴玉凤主持会议，区领导杨国正、王书评、孙洁分别就"五水共治""三改一拆"和国卫复评迎检相关工作作动员部署。区农办、城管局、富春街道和新登镇作表态发言。区领导汤金华、陆洪勤、方仁臻、王小丁参加会议。

【全区农村工作会议】 3月20日，富阳全区农村工作会议在富阳影剧院召开。区委书记姜军作重要讲话。区委副书记、区长黄海峰作工作报告。会议对先进单位进行表彰，渌渚、洞桥、场口、富春、永昌等乡镇(街道)作交流发言。汤金华、吴玉凤、杨国正、董伟、祝一君、王小丁等区领导出席会议。

【"三严三实"专题党课暨专题教育部署会】 5月15日，富阳召开"三严三实"(严以修身、严以用权、严以律己，又谋事要实、创业要实、做人要实)专题党课暨专题教育部署会。区委书记姜军在会上作动员讲话并上专题党课，富阳"三严三实"专题教育正式启动。区委常委、组织部长王进作工作部署。黄海峰、汤金华、陆洪勤等区领导参加会议。

【全区"奋战四季度，冲刺全年红"攻坚行动动员会】 10月8日，富阳召开全区"奋战四季度，冲刺全年红"攻坚行动动员会。会上，传达贯彻省委常委、杭州市委书记赵一德在富阳调研时的讲话精神，明确以做好"经济、生态、平安、民生、党建"五张报表为抓手，为奋力冲刺全年目标凝聚共识。区委书记姜军作重要讲话。区委常委、常务副区长杨国正主持会议，区委副书记、区长黄海峰作工作部署。富春街道、新登镇、区发改局、区商务局、区住建局、区治水办等乡镇(街道)、部门作表态发言。汤金华、陆洪勤等区四套班子领导参加会议。

【全区纪委派驻机构改革工作会议】 12月4日，富阳召开全区纪委派驻机构改革工作会议，意味着富阳纪委派驻工作正式拉开帷幕。区委书记姜军作重要讲话。会议由区委常委、纪委书记胡光伟主持。区委常委董伟宣读区管派驻(出)纪检组组长(纪工委书记)、副组长任命名单。

·区委重要活动·

【富阳撤市设区正式授牌】 2月15日，中国共产党杭州市富阳区委员会、杭州市富阳区人民代表大会常务委员会、杭州市富阳区人民政府、中国人民政治协商会议杭州市富阳区委员会、中国共产党杭州市富阳区纪律检查委员会挂牌，杭州市富阳区正式宣告成立。杭州市领导龚正、张鸿铭、王金财、叶明、施彩华分别为中共富阳区委、区人大常委会、区政府、区政协、区纪委授牌，区领导姜军、黄海峰、汤金华、陆洪勤、胡光伟代表富阳接牌。杭州市委副书记杨戌标主持会议，杭州市领导许勤华、徐立毅、张仲灿、戚哮虎等出席。

【总投资额近百亿元项目集体落户富阳】 6月29日，富阳经济技术开发区与首创集团、上海宇培(集团)

有限公司、龙晖集团有限公司分别就杭州首创奥特莱斯项目、宇培杭州电子商务运营中心项目、龙晖水上乐园及生态主题酒店项目签约，新登镇人民政府与宝湾物流控股有限公司、春江街道办事处与香港世联资源有限公司分别就宝湾物流杭州电商供应链中心项目、天钟山旅游开发项目签约。签约项目总投资额近百亿元。另外，中国体育报业总社副社长、中国智慧体育产业联盟理事长王平与富阳区政府签署智慧体育产业基地合作协议；华运智体投资管理（杭州）有限公司、赛伯乐投资集团、兴业银行杭州分行与开发区签署产业基金合作协议。国家体育总局科教司科技处处长张霞、中国体育报业总社副社长王平出席活动并讲话，杭州市政府有关负责人，区领导姜军、汤金华、陆洪勤、吴玉凤、赵玉龙、杨国正、徐林亮、裘富水等参加活动。

【举办纪念郁达夫殉难70周年系列活动】 8月28日至30日，富阳举行以纪念郁达夫殉难70周年为主题的系列活动。郁达夫家属、东南亚文艺界代表、南行文化人后裔代表等各界人士积极参与，通过座谈、走访等多种形式共同追忆和探讨郁达夫给中国抗战历史长河留下的精神遗产，缅怀这位爱国主义作家、坚定的抗日战士、富阳人民永远骄傲的儿子。中国作家协会副主席叶辛、省委宣传部常务副部长胡坚，富阳区领导姜军、吴玉凤、赵玉龙、华之江、孙洁、蒋建民参加有关活动。

【浙江省纪念中国抗日战争胜利70周年活动在富举行】 9月2日上午，浙江省社会各界纪念中国人民抗日战争胜利70周年活动在富阳银湖街道举行，省委常委、宣传部长葛慧君，省人大常委会副主任厉志海，副省长郑继伟，省政协副主席吴晶，省军区副政委张晓林，杭州市委常委、宣传部长翁卫军，市人大常委会副主任吴春莲，副市长陈红英，市政协副主席汪小玫，富阳区姜军、黄海峰、汤金华、陆洪勤等四套班子领导参加活动。

【举办杭州（富阳）智慧产业发展高峰论坛】 9月11日至12日，杭州市富阳区人民政府、杭州日报报业集团联合举办2015杭州（富阳）智慧产业发展高峰论坛。论坛开幕式上举行2015“智汇富阳”风云榜大型评选活动颁奖仪式，对十大智慧经济事件、十大智慧经济人物、十大智慧成长企业进行表彰。论坛围绕“智汇富阳，互联生活”这一主题，深入探讨“互联网+”时代的产业发展机遇与挑战、电商生态与区域产业新蓝海、传统产业的“互联网+”机会、智慧城市建设开启物联产业之门等话题，12位特邀嘉宾与200余位富阳企业家展开互动交流，共同破题智慧经济发展新路径。省科技厅厅长周国辉和杭州市有关部门领导，以及富阳区领导姜军、黄海峰、汤金华、陆洪勤、赵玉龙、方仁臻、孙柏平、裘富水参加活动。

【举办2015富商大会】 9月25日，杭州市富阳区2015富商大会隆重召开，280多位海内外富商、在富投资的新富商、优秀人才代表汇聚一堂，同叙桑梓之情，共话富阳发展。改革开放后，广大富商凭借敢为人先的闯劲和敏锐的市场意识，迈开了发展个体私营工商业的坚实步伐，以顽强的毅力和拼搏的精神，走出了一片广阔天地，开创了多个民营经济领域的“全国第一”，实现了一个又一个财富和成功的梦想。在30多年的历程中，富商始终是推动富阳发展最活跃的探路者和生力军，民营企业占富阳工业企业的98%以上，民营经济占富阳GDP的90%，民营企业从业人员占富阳全社会总从业人员的50%。广大富商也用实际行动回馈富阳，复城国际、锦绣富春、海正辉瑞等一批重大项目回归落户富阳。会上，入选全省首批特色小镇创建名单的“硅谷小镇”举行开园仪式；年产10万吨高档生活用纸项目、中民筑友绿色建筑科技园项目、机器人产业联盟基金项目等15个投资额共计220亿元重点项目签署合作协议；富春江集团董事局主席孙庆炎、浙江海正药业有限公司董事长白骅等20位知名富商代表及优秀人才代表受聘为区政府招商顾问；有关富商代表发言。与会人员还观看了富阳经济社会发展专题片。区领导姜军、黄海峰、汤金华、陆洪勤、吴玉凤等区四套班子领导参加会议。

【富阳承办全省推进村庄规划暨农房设计落地工作现场会】 11月18日至19日，全省推进村庄规划暨农房设计落地工作现场会在富阳召开。会前，与会人员参访春江街道八一村和洞桥镇文村，观看全省各地市农房设计通用图集展示图板。副省长熊建平在会上强调，各级各有关部门要按照中共十八届五中全会精神和省委省政府决策部署，坚持设计引领、典型引路、政策引导，抓好村庄规划和农房设计的源头，完善机制、确保落地，为“两美”（建设美丽浙江、创造美好生活)浙江建设做出新贡献。区领导姜军、黄海峰、王书评参加会议。

【央视《朝闻天下》报道富阳实行城乡居民重大疾病补充保险制度】 11月25日上午，央视《朝闻天下》栏目报道了富阳城乡居民重大疾病补充保险制度，介绍富阳大胆创新、在全国率先实行政保合作的经验做法。区委副书记、区长黄海峰在接受央视记者采访时说：“通过引入第三方监管，加强规范运作，减少(医保)基金支出3亿元左右。”该项制度的实施，大大提高了医保基金使用效率。

【投资逾40亿元的五大项目集中开工】 12月29日，总投资逾40亿元、税收达4亿元的京东电商园、首创奥特莱斯、中民筑友绿色建筑科技园等五大项目集中开工，为“十三五”良好开局打下扎实的基础。杭州市副市长谢双成宣布项目开工，区领导姜军、黄海峰、汤金华、陆洪勤、杨国正、徐林亮、裘富水参加开工仪式。

·上级领导到富阳调研·

【省委常委、宣传部长葛慧君两次到富考察调研抗日战争胜利浙江受降纪念馆建设情况】 2月2日和8月18日，省委常委、宣传部长葛慧君两次到富阳专题考察调研抗日战争胜利浙江受降纪念馆改扩建工程。葛慧君两次均充分肯定富阳在纪念馆建设中所做的各项工作，并对纪念馆的布展及有关工作提出了指导意见。省军区副政委兼政治部主任单秀华，杭州市委常委、警备区司令员潘方敏，区领导姜军、吴玉凤、赵玉龙、丁一陪同调研。

【杭州市委副书记、市长张鸿铭到富阳调研】 4月1日，杭州市委副书记、市长张鸿铭到富阳考察调研。张鸿铭一行实地考察了天安·富春硅谷、浙江合大太阳能科技有限公司、银湖街道勤丰村以及富春山馆项目和江滨西大道景观工程，并主持召开座谈会。区领导姜军、黄海峰、杨国正、方仁臻、徐林亮、王小丁、裘富水、孙洁、方铁道陪同考察或参加汇报会。

【副省长黄旭明到富阳检查】 5月15日，副省长黄旭明到富阳实地检查防汛水利等相关工作。检查组一行实地察看了富阳“独流入海”场口镇联群段标准堤建设工地。省水利厅厅长陈龙、杭州市副市长戚啸虎、区领导黄海峰、王小丁陪同检查。

【省人大常委会副主任袁荣祥到富阳调研】 4月29日，省人大常委会副主任袁荣祥一行到富阳调研重污染高耗能行业整治提升工作。调研组一行实地踏看了浙江光明纸业有限公司、浙江板桥清园环保集团有限公司和杭州特种纸业有限公司，了解企业在抓好节能减排方面的举措和成效，并召开了座谈会。区领导黄海峰、方仁臻、郎卫国等陪同调研或参加汇报会。

【省政协副主席王建满到富阳调研】 5月6日，省政协副主席王建满到富阳调研。调研组一行考察了杭新景高速富阳段、东洲街道黄公望村和江滨南大道“四边三化”（在公路边、铁路边、河边、山边等区域开展洁化、绿化、美化行动)整治情况，并实地踏看了洞桥镇文村浙派农居改造和农村生活污水治理情况。区领导姜军、陆洪勤、王小丁、王书评、章刚良陪同参加调研。

【副省长熊建平到富阳调研】 6月3日，副省长熊建平到富阳调研“五水共治”工作。熊建平一行参观了春江污水回用处理有限公司、杭州特种纸业有限公司、江滨西大道景观工程一期和富春山馆项目施工现场，听取了富阳区富春江治理、农村生活污水处理工程等情况介绍，并主持召开了座谈会。杭州市副市长张耕，富阳区领导姜军、黄海峰、方仁臻陪同调研。

【省委副书记、省长李强到富阳调研】 6月15日，省委副书记、省长李强到富阳调研美丽乡村建设。李强一行先后考察了洞桥镇大坞村古村落、文村美丽宜居村庄省级试点项目，详细了解试点区块民居的建筑结构、建设成本等情况，并主持召开座谈会。座谈会上，李强听取杭州及富阳有关负责人、中国美院王澍教授对农居改造的介绍，并就进一步做好美丽乡村建设提出要求。省委常委、杭州市委书记龚正，副省长熊建平，杭州市委常委、秘书长许勤华一同调研，富阳区领导姜军、黄海峰、王书评陪同调研。

【省委常委、杭州市委书记赵一德到富阳调研】 9月29日，省委常委、杭州市委书记赵一德到富阳调研工作。赵一德认真听取了区委书记姜军的汇报，详细了解了富阳当前基本情况、近年来工作重点及当前防汛防台工作情况，要求富阳沿着既定的目标、思路，坚持一张蓝图绘到底，加快融入杭州步伐、努力做好各项工作，推动科学发展，成为真正"城区"，为全市发展大局做出应有贡献。杭州市委常委、秘书长许勤华，富阳区黄海峰、汤金华、陆洪勤、吴玉凤等四套班子领导陪同调研。

【省人大常委会党组书记、副主任茅临生到富阳督查工作】 10月8日下午，省人大常委会党组书记、副主任茅临生到富阳督查"五水共治"工作。茅临生一行首先踏看了场口污水处理厂，查看中控室、进水泵房和排水泵房，详细了解污水厂运行情况。随后，茅临生主持召开座谈会，听取了富阳关于"五水共治"工作的汇报。杭州市领导王金财、戚哮虎，富阳区领导姜军、汤金华、杨国正、郎卫国、林泉军陪同督查。

【省委常委、组织部长廖国勋到富阳调研】 11月20日，省委常委、组织部长廖国勋到富阳调研经济社会发展情况和党建工作。廖国勋一行先后踏看了东洲街道黄公望村、黄公望金融小镇和天安·富春硅谷等，详细了解先锋指数、堡垒指数、服务指数"三大指数"信息化管理系统。杭州市委常委、组织部长张仲灿，区领导姜军、仰中旻、徐林亮陪同调研。

·区委政策研究、督查考评、信息、法治、保密工作·

【区委政策研究工作】 全年共起草全区性重要会议、重要活动、重大工作的讲话材料、汇报材料等300余篇，其中区委《关于制定杭州市富阳区国民经济和社会发展第十三个五年规划的建议》1篇，区委全会报告2篇，区委《意见》(《决定》)6篇，省市交流汇报材料50余篇，《市委办通报》36期，杭州市委书记《专报》4期，市委书记办公会议纪要74期、市委常委会纪要30期，文字总数超过100万字。《关于富阳区铁腕治水倒逼转型升级的情况汇报》一文，得到省委书记夏宝龙的批示；《深化标杆三学、加快融入主城》《富阳区重大项目招商考察工作汇报》等4篇材料，得到杭州市委主要领导的批示。

围绕区委决策部署和工作重点，着力把握当前经济社会发展阶段性特点，开展重点课题调研，完成富阳与主城融合发展、产业转型升级、发展跨境电子商务、打造硅谷小镇、兼田园之美具城市之利、推进农村基层党建等10项重点课题调研，部分调研成果被区委吸收，形成切实有效的指导性意见。其中，着眼于富阳"十三五"发展开展系列课题研究，为起草好区委"十三五"规划建议提供了保障；与区政协办公室合作开展深化杭富一体化政策调研，撰写的课题报告得到杭州市政府主要领导批示肯定；组织开展对深圳南山区、上海普陀区、天津河西区的考察调研，形成考察报告，为全区开展"标杆三学"活动提供了意见。进一步完善课题调研工作机制，突出党办统筹协调的职能，构建形成以区委政研室为主、其他单位配合的"大政研"格局。创新办好区委刊物，全年出刊《富阳文刊》12期、《富阳政研》15期，编印了《富阳市第十三次党代会以来文献选编》。

【区委督查考评工作】 全年围绕区委、区政府中心工作，对建立督查督办任务清单机制进行有效探索，确定"1+X"的重点督查体系("1"指由督查室遴选的全区重点工作；"X"指区委、区政府阶段性重点工作)，由区委、区政府督查室牵头开展常态化督查。全年通过现场督查、书面督查、电话督查、跟踪督查和专项督查等形式，组织开展对“1+X”重点督查任务、“奋战两个月”系列、“五水共治”、“三改一拆”、部级地籍卫片违法用地整改、“今日聚焦”和“今日关注”栏目曝光案件整改等各类重大督查活动30多次，督办交办区委主要领导批办件158件，向区委、区政府主要领导上报督查专报47件，制发全区性《督查通报》23期。结合制定2015年度全区综合考评办法，提高督查工作的分值权重，进一步加大督查结果在单位年终考评中的体现。

【区委信息工作】 全年编发《富阳信息通报》56期，被中央办公厅录用问题建议信息10篇(综合录用7篇)，其中2篇获得中办领导批示，1篇被评为中办季度优秀稿件。被省委办公厅录用后上报中央办公厅专件1篇;《浙江信息·每日汇报》《浙江信息·上报中办每日汇报》录用72篇，其中正面亮点信息录用15篇。被杭州市委办公厅录用74篇，其中《杭州信息·专报信息》刊发15篇，获得省委常委、市委书记赵一德，市长张鸿铭等杭州市领导的批示14则。全年党委信息上报工作在杭州13个区(县、市)综合考评中排名第一。

【区委法治工作】 制定下发《关于全面深化法治富阳建设的若干意见》，明确今后一段时期内法治工作总体要求、目标任务和工作重点。开展法治宣传活动，全年组织各种形式的领导干部学法考试和讲座4次、青少年学法活动20余次；组织区级机关开展“五水共治”“三改一拆”“依法信访”等各类主题普法宣传活动15场，发放各类法制宣传材料53400余份；开展普法联络员培训2次，制作“六五”普法亮点回顾片1条、投放报刊亭游动字幕40条、投放电视台公益广告1条、发布微电影《毒》，协调录制“平安之声”广播节目20期、平安富阳电视节目4期、平安富阳报纸专刊3期，建设法治文化公园1个。开展民主法治村(社区)、法治乡镇和“法治富阳”创建活动，新登镇湘溪村成功创建国家级民主法治示范村；推荐春江街道、大源镇、胥口镇、渌渚镇、洞桥镇5个乡镇(街道)为杭州市级创建先进单位。做好省第三届公共管理创新案例评选工作，富阳区“县级政府权力清单制度改革的富阳版本”获得全省十佳创新奖。

【区委保密工作】 区保密局围绕区委、区政府中心工作，进一步推进重点涉密单位保密宣传教育和监督检查工作。召开区保密委员会扩大会议，举办全区党政涉密人员培训班，参加杭州市保密微电影征文大赛。12月，启动党政专用通信网一期工程(红白机项目)，给区主要领导安装红机25门，给重点涉密单位安装白机180门。同时，在做好充分调研的基础上，制定下发《关于进一步加强有关工作纪律的通知》，率先在杭州地区对内部敏感信息管理单独制订文件进行规范。根据以往保密检查中发现的问题，研究起草《富阳区保密工作现状及对策建议》，阐述富阳保密工作面临的形势，分析现状和问题，探讨今后工作的对策及建议，为领导摸清全区保密工作情况提供依据，为领导决策提供参考。

(傅　伟)

·组织工作·

【党组织和党员基本情况】 2015年，全区设党工委7个，党组23个、党委199个(其中区级部委办局党委4个、乡镇党委19个，其他基层党委176个)。有党总支部240个，基层党支部3018个。全区有党员49378名，其中女党员13152名，少数民族党员102名。2015年有流动党员369名，其中外出流动党员333名，接收流动党员36名。

【“三严三实”专题教育活动】 根据中共中央的统一部署，扎实推进“三严三实”专题教育活动。突出领导带头，以上率下，组织区级机关领导开展“送课下乡”，组织评选65堂优秀党课和65名优秀党课宣讲员，有效破解了党课师资紧缺的难题，并在《浙江日报》、《杭州日报》等媒体宣传报道，得到了杭州市委组织部的充分肯定。坚持效果导向，针对部分单位领导班子人数较少的情况，专题学习采取单位联合、区域化学习研讨的形式，取得了较好的学习效果。坚持推进工作，以破难攻坚作为检验专题学习研讨成效的抓手，有力推动了“五水共治”、“三改一拆”、“杭黄高铁”等中心工作的开展。依托专题民主生活会和专题组织生活会，对查摆出来的问题，坚持边查边改、即知即改，全区65个区级机关、24个乡镇(街道)、686名领导干部经受了一次高标准、严要求的党性洗礼。

【领导干部思想政治建设】 贯彻落实全国和省《2013—2017年干部教育培训规划》，围绕党性修养重点，启动区管领导干部政治理论与党性教育三年轮训计划，举办党章党规党纪、新型城镇化等18期主体培训班和5期领导干部自主选学，全年共培训干部10965人次。

【干部教育培养工作】 加强挂职锻炼基地软硬件建设，挑选挂职人员和挂职单位(项目)，强化中青年干部能力锻炼。选派37名区管副职后备干部到软弱落后村和省级扶贫帮扶重点村担任第一书记，54名优秀中青年干部到“五水共治”“三改一拆”等重点工程平台挂职，提高干部实际工作能力。

【干部监督工作】 制定下发《关于从严管理干部的意见》，完善从严管理干部队伍制度体系。以杭州市委组织部干部监督进社区试点为契机，建立完善干部监督进社区“1+3”制度体系，在富春街道后周、江滨社区试点的基础上，全面推行干部监督进社区工作，强化干部“八小时外”表现监督。加强对干部选拔任用工作的监督，开展干部选拔任用全程纪实、领导干部经济责任审计、党组织书记履行干部选拔任用工作职责离任检查等工作。强化日常工作监督，对区管干部因私出国(境)登记备案情况进行专项清理，开展全区888名区管干部个人有关事项集中报告、补报、审核工作。

【干部人事制度改革】 把领导干部日常考察和中心工作考核情况作为考核结果的重要组成部分，首次将党建工作考核结果单列折入乡镇(街道)综合考核结果。深化领导干部日常考核和分析研判，全面掌握领导班子的运转情况和领导干部的具体表现，推进干部信息库建设，健全完善班子结构配置和干部能力素质模型，初步完成全区领导班子和领导干部模型的构建工作。强化结果运用，2014年度考核确定为“优秀”等次的领导干部要求在同类型中考核排名靠前，严格执行调整不适宜担任现职领导干部制度，10名考核在达标线以下的领导干部被诫勉谈话。

【干部目标责任制考核】 将公安局、检察院、法院等部门全部纳入机关干部岗位目标责任制考核体系，实现岗位目标责任制考核工作全覆盖。升级“日晒、月评、年考”系统功能模块，修订全区89家单位考核办法。开展机关干部岗位目标责任制考核工作专项督查，召开岗位目标责任制考核工作现场推进会。建立以实绩为导向的量化考核和结果运用制度，严格实行岗位目标责任制考核结果与干部评先评优、岗位调整、年度奖金发放直接挂钩机制。

【干部工作规范化建设】 规范干部职数配备和机构设置，基本完成全区“三项清理”(超职数配备干部、超机构规格提拔干部、超审批权限设置机构)工作任务。加强“三龄两历一身份”(“三龄”指年龄、工龄、党龄；“两历”指学历、工作经历；“一身份”指干部身份)信息审核，做好干部人事档案专项审核，推进干部档案管理信息化建设，提高干部档案的规范化管理水平。按照合规合理、平稳过渡的原则，科学制定撤市设区后干部职级确定考察方案，有序推进干部职级确定工作，完成首批共566名可确定职级的处级干部任职考察及手续办理，并指导各单位做好处级以下干部的职级确定工作。

【构建基层党建工作责任“352”工程】 落实党建责任制要求，实施三份清单、五项机制、两大考核(简称“352”工程)。制定区委常委、乡镇(街道)党(工)委书记、村党组织书记三份党建工作责任清单，健全完善领导干部定期向党组织报告党建工作、乡镇(街道)书记领办党建重点项目、基层党建“三大指数”分析研判、党组织书记抓党建工作“双述双评”、党建工作日常监督检查等五项机制，改进乡镇(街道)综合考核办法，创新实施党建工作和经济工作“双百分制”考核，改进领导干部个人考核办法，明确党建工作考核成绩按50%权重计入乡镇(街道)党(工)委书记个人年度实绩考核。

【打造基层党建“三大指数”管理品牌】 构建以党员“先锋指数”、党组织“堡垒指数”、乡镇(街道)“服务指数”为主要内容的“三大指数”信息化管理体系。修订党员“先锋指数”信息化积分项目表，将党员在“五水共治”“三改一拆”等中心工作推进中发挥表率作用、带头认领微心愿等纳入“先锋指数”考评管理项目。调整农村党组织“堡垒指数”信息化管理办法，明确将“堡垒指数”作为评星定级、软弱落后村确定和整转成效评价、村干部履职考核等的重要依据。制定出台《2015年度乡镇(街道)服务指数信息化管理考核办法》，将乡镇(街道)干部“组团联村”、落实“网组片”等情况纳入信息化管理平台进行量化考核。

【加强党员队伍链式管理】 依托区基层党建信息化管理平台，全面实施发展党员全程网络纪实。制定下发《关于进一步严格党的组织生活的实施意见》，率先在杭州地区推行基层党组织“党员固定活动日”制度，规范提升基层党组织生活活动内容和形式程序。全年各级党组织累计开展会议、教育培训、志愿服务等活动33889次，党员刷卡68万余人次。组织召开全区党员教育管理工作现场推进会，强化党员党性锻炼工作。继续加大对异地发展党员转入的审查力度和不合格党员处置力度，全年共查处问题党员22名，评出不合格党员156名。

【两新组织党建工作】 深入开展创建“和合共同体”深化“青春党建”六大专项行动，全面实行两新组织“党员固定活动日”和“三联三会”等制度。开展两新组织党务工作者开放式、体验式党务沙龙，提升了两新组织党建活动质量。加强出资人教育引导，组织全区40余名规上企业党组织书记、出资人参加省市区委组织部门举办的领导干部党性研修班。加强两新组织党建硬件配套建设，深入推进“蓝领驿站”建设，统筹提供社保登记、劳动仲裁等四大类23项“一站式”服务。

【优化人才工作环境】 围绕新形势下区域经济社会发展新要求，编制完成富阳区“十三五”人才发展规划基本稿，科学布局富阳人才工作。制定出台《富阳区2015年度人才工作目标责任制考核评价办法》，增强人才工作考核评价科学性。制定出台《杭州市富阳区高层次人才租赁住房补助标准》，明确补助方式和内容，健全住房保障体系。继续组织开展高层次人才的购(租)房补助(贴)申报工作，制作《富阳区人才服务政策汇编》。

【深化人才引进培育工作】 组织海外高层次人才到富洽谈活动，与中国蛋白药物质量联盟合作召开创新研讨会，发挥区海外人才驿站、海外人才与本土民营资本对接网络平台作用，针对性发布海外高层次人才创新创业项目和本地企业需求信息，全区共有63个创新创业项目对接落地。继续实施“5110”项目征集计划，成功吸引4名国家“千人计划”携项目参加，共有5个项目获得1680万元无偿资助。2015年富阳新入选国家“千人计划”、省“千人计划”、杭州市“521”计划各1人。

【大学生村干部队伍建设】 依托区基层党建信息化管理平台，开发大学生村干部管理功能模块，制定大学生村干部先锋指数管理考核办法，加强对大学生村干部的日常管理。组织开展“千名村官进万户”主题实践活动，举办首届大学生村干部“互联网+特色农产品”创业实训赛，全区大学生村干部、农村青年等60余人参加，累计销售50余万元。结合富阳区“青少年综合服务平台”建设，打造大学生村干部“众创空间”创业阵地，开展电商创业培训、创业故事分享会等主题活动。

【组织部门自身建设】 出台《部机关内部管理制度》，修订完善部务会议、例会交流、财务管理等制度，推行组织工作项目化管理制度。利用“组工夜学”“党员固定活动日”等载体，开展点题式学习讨论活动。深化部机关干部分片联系乡镇(街道)、区级机关机制，部机关28人分片联系24个乡镇(街道)、65个区级机关。全年完成调研文章9篇，在杭州市级以上信息简报和媒体刊物刊发富阳组织工作稿件300余篇。 (楼　焘)

·宣传工作·

【概况】 2015年，区委宣传部充分发挥主管意识形态工作的部门优势，着力通过理论宣讲提高党员干部思想觉悟，通过舆论宣传引导全民意识，通过文明创建提升群众素质，通过文化活动提高生活品质，通过文创发展加快产业转型，推动富阳区全面、快速、平稳、有序接轨杭州主城，为描绘好“三美三城”融合共生、相得益彰的“富春山居新画卷”保驾护航。

【理论武装工作】 全年主办“春江论坛”7期，编发干部学习活页4期，编写区委理论学习中心组学习简报7期。在全区组织开展《习近平谈治国理政》《法治热点面对面》和《中国梦与浙江实践》等理论读物的学习宣传。全区各部门和单位共开展各类宣讲463场次，为基层党校送课12次，成功申报8个村的农村文化礼堂为第三批杭州市悦学体验点。区农村文化礼堂宣讲服务团、黄小荣、李鸿分获省基层宣讲先进集体、先进个人和基层党校优秀教员。“最美老干部”宣讲团和“五老宣讲团”事迹材料被纳入杭州申报中宣部宣讲先进集体材料。

【舆论宣传】 组织新闻单位开展“新闻大行动”，区属新闻单位刊播重点监督报道近300篇，先后赴天津、深圳、上海参观学习，刊播“对标三学”（改革开放学上海、转型升级学深圳、美丽建设学天津）典型经验报道40余次。推出“国家卫生城市复评”系列报道近百条，制作曝光专题片1部，曝光各类不良现象20余起，投放宣传标语1000多次，公开信40000余份。加强新闻单位管理，贯彻《富阳区关于进一步改进新闻报道的实施细则》，修改完善《富阳区新闻单位宣传管理考核细则》，部署打击整治境外非法电视网络视听接收设备专项行动，强化安全播出。

【精神文明建设】 贯彻执行富阳市公民道德建设三年行动计划，推进群众性精神文明创建活动。编发“我们的价值观”公益彩信12期，评选区级“美德少年”100名，1人入选市级“美德少年”。做好省、市两级文明指数测评迎检工作，组织开展“礼让斑马线”等文明素养教育活动，共发送《这些陋习你改了吗？》宣传册1万份。深化“富阳好人”品牌，选树以“最美大学生”何俊斌为代表的“富阳好人”200余名，其中1人入选中国好人榜，1人入选浙江省道德模范，2人入选浙江好人榜，5人入选杭州好人榜，组织“身边好人”宣讲活动40余场。组织开展抗战胜利70周年纪念活动，参与策划浙江社会各界纪念抗战胜利70周年主题活动，征编出版《富阳抗战实录》等书籍，举办“缅怀抗日英烈，践行社会主义核心价值观”主题征文活动。贯彻落实省市有关文件精神，关注中小学育人工作，赴4所中小学校开展育人工作调研，召开座谈会，形成创新中小学德育模式初步意见。

【重要文化项目建设】 建成省内唯一的抗战胜利主题纪念场馆——抗日战争胜利浙江受降纪念馆，并于9月2日成功承办全省社会各界纪念抗战胜利70周年主题活动。该馆9月3日正式对外开放，至12月底，共开馆约100天，接待参观者24.03万人次，其中未成年人6.70万人次，党员5万余人次。受降厅被列入国家国防教育示范基地、国务院第二批国家级抗战纪念设施（遗址）。此外，积极筹划参与“富春山馆”（博物馆、美术馆、档案馆）的文化布展工作。多次召开“富春山馆”项目布展协调会，细化布展方案，分解落实任务。对渌渚镇周雄纪念馆的布展、江滨西大道延伸工程文化陈设布置等予以指导。

【农村文化礼堂建设】 推进农村文化礼堂建设，以“五有四型”（“五有”即有场所、有展示、有活动、有队伍、有机制；“四型”即学教型、礼仪型、娱乐型、长效型）为标准，新建农村文化礼堂34家，超额完成省里下达的重点建设计划任务。完善102个已建文化礼堂村硬件设施，稳妥推进掌上文化礼堂、星级文化礼堂评定和理事会管理制度，组织开展大学生回乡讲课和“立家规、传家训、育家风”等各类文化活动近600场次。举办乡镇（街道）综合文化站站长、村宣传文化员业务培训班，提升基层骨干的业务水平。

【对外宣传】 精心组织主题外宣活动，举办富阳“撤市设区”媒体见面会，上级主流媒体刊播稿件100多条次。精心策划农事节庆、“公望富春”文化周、纪念郁达夫烈士殉难70周年座谈会等主题外宣活动。推出“最美大学生”何俊斌事迹系列报道100多篇次。包括央视“新闻联播”、人民日报在内，全年市级以上主流媒体刊播富阳正面报道近千条次。拓展外宣平台，向省内派送《富阳宣传》杂志2000多册。推出富阳手绘文化地图，在台北和富阳分别举办《富阳二董》(“二董”即董邦达、董诰)专题纪录片首发，进一步提高城市品牌知名度。

【网络舆情管理】 做好突发事件舆情引导。修订突发公共事件新闻发布应急预案操作手册和外媒接待管理办法，组织新闻发言人培训2次，授课6次。成功应对台风“灿鸿“过境、“7·27”市心北路楼房倒塌等60余起突发事件舆情引导工作。特别是在“7·27”事件中，接待20余家媒体50余名记者现场采访，利用多种平台24小时发布权威信息，联合公安机关对网上造谣者进行打击惩处。维护运行好“富阳发布”。开展“微直播”“微评论”等互动活动，信息发布多元化。至12月底，微信公众号粉丝超过2.50万人，在杭州区(县、市)政务微信影响力中排名靠前。建设强有力的网军队伍。制订下发《深化“网络富军”建设工作方案》，建立涵盖全区84个部门(单位)的千人网军队伍，推进扩容提质工作。组织队伍培训和实战演练，涌现出一批有影响力的网评员。开展网络专项整治。开展为期半年的网络敲诈和有偿删帖专项整治，进行网信系统内部自查、与属地网站(重点论坛)签署责任状和承诺书。强化分析研判。全年编发《舆情月报》11期、《舆情专报》24期、《网络舆情周报》36期，开展对应网上舆情引导干预30余次。

【党报党刊发行】 全区党报党刊发行量均超额完成上级下达的任务，其中发行《人民日报》1761份，《浙江日报》5773份，《杭州日报》6587份，《光明日报》212份，《经济日报》312份，《求是》杂志739份，《今日浙江》杂志939份，《杭州通讯》杂志944份，《富阳日报》19030份。 (王倩倩)

·统一战线工作·

【概况】 2015年，区委统战部以适应新常态，考好“四道题”(区委书记姜军在富阳“撤市设区”时提出要答好民生、眼界、能力、标准四个考题)，打造以“升级版”为主线，全面贯彻各级统战工作会议和《中国共产党统一战线工作条例(试行)》精神，凝心聚力，担当有为，扎实推进各领域统战工作。加强统战干部自身建设和对统一战线人士的教育引导，6月28日至7月4日，举办有70余名党外代表人士参加的专题培训班，并赴重庆市社会主义学院进行实践教学，以学习领会中央统战工作会议精神。加强富阳与台湾的交流，发挥国家级“海峡两岸交流基地”平台作用。加强侨务工作，促使侨务工作为富阳经济服务。加强对基层统战工作的指导，促进统战工作向基层延伸。成立全省首家统战性公益组织——富阳区同心公益服务中心。以“同心·共绘新画卷”为主题，扎实推进“送医下乡”“爱心助残、香榧致富”“同心·助力美丽富阳建设”“2015首善·同心公益月”和为千名困难孩子募集大病保险等统战公益活动，参与公益群众超过3万人次，全年募集公益资金、物资价值近90万元，直接受惠群众超过5000人次。

【开展“2015首善·同心服务月”广场服务活动】 1月24日，市委统战部在城区秦望广场举办“2015首善·同心服务月”活动，市领导吴玉凤、朱水根、夏芬参加启动仪式。活动现场，授牌成立全省首家统战性公益组织——富阳市同心公益服务中心；有关民主党派和民间公益组织为市民举行大型义诊、过期药品换年货、假药鉴定、书画义卖等12个项目的特色服务活动，以及户口迁移政策、社会保障政策、理财知识、年货真假鉴别等7个项目的咨询服务活动。

【举行统一战线中秋茶话会】 9月24日，区委统战部在富阳文创大厦举行2015富阳区统一战线中秋茶话会。区委书记姜军讲话，他希望统一战线各界人士在助推发展中贡献力量，在产业转型发展中争当排头兵、先锋队；在改革创新中贡献力量，多建有用之言，多献务实之策，为区委区政府的科学决策提供有益参考；在维护稳定中贡献力量，多做理顺情绪、解惑释疑、化解矛盾的工作，促进民族、宗教、侨台等全社会各阶层、各领域的和谐融洽，努力画出更大“同心圆”。茶话会上，统一战线10位建功立业先进个人与团队通过事迹宣讲、记者对话、场景再现等形式，展现各自在不同岗位建功立业的独特风采。区领导黄海峰、汤金华、陆洪勤、董伟、仰中旻、邵良、朱水根等出席会议，区政协副主席、统战部部长夏芬主持会议。

【成立新的社会阶层人士联谊会】 10月28日，成立富阳区新的社会阶层人士联谊会，浙江立峰律师事务所主任朱立峰当选为会长，区黄公望研究会副会长蒋金乐等5人当选为副会长。28名理事中，有民营企业创业人员5名、中介组织从业人员7名、民营企业技术人员1名、自由职业人员6名、医疗行业人员2名、网络媒体从业人员7名。区政协副主席、区委统战部部长夏芬出席成立大会并讲话。

【举行香港富阳同乡会一周年庆典活动】 12月12日，香港富阳同乡会在香港举行成立一周年庆典大会。中联办台务部副部长李坚怡到会致辞。富阳区领导黄海峰、夏芬率团参加庆典活动。黄海峰高度肯定香港富阳同乡会一年来所取得的成绩，希望乡友们秉承团结、合作、创新的精神，发挥联系面广、信息量大的优势，一如既往地关心、支持家乡的建设和发展，福荫乡梓，共同发展。

【召开区委统战工作会议】 12月18日，富阳首次以区委名义召开统战工作会议，全面贯彻落实中央、省、市委统战工作会议精神，研究富阳区统战工作面临的新形势、新情况，部署当前和今后一个时期全区统战工作任务。区委书记姜军参加会议并作重要讲话。区委常委、宣传部长赵玉龙主持会议，区领导汤金华、陆洪勤、仰中旻、裘富水、夏芬出席会议。区委组织部、教育局、卫生计生局、富春街道、常安镇负责人在会上作了交流发言。

【党外代表人士队伍建设】 至年底，全区有党外代表人士207名，其中区四套班子领导联系党外人士57名。进一步深化以民主党派、无党派人士为主要对象的“坚持和发展中国特色社会主义理论”教育实践活动。扎实推进“撤市设区大家谈”等议政建言活动，统战成员全年递交人大建议案、政协提案150余件。着力党外干部培养，建立日常管理和年度述职评议相结合的党外干部管理模式，选派3名优秀党外后备干部到有关单位重点岗位、建设项目一线挂职锻炼。民主党派建设渐趋规范，每季度召开党派、团体负责人联席会议，定期交流工作，增进政治共识。进一步完善知联会工作“三级联动”机制，积极开展“同心·助力美丽富阳建设”“知联大讲堂”“家庭教育主题图书漂流”“爱国主义教育主题毅行”等活动。常安镇“助力飞天梦”活动取得较好成绩，共有29人在国家级航模比赛、15人在杭州市级航模比赛中获奖。

【富台两地交流】 黄公望隐居地海峡两岸交流基地全年共接待南投市、澎湖县马公市等台湾各类参访团12批200余人次。5月20日至22日，台湾南投市宋怀琳市长、张秀枝主席率团访问富阳，参加龙门两岸交流馆开馆仪式。7月、10月间，区委书记姜军、区人大常委会主任汤金华分别率领富阳经贸文化交流参访团、富阳基层交流参访团赴台，深入社区、学校、农会，与台湾民众广泛交流，进一步加深两岸同胞亲情。2015“公望富春”文化周期间，首次邀请台湾知名学者傅申教授到富阳主讲“黄公望与富春山居图”讲座。6月15日至19日，台湾澎湖县马公市叶竹林市长、陈永澎主席应邀率团首次访问富阳，并参加海峡两岸施肩吾诗文化研讨会。12月5日至11日，区运休办、区台办负责人率领富阳区体育代表团一行13人，应邀赴台参加南投县主办的“2015乐活南投139自行车挑战赛”，与南投各界人士广泛深入交流，厚植两岸同胞亲情。8月19日，湖源中心小学20余位师生赴台湾南投市平和小学参观考察，进一步巩固结对情谊。10月11日至15日，邀请台湾《联合报》、中天电视台专访富阳，扩大富阳在中国台湾以及东南亚地区的知名度和影响力。

【联络联谊工作】 全年承办杭州市海外侨商投资洽

谈会、参与杭州侨界海外精英创业创新峰会、富商大会等活动，促进海外高层次人才和富阳民营经济洽谈合作，聚力富阳发展。接待香港同乡会、华盛顿文化考察团、北欧留学创业团、欧洲养生养老基地建设团等10余个国家和地区300余人次到富阳考察，宣传推介富阳。拓展海外统战工作，与美国亚卡迪亚市、法国莫兰市等城市进行深入交流，初步确定合作意向。通过举办海外留学生暑期活动、海外留学咨询分享会，加强留学生工作。完善香港富阳同乡会作用，进一步深化与富阳籍港澳同胞的交流。

（应　丽）

·区级机关党的建设·

【落实机关党建工作责任制】 理清责任清单。坚持“书记抓、抓书记”，制定机关单位党委（党组）书记和机关基层党组织书记抓基层党建责任清单，进一步细化明确机关各级党组织书记抓基层党建第一责任人的职责，初步形成部门党委（党组）书记带头抓、分管领导具体抓、一级抓一级、层层抓落实的机关党建工作新格局。

严格检查考核。严格按照党建单列考核有关要求，完善机关党建目标考核机制，制定年度机关党建目标考核细则，提高考核权重。注重平时跟踪督查，年底实施集中考核，有效发挥考核指挥棒作用，促进机关党建工作的落实。

重视教育培训。举办4期机关讲坛，开展中央和省、市、区委重大决策部署、党纪条规、形势任务专题辅导，用党的最新理论成果武装机关党务干部头脑。组织43名机关党务干部赴井冈山，开展党性主题现场教学，强化理想信念，提升党性修养，激发党务干部做好党建工作的责任感和使命感。举办1期党建工作业务培训班，组织机关党务干部学习党员发展、党组织换届等业务知识，为抓好机关党建工作提供思想保证和能力支撑。

抓好职责落实。以机关单位“一把手”领办党建重点项目和抓基层党建“双述双评”（述职述廉和群众测评、组织考评）为重点，督促各机关单位把业务工作与党建工作同谋划、同部署、同检查、同考核。全区机关单位“一把手”均上报抓基层党建书面述职报告，有10个机关单位“一把手”向所在单位党员干部进行口头述职，自觉接受组织考评和基层党员的现场测评，党要管党从严治党的氛围在机关日益浓厚。

【党员教育管理阵地建设】 严格执行基层党组织换届公推直选制度，规范基层组织建设。按照《中国共产党党和国家机关基层组织工作条例》和省、市、区委有关文件规定，进一步理顺区直机关党组织的隶属关系和组织设置，严格按照公推直选要求，实行相对集中换届，做到了组织设置合理、层级清晰和应建尽建。2015年，新增设区直机关党委2个，指导58个机关党总支、支部进行换届选举，及时考察、调整和配备机关党委专职副书记、委员185名。

严格执行党员发展实施细则，把牢党员“入口关”。坚持把党员发展作为落实从严治党要求的一项基础工程来抓，按照控制总量、优化结构、提高质量、发挥作用的总要求，规范程序，关口前移。严抓入党积极分子教育培养，并制定《区级机关发展党员工作规范》，全面实行党员发展全程信息化积分管理、全程网上纪实，进一步规范发展党员各个环节的会议记录、表册填报、材料撰写。2015年，举办1期入党积极分子培训班，培训入党积极分子100人，发展区直机关预备党员9名。

严格落实党员固定活动日制度，强化党员日常教育管理。着眼党员固定活动常态化实施、规范化组织、实效化运作，突出党员党性锻炼这个主题，采取线上明察、上门突查、电话抽查的方式，每月对机关各单位开展党员固定活动日的时间、人员、内容等情况进行检查，对检查中发现的问题以文件形式进行通报。在全区范围内设立23个党员固定活动点，涉及农村党建、廉政教育、爱国主义教育等活动内容，为机关基层党组织开展活动搭建平台、提供服务。

严格实行党员先锋指数量化管理，开展党内“双评”（党员自评和互评）。严格按照党员先锋指数考核管理办法，运用先锋指数管理平台，加强对机关党员的动态管理，认真抓好组织生活会的落实和民主评议党员工作，根据先锋指数和工作实绩，评选先锋党员，依规及时处置不合格党员，确保机关党员队伍的先进性、纯洁性。2015年，共通报表彰

560名先锋党员、20名优秀党务工作者和20个先进基层党组织；有1名党员评为不合格党员，督促限期整改；有2名党员受到党纪处分。

【机关作风建设】 组织开展专题教育。区直机关各级党组织先后组织党员干部认真学习中共杭州市委书记龚正在2015年全市作风建设大会上的讲话精神和区委书记姜军在区纪委十三届五次全会上的讲话精神，集中开展新颁布的《中国共产党廉洁自律准则》和《中国共产党纪律处分条例》专题学习教育，并分别以“开眼界、强能力、提标准、惠民生”和“守纪律、优作风、强服务”为主题，开展解放思想大讨论，打牢机关广大党员干部的思想基础，增强他们的守纪律、讲规矩、敢担当、走前列、优服务意识。

主动晾晒服务清单。38家直接服务群众的机关单位严格按照“守纪律、优作风、强服务”专项行动要求，结合自身职能，晾晒“服务清单”355项，明确为民服务的内容、程序、办结时间等，方便群众办事，全面提升服务群众的规范化水平，大力推行服务渠道零障碍、服务受理零推托、服务方式零距离、服务事项零积压、服务标准零投诉、服务质量零差错等“六零”工作法，让权力在阳光下运行，赢得群众的认可。

深入开展组团服务。区直机关工委牵头协调区住建、环保、国土和农办等机关职能部门，成立“三改一拆、五水共治、征地拆迁、美丽乡村”四个服务组团，明确牵头单位、服务对象、工作目标、重点和任务。各服务组团联动配合，围绕各自工作重点和内容，引导机关党员干部充分发挥主力军作用，在区委区政府确定的中心工作、重点任务、重大项目推进过程中克难攻坚、勇挑重担、当好表率，有力促进中心工作的开展，得到区委区政府主要领导的肯定。

上门服务基层群众。2015年，全区5000多名机关党员以夏送清凉、冬送温暖的方式，为3012户城乡困难家庭送去慰问金共计432万元；并联合红十字会，向全区83户重点困难户送去慰问金26万元。全区232名区级后备干部组建170个后备干部服务组团，共领办服务项目138个、群众“微心愿”521个；在职机关党员自觉进社区开展2次以上服务。有20名机关党员被区直机关工委评为进社区“服务达人”，其中5名进社区“服务达人”受到杭州市委组织部表彰奖励。优化调整84个区级机关基层党组织，与103个农村党组织实行“一对一”“一对二”结对（其中30个区级机关党组织结对30个软弱落后村党组织）。结对机关党组织积极帮助结对村理清发展思路、制定整改帮扶措施、协调落实基础设施建设项目，共投入帮扶资金近300万元；结对机关单位领导班子成员还主动为结对村党员上党课，组织机关党员到结对村开展医疗咨询、村庄整治、政策宣传、文化下乡等志愿服务，农村基层党组织和党员群众反响较好。

【党建带群团建设】 深入开展群团活动。机关工会工委举办业务培训班，提高工会干部业务素质；安排下属工会组织270名机关干部职工疗休养。机关团工委先后组织开展“富阳那么美·我们正青春”环保骑行主题活动和“一石圆一梦，暖心暖寒冬”捐助贫困学生活动，激发机关团员青年争当美丽富阳建设排头兵，主动为贫困学生送温暖、献爱心。机关妇工委组织机关妇女开展茶艺辅导、亲子登山等活动，助推最美家庭建设。

广泛开展文体活动。以区八运会为依托，组织体育项目选拔赛，举行羽毛球、乒乓球、登山、游泳、网球等单项比赛，丰富机关业余文体生活。为纪念抗战胜利70周年，区直机关工委会同区委组织部、宣传部、区广播电视台和总工会，举办“农商银行杯”机关干部职工合唱大赛，共有23支机关代表队和23支乡镇（街道）代表队参赛，大赛决赛时，特别邀请5名富阳籍抗战老战士亲临会场，并邀请57名国庆受阅官兵到场表演，场上气氛热烈。

（何　君）

·机构编制工作·

【概况】 2015年，区编委办公室认真贯彻落实中共十八届三中、四中、五中全会和区委十三届十次全会精神，围绕治理体系和治理能力现代化，抓住职责体系、组织体系和运行机制建设三个关键，主动适应和服务“四个全面”战略布局和经济新常态，完成政府职能转变、政府机构改革、责任清单深化、减编控编、事业单位创新管理等各项年度任务，为富阳“撤市设区”融入杭州主城区做好体制机制和机构编制保障。被评为2015年富阳区部门综合考评满意单位。

【推动政府职能转变】 起草出台《杭州市富阳区人民政府办公室关于印发杭州市富阳区人民政府职能转变任务分工方案的通知》（富政办〔2015〕93号），提出区政府关于职能转变3至5年内总体安排和工作规划，明确任务分工、时间节点等要求。起草出台《关于深化权力清单责任清单工作的意见》《杭州市富阳区人民政府部门职责管理办法》等文件，为深化权力清单、责任清单工作加强结果运用，规范部门职责管理，理顺部门之间职责体系，推进政府职能转变提供制度保证。

【深化部门责任清单】 做好政府部门责任边界、事中事后监管制度、服务清单三个方面深化完善工作。进一步完善政府部门职责边界。针对社会关注度高、群众反映强烈的市场监管、食品安全、安全生产、环境保护等重点部门的工作职责进行重点梳理，共梳理责任边界100项，在原来基础上增加66项。特别对群众信访反映的非法冶炼铜球摊整治查处、船舶采砂制砂管理、农民工讨薪、城区餐饮油烟排放和城区阳光房管理等问题确定职责边界，在信访维稳上发挥作用。健全行政权力事项事中事后监管制度。结合最新的行政审批简政放权，对上级下放审批事项及取消、转移、委托下放的权力事项的监管等进行查漏补缺。在原有监管制度309项的基础上，删减6项、增加49项、修改43项，共有监管制度352项。创新编制服务清单。在深化清单过程中，创新编制全省首份“服务清单”。服务清单包含办事指南145项、提醒事项45项、其他事项93项。该工作得到省编委办公室的肯定，作为“经典案例”在全省编办系统会议上交流学习。四是调整部分单位职责。根据政府机构改革和职责划转等情况，重新修订区卫计局、农林局、住建局等部门“三定”方案，并对部门职责及时进行调整。

【推进政府机构改革】 根据《杭州市富阳区人民政府职能转变和机构改革方案》（富委办〔2015〕29号）精神，稳步推进政府机构改革工作。推进综合行政执法改革工作。根据省市有关文件精神，对全区综合行政执法21个领域、权力事项、执法机构、人员编制等进行调研摸底，拟订区综合行政执法改革实施方案（初稿）。推进大部制改革。撤销卫生局、人口计生局，组建卫生和计生局；撤销农业局、林业局，组建农业和林业局；撤销住建局（规划局），调整规划管理体制，成立市规划局富阳规划分局，成立住建局。通过整合，最终实现政府机构25个。整合部门内设机构。区农业和林业局，撤销了种子管理站、林业种苗管理站，成立新的种子管理站，统一行使种子管理职责；整合了畜牧兽医机构的职责，撤销原区牲畜屠宰管理督查大队，将其职责划入区畜牧兽医局，在区畜牧兽医局内设立畜禽屠宰管理督查科。

【严格减编控编】 精减行政事业编制。对行政、事业编制（乡镇街道、卫生、教育系统除外）按5%的比例实行统一精简。审核15家单位上报的45项机构编制预报事项；从严核定事业单位用编计划，2015年全区事业单位用编计划下达73名（教育、卫生除外），同期减少13%。对用编核定、干部转任、政策性安置等问题明确了控制举措，确保超编消化，保证队伍结构动态合理。

【严格编制监管】 严格执行机构编制实名制管理，维护实名制数据管理，提升实名制度数据应用。完成2014年度机构编制年报，完成区科技局、万市镇、胥口镇等5个单位机构编制联审评估工作，做好部门中层领导干部的任前职数申请和任后备案工作。开展全区机关事业单位机构编制核查工作，切实维护机构编制管理的严肃性和权威性。完成2014年度335家事业单位年度报告书公开工作，办理变更登记59家、注销登记1家、设立登记1家；结合撤市设区工作，完成全区331家部门所属事业单位名称变更工作，组织并完成82个法人代表年度事业单位法人培训工作。（陈　平　吴晓庆）

·党校教育·

【"三严三实"专题教育】 2015年初，根据区委部署，结合党校实际制订"三严三实"专题教育实施方案，以学习和践行"严以修身、严以用权、严以律己，谋事要实、创业要实、做人要实"为主题，以强化党员干部作风建设、提升党员干部能力素质为重点，以高质量培训干部和提升干部素质为目标，以"教学、师资、科研、服务、队伍"五大品牌建设为抓手，在深化"四风"（即形式主义、官僚主义、享乐主义和奢靡之风）整治、巩固和拓展教育实践活动成果上见实效，在守纪律讲规矩、营造良好政治生态上见实效，在贯彻落实区委、区政府各项决策部署，推进党校工作上见实效。在完成专题教育规定动作的同时，充分立足党校职能，配合做好服务全区专题教育活动，成效明显。围绕专题教育活动开展社会宣讲。党校班子成员、党员干部带头到基层为党员、干部讲党课。全校教师面向全区各级机关及企事业单位、学校、村支两委开展宣讲工作。专题教育活动中，共为全区提供多场次的学习辅导，受众人数1200多人次。围绕专题教育活动加强干部教育。举办"三严三实"专题培训班，把专题教育活动列入主体班培训工作当中。7月，邀请《求是》杂志研究院研究员、博士生导师黄苇町为富阳区级机关单位和乡镇(街道)领导班子作题为《传承优良作风，践行"三严三实"》的精彩讲座。8月，举办2期区管党员领导干部党章党规党纪专题培训班，共培训全区领导干部664人。

【干部培训】 区委党校根据上级党校和区委、区政府工作要求，重点围绕党性教育、区情教育开展干部培训工作，共举办领导干部转型升级专题培训班、全区村主要干部培训班、中青年干部培训班、新党员、入党积极分子培训班等93期，培训人数10565人次。强化党性教育。通过在培训班次安排《习近平治国理政思想"四个全面"解读》《重视信仰建设构建精神家园》等专题课程、组织学员交流学习心得和参与志愿者活动等措施，激发学员牢固树立正确的世界观、人生观、价值观，坚定中国特色社会主义道路自信、理论自信、制度自信。强化区情教育。紧紧围绕区委、区政府中心精神，面对富阳撤市设区的历史节点，围绕转型升级、城市治理、法治建设三大课题，分别在深圳南山、天津河西、上海普陀举办"领导干部转型升级专题培训班""领导干部城市治理专题培训班"和"领导干部法治建设专题培训班"；学校还要求学员根据所学所得，以撰写心得体会形式为富阳发展建言献策。强化理论视野。开设"领导干部自主选学专题讲座"，邀请贵州大学校长郑强教授、《求是》杂志研究院研究员黄苇町、军事科学院少将罗援、中国人民大学教授王义桅、中央党校经济学部教授博士生导师李鹏到富阳党校作专题讲座，以开阔全区干部的理论视野。开展领导干部读书月活动，通过全区区管领导干部撰写、评选读书体会文章，提升领导干部学习自觉性。强化管理考核。在干部培训中，严格贯彻落实中央"八项规定"，严格执行中组部《关于在干部教育培训中进一步加强学员管理的规定》，严格遵守政治纪律、组织纪律、廉洁纪律、群众纪律、工作纪律和生活纪律。全程实行党员干部教育培训"市民卡"刷卡管理，实行课间两次点名制度，严禁代刷卡和代上课等行为，实施课堂手机信号屏蔽。同时严格执行请销假制度，根据培训班时限，明确规定凡无故缺课超过规定课时者，需重新学习。以"抓学风、促作风"为抓手，严格考核管理，转变学员的学风。强化培训效果。无论是短期还是长期培训班，都安排学员交流发言、撰写心得体会、书面试卷测试等，提高干部学习、思考的动力和能力。举办第23期中青班培训，创新培训形式与教学内容，将中青班的理论学习和实践挂职相结合，为期1年，理论学习2个月，挂职实践10个月，增强学习的实践性、针对性。强化师资力量。在区委组织部的支持下，与延安干部学院、浦东干部学院、井冈山干部学院和上级党校、高校等加强校际合作，构建"本校教师、外聘教师和兼职教师"三位一体的师资力量格局，打造《富阳经济形势分析》《重温党史·坚定信念》《社会主义核心价值体系》《领导干部心理调试》和《党的群众工作实务》等精品专题。

【社会宣讲】 区委党校开展红色讲坛"六进"（进机关、进镇街、进农村、进社区、进企业、进校园）

活动，积极引领社会思想舆论，以“四个全面”、撤市设区、党章党规党纪等为主题，在全区范围内广泛宣传党的理论知识。累计校内外宣讲133余场次，受众人数达13800人次。

【科研成果】 区委党校采用“课题带动、骨干带领、团队攻关、各尽其能、合作共赢”的“五个一”工作保障机制，提升教科研的质量。全年完成《学习贯彻习近平总书记系列讲话精神和十八届四中全会精神辅导材料》《法治建设学普陀、转型升级学南山、城市治理学河西学习辅导材料》的汇编出版工作；杭州市委党校社科联立项课题6个，上交省、市理论研讨会论文6篇。获得浙江省委党校理论研讨会与杭州市委党校理论研讨会共1个二等奖、2个三等奖。获得2015年度杭州市委党校社科联优秀课题1项。开发并挂牌东洲街道党性锻炼中心、东洲街道黄公望村美丽乡村建设、春江街道八一村村级规范化建设、行政服务中心的权力清单与行政审批现场教学基地4个，其中区行政服务中心被杭州市列为“红绿蓝+”三色教学基地。

【党校建设】 建设智慧党校。以信息化促进党校整体发展，用数字化手段加强对党校资源的整合，着力构建智慧党校。积极对接杭州市委党校管理服务平台OA子系统并于10月正式启用，组织教职工做好对管理服务平台的使用培训。着手建设区委党校信息化管理服务平台一期工程，已初步进入试运行阶段，着力提升信息化建设水平。优化后勤服务。新党校完成搬迁后，区委党校通过积极与服务团队沟通协调，以现场督查等方式保证教室、食堂、弱电、客房等正常运转。近一年来不仅有效地为主体班次和委托班次学员服务，还承接全区政法会议、全区农村基层党建工作推进会、“三严三实”专题教育业务工作部署会等重要会议，参会共3920人次。强化校园文化。区委党校重视校园文化建设，创立党建、廉政文化走廊，开设3个专栏，宣传学习习近平“四个全面”战略部署及党的路线、方针、政策。在报告厅设立中共历次代表大会介绍，邀请本地书法家书写廉政格言警句张贴悬挂在行政楼、教研室、住宿楼、食堂等地。在党员活动室和退休支部活动室开辟基层党组织建设、党风廉政建设专栏，丰富校园文化精神生活，营造良好的校园文化氛围。

（张宇峰）

·信访工作·

【概况】 2015年，富阳区信访形势总体平稳，各级“两会”、中共十八届五中全会、第二届世界互联网大会等重要时期的信访维稳工作扎实有效，较好完成区委区政府提出的信访工作目标任务。全年，区信访局受理人民群众来信来访来电37910件(人次)。到区上访1326批3558人次，来访中集体访122批1627人次，没有发生赴杭去省集体访及群体性上访，“进京访”没有突破杭州市下达的控制指标。受理群众来信930件，来信中初信513件，重复来信417件；受理联名信16件740人次，受理市民来电反映建议、投诉32682件，来电中本级受理24394件，承办杭州件8288件。

【阳光信访】 抓好阳光接访、阳光办信和阳光办电工作，在接待受理、规范送达、工作回访、质效点评和上门评价等方面都明确操作流程和规范要求。开展网络公开评价工作，网上信访公开率80%以上；建立联系公开电话受理“大户”制度，做到点对点、面对面调处案件；开通区信访局与24个乡镇(街道)的视频接访系统，方便群众反映信访诉求，减少群众信访成本。

【法治信访宣传】 开展“信访法治建设年”暨纪念《信访条例》实施十周年宣传活动，做到宣传有资料、报纸有版面、电视有画面、电台有声音、屏幕有内容、微博有声音、宣传有重点，为增强群众依法信访的意识营造氛围。宣传活动共投入经费9万元，印制宣传手册3000余份，制作信访宣传易拉宝24个，《富阳日报》刊登“话说信访”专栏28期，在富阳广播电台和城区大型电子屏幕上连续3个月宣传有关信访知识，在《富阳发布》平台上发布微博5条。

【信访队伍建设】 4月，区委区政府办公室出台《关于进一步加强信访干部队伍建设的若干意见》。该文件加大街道和中心镇专(兼)职干部配备力度，明确岗位待遇；建立区信访接待中心律师工作站，为上访人员提供咨询服务；建立区信访局干部和优秀基层信访干部每年分期分批组织进行健康休养制度；落实元旦、春节期间乡镇(街道)党政领导干部带队慰问信访干部制度。结合“三严三实”专题教育，在信访队伍中开展“打造优良团队、强化优良作风、争创优良业绩”三项创先争优活动。举办一期信访干部专题培训班，提升干部能力水平。从严管理信访队伍，抓好信访件的精细办理，做到对群众信访事项输入登记“日日清”、承办工作“月月结”、信访事项流转“人人明”、信访事项转送交办“件件准”。每月开展电话受理业务比武，评选“每月之星”。结合“权力清单”内容，厘清部门工作职能，做到“分流有法、交办有据”，从“粗略”走向“精细”，做到精准分类交办，减少因交办不准确而导致信访事项在部门之间往返而延误时间，提高工作效率。

【领导接访】 继续扎实抓好“五级联动”定期接访机制，协调落实区四套班子领导和区委区政府主要领导的每月一次定点接访约访工作；落实区政府领导每季一次接听群众来电工作。检查督促乡镇(街道)党政正职领导、区级机关班子成员和村(社区)干部每月接待来访群众工作，及时调处群众信访诉求。在此基础上，还抓好区级领导到其所联系的乡镇(街道)定向接待群众工作，化解信访难题，听取意见建议，进一步密切干群关系。全年，区主要领导共接待群众24批53人次，其他区领导定点接待群众34批110人次，定向接待群众245批297人次；各乡镇(街道)和区级机关领导共接待群众256批456人次。

【信访联动】 健全完善信访工作机制，实现密切协调，联动高效。一是区领导会商机制。区领导定期或不定期听取和会商信访维稳工作情况，研究部署工作。重点敏感时期，区领导带队专项督查，推动工作落实。二是特殊信访事项交办机制。区信访局采用《重要摘报》形式，对特殊信访事项专题报送相关区领导批阅督办，推动问题调查处理。三是部门联动机制。重点敏感时期，区应急办公室、信访局、维稳办公室、公安局每周五进行一周信息汇总研判，强化信息管控。每季召开联席会议，通报情况，部署工作。

【信访维稳】 开展信访督查“百千万”(即区级督查百件、市级督查千件、全省督查万件信访积案)专项行动，建立领导组织，梳理确定案件，明确工作分工，责任到人到组。7月至11月，每月一次专项督查，全区68件案件化解整改63件。8月，开展“百日维稳攻坚”活动，抓好“四张清单”：一是“问题清单”，会同区委维稳办公室排查梳理14件全区重大涉稳问题、145名重点人员和6类特殊群体；二是“责任清单”，对14件全区重大涉稳问题、145名重点人员和6类特殊群体逐一落实稳控责任单位和责任人；三是“措施清单”，按照“一人一组”“一人一案”的要求实行24小时稳控，盯死看牢重点人；四是“信息清单”，实行活动期间每日信息“零报告”制度，区百日维稳攻坚信息会商组每日对全区信访维稳工作情况向各乡镇(街道)和区级机关单位领导进行点对点通报，并部署相关工作。

【信访信息】 发挥信访部门参谋调研作用，全年上报省、杭州市各类信访和“12345”工作信息4篇，共编发信息快报75期，重要信访摘报16期，工作简报12期；在省级刊物发表理论文章2篇。发挥区长公开电话的桥梁和纽带作用，10月与富阳电视台联动，开通新闻节目“来自63312345”的报道。通过梳理热点、难点民生问题，会同电视台一起现场督办或媒体单独报道。至年底，共播出节目9期，解决一批群众反映的热点难点问题，群众反响较好。

(徐国苗)

·老干部工作·

【概况】 至2015年底，全区离休干部145人，其中副县职以上离休干部2人，杭州市属代管3人，易地安置离休干部16人。退休干部5869人，其中副县级以上退休干部31人，机关单位退休干部1625人，事业单位退休干部4244人。

【落实老干部政治待遇】 做好思想引领，提升老干部思想政治水平，使老干部在思想政治上与时俱进。坚持每月20日举办全区离休干部和副局级以上退休干部专题理论学习报告会，全年共举办12次。发挥老干部党校的作用，利用区老年大学资源，组织老干部深入学习“三严三实”重要精神及习近平总书记关于“四个全面”治国理政方针内涵。结合富阳撤市设区特定背景，引导老干部坚定理想信念，吸收新的理论知识，使老干部在思想政治上与时俱进。利用老干部的威望优势，发动老干部面向社会宣传社会主义核心价值观，积极为党委、政府中心工作发出“好声音”。

【加强老干部党支部建设】 健全完善离退休干部党支部组织生活、理论学习、党员教育管理等制度。加强老干部党支部班子建设，抓好“领头雁”工程，利用支部改选契机强化组织建设，选好支部班子，选出党性强、威信高、身体好、责任心强的同志担任离退休干部党支部书记。进一步办好每年一期的老干部党支部书记培训班。创新组织生活方式，巩固老干部活动基地成果，老干部特色活动基地从年初的6处拓展到10处，为老干部支部活动提供更多的选择。打造离退休干部基层服务型党组织，创新开展老干部党员“进社区、亮身份、献余热”活动。巩固“五好”离退休干部党支部创建活动成果。

【落实老干部生活待遇】 建立老干部爱心帮扶基金。改变往年年底集中慰问困难离退休干部的做法，将困难慰问常态化。坚持有困难及时发现，及时帮扶的原则，全区每年向困难老干部发放44万元慰问款。开展老干部进社区、亮身份、双服务活动。一方面号召老干部进社区、亮身份，为社区建设发挥余热；另一方面统筹广大社区资源，通过老干部信息化平台实现各社区与老干部局之间的信息共享，让社区及时掌握离退休老干部现状，对特殊老干部群体如独居、失能等提供相关走访、谈心等帮助，为他们提供精神慰藉。各方协调多项举措缓解离休干部看病就诊难问题。设立保健门诊，在区第一人民医院专门设立保健门诊和门诊接待室，配备医生和护士，为离休干部提供门诊绿色通道服务。预留住院病床，通过对离休干部每日住院人次测算，在区第一人民医院综合病区为离休干部预留床位，确保离休干部住院有床。制发健康保健卡，在富阳6家医院各确定2位保健联系人，离休干部可以通过拨打联系人的电话来预约检查、专家或住院，也可通过拨打区干保办公室电话对富阳以外就诊进行预约。

【实施老干部四大行动】 为认真落贯彻落实全国、全省离退休干部“双先”表彰大会精神，进一步发挥老同志的独特优势，富阳区委老干部局在全区离退休干部中开展实施“争做最美老干部”“银色人才志愿者”等四大行动。一是“争做最美老干部”行动。组织引导老干部讲好中国故事、弘扬中国精神、传播中国好声音，为富阳的经济社会发展增添正能量。区委老干部局评选出21位“最美老干部”，将他们的先进事迹编撰成《富春夕阳红》宣传册，在全区老干部中发放宣传。二是“银色人才志愿者”行动。区委老干部局探索银色人才服务社会新方式，完善改进老干部信息平台，充分利用老干部信息库，将收集的信息按照宣教、帮扶、维权、环保、科技、医疗、党建等类别创设银色人才库，以推进老干部工作信息化、规范化。至2015年底，富阳纳入银色人才信息库的老干部共有961人，其中宣教组61人、帮扶组168人、维权组16人、摄影组8人、文艺组105人、诗词组74人、书画组91人、科技组18人、医疗组5人、综合服务组285人、文体组130人。在区老干部活动中心设立“春江心语”工作室，邀请在心理健康、法律法规、青少年教育方面有专业知识的老干部，利用面谈咨询、电话咨询、上门服务等形式服务社会。该工作室全年共接待服务对象90多人次，帮助解决困难及各类纠纷30多起，其中还有成功调解婚姻家庭矛盾，帮助青年夫妻渡过婚姻危机，帮助厌学少年重拾学习信心和学习兴趣等温馨事例。三是“红色典藏”行动。区委老干部局把握抗战胜利70周年契机，走进具有抗战经历的离休干部家中采访，发掘红色革命故事，并将这些历史记忆编印成《红色印记》一书在全区宣传，弘扬革命精神、传承优秀传统。四是“走基层、看变化、促发展”行动。在全面深化改革、促进富阳设区转型上充分发挥老同志经验优势。2015年，各乡镇(街道)、区级机关单位共组织所在单位老干部进行“走基层、看变化、促发展”主题活动158次，让老干部们看一看富阳城乡经济和社会发展现状，激发他们建言献策的热情，形成老干部的智慧合力，在让老干部们共享改革成果的同时更好的发挥他们的经验优势，为“美丽富阳”建设增添助力。

【区老年大学建设】 区老年大学巩固老干部学习平台，实现老干部老有所学。认真抓好课程设置、教材组织、教学内容审核等关键环节，调整学员招收办法，优化教育资源配置。对学校外墙、空调系统、教室设备等基础设施进行全面检修、更新、维护，软硬件全面优化升级，使老干部享受到更加优质的教学服务。组织学员参加抗战胜利70周年文艺会演、滴水公益等活动；成立富阳微笑文艺队，全年为老干部文艺演出10余次；成立东吴医药义工分会，组织退休义务工作者进社区，为居民免费开展医务咨询，现场发放养生资料、防暑用品，让老干部们学以致用发挥所长。

【区老干部活动中心建设】 做精老干部文体活动平台，实现老有所乐。以区老干部活动中心为主阵地，以老干部协会(队)为主引擎，组织协调老干部开展各种健身益智的文体活动。老干部诗词协会7名会员到鹳山社区分年段指导区实验小学的学生学习、欣赏中华传统诗词；坚持“走读富阳”活动，全年共进行采风10余站，用诗词描绘美丽富春，宣扬和谐之声。老干部门球协会承办2015年老干部门球裁判员、教练员培训班，举行社区共建门球赛，提升门球运动在老干部群体中的影响力。老干部书画协会20位书画家与大源镇民乐学校20位小书画爱好者现场挥毫泼墨，交流书法和绘画创作心得，分享书画创作的快乐，共普“老少同乐书画缘”。老干部花卉协会定期举办各类栽培技术培训班和花卉评比展示，为美化老干部生活环境、陶冶心情增添绚丽一笔。

（喻震洲）

·关心下一代工作·

【社会主义核心价值观教育】 2015年，区关工委围绕中心，服务大局，充分发挥“五老”（老党员、老干部、老军人、老模范、老教师）优势，深入学校、社区(村)、企业，以“五老”自己的亲身经历和人生感悟，开展“祖国在我心，共筑中国梦”“爱学习、爱劳动、爱祖国”等为主题的社会主义核心价值观教育活动。以基层工作年为载体，以创建关工委示范村为抓手，努力建设学习型、创新型、示范型关工委，使关心下一代工作各方面取得显著成绩。

关心下一代讲师团组织干部撰写《全面推进依法治国，实现国家治理方式的重大革命》《劳动光荣，劳动者伟大》和《祖国在心中，爱国重行动》等11篇宣讲辅导材料，并印发干部宣讲稿选编。160名“五老”人员到学校、社区、村和企业进行宣讲活动，共宣讲256场次，受教育青少年5万多人。2015年，区关工委获全国关心下一代工作先进集体称号。

【创办假日爱心学校】 全区24个乡镇(街道)及部分企业共开办“假日爱心学校”104所、134个班，3943名孩子免费入学，其中属全日制开办的26所，民工子女1937人。开课时间为7月4日至8月17日，各学校平均上课时间为23天。同时，富阳假日爱心学校逐渐从暑期为主向双休日延伸，从半日制为主向全日制延伸，从村校合办为主向村主办延伸，从松散方式向专业培训延伸，从探索试点向扩面提高延伸。全区2319名志愿者参与教学与管理，其中有1357名党员志愿者；202名老干部、回乡大学生、老教师、村干部等志愿者当起了“班主任”，全程参与学校管理。假日爱心学校与“春泥计划”相结合，与文化礼堂建设相结合，与党员志愿服务相结合，区级层面举办假日好声音、富阳话PK、乒乓球等活动，参与学生360余人，做到扩面提高、活动丰富、效果明显。胥口镇海正药业建办的富阳区首个也是浙江省首个幼儿班假日爱心学校开班。此外，假日爱心学校还被列入富阳区党员先锋指数考核，并作为区管副职后备干部进社区组团领办服务项目。

【五老文艺团】 富阳“五老”文艺团唱响“五老”（老干部、老党员、老教师、老专家、老文艺工作者）、“五进”（文艺进校园、进企业、进社区、进农村、进假日学校)、“五歌”（颂党歌、敬老歌、勤学歌、自立歌、安全歌)，打响关工委“五老”文艺团品牌。

编写《十八届三中全会好》等新歌，到17所小学、8所初中、32所暑假爱心学校、23个社区、11家非公企业演出，总计49场次，受教育群众、学生达8760人。

【滴水未来班】 全区共有30所学校相继成立未来班，其中城区7所，农村23所。富春第五小学有35个班级成立未来班，并探索成立“滴水精神培育学校”。共有5500名学生参加1500多次爱心公益活动，包括敬老、助残、助学、环保、文明劝导、禁毒宣传、爱心救助、关爱偏远山区孩子等，孩子们在参与公益活动中，润物无声地将向善的种子融入心田，逐渐拥有孝心、善心、爱心、责任心“四心”。2014年，富阳滴水公益关工委“滴水未来班”获浙江省公益慈善领域政府最高奖——第四届“浙江慈善奖”。2015年6月，省、杭州市关工委分别召开品牌建设经验交流会，富阳的代表在会上作典型发言。中国关工委、浙江省和杭州市关工委领导都对富阳品牌建设工作给予充分肯定。

【参与未成年人刑事案件诉讼】 富阳“五老”参与未成年人刑事案件诉讼，根据区政法委、区人民法院、区人民检察院、区关工委等九部门联合下发的《关于合适成年人参与未成年人刑事案件诉讼的实施意见》，由区关工委推荐8位“五老”人员为富阳首批“合适成年人”参与符合相关条件的未成年人刑事案件诉讼，维护未成年人合法权利。其中，沈桂根2015年参与办案24次。

【创办爱心游泳基地】 暑期期间，关心下一代组织加强民工子女、留守儿童安全教育，帮助困难家庭子女掌握游泳技能及溺水施救技能，以减少溺水事件的发生。“爱心游泳培训班”坚持公益免费原则，在原有的富中青少年体育俱乐部、区体育中心、环山乡诸佳坞村等培训点的基础上，新增实验小学虎山校区、新登贤明小学、新登镇湘溪村、渌渚镇莲桥村等8个游泳培训点，近2000名学生免费参加培训。富阳创办爱心游泳基地在全国关工委系统是首创，央视新闻频道《新闻1+1》节目关注暑期预防儿童溺亡，节目列举了正在进行有益尝试的地区，以上海市作为大城市范本，另一个小城镇范本就是富阳。

【企业关工委】 富阳全社会从业人员48.70万人，其中私营个体从业人员22.20万人，青年职工占78%。为关爱企业青年职工，富阳从2010年开始探索在非公企业中建立关工委组织，至2015年，全区已建立非公企业关工委159家。各非公企业关工委通过开展新员工培训、知识竞赛、“3·5”学雷锋、敬老院慰问、清明节革命烈士扫墓、“五四”职工运动会、“七一”党建文艺晚会等形式进行思想道德、法律法规和爱岗敬业教育，宣扬先进典型，表扬好人好事，引导青年员工好学上进，不断提高员工的整体思想素质。据统计，全区企业组织开展各种活动525场次。

【宣传报道】 区关工委重视宣传工作，积极向各类媒体投稿。国家和省、市级新闻媒体都对富阳区关心下一代工作进行深入报道。全年被各大报刊、杂志、网站、电视、广播录用稿件1761篇，关工委影响力不断扩大。富阳区关工委工作网站设37个栏目，内容全面，更新及时，图文、视频互动，是区关工委宣传“五老”的窗口，交流互动的平台。同时，富阳文明网设区关工委工作专栏；开通区关工委微博、手机短信平台，并建工作QQ群4个(大学生暑期社会实践团QQ群、区关工委工作者QQ群、富阳滴水公益关工委QQ群、富阳区假日爱心学校QQ群)。2015年，区关工委被评为全国关心下一代宣传报道工作先进单位。 (骆金木)

·党史 地方志工作·

【《富阳历代宗谱艺文选编》出版发行】 2015年4月，《富阳历代宗谱艺文选编》由西泠印社出版社正式出版发行。全书30万字，由“祠堂”“风光”和“杂记”三部分组成，共有323篇文稿，涉及全区16个乡镇街道、80余个村，50余个姓氏。记述了有关姓氏的源流、居住环境的变化、定居创业的艰辛以及发生在各家族中的要事，为深入了解富阳、研究富阳提供宝贵的原始史料。

【举行《抗日战争在富阳》首发式】 2015年8月27日，富阳区史志办举行《抗日战争在富阳》首发式，区委常委、组织部长仰中旻，副区长孙洁出席，区政府办、区委组织部、区委宣传部、区新四军历史研究会、区教育局等机关团体代表，文史专家和爱好者，学生代表30余人参加首发式。该书由浙江工商大学出版社出版，全书36万余字，由日军暴行篇、军民抗战篇、抗战人物篇、抗战期间富阳大事记四大部分组成。收录内容主要为抗战时期发生在富阳的重要历史事件和有关人物，以及部分著名富阳籍人士参与外地抗战的内容。书中所收录的文章和资料，大多为档案文献史料和“三亲”(亲见者、亲闻者、亲历者)回忆史料，基本反映富阳抗日战争史的概貌。为读者了解和研究富阳抗战历史、日军在富阳犯下的滔天罪行、富阳军民不屈不挠的抗战精神提供较为翔实的资料。

【《富阳年鉴(2015)》出版发行】 2015年11月，《富阳年鉴(2015)》由方志出版社公开出版发行。全书80万字，采用分类编纂法，由卷首、百科、卷尾3个部分组成，以类目、分目、条目3个层次为框架结构。设类目34个，分目240个，条目1618个，全面系统记载2014年富阳市政治、经济、文化、社会发展新成就、新经验和新问题。是全市历史上第20部综合年鉴。

【举行纪念抗战胜利70周年系列活动】 2015年是抗战胜利70周年，富阳区史志办公室开展纪念抗战胜利70周年系列活动。重印《日军侵略富阳暴行调查》(上、下册)一书，以便读者更好地了解和研究富阳的抗战历史。6月4日，在新登镇举办抗日战争暨新登战役胜利70周年纪念活动，该活动由区委宣传部和上海新四军研究会六师分会主办，区史志办和新登镇承办，部分新登战役经历者后人参加，活动内容包括党史宣讲、文艺演出、座谈会等。开展对大源镇骆村、新登镇潘堰村、富春街道西郇村等相关知情人的采访，完成烟头山国军抗战烈士陵园相关史料征集，分别撰写了《77年前2名空战英雄牺牲于新登》《大源骆村骆家岭战斗》《日军在富阳实施细菌战调查》等专题，以及抗战英烈孙晓梅、郁达夫、金焕章、章秉华等人物事迹，并在《征途》《富阳日报》《新四军女兵传》等报刊杂志书籍上刊发。协助区委组织部开展“抗日英雄孙晓梅”专题片的拍摄工作。协助新四军研究会和新登镇长兰村举办纪念抗战胜利七十周年暨史风、高芬彩虹人生座谈会。联合区新四军研究会于8月14日在大源镇召开抗战胜利70周年座谈会。

【配合“抗日战争胜利浙江受降纪念馆”开馆】 2015年9月2日，“抗日战争胜利浙江受降纪念馆”正式开馆，省委常委、宣传部长葛慧君出席开馆仪式。该馆位于富阳区银湖街道，原为“受降厅”，是全国爱国主义教育基地。作为抗日战争胜利的重要历史见证，它的历史意义和政治意义重大，2014年富阳市委书记办公会议专题研究并决定启动受降厅改扩建工程，按照国家标准、华东地区一流的要求设计建造，目的是建设一处以抗战胜利为主题的爱国主义教育基地。区史志办承担了该馆的史料征集和文案撰写任务，2014年12月底，编写出布展文案。在此基础上，2015年区史志办组织人员继续赴省内以及台湾等地多方收集有关浙江抗战史料，修改、完善布展文案。经过专家组7次论证，文案日趋完善。至7月，完成文案，布展设计稿基本定稿。随后，根据领导和专家的意见和要求，及时补充和完善资料。8月底，配合区委宣传部完成布展工作。开馆后，区史志办还先后接待11批外地参观单位，并承担了部分参观场次的讲解任务。（陈炜祥）

【责任编辑　骆关水】

杭州市富阳区人民代表大会

·重要会议·

【市十五届人大四次会议】 1月27日至30日举行，出席会议代表252名，列席会议人员255名。会议听取和审查市人民政府工作报告、市人大常委会工作报告、市人民法院工作报告、市人民检察院工作报告，批准了上述报告。审查和批准富阳市2014年国民经济和社会发展计划执行情况的报告及2015年国民经济和社会发展计划，审查和批准富阳市2014年财政预算执行情况的报告和2015年财政预算。依法选举2名富阳市第十五届人民代表大会常务委员会委员。

1月27日下午，召开预备会议，选举产生由40名成员组成的大会主席团，并选举孙柏平任大会秘书长，通过大会议程。会议期间，共举行4次全体会议，5次主席团会议。

大会收到代表提出的议案和建议182件。其中，涉及民政社保等民生保障方面的22件，涉及道路、电力等城乡基础设施方面的66件，涉及运动休闲、商贸、旅游等现代服务业方面的13件，涉及工业、外经、外贸等工业经济方面的14件，涉及农、林、水等农业经济方面的19件，涉及土地、环保、能源等资源管理方面的5件，涉及文、教、卫等社会事业发展方面的16件，其他方面的27件。经大会主席团研究，对鲍春香等代表提出的7件议案和建议合并为《关于加强城市环境综合治理，建设美丽宜居新城区》的议案，作为本次大会议案。对大会收到的其他议案和建议，作为代表建议处理。

【市十五届人大常委会第二十七次会议，区十五届人大常委会第二十八至第三十六次会议】 区（市）十五届人大常委会年内举行会议10次，听取和审议专项工作报告31个，发出审议意见书6份，作出决议、决定18项。

第二十七次会议于1月15日召开。主要议题：(1)初审富阳市2014年国民经济和社会发展计划执行情况与2015年国民经济和社会发展计划草案的报告。(2)初审富阳市2014年财政预算执行情况和2015年财政预算草案的报告。(3)初审市人大常委会工作报告（草案）。(4)听取和审议市人大常委会2015年工作要点，并同意提交市十五届人大四次会议向代表通报。(5)征求对市人民政府工作报告（征求意见稿）、市人民法院工作报告（征求意见稿）、市人民检察院工作报告（征求意见稿）的意见。(6)听取市十五届人大四次会议筹备工作情况的报告。(7)审议并表决市十五届人大四次会议议程（草案）、日程（草案）和有关名单（草案）以及市十五届人大四次会议关于代表提交议案截止时间的决定（草案）。(8)听取并审议市十五届人大常委会代表资格审查委员会关于代表资格审查的报告。

第二十八次会议于2月27日召开。主要议题：听取并审议富阳区人大常委会关于富阳撤市设区后有关事项的决定（草案）。

第二十九次会议于4月7日召开。主要议题：审议并表决有关人事任免。

第三十次会议于5月22日召开。主要议题：(1)听取和审议区人民政府关于富阳区公共文化服务体系建设情况的报告、区人大常委会检查组关于富阳区公共文化服务体系建设情况的调查报告。(2)审议并表决有关人事任免。

第三十一次会议于6月24日召开。主要议题：(1)听取和审议区人民政府关于提请审议富阳区土地利用总体规划中期修改方案的议案及说明。(2)听取和审议区人大常委会代表资格审查委员会关于接受钟满华等同志辞去富阳区第十五届人民代表大会代表职务的决定(草案)及说明，并表决通过了该决定。

第三十二次会议于7月23日召开。主要议题：(1)听取和审议区人民政府关于富阳区2014年财政决算的报告以及富阳区2014年财政预算执行和其他财政收支审计情况的报告。(2)听取和审议区人民检察院依法履职公正司法情况的报告以及区人大常委会履职监督组关于检察官依法履职情况的调查报告。(3)听取和审议“一府两院”对部分人大常委会审议意见落实情况的报告以及区人大常委会检查组的报告。(4)审议并表决有关人事任免，决定接受尤匡领辞去杭州市富阳区人民政府副区长职务，决定任命林泉军为杭州市富阳区人民政府副区长。

第三十三次会议于8月27日召开。主要议题：听取并审议公安富阳分局关于要求对区人大代表戴关渭采取刑事强制措施许可的请示，表决通过了关于许可对区人大代表戴关渭依法采取刑事强制措施的决定。

第三十四次会议于9月28日召开。主要议题：(1)听取和审议区人民政府关于“三单一图一改”(“一张权力清单、一张职责清单、一张负面清单、一张权力运行图、一系列审批改革”)情况汇报以及区人大常委会对全区落实“三单一图一改”情况的调查报告。(2)听取和审议区人民政府关于《中华人民共和国城乡规划法》贯彻执行情况的报告以及区人大常委会执法检查情况的报告。(3)听取和审议区人民政府关于富阳区农村产权制度改革工作情况的报告和区人大常委会关于富阳区农村产权制度改革情况的调查报告。

第三十五次会议于12月4日召开。主要议题：(1)听取和审议区人民政府关于为民办实事工程建设情况的报告。(2)听取和审议区人民政府关于区第十五届人大四次会议代表议案建议办理情况的报告。(3)听取和审议区人民政府关于2015年财政收支预算调整的报告。(4)听取和审议关于召开区十五届人大五次会议的说明，决定区十五届人大五次会议于2016年1月中下旬在富春街道举行。(5)审议并表决有关人事任免。

第三十六次会议于12月25日召开。主要议题：(1)听取区人大常委会各街道工作委员会工作报告。(2)听取部分在富的杭州市人大代表年度述职报告。(3)审议并表决有关人事任免，决定接受王晓光辞去杭州市富阳区人民检察院检察长职务(须报杭州市人民检察院检察长提请杭州市人大常委会批准，并报杭州市富阳区人民代表大会备案)，决定任命任平为杭州市富阳区人民检察院代检察长(须报杭州市人民检察院和杭州市人民代表大会常务委员会备案)。

·常委会监督工作·

【法律监督】 4月至7月，开展对区人民检察院依法履职公正司法情况和对部分检察官履职的监督工作。针对区人民检察院存在的司法理念、司法规范化建设、司法公开公正、法律监督力度和司法办案能力与新形势下的要求还有差距的实际情况，建议要转变司法观念，尊重保障人权；要规范司法行为，实现程序公正；要强化监督制约，提升案件质效；要加强队伍建设，提高执法能力。

5月至7月，开展2015年深化司法监督工作。通过出台实施意见，广泛征求对公检法司机关和执法人员的意见建议，开展对基层站所的视察检查，督促认真整改等措施，促进基层执法司法人员依法履职、规范执法、公正司法，着力提升执法能力和司法水平。

7月，开展《中华人民共和国义务教育法》执法检查审议意见办理情况调查工作。通过调查，针对教育工作方面部分审议意见尚未完全落实的情况，建议要进一步修改完善原有的教育经费管理办法和教育经费区镇两级统筹管理办法，使之更具操作性；要进一步调整完善教师绩效工资方案，逐步提高边远山区义务教育学校教师特岗津贴标准。

同月，开展对区人民法院落实法官履职评议审议意见情况的调查工作。通过调查，针对专业送达保全机构力量配备不足，个别案件法律文书仍有差错，案件质量的内部监督评查需进一步加强等问题，建议区人民法院要立足案多人少的实际情况，认真履职，努力改进完善。

8月至9月，开展《中华人民共和国城乡规划法》贯彻实施情况执法检查工作。通过检查，针对规划编制不够科学、规划引领作用发挥不够充分、规划管理和执行不够严格、规划队伍建设需加强、部分群众规划意识淡薄等问题，建议要科学编制规划，统筹城乡发展；要推进项目建设，加快融合步伐；要完善管理机制，加大执法力度；要加强队伍建设，强化规划保障；要加大宣传力度，提高规划认识。

2015年，区人大常委会对《浙江省农村集体资产管理条例(草案)》《浙江省流动人口居住登记条例(修订草案)》《杭州市第二水源千岛湖配水供水工程管理条例(草案)》和《杭州市生活垃圾管理条例(草案)》等地方性法规草案提出立法建议。结合富阳区深化权力清单制度试点，对权力清单和行政审批制度改革中所涉及的法律法规缺位、冲突、滞后和权力设置不科学等问题开展调研，共对18部法律，10部行政规章、16部地方性法规、6部部门规章和9部地方规章等进行梳理找出存在问题，以专题报告形式向省、市人大提出“立、改、废”意见建议，推动法律法规进一步完善。按照政府规范性文件备案审查要求，共备案审查政府规范性文件12件，以推动政府行政行为进一步规范化。

【工作监督】 3月至4月，专题调研城中村改造规划编制工作。针对城中村改造中缺乏严格管理、公共配套有待完善、布局规划不合理等问题，建议区人民政府要在注重规划引领、优化政策措施、加强建设管理等方面做出努力。

4月至5月，专题调研粮食生产功能区建设及粮食安全工作。针对粮食危机意识逐渐淡化、稳定粮食作物播种面积任务艰巨、粮食储备流通能力亟待提升、扶持粮食生产机制仍需健全等问题，建议区人民政府要切实提高认识，完善粮食安全责任制；严格保护耕地，拓展增产空间；加大投入力度，提升发展能力；提高调控水平，确保粮食供给。

4月至5月，专题调研大气污染防治工作。针对经济发展方式粗放、防治任务依然艰巨、工作机制仍需完善等问题，建议区人民政府要加大产业结构调整力度、突出防治工作重点、加强监管能力建设、增强防治工作合力。

5月，专题调研公共文化服务体系建设情况。针对公共文化服务体系建设过程中存在场馆设施布局不够科学，基层文化阵地建设不够平衡，运行保障机制、人员培训机制和服务管理制度建设不够顺畅，公共文化普惠服务覆盖面还不够广泛等问题，建议区人民政府要注重发挥规划引领作用，加快公共文化事业“十三五”规划编制工作；要进一步完善体制机制，明确绩效考核标准；要加大公共财政投入，建立稳定增长机制；要提高公共文化服务能力和水平；要精心打造特色文化品牌，开展更加普惠的文化活动；要加快场馆设施建设，重视专业队伍建设。

同月，专题视察全区少数民族工作。建议区人民政府要进一步注重发挥政府扶持资金绩效、加快少数民族干部培养、加大民族村经济发展扶持力度、挖掘和保护少数民族文化，以促进少数民族工作的开展。

5月至6月，专题调研富阳区政府性债务和资金使用绩效情况。针对存在的问题，建议区人民政府要制定偿债计划，控制政府性债务规模；提高资金使用绩效，防范资金风险。

5月至12月，专题调研全区乡村治理工作。针对村支两委职责分工不够清晰、村级治理法治化水平有待提高、农村基层民主未能全面落实、基层群众参与自治热情不高等问题，建议区人民政府要廓清乡村治理基本理念、明确乡村治理现代化基本路径、为乡村治理提供有力保障手段。

7月，听取和审议富阳区2014年财政决算的报告和富阳区2014年财政预算执行和其他财政收支审计情况的报告，书面审议富阳区2015年上半年预算执行及全年收支预测情况的报告。针对2014年预算执行及其他财政收支中存在的问题和不足，建议区人民政府要强化预算法制观念，推进依法理财；要加强政府资产、资源、资金管理，消除管理盲区；要强化政府性债务管理，防范债务风险；要完善审计监督体系，确保整改到位。

7月至8月，专题督查农村生活污水治理工作。针对相关责任未落实到位、工程质量依然不容乐观、资金投入还需保障、长效运维管理机制还需加快建立等问题，建议区人民政府要强化责任担当，合力推进治污工程；加强质量监管，提高工程建设实效；加强资金保障，建立科学运维机制。

7月至11月，开展政府投资项目监督工作。针对部分项目进度滞后、投资项目计划还需适当调整优化等问题，建议区人民政府要完善决策机制，加强项目建设管理；科学合理谋划2016年投资计划。

8月，专题调研改善全区医患关系工作。针对卫生财政资金投入相对不足、医务人员的薪酬制度与职业特点不相称、医药卫生法律制度不健全、媒体监管有待进一步加强等问题，建议区人民政府要加强投入，完善医疗服务；坚持公益，打造诚信医院；完善机制，共建和谐关系。

8月至9月，专题调研全区落实"三单一图一改"工作。针对思想认识不够到位、配套机制有待解决、统筹协调不够跟进、监督检查有待加强等问题，建议区人民政府要持之以恒地抓好清单建设；要充实解决目前存在的突出问题，如"五证合一"后的问题、企业注册难问题、农村建房审批难问题、投资项目审批难问题、小额公共资源交易问题等。

9月，专题调研农村产权制度改革。针对当前改革工作推进不够均衡、配套政策不够完备、农村要素市场活力不足等问题，建议区人民政府要以民为本，积极稳妥地推进农村产权制度改革工作；要多予少取，健全农村改革的支持和保障机制；要激发活力，持续推进农村产权交易市场建设。

10月，开展食品安全跟踪检查工作。针对存在的问题，建议要进一步完善基层网格和检测能力建设，加强食用农产品、网络食品销售行为等的监管，完善餐厨废弃物回收处置，创新过期食品处理监管手段。

同月，专题调研全区垃圾分类工作。提出加大宣传教育力度、加强综合协调、完善管理体系和创新垃圾处理方式等建议，以进一步扎实做好垃圾分类工作，提高全区的垃圾处理水平，建设"资源节约型、环境友好型"城市。

同月，专题调研和谐社区建设工作。针对社区建设指导委员会协调指导作用未有效发挥、社区工作行政化倾向严重、社区区域划分不尽合理、社区设施仍有待完善、社区工作者待遇不够规范等问题，建议要主动融入杭州主城、切实开展社区减负、提升社区服务水平、科学调整社区规模、逐步完善社区设施、优化社区工作者队伍。

10至11月，专题调研"五水共治"工作。针对系统治水有待加强、基础设施比较薄弱、长效机制不够完善、工程质量存在隐患、水质情况不容乐观等问题，建议区人民政府要进一步加快规划编制推进科学治水、进一步加强基础设施建设、进一步落实长效管理机制、进一步加大治理督查力度等。

10月至12月，开展2015年财政预算调整方案(草案)审查工作。审议《关于杭州市富阳区2015年财政收支预算调整(草案)的报告》，针对问题，建议要强化预算管理，提高资金绩效；要增收节支，确保平衡；要进一步优化土地出让金收支预算管理；要进一步强化债务管理。

区人大常委会全年开展政府投资重大项目和实事工程全程跟踪监督工作。区人大常委会主任、副主任分别带领由区人大代表和审计局、财政局、发改局、住建局、交通局等相关单位专业人员参加的6个监督小组，以听汇报、看现场、查档案、评效益等形式，持续对江滨西大道景观工程、钱塘江(富阳段)治理工程、银湖公寓建设项目、320国道至富阳大桥连接线工程、23省道综合整治和改建工程和行政服务中心工程等政府投资重大项目开展全程跟踪监督，推动政府投资重大项目效益提升。

·重大事项决定·

【常委会决定】 2月27日，区第十五届人大常委会第二十八次会议审议了关于富阳撤市设区后有关事项的决定(草案)。会议作出通过关于富阳撤市设区后有关事项的决定。

6月24日，区第十五届人大常委会第三十一次会议听取和审议区人民政府关于提请审议富阳区土地利用总体规划中期修改方案的议案及说明。会议作出关于同意富阳区土地利用总体规划中期修改方案的决定。

7月23日，区第十五届人大常委会第三十二次会议听取和审议区财政局局长刘学军受区人民政府委托所作的《关于富阳区2014年财政决算的报告(草案)》。会议作出批准《关于富阳区2014年财政决算的报告》的决定。

12月4日，区第十五届人大常委会第三十五次会议听取和审议区财政局局长刘学军受区人民政府委托所作的《关于杭州市富阳区2015年财政收支预算调整（草案）的报告》，对2015年财政收支预算调整方案进行了审查。会议作出关于批准《关于杭州市富阳区2015年财政收支预算调整的报告》和2015年财政预算调整方案的决议。

·人事任免·

【任免干部】 区人大常委会坚持党管干部原则和人大依法任免干部相统一原则，全年依法任免国家机关工作人员254人次，其中任命区人民政府副区长1人；接受辞职21人。

4月7日，区第十五届人大常委会第二十九次会议表决通过，任免17人次；5月22日，区第十五届人大常委会第三十次会议表决通过，任免52人次，接受辞职1人；6月24日，区第十五届人大常委会第三十一次会议表决通过，接受辞职9人；7月23日，区第十五届人大常委会第三十二次会议表决通过，任免167人次，接受辞职1人；12月4日，区第十五届人大常委会第三十五次会议表决通过，免去1人；12月25日，区第十五届人大常委会第三十六次会议表决通过，任免17人次，接受辞职10人。

·代表工作·

【代表活动】 开展“人大代表监督已治理的河”“转型升级十大组合拳落实情况”督查活动。对已治理的9条“黑臭河”、13条“垃圾河”开展明察暗访，重点提取9条“黑臭河”的水样送环境监测站检测，针对部分河道仍存在生活污水直排、水质发黑发臭等现象，提出意见建议。开展“查找基层群众办事审批难事项”主题监督活动。通过召开座谈会、上门走访、下发调查表、致代表的一封信等方式，以及代表联络站、微信、QQ等平台，共收集意见建议150余条，涉及国土局、规划局、水利局、财政局、发改局、环保局等多个部门。

开展“农村生活污水治理·人大代表在行动”代表主题实践活动。据统计，全区累计有1379名各级人大代表参加了这次代表主题实践活动。组织区人大代表小组活动125次，乡镇人大代表小组活动101次；走访农户（企业）3943家，走访选民15758人；组织代表学习87次，开展视察检查177次，视察河流170条，征集意见建议729条；联系困难户1029户，解决问题654件，落实帮扶慰问金619.29万元。

开展代表小组定向视察活动。组织8个代表小组或联合代表小组，对区政府办、监察局、文广新局、财政局、统计局、民宗局、审计局、安监局8个政府部门开展定向视察活动，实现本届内定向视察的全覆盖。组织省代表杭州市中心组第七小组、杭州市代表富阳中心组开展各项视察检查活动。

组织代表参加全区人大代表集中履职培训，提高代表的政策水平、法律水平和专业水平，提升代表参与行使国家权力的能力。坚持和完善常委会组成人员、区政府领导联系代表制度，建立人大、政府面对面听取代表意见建议的常态化机制，畅通社情民意反映渠道。扎实推进代表联络站规范化建设工作，做好网上代表联络站建设工作。

深化政情报告会活动，组织100名基层一线代表参加会议，并就富阳经济社会发展中的热点难点和民生改善等问题现场提问，围绕代表和人民群众关心的消除城区老房安全隐患、推进社会保障实现“同城同待遇”、加快道路建设缓解城区交通等方面问题，与区长、副区长及政府组成部门负责人进行面对面“问政”。

【指导乡镇人大工作】 进一步推动乡镇（街道）人大规范化建设，发挥乡镇（街道）人大工作职能，有效保障代表依法履职的政治权利。指导乡镇（街道）人大每年召开好两次人代会，每次会期不少于1天，规范各项会议议程、日程安排、主持稿等内容。在乡镇（街道）人代会上首次增设乡镇政府投资项目（实事工程）代表票决环节，并在全区推行。扎实开展代表小组全程跟踪监督政府投资项目工作，积极推进政府投资项目决策、实施的民主化、科学化。定期分片或集中召开乡镇（街道）人大工作交流会，确定不同主题开展交流，分享工作经验。首次将人大工作和建设纳入乡镇（街道）工作考核，助力乡镇（街道）人大积极探索符合自身特点的创新举措，进一步增强人大工作实效。

·议案建议·

【议案建议办理】 区人大常委会紧紧围绕人民代表大会会前发动和会后督办两个环节，组织代表会前广泛开展调研，深入走访选民，认真倾听意见，确保议案建议的高质量。会后以常委会领导督办、政府主要领导领办、二次答复、代表小组集体评议、跟踪通报等有力举措，着力提高代表建议办理质量。坚持重点督办制度，区人大常委会主任会议确定1件大会议案、承办10件以上建议的5个重点承办单位，由区人大常委会主任会议重点督办、区政府主要领导牵头办理；确定7件代表建议，由区人大常委会领导重点督办、区政府分管领导牵头领办。十五届人大四次会议共收到代表建议175件，年内已解决、基本解决或列入解决计划的有99件，总解决率为56.60%，代表满意率为98.90%。

（陈丽霞）

【责任编辑　骆关水】

杭州市富阳区人民政府

·重要会议·

【区政府全体会议】 2月27日，召开十五届区政府七次全体（扩大）会议。会议深入学习贯彻杭州市委第101次常委会会议精神，厘清富阳撤市设区后的发展问题，研究部署下一阶段工作任务。会议提出，一是切实增强发展的信心和决心。要抓住撤市设区机遇，全面推进改革创新，继续加大有效投资，促进产业转型，实现生态环境持续改善，保持社会和谐稳定。二是全面落实各项目标任务。要通过拉高标杆、改革创新、聚焦重点、完善评价来抓好落实，全面完成“十二五”规划目标任务，为今后一个时期的发展夯实基础。按照杭州市委常委会对富阳今后发展的定位、目标、方向，谋划好“十三五”发展规划，以一年启动，两年实施，三年融入的步骤，倒排时间表，紧密对接，加快融入杭州主城区，努力建设生产美的智慧新城区、生态美的绿色新城区、生活美的人文新城区。三是扎实推进政府自身建设。要深化法治建设，准确把握中共十八届四中全会作出的关于全面推进依法治国的重大部署，认真学习贯彻省委、杭州市委和区委关于深化法治建设的新要求。作风建设要按照杭州主城区的标准和要求，强化整改力度，加强执行力、担当力、协调力。同时，要将廉政建设作为贯穿政府自身建设始终的一根红线，坚持多措并举、多管齐下，加快构建政府系统不敢腐、不能腐、不想腐的长效机制。

【区政府常务会议】 全年召开13次区（市）政府常务会议，主要研究和讨论事关全区国民经济和社会事业发展的重大问题和重要事项。

1月6日，召开市政府第54次常务会议，市长黄海峰主持会议。会议讨论研究富阳市土地利用总体规划中期调整、发展智慧经济打造富春硅谷三年行动计划（2015—2017）等有关事项。

1月13日，召开市政府第55次常务会议，市长黄海峰主持会议。会议讨论研究2015年《政府工作报告》起草、富阳市2014年国民经济和社会发展计划执行情况与2015年国民经济和社会发展计划草案、富阳市2014年财政预算执行情况和2015年财政预算草案、2015年政府投资项目计划等有关事项。会议决定，建立市政府学法制度，定期邀请法律专家、政府法律顾问授课，促进政府各部门学法用法，进一步提高依法行政水平。

4月2日，召开区政府第56次常务会议，区长黄海峰主持会议。会议讨论研究富阳区经济适用住房上市交易和回购管理实施意见（试行）、富阳区政府与中建国际项目建设合作方案、关于进一步加快鹿山楼宇经济商务区建设的实施意见和富阳区2015年零地招商工作建议方案等有关事项。

5月5日，召开区政府第57次常务会议，区长黄海峰主持会议。会议讨论研究干部人事工作及关于深入推进依法行政加快建设法治政府的实施意见、富阳新登新区集中供热规划（2015—2020）、富阳与杭州主城区市民卡整合方案和关于政府向社会力量购买服务的实施意见等有关事项。

5月21日，召开区政府第58次常务会议，区长黄海峰主持会议。会议讨论研究户籍管理制度改革、与杭州接轨40项民生政策和2015年富阳区第一批海外高层次人才“5110”计划创业项目评审资助标准等有关事项。

6月26日，召开区政府第59次常务会议，区长黄海峰主持会议。会议讨论研究干部人事工作及富阳区环境功能区划编制和富阳区涉企财政专项资金管理办法（试行）等有关事项。

8月4日，召开区政府第60次常务会议，区长黄海峰主持会议。会议讨论研究杭州市富阳区行政机关合同管理办法和富阳区知名商标认定和管理办法等有关事项。

8月20日，召开区政府第61次常务会议，区长黄海峰主持会议。会议讨论研究杭州市富阳区部分退役士兵安置实施办法(试行)和安全生产工作等有关事项。

9月9日，召开区政府第62次常务会议，区长黄海峰主持会议。会议讨论研究杭州市富阳区城乡居民最低生活保障实施办法、富阳区农村集体产权交易管理办法(试行)、杭州市富阳区住宅二次供水管理实施意见和杭州市富阳区亩产效益综合评价办法(试行)等有关事项。

10月21日，召开区政府第63次常务会议，区长黄海峰主持会议。会议讨论研究杭州市富阳区人民政府职能转变任务分工实施方案、关于深化权力清单责任清单工作的意见、杭州市富阳区人民政府部门职责管理办法、责任清单和富阳区综合行政执法体制改革、富阳区区级单位公款竞争性存放管理暂行办法、杭州市富阳区2016年度城乡居民基本医疗保险等有关政策调整方案、杭州市富阳区城镇危险房屋治理改造工作实施办法(试行)和2015年政府投资项目调整计划等有关事项。

11月5日，召开区政府第64次常务会议，区长黄海峰主持会议。会议邀请浙江财经大学教授张旭勇讲解《政府信息公开条例》，讨论研究不动产统一登记制度改革及职责整合工作、居民用天然气价格改革等有关事宜。

11月20日，召开区政府第65次常务会议，区长黄海峰主持会议。会议讨论研究区监察局提交的有关行政处分事项及杭州市富阳区人民政府关于进一步加快电子商务发展的若干意见、杭州市富阳区产业发展引导基金管理实施意见、杭州市富阳区人民政府关于进一步促进股权投资业发展的若干意见和关于富阳区2015年财政收支预算调整(草案)的报告等有关事项。

12月3日，召开区政府第66次常务会议，区长黄海峰主持会议。会议讨论研究干部人事工作及杭州市富阳区人民政府关于公布执行行政许可审批事项的决定、关于建立基层组织经费保障体系的实施意见、杭州市富阳区农村公路建设管理办法和杭州市富阳区促进房地产市场健康稳定发展实施细则等有关事项。

【区长办公会议】 全年召开12次区(市)长办公会议，会议内容一般为回顾总结上月政府工作，研究部署当月政府工作重点。2月2日召开的第41次市长办公会议，讨论研究绕城高速西复线富阳段线位优化问题。10月7日召开的第49次区长办公会议，重点学习贯彻省委常委、杭州市委书记赵一德在富阳调研时的讲话精神；交流研究杭州市委第101次常委会议工作责任分解和2015年《政府工作报告》任务分解落实情况，以及杭州市考核排名滞后指标、任务进展情况。

【区政府专题会议】 全年召开100次区(市)政府专题会议，主要研究和讨论事关全区国民经济和社会事业发展的专项问题。

1月23日，市长黄海峰主持召开市政府专题会议，研究东大道城市综合体规划指标调整、320国道环线外移银湖街道段绿化工程及高桦路沿线绿化整治工程结算、浙江和鼎铜业有限公司项目供地执行地价政策、鹿山街道五四村浙江富阳水泥有限公司历史遗留问题处置、桑霞生态农业地块、杭州瑞利科技有限公司项目开竣工延期、2015年度土地收储和出让工作等相关事宜。

2月10日，市长黄海峰主持召开市政府专题会议，研究国裕管桩地块处置、康华制药等3家企业土地遗留问题和富春16号地块公开出让等有关问题。

4月23日，区长黄海峰主持召开区政府专题会议，研究法治政府建设有关工作。

5月12日，区长黄海峰主持召开区政府专题会议，研究土地利用总体规划中期调整规划布局、城镇低效用地二次开发、云森集团位于银湖街道勤丰村地块配套道路及附属项目收购有关问题以及土地出让和耕地保护审计整改工作。

6月24日，区长黄海峰主持召开区政府专题会议，研究革命烈士纪念馆有关工作、有关土地遗留问题和资源要素市场化配置改革有关工作。

8月3日，区长黄海峰主持召开区政府专题会议，研究供热区块的具体划分、关于自备热电企业关停后的供热量分配等有关工作。

8月14日，区长黄海峰主持召开区政府专题会议，研究做地机制调整、年度经营性用地收储和出让计划、东方茂地块电信公司安置房过户处置等有关工作。

8月18日，区长黄海峰主持召开区政府专题会议，研究自备热电锅炉淘汰和工业强区十三五规划编制等有关工作。

9月10日，区长黄海峰主持召开区政府专题会议，研究经营性地块、新沙岛岛头地块处置、迎宾路中段3-9号地块等有关工作。

9月15日，区长黄海峰主持召开区政府专题会议，研究造纸大集团验收兑现意见、浙江永正控股集团有限公司一企一策以及浙江春胜控股集团有限公司组建等有关工作。

9月16日，区长黄海峰主持召开区政府专题会议，研究城区河道截污纳管方案以及富阳保安公司与浙江大华股份合作有关工作。

10月28日，区长黄海峰主持召开区政府专题会议，研究雲尚农场建设等有关工作。

11月30日，区长黄海峰主持召开区政府专题会议，研究企业资金链担保代偿平移处置有关工作。

12月9日，区长黄海峰主持召开区政府专题会议，研究黄公望金融小镇推进有关工作。

【其他重要会议】 区政府全年主持召开的其他重要会议有：工业强区建设推进大会，全区“五水共治”“三改一拆”工作暨国家卫生城市复评迎检动员会议，全区“两会”建议、提案交办会，开发区工作推进大会，全区农村工作会议，全区市场监管工作会议，全区大气污染防治暨节能减排有序用电会议，全区“无违建”创建暨国卫复评迎检工作会议、全区资源要素市场化配置改革工作推进会、2015富商大会、黄公望金融小镇规划研讨会等。

·重要政事·

【新设立非常设机构】 区政府根据工作需要新设一批非常设机构，主要有：富阳市气象为农服务工作领导小组、富阳区推进政府平台做地工作领导小组、杭州都市高速公路富阳段项目推进工作领导小组、富阳区道路交通事故社会救助基金管理领导小组、富阳区城镇低效用地再开发工作领导小组、富阳区公园路向东延伸工程建设领导小组、富阳区重点项目征地拆迁和回迁安置“清零”专项行动领导小组、富阳区推进特色小镇建设工作领导小组、富阳区人民政府行政复议咨询委员会、富阳区机关事业单位养老保险制度改革工作领导小组、黄公望金融小镇建设工作领导小组、富阳区工业互联网推进工作领导小组、富阳区开发区(产业园区)整合优化提升工作领导小组。

【调整非常设机构】 区政府根据工作需要调整一批非常设机构，主要有：富阳中学改扩建工程指挥部，富阳区轨道交通工程建设领导小组，富阳区农村污水处理系统示范工程项目(世行贷款项目)推进工作领导小组，富阳区全面推进依法行政工作领导小组，富阳经济技术开发区各新区建设指挥部，富阳区创建全国国土资源节约集约模范县(市)工作领导小组，富阳区博物馆、美术馆、档案馆建设工作领导小组。

·政务工作·

【外事工作】 全年办理因公出国(境)35批76人(次)，其中党政人员出访9批49人(次)。出访的主要事项为招商引资、基层民主交流、友好交流访问、成立旅港同乡会等。如应邀组团赴巴西里约热内卢州圣贡萨洛市开展友好交流访问，与希腊雅典太阳城、南非茵芬利尼市签订结交友好交流城市备忘录。另外，办理邀请外商到富阳申请手续93批126人(次)。

【督办工作】 重视督查督办落实工作，对《政府工作报告》涉及的目标任务、重要工作和实事工程细化分解，通过“一单位一任务书”的形式进行集中交办，并由区政府办公室各线及时了解节点进度完成情况，在每月区长办公会议上进行交流汇报。对在区政府全体会议、常务会议、专题会议上作出的决策部署和决定的工作事项，逐项梳理，通过书面督办、电话催办和协调会议等方式，加大督查督办力度，做到事事有回音、件件有落实。围绕“奋战两个月，实现半年红”“奋战四季度，实现全年红”“五水共治”“三改一拆”“四换三名”等工作，采取微信督查、现场会督查等形式，加大督查力度。建立区领导批示件网上交办制度，落实文件批示反馈7天黄灯、10天红灯机制，全年按时办结率达97%以上。

【“两会”议案建议和提案办理】 认真办理区人代会议案、建议和政协会提案，全年共办理区级人大代表建议175件，政协委员提案171件，杭州市人大代表建议11件，按时办结率100%；办理人大代表建议满意率98.90%，政协提案满意率98.80%。办理领导批示20件。

【法制工作】 印发《杭州市富阳区人民政府关于深入推进依法行政加快建设法治政府的实施意见》，明确今后一段时期富阳推进法治政府建设的目标、任务和措施。在全区普遍建立法律顾问工作机制，各乡镇(街道)、主要行政执法部门均聘请法律顾问，为涉法涉诉事务提供参考意见。建立重大行政决策公众参与、重大决策合法性审查等机制，初步完成区政府重大行政决策专家库建设，使政府重大行政决策进一步科学化、民主化、法治化。区政府法制部门牵头组织各单位做好行政处罚结果信息网上公开工作，全年通过政务服务网公开行政处罚结果信息8630条，除公安、交通、工商、人社等单位由省厅统一通过数据对接的形式推送处罚结果信息外，其他有处罚权的部门手工录入处罚结果信息343条，并在中国富阳门户网站信息公开专栏建立行政复议决定书专题，按季度公开行政复议决定书信息。

【应急工作】 紧密围绕全区工作大局，以维护社会稳定和保障经济社会健康发展为目标，以加强紧急信息报告为核心、以强化应急处置能力和应急管理规范化建设为重点，不断提升全区应急管理工作水平。全年编发《应急信息处置情况一周综述》51期，先后协调处置市心北路房屋倒塌事件、大源镇2人死亡道路交通事故应急救援处置工作以及汛期防汛抗台、地质灾害防范和应对工作等一批紧急事件。

【政务信息】 继续实行区政府办公室全员办信息制度，分科室向每位干部下达信息考核任务，建立健全月度通报、信息约稿、末位谈话等制度，并组织乡镇(街道)及相关部门开展政务信息工作业务培训。加大信息报送力度，信息数量稳步增长，信息质量明显提高。全年共上报信息758条，被《杭州政务》录用信息247条，获杭州市领导批示47条；被省政府录用信息42条，获省领导批示22条，在省、市政务信息考核中首获双第一。

【电子政务】 按照省、市浙江政务服务网建设要求，统筹推进行政审批网上运行、“四星级”以上评定、行政处罚外其他7类行政权力事项统建系统建设、浙江政务服务网乡镇延伸、“证照网上申请，快递送达”试点等工作。整治政府网站，全区60家政府网站关停28家，除3家部门网站暂予以保留外，其余全部整合进区门户网站。完善OA办公系统，实现会议纪要、领导批示的网上督查督办。建成包括公文处理、通知查询、业务处理、会议签到等功能的移动办公平台，可在移动端实现文件、会议通知查收、批转，会议日程管理、会议签到、资料共享等功能。推进政府信息公开，全区64家政府信息公开义务单位通过区门户网站主动发布政府信息13337条；通过浙江政务服务网公开行政处罚结果信息8630条；通过“富阳发布”微信微博公开各类信息8609条。

【公文处理】 全年共出台项目决策管理办法、主要污染物排放权有偿使用和交易、社会资本举办医疗机构、食品安全基层责任网络建设等20余项政策性文件。在公文处理上，充分利用信息化手段，推行无纸化办公和手机办公系统，提高公文处理效率。继续加大力度解决“文山会海”问题，全年发文数量同比下降12%。严格文件制发时限，要求政府专题会议纪要在会议结束后3天内印发，政府常务会议讨论通过的文件5天内印发，文件制发效率明显提升。

·人民防空·

【人防宣传演练】 以学校、社区和重点镇为主阵地，结合“5·12”警报试鸣活动，共发放防空防灾宣传手册1.50万余册，发送防空防灾手机宣传短信30万条：组织在校学生、社区居民、企业员工、商场员工共10场次计1.60万余人进行人员应急疏散演练。全年向各类媒体投送防空防灾信息，省人防网站录用信息31篇，杭州人防网站录用信息29篇，杭州民防报录用信息16篇，富阳日报刊登5篇。

【人防行政审批】 主动介入杭州武警士官学校项目、渔山乡大葛村安置留用地开发项目和莱蒙水榭山等村级留用地开发项目，为区重点建设项目提供前期的政策指导服务，为项目开发提供合理化建议。全年共收取人防工程易地建设费1429.10万元；审批结建项目14个，审批结建面积10.70万平方米，竣工验收项目10个，竣工面积53538.80平方米。上述工作事项均在承诺时限内提前办结。

【人防工程管理】 全年通过竣工验收的人防工程共92个，已通过竣工验收的结建人防面积约34万平方米，涉及人防工程管理单位共有57个。为使防空地下室处于良好使用状态，组织有关单位对防空工程使用状况进行抽查，及时发现使用过程中出现的问题；并对上年行政执法案件整改情况进行回查，督促相关单位落实整改。组织人防工程管理员培训，加强人民防空应急能力，提高对人防结建工程的维护管理水平，全年共有103名防空地下室管理使用单位法人代表和工程管理人员通过培训考核拿到相关证书。 （王亦然）

·行政服务·

【概况】 2015年，区行政服务中心共取消非行政许可事项46项。至此，全区非行政许可事项已全部取消。行政许可事项从2014年的246项削减到231项。

全年受理行政服务事项354428件，办结353891件，办结率为99.85%。其中即办件占94.50%，剩余承诺件中一审一核率99.08%。利用短信回访系统发送短信490400条，群众满意率99.99%，收到办事群众表扬信（锦旗）16封（面）。各办事窗口推出创新工作方式、便民服务举措81项，审批事项累计压缩审批时间70个工作日。

全年办理各类交易事项770项，交易总量为82.23亿元。其中，建设工程交易项目518项，交易金额43.36亿元，节约资金4.92亿元，节约率10.19%；完成采购项目204次，采购金额16336.81万元，节约财政资金2150.77万元，节约率11.63%；完成国有土地使用权出让48宗，面积157.16万平方米，交易额37.24亿元。累计完成小额交易1248项，交易金额35183.11万元，节约资金4693.84万元，节约率13.34%，完成集体资产处置26项，增加集体收入89.46万元。

区行政服务中心各项工作得到上级领导、省内外单位及全国各级媒体的关注与肯定。在由中国行政体制改革研究会等单位启动的全国行政服务大厅典型案例展示评选活动中，该中心成功入选“全国行政服务大厅典型案例展示活动百优名单”。11月26日，中央电视台《新闻联播》播出富阳“四张清单一张网，优化政务生态”的报道。该中心在人民网、杭州日报等媒体上刊登各类信息报道50余篇，接待省内外考察调研团体近百批。

【启用浙江省政务网】 推进省政务服务网杭州富阳站建设，完成所有行政许可事项的网上录入、流程配置、系统部署等相关工作，对工作人员进行操作培训，4月20日正式投入运行。一是富阳区所有行政许可事项已全部进入浙江省政务服务网运作，各部门均按照要求进网审批。部分单位还进行外网申报，特别是区住房和城乡建设局、林业局、环保局已采用外网申报、内网办理、办结核验的四星级审批模式，在全省范围内最先使用四星级审批模式，得到省、杭州市领导的肯定。二是根据富阳区自身审改要求，在统一审批平台上再开发固定资产投资项目的综合进件、网上并联审批、批文资料共享、中介捆绑考核等个性化功能，并在统一审批平台上实时运作，基本能满足富阳区正常开展审批业务的需求，同时继续保持在行政审批制度改革领域的先进性。三是富阳区统一平台向新登分中心延伸，新登分中心的189项许可事项全部进富阳区统一平台进行操作。同时开通外网申报功能，进一步完善富阳区统一平台的建设和运行。

【开发证照有效期到期告知系统】 利用区行政服务中心的网上审批系统，开发一套全区的“证照到期告知系统”，即通过该系统对即将到期的证照通过短信提醒的方式通知企业或办事群众前来更换新的证照。本着“个人为先、一年以上、过期会产生重大影响”的原则，一期共梳理与办事群众和企业涉及面较广的9个部门的44个事项、23000余条信息，导入证照到期告知系统，并于7月15日正式启用运行。该系统的投入使用使区行政服务中心的服务更加人性化。

【完善短信回访系统建设】 在区行政服务中心原有短信回访平台的基础上，富阳区统一审批平台采用该中心短信机进行短信回访。其中，进驻该中心的按照效能指数考核办法考核；未进驻该中心的，该中心仅提供事项办结、告知取证或未能办理的原因信息。同时，该中心积极与软件开发商对接，对短信回访平台进行升级，打通联通、电信号码短信收发通道，完成短信回访的移动、电信、联通号码全覆盖。

【探索建立“大审批”服务体系】 一是对固定资产投资项目、经营性项目，以项目为单位开展行政审批综合受理服务。将整个固定资产投资项目审批过程分为立项、用地审批、施工图审查、施工许可、竣工验收5个阶段，并分类优化，确定各阶段的责任单位。各个阶段的责任单位统筹阶段内各参审单位的审批进度，配合区行政服务中心原有的中介捆绑考核制度，对各阶段审批总时限负责。共办理固定资产投资项目76件。二是对工商注册登记实行经营许可证集中预审，预审后“五证合一”联办的操作模式。同时，建立前置改后置的抄告制度，“先照后证”的企业由区市场监管局在营业执照审批后集中告知相关许可部门。通过整个大审批服务的建设，实现项目全流程“一窗受理，网上流转，一窗发证”，推进窗口“事项审批”向“项目审批”的转变，进一步提升审批效率，优化服务质量。

【编制行业审批告知性清单】 针对原有“审批事项一次性告知单”仅局限于单一事项办理条件进行告知，缺少前置审批、后续环节等问题，区行政服务中心在“审批事项一次性告知单”告知的基础上，以行业为类别进行全流程打包告知。共编制包括开餐饮、理发、百货零售店在内的8个大类26个行业87种类别的常用审批行业告知性服务清单，一次性告知办理该行业需要办理的证照内容、办理顺序、承诺时间、办理地点、联系电话及是否收费等注意事项，为创业者指明创业审批路径。

【探索建立项目审批监管机制】 按照项目审批事前、事中、事后三个阶段，梳理汇总现有的文件资料。事前阶段，根据《富阳市行政权力动态管理办法》实行监管，建立行政审批事项定期清理制度，并根据法律、法规的调整，及时调整审批服务事项，确保设立有据，运作规范。对调整为服务管理的事项，参照行政审批事项实行目录管理，集中进驻区行政服务中心窗口，纳入统一监管，实行即办件制度。同时，对保留的审批事项的实施依据、申报材料、审批流程、承诺时限、收费标准等13项运行要素进行标准化建设，大幅度精简审批环节和审批资料。事中阶段，根据《富阳市行政审批监督管理办法》，对审批事项的设立、实施、监督及法律责任进行规范。并通过网上审批系统对审批运行进行管理。事后阶段，首先明确监管职责。根据责任清单，细化各部门的“三定”(定职能、定机构、定人员编制)方案，明确各行政职能部门的具体监管职能、责任边界、监管方式和监管要求。其次建立协同监管机制。对于跨行业、跨部门的行政审批事项监管建立协同监管机制，明确监管牵头单位，会同部门实行联合监管。再次，建立信息共享机制。依托政务服务网建立行政审批结果、日常监管、行政处罚信息共享机制，形成既相互监督、又相互制约、信息互通的批管分离机制。

【深化商事登记制度改革】 对工商注册登记前置事项进行清理，将134项前置审批事项改为后置审批，实行先照后证，降低市场准入门槛；对保留的31项前置事项实行集中预审，以提高审批效能。并将区市场监管局内部核发将食品流通许可证、食品生产加工许可证和营业执照整合，不再单独核发相关许可证。至2015年底，共办理“证照合一”440件。7月1日起，推行“五证合一”企业注册登记制度改革，按照“一窗受理、一表申请、并联审批、限时办结、核发一照”的模式，将工商营业执照、税务登记证、组织机构代码证、统计证、社保登记证由各部门分别办理、各自发证，改为统一受理、核发一照。同时，从10月1日起，全面推行“一照一码”登记模式，除个体工商户外的所有企业在申请设立、变更(包括换照)时，向区市场监管局“一个窗口”提交“一套材料”，区市场监管局审核后，直接发放加载18位统一社会信用代码的营业执照，并在全国企业信用信息公示系统公示。至12月底，共办理“一照一码”1998件，平均用时从原来的15个工作日压缩到2个工作日。

【建立建设工程联合测绘机制】 区行政服务中心对建设工程竣工核实技术报告(包括竣工总平面测绘)、市政绿化面积竣工测绘、房产测绘(实测)、人防测绘(地下空间)四项测绘技术服务进行整合，企业只需要委托一家有资质的测绘公司，形成一份测绘成果即可，相关部门就予以认可及共享，改变过去企业办理工程竣工验收时委托测绘公司对以上四项测绘成果都要进行专业测绘，向区住建局、规划分局、人防办等部门分别提供每一项测绘成果的模式。其中，市政绿化面积测绘直接在竣工核实技术报告的总平面布局中体现，两项测绘服务“合二为一”，无需单独测绘。

【加强中介服务监管】 一是强化中介考核，对全区行政审批及工程建设相关的30类共301家中介机构开展2014年度综合考评，考核结果按中介服务行业分类排名，对其中21家中介机构作进入警示名单的处理，不进入2015年度政府投资项目中介机构预选名录；对其中3家中介机构作进入黑名单处理，禁止在富阳范围内开展有关中介服务。同时根据综合考评结果，结合经部门备案后的新进入富阳的中介机构名录，公布富阳区2015年度政府投资项目中介机构预选名录。二是深化捆绑考核。推行部门审批和中介服务的捆绑考核机制，对涉及投资项目审批事项和相应的中介服务实行捆绑考核，强化部门监管职责的落实，共受理捆绑考核事项1486项。

【完善效能指数考核办法】 根据行政审批制度改革工作的需要，区行政服务中心修订行政审批效能指数考核办法，动态指数按照该中心审改工作的需要共设置上网率、外网申报率、事项联办率、资料精减率、中介服务效率等10项指标，由业务科室进行量化考核，每月一考、按分排位，并将考核结果在《富阳日报》等新闻媒体上进行公开。

【推行窗口OSM现场管理系统建设】 按照杭州市行政服务中心的要求，在“中心”办事大厅全面引入推行现场标准化管理系统，成立现场标准化管理领导小组和推进小组，按区域分片确定6个示范单位。对办事窗口桌面标准，窗口人员的电脑、评价器、电话机等物品的摆放，对文具、印章等物品的定位等进行规范，并购置更衣柜，货架和档案柜等，改善窗口工作环境，提升工作人员精神风貌。

【新登分中心功能日益完善】 新登分中心以完善服务体系建设为重点，以统筹整合公共服务内容为突破口，以规范化建设考评为抓手，通过简政放权、服务下沉、网络延伸，实现公共服务全覆盖、办事更便捷。一是审批服务平台功能进一步完善。区市场监管局、环保局等8家单位新下放审批事项38项，进一步完善审批服务链条。涉及商事登记改革的“五证合一”“一照一码”，涉及房产交易的房产证、土地证、契证、门牌证以及与之配套的水电气开户、过户等，在新登分中心都能实现“一站式”办结。同时该分中心新增养老医疗保险、失业就业援助、档案局婚姻房产档案证明等涉及民生的服务事项，较好地解决群众就近办事的需求。1月至9月，共办理养老医疗服务、失业就业援助、婚姻房产查档事项7051项，办事群众反响良好。二是新登镇级审批服务权限进一步扩大。通过授权委托和直接放权，镇级审批服务事项由原来的46项增加到100项。3000

万元以下的政府投资项目和200万元以下小额交易项目的招标权限下放给新登镇政府。同时，还赋予新登镇政府在项目审批过程中联合会审的召集、协调和核准职能，发挥小城市培育镇在项目审批过程中的综合协调职能。三是投资项目审批服务链条进一步完善。投资项目审批服务明确委托下放审批事项的承接单位、人员以及运行模式和责任要求。新增投资项目综合窗口，做好政府投资项目“一窗受理、内部运作、一窗发证”运行工作，对区发改局、经信局、水利局、人防办、住建局、规划分局6个部门委托授权的26项投资项目审批服务事项进行网上运作。四是小城市培育镇的承载和辐射功能进一步显现。按照“立足新登、辐射周边”的要求，新登分中心推进服务向周边延伸，至年末有125项审批服务事项范围辐射新登、龙羊片区6个乡镇。

（王艳红）

·住房公积金管理·

【住房公积金归集】 2015年，富阳区机关事业单位和企业住房公积金缴存比例，单位和个人分别按工资总额的12%缴存。杭州住房公积金中心富阳分中心（简称“富阳分中心”）通过多种媒体大力宣传住房公积金政策，稳步推进建制扩面工作。是年，新增建缴单位259个，净增建缴职工2930人；到12月底，建缴单位1757个，缴存职工达到70021人，其中正常缴存职工56098人、封存职工13923人。全年共归集住房公积金85292.55万元，比上年增长10.78%，归集余额达到224022.31万元，创历史新高。

【住房公积金支取】 富阳分中心办事窗口全年共为19105人次办理住房公积金提取手续，办理人次比上年增长7.30%；提取总额为64298.05万元，提取额增长15.70%。其中，一般公积金62275.71万元，公积金补贴838.96万元，一次性住房补贴1183.38万元。提取办结率达到100%。

【住房公积金贷款】 为促进富阳区房地产市场健康发展，推动房地产去库存，根据上级有关文件精神，富阳分中心进一步放宽住房公积金贷款相关政策，对贷款条件首套房的认定、首付比例、贷款额度以及异地互认等方面作了新的调整。全年共为1959户职工家庭发放90895.30万元住房公积金贷款，较去年同期贷款分别增长96.88%、144.58%，其中二手房贷款户401户，发放贷款18153.90万元，分别增长137.28%、186.04%。

【住房公积金财务情况】 富阳分中心全年实现住房公积金业务收入8833.79万元，同比增长8.53%，其中委贷利息收入7393.26万元，占总收入的83.69%；住房公积金银行存款利息收入1088.59万元，增值收益利息收入351.94万元。全年业务支出2225.66万元，同比下降49.83%，其中结付个人住房公积金利息支出1820.25万元，委贷手续费支出369.64万元，归集手续费支出1.96万元，其他支出33.81万元。全年收支相抵实现增值收益6608.13万元，同比增长78.44%，增值收益率为3.13%。提取风险准备金3447.52万元，年末余额10922.85万元，风险准备金充足率5%。提取城市廉租住房补充资金2947.07万元。

【住房公积金新政】 调整贷款申请条件。从4月15日起，由连续正常缴存住房公积金“1年以上”调整为“6个月（含）以上”。调整二手房贷款年限。从4月15日起，二手房贷款年限由原来的“贷款年限加房屋年龄不超过30年”调整为“贷款年限加房屋年龄不超过40年”。贷款额度调整。从4月15日起，夫妻双方可贷额度由80万调整至100万元。自10月10日起，开展省内住房公积金个人住房异地贷款。调整贷款额度确定方式。从12月15日起，住房公积金贷款可贷额度的确定，由按月缴交额确定变更为按职工住房公积金账户月均余额的15倍确定，夫妻双方共同申请住房公积金贷款的，按各自的可贷额度分别计算相加。调整贷款首付款比例。从4月15日起，职工使用住房公积金购买首套144平方米以下普通商品房（含经济适用房）的，最低首付款比例为20%；12月15日起，对拥有1套住房并已结清相应购房贷款的职工家庭，为改善居住条件再次申请住房公积金贷款购买普通自住住房的［建筑面积在144平方米（含）以下］，执行首套房贷款政策，最低首付比例由30%降低至20%。从12月15日起，公积金月末账户余额及贷款额的确定由富阳分中心授权建行富阳支行进行查询和确定。调整租房提取条件。从12月1日起，只要缴存公积金满3个月，只需提供无房证明、身份证等要件，不需要提供租房合同和租房发票，即可按每人每月500元提取公积金。

（宋弘毅）

·人才人事工作·

【人才招聘活动】 全年在富阳人才网发布招聘岗位信息2.05万条，涉及招聘企业2700余家次，平均每日点击量1万余次。开通手机短信服务平台，制作发放人事服务宣传册、招聘会宣传单1.50万余份。全年共接受个人求职简历7320份，用人单位发布招聘岗位3.59万个。组织开展春夏季人才交流大会及高校毕业生就业洽谈会、大学生见习（实习）训练对接会、综合性招聘会、人才夜市、“富春精英”中高级人才洽谈会、赴外地外省等各类招聘活动24场次，涉及2013家企事业单位，提供岗位4.70万余个，达成就业意向1.80万余人。引进非富阳籍各类人才1597人。

【人才政策服务】 根据杭州人才新政27条，梳理出富阳区人才适用条款27项，开展高层次人才认定工作。出台《富阳区人力资源要素市场化配置改革实施方案》，联合区人才办出台《杭州市富阳区高层次人才租赁住房补助标准》，共为38人发放购房补助和租房补贴100余万元。组织39名高端人才参加免费体检活动。

【人才培养开发】 推荐3家高新企业申报省级博士后工作站，引进博士后3人、钱江特聘专家1人。组织“135”优秀中青年人才参加高级研修班，410人次参加培训，推荐4名本土人才赴德国和法国学习进修，开展人才项目资助工作，共有69人获得64.10万元资助。全年培养高技能人才1520人，首次开展区技能大师工作室评选活动，确定6家区级技能大师工作室，推荐1名高技能人才当选杭州市首席技师。

【海外引才工作】 在美国佐治亚州新设一个海外人才工作站，向海外征集发布人才项目信息400余项，共有11个项目通过“5110”项目评审，获得3680万元资助；全年培养和引进国家“千人计划”人选5人、省“千人计划”人选1人、杭州“521”人选1人。举办第七届“相约富春”海外人才与民营资本对接洽谈会，共有200余名海外人才来富考察洽谈，签约项目9个；组织2次海外人才富阳行小型对接洽谈会，邀请20名海外人才与“富通集团”“海正药业”“华鹰游艇”等企业进行对接洽谈，达成合作意向5个。引进高端外国专家年薪资助项目4个、国外引智项目21个，1人获评“钱江友谊奖”。

【大学生就业创业服务】 开展离校未就业高校毕业生实名登记，共调查登记离校未就业高校毕业生1454人，帮助实现就业1337人。梳理毕业生就业公共服务规范，实现就业协议、报到、求职、档案管理等“一条龙”服务和“一站式”办结。全年接收应届毕业生档案3688份，办理毕业生报到3490人，签订就业协议书2026份。开展大学生（大学生村干部）创业项目申报评审工作3次，共有49个项目得到260万元资助。与杭州科技职业技术学院签订杭州市大学生创业园（富阳）科职院分园共建协议，全年共受理新入园大创企业12家。开办大学生创业培训班3期，共90人参加。

【人事代理服务】 开展档案管理服务，全年为全区企事业单位和个人办理档案管理3000余人次。2015年新增档案3994份，累计管理档案37133份。

【公务员队伍建设】 面向社会公开招录73名公务员（参公人员），公开选调公务员5人、事业干部9人，安置军转干部6名。382名普通公务员获嘉奖，141名普通公务员记三等功。推行乡镇（街道）公务员职务与职级并行制度，明确撤市设区后全区机关中层干部科级领导职务层次，规范非领导职务晋升办法，全面实施“日志式”的岗位目标责任制考核办法。组织6期优秀公务员健康休养活动，164人参加。

【事业单位管理】 公开招录事业单位工作人员54

名，指导教育局、卫生局公开招考教师182名、医卫人员225名。出台《中小学校专业技术岗位结构比例管理和调控通知》，调整提高全区中小幼学校岗位结构比例，为农林、教育等系统的100余家事业单位调整岗位设置方案，办理岗位聘任手续1156人次。开展职称考评工作，组织1800余人次报考各类资格考试，为553人初定职称，组织579人申报评审中高级职称。

【工资福利政策调整】 会同教育局、财政局开展农村特岗教师津贴的制定实施，2513名教师享受待遇，涉及金额1545万元。落实公检法人民警察加班补贴标准调整工作。落实离退休人员退休费增资工作，涉及8000多人，发放金额3360万元。（颜艺华）

·档案工作·

【档案馆主体建设】 区档案馆做好进馆档案的接收工作，全年接收区委办公室等6个单位116卷、9848件档案进馆。完成宗谱等特种载体档案编目造册工作，计24部118册、照片3215张。开展新增期刊的编目编号工作，新增期刊474册。严格执行《富阳市档案馆开放档案实施细则》，开展馆藏开放档案鉴定工作，全年完成市委组织部等单位25个全宗6292卷（其中开放6077卷、限制215卷）、34952页的开放鉴定划控工作任务。开展民国富阳县政府民政门、教育门等1558卷档案数字化加工扫描工作，完成927卷档案数字化扫描任务，刻录光盘38张。完成区委办公室、区政府办公室、区行政服务中心等56家单位、2902枚作废图章收缴登记编目和上架工作。区档案馆查档接待工作正常开展，全年接待利用档案7267人次、101255卷次、复制档案14811页。

【社会主义新农村档案工作】 根据省、杭州市档案局工作部署，富阳区社会主义新农村档案工作正常开展。富春第三幼儿园、胥口镇幼儿园、里山镇幼儿园，以及洞桥镇、春建乡和银湖街道高桥社区卫生服务中心档案管理工作通过富阳市级目标认定。受杭州市卫计局和杭州市档案局委托，对场口镇社区卫生服务中心、鹿山中学档案工作目标管理进行杭州市级目标认定工作。

【“国际档案日”系列活动】 6月9日，区档案局、区档案学会和城建档案馆，在城区秦望广场开展以“档案——与你相伴”为主题的“6·9”国际档案日广场咨询活动，向过往群众发放档案法律法规资料和档案服务手册，展示馆藏精品，进行涉民档案管理、家庭档案和档案利用等方面的咨询解答，通过图板展示、资料发放、业务现场咨询等方式，让老百姓走近档案，近距离感受档案文化，共计接受咨询170余人，发放各类宣传资料530余份。

【档案法制建设】 9月上旬，利用《富阳日报》刊登《中华人民共和国档案法》及《档案管理违法违纪行为处分规定》，面向社会开展档案法宣传教育，增强全民档案法制意识。开展区档案局权力清单“回头看”工作，重点对各权力事项进行再次梳理，并与省、市档案局的清单进行再次对比。进一步做好政务服务内、外网的建设，各项权力事项、服务事项均已在外网公布，有3项行政许可事项已完成网上审批流程设置。对局责任清单特别是事中事后监管制度进行修改完善。对区档案行政处罚裁量基准条目的修订意见，报区政府法制办公室审核。做好地方性法规规章和行政规范性文件专项清理工作，除行政处罚外其他7类权力事项的梳理工作，区档案局行政审批事项比对调整工作和档案行政执法案卷评查工作。与区项目办公室对接，制订《2015年度富阳区重点建设项目档案监督指导工作方案》，完成《2015年富阳区重大项目清册》的编制工作。对杭州富春江冶炼有限公司新型侧吹铜熔池熔炼技术创新及产业化示范工程项目、胥高线富阳上练至三溪口改建工程项目和富通集团有限公司技术中心创新能力建设项目进行档案验收；配合杭州市档案局、建委做好杭州市重点建设工程——富阳区博物馆、美术馆、档案馆“三馆合一”项目档案执法检查工作。

【档案文化建设】 区档案馆新馆项目经过近三年时间的建设，主体已结顶。在建设过程中，区档案局主动介入，密切配合，重点做好新馆中心机房设施设备采购方案和智能化密集架配备安装方案，做好招标准备。启动新馆档案展厅布展工作，召开布展方案筹划座谈会，进行前期筹划；布展大纲也在撰写中，布展设计与施工一体化招标工作即将开展。

指导开展家庭建档工作，根据各户家庭不同实际情况，利用有限条件对分好类的档案进行存放和安置，完成王一飞、羊邦淦、何泰康3户示范户家庭档案建档，并制作个人汇报材料和影像件报送杭州市档案局。在区政协组织编撰《富阳方言》一书中，区档案局主动与区政协联系，将2012年至2014年积累的方言文字及音影像资料无偿提供其使用。同时，协助区图书馆做好富阳方言数据采集工作，与部分方言语音代表人签订影像资料授权书事宜。精心挑选编研课题，开展《富阳为民办实事20年记忆(1999—2015年)》的编撰工作。

【档案登记备份工作】 开展富阳辖区内重要民生领域电子业务数据登记备份工作，区住房公积金分中心、计生局等12家单位完成和基本完成登记备份，其中区住房公积金分中心等4家单位的电子业务数据实现在线备份，区环保局等8家单位的电子业务数据实现离线备份。做好辖区内其他重要涉民单位电子业务数据登记备份工作，实现在线备份的有区机关事务局的深蓝节能减排统计管理系统等18个业务系统。至年底，共计登记备份储存容量为109G。

【规范、示范数字档案室创建】 继续开展规范数字档案室创建工作。2015年12月，富阳区人民检察院等5家单位档案室被富阳区档案局认定为2015年度“规范数字档案室”。2016年2月，万市镇和春建乡人民政府2家单位被省档案局公布为2015年度“示范数字档案室”单位。（钱云祥　段志军）

·区红十字会·

【概况】 2015年，富阳区红十字会工作在区委、区政府和上级红十字会的正确领导下，紧紧围绕区委、区政府的中心工作和年初制定的工作计划任务，全面弘扬“人道、博爱、奉献”的红十字精神，深入开展救灾、救助、救护工作。上海、贵州、衢州等地红十字会来富阳考察，学习交流经验。杭州市副市长陈红英对富阳区红十字会工作做出批示；区委书记姜军在《关于富阳市红十字会2014年主要工作和2015年工作思路的汇报》上作出批示：祝贺市红十字会在过去一年中喜获省市先进称号，希望继续打响“博爱帮困”等核心品牌，弘扬红十字精神。至年底，全区有红十字团体会员单位94家，会员97513人，登记在册志愿者298人。

【博爱帮困】 区红十字会全年筹集各项救灾救助资金516.09万元，救灾救助支出合计428.74万元。春节前后，对364户因病致贫的困难家庭开展博爱送温暖活动，发放慰问金31.32万元。依托大社保救助平台，即时对82户困难家庭进行救助，发放救助款19.95万元。开展“红十字圆梦行动”、“5·8”博爱周和“双千结对”等专项救助活动，对157户困难家庭进行救助，发放专项救助款救助资金51万元。村、乡镇(街道)、行业(部门)三类博爱救助金运转正常。村、乡镇(街道)级博爱救助金定向救助805人，发放救助款48.18万元；开展500万元合作银行“农商之爱”博爱救助金工作，加大对白血病和因白血病实施的造血干细胞移植，肝脏、肾脏等器官移植患者家庭的救助力度，年度共救助35人，发放救助款35.50万元。博爱超市物资发放工作有序开展，对24个乡镇(街道)和全区五保老人11803户困难家庭发放救助物资245.44万元。

【设立“富春小天使”博爱救助金】 6月，成立富阳首个由个人发起的红十字博爱救助金——“富春小天使”。该博爱救助金是由陆奕炜小朋友以个人名义发起的冠名基金，身患白血病的陆奕炜与病魔勇斗6年，其间社会爱心人士帮助其筹集百万元善款，最终陆奕炜因术后疾病突发离世。家人按其生前愿望，将40余万爱心款以陆奕炜名义捐出，作为“富春小天使”博爱救助金的初创资金。该救助资金专项用于具有富阳区户籍、16周岁以下的白血病患者。救助标准为每例5000元，可每年申请一次，采取病患家庭自愿提出申请，审核通过后统一发放救助款的方式操作。区红十字会负责项目的具体管理工作，重点做好信息披露和公开工作，确保救助资金专款专用。

【"康恩贝健康之旅"落户富阳】 12月，由省红十字会联合康恩贝集团有限公司共同发起的"康恩贝健康之旅"博爱助医项目第二期落户富阳。该项目主要为城乡困难家庭心脑血管疾病患者发放防治药品。每位符合条件的困难群众可获得价值约1000元的药品，累积发放药品价值50万元。同时开展疾病咨询、医疗义诊等便民服务活动。

【救护培训】 区红十字会以服务社会为工作目标，立足于应急救护这一核心任务，大力普及红十字应急救护知识，提高群众的自救互救能力，急救知识进社区、进农村、进企业、进学校得到进一步落实。"学雷锋日"和"世界急救日"，在富阳城区人流量较大的场所开展急救知识宣传。向市民演示包扎、止血、固定、心肺复苏等操作技能，派发急救知识宣传册。4月底，区红十字会全体党员干部开展救护培训进警营活动，为城东派出所近60名干警上应急救护培训课。"5·8"博爱周期间，区红十字会与部分中小学校联合开展"2015全国红十字青少年自救互救知识竞赛"活动，发放竞赛试卷5000份。启动公交车站配备红十字应急救护器材工作，为城区20个公交车站配备红十字应急救护箱，包括医用绷带、CPR人工呼吸膜、医用棉片、创可贴等多种应急救护所需材料。全年共有12102人参加救护知识培训。

【关爱生命】 利用节假日、纪念日开展造血干细胞捐献及人体器官捐献的宣传普及工作，并通过电视、报纸、网络等新闻媒体进行相关知识的普及。2015年造血干细胞登记入库人数170人，累计登记入库人数2095人。3月10日、5月13日和7月1日，区市场监管局王林刚、渌渚镇高亮和龙门镇龙门五村孙枨鑫顺利完成造血干细胞捐献，成为富阳第6、第7、第8位造血干细胞捐献志愿者。2月28日，大源镇青山村村民甄小平成为富阳第3例眼角膜捐献者，6月26日，东洲街道何埭村村民何丙晓成为富阳第6例遗体捐献者。9月25日，渔山乡墅溪村陈午金成为富阳第7例遗体捐献者。

【志愿服务】 健全按专业、分领域组建志愿服务队伍的红十字志愿服务体系，广泛吸收社会各界爱心人士加入到红十字志愿者队伍中来。充分调动志愿者的积极性和创造性，常年组织具有影响力、深受群众欢迎的红十字志愿服务活动。全年开展救护知识普及、健康知识宣传等常规志愿服务活动20次，服务对象1680人次。1月底，区红十字会与富阳日报社、区慈善总会共同开展第十届"为贫困儿童圆梦活动"，11名贫困儿童在社会各界的帮助下，实现新年愿望。每月两次开展"雷锋角"志愿服务活动，志愿者在现场为广大市民传授逃生、应急救护知识，提高市民在地震等灾害面前的自救互救能力。开展对红十字水上应急救援队的水上安全救生知识与技能、现场救护知识与技能的培训，通过培训提升实战能力和水平。

【宣传传播】 以扩大宣传为手段，进一步提升红十字社会影响力。利用"3·5"学雷锋纪念日和"5·12"防灾减灾日等纪念日活动，深入社区、走上街头向市民宣传红十字运动、备灾救灾、现场急救等知识。"5·8"博爱周期间，各乡镇(街道)红十字会围绕"'救'在身边·关爱生命"这一主题开展纪念活动。红十字会工作人员和志愿者通过各种形式的活动，广泛开展应急救护知识培训、志愿服务和普及造血干细胞医学常识的宣传。注重加强与新闻媒体的通力合作，对造血干细胞、眼角膜成功捐献等典型事例进行重点报道。5月初，组织富阳成功捐献造血干细胞的6名志愿者共同拍摄造血干细胞公益宣传片，并在富阳主流媒体循环播放，呼吁更多爱心人士加入到造血干细胞队伍中来。同月，与富阳电视台联合摄制制作专题片《器官捐献，让生命不再等待》，通过对器官捐献现状(供需)、志愿者登记情况、捐献流程、相关优惠政策的介绍，让广大市民对器官捐献有个更为直观的了解。

(屠丽敏)

【责任编辑 骆关水】

政协杭州市富阳区委员会

·重要会议·

【政协八届四次会议】 市政协八届四次会议于2015年1月26日至29日举行。全市22个界别的226名政协委员、46名特聘政协委员和102名特邀列席人员参加会议。会议听取并审议通过市政协主席陆洪勤代表常务委员会所作的工作报告、政协副主席朱水根受常务委员会委托所作的提案工作情况报告。会议还表彰2014年度先进界别小组和优秀提案、优秀提案信息。与会人员列席市第十五届人大第四次会议，听取并讨论政府工作报告和会议的其他报告。会议选举产生2名政协常务委员。会议进行大会发言，审议通过政协富阳市第八届委员会第四次会议决议。会议期间，共收到全区各民主党派、工商联、无党派人士、有关人民团体和政协委员以提案形式提出的意见建议210件。

【政协八届常委会会议】 1月14日，市政协召开八届常委会第十六次会议，听取市委常委、常务副市长杨国正关于市政协八届三次会议以来提案办理情况的汇报和2015年政府工作报告(征求意见稿)起草情况汇报，法院、检察院工作报告(征求意见稿)起草情况汇报，市发改局关于富阳市2014年政府投资项目计划执行情况和2015年政府投资计划(草案)编制情况的汇报，市财政局关于富阳市2014年财政预算执行情况和2015年财政预算草案的汇报，市政协办公室关于市政协2015年度工作要点(草案)的汇报和市政协八届四次会议日程安排、常委会工作报告、提案工作情况报告、大会建议案、大会选举、大会发言等有关筹备事项的汇报。

1月28日，市政协召开八届常委会第十七次会议，听取市政协八届四次会议各学习讨论小组有关讨论情况的汇报，协商确定2名政协富阳市八届委员会增补常委候选人预备人选名单、选举办法(草案)、总监票人、监票人建议名单，听取并审议八届四次会议提案收集和初审情况的报告(草案)、大会建议案收集和初审情况报告(草案)，审议政协富阳市第八届委员会第四次会议决议(草案)。

3月4日，区政协召开八届常委会第十八次会议，审议并通过《政协杭州市富阳区委员会常务委员会关于富阳撤市设区后有关事项的决定》，明确除单位名称由政协富阳市委员会改为政协杭州市富阳区委员会和相关机构名称作相应变更外，其他事项不变；原政协富阳市委员会制定出台的各类制度文件继续执行。

6月18日，区政协召开八届常委会第十九次会议，协商并审议通过区政协八届四次会议提案审查报告，协商通过部分八届区政协委员调整等人事事项，并传达学习全国政协十二届三次会议精神和省委工作部署会议精神，号召全体政协委员和政协工作者要认真学习贯彻习近平总书记就政协工作的重要讲话和重要指示。

8月14日，区政协召开八届常委会第二十次会议，专题协商“五水共治”长效机制建设民主监督工作情况和区政协八届四次会议以来提案办理情况。会议听取区治水办公室关于全区“五水共治”工作开展情况的汇报，观看区政协“五水共治”民主监督视频短片。区政协“五水共治”监督调研组、河道监督小组代表分别介绍明察暗访中发现的问题及整改落实情况，并提出可行性意见建议。听取区委常委、常务副区长杨国正关于区政协八届四次会议提案办理情况的报告。

12月17日，区政协召开八届常委会第二十一次会议，专题协商富阳国民经济和社会发展“十三五”

规划纲要编制情况。会议听取区发改局关于富阳“十三五”规划纲要起草情况及主要内容说明的汇报。部分区政协常委、政协委员、民主党派和人民团体代表结合前期调研情况，从“十三五”的战略布局、目标任务、产业转型、民生改善、社会事业发展等不同层面分析建言，提出80条意见建议。

·重要活动·

【“三严三实”专题教育】 自6月起，区政协制定实施方案，有计划、分步骤开展“三严三实”专题教育。区政协领导赴各基层联系点上党课，开展坚定理想信念、律己用权、谋事创业3次专题学习研讨；向社会各界征求意见建议，撰写区政协领导班子和个人对照检查材料，开展谈心交心，召开专题民主生活会，开展批评与自我批评，明确7点重点整改项目。同时要求，严格执行中央“八项规定”和省市委有关规定，巩固党的群众路线教育实践活动成果；坚决贯彻《中国共产党廉洁自律准则》和《中国共产党纪律处分条例》，严守政治纪律和政治规矩；加强政协作风建设，提升履职能力和水平。

【区级协商民主】 1月，区政协与区委、区政府协商，联合制订《富阳区政协2015年度协商计划》和《富阳区政协2015年度民主监督计划》，明确全年政协协商和监督工作重点，加强社会主义协商民主建设。2月12日，市政府与市政协召开专题协商会议，协商交流2014年政协履职工作成效和2015年政协重点履职工作安排，增进共识、形成合力。5月至9月，区政协各专委会就城区农贸市场规划建设、建立健全企业工资集体协商制度、资源要素市场化配置综合改革、统筹教育资源妥善解决外来务工人员子女就学问题等议题与区级相关部门开展对口协商，提出意见建议，推动部门改进工作。

【基层协商民主】 区政协对近几年基层协商优秀案例和相关理论研究成果、政策文件等汇编成《基层协商民主集粹》，供基层政协组织和政协委员学习参考。在全区24个乡镇（街道）全面推行基层协商民主工作，选择民居建设、社区整治、劳资纠纷化解等24个议题，发挥基层政协工委和政协委员的主体作用，柔性介入、广泛协商、化解矛盾、凝聚共识，推动形成“有事多商量、遇事多商量、做事多商量”的村级治理新模式。在大源镇开展的“杭派民居”项目基层协商中，通过民主推选协商小组、深入调研焦点问题、民主协商分房方案等，助推一期项目顺利实施。富春街道、春江街道、场口镇联合开展鹿山社区改造提升民生工程联动协商，有效破解该区块土地归属复杂、政策处理难等矛盾，探索建立基层协商联动机制。上官乡政协工委连续三年开展羽毛球拍行业性工资集体协商，促进职工队伍稳定和行业健康发展。

【专项集体民主监督】 在2014年“五水共治”专项集体民主监督工作基础上，区政协建立“5+19+23”（组建5个监督调研小组专题监督全区“五水共治”长效机制建设中的5个突出问题，组织全体政协委员以19个监督工作小组的形式，对全区23条主要河流开展集中式民主监督活动）专项监督工作机制，开展“五水共治”长效机制建设民主监督。全体政协委员深入基层，通过走访交流、集体视察、明察暗访、影像跟踪等方式开展治水监督工作，共发现问题点43处。8月14日，区政协召开政协八届二十次常委会议进行“五水共治”长效机制建设民主监督专题协商，向区委、区政府反馈监督成果，将政协委员的意见建议梳理汇总后形成《“助推‘五水共治’长效机制建设”专项民主监督建议书》，报送区政府，供决策参考。

【委派民主监督员】 区政协围绕区委、区政府“转型升级、城市治理、法治建设”三大中心任务，向区经信局、城管局、公安局等12家相关职能部门（单位）委派60名政协委员担任民主监督员，对受派单位围绕中心任务履行职责、勤政廉政和办理政协提案（建议案）等情况进行民主监督；同时开展以监督重点工作、促进任务落实，监督政风行风、促进效能提升，监督改革创新、促进难题破解为内容的“三监督三促进”专项活动。在一年的委派监督中，各位监督员通过听取汇报、查阅资料、调研暗访、收集民意等方式，共提出各类意见建议59条；区政协以《民主监督报告》的形式提交区委、区政府及相关部门，并督促整改，助推全区中心工作。

【民主评议部门】 5月至8月，区政协对区供电公司2014年以来服务发展、服务企业、服务民生“三服务”情况开展民主评议。立足于帮助查找存在问题、帮助解决实际困难、帮助呼吁有关工作，开展各层面代表座谈，走访基层下属单位，发放调查问卷，查阅工作台账，进行广泛细致地评议。对发现存在的问题和不足，提出改进意见建议，形成民主评议书，以督促整改落实，促进富阳供电事业良性发展。

【社情民意信息】 区政协完善社情民意信息报送、录用、交办、督办、反馈等机制，将人民群众和社会各界人士的意见、呼声，及时反映至区委、区政府及相关部门，督促相关部门给予办理答复，畅通民意反映渠道。全年共收到社情民意信息322篇，上报杭州市政协18篇，编发《富阳政协·参政建言》10期，《富阳政协·社情民意》5期13篇。其中《建议规范馆藏古籍资料等影印收费》一文先后被省政协和全国政协录用。

【民主议政】 9月1日，区政协召开深化医药卫生体制改革民主议政会，围绕医药卫生体制改革这一议题参政议政。区政协文史委和各课题小组通过调研，分别从系统谋划医改、降低药价、薪酬激励、医保支付制度改革、分级诊疗、智慧医疗建设、公立医药混改和医疗责任保险等方面，对推进富阳医药卫生体制改革提出意见建议。区政府和相关部门对意见建议进行梳理并研究落实。

12月1日，区政协举行加强食品安全管理民主议政会，共同探讨全区食品安全管理中存在的问题和需要采取的对策措施。相关界别的政协委员和民主党派代表结合前期调研成果，围绕富阳实际情况，就食品安全监管能力建设、智慧监管平台建设、农贸市场规划管理、无证无照整治规范、校园食品安全管理等方面提出意见建议。区市场监管局作表态发言。区政府要求相关部门予以重视并研究落实。

【融合发展调研】 4月至6月，区政协协助杭州市政协就加快富阳与主城融合发展课题进行调研，通过座谈交流和学习外地经验，形成《建设高度生态文明的美丽富阳》的调研报告。该报告分析认为，加快富阳与主城融合必须准确判断和把握好利弊，必须双方互动、共同努力，必须遵循客观规律，顺势而为，必须符合富阳实际，因地制宜，必须有利于稳定、加快发展、调动积极性和提高管理效率。报告指出，需要破除发展模式转型、发展水平差距、文化融合三个障碍，并从突出规划先行、理顺管理体制、解决“同城同待遇”、加快产业升级、优化资源配置、调动干部群众积极性等方面提出针对性建议。该报告得到张鸿铭市长的批示和区委书记姜军的肯定，杭州市委、市政府出台的《关于加快富阳与主城一体化发展的若干意见》吸收了调研报告的部分意见。

【特色小镇调研】 11月，区政协通过组织主席会议视察，召开座谈会交流，外出学习云栖小镇、梦想小镇建设经验，调研富阳区“智慧经济”和“特色小镇”建设，形成《让特色小镇成为富阳转型发展示范区》的调研报告。该报告指出，富阳区特色小镇建设中主要存在组织保障不够有力、特色定位不够鲜明、设施配套不够完善、名企名校支撑不足4个方面问题，提出要按照“产业特色明显、体制机制灵活、人文气息浓厚、生态环境优美、多种功能叠加”的总要求，构建强有力的推进机制，着力塑造小镇特色品牌，精心培育小镇“生态圈”，切实优化政务环境。调研报告的相关建议得到区政府、开发区的重视和采纳。

【理论研究】 区政协制定《2015年度富阳区政协理论研究工作计划》，明确全年理论研究任务。全年共撰写理论研究文章10余篇，其中《实施履职量化考核、发挥委员主体作用》一文获浙江省政协履职征文三等奖;《基层协商民主视阈下的政协履职能力建设》《关于基层政协提高联系群众能力的若干思考》《基层治理与政协履职能力现代化》3篇论文在浙江省人民政协理论研究会第七次理论研讨会征文中分获一、二等奖和优秀奖。

【培训活动】 5月25日，举办2015年第一期“政协讲坛”，邀请“素读”经典课程创始人、古诗词吟诵专家陈琴女士讲授《传统文化中的书声气质》。7月17日，区政协举办新任政协委员和特聘委员培训班，围绕如何做一名称职的政协委员，向30余位新委员和特聘委员讲授政协业务知识、工作特色。8月17日，举办政协读书会，邀请区委副书记、区长黄海峰作全区经济社会发展情况通报，邀请著名军事专家、中国战略文化促进会常务副会长罗援作《我国周边安全环境及软实力建设》讲座。10月25日，举办第二期“政协讲坛”，邀请中信银行杭州分行零售部总经理助理丁志毅讲授《新常态下的财富管理策略》。

·提案工作·

【审查立案】 政协八届四次会议以来，区政协共收到以提案形式提出的意见建议216件，立案171件，立案率为79.17%，其中集体提案37件，占21.64%，委员个人或联名提案134件，占78.36%。从提案内容看：经济科技方面的提案26件，占15.20%；三农方面的提案15件，占8.77%；城建环境方面的提案70件，占40.94%；社会法制劳动人事方面的提案23件，占13.45%；教文卫体方面的提案33件，占19.30%；精神文明廉政建设方面的提案4件，占2.34%。经区政协常委会议协商、全体会议通过，确定《加快要素市场化配置综合改革，推动富阳经济转型升级》提案为全体会议建议案，提交区政府办理；经主席会议协商，确定《加强培育管理，推动我区民间公益组织健康发展》等10件提案作为重点督办提案，由区委、区政府相关领导领办，区政协领导分工督办。

【提案督办】 截至2015年底，政协八届四次会议以来立案的171件提案(建议案)均已办复。提案者对办理情况表示满意的147件，占85.96%；基本满意的22件，占12.87%；不满意的2件。从办理结果看，所提建议得到采纳的提案共149件，占87.13%；因条件所限未能采纳或留作参考的22件，占12.87%。得到采纳的提案中，已经解决或基本解决的57件，部分解决或列入计划解决的92件。共有17件提案被评为优秀提案。一年来，区政协通过网上提案系统，按时间节点对提案办理情况进行有效督办。4月，召开区政协主席会议专题听取10件重点提案主办单位关于提案办理情况的汇报，对每件提案的办理情况进行评价，并提出继续办理意见。5月至7月，通过重点提案督查、集体提案督查、派驻民主监督员督查、提案承办大户督查、其他提案的分批集中督查等途径，实现了八届四次会议提案督办的全覆盖。8月，重点对八届一次会议以来建议案、重点提案的办理情况进行“回头看”。相关单位经过2个月的自查和跟踪办理，向区政协提交了自查报告。区政协以提案办理纳入2015年考核为激励手段，要求相关单位继续抓好2014年B类提案的办理落实。

【全体会议建议案】 在向政协各参加单位、各专委会、各界别小组和各有关部门征求选题的基础上，区政协八届四次会议凝聚全体委员智慧和共识，提出《加快要素市场化配置综合改革，推动富阳经济转型升级》全会建议案。区政府认真办理，成立资源要素市场化配置改革工作领导小组，出台改革实施方案和《亩产效益综合评价办法》，在鹿山街道试行规下企业评价工作，开发软件评价系统，资源要素市场化配置综合改革扎实推进。

·文史　联谊·

【文史工作】 区政协历时3年，通过人物遴选、资料采录、座谈交流等多种方式，对中华人民共和国成立后29位当代富阳名人的事迹进行采写，并征编出版《当代富阳名人》。协助省、杭州市政协征编《非物质文化传承人讲述》《“五水共治”委员一事》等史料。举办第二届“孙过庭奖”中小学生书法比赛，选送16幅作品参加省第四届“兰亭奖”评选，获得小学低段组一等奖1名。2014年出版的《富阳石刻遗存》一书，获杭州市政协优秀文史图书评选二等奖。4月6日，富阳籍旅沪知名画家朱瑚向富阳捐赠《富春新韵》长卷。

【走亲富商活动】 6月至10月，区政协组织政协委员分4组赴北京、天津、上海、江苏、广州、深圳、西安等地，开展“走亲富商”活动。拜会当地杭州商会、富阳商会6家，参观富商企业17家，召开相关推介会、座谈会8次，走访慰问在外富商近300人，征集到52条意见建议和16项招商信息。总结形成《打好亲情牌，练好服务功，把“走亲富商”工作摆上重要议事日程》的调研报告，提交区委、区政府决策参考。积极为吸引富商回归发展牵线搭桥、献策出力，建议并推动首届富商大会召开。

【团结联谊】 全年开展政协委员送文化、卫生、科技、教育、法律、体育下乡活动11次，为群众提供现场咨询服务和文艺演出，受到基层群众欢迎。发挥政协委员优势广泛开展公益活动，如卢祝靖委员牵头的“全民爱心行动”，向西部贫困地区捐赠衣服17000余件。认真做好茶文化研究会、政协联谊会工作。组织政协书画院画师赴福建、安徽等地交流。接待全国、省、杭州市政协和省内外兄弟县(市)政协10多批到富阳考察交流。（陆勤波）

【责任编辑 骆关水】

纪律检查·监察

·纪委全委会·

【市纪委第十三届五次全体会议】 2月11日，召开中共富阳市纪委第十三届五次全体（扩大）会议，学习贯彻中共十八大、十八届三中、四中全会和习近平总书记系列重要讲话精神，按照十八届中央纪委四次、五次全会、十三届省纪委四次全会、十一届杭州市纪委四次全会和市委十三届十次全会的部署，回顾2014年党风廉政建设和反腐败工作，部署2015年任务。会议由市委副书记吴玉凤主持，市委书记姜军代表市委作重要讲话，市委常委、纪委书记胡光伟代表市纪委常委会向全会报告工作。

·党风廉政建设·

【严明党的纪律】 组织学习贯彻新修订的《中国共产党廉洁自律准则》《中国共产党纪律处分条例》和《巡视工作条例》等党内法规，组织全区区管干部开展以“学党章、守纪律、讲规矩”为主题的党章党规党纪集中轮训，切实增强全区党员领导干部的纪律规矩意识。运用广播、电视、报纸、网站、微信等媒体，广泛宣传党章党规党纪，开辟专栏进行解读，在全区营造浓厚的学纪、守纪、遵纪氛围。深化廉政文化建设，挖掘整理传统家训中的廉洁文化因素，以廉政家训家规引导党员干部律己教子，涵养正气。

【“两个责任”落实】 以“两个责任落实年”活动为载体，制定2015年反腐倡廉工作的组织领导和责任分工方案，将51项工作内容细化分解到18名区委、区政府领导。督促全区93家单位制定任务分解表，梳理主体责任清单和监督责任清单，在全区构建职责清晰的责任体系。严格执行“两个责任”报告制度，全面落实书面报告，面对面单独听取全区24个乡镇（街道）、12个重点区级机关和国有企业党组织、纪检组织履行“两个责任”的汇报，现场反馈问题121个。强化检查考核，组织28个督查组，对全区52家单位落实党风廉政建设责任制情况开展专项督查，梳理反馈并责令整改问题184个。修改完善考核标准，对全区各单位责任制落实情况进行考核排名。加大“一案双查”力度。在查处春建乡大唐村村支两委干部、富春街道卫生服务中心工作人员等严重违纪案件中，对负有领导责任的两名党员领导干部给予纪律处分，以“一案双查”倒逼责任落实。

【教育监督党员干部】 注重谈话提醒，全区各单位共开展谈话提醒教育1129人次。强化案例警示，通过召开案情通报会、组织参加法院庭审旁听、到监狱听服刑人员现身说法等活动，促使党员干部筑牢纪律底线。加强与公检法、审计、国土、城管、信访、市场监管等单位的协作，形成干部监督联动网络体系。健全廉政动态评价机制，重点加强对领导干部廉洁自律、婚姻状况、建房、本人出国（境）等情况的监督。全年，区管干部共上报个人重大事项报告46人次，没有发生因报告不实而产生投诉举报的现象。注重对干部“德”的监督，全年共廉政鉴定21批计635人，2人经鉴定后暂缓提拔或享受职级待遇。强化巡访监督，出台专题巡访实施办法，按照“四个着力”的要求，以进驻巡访的方式，对富春街道、区住建局、富阳广播电视台进行监督，提出18个方面的问题并督促整改。2015年，通过强化教育监督，“581”廉政账户共收到主动上交款89.88万元，计130人次。

【农村基层党风廉政建设】 建立委局领导、3个纪检监察室分片联系机制，定期指导督查，研究解决问题。是年，全区24个乡镇(街道)完成自办案件48件。实施“276廉村工程”，开展“清廉指数”考核，提升村干部履职廉洁度。发挥村监委作用，在实行“村务开放日”的基础上，创新形式推行村级“廉心报”，向每家每户逐笔公开村级财务现金、银行存款收支账目等，以公开倒逼规范。全年，各乡镇(街道)共编发“廉心报”70.10万份，入户率达到98%以上，有效促进了村级权力运行的规范化。

·正风肃纪工作·

【开展监督检查】 全年以“三公经费”[财政拨款支出安排的出国(境)费、车辆购置及运行费、公务接待费]、津补贴发放、村级财务中列支节礼、大吃大喝等为重点，高频率开展各类监督检查55次，发现问题251个，问责处理干部34名，点名道姓通报曝光典型案例20起，有效防止不良风气反弹回潮。

【“三不”整治工作】 加大作风效能投诉查处力度，问责4人。加大治庸治懒治散力度，切实整治“不担当、不作为、不落实”等问题。严肃查处了湖源乡路西畜牧综合养殖场污染案件等“三不”行为典型案件，对9名干部进行了问责处理。开展以“城市治理”为主题的电视问政活动，8家单位主要负责人上台接受市民代表和网民现场问政，梳理并责令整改问题91个。

·纪律审查·

【纪检信访办理】 实施“两单一审”制、家访制、信访观察员制、领导包案制，提升信访工作水平，全年共受理信访举报616件次，同比下降19%。

【执纪审查工作】 全年共接收问题线索256条，立案220件，同比上升15%。处理党员干部216人，其中区管干部7人，党纪处分111人，为34名党员干部澄清问题54个，为国家和集体挽回经济损失900余万元。重点查处了区民政局原党委委员、副局长洪国良案等一批严重违纪案件，移送司法机关18人。

【案件监督管理和案件审理工作】 实行问题线索统一管理和规范处置，严格落实向上级纪委报告线索处置和纪律审查工作制度。规范谈话点建设，出台纪律审查核实性谈话相关制度规定，严格审查纪律和审查程序，实现纪律审查安全工作“零隐患”“零事故”。发挥反腐败协调小组成员单位职能作用，实现无缝对接、配合到位。加强案件审理，提高案件质量，实现“零申诉”。

·纪律检查体制机制改革·

【派驻机构改革】 根据省、市纪委有关县(市、区)纪委派驻机构改革的统一部署，在杭州地区率先完成派驻机构改革工作，共设置派驻(出)机构17家，其中综合派驻机构11个、单独派驻(出)机构6个，配备干部编制62名，实际到位56名。

【干部使用、管理、考核重大调整】 出台乡镇(街道)纪(工)委书记、副书记，派驻(出)机构组长、副组长，国有企业纪委书记三个提名考察办法，将“纪委书记、副书记提名考察以上级纪委会同组织部门为主”的要求落到实处。修订乡镇(街道)、派驻(出)机构纪检干部个人考核办法，实行日常考核，强化结果运用。建立纪检干部“一人两档”，暨每名纪检监察干部纸质档案和电子档案各一份，将纪检干部的日常表现、奖惩情况、工作成绩等收集在内，做到能够见档识人。积极向党委推荐优秀纪检干部，全年6名纪检干部得到提拔和重用、7名纪检干部转岗到其他综合性单位、1名纪检干部在系统内进行交流。

·行政监察工作·

【服务中心大局】 严明党的政治纪律和政治规矩，对“三改一拆”“五水共治”等区委、区政府重大决策部署和重点任务落实情况开展监督检查，坚决纠正有令不行、有禁不止等行为。

【开展专项治理】 结合省委巡视组反馈意见，重点对领导干部办公用房问题、吃空饷问题、干部兼职问题、评比达标问题、会所中的歪风等问题进行专项整治。37名杭州市管领导干部、62个部门、24个乡镇(街道)累计清退区管领导干部办公用房面积3724平方米，服务用房1.34万平方米。严肃整治“会所中的歪风”，全区930名区管领导干部均作出书面承诺，绝不出入私人会所、不接受和持有私人会所会员卡。加大综合施策，对区级机关、乡镇(街道)机关评比达标表彰活动项目进行大幅清理，全区评比达标表彰项目压缩至27项。（王奇峰）

【责任编辑　汪校良】

民主党派·工商联·人民团体

·中国民主同盟杭州市富阳区基层委员会·

【组织建设】 根据民盟中央精神和杭州市委员会指示，5位同志先后被民盟杭州市委员会批准入盟，至年底，盟员总数42人。12月20日，民盟富阳支部升格为民盟杭州市富阳区基层委员会，支部原有的三个小组分别升格为文化支部、教育支部和综合支部。

【参政议政】 在2015年杭州、富阳两级“两会”期间，共提交建议案或提案19件。其中，民盟富阳支部向富阳市政协八届四次会议提交集体提案1件；周国平向杭州市政协十届四次会议提交提案3件；羊军向富阳市人大十五届四次会议提交建议案2件；丁仲元、王峥、卢立平、何双安、王乐平、周仁富、王晓阳、陈其东、汪立人、孙晓华、董旭萍等共向富阳市政协八届四次会议提交提案13件。1月至4月，考察走访龙门古镇，形成提案《改造龙门天子堂　打响孙权故里品牌》。3月，周仁富盟员参与调研的课题《关于义务教育阶段县域乡土地方课程建设的建议》获得民盟杭州市委会2014年度招标课题评比三等奖。9月，在区政协“关于深化我区医药卫生体制改革”的民主议政会课题调研中，丁仲元、周国平、周仁富、楼银妹、方苏云等盟员参与并在会上提出了建设性的意见和建议，为区委、区政府决策提供了参考。11月，支部文化组11位盟员考察新桐乡撰写调研报告《开发建设新桐　打造富阳旅游新品牌》。盟员何双安提交的《建议着力抓好乡镇幼儿园孩子接送的安全监管工作》社情民意信息，受到区政府的重视。

【社会服务】 为纪念抗日战争胜利70周年，9月，支部组织全体盟员分组参观“千人坑”及“受降厅”，并将中国美院郜通尧老盟员精心绘作的《末日》之画赠予“受降厅”。同月，支部全体盟员们走访并慰问富阳的高龄抗战老兵，为他们送去了字画与慰问金，表达了真诚的祝福与由衷的敬佩。继续开展送教支教活动：5月至6月，支部组织盟员分别到新登中学、东洲中学、春江中学、万市中学、洞桥镇中心小学开展送教指导活动。暑期，胡曙光、丁仲元、陈明伟等盟员利用自身特长为“留守儿童”义务进行游泳、书法培训；丁仲元、董旭萍、陈明伟等盟员参与杭州“蒲公英计划”书法培训的发动、联络和培训工作。11月，支部文化组在礼源小学开展盟员“回乡送教”活动；丁仲元等11位盟员参加统战部、社区、街道等组织的同心公益活动，并捐款捐物献爱心。盟员何双安作为民盟浙江省委会“农村教育烛光行动”讲师团成员，全年利用“何双安教学研究工作室”网站为贵州凯里、甘肃岷县（地震灾区）结对学校的教师开展网上免费教学咨询服务20余次。何双安盟员还兼任浙江大学继续教育学院“赢在课堂”项目授课教师、富阳学院教师培训授课教师，全年为各级各类教师继续教育培训作专题讲座10余场。盟员胡曙光全权策划、运作“2015中国·杭州第五届划艇文化节暨富春江国际皮划艇马拉松赛”，连续第三年担任全国场地自行车冠军赛裁判。

【学习交流】 7月6日，支部教育组全体盟员走访民盟省委会。民盟省委会秘书长汪传凯接待并主持了学习活动，民盟省委会宣传部长何志凤、组织部长俞益民、调查研究室副主任章清清、社会服务部部长赵为民等分别为大家介绍了相关工作的开展情况和工作动向。

【民盟杭州市富阳区基层委员会成立】 12月20日，

民盟杭州市富阳区基层委员会成立大会在富阳区文化中心举行。中共杭州市委统战部党派处处长徐军民，民盟杭州市委会专职副主委宦金元、秘书长陈新、组织部长章桂娣，富阳区政协副主席、区委统战部部长夏芬，区委统战部常务副部长贾一惟出席会议。会议总结回顾了富阳民盟的工作开展情况，宣读了关于成立民盟杭州市富阳区基层委员会的决定，并任命通过了基层委员会新一届领导班子成员。民盟杭州市富阳区基层委员会班子由6位盟员组成，孙晓华任主任委员，羊军、周仁富任副主任委员，周国平、王峥、卢立平任委员。农工党富阳区基层委员会、民建富阳区支部和致公党富阳区支部3个民主党派负责人到会祝贺。

（周国平）

·中国民主建国会富阳支部·

【概况】 2015年共发展新会员4人，至年底有会员23人。2015年，支部在民建杭州市委会进行的支部考评中成绩名列前茅，获得“2015年度民建杭州市优秀支部”的称号。

【参政议政】 2015年，在区政协第八届五次会议上，民建富阳支部会员共提交提案9件，支部会员单旭艇代表所在界别作《推进我区智慧交通建设若干建议》的大会发言，支部会员章志成的《紧抓G20机遇，带动富阳企业家参与一带一路建设》的提案成为政协第八届五次会议一号提案。全年支部共开展调研活动3次，提交调研报告4篇。共提交了10篇高质量的信息和提案，其中7篇被杭州民建市委会录用，3篇被省民建录用，1篇被民建中央录用。参加富阳市政协组织的民主议政会一次，单旭艇就智慧医疗做大会发言。孙丙华、单旭艇受聘成为富阳区五水共治民主监督员，分别赴富阳区里山镇、环保局、住建局、水利局进行“五水共治”监督。会员单旭艇撰写的《关于推动消防体制改革》的提案，经由杭州市政协主席叶明提交至全国两会。

【学习生活】 陈华峰、董莹、武剑清3人参加杭州市委会组织的新会员学习班。支部7名会员于7月参加了富阳区委统战部组织的统战学校班；会员方东、王卫琴参加了民建杭州市委会组织的会员培训。

【社会服务】 5月，会员陈华峰赴四川雅安，捐赠多个贫困学校；参与区委统战部组织的同心公益活动，并联合统战部举办了爱心健步走活动。

（单旭艇）

·农工党富阳区基层委员会·

【组织建设】 2015年，共发展党员8人，全区现有农工党员94人。8月31日，征得中共富阳区委统战部同意，经农工党杭州市委会批准，农工党富阳区总支部委员会更名并成立农工党杭州市富阳区基层委员会。11月，农工党富阳区基层委下辖5个支部顺利通过农工党杭州市委会星级支部考核验收。其中联合支部获得五星级支部荣誉称号，人医支部、医卫综合支部、新登支部、教育支部均获得四星级支部荣誉称号。同月，富阳基层委被农工党中央授予全国先进基层组织荣誉称号。12月27日，举行农工党富阳基层组织成立三十周年纪念暨富阳区基层委员会成立大会。

【思想建设】 全年组织党员参加杭州市委会、中共富阳区委统战举办的各类培训班、学习会、报告会200余人次。9月，首次尝试在异地举办骨干读书会。实地参观考察了农工党嵊泗县支部“农工之家”建设。同时，还举办了为期两天的党史教育、参政议政业务培训读书会。

【参政议政】 2015年，向政协全会提交集体提案3件，个人提案10件，其中《加快医改步伐，推进分级诊疗》被区政协列为大会书面发言材料。集体提案《统一数字地理信息系统，促进地下管线建设管理》、何文明的个人提案《关于建立我市职业技能公共实训基地的建议》被政协评为2014年度优秀提案。完成《关于推进医保支付制度改革的几点建议》《关于推进农村饮用水安全的几点建议》等4个调研报告。向上级组织及富阳政协报送社情民意共计75条，其中成亚群、何文明、陆桂云、蒋旭波、沈吕诚、夏善泉的社情民意被区政协录用并刊登，蒋旭波、高春龙的社情民意被杭州市政府录用。

【社会服务】 5月，在洞桥社区卫生服务中心建立了定点社会服务基地，并建立了常态化、规范化的长效机制。全年社会服务人次达3000余人次。农工党富阳区基层委员会获得杭州市2014—2015年度先进集体荣誉称号，人医支部、联合支部、医卫综合支部、新登支部、教育支部均获得农工党杭州市2014—2015先进支部荣誉称号。（蒋旭波）

·致公党富阳支部·

【概况】 2015年，致公党富阳支部发展新党员3名，至年底有党员13名。

【参政议政】 全年向致公党杭州市委员会递交提案4份，社情民意1份，撰写并提交《关于要求加快完善富阳经济技术开发区与杭州主城区、富阳主城区公交配套的建议》《关于经济开发区与杭州对接提升公交优先路权的建议》《关于农家乐发展的调研》《接轨亚运会，建设运动场馆与绿色游步道的建议》《关于在汽车行业开展废机油等废弃物统一回收的建议》等5篇建议案。

【自身建设】 4月，支部成员蒋向群参加市委会组织的第27期各民主党派中青年骨干培训班；5月14日，支部组织部分成员参加了杭州市委会召开的《参政议政与提案写作》培训班；6月，支部派遣代表参加了富阳区委统战部组织的“党外代表人士”培训班；11月10日，支部开展了“议政日“活动。

【海外联谊】 4月，接待旅澳富阳商会秘书长邵生健对支部的参观访问；5月初，接待了罗马利亚商会付会长对富阳海关的考察。

【社会服务】 1月24日，参加区委统战部等举办的“守望相助　情暖富春”——“2015首善　同心服务月”大型广场服务活动；11月10日，参加“让爱出发，让爱循环”同心公益活动，9位成员共捐赠人民币2604元；11月15日支部参加了富阳区统战部“爱心健步走”活动。（蒋向群）

·富阳区工商业联合会·

【概况】 2015年，区工商联新增会员企业58家，因造纸、锌化工行业整治关停退会、合并会员企业83家。至年底，会员总数达到1637家。新组建富阳常绿商会和杭州富阳企业发展联谊会各1家。至年底全市有基层商会和行业商会24家，异地商会3家。

组织30名企业家赴杭州参加“杭商大讲堂”暨诚信守法讲座，强化企业家诚信守法意识。10月富通集团有限公司董事长王建沂当选中国光彩事业促进会和浙商总会副会长，此外，对8名私营企业主开展了入党政审工作。11月，分2批组织125名工商联执常委赴空军杭州疗养院体检疗休养。富春、灵桥、常安、万市等商会共组织会员企业主530余人次，分别赴邵逸夫医院、浙江医院、浙二医院等医疗机构体检疗养，送健康服务到会员企业主。

2015年，富阳区工商联被杭州市工商联评为“杭州市工商联系统综合先进单位”。

【构建劳动和谐关系活动】 全年召开协调劳动关系三方四家会议2次。6月，随三方四家领导小组赴乐清、温岭等地学习考察就构建和谐劳动关系建设。上官商会、洞桥商会、餐饮商会、永昌商会继续开展工资集体协商工作，企业工资合同续签率达100%。洞桥商会配合参与6起劳资纠纷和工伤事故的调处工作，金额达30余万元。与人社局、总工会联合全年完成企业劳动用工诊断评估300家。

【参政议政】 3月，全国政协委员、区工商联主席、富通集团董事长王建沂在全国“两会”期间，向大会提交了《关于进一步加强公安协辅警队伍建设和管理的提案》《关于进一步盘活城市闲置、低效使用土地，促进城市有机更新的建议》《关于要重视和关注企业劳动关系主体变更时引发的劳动争议和次生的社会稳定风险的建议》3份提案。市工商联副主席、华达集团邵明祥《关于建设“智慧城市”加强城市照明设施建设与智能化管理的建议》，区工商联副主席、富春江通信集团孙翀《关于提升东洲区域配套建设的提案》，区工商联常委、富阳木材公司董事长叶鹏飞《关于综合整治及转型安置东洲废钢市场的建议》，区工商联执委、富阳山亚南方建材有限公司总经理刘方权《关于对非法采砂制砂加强监管的建议》，区工商联副主席、蓝鸟集团董事长万金良《关于要求尽快建设文豪路延伸段的建议》，区工商联执委、浙江美科斯叉车有限公司董事长陆金红《关于加强处置企业债务危机处理预案的建议》等议案、提案，代表了广大市民的呼声。在“两会”期间，共撰写提案、议案102件，团体提案3件。

【上规模企业调研】 3月，对28家2014年产值超5亿元的民营企业调研营业收入总额、税后净利等指标。8月25日，全国工商联公布2014年度全国上规模民营企业排序结果。富阳区3家民营企业列入“中国民营企业500强”：富通集团有限公司列213位，浙江富冶集团列全国500强第219位，浙江富春江通信集团有限公司列358位。同时，富通集团(132位)、浙江富冶集团(137位)、浙江富春江通信集团(216位)、浙江华达集团有限公司(416位)、浙江永正控股集团有限公司(442位)浙江飞虹通信集团有限公司(450位)等6家企业进入“中国民营制造业500强”。

3月，参与省工商联《关于企业投资项目负面清单管理改革工作情况的调研报告》及商会(协会)承接政府职能转移的课题调研。全年完成全国、省、市关于2014年度开展民营企业社会责任、全面支持小微企业发展政策措施落实情况第三方评估工作、杭州市人才项目绩效评估、民营企业法律风险防范、两个健康评价指数、银湖科技城众创空间等创新平台建设情况的调研。完成33家企业的民营企业网上调研平台注册工作。完成《加快发展战略性新兴产业 促进富阳经济转型升级》和《浅析富阳区加快做好企业上市的建议》调研文章2篇，分别获得杭州市工商联系统调研文章一等奖和二等奖。

【融资担保、助推企业服务】 所属诚信担保公司全年为167家企业办理融资担保服务，担保金额达到2.29亿元。

【商务考察、交流和培训】 全年组织企业家参加论坛、讲座、报告会、推介会、洽谈会等活动9次，参加人员330人次。组织参加浙商世界大会、杭州市跨境电子商务综合试验区推介会、21世纪海上丝绸之路与杭州企业合作交流会、比利时西弗兰德省—浙江投资洽谈会、中国与周边国家新型工业化国际合作研讨会，等等，“互联网+时代的发展趋势”“移动互联时代的员工关系等讲座等活动11次，参加活动企业家超过525人。全年接待诸暨市工商联、云南、四川等地商会、山东统战部以及在外地的富阳商人等23批次200余人的学习交流活动。10月，组织基层商会赴海盐、德清、义乌等地学习考察交流基层商会工作经验。邀请浙江工业大学潘灿君教授、杭州商会仲裁负责人赵亮为48名商会会长、秘书长讲授“商会与仲裁”知识；推荐10名企业家参加第三届世界浙商大会。5月，在浙江大学紫金巷校区举办为期4天的有85名新生代企业家参加的研修班的一期，推荐组织9名民营企业家参加清华大学“品质杭商”高级研修班学习培训。此外，还先后组织民营企业家到广州、深圳等地进行商务考察和学习活动。

【走近走进富商】 全年到北京、上海、广东、四川、重庆、云南、新疆、陕西、江苏以及杭州(富阳区以外)、宁波、义乌等地走访富商，调查了解富商人员分布、行业、经营情况，邀请20位异地富商参加首届富商大会。4月，组织来自上海、广州、深圳、西安等地86名富阳籍旅外企业家开展联谊活动，搭好富商交流沟通平台，扮好“娘家人”角色。向异地富商宣传富阳投资环境、政策环境和投资优势，引导“富商”回乡投资、创业。全年接待富商50多人次，申昱环保科技营运管理总部(四川)、杭州麦道医学检验所(云南)、AOP处理技术环保科技等项目确定来富阳投资。

【基层商会、行业商会活动】 5月，富春商会组织部分会员赴日本进行商务考察旅行活动。组织会员单位留本冠名、春风行动捐款5000万元。里山商会协商解决17家企业37台10吨以下的燃煤锅炉关停和供热等问题，组织会员企业20余人赴云南参观考察；新登商会对资金链出险企业进行走访排查，解决10名外来企业职工子女就学；胥口商会组织25家会员单位赴台州浙江海正药业股份有限公司考察学习；龙门农家乐休闲协会培育以“孙大嫂民宿”“尚古小筑”等具有农家风情和古镇韵味的特色民宿床位700余张。组织会员参加民宿农产品推介会、前往桐庐、临安等地参观考察农家乐建设；电动车商会针对个别会员单位之间由于促销活动产生矛盾进行调解并提出建议。鹿山商会对16家企业举办检验检测、合作研发、委托开发、研发设计等服务科技创新券使用培训。

【开展新农村建设】 全年组织浙江华丰管业有限公司、浙江晋安家电等16家成员单位与湖源乡10个行政村、1个中心小学开展帮扶活动，共涉及12个共建项目，落实帮扶资金25万元。共有376家会员企业直接与276个行政村（项目）进行联结帮扶。承诺资金1000万元，到位资金1719万元。

（朱欢英）

·富阳区总工会·

【概况】 2015年，全区新建基层工会69家（涵盖企业215家），发展工会会员19395名。至年底，全区基层工会达到2753家（涵盖机关、企事业单位9498家），其中独立建会企业2479家，全区会员达到338239名。

【领导走访调研活动】 2月3日下午，中华全国总工会书记处书记郭军一行到富阳调研企业劳资纠纷调处及有关法工工作。区委常委董伟，区政协副主席张志根陪同调研。

3月18日上午，杭州市人大常委会副主任、总工会主席郑荣胜一行到富春街道秋月社区视察“党建带群建”工作。区委副书记吴玉凤、区委常委董伟陪同调研。

【区总工会全委会】 3月9日，召开十六届九次全委（扩大）会议，表彰优秀工会干部和工会积极分子，部署2015年工会工作：5万名企业职工参加工会医疗互助、2000名外来务工人员免费平安返乡、1000名职工免费技能培训、1000名单身职工交友联谊、500名职工免费疗休养、百项职工技能比武、百场文艺下基层以及企业工会主席实行津补贴制度。区委常委董伟出席会议。

【职业技能竞赛】 开展“百场职业技能竞赛活动”，完成141项各级各类各工种职业技能竞赛，参赛企业673家，参赛职工15000余名，实现技能晋级的职工742人，其中高级工128人。此外，开展“两美浙江”富春江段治理工程立功竞赛、杭黄高铁富阳段建设工程立功竞赛。开展以“六比六赛”为活动内容，以创建“工人先锋号”、班组建设、技术培训、技能比武、技术创新、技术服务、职工“五小”活动、“安康杯”竞赛、合理化建议等为活动载体的立功竞赛活动。

【服务网络建设】 开展区、镇（街）、村（社区）、企业职工服务四级网络体系建设，构建集维权、救助和服务于一体“三全一站式”的工作格局。全区24个乡镇（街道）建立职工服务中心，223个行政村、23个社区建立职工服务站，115家企业建立职工服务

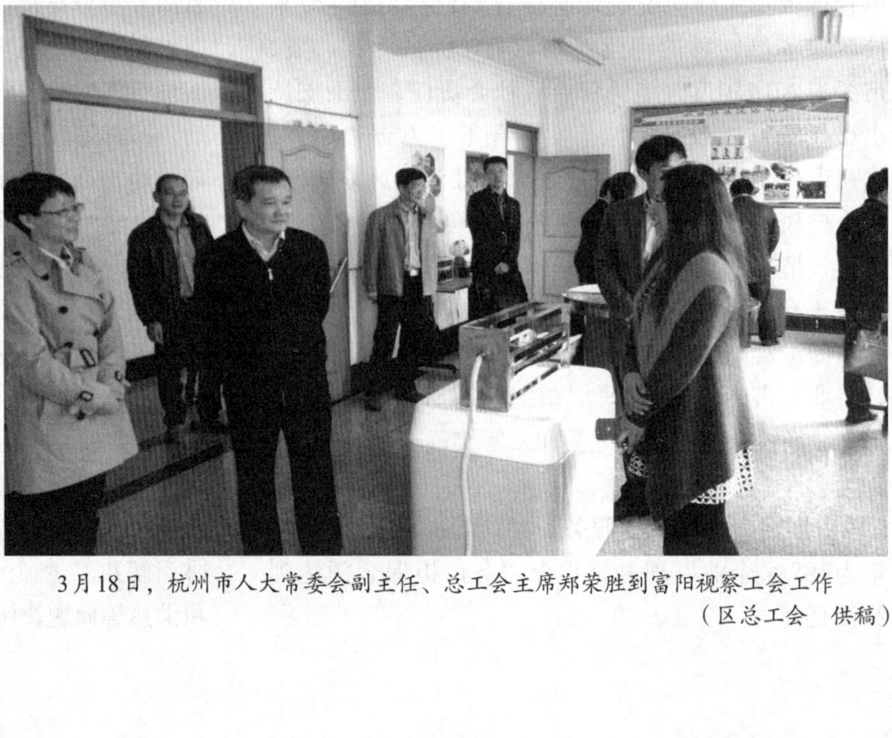

3月18日，杭州市人大常委会副主任、总工会主席郑荣胜到富阳视察工会工作

（区总工会　供稿）

室。是年，区总工会职工服务中心被表彰为全国示范服务中心。

【A级工会创建】 深入开展A级工会创建，在全区按“五有标准”重点培育5A级工会100家，3A级工会达基层工会数的42%。是年3月，该项工作获得全国总工会基层建设创新成果三等奖。12月31日《浙江工人日报》刊登“富阳5A工会魅力四射”专题文章，总结推广工会基层组织建设“富阳经验”。

【吸收民工入会】 新建家政、电子商务、五金建材、物业管理4个行业工会，吸收农民工会员4300余人。至此，富阳行业工会9家(其中包括出租车、造纸、餐饮、球拍、花卉等5个行业)，从业人员63700人，入会职工(包括农民工)58674人。

【建设服务品牌】 通过公开招投标、政府购买服务形式，为600家企业提供劳动用工诊断评估工作，规范企业用工行为；借助社会婚介机构开展适龄青年职工的交友婚配工作；联合区农商银行、公交公司、区委宣传部开展外来务工人员平安返乡和“最美职工”评选工作；对职工培训目标任务实行外包，提高社会职业培训资源的利用率；挂靠在有资质的大中专院校开展职工学历提升工程；联合音乐舞蹈家协会，挖掘、培育职工文艺骨干，建立文艺服务团，由职工点单开展文艺服务。

【服务职工项目】 投入专项经费45.60万元，免费培训高技能人才380名；为200名企业一线职工提供学历提升便捷途径；开展“百场电影”免费进企业和职工“文化家园”建设活动；在物管、家政行业和100家规上重点企业开展工资集体协商示范工作，职工工资福利待遇规范提升；热心处理职工劳动争议调解、来信来访，为职工免费提供法律援助20件；第三期职工医疗互助扩面至39540人，补助职工691人次，发放医疗互助补助金146.30万元；工会会员意外伤害及家财损失救助18人，发放保障金12.60万元；组织开展冬送温暖、夏送清凉、秋送学费、“爱心透析”专项救助活动、特殊疾病专项救助、急难险救助、困难职工助医等活动，累计帮扶救助困难职工1614人次，发放救助款249.81万元；组织在富重点项目、重点工程、重点领域及特殊岗位工作的600名外来务工人员免费健康体检，竭诚为职工做好事、谋实惠。

【创新考评机制】 实行常规共性和绩效个性相结合的乡镇(街道)工会工作考评机制。逐步减少常规共性工作的考核分量，增加特色工作领办、个性工作创新的比重，使乡镇(街道)工会工作更加贴近企业、贴近职工，更加注重实效、突出特色。同时，还实行区总工会机关干部职工联系乡镇(街道)制度，区总机关每人结对联系1个乡镇(街道)总工会，在工作推进、实情反馈、困难解决、上下联动等方面起到指导、督促和帮助作用，尤其是在各乡镇(街道)总工会绩效个性项目实施过程中做到跟踪指导、信息反馈。

【专题调查研究】 开展“职工队伍稳定状况”专题调研，主要涉及职工流动情况、职工队伍稳定状况及影响因素、解决矛盾问题的意见建议等内容。抽样调查全区24个乡镇(街道)589家非公企业，涉及造纸、机械制造、纺织、商贸服务、矿业冶金、建设、房地产、化工等行业；发放调查问卷10000份，回收6716份。分片召开职工代表、企业劳动人事主管、工会主席等座谈会23场次，随机走访一线职工127人次，收集相关问题5类55项，并形成调研报告，为区委区政府决策提供参考，为工会工作的进一步开展提供基础数据。

【组织管理建设】 举办工会干部业务培训班25期2047人次；实行企业工会主席津补贴制度；督促企业工会建账立户，截至年底建立工会账户的企业工会有1908家，按规定提取工会经费企业达到84%；全区工会经费使用倾向基层，税务代征工会经费2340万元，上解上级工会361万元，回拨乡镇(街道)总工会701万元。 (盛泉军)

·富阳团区委·

【概况】 至2015年底，全区有各类团组织1379个，建团率100%，其中基层团组织114个，团工委9个，团总支115个，团支部1141个。新增“两新”团组织55家。全区14～35周岁青年26.42万人，其中团员3.04万人，团青比例11.50%。全年发展新团员1324人，72名团员经“推优”加入中国共产党。

【“温暖新春”志愿服务行动】 1月25日，携手富阳区委统战部、富阳区慈善总会在秦望广场“雷锋角”共同举办“同心公益月”大型广场志愿服务活动。来自全区200余名志愿者在现场为市民送上了“温暖新春”公益服务，700余市民参与本次活动。

【首届“品质公益·志愿同行”公益项目对接会】 3月5日，在区文化中心举办富阳区首届“品质公益·志愿同行”公益项目对接会。富阳6家知名公益组织以及18家机关(企事业)单位参加会议。4家公益组织领办了区残联、区交通运输局以及团区委共5个志愿服务项目，总计获得10.20万元认购扶持资金。

【“绿动春江两岸，共建美丽富阳”植绿护绿行动】 3月11日，联合新桐乡人民政府在桐洲岛开展“绿动春江两岸，共建美丽富阳”青年植树护绿活动，全区团员青年、志愿者等共计150人分9组开展植树活动，共计植下柳树、意杨等200余棵。

【纪念“五四”运动96周年主题活动】 5月4日，举办“青春梦想·闪亮新城”富阳区纪念“五四”运动96周年主题活动暨“创青春”—青年创业创新计划发布仪式。全区各直属团组织负责人、创业青年等近百人参加。活动表彰了富阳区第三届“青春梦想代言人”，发布了“创青春”富阳区青年创新创业计划，并对后周社区青少年综合服务平台与“众创空间”授牌。

【富阳青年首届梦想音乐节】 5月4日，在东方茂中心广场开展“为梦想高歌，向青春致敬——乐青春”富阳青年梦想音乐节，邀请4支富阳本土乐队出演，还依托“富阳青年”新媒体平台开展了线上青年游戏活动。

【“红领巾相约中国梦，核心价值观记心中”主题教育活动】 5月28日，在郁达夫中学举办“红领巾相约中国梦，核心价值观记心中”主题教育活动暨“六一”离队入团仪式。全区各中小学大队辅导员、学生代表总计100余人参与本次活动，“最美妈妈”吴菊萍来到现场与10位“最美孝心少年”结对，并将资助这些贫困学生直至高中毕业。

【举办第三期“富春论道”之“走进富阳农商银行”】 6月23日，举办第三期“富春论道”之“走进富阳农商银行”暨二届四次常务理会，区政协副主席、区委统战部部长夏芬出席活动。活动特别邀请浙江大学经济学教授、博士生导师戴志敏作金融知识讲座，区青商会全体会员以及部分创业青年代表共约100人参加。

【举办全区直属团干培训班】 7月7日至8日，组织全区各乡镇(街道)、局(公司)、学校团组织负责人及团区委机关工作人员到杭州市团校参加为期两天的培训，杭州市团校校长陆桂英、共青团杭州市委副书记马利阳出席开班仪式并致辞。

【首届大学生村干部“互联网+特色农产品”电商创业实训赛】 联合区委组织部、区委农办举办“创青春·淘梦想”首届大学生村干部“互联网+特色农产品”电商创业实训赛。活动从7月持续到8月，24个乡镇(街道)按片区划分5个小组进行赛事组织和实施，10支参赛队伍、60名大学生村干部和创业青年，通过统一的线上和线下平台进行产品销售，在一个月的赛期内，推广销售富阳特色农产品30余种，累计销售额50余万元。

【“重温党团史，共筑中国梦”团干知识大比拼】 8月19日，全区24个乡镇(街道)和21家机关企事业单位的85位团干参与“重温党团史、共筑中国梦”知识竞赛初赛。24日，决赛在富阳电视台演播厅内进行，决赛题目包含党史党章、团史团章以及最新的时事政治题目和廉政题。

【“银幕上看祖国”—百人集体观看阅兵仪式直播】 9月3日，富阳团区委与富阳新世界影城合作开展

“银幕上看祖国，百人集体观看阅兵仪式直播”活动，10点整，三个影厅近300名观众，共同收看阅兵式。

【纪念抗日战争胜利70周年主题团日活动】 9月18日，联合银湖街道办事处开展“勿忘历史·圆梦中华”主题团日活动，活动由参观抗日战争纪念馆、主题团日活动和“红色毅行·微信运动封面占领”三个部分组成，杭州团市委机关干部和青干班学员，抗战老兵，近200余名富阳青年代表参加本次活动。

【“最美志愿者”征集活动】 8月起，与区志愿者协会共同举办“发现身边‘最美’的百名志愿者征集活动”。共收到“最美”志愿者申请表183份，9月18日，评审产生100名富阳区“最美”志愿者，授予杭州市富阳区“最美”志愿者荣誉称号，并在电台、电视进行连载宣传。

【2015年“美科斯杯”杭州市青工叉车技能大赛】 9月23日，在鹿山街道蒋家村举行2015年“美科斯杯”杭州市青工叉车技能大赛，100余人参加本次技能比武。共青团杭州市委副书记汤筠、共青团富阳区委书记俞小康、杭州市委青工部副部长黄蔚娜等领导出席并为获奖选手颁奖。

【举办富阳区第十一届青年人才联谊会】 9月24日，在富阳新沙岛开展区第十一届青年人才联谊会，200余名青年男女参加本次联谊活动。

【“畅想少年美好未来，共绘富春山居新画卷”——富阳区第九次少代会】 10月28日，召开中国少年先锋队杭州市富阳区第九次代表大会，区委常委董伟、区人大常委会副主任华之江、副区长孙洁出席会议，杭州团市委副书记吴洁静出席会议并讲话。全区优秀少先队员代表以及优秀辅导老师、辅导学校校长参加会议，大会选举并通过投票正式成立了富阳区第一届红领巾理事会。

【召开杭州市富阳区青年联合会第四届委员会第一次全体会议】 11月12日，召开富阳区青年联合会第四届委员会第一次全体会议，120名从各界选拔出来的优秀青年参加本次青联会，会议总结五年来的青联工作，选举产生新一届青联领导班子，俞小康任青联四届主席，确定今后一段时间的青联工作目标和任务。

【开展“心系农村·创新致富”2015年大学生村干部系列培训活动】 11月11日，举办大学生村干部系列培训，共计50名大学生村干部参加本次培训。培训内容包括公务员考试系统学习，各项村务工作开展实用知识培训。

【开展“五水共治·全民参与”大型志愿活动】 11月27日，联合五水共治领导小组办公室、区志愿者协会、大学生村干部俱乐部在秦望广场开展“五水共治·全民参与”暨“12·50”国际志愿者日活动。来自富阳的8个公益组织，20个互动帐篷，百名志愿者参加活动。近千名参与群众在广场上通过普及生活中遇到的绿色环保问题，参与互动，共同关注富阳区“五水共治”新景象。

【第四期“富春论道”之“走进富春硅谷”暨青联委员学习论坛】 11月27日，在“富春硅谷”开展论坛学习活动，区委副书记、区长黄海峰，区委常委董伟，区政协副主席、区委统战部部长夏芬，区委统战部副部长、工商联党组书记、副主席蒋惠真，团区委书记、区青联主席俞小康以及各界青年代表100余人到场参加论坛。杭州天畅网络科技有限公司董事长郭羽应邀作专题讲座。（张赛飞）

·富阳区妇女联合会·

【概况】 2015年，组建富阳区直属机关妇女工作委员会，指导所属部门和系统的妇女委员会工作。区农业局、林业局妇女委员会整合组建区农业和林业局妇女委员会，区卫生局、人口和计划生育局妇女委员会整合组建区卫生和计划生育局妇女委员会妇女工作委员会。区教育局妇女委员会更名为区教育局妇女工作委员会，农村商业银行妇女委员会更名为农村商业银行妇女工作委员会。建立浙江永正控股妇女联合会、浙江珍琦护理用品有限公司妇女委员会。至年底，全区有基层妇女组织3361个，其中，基层妇联50个，机关和事业单位妇女委员会(妇女工作委员会)35个，妇代会279个，妇女工作小组149个，“两新”(新经济组织和新社会组织)妇女组织2822个。妇女团体会员26个，其中，区女企业家知识分子联谊会1个，区工会女职委1个，乡镇(街道)农家女能手协会24个。区妇联下属事业单位区妇女活动中心1个。专职妇女干部34名，其中，区妇联10名，乡镇(街道)妇联24名。

【双学双比·巾帼建功】 3月18日，召开区来料加工经纪人协会会员座谈会；6月和8月，分别举办区来料加工经纪人、农村女性实用人才电子商务培训班，培训妇女103名；9月22日，组织全区24个乡镇(街道)妇联主席赴临安市学习考察妇女电商创业工作。2014年10月至2015年9月，全区1265名低收入人员经来料加工收入768.77万元，人均增收6077元。64名妇女申请到巾帼创业小额贷款1113万元，119名妇女享受政府小额贷款贴息70.94万元。推进“巾帼文明岗”创建活动，创建浙江省“巾帼文明岗”5个、浙江省“巾帼建功标兵”1名，杭州市“巾帼文明岗”8个。

【家庭文明建设工作】 1月26日，启动富阳区寻找“最美家庭”活动。经推荐，大源镇王紫娟家庭、常绿镇章叶林家庭获杭州市“最美家庭”提名奖，富春街道张华获杭州市“十佳好女儿”提名奖。王紫娟家庭、章叶林家庭还分别获2015年第2季度、第4季度浙江“最美家庭”。开展“美丽庭院”创建工作，重点推进中心村和“富春山居”首批四条精品线路途经村的“美丽庭院”创建工作，开展集中整治580余次，整治庭院3.50万余户；开展集中督查7次，累计各创建村督查550余次，走访农户3.50万余户。自12月1日起，通过富阳电视台、富阳发布和富阳电视台微信平台等媒体，连续实名展示播出近200户“美丽庭院”示范户家庭的庭院图片。开展家庭教育指导工作，举办家庭教育讲座87场，受益家长11893人(次)。

【妇女维权】 发挥区政策和行政规范性文件性别平等咨询评估机制作用，参与村经济合作社股份制改革工作，从政策上保障农村妇女尤其是婚嫁妇女的土地财产权益。发挥“61712338”妇女维权热线作用，区妇联本级接待来电来信来访96件人(次)。开展“三八”维权周活动和送法律知识下乡活动，组织开展男女平等基本国策和相关法律法规知识竞赛、“法治富阳·巾帼助力”等活动50余次，发放宣传资料8万余份。推动《全区参保适龄妇女宫颈癌、乳腺癌免费筛查工作实施方案》出台，开展妇女“两癌”免费检查和健康保健知识宣传，全区各级妇女组织举办“两癌”防护知识讲座30期。实施“1+X”姐妹帮扶工程，区妇联本级为150余名贫困妇女家庭募集慰问金和物资13万余元。

【婚姻家庭指导服务工作】 倡导新婚夫妇签订“拒绝家庭暴力，携手美丽人生”承诺书，是年全区5081对登记结婚的夫妇中有4674对自愿践行承诺。设立婚姻辅导室，开展离婚登记前的危机干预，接待预约婚姻劝导夫妇1853对，成功劝导(不离或暂缓离婚)1349对。

【妇女素质提升工程】 4月10日，在区委党校举办2015年富阳区村妇代会主任培训班，全区乡镇(街道)妇联主席和村妇代会主任300人参加培训。10月12—14日，举办2015年富阳区妇联干部培训班，区妇联机关干部、机关事业单位妇委会(妇工委)主任和委员以及乡镇(街道)妇联主席和副主席78人参加培训。举办厨艺、文明礼仪、家政服务、中西式面点师等培训班24期，培训妇女612名。

【“母亲节”活动】 “母亲节”期间，继续开展“送您一朵康乃馨”主题活动，在《富阳日报》宣传蒋湘云、李春娟、闻书英、袁红芬、凌美儿、周丽萍等6位“富阳好母亲”感人事迹。5月7日，开展“关爱贫困母亲　共享幸福生活”活动，组织全区24个乡镇(街道)的50位母亲代表，参观区城市规划馆，游览江滨南大道，感受富阳城市面貌变化和未来美好蓝图。

【“六一”国际儿童节活动】 6月1日，区四套班子领导携区妇儿工委成员单位分别走访鹿山中心小学、富春第三幼儿园、场口镇中心小学和灵桥镇中心幼儿园，送上礼物、慰问金和节日问候，与孩子们共度“六一”儿童节。

【“上学路上·温暖陪伴”活动】 8月18日，开展“上学路上·温暖陪伴”活动，组织40余名父母长期在外工作的10到14周岁儿童参观富阳气象科普主题公园，参加防溺水应急救护知识讲座，观看3D电影。

【乡镇(街道)妇联换届选举】 7月，全区乡镇(街道)妇联换届选举工作正式启动。经换届选举，全区24个乡镇(街道)妇联选举产生执委237名，其中，正、副主席69名，平均年龄为35岁，大学以上学历58名；编外执委151名，编外副主席11名。

【基层妇联组织建设】 3月5日，召开富阳区纪念“三八”国际劳动妇女节105周年暨全区“妇女之家”建设工作推进会，全年创建东洲街道商贸城心灵驿站、灵桥镇新华村“好家风”等区级“妇女之家”示范点12个。8月20日，浙江省妇联党组书记、主席劳红武到富阳区调研妇女工作，到东洲街道黄公望村、龙门镇等“妇女之家”调研指导。杭州市妇联党组书记、主席魏颖，富阳区委副书记吴玉凤、区委常委董伟等陪同调研。

【“富阳女性”官方微信公众号】 12月31日，“富阳女性”官方微信公众号正式开通，旨在通过手机客户端为全区妇女提供时事信息、政策宣传、维权解惑、创业创新、素养提升、文化时尚等咨讯服务，探索网上妇女工作。 (蒋晓青)

·杭州市富阳区科学技术协会·

【概况】 至2015年底，区科协有区级学(协)会22个(注销富阳市电子学会)，非公企业科协12个(新增杭州富春江水电设备有限公司科学技术协会)；乡镇、街道科协24个；社区科协分会22个。全区有省级科技示范户49户(新增5户)，富阳区级科技示范户450户(新增50户)。省级科普示范乡镇8个、科普示范村4个，科普示范社区3个。杭州市科普示范乡镇10个、村20个，科普文明示范社区14个。杭州市“崇尚科学、反对邪教”文明示范社区6个。12月31日，经省、杭州市科协考核，区科协被评为“2015年杭州市科协科普工作先进单位”。

【区科协十届二次全委会】 4月30日，召开十届二次全委(扩大)会议。传达省、杭州市科协全委会精神；审议并通过《工作报告》；银湖街道、盘龙山社区、富春江集团进行先进典型交流发言；区领导吴玉凤、董伟、华之江、张志根出席会议。

【重大科普活动】 全年资助乡镇(街道)、村(社区)完成57只科普宣传栏改造项目。在《富阳日报》开辟“科普之窗”专栏，在广播电台“新闻早高峰”节目进行科普知识宣传，在富阳新闻网、电视台官方网站、“天气预报”节目和《悦视》杂志开辟科普版块，加大科普知识宣传力度。创新科普载体，开展科普微视频进公交、进广场、进楼宇活动，在城区LED大屏全彩显示屏、公交车载电视、电梯楼宇广告等播放“智慧城市、智慧生活”等内容的科普公益宣传片。定期发布科普微信，充分利用移动客户端等新媒体开展科学传播。

5月18日，区委宣传部、区科技局、区科协联合在富春街道儿童公园举办以“创新创业、转型升级、科技惠民”为主题的“2015年杭州市富阳区科技活动周”。活动周期间，共举办送科技下乡咨询活动46次，各类科技讲座、培训班48场(次)，科普咨询服务18210余人(次)，义诊服务(优生优育生殖健康知识宣传)5600余人(次)，短信发送科技信息96000条，放映科普影视340场(次)，展示科技、科普图板850版次，发放科普资料2.24万余份。

5月2日至8月28日，区科协、杭州富阳时尚影艺文化发展有限公司联合在全区开展科普电影大篷车巡回放映活动，先后在11个乡镇(街道)的22个社区和309个自然村放映《灰霾防控与城市生活》《现代农村生活环境治理》等科普电影331场。据统计，观看人数平均142.60人，累计47200人(次)。

9月19日，区委宣传部、区科协、科技局联合在儿童公园举办以“万众创新、智慧生活”为主题的“2015年富阳区全国科普日暨28届科普宣传周”活动。重点宣传《中华人民共和国科学技术普及法》

《杭州市科学技术普及条例》，富春江水环境保护、垃圾分类处置、健康生活等知识，设置青少年安全教育三维体感模拟体验馆，趣味游戏互动等环节，提高市民参与活动的积极性。宣传周期间，共举办老科学家科普讲座、青少年科普系列活动、网上科普知识竞赛、科普进农村文化礼堂、科普微视频进公交、进广场、进楼宇，科普电影下乡进社区，基层科普负责人培训班，科普自由行等各类科技科普重点活动237项，举办科技培训讲座118场，制作挂图、展板、海报等1.50万余块(张)，编印发赠各种科技科普宣传资料6700份，参与科技宣传人员432人次，受益人群达10万余人次。

【充分发挥“三服务一加强”作用】 区科协利用自身优势和资源，促成中国水稻研究所与浙江水来方农业科技有限公司的“自然水资源微循环灌溉旱改水技术”合作项目成功签约，并开展试点工作。是年该技术在富春街道杨清庙村2公顷余试验田成功应用，并试验4个水稻品种栽培，一季水稻亩产均达500余千克。

【科普大讲堂活动】 在农村文化礼堂、农函大教学点、社区科普学校等阵地继续开展“科普大讲堂”活动，活动围绕“节约能源资源、保护生态环境、保障安全健康、促进创新创造”主题，开展节能环保、健康卫生、实用技术、安全常识等方面的科普知识讲座、专题报告、技术培训和学术交流。各乡镇(街道)科协、企业科协、社区科协分会共举办科普大讲堂72场，参加人员4534人次。

【科普惠农服务】 春节前后到新桐乡新桐村、常绿镇大章村村、场口镇湖源溪公园、灵桥镇外沙村、龙门古镇、胥口镇胥口村、永昌镇长盘村、常安镇沧州村、万市镇等地开展综合性惠农富民科普进文化礼堂活动9次，为农民群众提供水果、竹笋、蔬菜、茶叶、畜牧等方面的种养技术和信息以及健康知识和保健服务。

【科普自由行活动】 3月起，以“科普自由行”为载体，组织到杭州野生动物世界探索人鸟共家园保护自然环境、亚热带林业研究所林业植物探秘、镬子山气象公园科普馆探秘、龙门古镇探秘三国吴国大帝孙权故里、中村部队爱国主义教育、傲胜体育中心暑期青少年防溺水等活动，完成8期，报名人数19211人，实地参加人数2087人。

【科普工作信息化】 推送“公众科普”微信。“公众科普”微信平台自1月起，平均每天推送3篇图文。全年共编辑推送科普图文信息1095篇，关注用户自2014年的6217人增长至23275人，涉及城市257个。日均点击游览超过1000人的有120篇，单篇科普微信最高阅读人数5181人次。年访问人数157504，年阅读次数315145，年分享转发32338人次。富阳科普网站，全年共发送110篇图文信息，网站浏览次数159540人次，新增注册用户731位，单日最高访问13205人次。富阳科普(腾讯微博)共计发布广播1080篇，关注用户4444人，共被分享1641次，主要被各乡镇街道社区转发。富阳科普(新浪微博)关注用户103人，共计发布广播216篇幅。全年共计发送科普短信6218条。

【举办“富阳区第八届青少年模型锦标赛】 5月20日，联合区教育局、区运休办在实验小学虎山校区举办富阳区第八届青少年模型锦标赛。全区20所中小学近300名选手参加比赛。比赛下设小学组和中学组，项目分为四大类:“极光”2.4G电动遥控双体快艇绕标航行竞赛，“未来之星”初级遥控平跑车绕标竞速比赛，“绿野仙踪”花园别墅模型制作比赛。实验小学获小学组团体第一名，富春中学获中学组团体第一名。唐远扬等75名同学分获小学组各项目一、二、三等奖，王佳驰等75名同学分获中学组各项目一、二、三等奖，金敏烽等19位教师获得优秀教练员称号。

【举办富阳区中小学生科技节】 区教育局、运休办、科技局、科协和团区委联合在富春八小举办“2015年杭州市富阳区中小学生科技节”，共组织11项比赛，新增加“DI青少年创新思维大赛”“科技特色项目评比”和“纸飞机比赛”3个项目。共有56所学校2000多名学生参加，收到科技作品1500多件，经组委会组织评比，697个项目分获本次科技节活动一、二、三等奖（其中一等奖120项、二等奖206项、三等奖371项）；实验小学等11家单位被评为集体优胜奖；金玲等71位教师被评为优秀指导教师。

【命名富阳区青少年科普教育基地】 与区教育局、科技局联合下发《关于开展2015年富阳区青少年科普教育基地申报命名工作的通知》，组织开展2015年富阳区青少年科普教育基地申报命名工作。经联合实地考核验收，命名富阳区气象科普公园等15家单位为杭州市富阳区青少年科普教育基地。其中富阳气象科普公园、杭州野生动物世界荣获杭州市青少年科普教育基地。

【筹建应急避险科普体验馆】 联合富春街道共同投资6万元，在富春二小、六小建立2所应急避险科普体验馆。应急避险科普体验馆是针对重大社会事件（自然灾害，事故灾难、公共卫生安全、社会热点四大类）开展防灾减灾模拟训练，提高公众自救互救技能的场所，通过三维建模，使用虚拟现实技术，将灾害仿真还原，参与者可通过肢体语言，进行人机交互。

【重点学术活动】 9月25日，在区文化中心四楼一号会议室举办"智慧城市　智慧经济"学术报告会。邀请浙江大学教授、钱江学者潘志庚进行授课，全区各有关单位共150余人参加学术报告会。组织各学（协）会、企业科协开展各类学术活动，并积极申报2015年度重点学术活动项目，其中《〈热转移印花原纸〉联盟标准的制定和实施》等12个项目最后被确定为重点，区科协进行资金补助。

【院士工作站建设】 指导杭州市大华设备有限公司、杭州市安诺过滤设备有限公司完成杭州市级院士工作站的筹建准备、申请、申报工作。会同区人社局开展专家工作站建设的前期调研，基本摸清我区符合建站条件的专家情况。

【疗（休）养工作】 会同区委组织部、人社局、财政局、科技局，协商制定《杭州市富阳区优秀科技人员疗休养管理制度》，对疗休养人员、经费、时间等作了进一步规范，为实施疗休养工作提供了依据。10月至11月，组织100多名优秀科技人员赴山东烟台、福建平潭、江西宜春开展疗休养工作。

【人才队伍建设】 联合区委组织部、宣传部、统战部、人社局、科技局、财政局、人武部等部门制定并下发《关于进一步发挥离退休专业技术人员作用的意见》。推进老科协工作者协会建设。

8月24—28日，委托浙江省科技培训中心举办基层科协秘书长培训班。邀请省科协办公室主任黄国范、科普部部长戴力、浙江大学教授沈伟桥等前来授课，乡镇（街道）秘书长、社区科协公会负责人、区科协机关工作人员一起学习中共中央群团工作会议精神、正确理解与把握科协工作十大关系、适应新形势，加强基层科普工作、信息化科普的理论与实践等知识。

【组织建设】 督促和指导区教育学会、水利学会、档案学会完成换届选举工作。所属学（协）会根据民政部门要求做好社会团体年检年审申报工作。根据区委组织部的要求，继续做好区管领导干部社会团体兼职清理工作。加强企业科协组建工作，组建富春江水电设备有限公司科学技术协会，杭州市安诺过滤设备有限公司企业科协已完成筹备工作，杭州市美科斯叉车有限公司科学技术协会筹备中。

【开展优秀科技论文评选活动】 完成对获得一、二、三等奖的优秀论文编纂印刷工作，共收录医卫类、教育类、农业类、工业类、综合类论文103篇，发放给获奖论文作者。

【开展农民技术职称评定工作】 根据浙江省农职评办〔2015〕1号）《关于开展2015年度全省农民技术人员高级职称申报评定工作的实施意见》文件精神，区农民技术人员职称评定工作领导小组办公室、区农村实用人才工作领导小组办公室联合下发《关于开展2015年全区农民技术人员职称评定工作的通知》。11月30日，开展农民技术职称评定工作，来自农业、科技、水利、畜牧、林业等相关行业专家组成的农民技术职称评审委员会，对各乡镇(街道)推荐申报农民技术职称的“土专家”和“田秀才”进行职称评定。本次共评定和晋升农民技术人员职称202名，朱建明等7人被省科协评为高级农民技师。

【开展反邪宣传警示教育】 区反邪教协会借助区科协送“科技、文化、卫生”三下乡活动平台，结合农村特点，特邀公安局、司法局相关工作人员，先后到新桐乡、春江街道、灵桥镇、常绿镇、胥口镇、万市镇、龙门镇等有针对性地开展反邪教宣传活动，共展出图板105块，发放宣传资料800余份。

全年，24个乡镇(街道)反邪教分会，302个村(社区)反邪教工作站开展讲座300余场，举办活动800余次，形成全社会开展反邪教警示教育的良好局面和活动氛围。

9月至10月，在全区各中小学组织开展反邪教主题班会等活动，利用校园广播、墙报、刊物等，开辟反邪教宣传阵地；制作反邪教警示教育动漫光碟1000余份，宣传折页1000余份，图板60余组等，配送至全区学校。组织学生参加网上(富阳科协官方网站：www.fykx.org)反邪教宣传作品观后感文章(初、高中学生)、漫画(小学生)等创作竞赛活动，并评选观后感文章、漫画各奖项并给予奖励。联合区教育局、区委610办、区科协组织全区各中小学开展反邪专题知识竞赛和演讲比赛，评选一等奖、二等奖、三等奖若干名并给予奖励。

(陆正洪)

·富阳区文学艺术界联合会·

【概况】 2015年，区文联有所属协(学)会13个，会员1259名，其中国家级会员49名，省级会员154名，地(市)级会员286名。会员在地(市)级以上发表、展出、入选、播映、演出的文艺作品和理论文章共114余件，有20多件(次)作品获地(市)级以上奖项。全年出刊《富春江》4期。

开展“公望富春”文化周活动，巩固和深化“中国书法之乡”创建成果，继续拓展郁达夫文化品牌效应。与省民协、省曲协举办全省故事创作年会。举办画里画外·公望富春——“元季四家”故里书画精品展，“家在中国富春山”——羊晓君隶书联合国展。灵桥镇灵桥村被浙江省书协授予“浙江书法村”，启动“三送一展”进农村文化礼堂系列活动和“灵动之桥”第二届乡镇(街道)书法联展。举行抗战胜利暨郁达夫殉难70周年纪念活动，召开区文联七次文代会，开展文联成立30周年系列活动，文艺骨干首轮专题培训班开班。

指导常安镇举办“醉美视界·梦里常安”主题摄影大赛，灵桥镇举办机关干部书法培训班开班，大源镇组织举办“庆五一”书画笔会，银湖街道、鹿山街道、常绿镇等组织的各类主题文艺会演，渔山乡、新桐乡分别组织文艺骨干送书画进文化礼堂，永昌镇召开应涛诗歌座谈会，新登镇举办“古城新韵·魅力新登”摄影比赛，富春街道、里山、万市、渌渚等开展新春文化惠民活动。同时，区文联还组织所属协(学)会参与渔山稻香节、新登半山桃花节、里山安顶云雾茶文化节、四月洞桥山乡休闲文化节等乡镇(街道)节庆文艺活动。

下属协(学)会开展文艺交流采风等活动。作家协会开展“137”小说沙龙与淳安小说沙龙举行文学座谈，并举行《137小说集》发布会。美术家协会组织骨干会员赴余杭、杭徽古道等地采风写生，与书法家协会联合举办迎新春乙未春联邀请展，举办西安美院画家“致虚宁静，天然真淳”——延佳黎水墨作品展；书法家协会举办临水照花——富阳·鄞州女书法家作品联展、宣传“和文化”调解法书法笔会，书写“家风家训”，举办省市重点展赛的作品看稿会，组织会员参加浙江“中国书法之乡”作品巡回展，并协助省书协做好六届六次主席团扩大会议及沙孟海研究委员会工作年会会务工作；摄影家协会先后举办多场摄影讲座，组织会员分批赴外地采风，承办“银湖杯”全区摄影大赛等七个摄影展赛；音乐舞蹈家协会主办富阳齐舞大赛、承办“唱响富阳最美歌声”大赛和杭州市三江歌手大赛等各类文艺演出活动，在东方茂广场举办“快闪”演出，并联合戏曲协会参与“新春文艺进礼堂”下乡巡回演出；戏曲协会举办杭州市传统戏曲大赛富阳赛区选拔活动，并通过政府采购平台中标，举办送戏进文化礼堂活动20场；影视家协会组织会员开展微电影创作，并继续开展数字电影进农村公益放映活动；民间文艺家协会开展了多次故事创作交流活动，并组织部分民间工艺作者赴义乌、开化学习交流民间工艺创作；郁达夫研究学会与印尼有关人士就海外设立以“郁达夫”命名的文学奖项进行了具体磋商；富春印社举办20期公益篆刻培训，并首创公益定制活动，推出《富春印社公益培训基金制度》，举办开讲走读富阳——胡震二三事讲座；黄公望研究会策划参与“公望富春”文化周系列活动，举办黄公望与《富春山居图》”讲座并聘请傅申教授担任研究会名誉会长，设立黄公望研究交流基地；黄公望国画院举办清明书画笔会。

【举办“家在中国富春山”——羊晓君隶书联合国展】 1月6日，“家在中国富春山”羊晓君隶书展在联合国总部纽约中美艺术中心成功开幕，由人民美术出版社出版的《家在中国富春山——羊晓君隶书展作品集》同时首发。此次展览以“沟通”为主题，共展出百余件书法精品。

【举行抗战胜利暨郁达夫殉难70周年纪念活动】 8月28—30日，举行纪念郁达夫主题系列活动。8月29日，省作家协会、富阳区人民政府主办“长天一征鸿——郁达夫烈士殉难70周年纪念座谈会”，郁达夫家属、东南亚文艺界代表、南行文化人后裔代表先后发言。中国作家协会副主席叶辛、省委宣传部常务副部长胡坚，富阳区委书记姜军、区委副书记吴玉凤、区宣传部长赵玉龙、区人大常委会副主任华之江、区政府副区长孙洁、区政协副主席蒋建民参加座谈会。8月30日，召开以“人格·良知·气节——作家与时代”为主题的文艺座谈会。与会代表还拍摄了专题纪录片《抗战中的郁达夫》，参观了抗日战争胜利浙江受降纪念馆，瞻仰郁达夫铜像，参观了郁达夫事迹陈列室和郁达夫故居。

【召开区文联七次文代会】 6月24日，在区文化中心召开区文联第七次代表大会。省作协主席麦家、杭州市文联党组书记应雪林出席会议并讲话。姜军、汤金华、赵玉龙、王进、孙洁、蒋建民等区四套班子领导区委书记姜军，区人大常委会主任汤金华，区委常委、宣传部部长赵玉龙，区委常委、组织部部长王进，区政府副区长孙洁，区政协副主席蒋建民，部分区老领导、杭州地区兄弟文联主席等参加会议。全区180余名文代会代表、文联老领导、相关文化协会负责人、乡镇(街道)文联负责人参加此次大会。区六届文联主席严琦代表六届委员会作题为《凝心聚力继往开来　努力开创富阳文艺事业新篇章》的工作报告。会议还选举产生文联新一届领导班子，审议并通过《杭州市富阳区文学艺术界联合会章程》及大会决议。

【开展文联成立30周年系列活动】 编印出版《春风沉醉——富阳郁达夫文艺奖作品集》一书，该书收录了历届郁达夫文艺奖获奖优秀作品，区委书记姜军作序。举办文联成立30周年座谈会，推出《富春江》专刊，《富阳日报》以“三十而立”为题专版刊登富阳文艺30年之发展历程，举办名家课堂、30名书画家广场送书画惠民服务活动。

【举办文艺骨干首轮专题培训班】 12月10—11日，为贯彻落实中央、省关于对各文艺家协会会员开展轮训的精神，举办为期2天的专题培训班。省文联党组书记、书记处常务书记田宇原，杭州市文联党组书记、主席应雪林，区委常委、宣传部部长赵玉龙分别前来授课。全区基层文联、区各文艺家协(学)会50名余文艺骨干参加培训。

【重要创作成果】 区作家协会会员方格子长篇童话《月亮上的妈妈》由浙江文艺出版社出版发行，小说《九月叙事》入选《当代小说》。叶萍小说《对面》发表于《山花》，陈春儿短篇小说《无声对话》发表于《花城》，民啸小说《我对这个世界没有看法》发表于《百花洲》，巴克短篇《秋日宁静》发表于《长城》。

区美术家协会骆松涛《矿山新绿》、蔡乐群《劳则获》、施涌潮《山水》、李增江《十里茫花湖源溪》、刘鹏《谁家后院旧荷塘》等五幅作品分别入展由杭州市委宣传部、杭州市文联举办的“美丽杭州”中国画展，骆松涛举办“富春松风”骆松涛书画作品展，邵玉峰作品《南海清音》获得公望山居美术报2015中国山水画创作大赛铜奖，何惠楠作品集《桑园·何惠楠书画作品选》举行首发式。

区书法家协会羊晓君《窗竹野泉》入展中国书协主办的全国第十一届书法篆刻作品展"名家邀请展"，李志荣《诗书风月》、王健林《阅古临风》、萧荣年《般若波萝》、孙香军《茶烟诗榻》、方林华《有龙则灵》、唐一峰《韩诗外传》作品分别入展中国书法名城(之乡)名家书法作品展，李志荣《严子陵钓台》、王健林《古诗一首》、曹国海《古诗》作品分别入展"潇洒桐庐杯"浙江省第七届"陆维创奖"中青年书法篆刻入展)，

区摄影家协会徐建华作品《渔跃千岛湖》《归舟》《风起云涌》入选中国摄协举办的"醉美—千岛湖"全国摄影大展，蒋万炯作品《金色的稻穗》获得中国摄协举办的2015第五届全国农民摄影大展手机类金质收藏奖。

区音乐舞蹈家协会邢幼幼编排的《富春山居随想》获得浙江省农村文化礼堂群众文艺展演金奖，倪燕露获得2015"唱响富阳　最美歌声"暨杭州市第二十三届"三江歌手大赛选拔赛原创作品演唱奖，胡志平《西部情歌》获2015杭州市第二十三届"三江歌手"大赛中老年组银奖。

区戏剧曲艺家协会潘慧珍、董小青等表演的越剧《打金枝·闯宫》获得浙江省第六届十大城市戏曲演唱联赛铜奖。

区电影电视艺术家协会组织会员拍摄微电影《激情飞扬》，会员蒋善铭等创作摄制微电影《我们的秘密》《说情》，郑慧英、王军、陈铁军创作的电视文艺片《一段关于生命的叙述》获浙江省广播电视文艺奖，电视文艺文学节目二等奖，杭州市电视文艺奖一等奖。

区民间文艺家协会陈志荣故事《大寒时节雷催雪》《二月二百花生日》《八月十五桂花蒸》发表于《民间文学》，故事《谁说了算》《寻找初恋女友》发表于《故事会》。故事《为使老人过得好》获浙江省故事征文三等奖。朱剑星故事《通匪命案》发表于《山海经》。

郁达夫研究学会郁峻峰撰写的《说孙荃与郁达夫的1918》发表于《现代中文学刊》。

黄公望研究学会史廷荣出版作品集《江畔片羽》，方仁英出版《富春江渔文化记忆》。

【作品扶持】 扶持举办凌晨国画展以及作协《137小说集》、蒋增福作品集《富春文丛》出版。

（沈小惠）

【责任编辑　汪校良】

法 治

·综述·

【概况】 2015年，富阳区政法综治维稳工作以维护全区社会大局持续稳定为首要任务，以创建“平安富阳”为载体，围绕全区中心工作，认真贯彻落实全国、省、市政法综治工作会议精神。是年，富阳区被评为杭州市2015年度维护稳定工作目标管理责任制考核达标地区，实现省级平安县市（区）创建十一连冠。

【“平安富阳”创建工作继续深化】 继续开展各种形式和载体共同参与的系列创建活动。至2015年，富阳区连续四年“平安三率”测评实现“零”失分。全年共刊出《平安富阳》30期，播放平安专题片51期、平安之声24期，组织平安有奖问答24期，发放平安宣传卡100余万份，发送平安短信130万多条，点击平安手机App200多万人次。

【综合治理工作扎实有力推进】 以富春街道和场口镇为试点，全面推进全区镇村两级社会服务管理中心平台建设；开发富阳区平安建设信息系统和爱尚富阳手机App应用程序。组织开展村（社区）平安工作站标准化和基层网格示范点创建，全区22个村（社区）和123个网格完成创建。组织开展社会治安重点地区整治，全区33个重点地区完成整治（其中杭州市级挂牌1个、区级挂牌4个）。制定下发《富阳区全面开展制订修订村规民约社区公约活动的实施方案》（富综委〔2015〕2号）文件，全区302个村（社区）完成了村规民约、社区公约制定修订工作。

全年全区建立各类调委会和调解组织399个，其中区矛盾纠纷调解中心1个，行业性专业人民调解组织9个，乡镇（街道）调委会278个，企业调委会59个。全年共调处各类矛盾纠纷12094件，成功率99.65%，1月至11月，全区开展矛盾纠纷排查2314次，有效预防矛盾纠纷1649件。

组织开展“富春1号”反恐防暴综合演练，开展人员密集场所、公交车站码头、寄递物流行业等重点领域的安全大检查活动，对学校医院等12家重点目标单位和商场超市等34处人员密集场所进行防控和安全守护。开展“富春二号”全区夏季治安平安大巡防活动，形成“全民巡防”的防控格局，按照省市平安巡防队伍建设当地总人口数专职1.50‰和兼职5%的要求，完成平安巡防队伍建设。至年底，全区平安巡防队伍建设专职完成率1.54‰，兼职和志愿者人数达31057人次，完成率73.47%。

全年破获重大网络诈骗案1起，强奸、绑架、放火等五类案件同比下降20.80%，刑事立案下降4%，抢劫、抢夺、盗窃案件分别下降25%、77.80%、10.90%。及时侦破命案2起，连续9年全破，群众的安全感满意率达99%，列杭州地区第一名，连续十年保持在95%以上。

【着力营造稳定的社会政治环境】 开展涉法信访案件专项治理活动，成功化解省委巡视交办案件和万爱民涉法涉诉等信访积案9件。全区52件（省级1件、杭州市级3件、区本级48件）项目化监管事项，有效化解37件，工作进展较大3件，问题处于稳定或可控状态10件。

全年共牵头召开专题社会稳定形势分析会29次，重点事、重点人专题协调会议39次，妥善协调处置富春街道东大道新民村拆迁问题、渔山乡原曙星大队皇天畈土地问题、场口镇富阳松之皇食品厂涉疆经济纠纷、出租车集体罢运事件等25起涉稳问题。

开展专案经营，运用法治思维和法治方式全力破解进京非访突出问题，累计依法告诫42人、行政扣留5人、刑拘4人、逮捕2人、移诉5人、判刑3人。完成全国“两会”、抗战胜利70周年阅兵、十八届五中全会、第二届世界互联网大会等敏感时期的维稳安保工作任务。

【着力构造良好的民主法治环境】 组织开展“全面开展制订修订村规民约社区公约”活动，指导成立村规民约(社区公约)法律顾问团，指导村(社区)法律顾问做好村规民约(社区公约)的合法性集中审查。开展社区(村)减负工作，规范社区(村)规范化建设；开展村务公开达标村评比，规范村级管理。出台《关于加快社会组织培育发展的工作意见》(富委办〔2015〕58号)文件，鼓励社会组织参与基层社会治理，下发《关于做好社会组织承接政府购买服务资质申报工作的通知》，开展社会组织资质审定和录编制工作。

【着力创造健康的经济运行环境】 打击传销工作成效明显。全年累计处理传销投诉举报186起，出动执法队员1200余人次，劝返遣散涉传人员1300余人次，破获团伙传销案件2起，对9名犯罪嫌疑人采取了强制措施。

规范市场经济秩序。公安富阳区分局结合“打黄赌、铲源头”“百城禁毒会战”“春雷”“铁拳”“拼搏”等系列专项行动，组织开展打击整治。区文广新局开展“净网”“清源”“护苗”和“秋风”等专项行动，净化文化市场秩序。区人社局对全区内各类用人单位工资支付情况等内容进行排查，杜绝因工作人员处置不力引发群体性事件和恶性事件。区城市管理局加大对涉及燃气安全的区政设施违法行为查处，开展各类专项整治440余次，拆除各类违法广告2000余处。区商务局落实生猪储备工作，明确生猪养殖场储备数量，确保肉品市场供应秩序。区农林局在粮食生产、农产品质量、农次产品、农机渔船、疫病防控、森林防火安全等方面加强民生安全保障能力。

·公安·

【概况】 2015年3月16日，富阳市公安局更名为杭州市富阳区公安局。6月16日，杭州市委办公厅发文《杭州市富阳区人民政府职能转变和机构改革方案》(市委办发〔2015〕47号)，富阳区公安局更名为杭州市公安局富阳区分局。

2015年，分局围绕“品质治安、法治公安、满意民安”总目标，以“G20峰会”安保为主干线，构建情报、指挥、打击、防控、治理、保障六大体系为重点的警务实战体系，为全区经济社会发展创造良好的社会治安环境，群众安全感、满意度分列杭州各区县(市)第一位和第二位。分局连续7年被评为区级机关综合考评满意单位，连续6年荣获“全省执法质量优秀单位”称号。刑事立案在连续3年大幅下降基础上继续下9.86%，其中命案2起，连续4年保持个位数，并呈逐年下降趋势，强奸等五类案件同比下降46.90%，抢劫、抢夺、盗窃案件分别下降40%、29.20%、16.70%。捣毁通讯(网络)诈骗团伙2个、黄赌毒团伙33个、传销窝点142个。全年，交通事故数、死亡人数、经济损失分别同比下降6.62%、1.37%和19.15%。尤为城东派出所社区民警及时清空危房租住人员，避免“7·27”塌楼事故人员伤亡。是年，分局获全省公安信访考核县级优秀单位称号，看守所荣立集体一等功，“6·25”“11·25”专案组荣立集体二等功，灵桥派出所荣获全省优秀公安基层单位，银湖派出所荣获全省公安机关纪念抗战胜利70周年安保工作成绩突出集体，治安大队荣获杭州市十五佳优秀公安基层单位和首批“杭州市基层警营文化建设先进单位”。协警何郑杰为保护群众因公殉职，被追授杭州市“见义勇为勇士”称号和杭州市一等治安荣誉奖章。全年荣立个人二等功3人，全省优秀人民警察1人，全省“最美警察”1人，浙江公安荣誉章17人，杭州市优秀人民警察1人。

【聂展云调研指导刑侦工作】 2月6日，省公安厅刑侦总队总队长聂展云到市公安局调研指导刑侦工作，并就刑侦工作如何转型升级、合成作战发挥实效和跨区域案件低成本侦办提出指导意见。

【叶寒冰下访】 5月15日，省公安厅副厅长、杭州市委常委、公安局长叶寒冰到区公安局开展下访活动。

【华远平指导监管工作】 9月11日，省公安厅党委委员、副厅长华远平到分局检查指导监管工作。

【维护社会政治稳定】 转化省市挂牌攻坚邪教“法轮功”涉案人员4人。专案经营“法轮功”“全能神”邪教案件，破获邪教“法轮功”专案和“诬告滥诉”系列案件，查处邪教组织违法犯罪案件9起，抓获违法犯罪嫌疑人14人，追究刑事责任4人，行政拘留8人。处置邪教组织聚会点1个，缴获各类邪教宣传资料1000余份。

【反恐怖工作】 加强人员密集场所管控和135快速反应作战圈建设。确定秦望广场等全开放式人员密集场所12家和东方茂等半封闭式人员密集部位25处。按照“135”要求，落实富阳客运站等3分钟快速处置点3处，玉长城等5分钟快速处置点6处。加强涉恐重点关注人群管控工作，核查、排除可疑人员199人次。强化公共交通领域安全管理，处置“4·27”出租车聚集停运、专车涉稳事件8起，采集客运企业18家、客运汽车1207辆、从业人员2282人的基础信息。集中从业人员进行法制、反恐知识培训9次，开展出租车行业反恐防暴模拟演练1次。强化反恐重要目标单位及敏感行业、危化物品管控，排查梳理剧毒物品使用单位23家，放射性物品从业单位75家，爆炸物品从业单位54家，收缴并销毁各类管制器具300余件。7月23日，举行“富春1号”反恐防暴综合演练，提升各部门反恐、防恐协调、配合、应急处置能力。

7月23日，富阳区人民政府主办2015杭州市富阳区“富春一号”反恐防暴综合演练
（区公安分局　供稿）

【处置群体性事件】 妥善处置环山乡诸佳坞村袁家区块特高压建设、富春街道江滨东大道新民村拆迁、鹿山街道陆家村、富春街道三联村等非法聚集、非访问题、东洲街道海底电缆建设、大华京东项目推进等多起群体性事件。

【保卫大型活动安全】 完成省委巡视组驻富阳巡视、浙江社会各界纪念抗战胜利70周年主题活动暨浙江抗日战争史料展、第二届世界互联网大会、富阳区第八届全民运动会暨富春江运动节开幕式和第五届国际（杭州）毅行大会富阳站暨启动仪式、富阳撤市设区系列活动等安保任务30余起，全力做好“7·27”房屋倒塌事故救援处置及全区宗教场所整改等工作。

【办理公安信访】 落实局领导每月2次接待日制度，“一把手”每月1次约访、接访制度；5月25日至6月12日，分局党委班子成员分赴全区13个基层派出所，接访信访群众36批41人，答复或解决信访问题21件，落实交办解决15件。省委巡视组驻富阳巡视期间，协助劝返非正常信访人员85批次计276人。全年，受理群众来信122件，办结119件，办结率97.50%。受理群众来访193批262人，办结来访事项189件，办结率97.90%。分局信访工作被区政府评为优秀等次。

【建立合成作战室】 10月，建成集安保维稳、管控打击、综合研判、舆情监控、技术手段为一体的情报中心即合成作战室。年内，合成作战室启动情报会商37次，形成资料40期，经分析研判重点人、重点事工作，抓获逃犯71人，同比增加7人，重点人员打处469人，同比增加75人；明确黄毒赌恶线索34条，启动专案组侦办。

【巩固情报基础】 出台情报信息采集奖励、应用软件开发、人力情报网规划建设等机制文件。将移动警务通和二维码管理直通情报报送平台，社会信息员可通过扫二维码、微信方式上报信息。至年底，全区在册社会信息员1000余人，情报报送平台日均处理上报有效信息100余条。制作情报采集宣讲PPT，组织基层所领导和民警层面情报培训工作，提升民警情报意识和工作水平。

【视频警务】 全年召开视频警务工作领导小组会议10余次，参与政府投资平台项目建设方案评审20余次。建成高清监控500个、标清改高清监控800个；完成卡口升级改造、高清监控移位、卡口及高空监控租赁等项目建设。推进社会面视频监控整合工作，实施千岛湖引水工程、杭黄高铁、人民医院搬迁、东南公交和出租车专车维稳等重点部位视频监控共享，完善“建、管、用、维”四位一体的视频运维长效机制。

【探索移动警务模式】 4月7日，以现场、视频会议形式召开“拼搏1号”行动暨警务通推广应用和流动人口“二维码”管理动员部署会，全面推动移动警务建设和“二维码”管理应用。将二维码从暂住人口和出租私房向网吧、旅馆场所特业等其他基层基础领域延伸，统一汇聚和管理场所信息、民警检查信息及业主上报信息。年内，投入资金300余万元，配备警务通415台，一线基础工作民警和流动人口协管员人手一台，并配发工作包、充电宝等装备，实现采集即录入、录入即比对、比对即管理的管理模式。全年，依托“二维码”管理，登记出租房屋11033家，清理注销9530家，可视化直观管理流动人口。至年底，全区出租房已张贴、关联“二维码”108725张，绑定出租房及用工单位20361家，房间8.807万间，“二维码”已全覆盖全区出租房屋和流动人口。出租房东和承租人使用一般智能手机，通过扫描二维码报送各类信息11689条，经警务通现场实时录入、比对流动人口信息，发现、抓获网上在逃人员17人。

【110社会应急联动】 健全例会制度，加强监督和考评力度，每月通报110社会应急联动工作情况。全年，110社会应急联动指挥中心接到并下达社会联动类指令4905起，办结3361起，涉及联动单位50家，办结率90.84%。

【打击严重暴力犯罪】 全年，命案发1起破1起，实现9年全破。破放火、强奸等“五类案件”30起，破案率为96.80%；“两抢”案件立案17起，破案12起，破案率70.60%。

【打击侵财犯罪】 全年，打处侵财类犯罪嫌疑人557人，同比上升4.11%。打处侵财犯罪团伙31个，通讯（网络）诈骗团伙2个。

【刑事技术信息应用】 全年，技术破案245起，同比上升22.50%。串并案件88串415起，同比上升33.01%。

【夯实刑侦基础建设】 全年，利用视频破获各类案件278起，同比上升3.85%，利用视频打处侵财犯罪人员239人，占全部侵财打处数42.91%。深化阵控和情报工作，强化阵控点管理，保障信息采集、录入高比率。全年，阵控行业采集信息7832条，经阵控信息抓获人员51人，同比上升13.89%。

【打处黄赌恶犯罪】 以“拼搏”“铁拳”等专项行动为契机，查处放马沙路区块站街女问题，捣毁耀都、中港、山水浴场、后拔路71号等涉黄涉赌场所。9月中旬，破获杭州地区涉案金额最大的“微信红包”网络赌博案，刑事拘留8人，治安拘留7人。全年打处涉黄涉赌涉恶团伙22个，其中涉黄团伙4个，涉赌团伙6个，涉恶团伙12个，涉黄涉赌采取强制措施216人次。

【打处环食药等民生领域犯罪】 全年，经驻环保局、区市场监管局警务室排摸线索20余条，捣毁销售壮阳类假药窝点10个，查处重金属超标污染环境企业5家。涉及环保、食品类采取刑事强制措施嫌疑人45人。

【爆炸、剧毒物品管理】 推进爆炸、剧毒物品管理工作，为杭黄铁路、千岛湖配水两大重点工程建设落实爆炸物品存放点设施配置要求，并会同相关部门验收。4月始，开展剧毒物品存储场所标准化建设，督查、整改全区剧毒物品单位储存场所23家，立案查处15起，下发安全隐患整改督办单21份，建立标准化存储场所16处，责令停止使用剧毒物品7家。至12月，召开全区剧毒、爆炸物品业主会议即专题业务知识培训3500余人，建立标准化存放点18处，立案查处违反爆破管理规定案件22起，罚款273万元，行政拘留3人，处罚单位19家次。

【出租房、旅馆业、娱乐场所管理】 组织联合行动7次，取缔无证旅馆26家，查处不按规定登记旅馆246家次、歌舞娱乐场所1家；查处电子游艺场所9家次，收缴各类可疑电板24块，责令停业整顿4家。10月12日，“拼搏3号”工作专班集中办公，统筹协调，采用“大兵团”集中整治、交叉对抗检查、明察暗访等形式分别对东洲民联村、城南建设村、城区旅馆等行业开展整顿。其间，清查出租房850余户，检查流动人口10000余人，新增流动人口登记519人，变更登记信息1800余条，注销登记信息105人，督促出租房东自主申报流动人口登记信息100条，处罚违规出租房东15家，发现消防隐患111处，发放整改通知书76份。11月5日，分局出动警力126人，开展以旅馆业“四实”登记为重点的城东派出所辖区集中整治行动。检查旅馆、留宿浴场119家，房间159个，发现不按规定登记住宿旅馆72家，立案查处72起。

【打击经济犯罪】 受理经济案件122起，立案115起，直接经济损失18.70万元，破案106起，追缴赃款1.10万元，追缴率51%；抓获犯罪嫌疑人109人，抓获逃犯12人。开展打击传销、网上非法买卖银行卡、虚开黄金票和骗税等专项行动。8月6日，分局抽调警力160余人，联合市场监管执法人员50人，集中清查前期排摸发现的传销窝点，捣毁窝点15处，查获传销人员100余人，教育劝返100余人。经防范宣传和拉网式打击整治，全年捣毁传销窝点140余个，查获传销人员1300余人，侦办组织、领导传销案件2起（其中7人以上团伙1个），因传销引发的暴力性案件12起（3人以上团伙7个，5人以上团伙3个），采取强制措施55人。成功摘除全省“传销重点地区”的帽子。

【禁毒专项整治】 先后开展禁毒“百城会战”“春雷行动”“拼搏系列”专项行动。抓获涉毒犯罪嫌疑人126人，移诉102人；查处吸毒人员634人，作出强制隔离戒毒125人、社区戒毒207人。破获省级目标案件3起，摧毁6人团伙2个、3人团伙3个。查处非法种植毒品原植物案件3起，查获嫌疑人1名，依法铲除毒品原植物罂粟215株。

【禁毒宣传】 开通“杭州禁毒”“浙江禁毒”微信公众号，开展“禁毒微课堂”“典型案例”等宣传，以量化形式明确到全区24个乡镇（街道）禁毒办公室，印制传发宣传册子。落实经费20万元、场馆面积100平米，在新登福光中学建设中小学生禁毒教育基地。在富春街道后周社区、春秋社区等群众休闲场地建设禁毒主题公园。利用学校开学之际，到杭州科职院开展禁毒宣传。

【巡逻防控】 做好“一三五防控圈”“有警接警、无警巡逻、巡处合一”和“武装巡逻、动态备勤、快速反应”“亮灯工程”等巡防工作。全年，经巡逻设卡堵截、处警抓获各类现行违法犯罪嫌疑人294人，同比上升42.60%，其中被采取刑事强制措施201人，行政拘留93人。

【查办涉警反管理案件】 年内，受理查办各类反管理案件53起，查处88人，其中，刑事拘留11人，行政处罚63人，有力树立公安执法权威、保障执法民警人身安全和身心健康。

【道路交通管理】 排查各类交通隐患38处，整改32处。推进城区交通微循环、道路隔离、路口渠化等工程建设，分时段科学配时城区信号灯，绿波设

12月18日，做好第二届世界互联网大会安保工作。图为富阳分局民警在卡点检查过往车辆（区公安分局 供稿）

置出城车辆，分段限流外围进城车辆，确保城区整体流量平稳、均衡。有序推进“纠违治危”“拼搏系列”等专项行动，落实现场执法整治措施，治理超限超载车辆。监管校车、危化物品运输车、营运车及重点车辆驾驶员。至年底，检查各类货运车辆1257辆，查处超限超载195辆，引导货运车自行整改1700辆。全年，交通事故报警4.70万起，同比上升8.90%，查处交通违法行为41万余起，其中醉酒驾驶268起，饮酒驾驶541起，查扣5次以上违法逾期未处理车辆2578辆。年内，发生上报交通事故268起，死亡72人，受伤264人，分别下降6.62%、1.37%、9.89%。办理机动车上牌10304辆，其中汽车9069辆，摩托车1235辆；累计机动车保有量157632辆，其中汽车113202辆，同比上升2.99%，摩托车44430辆，同比下降10.95%。培训考试驾驶员25433人，检验机动车48134辆。

【非机动车管理】 3月19日，召开全区电动自行车商家会议，要求销售电动自行车必须张贴防盗标签，将登记信息录入电脑。年内，发放防盗备案登记标牌3.20万余张，采集电动自行车信息2.50万余条。推动电动车第三者责任保险工作，全年，电动车投保1万余辆，保险履赔处理电动车交通事故90余起。

【增添消防设施】 依托群防群治力量和消防组织，以人员密集场所306家、易燃易爆场所82家、高层住宅小区52个、城市大型综合体2家为重点，相继建立重点单位和社区“微型站”。集中设置出租房逃生通道30个，更换老旧电线并套管整改470家，增配灭火器8514个，新增感烟报警探测器30个，增设市政消火栓62个。

【消防整治】 针对行业、区域等火灾防控现状，向区政府作《关于深刻吸取火灾事故教训加强消防安全工作的报告》《关于富阳区消防安全专项工作的专题报告》《关于全区出租房屋安全管理专项排查整治工作情况的报告》等专题报告，并根据实际，将春江、灵桥、大源等造纸企业和龙门镇古建筑群纳入整治范围。吸取天津港“8·12”事故教训，联合安监局消防安全检查全区易燃易爆场所82家。

联合民政局、教育局、区残联等部门联合检查全区养老机构21家、幼儿园63家、残疾人场所3家。6月中旬，提请区政府制定《富阳区居住出租房消防安全专项整治行动实施方案》，统筹推进出租房专项整治行动。至12月，整改挂牌重大火灾隐患单位4家。各乡镇街道、派出所检查出租房15035家，其中群租房526家，违章建筑出租房207间，发现火灾隐患3082处，整改2487处。全年，检查单位3011家，办理行政处罚164起，临时查封34家，责令三停35家，罚款56.87万元。

【消防工程审核】 办理建筑工程审核、验收项目84个，设计抽查项目94个、验收抽查项目116个、开业前安全检查项目161个。

【消防安全培训】 消防大队采取每月指导，定期跟班培训形式，提升派出所消防管理水平。以重点单位“户籍化”平台为辐射点，“户籍化”管理消防安全重点单位433家，每季召开培训会，指导单位推进户籍化管理系统应用，推进完善“一户一档”制度，提高消防安全重点单位消防管理水平。全年，组织消防安全培训50余次，受训4000余人次。全员应急疏散逃生演练1次。

【监所管理】 3月，开展“制度执行示范月”活动，推进“监管秩序‘四个规范’百日整治行动”，消除监所“脏乱差”现象、铲除“牢头狱霸”滋生土壤，打造管理到位、秩序良好、安全稳定的平安文明监所，连续21年安全无事故。保障在押人员健康权，12月18日，成立富阳区第一人民医院驻看守所门诊部。全年，收押人犯1664人，刑拘1416人；直接逮捕50人。取保转逮捕102人，外地办案单位临时羁押38人；出所1678人，投入监狱改造467人，刑满释放519人，转取保候审584人，判处拘役447人。

【监所文化】 更新监管理念，强化监区环境建设。院内栽花种草，每日定时定段播放背景音乐，设计名言警句图画装点监区走廊，营造文化教育氛围，安抚在押人员情绪、激发生活热情。与区图书馆签订共建协议，定期免费提供涵盖文学、哲学、历史、医学、心理学及实用技能等方面书籍数千册，设立监区图书馆。开展“消防安全知识”“全球环保健康、疾病预防”“现身说法”等主题教育活动。

【网络安全管理】 全年，删除有害信息601条，引导处置舆情信息45起，落地查证舆情信息61起，加大检查和处罚出现有害信息的网站、论坛力度，有效净化富阳互联网环境。

【涉网场所管理】 11月，组织各派出所开展交叉式、地毯式、围剿式清查，清除网吧问题隐患，处罚网吧36家。发挥网吧协会辅助管理作用。定期召开全区网吧业主会议，讲解最新管理政策及经营注意事项。主动安装、维护网吧安全审计、上网人员吸烟管理、网吧被DDOS攻击等系统疑难问题，至年底，全区上网宾馆安全审计系统安装率达93%。

【网络侦查工作】 全年，响应服务请求1700余人次，主动介入派出所、刑大、治安、禁毒、经侦、国保等单位，挖掘配侦案件线索，参与主侦配侦案件200余起，抓获犯罪嫌疑220余人。如配侦易欢明被诈骗案，抓获嫌疑人4人，案值60余万元，破案20余起；配侦何云生系列盗窃案，抓获嫌疑人1人，案值20余万元，破案15起；董建等人抢劫案、朱国荣被枪杀案，抓获嫌疑人8人，带破其他案件2起。

【户籍管理制度改革】 6月30日，根据省政府批复，富阳区正式实施户籍管理制度改革，实行一元化户口登记，取消农业、非农业户口性质划分，统一登记为“浙江居民户口”，同步跟进城乡并轨统筹的各项民生政策。年底，被省户改领导小组誉为全省户籍管理制度改革的“升级版”。

【优化行政审批服务】 将“户口迁移”等3个项目从承诺件提升为即办件；另有如互联网上网服务营业场所信息网络安全等13个项目提速70%；推出户口申报事项一地办理、预约上门服务、居民身份证相片多拍选优、居民身份证快递服务、制发集体户居民户口簿、户籍窗口预约、错时服务、临时身份证审签和发放分离等8项便民措施。至年底，办理临时身份证10000余张，异地采集原籍办证10张，身份证快递2400余张。

【境外人员管理】 全年，通过派出所管理及境外人员社会化采集系统登记境外人员538人次，上门走访或电话访问800余人次。全区453家旅馆全部开通外宾登记模块，明确管理责任，签订《旅馆业境外人员住宿登记管理责任告知书》；采取集中培训、组建微信群交流等方式，培训、指导旅馆涉外业务，举办涉外宾馆饭店从业人员集中培训6期，从业人员200余人参加；加强涉外宾馆饭店检查力度，查处不按规定登记境外人员住宿信息案件12起。全年，通过旅馆外宾系统登记入住境外人员7016人次，旅馆登记差错率小于1‰，符合杭州市公安局下达的小于2‰的要求。

【出入境与往来港澳台服务】 推出周六无休日、绿色通道、高峰期延时服务，通过“平安富阳”微信、微博平台、富阳电视台、富阳广播台发送办证提醒等便民举措，提高出入境精细化服务水平，最大限度为群众服务。全年，受理内地居民出国境业务46596人次，其中护照23086人次，港澳台业务23510人次，同比上升25%；受理台胞业务24人次。

【法定不准出境人员报备工作】 坚持申请人面见制度，认真核查和甄别申请资料，主动协调有关单位健全报备制度，提高报备工作的及时率、准确率。全年，录入不准出境人员报备937人，其中省内籍675人，外省籍262人，撤销61人，处理证件237人次。

【基础设施建设】 争取追加概算100多万元，改造国保大队、网上督察中心、机要室、卫生间及管网项目；扩建9楼指挥中心、情报合成中心、老干部活动中心项目。改造各派出所勤务指挥室(执法管理中心)，扩建改造城东、城西、高桥派出所，完善食堂、健身房等设施，基层办公、生活环境得到有效改善。

【装备警务实战化】 围绕强化实战警务保障制度建设，确保各类装备处于性能良好状态。专项督察全局警用车辆、装备管理制度落实情况，摸清装备底数，及时更换过期、报废装备。推进装备管理平台建设，利用装备管理信息系统，按要求将公安装备统一录入管理信息系统。严格枪弹管理。编制年度武器弹药购置计划，严把枪弹进出中心库审批、发放关，确保全局枪弹安全。严格落实新的《公安机关公务用枪管理规定》，按规范要求整改全局枪弹库。

【日常警务服务化】 开辟机关食堂网上超市，法定节假日免费提供工作餐，特殊时期为加班人员提供夜宵服务。完成年度个人网上按需申购服装，年内发放民警被装物资5000余件(套)，确保“零差错”；及时维护民警被装信息数据，确保民警信息数据真实准确。以节能低碳为主题，开展节油、节电、节水等节能工作，分局被评为年度“杭州市节约型公共机构示范单位”。

【纪检监察】 落实中央“八项规定”和省、市加强党风廉正建设的规定，签订《党风廉正建设责任书》《五条禁令和三项纪律责任书》和《执法责任书》。以《局规》执行为抓手，结合“三严三实”专项教育，开展以解决借贷担保、泄密失密和纪律作风方面存在的问题为主要内容的纪律作风专项教育活动，通过学习教育、查摆自纠、落实整改等方式，从原民警孔建锋的违法案例中汲取教训、自警自省，强化《局规》刚性执行。年内，违反《局规》782人次，记分780.50分，人均记分0.82分，其中中层干部197人次被记分185.50分。

【警务督察】 抓住自查自纠、抽查整改等环节开展立案突出问题专项治理工作；围绕纪念抗战胜利70周年、全国铁人三项、杭州国际马拉松赛等重大安保活动做好现场督察；围绕反恐专项、拼搏系列行动、公务用枪、加强型治安防控、正风肃纪等重大警务部署开展专项督察；围绕执法规范化建设，运用网上巡查系统，查看监控点、查听语音电话，纠正执勤脱岗、单人审查、看管不到位、工作人员形象不佳、监控系统运行不正常等问题758个。经主动式网上二级督察，提升基层执法单位执法办案环节。全年，专项督察队伍管理和内部管理情况20次，发督察通报16期，记分处理106个队次、214人次。

【提升执法主体能力】 抓好执法教育培训工作，做到每月执法考试1次，每季有法制讲座和培训。年内，组织新警、法制员、分管法制领导、刑侦、治安民警执法培训85次。组织开展案件审核、笔录制作比武竞赛活动。年内，参加基本级和中级执法资格考试154人，高级执法资格考试55人。通过执法资格基本级考试659人，通过执法资格中级考试490人，通过率为74.35%。通过执法资格高级考试45人、国家司法考试6人，通过人数和比例在杭州地区名列前位。3月，制定《富阳区公安局中层领导办案规范》(富公法〔2015〕第3号)，将执法办案单位中层领导117人纳入范围，至年底，中层领导办案659起，完成率107.17%；不予认定16起。

【推进刑事速裁试点工作】 全年，适用刑事速裁案件180件210人，有效提高诉讼效率，保障当事人合法权益。

【执法结果运用】 5月21日，出台《杭州市富阳区公安局执法结果运用十项规定》，落实奖优罚劣措施。围绕法制员管理使用、执法办案积分、执法问责、执法资格考试、司法考试等方面，推选出杭州市公安局执法办案能手2人、优秀法制员1人；评选出分局执法办案能手10人、优秀法制员3人，有效提升民警执法办案主动性。

【严格执法职责】 6月15日，出台《富阳区公安局值班所队领导执法责任若干规定(试行)》(富公法〔2015〕第9号)，管控执法源头，监督执法过程。年内，根据《富阳市公安局执法问题倒查问责办法》及实施细则等相关规定，以零容忍态度对待执法中存在的问题，先后对民警作出黄牌警告5人，通报批评、责令作出书面检查。

【加大案件追赃力度】 将追赃工作纳入各单位考核范围。全年，移送起诉侵财型案件318起，涉及赃物、赃款计914余万元，追退赃物、赃款计554余万元，追赃率60.62%。

【主题教育】 开展"三严三实""守纪律、讲规矩、听指挥"专项教育、"秉公执法，人民公安为人民"和"G20峰会安保大讨论大提升"等系列主题教育活动，强化队伍作风建设。利用"国际警察日"和"七一"建党节等特殊时机，组织新警29人和新招录协警241人开展入警、入职宣誓仪式，组织新党员入党宣誓仪式，强化民警、协辅警从警理念和党员宗旨意识熏陶。

【实战练兵】 按照"四项建设"要求，结合G20峰会安保工作实际，贯彻《公安机关人民警察训练条令》，强化民警和协辅警队伍的实战化能力训练。专题轮训"重要会议安保"暨2015年度警衔晋升、应急处突防爆技能训练参训警力300人、峰会安保宣誓参训警力100人，选调精干警力参加杭州市公安局举办的防爆安检、交通警卫等专项培训，为峰会安保工作做足准备。8月17日，在杭州市警校组织政工干部33人开展为期5天封闭式脱产集中培训，邀请浙江大学、省公安厅、市警校、区机关党工委教授、领导担任授课老师，有效提升政工干部整体能力。年内，组织民警600余人开展枪支管理使用"应知应会"知识考试和操作训练，熟练使用枪支91人进行武器警械第二级考核，获得杭州市公安局第三名；先后组织新招录协警岗前培训七期计241人。

【从严治警】 8月，制定启用《内务精细化管理手册》，从值班移交、环境秩序、警容风貌、车辆管理等方面逐一细化标准，规范内务管理制度；同时启用《队伍精细化管理手册》，细化指导队伍管理。开展中层领导干部述职述廉述德述法评议工作，介入以业绩为导向的考核评价机制，提升中层领导干部履行"一岗双责"能力。3月，组织全局民警开展《杭州市公安机关民警日常违规记分办法》理论考试，并加强监督检查日常违规行为的力度；9月，分局领导集体警示谈话被记分在6分以上的民警8人。12月，印发《杭州市公安局富阳区分局协辅警队伍管理规定》，从严管理协辅警队伍。

【从优待警】 按照《富阳市公安局民警(职工)、协辅警、离退休干部慰问办法》，依托分局工会、民警协辅警互助协会和关爱警察基金会等载体，帮助民警、协辅警缓解实际困难。全年，关爱慰问困难、因公负伤等各类人员170余人，落实帮困慰问资金50.30万余元。拓展爱警惠警渠道，举办首期民警、协辅警子女暑期托管班。同时，通过"暖警心"大走访、健康体检、工会疗养休整、"十佳警嫂"评选等活动，落实爱警暖心措施。

【对外宣传】 利用"平安富阳"官方微博、微信等平台，与新闻、报刊等媒体沟通合作，推送各类微博、微信信息8200余条。创作拍摄防范宣传微电影《千王变》，结合破获的几起典型案例，精制作新闻节目5期，分别在中央电视台社会与法频道、平安365等栏目播出。全年，在省、市、区等主流媒体上，刊登各类宣传、防范等新闻报道，其中省级媒体报道125篇次，杭州市级媒体报道35篇次。

【案例】“6·25”保险诈骗案　6月25日11时44分，接警称：西堤南路博派汽车美容装潢服务部浙AC8788宾利撞墙，人没事。经专案组多方调查取证，8月9日，破获案值48万元的交通事故保险诈骗案。6月25日上午7时40分许，洗车场员工李某某驾驶宾利车进入洗车房时，操作不当发生事故，因车辆损失巨大，而驾驶员李某某未取得驾驶证，正常情况下无法获得保险公司赔偿。洗车场老板张瀚(男，24岁，灵桥镇外沙村中心大路433号)最后自己出面，分别向交警和保险公司报案，并要求交警大队出具事故认定单，妄图通过调包驾驶员骗取保险赔偿金。

QQ诈骗案　10月7日12时许，场口派出所接警称：富阳安奈特实业有限公司财务人员被人冒用公司董事长的QQ号骗取公司现金100万元。该案是2015年富阳发生的最大一起网络QQ诈骗案。接案后，分局成立专案组，经分析研判网络数据、调取银行相关资料和线索摸排等工作，10月12日，专案组先后辗转广西南宁、宾阳等市开展工作。奋战数月，2016年1月26日，抓获嫌疑人黄某某(男，23岁，广西壮族自治区宾阳县人)。经审查，黄某某于2月初交代上家为一姓吴男青年，其有一辆三个2的保时捷跑车。经侦查，明确嫌疑人身份为吴某(男，26岁，广西壮族自治区宾阳县人)。2016年3月30日，专案组发现该人轨迹后将吴冰抓获。吴某交代：2015年10月7日上午，其利用冒充富阳安耐特实业有限公司董事长的QQ号等手段，骗取安耐特实业有限公司现金100万元，后转账给黄某某取现。

“6·25”特大涉黄涉恶案　6月25日，富阳公安分局临时受命，接受上级公安机关一起涉黄赌毒恶势力案件的异地侦办任务，并组成专案组。

专案组借鉴以往侦破工作经验，开展秘密摸排、调查取证等工作，摸清该团伙主要成员37人的身份、落脚点、生活和违法犯罪基本规律及主要违法犯罪经营场所5处，并制订详细周密的集中抓捕行动方案。

7月1日19时45分，分局集结警力400余人，实施跨区域集中抓捕行动，公开冲击东新地区升佳沐浴、金兰足浴、金叶油压、彩の轩足浴等涉案场所，定点定人秘密抓捕团伙主犯及骨干力量。行动中，7个行动大组和信息支撑、视听资料、警务保障、纪检督察、羁押保障、机动突击等6个后方支援组紧密协作，合成作战，抓获涉案违法犯罪嫌疑人83人。经审查，依法刑拘37人，取保候审1人，行政拘留36人，捣毁涉案犯罪场所4个，缴获涉案车辆6辆、现金10余万元等一批涉案财物及伸缩警棍、警用电筒、报警器、望远镜、账本等作案工具。专案组内审外查，挖掘发现犯罪嫌疑人33人，并组织力量前往海南、湖南、黑龙江及省内衢州等地缉捕追逃，先后抓获团伙成员16人，继续上网追逃其余13人，确保将该团伙一网打尽。

经3个多月昼夜工作，专案组摧毁以陈某某(男，44岁，杭州市拱墅区湖墅嘉园6幢2单元302室)、崔某(女，37岁，拱墅区湖墅嘉园6幢2单元302室)夫妇为首的，长期盘踞在下城东新地区的特大涉黄赌毒恶势力犯罪团伙，抓获涉案犯罪嫌疑人54人，查获违法嫌疑人122人，其中行政处罚45人，妇教18人。经查，该团伙涉嫌组织卖淫、协助组织卖淫、赌博、聚众斗殴、敲诈勒索、故意伤害、寻衅滋事、容留吸毒、贩毒等罪名，破获并查证组织30多名卖淫女卖淫8700余次，非法所得480多万元。查处涉黄、涉赌、涉恶团伙4个。查证主犯陈相国伙同手下孟某某(男，34岁，黑龙江桦川县)等人自2015年以来在下城区组织赌博50余起，抽头获利百万余元的犯罪事实。查证该团伙涉及聚众斗殴、敲诈勒索、故意伤害、寻衅滋事案件10余起。此案，杭州市迄今打掉的最大一个恶势力团伙。

“7·27”楼房倒塌事故　7月27日中午，富阳区富春街道市心北路10号楼发生倒塌。经公安、消防等部门全力搜救，成功救出被困人员2人，有惊无险。嗣后，调查发现，倒塌楼房没有造成人员伤亡，不仅是因为部门快速反应、紧密联动、全力施救，还与城东派出所社区民警李启浩高度负责、扎实有效的出租房管理工作有着重要关联。搜救结束后，倒塌楼房的房东感叹：“幸亏听李警官的话，清退楼上所有房客，否则后果不堪设想。”

倒塌楼房建成于1980年。楼高四层，一楼为“劲霸男装”商铺；二楼原为培训学校，2013年关闭；三、四楼被三房东凌松成、蒋黎红夫妻改造成40间公寓房，加装空调、电视机等设施，称名市心公寓，对外出租。是年3月停止出租前，有出租房间15个承租人20人。

3月，城东派出所镬子山社区民警李启浩根据《富阳市公安机关开展出租房屋消防安全排查整治工作方案》总体部署，对辖区出租房开展全面深入、认真细致的排查工作。3月13日，李启浩排查发现市心公寓存在缺少逃生疏散楼梯、电线私拉乱接等重大消防安全隐患后，向房东凌松成发出编号为〔2015〕第0021号的“责令改正通知书”，要求10天内落实整改。同时，李启浩凭着高度的职业敏感性，通过对该房屋建成使用年份较长、结构老旧等实际状况的仔细分析，认为该房屋有消防安全隐患，不宜人员居住，建议凌松成及时清退承租人员，停止房屋出租。凌松成夫妻出于已付租金等经济利益考虑，不愿意停止出租。李启浩又及时与二房东金伟民联系沟通，明确指出该房屋存在的安全隐患及房东在发生房屋安全事故时所需承担的法律后果，并要求金伟民共同做好凌松成的工作，及时清退承租人员，消除安全隐患。经反复沟通，金伟民配合民警工作，拿出1万元用于补偿凌松成停止出租市心公寓的损失。凌松成收到补偿款后，由其妻子蒋黎红向城东派出所提交书面报告，承诺于3月23日前整体清空市心公寓，终止房屋承包。

3月23日，李启浩组织人员核查，确定该公寓承租人员已全部清退。为确保绝对安全，在李启浩建议下，二房东金伟民用木板将二楼到三楼的过道进行封闭，防止发生事故。4月16日，城东派出所注销了该出租房信息。

7月27日，市心北路10号楼房坍塌，未出现人员伤亡事故，李启浩功不可没。

“11·25”枪击杀人案 11月25日19时40分许，富阳区银湖街道320国道与祝闲公路叉路口处发生一起枪击案，1人受伤，28日抢救无效死亡。案发后，经省、市、区三级公安机关全力侦查，12月10日，先后抓获刘某（男，25岁，湖南临湘市长安西路60号）等犯罪嫌疑人10人，其中7人涉嫌故意杀人，3人涉嫌窝藏。

经尸体解剖检验，被害人朱某某（男，杭州市余杭区余杭街道华坞村2组华坞11号），因枪弹伤致颅脑损伤致命。

经查，朱某某于2010年因赌博罪被判处有期徒刑5年，2015年初出狱。案发之日，朱某某从余杭往转塘参赌。

经侦查，锁定湖南省临湘籍犯罪嫌疑人，并由市公安局刑侦支队、技侦支队、富阳公安分局组成“11·25”枪击案湖南工作组，分别于11月26日、12月5日奔赴湖南，在岳阳、长沙、益阳三地，抓获孙畅（男，28岁，湖南临湘市聂市镇远景村沈家组1号）、刘某等涉案犯罪嫌疑人8人。

11月29日，余杭公安分局在德清县抓获犯罪嫌疑人何某（男，25岁，湖南临湘市长安中路37号）。

富阳公安分局分别于12月4日、7日、8日，在余杭区闲林街道桦树村位于万丈山隧道口附近的长子坞山塘水库及周边区域进行打捞和搜寻，起获60公分长自制单管猎枪1支，发令枪改装的手枪1支，小口径子弹4颗，100厘米长单刃片刀、65厘米长单刃片刀、77厘米长砍刀各1把。12月10日，在余杭区余杭街道抓获犯罪嫌疑人樊某（男，25岁，湖南临湘市长安中路6号）。

经侦查，以何某为首的湖南临湘籍犯罪嫌疑人何某、孙某、刘某等长期混迹于老余杭一带以参赌及赌场放贷为业，与朱某某有隔阂。是年10月后，何某出主意，采用暴力侵害朱某某的形式，以扩大湖南临湘籍人员在余杭属地涉赌放贷行业中的影响。以此，何某、孙某和刘某于案发前密谋商量，确定作案人员、分工及逃跑方式等。

11月14日、23日，何某和樊某等人驾车，从湖南临湘购得猎枪1支、改装发令枪1支及10余发子弹。

20日至22日晚上，由刘某带领骆某（男，25岁，湖南临湘市围城居委会骆家巷11）、喻某（男，23岁，湖南临湘市长安中路70号）、方某（男，25岁，湖南临湘市城西南路131号）等人，先后3次携带手枪、刀驾车跟踪朱国荣，伺机作案，未果。

24日晚，刘某、骆某、喻某、方某等人又跟踪朱国荣伺机作案，仍未成功。

25日晚，刘某带领骆某、喻某、方某驾驶号牌为浙A4XY06的标志车至杭州市老余杭金星村高桥畈九组路边，换乘号牌浙A879WG（套牌）黑色海马汽车，往月牙岛KTV附近，欲跟踪朱某某驾驶的路虎车，并伺机作案。至闲富线第一个隧道口(闲林至富阳方向)时，海马车超越路虎车，刘某等人利用超越时机确认朱某某坐在副驾驶座位。随后，海马车缓行尾随。当路虎车行驶至320国道富阳开发区(科创路)T字路口遇红灯停在左转车道时，骆某驾车驶近路虎车右侧，在两车基本齐平时，刘某摇下车窗，持枪朝路虎车副驾驶车窗开了一枪，并迅速驾车逃离现场，沿闲富公路往老余杭方向逃窜。在万丈山隧道口，驾车至山上，将枪支、砍刀等丢弃至水库及附近山上。嗣后，多次换乘车辆，连夜潜逃湖南临湘市。 (徐晓红)

·检察·

【概况】 2015年，区检察院以改革创新为动力，以司法办案为中心，以司法规范为着力，以过硬队伍为保障，不断提升检察工作品质，为促进富阳经济社会发展提供有力司法保障。先后获得全国检察宣传先进单位、第四届全省检察机关派驻监管场所二级规范化检察室、全省检察机关“三个效果”有机统一优秀案例等集体荣誉17项，20余人次获杭州市级以上荣誉。

【刑事检察】 全年受理提请批捕案件687件963人，案件数同比上升18.70%，审查后批准逮捕598件823人；受理移送审查起诉案件1165件1571人，案件数同比上升15%，审查后提起公诉1159件1489人。坚持对重特大案件提前介入，主动引导侦查取证，对涉众型、民生类案件依法快捕快诉，共受理危害民生领域犯罪案件5件9人；依法起诉富阳区首例污染环境单位犯罪案和首例拒不支付劳动报酬案，严厉打击非法集资、金融诈骗、商业贿赂等经济金融领域犯罪案件；关注对新型犯罪的研判，办理了杭州首例利用微信抢红包进行赌博的案件。

【化解社会矛盾】 贯彻落实宽严相济刑事政策，对主观恶性小、犯罪情节轻微的初犯、偶犯、过失犯、未成年犯和老年犯，依法不捕45人，不诉21人，刑事和解6件8人。开展捕后羁押必要性审查，及时提出予以释放或变更强制措施的建议，经审查变更强制措施4人。全年共接待来访群众394批656人次。

【参与社会管理】 加强与乡镇、村综治维稳部门的联系，妥善处理社会关注度较高的敏感案件，做好办案后半篇文章。新登基层检察室协助院自侦、控申等部门开展调查、信访线索处理15次，其中调取证据5次，向案发单位提出口头整改建议2次。

【查办职务犯罪】 全年立案查办各类职务犯罪案件18件25人，其中贪污贿赂类15件20人，渎职类3件5人。全年在工程建设领域查办了林业系统、建设系统的一批窝串案，且均为大案，其中5人为科、处级以上干部(科级2人、处级3人)，总涉案资金高达1500万元左右。积极查办渎职和贪污贿赂“双料”案件，着重查办人民群众反映强烈的涉农、民生领域案件，通过办案为国家挽回经济损失300多万元。

【预防职务犯罪】 全年在各机关、乡镇(街道)、村开展微型警示教育课近20次，2500余人接受教育，赠送廉政公益海报800余份。深化“一案一宣教、一案一通报”机制，从源头减少职务犯罪的发生。着力完善惩防体系建设，发挥区预防工作领导小组成员单位作用，联合22家成员，明确工作职责、形成预防合力，营造反腐倡廉良好环境和有效平台。

【强化法律监督】 积极开展破坏环境资源和危害食品药品安全犯罪专项立案监督活动，共向公安机关发出要求说明不立案理由通知书11份，依法监督立案5件9人。加强刑事抗诉工作，提出刑事抗诉3件4人，向公安、审判、行政执法管理等部门发出检察建议20份，追诉漏罪11项、漏犯3人，提升监督成效。加强对审判程序行为的监督，提出检察建议1份；加强对行政机关行政执法行为监督，依法发出检察建议2份。针对看守所监管活动、法院对罪犯刑期计算和律师会见过程中出现的问题，提出书面检察建议4份，对3件羁押必要性案件进行审查，监督社区矫正在册人数423人。

【队伍专业化建设】 全年举办“富检论坛”4次，编发《富阳检察》内刊4期。组建“阳光富检”工作组，全年完成各类课题20余项；强化青年干警和业务人才培养，组织开展主题演讲比赛、情景模拟答辩赛等岗位练兵活动，提升实战技能，多名干警在上级院技能竞赛中获奖和入选人才库；开展中层干部述职评议、竞争上岗、轮岗交流，与华东政法大学联合举办干部素能强化培训班，优化队伍结构，提升干部素能。

【司法行为规范化建设】 自觉接受区人大常委会对区检察院依法履职公正司法情况和对部分检察官开展履职监督专题审议，深入开展专项整治，专题听取政法各单位领导、相关人员及律师代表等意见建议，共梳理意见建议70余条；院内召开专题会议，通过自查自纠罗列“负面清单”11类17项，提出整改具体措施和方案；制定7项工作制度，落实34项具体措施；依托内部监督平台，形成督察机制，依托绩效管理平台，深化岗位目标责任制考核；出台《富阳检察规章制度汇编》，提升司法办案指引，夯实检察工作基础。

【阳光检察建设】 创新检务公开各项举措，建设集《富阳日报》头版专栏、内外三网、“三微一信”、案件信息网上公开系统于一体的“富检发布”全媒体新平台，富阳检察微信公众平台影响力一直位居杭州地区基层检察院前茅。坚持“公开、透明”原则，案件网上公开系统公布案件程序性信息1756条、重要案件信息39条、法律文书770份；建成集控申接待、远程视频接访、案件管理、案件查询、行贿档案查询、法律咨询、律师接待和阅卷等功能于一体的“一站式”检察服务大厅，以公开促公正、以服务促成效。

【强化廉政建设】 制定《党风廉政建设责任制考核实施细则》，将党风廉政建设主体责任细化为八大类15项，与分管院领导、业务部门逐一对应、逐一落实，纳入年度考核。将检风检纪执行情况的督察纳入常态化工作，组织开展涉案财物、同步录音录像、纪律作风等专项督察，对检察干警遵守“从严管理七条规定”等开展定期督察。强化党员领导干部思想、纪律、作风建设等“规定动作”，规范党组会、检察长办公会、检察委员会议事规则，坚持重大事项集体讨论。

（沈　玲）

·法院·

【概况】 2015年，区人民法院受理各类案件20847件（不含旧存1713件），办结18944件，同比分别增长22.03%和14.27%；一线法官人均办案315.70件，是全国法院平均数的3.60倍，比全省平均数多98件。获得“在司法新闻宣传工作中做出突出成绩的人民法院”“杭州市文明单位”“集体二等功（省高院）”“集体三等功（杭州中院）”等荣誉。

【刑事审判】 全年新收刑事案件1138件，同比上升21.30%，审结1105件，同比上升19.30%，判处罪犯1269人。其中，审结杀人、抢劫等严重危害社会治安犯罪129件152人；审结盗窃、诈骗等多发性侵财犯罪402件534人；审结集资诈骗等涉众经济犯罪案件9件14人；审结贪污、受贿等职务犯罪8件9人。对认罪、悔罪态度好的376名被告人适用缓刑，3人免予刑事处罚，为90名经济困难的被告人落实法律援助律师出庭辩护。加强刑事附带民事案件的调解工作，追回赃款、赔偿款3000余万元。开展轻微刑事案件速裁程序试点工作，办结轻微刑事案件175件，平均审理天数8.20天，当庭宣判率为100%。

【民商事审判】 全年新收各类民商事案件12132件，审结10997件，同比分别上升25.33%和15.49%。其中审结婚姻家庭、抚养继承等家事类纠纷736件，审结劳动就业、人身伤害、教育、医疗等纠纷1532件，审结买卖、借贷、租赁等合同纠纷8222件。整合审判资源，专门成立交通事故审判庭和民事审判第四庭，负责交通事故案件与金融、破产案件的审理，推进民商案件专业化审判。全年调解及撤诉结案5492件，调解撤诉率达54.17%；完善诉讼与人民调解的衔接机制，司法确认人民调解协议426份。实行繁简分流，简易程序适用率达83.86%。

【行政审判】 新收行政诉讼案件84件，审结65件，分别同比上升366.67%和282.35%，依法判决确认行政机关违法案件21件，判决撤销或部分撤销9件，协调促成和解撤诉9件，裁定准予执行179件。

【执行工作】 全年新收各类执行案件7299件，执结6582件，同比分别上升21.94%和16.40%。全年共对253名被执行人采取司法拘留、罚款等措施，共对2名被执行人追究刑事责任。强化执行110举报品牌工作，共在夜间和节假日查获被执行人330人次，执结案件152件；加大执行征信机制建设，将8377名被执行人纳入最高法院失信被执行人黑名单，对其信贷、消费、投资、出境等活动进行限制或禁止，利用报纸、微信等曝光被执行人254名。

【保障当事人诉求】 全年出具立案协查函、调查令5200余份。依法对弱势群体缓、减、免收诉讼费160余万元，向95名生活困难的申请执行人发放司法救助金61.33万元。引入诉讼财产保全责任保险，简化诉讼保全手续，节省当事人诉讼成本。推进档案数字化工作，完成17.70万卷诉讼档案电子化扫描，供公众查阅。

【深化司法公开】 全年累计上网公开裁判文书7257份。官方微信推送信息64期270余条，召开新闻发布会3次，在各类媒体刊登稿件近百件。建立司法拍卖按揭贷款机制，上网拍卖252件，成交175件，总成交额达3.40亿元，通过银行按揭40笔共计金额4886.30万元，为当事人节省佣金1000余万元。

新闻发布会 （区人民法院 供稿）

【保障重点工作】 围绕区委重要决策部署，出台《关于“围绕中心工作，切实发挥司法职能”的专题会议纪要》，依法保障“三改一拆”“五水共治”等重点工作有序推进，办结拆迁行政裁决、征收补偿决定、违法建筑拆除等涉“三改一拆”案件19件，审结污染环境罪案件6件16人。

【保障经济社会发展】 全年审结金融类案件900件，涉案标的额24.75亿元，同比分别上升100%和161%。推进杭州金泰纸业有限公司等16家破产案件审理工作，召开债权人会议9次，破产案件宣告清算3件，重整5件，意向重整4件，盘活不良资产10亿余元，释放闲置土地500余亩。

【参与社会综合治理】 成立法官“进社区、进企业、进学校、进机关、进农村”5个法律服务团，全年开展巡回审判18次，法官走村入户150余次，送法进企17家，法制讲座23次。参与户籍制度改革，统一交通事故赔偿案件城乡标准。梳理分析审判执行中反映的经济发展或社会治理有关问题，发出书面司法建议3件，全部得到反馈落实。

【加强队伍作风建设】 严格执行党风廉政建设“两个责任”和“一岗双责”，层层签订党风廉政建设责任书。随案发放廉政监督卡，随机开展办案廉政回访，主动接受当事人、代理人、辩护人对干警态度作风和审判执行活动的监督。开展每月巡查活动和“作风建设专题教育月”活动，抓实工作纪律、办公秩序和司法礼仪，全方位筑牢廉政底线。

【提升队伍业务技能】 落实办案责任追究，建立法官业绩档案，开展老法官“一对一”传帮带青年法官工作。强化对干警的分类培养全年组织参加各类业务培训380余人次。加强司法调研工作，有9篇论文获省市级奖项。

【接受各界监督】 全年共举办公众开放日9次，邀请各界人士座谈交流3次，发送《富阳法院资讯》短信13条，走访机关单位、乡镇街道以及代表委员等80余人次，发放书面意见征求函500余份，向代表委员免费赠阅《人民法院报》480余份。认真做好人民陪审员的选任、培训和管理工作，人民陪审员总数达72人，普通程序案件陪审率达97.97%。严格落实院庭长接访制度，接待群众来信来访312件次，回复官方微博、微信留言30余件。（许青青）

·司法行政·

【概况】 2015年，富阳区司法局深入贯彻中共十八届四中全会精神以及习近平总书记对司法行政工作的批示精神，按照省、杭州市、富阳区全委会议关于深化法治建设的部署要求，紧紧围绕区委区政府的中心工作，充分发挥司法行政职能优势，为全面深化法治富阳、平安富阳建设提供了坚实的法治保障。

【社区矫正和安置帮教】 至12月底，全区累计接收社区服刑人员390人，累计解除矫正415人，现在册社区服刑人员399人。其中，缓刑309人，管制1人，假释75人，暂予监外执行14人。累计书面警告46人，治安处罚2人，收监执行6人，1名社区服刑人员重新犯罪，重新犯罪率控制在0.20%以内，实现社区服刑人员“零”脱漏管。完成社区矫正指挥中心建设。加强社区矫正执法队伍建设，完成16个司法所的培训任务，共计29名社区矫正工作者参加培训。不断提高执法队伍专业化水平，有国家二级心理咨询师1名，三级心理咨询师9名。建立社区矫正工作情况月通报制度，每月定期通报司法所的日常监管工作。开展社区矫正清理清查专项行动，共排查确定12名重点监管对象，实行专人专管。通过信息化核查，共查处手机关机120人次，手机停机19人次，手机设置呼叫转移1人次，人机分离11人次，越界提醒5人次，按规定对违反信息化核查进行处罚2人次。规范社区矫正教育服务基地运作，组织社区服刑人员赴基地开展集中教育和公益劳动300余人次。开展社区矫正集中点验及“背靠背”暗访。成立社区矫正工作讲师团，由公、检、法、司等30名专家学者、心理咨询师、政法干警和专职律师组成。开展社区矫正志愿者业务培训，举办培训班3期，170名社区矫正志愿者参加培训。做好2010年度刑满释放人员情况调查工作，共计发放666张监测调查表，摸清归正人员安置帮教工作底数。做好服刑人员核实及刑释人员衔接核查工作，落实重点对象的衔接工作，至12月底，累计核实服刑人员141人，衔接刑释人员288人，在册刑释人员2535人。做好社区服刑人员报请特赦工作，有404名社区服刑人员签订告知书，398人参加集中教育活动，1名社区服刑人员报请特赦并办理解矫手续。

【法治宣传】 全年共召开普法办会议1次，开展普法联络员培训2次；参加上级“六五”普法汇报1次，组织全区“六五”普法大型检查评审会1次；开展“五水共治”“三改一拆”“依法信访”等各类主题普法宣传活动15场，发放各类法制宣传材料53400余份；组织领导干部学法考试和讲座5次、青少年学法活动20余次、“流动人口法制宣传月”集中普法宣传活动1场、“12·4”宪法日暨全国法制宣传日系列宣传活动1场；制作“六五”普法亮点回顾片1条，在城区32个报刊亭投放游动字幕48条，在江滨西大道、桂花西路等城区主干道和部分公园的10余个阅报栏、宣传栏内上载“12·4”普法公益广告4条，投放电视台公益广告1条，投放影院贴片宪法宣传公益广告1条，发布微电影《毒》，协调录制“平安之声”广播节目30期、平安富阳电视节目4期、平安富阳报纸专刊3期，创建省级“青少年法制教育基地”1个，新建青少年法制教育基地1个，建设法治文化公园1个。成立“六五”普法考核验收工作领导小组，召开普法办工作会议和迎检工作专题会议，7月参加杭州市“六五”普法检查汇报会，富阳区法治宣传工作评审分和互评分两项合计列杭州市第一。普法经费统筹制度被评为杭州市“六五”普法十大亮点项目。召开全区“六五”普法检查汇报会，全区38个重点普法机关单位和24个乡镇（街道）参加考评。下发《关于贯彻落实〈关于加强领导干部和公务员学法用法工作的实施意见〉的通知》，将非人大任命领导干部任前法律知识考试范围扩大到所有副局级干部，共计46名新任区管领导干部参加并通过了考试。组织2015年全区领导干部和公务员网上学法考试，连续五年参考率和通过率“双百”。青少年法治教育不断强化，富春四小成功创建省级“青少年法治教育基地”，以福光中学为依托的富阳市青少年法制教育实践基地初具雏形。与教育局联合组织中小学生参加全省第四届“法在心中”法治宣传主题活动，获特等奖。组织“法治动漫进校园”活动，将“以案说法”用动漫故事形式对青少年进行普法。指导湘溪村建设以“宣传资源保护法律法规”为主题的第5个法治文化公园。在江滨西大道建成400多米的宪法墙画宣传长廊，以漫画的形式宣传《宪法》知识。

【人民调解】 2015年，全区开展矛盾纠纷排查2314次，其中村(社区)1620次，预防矛盾纠纷1091件。调处各类矛盾纠纷12094件，调处成功12052件，成功率99.65%，其中调解重大矛盾纠纷1709件(其中死亡纠纷101件，50人以上群体性纠纷8件)，累计调解协议涉及金额约3.20亿元。全年村(社区)级人民调解组织共调处矛盾纠纷5648件，占全区调解案件总数的46.70%。组织600余名村(社区)人民调解员参加培训，提升村(社区)人民调解员的业务素质。规范医调、交调、诉调等9个行业性专业调解组织的调解案卷和矛盾纠纷受理登记，每月组织走访，重点检查案卷与受理登记的规范化。2015年，行业性专业调解组织共调解矛盾纠纷1955件，其中重大矛盾纠纷132件，所有案卷和受理登记均符合规范化要求。

【法律服务】 2015年，全区共有12家律师事务所和5家法律服务所，105名执业律师和50名执业基层法律服务工作者。2家律师事务所、基层法律服务所担任各类法律顾问427家，担任村(社区)法律顾问302家，办结各类民、刑、行案件5301件，完成法律援助案件503件，法律服务创收5125万元，法律服务实现平稳健康发展。新增3家律师事务所、7名律师和4名基层法律服务工作者。开展“二统一”专项监督检查和防止冤假错案落实33项制度规定专项执法检查，对辖区内9家律师事务所和5家法律服务所的100个案件检查对比，未发现严重违反“二统一”行为现象，未发现冤假错案苗头和迹象，未发生严重的违纪违规执业服务投诉。与区法制办密切协作，推选45名律师担任区24个乡、镇(街道)和30多个主要执法部门的法律顾问。全年指派律师、基层法律服务工作者参加领导接访25次，协助接待信访人员215人次，协助处理涉法信访45余件，参加各类值班245次。与工商联、企业家协会等团体联系，协助引导规上企业主动聘请法律顾问。全区共担任企业法律顾问438家，其中担任规模以上企业法律顾问320余家，占规模以上企业总数的47%。2015年回收法律顾问服务工作日志302本，法律顾问进村(社区)服务1464次，解答法律咨询2340余个，代办各类民事法律事务280余件，协调处理各类矛盾纠纷120余起，上门服务率98%以上。成立村规民约(社区公约)法律顾问团，制订村规民约社区公约原则性条款样本，组织村(社区)法律顾问参与并完成对全区302个村(社区)村规民约(社区公约)的制订修订和合法性集中审查，审核修订村规民约(社区公约)1450余条。2015年度，共受理办结各类公证案件4558件，其中国内民事、经济类公证3205件，涉外公证1300件，涉港澳台公证53件。

【法律援助】 2015年，区法律援助中心受理法律援助案件2600件，其中民事法律援助案件2328件；刑事法律援助案件总数272件(法院指定辩护177件，公安、检察院指定辩护95件)，为聋哑人提供翻译22件。“12348”法律咨询专线及法律服务中心共受理来电来访法律咨询5120人次，其中来电1020人次，来访4100人次。开展法律援助宣传和法律咨询活动4次，接待咨询517人次，发放宣传资料811份，授课4次。开展“农民工讨薪”专项行动，推行“一站式”服务，做到优先受理、优先指派、优先办理。群体性纠纷按照重大案件执行，遵循集体讨论和即时向领导报告制度。2015年，法律援助中中心先后受理集团案件30批次，涉及职工1222人。

【基层基础】 2015年，富春司法所争创四星级司法所成功，灵桥司法所通过三星级复评。采取“四个一”推动机关内部的规范化管理，即用好一个管理平台、建立一个督查机制、完善一个通报制度、亮出一张服务清单。制定服务清单并向社会公布。强化岗位目标考核责任制，严格落实党员固定活动日制度。

(方洁娜)

【责任编辑　汪校良】

人民武装

·综述·

【**概况**】 2015年，全区武装工作和国防动员建设在省军区、杭州警备区党委、首长和富阳区委、区政府的正确领导下，完成上级交给的各项任务。区人武部被杭州警备区表彰为军事训练先进单位、征兵工作先进单位、安全管理工作先进单位。

【**党管武装**】 4月5日，区委召开区委武装工作暨国防动员委员会第十五次会议，区委书记、区人武部党委第一书记姜军、区长黄海峰、区委副书记吴玉凤、常务副区长杨国正、区人武部部长陆登、区人武部政治委员丁一出席；区国防动员委员会全体成员、区国教办全体成员；各乡镇(街道)党委(党工委)书记，设有武装部的局级机关正职、富通通信集团负责人，全体专武干部，区人武部全体干部、职工共计150余人参加会议。会议表彰了全区2014年度武装工作先进单位8个，武装工作先进个人26名，新桐乡、常安镇、龙门镇3个单位书记作党管武装工作述职。区人武部丁一政委作2014年度武装工作报告；区委书记、区人武部党委第一书记姜军同志作重要讲话。

【**思想政治建设**】 始终以强军目标为统领，大力加强和改进思想政治建设，抓好习近平主席视察战区、接见全省师以上干部和建制团单位主官讲话精神、中共十八届五中全会及全军、军区政工会精神学习贯彻；积极利用环境熏陶、随机教育、谈心交心、家庭共管等多种形式活跃经常性思想工作。认真做好干部职工的教育引导，严格政治纪律“十个不准”，强化干部职工政治意识和纪律观念。

【**“三严三实”专题教育整顿**】 2月下旬开始，按照省军区、警备区统一部署，分三个阶段组织开展教育活动。对照省军区明确的6个方面20个具体问题，逐条对照检查、抓好整改纠治。结合“三严三实”教育整顿，开展“学习践行强军目标，做新一代革命军人”主题教育活动；开展“学习践行强军目标、做新一代国防后备军”主题教育活动，围绕“四有”主题，结合民兵整组点验，抓好民兵“四课”教育落实。重点抓好干部工作大检查、财务工作大清查、训风演风考风整治、政治工作“打假、戒虚、治乱”和党员领导干部出书和举办个人书法、美术、摄影等作品展览整治工作。如实填报“个人有关事项报告表”，如实向组织“交出明白账”，深入查找剖析，认真撰写对照检查材料。5月下旬，在杭州警备区政治部主任施长友直接指导下，召开专题部党委专题民主生活会。

【**组织专武干部集训**】 11月8—15日，在常安镇组织全区48名专武干部和5名机关干部共53人进行了为期7天的集训。此次集训以专武干部业务理论知识、示范教学、军事技能、武器操作和战斗体能等课目为重点，组织了军事理论、政策法规、轻武器操作与使用、20千米徒步行军、识图用图的训练考核，全部达到良好以上，进一步提升了专武干部指挥作业能力。

【**民兵“红旗党支部”创建**】 2015年度，全区各民兵营连按照“营有党委、连有支部、排有小组”要求，分类抓好组织体系构建，突出“五有”落实，丰富拓展党建工作平台阵地。区人武部本级重点抓好场口镇基干民兵营党委、富通女子民兵连党支部两个单位的创建试点。7月，富通女子民兵连党支部被浙江省军区评为“红旗党支部”。

【抓好职工绩效考核工作】 2015年，富阳区人武部每月对职工德能勤绩四方面进行绩效考评，规范了职工各项制度的落实，提高了职工工作的积极性，结合考评结果和工作实际评出杭州警备区优秀职工2名，部嘉奖人员5名。

·民兵和预备役·

【民兵整组】 1—6月，按照“筹划设计、部署任务、全面展开、巩固提高、检查验收”5个阶段组织实施民兵整组工作。通过组织整顿，全区基干民兵，基本达到“力量精编、编组科学、布局合理”的要求。

【开展民兵训练工作】 5月，落实民兵“训练月”活动，共完成应急连、情报侦察分队、安全警戒分队等9支分队训练任务。民兵训练严格按照《民兵军事训练与考核大纲》，训练成绩良好率达85%以上，有效提高遂行多样化任务的能力。

【组织森林灭火演练】 5月25—28日，根据杭州市非战争行动演练计划安排，按照“筹划准备、组织实施、观摩实施”3个阶段组织开展森林灭火演练，检验民兵训练质量，强化民兵应对突发事件的应急处理能力。

·兵役工作·

【征兵工作】 2015年，按照“一季征兵、四季准备”的要求，科学筹划征兵工作。广泛开展征兵宣传，连续在富阳日报两板专刊征兵政策解答，在富阳电视台连续滚动字幕宣传，制作手机微信宣传信息17条，组织开展大学生入伍士兵家长20000元奖励金发放仪式，要求乡镇、街道专武干部到所属每一名大学生家庭面对面开展当兵“十大好处”宣传。通过深入调查摸底、广泛宣传发动、严格体检政审和征接双方密切配合，完成了杭州警备区下达的兵员征集任务，超额11人。其中，党团员比率达100%，大学生比例占50.60%。

·国防动员·

【杭州市检查评估富阳区人武动员准备】 联合区政府下发《关于2015年国防和后备力量建设工作要点》，召开国动委“八办”主任及联络员会议，学习上级会议精神，部署年度国防动员工作任务。11月29日，杭州警备区分方案计划、政治工作、组织建设、军事训练、装备保障、行动能力和制度机制等7个方面对富阳区民兵预备役暨大规模作战人武动员准备进行检验评估，取得了全警备区综合第二名。

·国防教育·

【国防教育】 5月，在全区34所中小学开展“军人荣誉墙”建设活动，同时开展“国防教育墙“建设活动。“八一”期间，将富阳籍34名立功，119名优秀士兵在富阳国防教育网、富阳日报等媒体张榜公布；利用“抗日战争胜利浙江受降纪念馆”9月初开馆之机，联合富阳区委宣传部、文广新局开展国防爱国主义教育，组织现役官兵、入伍新兵、民兵等近600余人参观教育。

·军民共建·

【训练基地启动工作】 2015年，与工贸资产、设计院等单位就训练基地建设事宜多次沟通协调，训练基地项目于2016年1月4日动工，预计投资经费1.20亿元，占地5.07公顷，到2017年底完成基建工程。

【慰问军属大走访】 春节前夕，开展慰问军属大走访活动，走访全区以上所有部队现役干部家属，发放慰问金15万余元。全年接待处理来信来访16起，妥善处理涉军矛盾纠纷。 （刘　毅）

【责任编辑　汪校良】

农　业

·综述·

【概况】 2015年，全区农业总产值59.80亿元，同比增长6.10%；农村常住居民人均可支配收入达到25010元，同比增长9.50%。富阳区被浙江省“千村示范万村整治”工作协调小组评为2015年度全省农村生活污水治理工作优胜县（市、区），被中共杭州市委评为2015年度杭州市社会主义新农村建设（城乡区域统筹发展）工作优秀单位。区农办获得富阳区级机关综合考评满意单位。

【“三江两岸”富阳段综合整治和生态建设】 2015年是开展“三江两岸”生态景观保护与建设工作的第五年，也是展现成果、提升品位的深化之年。全年共计投入“三江两岸”生态建设资金53000万元，其中统筹整合部门建设资金45000万元，另外安排专项资金8000万元重点用于沿江生态景观带建设、旅游开发与建设、码头整治与建设、岸线生态修复、主要支流综合整治等项目。场口沿江景观道路工程全线铺开，环山中柏堤沿江景观道路已完成，渌渚镇沿江（密涧垄）绿道建设工程已全线贯通；江滨西大道景观工程一期已完成，二期一标已开工建设；完成了场口联群、洋沙等沿江生态景观带建设；完成37家码头企业关停拆除和6家码头生态景观化改造工作；完成2家矿山治理工程；有序推进杭州市市级重点推进整治工程——大源溪综合整治工程；渌渚江综合整治工程已完成码头及零星房屋拆除，沿江景观带建设全面展开。

【农村生活污水治理】 2015年，全区投入农村生活污水治理建设资金6.90亿元，对126个行政村（项目）开展农村生活污水治理工程建设。共建设管网长度约263万米，其中主管82万米，支管181万米。污水终端处理设施674只，其中微动力处理池387只，无动力处理池287只。化粪池改造54677只，新增受益农户数63370户。终端设施日处理规模达到21245吨。荣获2015年度全省农村生活污水治理工作优胜县（市、区）称号。

【清洁乡村】 推进“清洁乡村”活动，强化农村卫生日常保洁机制落实，相继开展元旦、春节、五一、十一节前清洁大行动，对严重影响环境面貌的沿线垃圾房（站）进行专项整治，拆除沿精品线路、国道、省道垃圾房（站）183座。2015年全省范围内率先编制《杭州市富阳区农村生活垃圾减量化资源化利用规划》，在完善常安镇横槎村等3个垃圾分类试点村基础上，启动推进新登镇半山村等17个村和永昌镇整乡镇农村生活垃圾减量化资源化利用工作。

【农业产业化】 至2015年底，全区有富阳区级农业龙头企业130家，杭州市级农业龙头企业57家，省级骨干农业龙头企业6家，实现销售收入60亿元。举办各类农产品展销推荐会共12个170家次，举办渔山稻香节等16个农事节庆活动。 完成政策性农业保险1090万元，农业大户参保率达到76%。

【民宿经济】 全区培育发展农村现代民宿示范村点9个（常绿山居、龙门驿、云台石寨、乡邻香舍、公望山居、尚古小筑、水源雅居、又一邨湘溪青庭、杏之秋），农村现代民宿示范村2个。2015年全区乡村旅游接待游客165万人次，经营收入2.10亿元。其中，农家乐（民宿）接待游客96万人次，经营收入9550万元，同比增长50%以上。

12月2日，富阳区精品示范线路建设暨民宿经济、杭派民居现场推进会

（区农办　供稿）

【低收入农户收入倍增计划】 按照“六个精准”要求实施精准扶贫，全区低收入农户人均收入达9882元/年，实现全区低收入农户人均收入增幅超15%。2015年，全区开展全面消除“4600”（浙江家庭人均年收入低于4600元的贫困现象）排查工作，排查范围覆盖全区11984户、28191人；编制完成6个扶贫重点村规划，完成下山移民85户、265人，落实杭州市和富阳本级配套资金159万元；落实“联乡结村”集团帮扶项目276个，到位资金1719万元，杭州市级帮扶集团对湖源乡帮扶项目7个，帮扶资金152万元；金融扶贫助推扶贫小额信贷(爱心丰收卡)贴息工作，发放贴息金额达到43.85万元；完成衢州市衢江区对口结对帮扶工作，落实帮扶资金100余万元。

【农民素质提升工程】 全年共培训各类农民12627人，其中农业专业技能培训3510人、农村实用人才培训1798人、科学文明素质培训6228人、转移就业技能培训1091人，培训后转移就业1031人。被省农办评定为优秀等次。　（郎亚萍）

·农村经济管理·

【完成农村集体经济组织股份制改革】 全区276个行政村全面完成股份制改革工作，按照“宽接收、广覆盖”的原则，结合五条户口迁移新政，妥善解决回迁大学生、农嫁女、农转非的原村社员等各类特殊群体权益享受问题，确认股东75.90万人，其中社员股东52.90万人、非社员股东约23万人，实现股权信息化管理。制定下发《关于“撤村进社区”股份经济合作社股权完善的指导意见》（富农改[2015]1号），重点解决12个“撤村进社区”股份经济合作社股权完善工作。

【完成农村产权集体交易平台建设】 制定下发《杭州市富阳区农村集体产权交易管理办法(试行)》（富政办[2015]78号），依托区、乡镇(街道)两级公共资源交易平台建成农村产权交易平台，全面规范农村集体产权交易。制定下发《富阳区农村土地流转经营权证登记管理办法》和《富阳区农村土地流转经营权抵押贷款管理暂行办法》，下发流转经营权证3本，涉及土地面积46.67余公顷；完成流转权证抵押贷款1宗，贷款额度100万元。

【加强村级财务规范化管理】 进一步加强村级项目资金第三方监管工作，联合区财政局探索新的管理模式，扩大并明确监管范围，开设村级项目第三方资金监管专户5919个，累计拨入金额30.89亿元，拨出金额27.65亿元。实施村级财会人员公开招聘，调整村报账员7人、代理会计4人。开展年度财务人员业务培训3期，参训人员450余人次。开展全区村级财务规范化检查，做好村级财务来信来访接待和核查工作，委托第三方中介机构对部分行政村开展重点审计。

【开展杭州市农民专业合作社资金互助会试点工作】 2015年10月，富阳山居农产品专业合作社联合社作为杭州市试点，成立杭州市富阳区山居农产品专业合作社联合社资金互助会，注册资金1022万，会员人数1603户。试运行期间，按照“组织封闭、对象封锁、上限封顶”的要求，该资金互助会为内部成员提供农业规模化专业化生产经营活动小额贷款1032万余元。

【培育发展示范性农业经营主体】 组织开展农业经营主体培训2场，共计150余人次。完成年度农民专业合作社一般信息备案583家，综合信息备案224家。培育本级规范化合作社16家，杭州市级规范化合作社4家，完成本级合作社提升发展项目建设13个，完成杭州市级提升发展项目4个；培育区本级示范性家庭农场15家，杭州市级示范性家庭农场8家。

（潘卢萍）

·种植养殖业·

【粮油生产】 粮食播种面积略减，单产略增，总产趋稳，全面完成省、杭州市政府下达的目标任务。2015年，全市粮食播种面积18024公顷，总产粮食11.90万吨。春粮播种面积0.35万公顷，总产量1.33万吨，其中，大小麦播种面积0.24万公顷，产量0.91万吨；蚕豌豆556公顷，产量0.17万吨；马铃薯763公顷，产量0.34万吨；早稻播种面积82公顷，总产粮食504吨；秋粮播种面积1.42万公顷，其中晚稻播种面积1.03万公顷，平均亩产8070千克/公顷，总产8.33万吨；夏秋旱（杂）粮播种面积3920公顷，总产量2.09万吨。油菜种植面积和产量呈稳定趋势，品质明显改善，高油品种种植面积持续扩大。据统计资料显示，2014年冬2015年春全区油菜种植面积0.61万公顷，平均亩产2580千克/公顷，总产15620吨，和2014年基本持平。其中，“双低”油菜和高油品种已成为冬种当家品种，占油菜种植面积的97%以上，油菜籽品质较大提高。

【种粮政策性补助】 发放国家稻、麦、油菜、玉米良种补贴404.26万元，惠及农户9.98万户。通过调查、核实，全年全区规模种粮（油）大户161户，粮食专业合作社3家，承包及流转耕地面积1951公顷，粮食和油菜复种面积2460公顷次，获各类补贴资金683.97万元。

【救灾种子储备】 完成救灾种子储备107.60吨，其中大豆种子1吨、杂交玉米种子4吨（折）、荞麦种子1吨、蔬菜种子0.50吨（折）、早稻种子5吨、晚稻种子70吨、杂交水稻种子26.10吨（折）。10月，完成77.23吨到期储备种子的转商工作。

【茶叶生产】 全年总产量1919.42吨、总产值为40919.85万元，分别同比增长8.40%、20.30%。其中，名优茶产量1442.12吨、产值39567.32万元，同比增10.50%和20.50%；大宗茶产量为477.20吨、产值1352.53万元，同比增2.70%和13.70%。

【蔬菜生产】 种植8000公顷次，总产21.18万吨，总产值70056.60万元。与上年相比，面积持平，总产量减3%，总产值增8.50%。芦笋仍为主导特色产业，食用菌继续快速发展，常规蔬菜保持稳定，高山蔬菜发展明显回落。

【蚕桑生产】 桑园面积不断缩减，蚕桑生产进一步萎缩。桑园面积319.33公顷，其中投产桑园278公顷，饲养蚕种4053张，生产蚕茧197.30吨，蚕桑产值734.70万元，与上年相比，桑园面积减少14.30%，投产桑园减少12%，饲养蚕种减少33.20%，蚕茧产量减少27.6%，蚕桑产值减少30.70%。果桑面积32.33公顷，生产桑果390余吨，经济收入300余万元，与2014年基本持平。

【水果生产】 种植4261.60公顷，投产3567.20公顷，总产40285吨，总产值3.06亿元，分别同比增长3%、增长2.90%、减少12%、减少2.94%。新增果园速度加快，其中以鲜桃最为迅猛；旅游观光、休闲采摘成为新亮点，增效明显。

【畜牧生产】 生猪存栏16.81万头，同比减少15.53%。出栏22.70万头，同比减少17.63%。家禽存栏145.05万羽，同比减少3.84%。出栏177.20万羽，同比减少9.91%。

【渔业生产】 面积保持稳定，产量产值稳中有升。面积为2497公顷，其中稻田养鱼面积994公顷，与2014年持平。水产品总产12355吨，同比增长4.80%；总产值28731万元，同比增长5.10%。

【竹产业】 竹林面积3.33万公顷，竹笋加工企业50余家，其中省级林业龙头企业4家，杭州市林业龙头企业6家；竹笋加工销售行业在全省领先，竹材加工则明显弱于其他竹子重点产区；2015年竹产业产值14.40亿元(三产统计在森林旅游中)。

【木本油料产业】 香榧面积0.23万公顷，其中投产面积466.67公顷，青籽总产量40万千克，较2014年同期上升40%，一产产值2240万元；山核桃面积0.10万公顷，其中投产面积400公顷，山核桃青籽总产量100万千克，一产产值0.08亿元；油茶栽培面积366.67公顷。银杏栽培面积133.33公顷，板栗栽培面积66.67公顷，由于产量小、品质较差，在市场的优胜劣汰中正逐渐萎缩。

【花卉苗木产业】 种植面积0.27万公顷，其中观赏绿化苗木0.23万公顷，盆栽240公顷，食药用花卉20公顷，工业及其他花卉133.33公顷，草坪13.33公顷，草花14.67公顷，销售产值8.60亿元。

【森林旅游业】 以森林公园、森林旅游区、森林古道、自然保护区为主体的森林旅游发展迅速，全区有国家级生态文化基地1家、省级生态文化基地2家，省级森林公园4家，富阳区级森林公园5家；省级森林旅游区3家，省部级自然保护区2个，杭州野生动物世界AAAA级景区1家、省级林业观光园区3家，农家乐及民宿近百家，森林古道42条，森林旅游业产值达13亿元。

·农林业产业化·

【上官蛋鸡精品园通过省级验收】 “上官蛋鸡精品园”位于富春江南岸上官乡境内，于2011年被列为第二批省级特色农业精品园创建点，4年累计投入建设资金356万元，建成放养蛋鸡存栏3.20万只，年产鸡蛋272吨，园区内基础设施完备、科技应用及产业化程度明显提高，于2015年7月通过省级考核验收，被授予省级现代农业园区(精品园)称号。

【高效设施农业建设】 完成建设杭州、富阳两级设施农业项目48个。其中，杭州市设施农业配套项目7个(见表4)；富阳区级设施农业示范园3个、设施农业示范小区22个。

【区级现代农业精品园(基地)建设】 全年，根据市人民政府办公室《关于转发市农业局、财政局关于富阳市现代农业精品园(基地)建设实施管理办法(试行)》(富政办〔2010〕46号)文件要求，建成富阳区环山诸佳坞茶叶精品园等区级现代农业精品园8个(见表5)、富阳区富春汪国军茶叶示范基地等配套现代农业示范基地29个。

【“菜篮子”工程建设】 全年完成杭州市级“菜篮子”建设项目17个(见表6)。根据富阳区“菜篮子”工程建设“4721”行动计划，建设完成7个“菜篮子”功能区项目和45个“菜篮子”配套基地项目。

杭州市设施农业项目情况表

表4

建设单位	项目名称	投资规模(万元)
浙江亚林生物科技股份有限公司	杭州市富阳区富春亚林所铁皮石斛设施配套项目	80.00
杭州蓝郡农业科技有限公司	杭州市富阳区东洲蓝郡中药材设施配套项目	111.75
富阳长沙湾生态农业开发有限公司	杭州市富阳区东洲长沙湾葡萄设施配套项目	65.20
张祥书	杭州市富阳区东洲张祥书葡萄设施配套项目	51.80
杭州旭新生态农业开发有限公司	杭州市富阳区银湖旭新铁皮石斛设施配套项目	28.50
富阳江洲生态农业开发有限公司	杭州市富阳区新桐江洲葡萄设施配套项目	87.79
富阳市新登镇王瑶家庭农场	杭州市富阳区新登王瑶粮油加工设施配套项目	66.90

区级现代农业精品园（基地）情况表

表5

建设单位	项目名称
富阳市诸佳坞生态农业开发有限公司	富阳区环山诸佳坞茶叶精品园
富阳区银湖街道坑西村	富阳区银湖坑西茶叶精品园
富阳春渚生态农业发展有限公司	富阳区新桐春渚杨梅精品园
富阳海洪生态农业开发有限公司	富阳区新登海洪鲜桃精品园
杭州梅农生态农业开发有限公司	富阳区常安梅农杨梅精品园
富阳品绿生态农业开发有限公司	富阳区常安锦绣蓝莓精品园
富阳新鹏生态农业开发有限公司	富阳区新桐新鹏桔子精品园
富阳桥雅生态农业开发有限公司	富阳区永昌桥雅鲜桃精品园

杭州市级“菜篮子”生产基地建设情况表

表6

建设单位	项目名称	建设规模
杭州盘古生态农业开发有限公司	杭州富阳区东洲盘古蔬菜基地建设	8公顷
周水香	杭州富阳区胥口周水香食用菌基地建设	20万袋
朱忠红	杭州富阳区万市朱忠红食用菌基地建设	50万棒
富阳市锦冠生态农业开发有限公司	杭州富阳区银湖锦冠水产基地建设	7.30公顷
富阳小沙水产专业合作社	杭州富阳区东洲小沙水产基地建设	3.50公顷
富阳市忠杭生态农业开发有限公司	杭州富阳区东洲忠杭水产基地建设	9.10公顷
富阳市大雷竹笋专业合作社	杭州富阳区新登大雷森林蔬菜基地建设	13.30公顷
杭州裕达生态农业开发有限公司	杭州富阳区湖源裕达肉鸡标准化养殖示范场建设	30000只
富阳市新旺养殖场	杭州市富阳区新登新旺生猪基地	保障供活猪6000头
富阳市志君生态农业园	杭州市富阳区新桐志君肉禽基地	保障供应肉禽46000头
富阳艾康园养殖公司	杭州市富阳区上官艾康园肉禽基地	保障供应肉禽20000只
富阳市谷翔生态养殖场	杭州市富阳区湖源谷翔肉禽基地	保障供应肉禽20000只
杭州裕达生态农业开发有限公司	杭州市富阳区湖源裕达肉禽基地	保障供应肉禽20000只
杭州申富生态农业开发有限公司	杭州市富阳区万市申富肉禽基地	保障供应肉禽55000只
杭州庆平生态农业开发有限公司	杭州市富阳区洞桥庆平肉禽基地	保障供应肉禽75000只
富阳市上旺蛋鸡场	杭州市富阳区新登上旺蛋禽基地	保障供应肉禽20000只
富阳市常安镇七一养鸡场	杭州市富阳区常安七一蛋禽基地	保障开产蛋禽10000只

【发展经作产业促进山区纯农户增收工程建设】 完成建设杭州市发展经作产业促进山区纯农户增收工程项目12个，其中示范组织统一服务项目1个、统一共用品牌带动项目1个、公共园道建设项目2个、优新品种基地发展项目8个；完成续建杭州市发展经作产业促进山区纯农户增收工程项目4个。

【粮食高产示范畈创建活动】 在洞桥镇、渔山乡、新登镇、富春街道、场口镇等地开展水稻千亩示范方建设，通过新品种、适用新技术推广，完善社会化服务体系建设，促进水稻规模化生产，集成水稻高产样板，辐射全市农民获得高产。在渔山乡渔山村、富春街道湖塍村实施2个百亩高产示范方，百亩方平均单产超750千克。

【省级标准农田地力提升工程】 继续实施省级标准农田质量提升项目实施面积2348公顷，涉及12个乡镇（街道）的31个行政村，项目资金515.60万元，其中省补资金135万元，区级配套资金175万元，其他项目补助资金205.60万元，共计发放冬绿肥种子31.70吨，商品有机肥、配方肥等地力提升物资5469吨。

【2011年度浙江省标准农田地力提升工程项目】 2015年，2011年度浙江省标准农田地力提升工程项目经4年实施完成提升任务，项目区面积1009.22公顷，其中平原区672.36公顷，非平原区336.87公顷。经评价，该项目区标准农田增均达到一等田标准，提升率100%，通过省级验收。

【商品有机肥生产使用补助】 全年推广施用商品有机肥1.67万吨，享受省级使用商品有机肥补助指标1万吨，惠及合作社、农业公司95个，行政村5个，省、区财政补助资金300万元；享受杭州市使用补助指标6667吨，惠及合作社、农业公司16家，种植大户5人，行政村30个，市、区财政补助资金200万元。扶持培育商品有机肥生产企业3家，生产、销售商品有机肥3.87万吨，补助资金8.20万元。

【测土配方施肥整建制推进】 全区测土配方施肥项目实施面积5.22万公顷，建立核心示范区268个，3887公顷；发放测土配方施肥建议卡10.35万张，宣传橱窗13个，信息上墙270块，为主要乡镇(街道)农资供应点配备测土配方触摸屏15台，“富阳测土配方”手机APP正式上线。培训技术骨干155人次，培训农民450人次，培训营销人员150人次，指导农户15.34万户。全年推广配方肥10557吨，施用面积2.45万公顷。开展“3414”等试验12个；采集土壤样本377个，植物样本209个，完成大、中、微量元素量及其他项目分析4840项次；通过测土、配方、配肥、施肥环节提高肥料利用率2.5%，全区共节肥1042.36吨，增产2.88万吨，节本增收5859.34万元。

【杭州市级中低产田改造示范项目】 完成富春街道霄井村磨刀畈、场口镇红星村红星畈、渌渚镇新岭村新岭畈、灵桥镇永丰村杨元畈、新登镇湘溪村园田畈、常安镇东风村六石畈、万市镇槎源坞村石门畈和万宅张堰畈、洞桥镇三溪村雷山畈、新登镇湘主村平山畈等9个杭州市级中低产田改造示范项目建设，改造面积416.90公顷，项目总投资1171.07万元，其中杭州市级补助441万元，富阳区级配套441万元，乡镇配套28万元，项目村、合作社自筹261.07万元。项目区新建排渠道9839米，三面光灌溉渠15026米，建机耕路毛石路面10874米，毛石(或砼)硬化护坎13168米，拓宽整修机耕路2657米，新建溪堤兼机耕路845米，新建机埠房4座(配套电机)、整修水闸1座、新建溪堰5座、机耕桥5座、下田道177个、便桥174个、涵洞1344米。项目区重点制止冬季抛荒，加强对良种推广、轻型栽培、测土配方施肥等实用技术的推广，共推广水稻、油菜新品种340.80公顷，秸秆还田336.70公顷，建立冬绿肥示范方28公顷，项目区推广商品有机肥应用373.60公顷，配方肥应用374.10公顷。

【杭州市垦造耕地后续管护市级示范项目】 完成“富阳市万市镇众缘杭州市垦造耕地后续管护市级示范项目”15个，实施面积121.27公顷。经持续三年通过落实耕种、测土配方、培肥地力、熟化耕层和设施管护等措施，项目区耕地地力等级有所提升，经评定，15个项目的耕地质量均达到了二等，其中8个二等三级、7个二等四级，综合地力指数从0.51～0.59提高到0.63～0.78之间。

·动植物疫情病害防控·

【重大动物疫病防控】 免疫生猪猪瘟、口蹄疫禽流感366余万头(羽)，钳挂生猪耳标10.27万枚；实施产地及屠宰检疫114.50万头(羽)，检出病害产品3.50吨、畜禽985头(羽)；增加和调整重大动植物疫病疫情监控点11个，继续加强H7N9流感、羊小反刍兽、羊布鲁氏菌病防控，动物尸体无害化100%。

【重大农业植物疫情防控】 防控加拿大一枝黄花面积6.97公顷，比2014年防控面积7.75公顷，减少0.78公顷，防控面积下降10.06%。调整设立17个疫情监测点和1个加拿大一枝黄花防控示范区，监测作物覆盖水稻、梨、蔬菜、柑橘、西瓜、葡萄等作物，动态监测实现全区覆盖。

【森林病虫害防治】 完成除治松材线虫病面积

414.73公顷，化学防治面积266.67公顷，设置松墨天牛引诱点9个，挂置诱捕器150个。开展林业有害生物普查工作，建立毛竹林、早竹林及生态林样地12个，夜间灯诱12次，共查获害虫289种，病害18种，初步完成了林业有害生物普查外业调查任务。

【产地检疫与调运检疫】 实施各种农作物产地检疫面积108.53公顷，其中，紫云英33.33公顷、10000千克；水稻种子73.33公顷、121200千克，草莓苗0.13公顷，10万株；茶苗1.33公顷，400万株；水果苗0.40公顷，4万株。实施森林植物产地检疫面积1061.27公顷，调运检疫木材1.20万余立方米，毛竹0.75万吨，苗木38万余株，其他5.70万件。签发植物检疫调运许可5307项次。积极开展种子种苗、水果、中药材等市场的行政许可事项事后监督检查工作，查证验证调运检疫证书。

·林业发展·

【概况】 2015年，重点针对省及杭州市林业目标责任状考核任务，树立为主城区打造坚实生态屏障意识，坚持生态优先和兴林富民原则，着力构建稳定协调的林业生态系统，推进主导产业优化和特色产业提升工程，林业产业呈现持续健康发展态势，实现林业总产值265亿元，一、二、三产产值分别是22.41亿元、207.93亿元(造纸200.11亿元)、34.66亿元，一、二、三产占比为8.40:78.50:13.10。

【森林扩面提质】 全年完成中央预算重点防护林造林更新总面积653.33公顷，其中完成人工造林123.33公顷、迹地更新200公顷、无林地封山育林333.33公顷，森林面积进一步扩大，采伐和火烧迹地得到及时更新；完成珍贵树种造林60公顷，林分质量得到进一步优化；累计完成世行贷款林业生态修复面积3107.80公顷，生态脆弱林区得到有效改善。完成重点生态公益林扩面7945.93公顷，全区重点公益林面积达50272.27公顷，新增公益林优质林分0.13万公顷，公益林综合效益明显；完成中央补贴森林抚育任务1693.33公顷。

【平原绿化工作】 全年完成平原绿化任务346.67公顷，完成四边绿化森林通道15千米46.67公顷，完成省级森林村庄3个。2011年至2015年末，全区已新增平原绿化面积0.21万公顷，完成省下达计划的103%，人均公共绿地面积达16.10平方米提升到23平方米，平原绿化率从14.59%提升到19.30%，2015年富阳区被省委办公厅、省政府办公厅命名为浙江省平原绿化先进县。

【兴林富民工程】 全区新建省级林业特色产业精品园2个、建成省级森林食品基地3个；建成“菜篮子”森林蔬菜基地3个，设施配套基地2个，完成中央立项木本油料基地208.20公顷，完成林道建设100千米；毛竹低产林改造面积825.87公顷，受益农户1.10万户。

【森林生态文化】 通过珍贵树种进社区进乡镇、“3·12”广场公益宣传活动，法制林业宣传月活动、区四套班子领导义务植树活动和各部门送绿下乡活动、各乡镇义务植树示范点建设活动等一系列平台和载体，不断丰富义务植树尽责形式，全年完成珍贵树种赠送14.50万株，义务植树48万株，全区参加植树人数达33.50万人次，尽责率达93%；湘溪村完成国家生态文化村创建，完成省级森林村庄建设3个。

【组团参展义乌国际森林产品博览会】 组团参加第八届中国义乌国际森林产品博览会。全区12家企业组团参展，共设20个展位，参展产品荣获金奖4个。

·农业机械·

【农业机械监督管理】 出动执法检查人员860人次，检查拖拉机1657台次，查获违规拖拉机145余台，查扣非法上道路报废拖拉7辆。发放农田作业拖拉机新牌证60台、联合收割机新牌证16台，办理拖拉机转移216台，变更66台，变更备案11台，补证43台，补牌59台，补登记证书7台；新训拖拉机驾驶员91名，收割机驾驶员17名，增驾38名。拖拉机驾驶证换证352名，补证41名。报废解体上道路拖拉机99台、农田作业拖拉机7台，落实应报废补偿资金310100元。实地检验农田作业拖拉机350台，联合收割机89台，插秧机36台，烘干机18台。全年检验上道路拖拉机2460台，上道路拖拉机年检率达到91%。发放各类安全生产宣传资料10500份，开展农机安全咨询活动15次，接受各类农机人员咨询385人次，悬挂横幅80幅，通过农民信箱发送短信90000余条，报道农机信息150余篇。开展农机安全教育培训10次、350余人。

【农机具推广】 以富阳撤市设区为契机加快推进农业领域“机器换人”步伐，完成中央、省级、杭州市级、地方农机购置补贴总资金913.45万元(其中国家中央补贴764.64万元、省补贴24.34万元、杭州市补贴87.97万元、富阳区配套36.51万元)。通过购机补贴政策购买各类农机具3443台套，受益农户(合作社)2074户。首次引进水田筑埂机1台、水稻穴直播机1台

【推进粮油生产机械化技术】 推广粮油生产机械化技术，全年实现水稻机插273.30公顷，油菜机械收割866.70公顷；举办水稻机播和机插、油菜机播和机收等各类技术培训班、现场会5期(次)，培训人员312人次。

【平安农机创建】 场口镇青江村被认定为2014年度杭州市“平安农机”示范村。富阳市元富农机服务专业合作社，富阳市栋山农机服务专业合作社，富阳市利民农机服务专业合作社获得2014年度杭州市“平安农机”示范合作社称号。

·农业生态环境·

【畜禽养殖污染治理工程】 按照《杭州富阳市畜禽养殖禁养攻限养区区划及三年整治方案(2014—2016)》文件精神。遵照省水环境治理要求，全区落实“一户一册”养殖场438家、关停137家，全年生猪存栏量削减4.51万头。2015年，完成了鹿山街道潘力强生猪养殖场、新登镇建桥生猪养殖场、洞桥镇俞国洪生猪养殖场等15家养殖场的排泄物污染治理任务。全年建设完成厌氧发酵池容积约1650立方米，年处理畜禽污水能力将达到17.60万吨，工程总投资预计425余万元。新登嫦娥养殖场、胥口新沪养殖场等15家养殖场被列入杭州市2015年农业减排单位，全年削减氨氮23吨，化学需养量(COD)205吨。

【清洁能源示范乡镇】 通过太阳能、太阳灶、太阳能路灯、太阳能杀虫灯、节能灯、地热、节能“三灶”、农村联户沼气等清洁可再生能源技术和产品推广，结合《杭州市农村清洁可再生能源利用工程综合示范乡镇建设项目实施管理办法》，2015年完成龙门镇农村清洁可再生能源示范镇建设工作，全年全镇安装太阳能光热利用集热面积600平方米，为民宿经济实体(包括龙门旅游开发中心)安装太阳能集中供热设施8处，安装太阳能杀虫灯25只，太阳能路灯90只，太阳能庭院灯、草坪灯40盏，新装太阳能热水器700多台，利用各种可再生能源开发新技术、新产品，折合新增年开发利用清洁可再生能源310吨标煤，减排二氧化碳700吨以上。

【“三沼”综合利用和生态消纳地落实】 探索沼液异地运输，物业配送运行体系，由杭州远华物业管理有限公司承担“三沼”综合利用技术模式建设工程项目，利用厌氧发酵技术、“三沼”综合利用技术、有机肥加工技术和清洁生产技术等现代农业新技术新手段，建立相对完整的养殖废弃物资源化利用体系，树立规范化的养殖污染治理示范点。因地制宜，通过“猪—沼—鱼”“猪—沼—果”“猪—沼—蔬”、等不同模式，使养殖排泄物减量化、资源化，最大限度提高养殖效益，减少生态环境破坏，建设沼液输送管道2000米、沼渣储存池400立方米，配置5吨沼液输送车2辆，受益果园33.33公顷，蔬菜16.67公顷、竹园230公顷、做到经济效益和生态效益双赢。全区全年完成沼液利用14.50万吨，其中新增沼液利用3万吨，实现生态消纳地0.70万公顷。

【农作物秸秆禁烧及资源化利用】 全年产生农作物秸秆29.61万吨，全年悬挂禁烧宣传横幅70条，组建乡镇禁烧队伍170人，秸秆禁烧专项行动5次，年秸秆机械粉碎还田和捡拾打捆15万亩，秸秆年综合

利用率达到88%。

【渔业资源保护】 开展增殖放流活动6次、投入资金290万元，放流鲢、鳙、三角鲂等洁水鱼类1606万尾，“小鱼治水”首次从富春江延伸到乡镇河道；成立24支群众性护渔队伍，严厉打击非法电鱼活动，保护渔业资源。

【农药废弃物回收】 出台《2015年杭州市富阳区废弃农药包装物回收处置试点工作实施方案》，投入专项资金在富春街道、新登镇、新桐乡设置8个回收点，累计回收农药废弃包装物561552只，其中农药瓶172112只、农药袋389440只，回收物无害化处置率达到100%。

·依法行政·

【制度建设】 通过《关于全面推进农业法治建设的若干规定》，对健全农业法治建设组织领导体系、加强农业法治队伍建设、依法规范行政调解和行政指导、依法推进行政机关合同管理、完善农业普法教育责任体系、严格农业法治监督考核等方面做出一系列新的规定；遵循深入推进依法行政、加快建设法治政府的总要求，下发《杭州市富阳区农业局2015年法治建设工作要点》，制定局2015年度行政执法责任制实施方案和农业法治建设考核评分细则；召开全面推进农业法治建设工作会议，对贯彻落实“若干规定”相关制度作出全面部署。

【行政执法】 受理各类案事件280起，办结林业行政案件41起，处罚42人次，罚款135万余元。侦办刑事案件4起，刑拘1人，取保候审2人。出动人员1800人次、检查企业127家次、农业投入品抽检66个次、种子质量抽检12个、排查和消除安全隐患98项，查获违规拖拉机83台、没收电鱼船21艘，电鱼工具30件(套)，拆解“三无”船只16艘。

【“六五”普法】 组织开展新修订的《中华人民共和国食品安全法》《中华人民共和国种子法》《浙江省渔业管理条例》和《浙江省渔港渔业船舶管理条例》《浙江省实施〈农业保险条例〉办法》《中华人民共和国渔业船员管理办法》等农业新法宣传活动，编印新《中华人民共和国食品安全法》、新《中华人民共和国种子法》、《浙江省渔业管理条例》、农业野生植物保护三个法制宣传专刊，举办农业新法培训班8期；编印农业保险法律常识、制作农业法律基础知识宣传扑克，如期完成杭州市富阳区2015年农业法律进社入户工作任务；对公务员(参公人员)、农业执法人员、党员、普法联络员分别进行新《中华人民共和国行政诉讼法》、新《中华人民共和国立法法》、农业立法新进展等专题法制讲座；完成杭州市富阳区农业“六五”普法专题片制作及区委“六五”普法考核迎检工作。

【法治监督】 完成权力清单“回头看”、事中事后监管制度修编、行政审批事项动态调整等工作。组织开展了第五届绿剑卫士、优秀法制工作人员、优秀行政执法案卷评选、表彰和杭州市富阳区农业局2015年第一次行政执法案卷、行政执法记录评查；完成2015年度行政执法责任书签订工作和2014年度农业法治建设考核；认真做好首次行政应诉答辩等相关工作，动物诊疗行政许可案卷分别被省农业厅、杭州市政府评为优秀案卷。完成杭州市富阳区农业和林业局机关三定方案及所属事业单位三定方案、推进渔政社会化管理、陆域渔政纳入综合执法等领域相关政策措施的法治审核。

【合同管理】 出台《关于贯彻实施〈富阳市农业局合同管理办法(试行)〉的若干意见》，开展加强和规范行政机关合同管理政策法规的宣传普及，合同合法性审查意见书制度、合同文本盖章审批制度、合同档案管理制度先后实施。

·科技宣传·

【农林科技下乡】 共组织各类科技下乡活动22次，其中乡镇组织6次，计280人次农技人员参与活动，参加技术咨询学习的农民9590余人，发放技术资料13500余份，宣传图版285块次，展示农业技术62类，推介新品种115个。

【农林科技项目】 全年完成杭州市级农业丰收项目2个，其中富阳市农业技术推广中心承担《桃树主要病虫害综合防控技术推广》项目获杭州市二等奖，洞桥镇农技站承担的《保护性耕作山区农田油—稻免耕直播技术推广示范》项目由杭州推荐省三等奖。组织申报农业科技成果应用项目，经业务科站和乡镇(街道)农业部门的推荐，申报杭州市农业丰收项目3个:《芦笋大棚冬闲季套种叶菜、马铃薯等蔬菜增产丰收》《黑木耳连栽小香薯"千斤粮万元钱"技术推广》《以生态控制为主的蔬菜、茶叶病虫害IPM关键技术研究》。与亚林所合作承担国家级科研项目2项，省级科技推广项目1项，区级科研项目4个。

【农技推广体系建设】 推进基层农业公共服务示范乡镇建设。建设1个杭州市"三位一体"示范乡镇。以粮油、水果、蔬菜、禽类四大主导产业的培育农业科技示范户600户，建设示范基地8个，成立以粮油、蔬菜、农机、水产、水果6支服务团队。

【农民信箱工程】 新增信箱注册用户1305户，累计36148户，启用27658户，发展掌上农民信箱用户183户，发布公共政务信息616条，买卖信息352条，农产品供求及采摘游每日一助信息153条，农业普法等宣传短信35条，网上农博会商务服务信息84条、录入家庭农场类农业主体26个;万村联网镇、村两级网站达302个，上传发布各类信息1.21余万条，总结报送信箱应用成效典型8例。

·农产品安全管理·

【农产品质量安全检测】 全年共完成定量检测950批次(其中农业部13批次、省级294批次、杭州市415批次、富阳市本级228批次)，合格率98.80%，完成定性检测26307批次，合格率99.50%以上。

【"三品"基地建设】 全区新申报富阳浙报生态农业开发有限公司等无公害基地10家，富阳厚元生态农业开发有限公司等2家企业的3个产品取得绿色食品认证。至12月底，全区拥有有效期内的无公害农产品169个、绿色食品21个、有机农产品6个。

【放心农产品生产基地建设】 富阳中焕生态农业开发有限公司等10家单位被评为杭州市富阳区放心农产品生产基地。

·农业人才培训·

【农业适用技术培训】 全年共举办农业适用技术培训班43期，培训各类学员3059人次。其中，农业专业技能培训班40期，培训农民2699人;农村实用人才培训班3期，培训农技人员360人。

【农广校中专学历教育】 2013级养殖(畜牧兽医)、种植(现代农艺技术)两个专业79名学员修完教学计划规定全部课程，经考核鉴定成绩合格，顺利毕业。2014级养殖、种植两个专业147名学员在读;新招2015级4个班172名符合条件学员就读，其中畜牧专业(畜禽养殖类)2个班68人、种植专业(水果)1个班65人、种植专业(粮油生产)1个班23人。

【农技人员继续教育培训】 对全区在编农技人员进行以现代农业管理、农业科技创新、生态循环农业和农产品质量安全、农业法律、法规为主题的继续教育，396名具有初级以上专业技术职称的农技人员参加培训并通过业务知识测试。

【新型职业农民培育】 富阳区作为国家农业部新型职业农民培育试点县，在教育培训、资格认定、政策扶持方面继续开展试点工作。择优认定富阳区农业教育培训站、富阳学院、富阳区职业教育中心等3家培训机构为培训示范基地，完成全年生产经营型新型职业农民250人，专业技能型150人，专业服务型100人共500人的培训任务。

·机构改革·

【概况】 根据杭州市《市委办公厅市政府办公厅关于印发〈杭州市富阳区人民政府职能转变和机构改革方案〉的通知》(市委办发〔2015〕47号)精神，富阳区撤销了农业局、林业局，组建杭州市富阳区农业和林业局(简称区农林局)。

2015年9月，区政府办印发杭州市富阳区农业和林业局主要职责内设机构和人员编制规定的通知（富政办〔2015〕70号），明确区农林局是主管农业和林业工作的区政府工作部门，内设办公室、组织人事科（挂离退休干部管理科牌子）、计划财务科、政策法规科、科技教育科、行政许可科、农产品质量安全监管科、产业发展科、营林生产科、森林资源科等10个科室和1个直属行政机构即区森林公安局。

区编委会印发《杭州市富阳区农业和林业局所属事业单位机构改革方案》的通知（富编〔2015〕34号），农林局下设杭州市富阳区农业技术推广中心、杭州市富阳区渔政管理所（浙江渔业船舶检验局富阳检验站与其合署办公）、杭州市富阳区农业机械监督管理站、杭州市富阳区畜牧兽医局（挂富阳市动物卫生监督所牌子）、杭州市富阳区植物检疫所、杭州市富阳区农业行政执法大队、杭州市富阳区种子管理站、杭州市富阳区森林和野生动植物保护管理总站（杭州市富阳区木材运输巡查大队与其合署办公）、杭州市富阳区林场等9家事业单位。

“区农业技术推广中心”内部也进行了合理整合，合并蚕桑站、水果站、茶叶站，组建经作站；合并粮油站、蔬菜站，组建农作站；合并植物保护站、土壤肥料站，组建植保土肥站。

机构改革后农林局有10个行政科室，1个直属行政机构；下属9个事业单位。总计有行政编制32名，工勤编制3名，公安专项编制14名，事业编制235名。

2015年9—10月，区农林开展第一轮中层干部竞聘上岗一般干部职工双向选择工作，通过报名、竞岗演讲、民主测评、组织考察等工作程序，新聘57名中层，其中有1名新任中层正职、3名新任中层副职。根据工作需要，有33名一般干部进行了岗位调整。12月，组建新的农林局基层党组织，设总支1个，基层支部22个。（骆东亮）

·防汛抗旱防台·

【防汛抗旱监督管理工作】 2月，开始防汛大检查，经过区、乡镇（街道）和村三级20余天的防汛自查、抽查和复查，至3月12日结束。全区共有1836人次参加检查，共检查各类水利工程及涉水建设工程3685处，发现各类安全隐患186处，其中严重影响安全度汛的有23处。区水利部门根据各工程情况制定了详细的度汛措施和要求，并在5月组织全区隐患整改“回头看”，隐患整改率达95%以上。根据省防指和杭州市防指的要求，5月和11月，开展全区洪涝台灾害风险隐患大排查大整治工作，全面掌握全区洪涝台灾害风险隐患。对照应急抢险的实际和省防汛物资储备定额的要求，做好抢险物资储备工作，储备防汛草包10万只、编织袋2万只、麻袋18万条、土工布5000平方米、铁锹1200把、1500套合金笼、救生衣2000件、木桩100立方米、块石3000吨等。11月，在富春江管理处的新桐管理点储备块石5000吨。

【雨水汛情】 雨情　据统计，2015年汛期全区平均降雨量1729毫米，比历年平均值978毫米多751毫米，降雨主要集中在4月、6月、7月，其中7月雨量为399毫米。2015年梅雨期长，且梅雨量偏多。2015年入梅时间为6月7日，出梅时间为7月12日。比常年偏早6天入梅，迟5天出梅，梅雨期35天。梅雨量为497毫米，约是上年梅雨量（2014年168.40毫米）的3倍，历年平均的200%（历年平均为261毫米），其中单站最大日雨量为骆村站，时间为7月11日，雨量为115毫米。2015年，影响富阳区的台风主要是9号台风“灿鸿”。

水情　2015年6月19日富春江发生1次小洪水，富春江电厂最大流量9800立方米/秒，富阳站最高水位7.55米。各月平均水位基本接近上年，但受降雨影响，6月、7月平均水位明显高于历年平均。富阳站最低水位2.75米，出现在9月24日。

灾情　2015年汛期，洞桥、万市等5个乡镇（街道）共计1.23万人受灾，倒塌房屋25间，因灾转移0.65万人次。全区洪涝台旱直接经济损失2310万元，其中：农作物受灾0.29万公顷，经济作物损失530万元；农林渔业直接损失360万元；因灾停产工矿企业25家，道路中断13条次，供电中断16条次，通讯中断3条次，工业交通运输业直接经济损失260万元；因灾损毁堤防36处5.30千米，冲毁堰坝16处，水利直接经济损失620万元。全区无人员因灾死亡。

【基层防汛体系建设】 2015年，加强非工程措施建设，开展基层防汛防台体系规范化建设，建立健全区、乡、村三级防汛防台的组织责任、应急预案、监测预警、安全避灾、应急救援、宣传培训和运行保障等体系。达到“组织健全、责任落实、预案实用、预警及时、响应迅速、全民参与、救援有效、保障有力”的规范化要求。

·水利管理·

【水利工程质量与安全监管】 加强对施工企业安全生产、工程质量和市场活动的监管，开展水利安全生产检查44次，检查在建水利工程128次，累计发出质监纪要及整改意见54次，落实整改54次，发现隐患35处，整改落实35处。对在建水利工程进行了“飞检”第三方检测，检测工程实体质量，38个工程检测了包括土方工程、混凝土工程共80余组试块，约谈施工及监理企业13家。开展了“安全生产月”以及安全生产大检查活动，抓好小水电安全生产工作。开展了农村水电站安全生产标准化建设，岩石岭一、二级电站顺利通过安全生产标准化建设达标验收。2015年，全区水利建设领域未发生质量和安全责任事故。

【水利工程质量培训、管理工作】 开展水利工程施工现场质量管理培训，主要针对所有富阳备案施工企业、本地施工企业及现场监理人员，参加培训人员197人；开展小型水利工程施工人员培训，主要针对微小型且结构简单的水利工程的施工人员的培训，参加培训人员404人。培训过程中邀请具有现场施工、监理等管理工作经验的人员授课。修改《杭州市富阳区水利施工企业管理办法(试行)》，细化管理内容及处理条款。

【水利工程运行管理】 2015年，全区列入区级管理经费补助的工程主要有：152座中小型水库、136座重点塘坝和500余座一般塘坝；防洪标准5～50年一遇的富春江防洪堤189千米；489处农村饮用水工程，20余座农村水电站等相关水利工程安全管理等工作。汛前抓好安全度汛工作，明确各工程度汛措施，落实责任人，做好隐患工程处置。抓好堤防安全管理，按季度组织开展堤防考核工作，对考核结果核实通报。抓好水电站安全运行，及时落实各个水电站的安全管理责任人和防汛安全责任人，做好水电站专项检查工作。做好山塘水库管理，开展水库塘坝管理工作情况考核金和明察暗访工作，充分运用考核制度及资金手段有效提升工程运行管理水平。

【岩石岭水库运行管理】 2015年，岩石岭水库一、二级电站实现安全经济运行，其中一级电站三机累计运行11176小时，二级电站三机累计运行10991小时。全年共计发电1488余万度，实现产值739余万元。按照电站安全生产标准化的要求，做好一、二级电站创建工作，通过杭州市林水局和富阳区水利水电局组织验收，均达到Ⅱ级标准。

【皇天畈排涝站运行管理】 2015年，皇天畈排涝站全年组织4次试运行，4次排涝运行，总计38台次，运行总时间为133.50小时。排水量为961万立方米，排涝工作主要受外江高水位影响，通过排涝有效解决城市内涝问题。落实皇天畈区域内水利工程管理责任制，将南北渠堤防、水闸、泵站的管理、养护、维修责任落实到人，签订各类工程管理责任书35份。全年组织水政巡查80次240人次。

【强化河道配水职能】 鹿山翻水站全年基本保持在12个流量以上配水，基本满足农业灌溉和城市景观用水需要，全年累计运行250天5953小时，耗电量293万千瓦时，提富春江水总计约1.29亿立方米，太平浦泵站配水量300万立方米，新桥泵站根据水质情况适时进行配水。城区河道水体更换频率加快，太平浦通过清淤和延长配水时间，水质改善明显，基本消除黑臭河现象。根据河长单位要求，对四号渠彩虹桥至三根桥段河道进行河床平整、两侧迎水面进行建筑垃圾清理清运，水环境面貌明显改善。

【实施富春江城区段河道保洁】 2015年，实施富春江富阳城区段河道保洁，由浙江省钱塘江海塘物业管理有限公司承包，根据《富阳区富春江河道保洁长效管理考核办法》相关保洁要求对保洁工作进行考核，考核采取巡查队日常巡查与考核小组月度考核相结合方式。保洁范围从富春江中埠大桥至新沙岛下嘴口，长约15.80千米，保洁面积15.30平方千米。从2015年4月起至2015年12月底止。全年保洁公司共出动保洁人员次数8800余次，打捞塑料泡沫、杂树、杂草等浮游垃圾1987.70吨，打捞动物尸体94具。

【“三江两岸”整治工作】 配合区“三江两岸”生态办完成灵桥区块拆除码头的签约工作，并做好后续码头拆除清空工作。同时严格按照“三江两岸”砂场拆除整治要求和标准，配合做好灵桥、春江、鹿山、新桐、场口、里山辖区内砂场码头拆除清空验收工作，把好清空验收关，共完成10余家码头的清空验收工作。完成新桐乡拆除码头景观化绿化工程一、二标施工任务，完成富春江远程视频监控系统建设工作，并投入运行。完成渌渚江整治方案的制订工作。

·水利建设·

【概况】 2015年，全区水利建设共安排水利资金2.60亿元（包括中央及省市补助9000万元），总共450处工程，其中续建项目273处，新建项目177处。新建项目主要有水库除险加固3座，万立方米以上塘坝除险加固33座，重要溪堤加固10千米，农村河道整治20千米，排涝闸站更新改造2座，农村饮水安全提升工程18处，“五小水利工程”小型项目63处。至2015年底，累计完成投资3.05亿元，完成补助资金拨付2.45亿元，补助资金拨付率94%。

【继续开展“五水共治”水利建设】 2015年年初，区水利水电局向乡镇、街道下达富阳“五水共治”防洪水、保供水、抓节水年度工作计划，全年全区完成“五水共治”水利总投资79900万余元。治污水，完成万市镇众缘村南新溪农村河道整治等项目26处25.70千米，累计完成投资1616万元。防洪水，完成富春街道南塘龙水库等水库除险加固项目13处，完成投资3542万元；完成第六批中央小农水重点县山塘加固32座，完成投资2650万元。排涝水，完成扩排省级重点工程受降闸、青云桥闸、鹿山闸除险加固工程投资5000万元。保供水，完成银湖街道唐家坞供水工程等农村饮用水提升工程6处，完成投资689万元，受益人口7896人。抓节水，因地制宜推广农业节水灌溉技术，完成新增喷微灌面积229.33公顷，新增旱涝保收面积820.80公顷，新增（扩大）灌溉面积246.67公顷，新增和改善灌溉面积862.80公顷，完成农村渠道改造长度89.92千米。各项指标均超额完成目标任务。

【大源溪综合整治工程（二期）】 综合整治工程（二期）工程分8个标段，其中4标段为材料标。5、6标段（堤顶及绿化）完成总工程量的98%，7、8标段（桥梁工程）完成总工程量的100%。水利部分堤防加固1、2标段工程量基本完成；3标段东升排涝站建安工程基本完成，新建排涝站因政策处理未动工，总工程量约完成50%。二期工程2015年完成投资约5300万元，工程累计完成投资8098万元。

【千岛湖配水工程】 按照《杭州市第二水源千岛湖配水工程富阳段政策处理工作包干协议》，经富阳指挥部及沿线乡镇（街道）的努力，我区全面完成千岛湖配水工程（富阳段）征借地政策处理工作（征地11.41公顷，借地80.04公顷），工程如期开工。

【富春江治理工程】 富春江治理工程2015年完成投资45200万元，至2015年底，累计完成堤防加固10.80千米。港东堤、程坟堤、中柏堤、包家淇堤基本完成主体工程；先期启动的8段堤防完成总工程量的75%。

·水政执法·

【水政执法队伍建设】 2015年，组织新任水政监察人员参加水政监察证、行政执法证的培训及考试，选派执法人员参加省、杭州市组织的其他专项培训、水政执法办案技能竞赛等，按要求完成2015年全省水利系统干部职工法律法规知识学习和考试。健全落实各项管理制度，推行服务承诺公示制度，落实行政执法人员资格认证制度，推广网上办案系统建设。

【落实最严格水资源管理制度】 按照《富阳市最严格水资源管理实施工作方案》，落实全年各项工作。抓好水资源费计量征收，2015年，全区各自备取水户已基本安装取水计量设施，纳入统一监管平台，重点做好取水监管平台和取水计量设施的维护以及新版水资源管理系统平台数据录入工作。水资源费征收实行半年度收费，征收水资源费865万元。落实取水许可制度，全年共注销关停企业取水许可证39本，新办取水许可证1本。开展11个水质监测点水质监测和测流工作；开展农村饮用水水源水质监测工作，总体监测结果良好。

【水政执法与富春江采砂管理】 继续开展采砂制砂专项集中整治活动，编制完成《富阳市采砂制砂专项整治行动方案》，布置采砂专项整治。富春江富阳段进行水政巡查3300多次，13200多人次；处理水事案件26件，其中立案查处案件4件，罚款10万元，没收非法所得9100万元，累计暂扣非法采砂作业工具180天。开展乡镇河溪道水政巡查192次，现场纠违49次，查处违法水事案件15件，立案处理8件，暂扣非法作业工具7件。处理来人来访、来信举报、电话投诉84件。

·水利科技与宣传·

【水利宣传】 2015年"3·22"世界水日宣传主题是"水与可持续发展"(Water and Sustainable Development)，中国纪念2015年"世界水日"和"中国水周"活动的宣传主题为"节约水资源，保障水安全"。3月22日上午，在秦望广场开展以纪念"世界水日"和"中国水周"为主题的宣传活动，活动内容包括：专家现场咨询、主题宣传图板展示、分发水法规资料和节水倡议书、赠送主题宣传纪念品等。现场发放《中华人民共和国水法》《中华人民共和国防洪法》《中华人民共和国水土保持法》《浙江省河道管理条例》《浙江省水土保持条例》及《水法律法规摘录》等小册子1000余份、节水倡议书500份、节水宣传纪念品2000余份，展出宣传图板15块。水政执法、水资源管理、水利审批等方面专家20余人为现场市民提供咨询，40余人到现场参与志愿宣传服务。与富阳人民广播电台合作，在3月12日至3月23日的"下班路上"节目中宣传有关"世界水日"的内容；在《富阳日报》上刊登有关"世界水日"和"中国水周"相关的报道，并连续2期全文刊出《浙江省水土保持条例》；通过富阳电视台播出有关"世界水日"和"中国水周"宣传的新闻报道。开展节水宣传进校园活动，在富春四小、龙门小学等小学校园中开展节水宣传活动。开展水法下乡入企进社区宣传，继续通过电影下乡活动放映水法规宣传片，2015年在全区7个乡镇230个自然村共放映230场次，累计观影2万余人次。

（戴子洋）

【责任编辑　陈炜祥】

工 业

·综述·

【概况】 2015年，在复杂严峻的国内外经济形势下，工业经济下行压力持续加大，全区工业经济主动适应新常态，围绕“工业兴区”主旨，全年实现规上销售产值1257.80亿元，与上年度基本持平；规上工业增加值187.70亿元，同比增长4.10%；工业性固定资产投资完成151.07亿元，同比增长7.70%；限上信息（智慧）经济主营业务收入达到320亿元，同比增长33.40%，信息经济增加值59.33亿元，同比增长15.30%。

产业结构　在富通集团、富春江集团为首的电子信息制造业产业集聚的基础上，大力建设以电子商务、文创产业、智慧安防为主的信息经济产业平台。信息智慧、生物医药、先进制造等新兴产业加快发展，2015年实现高新技术产业销售产值402.21亿元，占规模工业销售产值比重达到31.10%，传统产业比重进一步下降。

转型升级　2015年，全区规模以上高新技术产业增加值74.35亿元，同比增长14.50%；装备制造业增加值68.61亿元，同比增长12.50%；战略性新兴产业增加值58.14亿元，同比增长11.50%，分别居七县（市、区）第一位、第一位和第二位。全区规模以上工业实现新产品产值420.05亿元，同比增长11.20%，居七县（市、区）第二位，新产品产值率为33%，较同期提高3.80个百分点。

节能降耗　全区高耗能行业占比不断下降。2015年，全区五大高耗能行业实现销售产值680.20亿元，同比下降3.40%，低于规上工业销售产值增速3.40个百分点，占规模以上工业销售产值的比重由上年同期的54.50%降为52.60%，下降1.90个百分点。1月到11月，连续11个月，富春江水质考核都为优秀，为四年来的第一次。

【工业企业】 全区共有规模工业企业665家，其中产值超百亿元企业1家，50亿～100亿元企业1家，20亿～50亿元企业8家，10亿～20亿元企业11家，上市企业4家，6家企业“新三板”挂牌，6家企业进入中国民营企业制造业500强。

【企业效益】 全区一共665家规模以上工业企业，全年实现主营业务收入1243.61亿元，同比下降3.70%。实现利税94.62亿元，同比下降3.40%；实现利润59.15亿元，同比下降6.30%。

【科技创新】 全区杭州市级以上高新技术企业研发中心97家，其中省级以上35家。全区累计被认定高新技术企业193家，其中国家级115家（全年新增19家）。规模以上高新产业工业销售产值402.21亿元，增长6%；规上新产品产值420.05亿元，增长11.20%；新产品产值率33%。全年组织实施科技计划项目203项，其中国家级9项，省级103项。全年申请专利2800项，授权2200项。“华鹰控股”“海正药业”“富生电器”分别作为省级船舶、现代医药产、工业信息工程技术创新综合试点企业，并被授予首批重点产业企业研究院。

【大力培育信息经济】 在富通集团、富春江集团为首的电子信息制造业产业集聚的基础上，大力建设以电子商务、文创产业、智慧安防为主的信息经济产业平台。颐高圣泓、天鸿文创园、留学生创业园、开发区创新中心已建成并开始二次招商，天安·富春硅谷、浙大网新处于招商阶段，银湖科技园建设中。至2015年底，签约并建设中的有大华智慧物联网产业园、京东杭州电子商务产业园、东箭电商园等项目。

【开展招商引资】 根据各大工业平台的发展定位，实施差异化招商策略。先后组织小分队赴上海、西安等地进行敲门招商，拜访行业龙头企业10余家，结识一批目标客户，储备一批意向项目，大连华立金港药业有限公司、东莞市胜源纸品有限公司在谈，杭州云度新材料技术有限公司、省机器换人产业联盟基金正式签约落户富阳。

【3家企业入围全国民营企业500强】 8月25日，全国工商联在北京公布2015中国民营企业500强。入围2015中国民营企业500强的3家富阳企业中，富通集团有限公司排名第213位，营业收入206.68亿元；浙江富冶集团有限公司排名第219位，营业收入201.19亿元；浙江富春江通信集团有限公司位列第358位，营业收入129.50亿元。入围该榜单的富阳企业与上年相比同为3家，排名略有提高。

【6家企业入围中国民营企业制造业500强】 8月25日，全国工商联在北京公布2015中国民营企业制造业500，富阳6家企业入围。入围2015中国民营企业制造业500强的6家企业中，富通集团有限公司排名第132位，浙江富冶集团有限公司排名第137位，浙江富春江通信集团有限公司排名第216位，浙江华达集团有限公司排名第416位，浙江永正控股集团有限公司排名第442位，浙江飞虹通信集团有限公司排名第450位。入围该榜单的富阳企业数量与上年相比同为6家。

【4家企业入围中国电子元件百强企业】 6月24-26日，中国电子元件行业协会第七届第三次理事会暨2015中国电子元件产业峰会在常州举行，会议同时举行“2015年（第28届）中国电子元件百强企业”表彰仪式。“富通集团”“富春江通信”“富生电器”“日月电器”等4家企业入榜中国电子元件百强企业，分列第2、第12、第33和第49位。

·有色金属冶炼及压延加工业·

【概况】 有色金属冶炼及压延加工业（主要铜业）是富阳区特色产业，已有50年历史，近年来，随着铜冶炼加工的迅速发展，富阳已成为全国最大的废铜集散地和再生冶炼基地之一。2015年，全区有色金属冶炼及压延加工业规上企业29家，从业人员3615人；实现工业产值294.94亿元，占全区规上工业总量的23.20%。实现利税12.13亿元。工业产值已超过造纸，跃居为第一大产业。浙江富冶集团有限公司、杭州富阳申能固废环保再生有限公司荣获富阳区2015年度“十大功勋工业企业”称号；行业内的浙江富冶集团有限公司、富阳申能固废环保再生有限公司、杭州中旺实业有限公司入选富阳区2016年度（核实）“三名企业”名单；富阳市大邦铜业有限公司、富阳市金源铜业有限公司入选富阳区2016年度（核实）重点企业名单。

【“富冶集团”连续8年跻身中国制造业企业500强】 12月，由中华全国工商业联合会、中国企业家联合会分别发布的“中国民营企业500强”和“中国制造业企业500强”榜单中，浙江富冶集团有限公司以201.19亿元的销售业绩获“中国民营企业500强”第219位、“中国制造业企业500强”第296位，是该公司连续9年蝉联中国民营企业500强；连续8年跻身中国制造业企业500强。

【“富冶集团”业绩创历史新高】 2015年，富冶集团在经济形势遇冷、产品价格大幅下跌、人民币贬值对原料进口带来较大影响的不利环境下，克服困难，较好完成全年生产经营目标任务。至2015年底，电解铜产量首次突破20万吨，达到22.22万吨，黄金产量首次突破10吨，创富冶集团历史最好水平；全年集团实现工业销售产值210.10亿元（请核实），实现利税8.58亿元。

【“富阳申能固废”名列工信部公布国家再生利用重大示范工程】 12月21日，工信部公布国家资源再生利用重大示范工程，旨在促进工业转型升级，推动制造业绿色发展，培育新的经济增长点，探索再生资源产业发展新机制、新模式，提高再生资源行业整体水平。此次公示的名单包括85个示范工程，示范项目选择范围包括废钢铁、废有色金属、废旧轮胎、废塑料、废油、废旧纺织品、建筑废弃物、废弃电器电子产品、报废汽车等资源再生利用，富阳申能固废环保再生有限公司"年再生利用废铜20万吨示范工程及其配套工程"名列其中。

·造纸及纸制品业·

【概况】 造纸行业是全区的传统产业，也是重要支柱产业之一。主要产品有涂布白板纸、牛皮箱板纸、瓦楞纸、卫生纸、宣纸、特种纸等30多大类100多个品种。2015年，全区造纸企业规模工业企业119家，从业人数20893人。完成机制纸及纸板产量564.20万吨，实现工业总产值206.25亿元，实现销售产值205.98亿元，分别比上年增长0.10%和1.30%；实现利润9.41亿元，同比下降8.90%。行业规模企业经济总量占全区规模企业工业经济总量的16.40%，位列各大行业第二位。杭州灵泰纸业有限公司、富阳万华纸业有限公司荣获富阳区2015年度"十佳成长型企业"称号；浙江金东纸业有限公司、浙江高阳纸业有限公司、杭州富阳金昌纸业有限公司、富阳市高成纸业有限公司荣获富阳区2015年度"精细化管理示范（优胜）企业"称号；杭州特种纸业有限公司荣获富阳区2015年度"企业专利大户"称号；浙江鸿昊控股有限公司、浙江三星纸业有限公司、浙江新胜大控股有限公司、浙江永正控股有限公司、浙江春胜控股集团有限公司、杭州三星纸业有限公司、浙江华鑫纸业有限公司等企业被列入富阳区2016年度"三名企业"。

造纸产业通过产业结构调整、环境污染治理、集成整合等方式，形成了在全国具有重要地位的造纸产业集群。集群示范区在空间上形成高度集聚的发展态势，春江、灵桥、大源3个乡镇（街道）成为集群的重要发展空间，占地1340公顷。园区内外设立通关口岸，配置物流、造纸化工、造纸装备等相关产业，产业集聚度明显提升。已拥有"中国白板纸基地""中国百佳产业集群"、省重点布局的25个循环经济试点基地之一、浙江省块状经济向现代产业集群转型升级示范区等称号。

【实施造纸企业大集团组建】 为继续深入推进造纸行业整治提升工作，促进造纸行业可持续发展，富阳区启动造纸企业大集团组建工作。按照资源集团配置、土地集约利用、产业集群发展的要求，有效整合江南新区内春江街道、灵桥镇、大源镇三个造纸工业园区空间资源、土地资源、基础设施配套资源，为造纸大集团发展提供空间。通过企业间兼并重组，重点扶持打造3～5家百万吨级造纸大企业集团，做大规模、做优资产、做精产品、做响品牌、做强竞争力，形成骨干龙头企业带动、公共研发和服务平台支撑、配套产业协调发展的现代造纸产业集群。全年组建永正控股、春胜控股集团、鸿昊控股3家造纸集团。

【富阳第一家单一股东造纸集团成立】 12月，浙江春胜控股集团有限公司成立，该公司年审批产能100.80万吨。该公司采用收购形式组建，由春胜控股集团收购杭州春胜纸业有限公司、富阳市春胜纸业有限公司、富阳市春森纸业有限公司、杭州华胜纸业有限公司、浙江华远纸业有限公司、浙江众意纸业有限公司、杭州众意纸业有限公司、杭州富泰飞凤纸业有限公司等8家造纸企业股权，是富阳第一家单一股东造纸集团。春胜控股集团与子公司之间是以资本为纽带的母子公司关系，按照公司法的有关规定，建立母子公司体制。

【年产10万吨高档生活用纸项目启动】 11月13日，富春江集团与东顺集团合作年产10万吨高档生活用纸项目在富春环保造纸地块举行启动仪式。山东东平县县委书记赵德健、富阳区委书记姜军、区长黄海峰、东顺集团董事长陈树明、富春江集团董事局主席孙庆炎、中国造纸协会生活用纸委员会副秘书长林茹六人以按球的形式正式启动项目。富春环保·东顺集团年产10万吨高档生活用纸项目是由浙江富春江环保热电股份有限公司和国内知名生活用纸生产企业山东东顺集团共同出资新建，打造富阳区造纸转型升级示范项目。项目计划建设年产10万吨高档生活用纸，建设地址位于富阳区江南新区造纸工业功能区，厂房面积近6万平方米，总投资超6亿元。项目采用国际一流纸机、全自动后加工生产线，产品包括卷纸、面巾纸、手帕纸、盒巾纸、擦手纸、卫生纸等系列。

【浙江鸿昊控股有限公司设立完成】 12月11日，浙江鸿昊控股有限公司设立完成，成为富阳第三家造纸大集团。鸿昊控股集团由金东纸业、东大纸业、远大纸业、高阳纸业、飞马纸业、涌金纸业、高成纸业等7家造纸企业发起成立。共涉及重组企业11家，其中一级子公司8家，二级子公司3家。重组而成的鸿昊控股有限公司，总资产46.30亿元，净资产14.60亿元，职工2880人；银行融资额度28亿元；总审批产能为106.20万吨，其中新兼并重组审批产能为76.20万吨；土地总面积58.67公顷，其中连片土地面积25.93公顷。

·电气机械和器材制造业·

【概况】 电气机械和器材制造业是富阳区传统优势行业，在全区工业总量的比重达到15.60%。随着4G牌照发放，通信行业持续快速发展。2015年，全市电气机械和器材制造业共实现规上工业产值198.42亿元，增长24.70%；规上工业销售产值196.68亿元，增长25.70%；利税总额12.40亿元，增长19.90%；其中利润总额90.24亿元，增长23.50%。富阳光通信产业各类产品的产量和市场份额均占有较大比重，尤其在光纤预制棒、光纤光缆领域。2015年，“富通集团”“富春江集团”再度位列“中国民营企业500强”和“中国制造业500强”，继续成为“中国电子元件百强企业”和“中国电子信息百强企业”。“富通集团”光纤、光缆产品（含海外）市场份额位列全球第二位。

【省委统战部副部长楼炳文调研“富通集团”】 6月5日，中共浙江省委统战部副部长楼炳文一行到“富通集团”调研非公有制企业统战工作，了解非公有制企业党外知识分子的作用发挥情况。楼炳文一行专门听取富通集团党委统战部的工作情况汇报，详细了解富通集团的经营发展、党建工作以及统战部、党外知识分子发挥作用等方面情况。楼炳文对富通集团党委统战部充分发挥党外代表人士的优势给予了肯定。

【“富通集团”参与发起设立“浙民投”】 4月7日，由浙江省工商联牵头组织，包括富通集团在内的浙江省8家大型民营龙头企业以及国内最大的基金公司之一工银瑞信，共同发起成立的浙江民营企业联合投资股份有限公司（以下简称“浙民投”）召开创立大会。省工商联副主席、集团董事局主席王建沂作为“浙民投”主发起单位负责人出席创立大会，并参加“浙民投”创立大会之后的媒体见面会。创立大会前，浙江省委副书记、浙江省人民政府省长李强还会见了包括省工商联副主席、集团董事局主席王建沂等在内的“浙民投”发起单位负责人。

【“富通集团”入围“富阳十大智慧经济事件”】 9月11日，由富阳区人民政府、杭州日报报业集团联合举办的“2015杭州（富阳）智慧产业发展高峰论坛”开幕。浙江省科技厅厅长周国辉作为特邀嘉宾，在发言中分析了当前富阳的资源、环境和富阳发展智慧产业的优势所在。富通集团成为浙江省最大的电子信息制造企业，入围“十大智慧经济事件”。

【“富通集团”董事局主席王建沂出席世界浙商大会】 10月25日，以“创业创新闯天下、合心合力强浙江”为宗旨，以“经济新常态、浙商新机遇”为主题的第三届世界浙商大会在省人民大会堂举行。2000余名海内外浙商代表汇聚一堂，共话桑梓之情，共谋发展大计。浙江省委书记、省人大常委会主任夏宝龙致辞，浙江省委副书记、省长李强作主旨演讲，浙江省委副书记王辉忠主持大会。“富通集团”董事局主席王建沂出席大会，并作为浙商总会副会长在主席台就座。开幕式结束后，王建沂还应邀参加了世界浙商论坛第一场对话。

【“富春江集团”董事局主席孙庆炎出席中国电器工业协会电线电缆分会】 5月25日，中国电器工业协会电线电缆分会八届二次理事长工作会议在杭州召开。“富春江集团”董事局主席、浙江省电线电缆行业协会理事长孙庆炎以《坚定信心，持续发展》为题致开幕词。此次会员大会以“服务、机遇、信心、发展”为主题，通过对线缆行业形势分析及发展中存在问题探讨，理性地把握行业的进步和发展，有利于线缆行业和生产企业健康有序发展。

·非金属矿物制品业·

【概况】 非金属矿物制品业是富阳区的传统行业，从生产砖、瓦、生石灰起步，逐步发展成以生产水泥及水泥制品为主，钢结构、彩钢板、幕墙玻璃、新型墙体材料等多品种、高附加值的产品结构。2015年实现规模以上工业销售产值51.79亿元，占全区工业总量的4.10%。行业龙头企业有江丰股份、华达集团、海通能源、金鑫集团、三亚南方水泥和钱潮水泥。金鑫集团和江丰股份成为2015年富阳十大功勋企业。

【上海砂石协会会长王京春一行到“金鑫集团”考察交流】 4月23日上午，上海砂石协会会长王京春一行到“金鑫集团”考察交流。浙江金鑫集团近年来在矿业板块取得战略性突破，在行业内引起较大反响，先后被评为上海砂石行业十大供应商、四大原料供应基地、中国砂石行业先进企业等殊荣。

【“金通爆破”承建生态环境治理工程项目完工】 5月30日，“金鑫集团”旗下的杭州金通爆破工程有限公司承建的富阳区渔山乡富萧界石矿废弃矿山生态环境治理工程完工。该矿为杭州“三江两岸”沿线的废弃矿山之一，按照杭州市有关部门部署，自2013年11月开始对该废弃矿山进行生态环境治理，通过对矿山进行削坡减载等措施消除地质灾害隐患，使边坡保持稳定，同时进行恢复治理与景观再造，减少水土流失，恢复植被，使受损的生态环境得以恢复。

【华达新型材料公司推进“BIS”产品认证】 10月14—15日，印度标准局工作人员到浙江华达新型材料有限公司实地考察，帮助公司推进BIS产品认证工作。随着印度国内钢铁业界以及政府对中国进口钢材的监管的不断加强，印度国内对华钢铁产品的贸易保护形势日益严峻。为保证公司产品在印度市场的份额，“华达新型材料”对照BIS认证规则，以相关标准为准绳，提高产品内控水平，全面完善产品质量体系建设，打破国际贸易壁垒。此次认证共分为5个大项、24个小项，分别对制造设备、检测设备、技术人员等多方面能力严格评估。

【“华达集团”年产100万吨精密冷硬薄板（二期）改扩建项目通过环评审批】 浙江华达新型材料有限公司年产100万吨精密冷硬薄板（二期）改扩建项目，先后经公众参与调查、多轮项目公示、专家评审及环保局领导会议讨论，于10月10日通过环评审批。该项目建设包括一条年产30万吨精密冷硬薄板生产线、一条年产30万吨热镀锌（铝镁）板生产线、一条年产22万吨彩涂板生产线及钢板酸洗液综合利用配套工程。该项目采用更先进、清洁的生产工艺，在扩大生产规模的同时，实现“以新带老”，达到各污染物的减量化和更严格的环保标准。

·机械电子及制造业·

【概况】 机械电子仪表制造业主要包括通用设备制造业、专用设备制造业、汽车制造业、铁路船舶航空航天和其他运输设备制造业、仪器仪表制造业。行业骨干企业有富生电器、金固股份、方圆塑机、美科斯叉车、华鹰控股、三方集团、日月电器公司等。重点发展游艇、微特电机、钢制轮胎、特种叉车、高档弹簧、智能阀门、塑料机械等富阳具有特色的先进装备产品。2015年，全市机械电子仪表行业有规模企业103家，从业人员16367人，实现工业总产值103.62亿元，销售产值99.88亿元。

【“金固股份”分布式光伏发电成功并网】 2015年7月，智慧电能领导者——厦门科华恒盛股份有限公司携手信息产业电子第十一设计研究院科技工程股份有限公司为浙江金固股份有限公司生产建设的分布式光伏发电项目成功并网，并完成验收。该项目的成功并网对厂房的用电需求有较好缓冲。

【“海立股份”并购“富生电器”】 8月10日，已成为

"海立股份"全资子公司的"杭州富生电器"揭牌亮相,"杭州富生"原来的控股法人成为海立股份第二大股东。"海立股份"将与"杭州富生"实现产业协同、资源互补,"海立股份"的制冷压缩机电机年产能合计可达4800万台,将使海立成为全球领先的制冷压缩机电机及微特电机供应商。为支持重组后"杭州富生"主营业务发展,"海立股份"还将募集配套资金不超过3.73亿元,用于"四川富生"高效节能电机建设项目。

【"金固股份"牵手"阿里云"共建汽车云上生态】 4月19日,"金固股份"发布上市公司公告,与全球领先的云计算服务平台阿里云计算有限公司签署《战略合作框架协议》,双方在车联网、智能驾驶、车主服务等方面达成战略合作协议,致力于共建汽车云上生态。

·生化医药制造业·

【概况】 生化医药制造业为全区第五大工业支柱行业,主要包括化学原料及化学制品制造业、医药制造业、化学纤维制造业、橡胶及塑料制品业。2015年,富阳生化医药制造业完成工业总产值127.30亿元,销售产值123.52亿元。全区生化医药制造业共有规模以上企业99家;从业人员13572人,资产总计130.30亿元,实现利润总额8.12亿元。全区生化医药行业重点企业有海正药业富阳基地、浙江中医药大学中药饮片厂、中策橡胶公司、杭州富春江实业有限公司。

【海正生物医药产业园形成】 2015年,海正药业(杭州)有限公司合并营业收入33.29亿元,利税3.79亿元。二期项目完成90%,形成高端生物技术药物、注射和口服制剂及出口原料药等三大业务的生物产业园。园区占地91公顷(其中73.33公顷为低丘缓坡),规划总投资98亿元,累计投入70余亿元。

【富阳区承担国家发改委现代中药高技术产业发展专项项目通过专家组验收】 2015年12月,由浙江中医药大学中药饮片有限公司承担的国家发改委现代中药高技术产业发展专项项目"年产5000吨优质特色饮片的规范化生产和控制应用示范项目",通过了专家组验收。项目总投资6000万元,国家财政补助500万元。

【"海正药业"与国际制药巨头联姻】 2015年7月2日,"海正药业"与"法国赛诺"联手,签署《非约束性合作备忘录》,携手探求糖尿病治疗领域合作,进行胰岛素、胰岛素治疗类似药物及双方同意的其他糖尿病疗法的开发、生产和商业化。2015年9月13日,"海正药业"与"美国陶氏"签署合作备忘录,确定商业化协议主要条款。

【浙江中医药大学中药饮片公司改制】 2015年4月,浙江中医药大学中药饮片有限公司被浙江省国际贸易集团有限公司收购,工商变更时间为2015年4月29号,注册资金700万~1750万元,增加股东浙江汇源投资管理有限公司。

东洲科技园 (区经信局 供稿)

【"中药饮片公司"年产5000吨优质特色饮片的规范化生产和过程控制应用示范项目通过验收】 2015年11月12日，浙江中医药大学中药饮片有限公司承担的国家发改委立项的"年产5000吨优质特色饮片的规范化生产和过程控制应用示范项目"通过验收，项目总投资6000万元。

·轻纺工业·

【概况】 轻纺工业是富阳区传统产业，占全区工业总量1.70%。2015年轻纺行业共实现规上工业总产值21.53亿元，规上工业销售产值21.27亿元。主要产品有棉纺、棉布、丝绸、服装、鞋帽、化纤、玩具、工艺品及各类轻工业品。"金富春"是全国首批取得中国高档丝绸标志使用权的丝绸企业之一，目前企业已通过了ISO 9001：2008质量管理体系认证、ISO 14000：2004环境管理体系、浙江省二级计量检测体系、标准化良好行为AAA等体系的认证和审核。

【《桑蚕丝连白织物》行业标准起草研讨会在金富春集团召开】 9月10日，全国丝绸标准化技术委员会《桑蚕丝炼白织物》行业标准起草小组在金富春大厦召开了《桑蚕丝炼白织物》起草研讨会，会议由全国丝绸标准化委员会秘书长周颖主持，相关专家伍冬平、符颖泓等共7位委员参加此次研讨会并负责行业标准的起草修订工作。研讨会上，与会专家就《桑蚕丝炼白织物》初稿的主要技术内容、技术要求和指标参数进行了广泛认真的讨论，并交换了意见，完成初稿修订。

【"金富春集团"荣获2015年度全省茧丝绸行业统计（市场监测）工作先进集体称号】 2015年11月18日，浙江省茧丝绸协调办公室和浙江省丝绸协会在杭州召开了2015年全省蚕茧丝绸行业统计与市场监测工作会议。来自全省各地纺织行管办、丝绸公司和有关丝绸企业60余人参加了会议。茧丝绸行业统计（市场监测）工作，是政府、企业了解行情的重要途径，是保障茧丝绸行业稳定运行的重要支撑。"金富春集团"荣获"2015年度全省茧丝绸行业统计市场监测工作先进集体"称号。

【"春江轻纺"再次荣登纺织行业百强榜单】 8月14日，中棉行协在协会统计财务会上发布了2014/2015年度棉纺织行业竞争力百强及成长型优良企业测评结果。根据中棉行协《关于发布2014/2015年度棉纺织行业竞争力百强及成长型优良企业测评结果的通知》，春江轻纺排名第36位，成为连续八年进入全国棉纺织行业竞争力百强榜单的企业。棉纺织行业竞争力百强企业测评依据是全国各大企业的生产、经营、技术、管理、品牌、人才及节能减排等多项指标，测评结果可反映综合竞争力以及在行业中的地位，测评综合分数由高到低依次排序。

·食品饮料制造业·

【概况】 全区食品饮料制造业以粮食、蔬菜、竹笋、干果、茶叶、畜禽、水产等加工为主导产业，基本形成"一地一色""一乡一品"的区域格局。行业中的龙头企业有：富春江酒业、杭富罐头、鸿利食品、东吴食品等；全区食品饮料行业实现工业销售产值7.24亿元。

【启动食品安全宣传周】 7月3日，富阳举行省级餐饮服务食品安全示范区（街、单位）授牌暨食品安全宣传周启动仪式。杭州市市场监管局副局长陈魁、副区长裘富水与会并讲话。会议表彰了区省级餐饮服务食品安全示范区、示范街、示范单位及示范学校食堂并授牌。

【炒货食品及坚果制品抽样合格率为100%】 9月22日，浙江省食品药品监督管理局公布2015年第5期食品安全监督抽检信息，本次监督抽检涉及19大类食品。富阳世纪联华超市、富阳百大连锁有限公司三款产品（何字名品多味香瓜子、奶油味香瓜子、原味香瓜子）检测合格，合格率为100%。

·其他制造业·

【概况】 其他制造业指除通信器材、造纸、金属冶炼及制造、轻纺、机械电子、建材、化工、生化医药制造业、体育及食品等10个行业外的制造加工业，主要有木、竹、藤、棕、草制品制造业，家具制造业，玩具制造业，工艺美术品及其他制造业等，产品有桌椅、毛绒玩具、陶瓷、灯具、防水材料、蚊香、砂轮、毛笔等。该类企业家数多、分布广、从业人员多，普遍规模不大，经营内容和方式灵活多变，是全区工业经济最具活力的行业。峡岭湖笔被列为浙江省非物质文化遗产保护项目。代表企业有科艺家私、万汇实业、新南藤竹、嘉裕玩具、导岭毛笔等。（赵心露）

·供电·

【概况】 2015年，全社会用电量为69.35亿千瓦时，同比下降2.54%；全社会最高负荷为103.98万千瓦，同比下降3.58%；综合线损率为2.49%；综合电压合格率为99.71%；城镇供电可靠率为99.97%，农村供电可靠率为99.92%。

至2015年底，富阳电网有500千伏变电所1座，220千伏变电所5座，110千伏变电所24座，35千伏变电所7座，变电总容量达430.80万千伏安(不含500千伏富阳变电站)。富阳共有配变8645台，容量367万千伏安，其中公变4024台，容量115.30万千伏安；专变4621台，容量251.70万千伏安。

2015年度全社会用电构成中，第一产业用电0.28亿千瓦时，占全社会用电总量的0.41%，用电量同比下降1.90%；第二产业用电58.54亿千瓦时，占全社会用电总量的84.41%，用电量同比下降4.34%；第三产业用电4.42亿千瓦时，占全社会用电总量的6.38%，用电量同比增长12.50%；城乡居民生活用电6.10亿千瓦时，占全社会用电总量的8.80%，用电量同比上升6.04%。(2015年全社会用电量、用电性质构成见表7)

【特(超)高压电网建设】 服务“外电入浙”战略实施，依托政府主导、各级联动、社会参与机制，完成国家重点工程±800千伏灵绍直流特高压工程富阳段立塔架线工作，完成500千伏浙中送出、萧浦至凤仪、昇光变送出220千伏荷花线工程，打通富阳与杭州大网受电通道，增加了富阳约45万千瓦的受电容量，全区最大供电能力提升了28.10%。

【主网项目建设】 优化完善主网网架结构，实施电网项目攻坚行动，集聚力量推进攻关，220千伏龙星变、110千伏后周变等一批重难点项目取得突破；投运110千伏永春输变电工程、110千伏东洲线，开工建设110千伏高桥、里渔输变电工程，累计新增主网容量13万千伏安、110千伏线路13.21千米，增强灵桥镇、东洲街道、里山镇、渔山乡等区域供电能力。

2015年全社会用电量及用电性质构成

表7

用电分类	2015年用电量(万千瓦时)	构成比例(%)	2014年用电量(万千瓦时)	增长率(%)
全社会用电量	693451.65	100.00	711554.59	-2.54
全行业用电量	632411.18	91.20	653989.44	-3.30
其中：农、林、牧、渔业	2831.88	0.41	2779.11	1.90
工业	577120.06	83.22	604889.86	-4.59
建筑业	8249.30	1.19	7023.02	17.46
交通运输、仓储、邮政业	2049.93	0.30	2034.01	0.78
信息传输、计算机服务和软件业	2934.86	0.42	2345.14	25.15
商业、住宿和餐饮业	15860.83	2.29	14816.24	7.05
金融、房地产、商务及居民服务业	7737.62	1.12	6694.54	15.58
公共事业及管理组织	15626.70	2.25	13407.52	16.55
城乡居民生活用电量	61040.47	8.80	57565.15	6.04
其中：城镇	26225.64	3.78	25044.71	4.72
乡村	34814.83	5.02	32520.44	7.06

【制定电网三年攻坚计划】 开展富阳电网供电能力专项研究分析，针对性制定电网三年攻坚计划及“十三五”电网规划，全面细化电网工程实施进度，计划三年内新建扩建110～220千伏变电站9座、110千伏线路工程10项，新增主网容量118万千伏安、110千伏线路88.56千米，完成165个村、500个台区电网改造升级，全面优化电网网架结构，解决局部区域供电能力不足问题。

【电网运行及检修工作】 合理安排富阳电网运行方式，加强调度控制管理，全年电网运行保持平稳。深挖供电潜力，完成418项电网技改大修项目，有效分流负荷，重载设备线路数量下降40%。综合实施110千伏富鹿变等66项检修任务，减少停电时户数3.76万户。推进农配网补强，新建改造供电台区326个、线路644千米，新增配网容量8.40万千伏安。

【启动新一轮城镇和农村电网改造升级工作】 2015年8月，国网浙江杭州市富阳区供电公司落实国家电网公司开展新一轮城镇和农村电网改造升级工作要求，启动富阳区新一轮城农网改造升级工作，计划投资3.37亿元，新建改造线路542千米，新增配网容量4.20万千伏安，推进富春、东洲、银湖、新登、场口等区域电网升级，新登小城市、富春山居精品示范线路等线路入地改造，万市、洞桥、常绿、胥口、渌渚等偏远农村网架升级补强工作。

【完成农村农用电力线路改造移交工作】 2015年6月24日，富阳区276个村农用电力线路改造移交全部完成。2年时间，富阳区共投资1.62亿元，拆除老旧线路1370千米，新建线路1030千米、改造电力台区1200余个，农用线路故障率较改造前下降15%。同步推进农户漏保补装，完成安装6.92万台，覆盖率由79.50%提高至96.50%。《富阳区深化农村电网升级惠及“三农”发展》工作专报获副省长黄旭明、杭州市副市长戚哮虎批示肯定。

【电力营销】 制定用户用电业扩办理提速提质方案，办电时间同比压缩30.86%。大力推进电能替代，完成增售电量1.28亿千瓦时，减少电量下滑2.24个

农村电网改造现场　　（国电富阳分公司　供稿）

百分点。完成富阳5家自备电厂关停接电，每年可增售电量1.35亿千瓦时。开展电费抄核收、业扩报装等5类、102次现场稽查，整改问题1149个，追补电费(含违约)115.29万元。实施高风险企业动产抵押，运行远程费控用户7897户，新上高压用户担保率达100%，居民用户银行代扣率达80%。

【重点项目用电保障】 根据富阳区项目攻坚方案，制定《国网浙江杭州市富阳区供电公司服务“六个一批”电力配套实施意见》，完成富阳区第一人民医院、高教园区、“111”人防工程等13项电力配套任务。建立富阳区经济开发区“113”对接服务机制，畅通绿色通道，精简业务办理程序，动态跟进浙报数据中心、大华物流网等项目用电需求，相关工作获得富阳区委副书记、区长黄海峰2次批示肯定。

【出台电力政策】 2015年4月2日，富阳区出台《富阳电网安全供电预警调控方案》，提升电网安全可靠性。2015年7月8日，富阳区出台《杭州市富阳区供用电安全管理办法》，是省内首个地方性电力安全政策办法，建立了经信局、安监局、供电公司和用电

客户“3+1”联动的电力安全隐患排查治理机制。

【供电服务建设】 主动服务经济发展，实施“组团式”“点对点”服务55次，开展镇所对接112次，收集解决问题33项。深入开展供电服务整治提升专项行动，发放企业用电建议书61份，节约电费开支310万元；发放居民用电优化建议书10万份，提供便民服务132起；整治老旧表箱2.83万只；完成22家危化品企业、1.20万户出租房隐患排查；改造背街小巷线路12.10千米。配合富阳区政协民主评议富阳区供电公司“三服务”工作，开展“百日零投诉”服务提升活动、“走进电网、感知电网”等活动，完成“灿鸿”台风等应急保障，获得富阳区区委书记姜军批示肯定，国网浙江杭州富阳区供电公司2015年度社会评价位列单列考核单位第3位。

【重要活动保供电工作】 进一步完善专项保供电机制，建立各重要场馆电力专项档案，细化保供电应急预案，派驻应急发电车、抢修队伍现场值守，确保了抗日战争胜利70周年暨受降厅开馆仪式、富阳区“两会”、富阳区中高考、安顶山茶文化节、龙门风情节等42项重要活动保供电工作万无一失。

【新能源发展】 落实国家节能减排政策，助推清洁能源发展，精简分布式光伏发电并网受理业务，完成国内最大企业屋顶保利电梯光伏项目、金固光伏项目等并网，光伏总装机容量达8620千瓦。按照富阳区政府要求，投资5500万元，完成5家自备电厂区域电网改造，全部完成关停及改接通电工作。

（王建炜）

【责任编辑　陈炜祥】

国内外贸易及口岸监管

·综述·

【**概况**】 2015年，全年实现社会消费品零售总额198亿元，同比增长16%，增幅高于杭州市平均增幅4.20个百分点，社会消费品零售总额增幅7区县市排名第一；限上批零住餐销售额364亿元，同比增长8.70%，完成年计划106.60%；商品交易市场成交实现133亿元，同比增长10%，其中消费品市场104.20亿元，增长10%，生产资料市场28.90亿元，增长9.80%。全年实现服务业增加值285.89亿元，同比增长(按可比价计算，下同)16.20%，高于全区GDP增速6.90个百分点，比一产、二产分别高出14.30个、10.50个百分点，拉动GDP增长5.90个百分点，对GDP增长贡献率达到63%，三次产业结构由上年6.60:52.70:40.70调整为6.60:49:44.40

【**传化“路港快线”平台开辟物流快时代**】 3月27日上午，富阳传化公路港“路港快线”平台正式启用。传化公路港2014年10月10日试运营以来有近200家物流相关企业入驻，集聚50条零担快运专线，覆盖全国30个省市，直达50个城市，途径超过200个城市，实现进出动态车量8万余辆。传化公路港“路港快线”平台利用先进的信息技术和物流管理，对来自制造业、商贸业、第三方物流和社会车辆等方面的货运、车源信息进行整合和处理，为物流双方提供便捷、安全、高效的交易方式，实现运往同一城市的多家货源集聚、配载，一车发放，降低物流企业运营成本。全年物流平台营销额8亿元。

【**区委书记姜军对跨境电商和招商引资工作提出要求**】 4月30日，区委书记姜军、副区长裘富水专题听取商务局关于跨境电商和招商引资工作报告。电子商务产业已成为富阳新一轮经济发展强有力的引擎。国内电商方面，2014年底全区有B2B网站1700多家、B2C网店70余家、C2C网店300余家，造纸、球拍等传统行业建成网上交易平台；跨境电商方面，全区174家企业开通阿里巴巴国际站业务，部分外贸企业通过速卖通、亚马逊、ebay、兰亭集市等第三方交易平台以B2B或B2C模式开展网上交易。富阳是杭州“综试区”覆盖的范围，处于杭州乃至浙江的物流中心点，拥有京东、华辰、运通等电商企业，要充分运用富阳政策覆盖、区位条件、产业基础等优势，主动“挤”进杭州“综试区”建设，围绕“富阳能为跨境电商提供什么服务”“如何利用跨境电商推动富阳产业转型升级”“如何在‘综试区’试验完成时形成‘溜不走’的跨境电商产业链”三个问题，推动富阳跨境电商发展，打造跨境电商集聚高地。姜军提出5点要求：要加强政策对接，要培育招引电商，要加大培训力度，要打造全优流程，要搭建物流平台。

【**打造“万村千乡市场工程”升级版**】 5月12-14日，杭州华辰连锁超市有限公司(以下简称华辰公司)总经理陈哲华到浙江省遂昌县参加由商务部、财政部召开的2015年全国农村电商现场工作会议。作为商务部“万村千乡市场工程”承办企业和浙江省农村连锁超市的龙头企业，就“传统农村商贸流通网络转型升级、打造万村千乡市场工程升级版”做主题发言，其“送货郎”电商发展模式受到会议关注。

华辰公司坚持“扩面延伸，规范提升、一网多用、长期推进”的发展模式，在乡镇、行政村、社区建设延伸了连锁网络，扩展了食盐配送、药品专柜、通讯充值等“一网多用”的服务功能，并探索网络经营服务，先后试用连锁网络信息终端平台(简称农商通），以无线信息智能终端和POS支付终端的结合，实现每个连锁门店商品快捷安全支付，试行6家“供销e站”，改造312家连锁示范店，建立商品报单员、市场维护员队伍。2014年5月华辰公司投入634万元建立“送货郎”电商平台，使之成为集农村物流配送、连锁经营和电子商务“三位一体”的流通龙头企业，2015年华辰公司通过连锁配送和电子商务实现销售5.24亿元，同比增长5.20%。

【浙江自行车电动车B2B电商平台入驻富阳】 5月13日下午，浙江自行车电动车电子商务平台项目签约仪式在富阳举行，副区长裘富水代表富阳区政府与省自行车电动车行业协会签约。该平台在东洲街道工业功能区建设实体展示区，面积1.50万平方米，用于展示行业内新产品和新技术，整合供应商、经销商、生产企业等资源，为行业企业提供3D网上博览会、线下博览会、电子供应链融资平台、电子交易平台（包括跨境电子交易平台）、物流平台五大基础服务，并提供信息服务、交易服务、招投标服务、交流服务、人才招聘服务和其他延伸服务，承接国际国内自行车、电动车相关行业会议等。

【杭州富阳家政服务网络中心正式启动】 5月29日，“96345”杭州富阳家政服务网络中心在秦望广场举行启动仪式。中心平台首批26家加盟企业，富春街道及19个社区负责人，区商务、财政、民政、人力社保、市场监管、总工会等相关部门负责人参加。富阳华数公司介绍了家政服务网络中心建设目标、功能定位、内部架构、运行模式、发展目标和工作计划、工作措施等情况，宣布授牌第一批参加家政联盟企业，社区代表和家政加盟企业表态发言。

【杭州泓隆电商园开园】 6月25日下午，位于国家级富阳经济技术开发区场口新区的泓隆电子商务园正式开园。杰禾广告、阿朵鞋店、四季青欧维女装、圣莎拉家纺、伊梦雪网络科技等一批电商企业率先入驻。泓隆电商园紧邻杭新景高速和320国道，占地2公顷，建筑面积2.80万平方米，由创业基地、创客天地、联创空间、生态服务等四大专业模块组成。

【中小商贸流通平台富阳站举办首场培训】 9月11日，杭州市中小商贸流通企业服务平台和富阳工作站在金鑫建材家居广场联系点举办营销人员营销技巧及礼仪专场培训。培训会由署名讲师单泓达老师开讲，培训会吸引商贸企业营销人员160余人参加。

【京东在浙农村电商首个项目落户富阳】 11月24日，区委常委、开发区主任徐林亮代表富阳区政府与京东集团华东大区副总经理彭程签署农村电子商务战略合作协议，标志着京东集团在浙江省的首个农村电商项目正式落地富阳。该项目是继2015年4月京东浙江物流中心在富阳发出首单后的又一个重大项目，利用各自优势和资源，就电子商务进农村战略进行深层次合作，构建从城市到农村的新型销售网络，提供面向农村的普惠金融服务，建立从农村到城市的农产品直供渠道，在富阳打造“互联网+农村”战略项目，形成发展合力。

【区政府制定公布电子商务发展意见】 12月3日，区政府发布《关于进一步加快电子商务发展的若干政策意见》（富政〔2015〕2号），明确全区企业电商应用普及率达85%以上，网络交易额突破200亿元，争创省级示范电子商务产业基地和平台各1个，区级电商产业园区5个以上，区级示范电商平台5个以上，区级示范电商企业20家以上，农村电商服务点200家以上，跨境电商企业200家以上，每年电商培训1500人次以上的3年目标；加大“十三五”电商产业发展规划宣传引导，推动电商园区建设，电商平台建设，加快跨境电商发展，推进农村电商发展的5大工作举措；进一步确立支持配套体系建设、电商产业园建设、电商网络平台发展、跨境电商主体培育和规模经营、跨境电商仓储物流建设、农村电商发展、企业做大做强、建立电商风险防范机制等8大扶持政策；落实组织领导、支持企业注册和扶持政策等3项保障措施，区财政每年安排不少于1500万元电子商务发展专项资金，用于推动和支持全区电子商务发展。

【富阳宝龙广场开业】 12月20日，集购物、餐饮、休闲娱乐、生活配套为一体的主流邻里生活中心

——富阳宝龙广场盛大开业。该广场以“塑造·跨越”为核心，秉承“宝龙广场，让生活更精彩”的品牌理念，为市民精心打造又一个全新的“舒适、时尚、便捷”休闲购物场所，也是区政府重点打造的北区商业综合体。该广场总建筑面积20万平方米，其中商业面积达6万平方米，建筑形态融合生活文化趣味，覆盖周边诸多社区生活功能空间。空间设计采用时尚简约的建筑风格，搭配清新时尚的绿植，结合楼层间不同消费业态及品牌特色的设定，通过空间勾连、景观打造、错落定位等手段，让单纯的景色与时尚餐厅、休闲娱乐、品质甜品、缤纷时装、保税商品等有机结合，延展出特色鲜明的商业感受。当天，精品服饰、星级影院、主题儿童乐园、休闲电玩、特色餐饮、零售及配套等众多业态品牌汇聚亮相，近50家餐饮名店和美食风味，西式风情与东方韵味完美合璧，形成独树一帜的“美食街”。

（金孝川）

·电子商务·

【概况】 富阳电子商务产业已从单一发展传统经济电子商务应用逐步发展到覆盖国民经济全产业，已成为富阳新一轮经济发展强有力的引擎。据省商务厅公布数据，2015年富阳区网络零售额41.30亿元，网络零售额相当于社会消费品零售总额的比重为20.90%。据不完全统计，有B2B网站1800余家，第三方平台活跃店铺3700余家，全年快递业务量超过1340万件。经市场监管部门登记的具有网上销售经营范围的市场主体累计328家，其中2015年新设141家。

全区40家农业龙头企业开展网上电子商务活动，专业人员300余人，农户个人从事电子商务的有50余家个人网店。新发展32家规上企业开展电子商务业务，金鑫家居专业市场建成网络交易平台，建成96345家政服务网络平台。传统商贸企业如银泰百货富阳店、物美、华辰超市等开展移动支付、O2O等电商新模式。旅游企业电子商务应用不断深入，杭州野生动物世界、黄公望隐居地、国际贸易中心大酒店、非遗园等企业网上销售额明显增长

【编制电商发展规划】 委托浙江现代商贸发展研究院编撰《富阳区“十三五”电子商务产业发展规划》，广泛听取部门意见和企业情况，参与座谈企业60余家，回收调研问卷400份，通过深入调研系统谋划区域电商发展的思路、定位和目标，着重体现电商前瞻性、实用性、系统性和差异化发展。

【制定电商发展政策】 12月3日，区政府发布《关于进一步加快电子商务发展的若干政策意见》（富政〔2015〕2号），明确电子商务发展3年目标；加大“十三五”电商产业发展规划宣传引导，推动电商园区建设，电商平台建设，加快跨境电商发展，推进农村电商发展的五大工作举措；进一步确立支持配套体系建设、电商产业园建设、电商网络平台发展、跨境电商主体培育和规模经营、跨境电商仓储物流建设、农村电商发展、企业做大做强、建立电商风险防范机制等八大扶持政策，推动和支持全区电子商务发展。

【开展电商培训宣传】 全年各类电商培训人数1900余人。会同相关部门开展智慧经济“三个十”评选，组织企业参加2015杭州（富阳）智慧产业发展高峰论坛。区委组织部、团区委举办富阳区首届大学生村干部“互联网+特色农产品”创业实训赛，推广富阳特色农产品30余类，累计销售金额50余万元。以“智慧山水城、电商富春潮”为主题，组织30余家电商企业参加2015中国（杭州）国际电子商务博览会富阳馆宣传展示，在现场展示喜马拉雅地毯、易莱克运动器材、曼怡康记忆棉系列、热养家智慧美体产品“小轻”、汽车超人、蓝郡植物、飘飘龙玩具、华耀通信等富阳电商企业的产品或服务。

【招引电商大项目】 开展招优引质工作，推进电商大项目落地。2015年，先后签约浙江省自行车电动车行业电子商务交易平台项目、宇培杭州电子商务运营中心项目、京东农村电商战略合作项目、犸凯奴户外电商平台项目等一批电商相关重点项目。

【培育东洲电商物流小镇】 依托东洲区块已有的项目基础，整合东洲码头、海关监管点、跨境电商服

务平台资源，联动京东电商产业园和大华智慧(物联网)产业园的智慧物联网应用等设施，打造集“跨境电商保税物流服务、电子商务智慧物流应用、高端智慧物联网应用”于一体的综合型智慧电商物流特色小镇，申报培育杭州市级特色小镇。

【推进电商园区建设】 投资12.70亿元的运通网城，用地面积约12.93公顷，启用的1号、2号楼8万平方米，已集聚30余家电商企业入驻；华辰电商园投资约1.10亿元、建筑面积约6.60万平方米，基本完成招商并引入运行飘飘龙2万平方米毛绒玩具生产、电商基地和该公司送货郎农村电商服务中心等项目；投资约10亿元京东杭州电商园，用地面积约33.33公顷，完成设计方案和办理前期手续；东箭富阳电商产业园建筑面积约6万平方米，全年建材家居商品网购超过3亿元；投资约0.80亿元的泓隆电商产业园，建筑面积2.80万平方米，已开园试营，有10余家企业入驻；投资约3亿元的晋安电商物流园，建筑面积约8万平方米，启动建设快递运行中心、电商仓储和办公用房。

【拓展农村电商服务网络】 京东、华辰送货郎、易迅富阳购物网、富阳邮政纷纷布局农村电商服务体系，累计建成村级服务点230个，实现乡镇街道全覆盖。京东富阳服务中心是其在浙江省内设立的首个县域服务中心，富阳区政府与京东集团签署农村电子商务战略合作协议，共同打造京东在浙江省的首个农村电商示范区。2015年，京东富阳公司网络销售额37.80亿元。华辰送货郎打造“千万工程”升级版，公司负责人在2015全国农村电商现场工作会议上作交流推广。

【成立电子商务行业协会】 6月4日，区电子商务行业协会在文化中心召开成立大会。50余家电商会员企业负责人、企业管理人员110余人参加。会议通过电商行业协会筹备报告、协会章程、财管制度，选举产生了25名成员组成的第一届理事会、监事会和协会领导机构。会议邀请浙江大学张旭光教授作《互联网+时代》主题演讲。

【“双11”网络销售井喷】 “双11”电商狂欢节落幕后，包括“科魁”“商魁”“特维纶”“飘飘龙”等富阳近50家参与电商企业不完全统计，全区网络销售总额近2亿元，呈现井喷式增长。其中，专营东箭品牌卫浴的浙江科魁网络科技有限公司短短17分钟内，天猫成交额突破1000万元，全天销售额7080万元，比上年2400万元将近翻了两番；专营TOTO品牌卫浴的杭州商魁电子商务有限公司全天销售额达到3000万元；特维纶网络科技(杭州)有限公司天猫旗舰店27分钟销售额破500万元，超越去年整天数额，2015年天猫单店销售轮胎约10万条，位列天猫汽车行业类目第一；浙江飘飘龙网络科技有限公司第6次参加天猫“双11”活动，销售额稳步上升到320余万元，客单数近4万件；其他商家如富阳博特户外用品、杭州泓隆实业、杭州送货郎电商、富阳陆加益贸易等网络销售额与上年同比均实现翻番。

【推动电商示范创建】 鼓励企业参加省、市各类电商示范项目申报及竞赛。杭州华辰连锁超市有限公司总经理陈哲华评为省农村电子商务创业示范青年；富春街道评为杭州市农村电子商务示范镇(街道)；东坞山村评为杭州市农村电子商务示范村；杭州华辰连锁超市有限公司富阳江丰加盟店(民联村)、富阳购物网银湖街道洪庄村服务点评为杭州市农村电子商务示范服务点；富阳易迅电子商务有限公司总经理吴平评为杭州市农村电子商务创业带头人；杭州富阳科艺家私有限公司评为杭州市农产品网络销售突出贡献企业。杭州蓝郡农业科技有限公司蓝郡植物管家项目获2015年“邮储银行杯”浙江农村青年电商创业创富大赛创意组第二名；浙江淘必速电子商务有限公司团队获2015年杭州市电子商务应用技能大赛团体一等奖。 (杨　鑫)

【跨境电商概况】 全区共有跨境电商上线企业234家，实绩企业66家，全年跨境电子商务出口额3550万美元，新招引跨境电商产业链项目6个。

【杭州市委常委佟桂莉到富阳调研跨境电商发展】 4月8日上午，杭州市委常委、中国(杭州)跨境电子商务综合试验区建设工作领导小组副组长佟桂莉一行到杭州天铭机电、运通网城富阳电商园等地调研，听取富阳区电子商务发展情况汇报。佟桂莉要求富阳在加快推进跨境电商发展中，应抢抓机遇、抓紧谋划、主动对接，进一步增强互联网意识，充分运用物流优势，加强谋划和规划，抓紧创建产业发展平台，拓展新的外贸渠道，促使传统外贸企业成为电子商务新领军。

【跨境电商B2B出口业务试点在东洲启动】 7月22日，全国首批跨境电子商务B2B出口业务试点在富阳东洲物流港启动。自国务院3月7日批复设立中国(杭州)跨境电子商务综合实验区以来，富阳区重视推进跨境电商B2B建设工作，将富阳物流港作为建设和发展核心，联合杭州海关打造集装箱码头、海关监管场所、富阳口岸、跨境电商“四位一体”的富阳物流港产业园，推进富阳跨境电商物流服务业的快速发展，推动中国(杭州)跨境电子商务综合试验区整体建设。首批B2B业务试点标志着跨境电子商务出口模式从此前的B2C模式向B2B大货模式延伸。

（张　帆）

·供销合作商业·

【概况】 全年实现总经营收入27.53亿元，同比增长15.28%；销售总额19.55亿元，同比增长16.51%；连锁经营6.79亿元，同比增长6.93%；汇总利润3517万元，同比增长14.50%；所有者权益4.79亿元，同比增长3.80%，荣获省、杭州市综合业绩考核特等奖。杭州市副市长戚哮虎作出“富阳供销社坚持立足农村、面向‘三农’、综合施策，健全了网络和体系，有力地推动了农村经济社会发展和农民受惠得利，应予以充分肯定。望不断创新改革，争取更大成绩”的批示。

【启动农资信用担保机制】 启动农资连锁小额担保机制，与富阳农村合作银行签订担保合作协议，为农资连锁网点提供5万～30万元融资担保，缓解因种养大户赊欠而出现的资金紧张问题，保证区域内农资商品的正常供应，全年为20家连锁网点提供145万元融资担保。

【试点农药包装废弃物回收】 根据区政协农业组《关于加强农业投入品废弃物集中回收处置工作的建议》提案，配合区农业局在富春街道、新登镇、新桐乡选取了8家农资连锁网点试点开展农药包装废弃物回收工作，全年回收农药包装袋56万余只、农药包装瓶17万余只。

【农资安全供应与服务】 全年供应化肥60067吨、农药2590吨、农膜425吨，实现农资销售1.59亿元，农资供应量保持在全区市场的90%以上。举办8期业务培训和技术交流会，免费培训1500余人次。新建中心庄稼医院1家、网上庄稼医院1家、基层庄稼医院8家、规范农资示范点15家。“智慧农资”服务平台上线运行，在线帮助农民解决农作物病虫害等问题，实现网上销售100余万元。向全区35家农民专业合作社无偿赠肥17万元。

【参与农村电子商务】 与杭州市供销社、华辰超市等3家单位共同组建杭州供销电子商务有限公司，整合杭州市供销系统资源，多途径探索网上“工业品下乡、农产品进城”，推进电商支农。华辰超市改版升级“送货郎”网站，完善生活超市服务，推出“我的小微”“私人定制”“家政服务”等特色服务，实现网络销售额5486万元，网络交易65883单，批发会员数3360个。华辰电商产业园与18家电商企业签订入园协议，其中12家已入园；建设园通快递物流分拣中心和中央厨房等项目。翠雪食品公司利用中粮集团、华味享等知名企业电商平台，实现网上销售1000多万元。东洲芦笋专业合作社联合11家农民专业合作社，利用阿里巴巴平台，实现销售200余万元。华辰超市和翠雪食品成为全区电子商务行业协会首批会员单位，其中华辰超市公司总经理陈哲华当选富阳电商协会首届会长。区供销总社被浙江省供销社评为“省供销社农产品电子商务先进单位”。

【涉农协会】 全年免费培训170余名农产品经纪人和农村实用人才。推荐的3名农产品经纪人中，1人被评为杭州市“十强”农产品经纪人，2人被评为杭州市“十佳”农产品经纪人。“翠雪”“东洲岛”2只品牌荣获全国百佳农产品品牌。选送茶胡、安顶山、峡岭等3家茶叶专业合作社参加第二届中国茶博会，“茶胡”被省供销社评为2015年“浙茶杯”银奖红茶。组织开展杭州市著名商标和省著名商标的申报工作。制订“富阳芦笋”地理标志证明商标使用管理规则。

【基层供销社乡镇全覆盖】 以全区4家中心供销社为依托，通过与农民专业合作社、农业龙头企业进行资产整合、产权联合、业务重组，改造提升高桥、常安、常绿等3家基层供销社，恢复重建基层供销社13家，至年底基层供销社累计达22家，实现基层供销社乡镇全覆盖。

【发展农民专业合作社】 新发展丰硕果蔬、龙羊盆景、正丰水果、景鑫油茶等4家专业合作社，累计参、领办专业合作社90家，参股金额234万元。以北支江蔬菜专业合作社为依托，联合5家专业合作社组建杭州汉禾农产品专业合作社联合社，累计发展专业合作社联合社2家。拨付资金40万元开展规范化、标准化达标活动，规范提升8家实力提升、辐射面广、带动力强、运作规范的专业合作社。

【项目建设】 至年底，浙江供销商贸城主体工程全部结顶，完成投资2.86亿元，开始全面招商。杭富罐头食品有限公司年产5000吨水煮竹笋精加工扩建项目投入使用。“百合新城”项目主体结构全部封顶，完成投资5.27亿元。杭州华辰超市配送中心迁入新址，打造“杭州华辰电商产业园”。

【企业品牌创建】 大自然农副产品批发市场荣获第六届“富阳消费者信得过单位”“守合同重信用AA级”单位。家电市场被授予“浙江省工商企业信用AA级‘守合同重信用’单位”和富阳区第六届“消费者信得过单位”称号，注册的“FYD”商标被认定为富阳市知名商标。日杂公司成为国家三级烟花爆竹安全生产标准化企业。

【阿德调味食品公司挂牌】 6月24日，阿德调味食品公司在上海股权托管交易中心正式挂牌，代码：阿德食品206096。

【举办首届运动会】 11月，举办供销社系统首届运动会，169名干部职工参加了登山、保龄球、乒乓球、拔河、跳绳等5个项目的比赛，33人获得所参赛项目名次。

【开展主题征文】 10月，开展“我与供销社”主题征文活动，10家单位、29名干部职工投稿32件，经过评委审议，共产生一等奖1名、二等奖2名、三等奖3名、鼓励奖6名。（董银玲）

·粮食商业·

【概况】 2015年全区粮食总需求量36.26万吨，总产量11.85万吨，缺口24.41万吨，自给率32.68%，粮食需求处于紧平衡状态。地方储备粮规模3.65万吨、储备食用油85吨，区级周转成品粮1650吨。2015年，富阳区政府继续第7年被杭州市评为粮食安全责任制考核优秀单位。2015年，区商务局（粮食局）被国家粮食局评为第五批粮食流通监督检查示范单位。

【粮食储备管理】 至2015年底，全区粮食储备规模从2.45万吨增加到3.65万吨（区内储存3.35万吨、省外代储0.3万吨），新增1.20万吨，增幅49%。制定出台《杭州市富阳区区级储备粮代储监管试行办法》。以“星级粮库”创建活动为载体，推进信息化管理，将业务管理、智能仓储、粮食出入库、安全防护、综合办公5个方面业务信息融入平台汇总，提升管理水平。全区无公害绿色储粮比例达50%以上。中心粮库二期工程和粮食应急加工厂完成竣工验收，并投入使用，新增粮食仓容1.40万吨和日粮食加工能力300吨；投入维修资金277万元（其中争取中央专项资金62万元），促进中心粮库一期仓库功能全面提升。

【粮食流通监管】 科学拟定2015年度粮油供需平衡计划，确保粮食有效供给，保证市民基本需求，维护社会和谐稳定。全年有效开展监测52频次，开展监督检查11次，出动人员22人次，检查企业22个次，及时掌握市场动态。进一步健全应急网络，修订更新《富阳区粮食安全应急预案》，调整落实粮食应急供应点38个，遍布全区24个乡镇（街道），做到每个乡镇（街道）、每3万人口至少有1个应急供应点；日粮食应急加工能力490吨（水稻所50吨、收储公司440吨），日运输能力300吨的应急运输企业1家，并与各供应点、加工企业、运输企业重新签订了应急协议。实施成品粮代储办法，490吨储备成品粮和1650吨周转成品粮委托14家规模大、信誉好的粮食经营企业代储，在确保库存要求的前提下，进行常轮常新，参与市场供应轮换，力争“保供稳价”。

【粮食产销合作】 继续开展“订单粮食”工作，2015年共与本地93户种粮大户签订粮食订单合同7219吨，比上年增加8.10%；全年共入库本地订单粮食7328吨，订单履行率达到101.50%。2015年全区早籼稻谷（三等，下同）、中晚籼稻谷、晚粳稻谷、杂交粳稻谷最低收购价格分别确定为每50千克135元、138元、155元、152元，与上年持平。早稻、晚稻的政府奖补政策分别为每50千克34元、29元，保持上年水平，落实奖补资金420余万元，以“一卡通”形式直接发放到种粮农户手中。继续开展订单延伸工作，2015年与安徽基地大户签订粮食数量3000吨，政府给予每吨40元奖励。2015年，与主产区粮食企业签订年协议供货量13万余吨。

【粮食后方保障】 军粮供应由杭州市军供中心“统一筹措、统一加工、统一包装、统一配送、统一结算”，使用刷卡购粮和计算机开票信息联网管理，确保军粮数量、质量、卫生安全。探索军民融合式发展新路子，得到省、杭州市粮食局的肯定。加强防汛物资日常管理，及时完成补库任务，确保防汛物资及时发运。

【粮食宣传活动】 结合世界粮食日、科技宣传周等活动，开展粮食安全宣传，营造放心粮油消费环境，净化全区粮油市场。12月中旬，为农民搭建销售平台，向市民发放宣传手册1000余册，宣传品（环保袋）2000余只，销售各类品牌大米2.35万千克，成交额20万余元。（许路生）

·烟草专卖·

【概况】 2015年，实现卷烟销量32786箱，在同比下降4.80%的情况下，实现含税销售额14.89亿元，同比增长4.15%，毛利3.88亿元，同比上升13.83%，其中单箱销售额4.54万元，同比提高9.42%。实现税利4.12亿元，同比增长16%，实现利润3.38亿元，上缴地方税利7670.46万元。

【业务经营】 利用《零售客户经营建议书》，分析零售终端经营能力、设施陈列、规范诚信、现代管理四方面量化指标，检验终端质量，找出薄弱环节，以5个层级为晋升通道，构架零售客户提升方向，针对性指导提升，利用客户自身进销存数据，开展经营指导，品牌培育效果明显。

【市场监管】 2015年，共查处5万元以上真烟案件34起，先行登记保存违法违规卷烟10265条，案值363.29万元，完成进度154.55%。破获“1·20”真烟国标网络案，当场抓获犯罪嫌疑人2名，涉嫌违法卷烟3个品种2276条，案值60.50万元。

【基础管理】 申请的《烟草执法车工具箱》和《平板电脑定时集中充电台》分别获得了实用新型专利；《基层安全管理数字化工具箱》项目获省烟草局（公司）创新奖（应用推广类）三等奖；《查处卷烟盘点系统的研发》获省烟草局（公司）一等奖、市质协一等奖；《基于平板电脑卷烟库存盘点软件的开发》获省质协杯赛一等奖；《提高现代终端背柜利用率》获市质协一等奖。（方洪潇）

·盐业专营·

【概况】 2015年，完成销售额2026万元，与上年同期持平；实现利润237万元，销售各类盐9920吨，同比减少1718吨。其中，小包装碘盐销售2797吨；食用盐销售5026吨；工业用盐销售2098吨，同比减少1191吨。

【市场供应】 合理确定调运计划，每月保证2—3个月销量库存，保证达到区政府800吨食盐储备要求。按照浙江省盐业集团公司“以运保储，以储保销”要求，合理编报要盐计划，全年调入各类盐10133吨。协调产销调运关系，严格执行浙江省盐务管理局下达的调运计划，分别从江苏、江西、省内岱山等地调运盐品；采用“点对点”的运输方式，解决运输困难，做好服务工作。重点抓好春节、“五一”、国庆等重要节假日食盐市场安全供应，全年没有发生责任性脱销和食盐质量事故。

【管理提升】 投入15万余元提升仓储硬件设备，仓库地面平整加固、油漆保养，屋面、围墙翻修，提高仓储管理水平和工作效率。抓企业财务管理，提高企业内控管理水平。实行财务预算管理制度，资金收支两条线管理。开展“两清”专项清理工作，加强应收账款管理和资金、存货管理，规范成本核算，加强经营风险管控。完成浙江省盐业集团有限公司下达年度考核任务。

【集团管控】 根据浙江省盐业集团有限公司《集团管控实施方案》文件要求，浙盐集团组织架构改变，实行“市管县”模式，县级公司取消法人。通过资产、负债吸收合并方式，成为杭州市盐业有限公司下属分公司，注册名称变更为“杭州市盐业有限公司富阳分公司”，人员、内设机构不变。

【盐政执法宣传】 根据国务院食品安全委员会下发《国务院食品安全办关于协调指导做好食盐监管有关事项的通知》，盐务局开展食品加工用盐市场专项检查、蔬菜加工用盐市场检查、学校食堂用盐专项检查行动，检查食品加工用盐情况、边界冲销行为，监管笋干腌制用盐、工业副产盐。5月15日，由富阳区地方病防治领导小组、卫生局牵头，市场监管局、疾控、残联、妇联等是11家单位联合开展“科学补碘，重在生命最初1000天”为主题的第二十二个防治碘缺乏病日宣传活动。9月，配合省疾控中心、省盐务管理局参加并通过了富阳区地方病防治“十二五”规划及重点地方病控制和消除的省级考核。

【安全管理】 建立完善安全管理机制，加强安全综合管理工作，落实出租房的安全监管。重点监管果子幼儿园、富春路出租房。富春路出租房经排查鉴定为危房D级，8-12月联合富阳区工贸资产经营投资集团有限公司开展危房整治工作。（蔡丹芸）

·对外贸易·

【概况】 2015年，全区完成进出口总值28.55亿美元，同比增长0.88%，增幅高于全省及杭州市水平。其中进口总值13.45亿美元，同比下降8.11%，出口总值15.19亿美元（含一达通出口789万美元），同比增长11.09%。完成杭州市下达目标任务的102.20%。

【贸易主体】 全区有进出口实绩企业546家，比2014年增加8家，其中出口额5000万美元以上企业5家、3000万～5000万美元企业5家，出口额2000万～3000万美元3家。在主体结构中，民营企业出口117523万美元，同比增长28.60%；外资企业出口33550万美元，同比下降25.95%。

【贸易类别】 全区机电、高新技术产品分别出口70895万美元和10372万美元，同比增长7.80%和19.68%。在出口1000万美元以上的产品中，二极管晶体管及类似半导体器件、灯具照明装置及类似品、塑料制品、原电池、鞋类、医药品出口增长较快，同比分别增长114.28%、98.57%、73.61%、44.42%、36.30%和34.48%，均高于全区平均水平；而电线和电缆、通断及保护电路装置、纺织纱线及织物和制品出口下降明显。

【市场开拓】 全区对欧盟、美国、日本三大传统市场分别出口31821万美元、26034万美元和12327万美元，同比分别增长14.39%、7.54%和下降22.05%。对亚洲、东盟、拉丁美洲、非洲分别出口61121万美元、16293万美元、10181万美元和11720万美元，同比增长16.72%、29.65%、6.91%和0.94%。

【品牌建设】 全区新增浙江省出口名牌企业2家，杭州市出口名牌企业3家。累计浙江省出口名牌8个，杭州市出口名牌21个。

2015年富阳区出口前十强企业

表8

序号	企业名称	本年累计(万美元)	比2014年同期(%)
1	浙江华达新型材料有限公司	8054.05	1.79%
2	浙江金固股份有限公司	7892.63	-4.44%
3	杭州科明电子有限公司	5449.01	-34.04%
4	杭州富源华彩钢有限公司	4785.95	32.16%
5	浙江美科斯叉车有限公司	4003.96	-23.70%
6	杭州鸿世电器有限公司	3431.96	8.38%
7	杭州凯达彩钢板有限公司	3231.02	305.55%
8	浙江珍琦护理用品有限公司	3194.38	34.57%
9	杭州亦阳贸易有限公司	2977.21	-15.68%
10	海正药业(杭州)有限公司	2859.93	15.22%

【海外仓建设】 全年列入省级跨境电商公共海外仓建设试点项目3个，分别是澳大利亚墨尔本仓、美国芝加哥仓和荷兰兹沃斯仓。

【外贸运行监测点建设】 2015年，在监测点原有120家外贸样本企业的基础上扩容到140家，每月进行外贸运行监测分析，为外贸形势预判提供依据，其中25家企业被评为杭州市级先进(样本)企业。监测点被评为“2015年度杭州市外经贸运行调查监测点优秀监测分点”。

【境外投资】 全年新设境外投资项目10个，累计投资3163万美元。项目分布主要在澳大利亚、美国、泰国、巴基斯坦等，行业主要有新能源、医药和电子商务等。 (张　帆)

·经济合作·

【招商引资】 外资　全年实际利用外资2.82亿美元，同比增长9.86%，完成年计划的102.59%。一产项目到位资金550万美元，二产项目到位资金1.44亿美元，三产项目到位资金1.33亿美元。其中到位资金3000万美元以上项目3个，到位资金1.20亿美元，占引进资金总额的42.90%。“十二五”期间，实际利用外资12.85亿美元，年均增幅7.78%。

杭外　全年杭外到位资金66.97亿元，同比增长16.50%，完成年计划的148.82%。一产项目到位资金0.72亿元，二产项目到位资金39.88亿元，三产项目到位资金26.37亿元。到位资金亿元以上项目17个，到位资金56.08亿元，占引进资金总额的83.74%。“十二五”期间到位资金233.76亿元，年均增幅10.23%。

富外杭内　全年富外杭内到到位资金21亿元，同比下降17.08%，完成年计划的140%。“十二五”期间到位资金96.17亿元，年均增幅18.21%。

浙商创业创新　浙商创业创新到位资金33.04亿元，同比增长20.63%，完成年计划的183.56%。其中，产业项目到位资金17.93亿元，完成年计划的132.80%；资本回归项目到位资金15.11亿元，完成年计划的335.78%。

【连续8年获杭州市招商引资工作一等奖】 编制《2015年读地手册》《投资富阳》等招商基础资料，对全区存量土地、闲置厂房资源进行摸底汇总，补充完善招商引资项目信息库。选派1名区管领导派驻上海市负责长三角地区招商工作。以“撤市设区”为契机，举办上海投资环境推介会，邀请在沪知名企业200余家，其中500强企业20余家，媒体18家。举办2015富商大会，共有中民筑友绿色建筑科技园等15个项目在大会上签约，总投资达220亿元；大华智慧(物联网)产业园等9个项目集中开工；聘请富通集团董事长王建沂等20名杰出乡贤为区政府招商顾问。继续深化“42411”活动，重点聚焦“一号工程”，精准“三个一批”招商活动。姜军、黄海峰、吴玉凤等区领导带队分赴深圳、上海、天津等地，开展“点对点”招商；区委、区政府“三学”招商、区政协“走亲富商”、富阳区第七届“相约富春”海外人才与民营资本对接洽谈会、2015海外华商杭州投资洽谈会富阳专场等招商活动成效明显。2015年，共开展敲门招商90余次，其中走访22家智慧产业企业、14家生物医药企业、26家先进制造产业企业。全年共开展集中签约活动3次，引进中国智慧体育产业、首创奥特莱斯等项目26个，签约总额达322.50亿元。富阳连续8年获杭州市招商引资工作一等奖。

【连续4年获得杭州市支持浙商创业创新工作目标责任制考核一等奖】 2012年，省委省政府实施“浙商回归”战略以来，富阳区委区政府先后引进复城国际城市综合体、锦绣富春运动休闲综合体、张小泉五金科技园、安控环保科技、天安·富春硅谷、海正药业、运通网城等“浙商回归”项目94个，省外实际到位资金128亿元，涉及信息、装备制造业、节能环保、生物医药、旅游等多个产业，连续4年获得杭州市支持浙商创业创新工作年度考核一等奖。以信息化和市场化运作等“OTO”(线上围绕“三库一线”要求，完善招商引资信息管理平台；线下进一步拓展招商网络，开展“以企引企”)方式推动招商模式创新，加强浙商信息库建设，累计采集在外浙商723人、知名人士610人。

【服务外包】 全年累计完成服务外包合同执行金额15100万美元，同比增长40.46%，完成年计划的130.18%；累计完成离岸合同执行金额14862万美元，同比增长38.24%，完成年计划的130.37%，全年新增入库企业4家。富阳区荣获2015年度杭州市服务外包综合考核二等奖。

【区域合作】 2015年实现对浙江省欠发达地区产业投资到位资金6亿元，完成年计划的300%。新农村建设帮扶资金50万元，完成年计划的166.67%。全年落实对口帮扶河坝州若尔盖县专项资金315万元，对口支援建设3个项目，主要涉及基础设施、旅游等方面。

（张宇茜）

·口岸管理·

【概况】 2015年，征收两税8.69亿元，同比增长20.67%；监管进出口货物213.89万吨，减少0.37%；监管集装箱155336标箱箱次，减少7.14%；审核报关单8175份，减少7.87%。备案加工贸易手册数59份，减少6.35%；备案金额3.48亿美元，增长13.22%；加工贸易实际进口8320.42万美元，减少19.67%；加工贸易实际出口24924.81万美元，减少9.82%。

【货运监管】 以全程监控、监管场所规范化建设为抓手，探索转关运输途中监管、电子关锁，研发和推广全程监控系统，完善智能联网卡口、监控中心建设，运用“杭州海关集装箱选箱系统”和“海关监管点物流运作系统”，实现电脑自动选箱，引进并启用H986大型监管查验设备，落实风险式选箱、双人作业制、“3个100%”查验要求，推动富阳东洲监管点建设。

海关查验　　（富阳海关　供稿）

【税收征管】 稳定传统进口废纸重点税源企业，拓展铜矿砂等新增税源，优化服务机制；针对大宗商品、公式定价商品的不同特性实施审价时点“前伸后移”，建立起“哑铃”形审价模式，实施税收征管全过程管理，确保税款应收尽收、及时入库。

【促进贸易便利化】 推广“区域通关”“属地申报、属地放行”“长三角通关一体化”等海关通关新模式，全面深化海关分类通关、通关无纸化、通关一体化、关检合作“三个一”等各项海关业务改革，推动“上海港—嘉兴乍浦港—富阳”的“散货转集装箱”进口新模式开展，支持富阳企业在富阳报关纳税，提升通关效能，降低企业成本。已有250家企业开展无纸化通关，报关单覆盖率达95%以上。

【加工贸易监管】 通过电子化手册加联网监管模式的应用，探索“净耗备案、据实核销”的单耗管理方法，推动辖区的加工贸易管理质量不断提高，内控系统考核持续保持优秀水平；发展保税仓储业务，探索“集中审批、分票申报”模式，保库内商品种类不断增多，辐射企业范围持续扩大；推进加工贸易单耗由“净耗备案，据实核销”向“准确备案，据实核销”转变，保税物流中心(A型)成功获批。

【企业诚信建设】 全年累计备案注册企业1759家，增长24.14%。以企业信用等级管理制度的实施为契机，探索“由企及物”的管理模式，加快高资信企业认证转化和培育工作，“金固集团”作为杭州海关关区首家高级认证企业获得通过；组织开展富阳企业参加中美联合验证和“经认证的经营者”国际互认工作，使更多出口企业享受通关便利。

【服务地方经济】 顺应富阳“撤市设区”经济发展的实际需要，推动建立与地方领导共商机制、与地方部门协作机制，支持重点产业、重点项目、重点企业发展；集中人力、物力、财力，深入开展跨境电子商务调研，出谋划策，创新管理模式，提供最优服务，全国首票B2B跨境出口业务在富阳海关办理；加强统计监测预警服务，建立外贸数据短讯发布机制，开展辖区支柱性行业转型升级、跨境物流港区发展等课题研究，向地方政府建言献策。

（汤　喆）

【责任编辑　陈炜祥】

富阳经济技术开发区

·综述·

【概况】 2015年是“十二五”规划的收官之年，“十三五”规划的谋划之年，也是富阳经济技术开发区实现“一年形象提升，三年实力倍增，五年跨越发展”目标的关键之年。开发区以富阳撤市设区为契机，紧紧抓住杭州争创“两区”（国家自主创新示范区和国家跨境电商综合试验区）的机遇，大力发展智慧经济，以转型升级和创新驱动为核心，以招商引资、项目推进、平台建设和服务优化为工作重心，推动开发区工作全面提升上水平。

全年，富阳经济技术开发区直管区域全年完成四上主营业务收入395.40亿元，同比增长37%；完成规模以上工业企业总产值252.40亿元，同比增长6.70%；实现税收12.50亿元，同比增长10.40%；完成固定资产投资107.10亿元，同比增长26.20%，其中工业性投资65亿元，同比增长28.90%。此外，开发区在全省20家参加综合考评的国家级开发区中名列第8位，并在综合考评依据四大类指标中，开发区在发展质量（158.40分）和增量增速（100.80分）两个指标上表现突出，从上一年度的全省国家级开发区中名列第11位跃升了三个名次。

【征地拆迁】 全年开发区征用土地136.47公顷，其中：场口新区8.94公顷，东洲新区97.86公顷，银湖新区29.67公顷。收购国有土地32.90公顷，其中：奔腾9.87公顷、华友6.85公顷、百代1公顷、永博包装3公顷、上陈大坞区块7.67公顷、野生动物世界1.20公顷及其他零星土地若干。拆迁农户149户、企业21家、店面房9间；政策处理土地192.13公顷。

【土地报批】 开发区全年出让土地117.66公顷，报批农转用40.80公顷；同时，修编三大新区803公顷土地利用规划中期工作，其中：场口新区265.70公顷、东洲新区119.70公顷、银湖新区417.60公顷；完成批而未供土地消化任务88公顷。

【富阳硅谷小镇建设】 富阳硅谷小镇地处富阳经济技术开发区银湖新区，规划面积约3.80平方千米。小镇以良好的生态资源优势和杭州市智力密集优势为依托、以发展“物联+创意”为产业导向，不断完善规划布局，提升设施配套，强化项目带动，努力打造富阳“大众创业、万众创新”的示范区、杭州西部信息经济发展的集聚区。

6月，富阳硅谷小镇成功入选全省首批37个特色小镇名单。全年，硅谷小镇固定资产投资18.76亿元，入驻企业（含项目）160余家，实现工业总产值2.51亿元，服务业营业收入23.72亿元，税收收入8261万元，财政增收5049万元。

小镇将“生产空间集约高效、生活空间宜居适度、生态空间山青水秀”的“三生融合”理念，贯穿于规划编制全过程。高规格编制小镇发展规划。硅谷小镇作为富阳融入杭州主城区的桥头堡，主动加强与未来科技城、高新区（滨江）等产业平台的对接，承接杭州企业、人才、信息、资金、技术等梯度转移，夯实硅谷小镇的产业基础。

至年底，硅谷小镇招引进富春硅谷、浙大网新、中国智谷富阳园区、颐高圣泓工业设计园、中国智慧体育产业基地等一批重量级产业园项目，总投资超过130亿元，这些项目投产后预计年产值近千亿元。硅谷小镇在发挥政府主体作用的同时，注重激发市场活力，注重培育加速孵化，现已形成“多园一谷一市场”为主的服务平台体系，“多园”指“跨境电商园”“孵化园”“杭州留学人员富阳创业园”等，总部大楼面积1.20万平方米，内设展示馆、会议中心、洽谈室、休闲运动等公用设施，拥有100多个孵化单元，可为不同类型的留学人员回国创办企业提供50～500平方米的孵化空间和研发基地；“一谷”指“工创谷”，由硅谷小镇联合浙江工业大学与富春硅谷合作共建，采用“政府引导十高校主导十企业参与”的三位一体方式，具备“人才汇聚十项目孵化十资金集聚”三大功能，以工业4.0为特色，有利于推动科技成果转化，促进大学生创业创新；“一市场”指富阳科技大市场，由硅谷小镇联合富阳区科技局、浙江伍一技术股份有限公司、浙大网新建设的公共服务平台。市场包括展示中心、众创空间、服务窗口、活动中心四大模块，为硅谷小镇创新创业提供低成本、便利化、全要素的专业服务，营造“大众创业、万众创新”的良好环境。

·招商引资·

【概况】 开发区全年引进项目51个，总投资额116.09亿元，其中：亿元以上项目6个、5亿元以上项目2个、10亿元以上项目3个、50亿元以上项目1个。招商引资无论在数量、质量上都取得了较大提升，全年招商引资工作更是硕果累累。

2015年招商服务线，紧紧围绕开发区年初制定的“三个一百”（完成招商引资合同总额100亿元，固定资产投资超100亿元，增设主营业务收入100亿元）的工作总要求，深入实施招商引资的“一号工程”，管委会领导亲自抓招商，强调以引进“大好优”项目为工作重点，目标明确、措施得力，招商服务线干群在做好大量前期布线、项信息对接、商务洽谈和招商活动事务性工作的同时，紧盯目标项目，推进落地项目，拓宽招商渠道。秉承“用心精到、发力精准、细节精致”的工作要求，努力做好项目引进、项目审批推进、大型活动承办等各项工作。全年外出敲门招商、拜访对接企业100余家，赴广东、上海、湖南、四川等地招商，专门走访目标企业。3月，借“撤市设区”之机，举办了富阳经济技术开发区上海投资环境推介会；4月，开展萧山、滨江、余杭三区的敲门招商活动；6月底，承办全区重点项目集中签约仪式；10月，西博会产业平台展布展；12月底，承办全区重点项目集中开工仪式。同时，巧借平台，积极参加“中国（义乌）世界电子商务大会、“中国（杭州）投资峰会等各类商务活动，扩大宣传，进一步提高富阳知名度和美誉度。紧盯中国智慧体育产业基地、宇培（杭州）电子商务运行中心、中民筑友等重点项目，狠抓实质性推进。

【资金引进】 开发区全年实际利用外资1.83亿美元；实际利用杭州以外内资29.02亿元；实际利用富阳以外杭州以内内资14.44亿元；招商引税5154.9093万元。

·园区建设·

【概况】 2015年，开发区直管区域内列入富阳区大计划的产业项目31个，其中：工业项目26个（续建项目17个、增建项目9个），服务业项目5个（续建项目4个、增建项目1个），实际投资107.15亿元。列入政府基础设施建设重大项目65个（不含开发区做地及零星配套项目），其中：增建项目29个，续建项目36个，全年计划总投资18.49亿元，实际投资34.70亿元，完成全年任务数的187.60%；至年底，36个续建项目18个竣工，13个项目已完成70%以上的工程量，其余项目也均按计划推进，其中，场口多层公寓四期、场口百丈公寓主体建筑均已完工；银湖公寓项目地下室施工全面完成、进入主体施工，银湖实验学校准备中间验收，银湖创新中心已入驻雄迈科技、犸凯奴等企业70余家（全年签约40家、入驻企业56家），集聚1800余人办公，创税收600余万元；东洲新区京东、大华项目，一至三号路管道埋设工程完成70%，四号路宕渣填筑工程完成20%以上。

【银湖新区】 全年，银湖新区拆迁企业6家、拆迁经营户9户、拆迁农户23户，迁移坟墓79穴，征地9.62公顷；完成政策处理、青苗补偿56公顷。杭州富春硅谷一期总建筑面积228783平方米办公写字楼等产业项目、二期总建筑面积120541平方米住宅楼项目、沿九龙大道的4幢商业体及展示区均已结顶；主体结构均结顶，地下室施工竣工；1＃～4＃楼内外所有配套设施均完工，景观工程施工完成

30%以上；二期工程主体建筑结顶，粉刷、砌体工程全部完工；大官邸样板房室外施工及室内装修均完工，双联体样板房砌体、外墙保温工程完工。天鸿文化创意产业园，一期办公写字楼项目，建筑面积6982738平方米，竣工验收；二期样板示范区正在施工中，C1组团外立面升级改造中。浙大网新集团，总建筑面积232455平方米，一期主体进入施工阶段。中国智谷富阳园区，总建筑面积223992.30平方米，一标、四标主体封顶，砌体工程完工；三标主体结构竣工验收，二标进入施工阶段。

【中国智慧体育产业基地项目签约】 6月，开发区与北京华运智体投资管理有限公司、赛伯乐投资集团签订“中国智慧体育产业基地项目”协议，中国智慧体育产业基地项目由北京华运智体投资管理有限公司联合赛伯乐投资集团共同投资建设，北京华运智体投资管理有限公司系体育报业总社下属企业，由华奥星空和支点投资、朗弘投资联合创立，是整合国家体育总局、中国奥委会、中华全国体育总会相关资源构建的高科技体育投资平台，也是国内第一家专注于智慧体育领域的国有背景投资公司。以华运智体牵头发起成立的国体健身产业技术创新战略联盟2014年底在北京成立，发起成立机构30多家，涵盖体育器械研发制造、健身俱乐部运营、医院，以及相关新兴支撑技术的国内知名企业、研究机构、社团、高等院校、金融投资机构、媒体等，整合研发、生产、运营、投资等关键资源，形成全产业链布局。

中国智慧体育产业基地项目通过先行引入中国智慧体育产业联盟、中国智慧体育产业投资基金等项目，带动相关企业项目落户。建设总部经济区（公司总部、国际论坛、金融总部和创新研究院），产业集聚区（智慧体育众创大厦、研发中心和数据中心），教学培训区（体育大学、中小学、国际合作中心、网络教学平台），展示体验区（围绕山、江、岛自然风光建设智慧体育项目体验中心），逐步形成国内独一无二的智慧体育产业基地。项目位于银湖新区，拟以特色小镇模式打造，规划面积3平方千米，建设面积1平方千米。项目一期用地20公顷，总投资逾50亿元，预计年产值300亿元。

【杭州犸凯奴户外用品集团总部入驻】 12月，富阳经济技术开发区与杭州犸凯奴户外用品集团有限公司签订“犸凯奴户外用品集团总部”入驻协议。杭州犸凯奴户外用品有限公司成立于2010年，主营业务为“全系列户外用品研发、设计及销售”，旗下拥有makino、makino—kids、deek0等8个独立品牌，为浙江省体育产业联合会理事单位。公司以探索、超越、梦想为品牌理念，通过020商业模式，致力于打造成中国时尚户外的第一品牌。现线上渠道已全面覆盖唯品会、天猫、京东、亚马逊等国内外知名电商平台，线下实体店布局超过100家，冠名赞助天津卫视真人秀节目“极限生存之无人区”、滑翔伞世锦赛分站赛等活动，签约著名女星王晓晨做品牌代言人。2015年实现销售2.40亿元，一举进入全国户外用品企业前5位。犸凯奴户外用品集团总部项目，选址于富阳经济技术开发区银湖新区，除总部机构外，将重点打造旗下运动体验中心和跨境电商平台项目，计划于2016年布局线下实体店超过300家，全面打造“产品线、户外旅行、运动场经营”三位一体的户外集团，以实现3年内超15亿元产值，10年内超百亿元产值，最终完成集团整体上市的战略目标。

【东洲新区】 全年，东洲新区建设指挥部加强与街镇的沟通协调，紧抓各个项目的征地和政策处理落实工作。全年征地97.86公顷，政策处理土地79.60公顷。围绕京东、大华两个重点项目的推进，实行目标管理，任务分解、责任落实到人，形成倒逼机制，至年底这两大项目均完成了工程量的30%以上。同时，莱蒙水榭山中心路工程、杭新景高速东洲入城口景观整治提升工程、12号路杭千桥洞积水整治工程、高新园区水电配套工程等均已竣工验收；高新园区排水改造工程、大华区块土方平整工程完成施工；大华区块1—4号路、中桥路至明星路防洪堤道路硬化工程、株林坞安置小区配套道路工程、东洲污水应急处理设施工程、游艇基地二标工程等均按时间节点要求推进建设。

【杭州首创奥特莱斯项目签约】 6月，富阳经济技术开发区与首创钜大有限公司签订“杭州首创奥特莱斯项目”协议。北京首都创业集团有限公司是北京市国资委所属的特大型国有集团公司，为中国500强企业。首创钜大有限公司是首创置业控股的香港红筹上市公司，是以奥特莱斯、城市核心综合体及创新业务为主的商业地产运营平台，2015年已有北京房山、浙江湖州、江苏昆山及海南万宁4家店开业，4家店年销售额约30亿元，合作品牌超700家，另有杭州、南昌、郑州、武汉、长沙及西安等8家店处于建设、筹备、已签约阶段，未来3～5年内将在全国布局20余座奥特莱斯综合体项目，年营业额预计达150亿元，有望成为中国最大的奥特莱斯运营商。首创钜大拟在富阳经济技术开发区东洲新区投资建设“杭州首创奥特莱斯项目”，总投资10亿元，注册资本金总额3.35亿元，项目用地约10.10公顷，建筑总计容面积约15万平方米。项目建筑为托斯卡纳风格，打造杭州富阳山水的“意大利小镇”。店铺约350个，计划引入品牌300多个，以国际知名品牌为主导，国内知名品牌为补充，为富阳区及周边提供一个良好的商业配套，同时辐射杭州市周边3000万人口。预计年销售额可达12亿元，成为杭州至千岛湖黄金旅游带上的新节点。

【场口新区建设】 全年，场口新区百丈畈区块三期绿化和41号路排洪渠工程竣工，征用甘浦8公顷土地，土方平整工程和1号路工程开工建设；塘东畈7号路和真佳溪标准厂房配套工程完工；青江畈区块一期土方平整工程、9号路工程、青江渠工程已正式开工建设；场口集镇建设力度加大：24号路一期、25号路二期、28号路改造工程及集镇土方平整等工程按计划推进。年底，阳光家园四期竣工，职工宿舍楼项目主体完工。

【首家全外资规模型制造企业落户】 10月，富阳经济技术开发区与中民筑友科技集团（香港）有限公司就开发建设“杭州中民筑友绿色建筑科技园项目”签订投资协议书，标志着开发区升格为国家级经济技术开发区后，引进第一家全外资规模型制造企业正式落户场口新区。杭州中民筑友绿色建筑科技园项目，选址场口新区塘东畈区块，占地11.74公顷，总投资10亿港元。该企业主要从事智能建筑和绿色建筑的技术研发，项目建成投产后，预计可实现年产值20亿元、税收1亿元。2015年，中民筑友拥有自主研发的专利数量已达到行业全国第一，并成为行业内第一家上市企业。至年底，该企业通过项目注册、土地摘牌，12月28日进场开工建设。

（周根潮）

【责任编辑　胡春国】

投融资管理

·工贸资产经营·

【概况】 2015年集团公司实现利润总额4290万元，主营业务收入4.57亿元，上缴税收1490万元。至年底，公司总资产37.70亿元，净资产14.71亿元。公司名称变更，由“富阳市工贸资产经营投资集团有限公司”更名为“杭州富阳工贸资产经营投资集团有限公司”。

【资产经营投资管理】 至年底，公司拥有房产面积8.14万平方米，土地8.56万平方米。全年实现物业创收1274万元。对杭州中策清泉实业有限公司清算期间审计，收取清算期间所有者权益增加部分股权分红1600万元。出资1000万元与杭州国瀚金融控股集团有限公司成立杭州富阳中小企业金融管理中心有限公司。出资490万元与杭州市民卡有限公司成立杭州富阳市民卡有限公司。

【融资管理】 全年融资5.61亿元。与国家开发银行浙江省分行签订“塔基工程”中小企业融资合作协议，授信5亿元资金专项扶持小微企业发展，同时，向56家小微企业发放贷款1.37亿元。富阳民间融资服务中心全年向小微企业发放贷款365笔，总计4.80亿元。此外，全年为合欣集团、顺舟纸业等65家企业提供314笔服务，解决应急转贷资金28.98亿元，为浙江正大、永泰纸业等29家大集团企业提供250笔服务，解决应急转贷资金49.95亿元。

【项目建设管理】 全年，公司固定资产投入4.27亿元，为年计划的100%。政府投资项目8个，建筑面积27.65万平方米，投资近17亿元。代管项目6个，总建筑面积81万平方米，总投资近28亿元。

续建项目：富春山馆工程完成主体工程量56%，主体基本结顶；青少年活动中心项目完成主体工程量的58%，主体结构全部结顶；第八期经济适用房、第五期租赁房竣工验收；第九期保障房进行主体施工，累计完成主体工程量的100%；第十期保障房进行主体结构施工，完成主体工程量43%；洞桥文村美丽宜居村庄建设项目（一期），12月完工。

创建项目：主要包括民兵巡特警训练基地、工兵营大型机械库工程，总建筑面积22400平方米，概算总投资1.60亿元，完成前期，取得施工许可证，开工建设。

代管项目：主要包括受降银湖花苑、梓树花苑、施家园花苑农居改造工程正常推进，银湖花苑配套用房累计完成总工程量72%，梓树花苑配套用房A、B区块初验完成，施家园花苑二期二标、二期三标完成消防验收；高桥农居安置小区项目一标段累计完成总工程量71%，二标段基本完工；万市镇拆迁安置房项目完成竣工验收；万市镇文化便民服务中心工程完成竣工验收。

【机关事业单位公共资产管理中心】 至年底，公司拥有房产39万平方米，土地42万平方米，全年实现租金收入788万元。

【直属子公司】 全年，公司代建收入959.80万元。富阳阳光担保有限公司年末在保责任余额17922.50万元，实现经营业务收入653万元。杭州富阳中小企业担保有限公司年末在保余额40909万元，补充风险金收入8724万元。富阳二手车交易市场有限公司全年车辆交易量6416辆，评估3807辆，实现营业收入349.97万元。

（张颖捷）

·城建投融资管理·

【概况】 2015年，杭州富阳城市建设投资集团有限公司实行董事会制，内设二室四部，即办公室、纪检组(监察室)、人力资源部、财务审计部、投资管理部、工程管理部，下辖10个子公司，即杭州富阳城建集团城市基础设施建设有限公司、杭州富阳城建集团鹿山新区建设有限公司、杭州富阳水务有限公司、富阳华润燃气有限公司、杭州富阳住房建设投资有限公司、杭州富阳水利建设投资有限公司、杭州富阳地产经营有限公司、杭州富阳交通建设投资有限公司、杭州富阳城建集团城市地上空间管理有限公司、杭州富阳地下管道开发有限公司。有自来水厂3座，日供水能力32万吨；城市污水厂4座，日污水处理能力10.10万吨，从业人员400余人。

2015年，城建集团融资任务为18亿元，实际完成授信53亿元，发放到位27.46亿元；同时，不断创新融资模式，成功发行水务资产支持票据4.20亿，中小企业私募债1.10亿。

2015年度，子公司杭州富阳水务有限公司被浙江省巾帼建功和双学双比活动协调小组授予浙江省“巾帼文明岗”称号，被杭州市“五水共治”领导小组授予杭州市“五水共治”先进集体，被杭州市安全生产监督管理局、共青团杭州市委授予杭州市“安全文明示范岗”称号；子公司富阳华润燃气有限公司被杭州市富阳区背街小巷整治和破解停车难工作领导小组办公室授予背街小巷整治和停车泊位建设先进单位，被杭州市城管委公用事业监管中心、杭州市燃气行业协会授予2014年度燃气行业“双百”安全优质服务竞赛活动先进单位称号。

【市政基础设施建设】 2015年，共承接区政府大计划建设项目55个，其中续建项目34个，新建项目21个，年度计划投资28.31亿元。完成整理、包装、出计适合融资的储备土地11宗。

34个续建项目中，大学路、高教园区块电力迁改工程、达夫路改建工程(二环路—迎宾北路—大桥路)、春秋北路延伸工程(公园路—达夫路)、金城路延伸(育才路—达夫路)、金苑路延伸(育才路—达夫路)、鹿山35千伏富棉3607线35# ～39# 入地工程、金秋大道8个项目已完工；富春街道三联村农居安置小区、公园路拆迁安置房二期、龙山路办公房拆迁安置房、迎宾路拆迁—高桥镇农居安置小区(住宅部分)4个项目基本完工。其余项目按照时间节点推进中。

21个新建项目中，丰收路(新桥江—迎宾北路)、高教园区供水加压泵站工程、高教园高校配电工程、外鸡肝坞排洪渠(杭州武警士官学校段)4个项目已完工；双城路、华虹路修建工程(富春三中段)2个项目基本完工；文豪西路(金桥北路—二环路)、永兴路五号渠桥、富阳市新登污水处理四期工程、富阳市新登镇农村连片给排水设施完善工程、富阳市大源镇农村连片给排水设施完善工程、富阳市农村生活污水截污纳管示范工程(第一批)、富阳市分散农村污水处理系统示范工程(第一批)、新桐乡供水工程8个工程已进场施工；其余项目处于前期报批节段。

【质量安全控制】 2015年，城建集团开展工程质量、文明施工、安全生产检查10余次，查处安全隐患6个，均整改完毕；开展监理人员履职情况等内容开展安全生产检查6次，实现建设项目无重大质量、安全事故。水务公司组织开展安全专项检查11次，发现隐患4个，整改4个。组织开展应急演练8次。开展安全生产宣传培训，培训从业人员200人次。华润燃气开展客户隐患排查治理专项行动，上门安检民用户1.80万余户，入户安检率达到80%，查出整改安全隐患145起；开展工商业用户安检1600家次，查出隐患40起；开展地下中压燃气管道泄漏演练、新登场站阀门泄漏演练、供气中断应急演练及办公楼应急疏散演练、反恐防暴演练等7次消防演练。

【供排水】 2015年，完成自来水销售6318.50万吨，同比增长4.19%，自来水水质综合合格率为99.96%；完成污水处理3350.60万吨，同比增长2.10%，污水处理排放合格率100%，其中富阳排水2917.80万吨，同比增长1.14%；新登排水392万吨，同比增长4.94%；场口排水(含场口污水厂试运行污水处理量)40.80万吨，同比增长76.25%。

2015年，完成各类接表工程122个，其中，房地产接水类工程10个；企业接表类工程112个；完成秋月社区、春晖社区、春江园区(竹简路、金昌路)、大源浦东村、胥口镇等13个区块的旧管网改造；完成大田村、马山村、灵桥村等6个村的农村一户一表改造；先后实施灵桥村(中心片、周边片)自来水旧管网改造、苋浦西路(鱼种场区块)自来水旧管网改造、鹿山社区富源弄区块自来水旧管网改造、23省道供水等在建旧管网改造工程。

【燃气供应】 2015年，实现管道天然气销气量5030万立方米，较上年同期增长16.40%；车用天然气销气量421.50万立方米，较上年同期增长77%；实现液化石油气销售8570吨，较上年同期减少9%；新发展管道燃气居民用户10401户，较上年同期增长30%，其中已建住宅安装2410户；发展商业用户80家，工业用户30家。新建153.20千米天然气管道，工程建设项目安装地下中压管42千米，低压管92千米。

华润燃气公司引进燃气管道数字系统，为安全供气提供技术支持；紧跟政府“煤改气”和“高桥热电厂拆除”等项目，发展燃煤改天然气工业用户36户；承担富阳汽车南站L-CNG加气站建设，2016年3月基本实现运营。

【社会服务】 2015年，共办理12345区长公开电话475件，数字城管175件，110应急联动122件，信访12件，政务网23件，承办人大建议和政协提案主办件13件。水务公司24小时“96390”水务服务热线受理咨询服务13672次，华润燃气24小时服务热线“63323554”受理咨询服务25083次。开展服务进社区、乡镇57次，发放宣传手册6600余份、环保小礼品5800余份。

富阳水务针对春节期间新桐乡新中村、小桐洲两个行政村用水难事件，每日定时定量开展送水服务，确保村民春节期间的正常用水。富阳水务2015年增设兴业银行代扣代缴业务网点，并在各营业网点安装POS机，方便用户进行刷卡缴费。同时，水务公司开通公司微信平台，及时发布各类信息，方便客户及时获得信息。 (张冰清)

·交通投融资管理·

【概况】 集团公司全年总营业收入3.34亿元，实现经营性利润1.75亿元(经营性亏损不计)。全年固定资产投入5.53亿元，完成年度融资15.08亿元。集团下属客运单位全年发送客运班次119.23万班次，运送旅客4054.25万人次。

【优化公交，扩大覆盖】 全年增设公交线路7条，其中常规公交线路2条，定制公交专线4条，客运班线1条；优化调整线路8条，配合医疗卫生中心等重要公共服务设施的搬迁，填补了育才西路、金桥北路等区域公交盲区，扩大了公交覆盖面；缩短高峰发车班次(4条)，其中2路、5路通过合理调度，高峰发车班次缩短至5分钟以内，提升高峰期运载能力，进一步缓解了高峰拥堵；针对23省道改建工程带来的道路拥堵，增加1路的车辆并缩短班次间隔；为吸引沿线居民选择公交出行，延长506路运营时间至晚上9点。

【淘汰88辆黄标公交车】 年初，组织开展黄标车替换淘汰工作，11月底，国Ⅲ以下排放标准的88辆公交客运车辆全部报废，完成上级下达报废任务，响应富阳区节能减排环境治理工作。

【环保车型打造绿色公交】 全年度更换国Ⅴ排放标准的LNG动力车辆104辆，其中55辆为气电混合动力的清洁能源车。新型公交车排放污染指标比燃油公交车平均低80%，还降低燃料成本，并且车身平稳性提高，发动机噪声降低，受到了上级的肯定和市民的好评。

【首条公交专用车道启用】 根据富阳治理城市交通拥堵三年行动计划，并结合横凉亭路改造和客运西站出口处桥梁建设的需要，封闭原有西站出口，并将出口处的通道设置成公交专用车道，2015年12月16日启用，是富阳首条公交专用车道。

【公交微信公众号使用】 5月，发布“富阳公交”微信公众号，至年底，已有1400关注用户，企业对外推介成效显著。

【公交出行宣传周】 全年"公交出行宣传周"，区公交公司联合相关部门推出一系列活动：9月，先后组织志愿者在各大公交站发放宣传单；开展文明候车、乘车导乘活动；开展以"文明礼让，车顺人畅"为主题的自行车骑行活动，与富阳日报合作开展"小绿伴您环行富春湾"骑行活动，以实际行动倡导市民选择绿色方式出行；开展公交满意度评价活动；开展"免费公交、无车出行"活动，当天主城区所有公交线路均可免费乘坐，倡导公交出行、治堵优先、节能环保的良好氛围；在全区范围内开展"印象公交"主题摄影活动，挖掘培树身边的先进典型，倡导乘客文明乘车、公交驾驶员"文明服务、从我做起"服务理念。

【开拓专用校车业务】 1月16日，东南校车公司第一批6辆专业级智慧安全校车在场口镇中心小学投入运营。8月31日，第二批18辆专用校车投放至春江中心小学和东洲小学接送小学生上下学。该校车实行"定时、定人、定点、定线、定员"制度的接送学生，并建设监控系统对校车运行情况实时监控，保障学生安全出行。

专用校车　　（区交投集团　供稿）

【自助售票机启用】 东南公司富阳客运站、新登分公司启用自助售票机，解决出行高峰时旅客买票难、排队久的问题。该设备与售票窗口同步，可预售三天的车票，旅客按照提示触摸屏幕就可购票、查询班次、查看余票，也支持网上购票后随时取票。

【长运客车持续更新，开拓贵州班线】 7月，购置4辆商务型旅游巴士投入运营，采用高端商务配置，基本达到了移动办公的出行需求。8月，吸纳了黎平（贵州）过境班车进站补员，由富阳客运站开往黎平北门新区汽车站。9月，更换富阳至永康、屯溪、南京、嘉善、苏州、南浔、临安、临平等8条班线车辆的黄标车；更新了富阳至江山、上海班线车辆。11月，投入4辆新客车用于大润发免费班车。

（徐　瑶）

·新登新区投融资管理·

【概况】 富阳新登城镇建设投资集团有限公司全年投资任务5.88亿元，实际完成投资7.55亿元，承担建设项目37个，其中续建、增建项目26个，前期项目11个。融资任务8亿元，全年实际融资12.62亿元。其中，农发行放贷2.20亿元，与杭州银行新登支行达成2亿元委托贷款，与华夏银行以商业汇票方式达成2亿元贷款，向杭州银行新登支行融资2.20亿元，民生银行1.40亿元，浙商银行2亿元。

全年公司在建项目包括新登、永昌、胥口3个区块。总计26个在建项目，其中续建项目13个，新建项目13个，总投资7.55亿元。

新登区块为公司的主要投资区块，主要有新登副城核心区块、新登新区和新登镇老城改造3个部分。其中，新登副城核心区块全年列入大计划的在建项目7个，固定资产投资1.69亿元，分别为乘庄阳光家园、新登镇秉贤中路、核心区块2号路道路建设、新登镇四号路、新登镇五号路、核心区块6号路道路新建、新登镇公共服务中心等工程。

新登新区全年列入大计划的在建项目9个，固定资产投资5.32亿元。续建项目有3个，即新堰阳光家园二期、中策南侧地块土方平整、新登新区土石方等工程。新建项目有6个，即松溪阳光家园五期、新登新区道路绿化、昌东溪（松溪家园五期）渠道改造及山体治理、5号路西侧土方平整（6号路、2号路延伸、秉贤北路区块）、新登新区标准厂房建造、唐家避让区征地项目等工程。

新登老城改造全年列入大计划的在建项目8个，固定资产投资0.55亿元，即新登镇消防站建设工程、新登老城区道路综合整治工程（一期）、新登镇停车场整治工程、23省道双塔段综合整治工程、新登老城区道路及背街小巷整治工程（二期）、半山至双庙公路、新登镇中风雨操场、贤明小学风雨操场等工程。

永昌区块全年列入大计划的在建项目1个，为2015应急工程—永昌镇配套工程。

胥口区块全年列入大计划的在建项目1个，为查岭工业平台道路。

【土地经营】 全年公司土地出让2个地块，分别为新登副城核心区块的7号和9号地块，2个地块围墙已完工。另外，核心区块8号地块也已进入土地出让前期准备阶段，等待时机开展土地出让工作。

【秉贤中路建设工程】 工程起点为规划镇中路，终点接现状05省道，全长1629.17米，道路红线宽40米，横断面布置形式为：3.50米(人行道)+6米(辅道)+3米(机非隔离带)+15米(机动车道)+3米(机非隔离带)+6米(辅道)+3.50米(人行道)；道路结构层为：宕渣层 +35厘米厚水稳层 +7厘米 AC-25粗粒式沥青层 +5厘米 AC-20中粒式沥青层 +4厘米 AC-13细粒式沥青层。设计定位城市Ⅱ级道路，设计车速40千米/小时，总投资4718万元。截至年底，山体开挖及桩号1+000-终点段路基全部竣工。

【新登镇消防站建设工程】 工程位于新登镇官塘村，总投资2514万元。项目地块形状呈方形，工程规划用地面积约9490平方米，建筑面积6373平方米。工程为地上4层的多层公共建筑及一个8层消防训练塔。其中，综合业务用房建筑面积5956平方米(其中业务用房建筑面积为3710平方米，业务附属用房建筑面积为1340平方米，辅助用房建筑面积为906平方米)，训练塔建筑面积367平方米，建筑占地面积为1980平方米，容积率为0.67，建筑密度为20.90%，绿地率为30%。工程建筑类别为二类建筑，消防站等级一级；耐火等级均为一级，屋面防水等级为Ⅱ级；建筑高度：综合业务用房16.20平方米，训练塔28平方米。工程结构形式为框架结构，已竣工初验，合理使用年限为50年。

【新堰阳光家园安置房工程】 工程位于新登镇松溪村，总投资7.73亿元。工程用地面积94901平方米，总建筑面积209763.80平方米。

一期工程：项目用地面积52481平方米，建筑面123231.58平方米，地上面积项目分两个标段，主要由2个地下车库，21栋住宅楼组成，其中高层7幢，建筑面积56286.66平方米，地上53241.22平方米，地下2030.16平方米，高层有426套；多层14幢，建筑面积67960.20平方米，地上56208.34平方米，地下10736.58平方米，多层有430套。车位574个，其中地下336个，地面238个。

二期工程：项目用地面积42420平方米，建筑面积83208.84平方米，由1个地下车库、20栋住宅楼组成，其中高层4幢，建筑面积18003.73平方米，地上18003.73平方米，高层有124套；多层建筑面积65205.11平方米，地上57525.05平方米，地下7680.06平方米，多层有402套。车位411个，其中地下195个，地面216个。至年底，一、二期主体工程全部竣工。

【乘庄阳光家园安置房工程】 工程位于新登镇登城路中路东南侧，规划五、六号路之间。用地面积69499.73平方米，建筑面积160780.12平方米，总投资5.89亿元。地上面积项目分两个标段，主要由3个地下车库，26栋住宅楼组成，其中高层5幢，建筑面积62888.45平方米，地上51684.99平方米，地下11203.46平方米，高层有348套；多层21幢，建筑面积97891.67平方米，地上84285.98平方米，地下13605.69平方米，多层有668套。车位573个，其中地下467个，地面106个。至年底，一标主体工程竣工，准备主体工程验收，二标初验结束，完成总工程量的85%。 (董林晓)

·江南新城建设投资集团·

【概况】 2015年，集团公司融资8.30亿元。固定资产投入10.13亿元，列入在建工程项目有12个，总投资为7.59亿元。集团下设4个子公司：富阳市江南新城建设有限公司、富阳市江南新城水务有限公司、富阳市江南新城物业管理有限公司、富阳市江南新区造纸产业投资有限公司；1个分公司：富阳市江南新城建设投资集团有限公司大源分公司。

集团内设“一办三部”，即办公室、项目建设部、财务审计部、投资管理部，有员工25人。

【建设村农居安置小区(一期)】 该项目位于春江街道建设村，用地面积39700平方米。总建筑面积91909.28平方米，其中地上建筑面积78545.20平方米，地下建筑面积10958.42平方米，半地下室建筑面积1995.86平方米，架空层409.80平方米。总投资23676万元，土建合同价为16700万元。由浙江省建筑设计研究院设计，浙江省省直同人集团有限公司代建，浙江大运建筑工程有限公司建设，浙江富大工程监理有限公司监理。2012年9月开工建设，2015年7月完成竣工验收，2015年10月，落实好安置房分房工作。

【民主村农居安置小区(二期)】 该项目位于春江街道民主村，总用地面积24055平方米。项目包括地上总建筑面积48896平方米，其中：多层住宅面积29813平方米，高层住宅面积17545平方米，配套用房1033平方米，物业管理用房227平方米，物业经营用房171平方米，其他用房107平方米。地下总建筑面积12463平方米，架空层596平方米。总投资2.11亿元，土建合同价1.16亿元。由浙江省建筑设计研究院设计，浙江三江房地产开发有限公司代建，浙江大运建筑工程有限公司建设，浙江富大工程监理有限公司监理。2013年10月开工建设，2015年底主体工程竣工，并分户验收，小区配套市政绿化工程进场施工。

【中沙村农居安置小区一期】 该项目位于春江街道中沙村，由4幢11层小高层住宅、16幢6层多层住宅、沿街1层配套公建和社区活动用房组成，一层地下室为人防地下室。总用地面积47673平方米，总建筑面积91466平方米。地上建筑面积73032平方米，其中：多层住宅建筑面积39389平方米，高层住宅建筑面积24744平方米，配套用房建筑面积8704平方米，地下建筑面积18434平方米，架空层面积195平方米。总投资2.72亿元，土建合同价为1.78亿元，由浙江省建筑设计研究院设计，浙江省省直同人集团有限公司代建，浙江宏拓建设有限公司建设，浙江富大工程监理有限公司监理。2013年11月开工建设，2015年底主体工程竣工验收，小区配套市政绿化工程完成招投标工作。

【道路修复与景观提升工程】 该项目主要为道路修复与景观提升工程，赤亭纸路7708平方米、井纸路954平方米、元书路1365平方米、元书路1150平方米、飞马路1244平方米、飞马路1470平方米、竹简路11016平方米、金昌路1875平方米、经源路2561平方米、岩山路4923平方米、经山路55平方米、玮山路2339平方米、紫经路1219平方米、规划道路3529平方米、江南中学南侧道路4550平方米、东大北侧道路2745平方米、东大西侧道路4752平方米、建设安置区块一、二号路3586平方米、交叉口等余量959平方米。工程概算总投资2181.16万元。2014年6月开工建设，2015年底竣工验收。

【建设村安置小区南侧道路改造工程】 该项目道路长480.40米，红线宽度18米，概算投资818万元，2014年10月开工建设，至2015年4月，竣工验收合格，并交付使用。

【大源工业功能区4号路】 该工程主要内容为：道路工程、排水工程及其他相关道路附属设施等，总投资783.82万元。道路东起大桥南路，西至园区内茂元纸业公司，道路全长520米，宽12米，标准横断面为2.50米非机动车道+3.50米机动车道+3.50米机车车道+2.50米非机动车道，设计车速30千米/时。排水部分，雨水管520米。代建单位为杭州景铭市政园林工程有限公司，2014年11月开工建设，2015年9月竣工验收合格，并交付使用。

【江南新城支渠整治(一期)工程】 该工程起点为江南新城中心渠，终点为永济渠支渠，全长1.50千米，概算总投资1784万元，2015年底竣工验收合格，并交付使用。

【江南新城3#和4#地块西侧道路】 该工程北起永济路南侧道路边线，南至现状村道北侧边线，全长484米，宽20米，用地面积10263平方米，概算总投资1377.68万元，至2015年底，已铺设路基宕渣，综合管线施工完成80%。

【灵桥镇大浦整治工程】 该项目主要包括大浦清淤、引配水工程、护岸整治绿化工程及零星工程，整治范围起自大浦罗山脚路，终点至新胜建排涝闸站出口公路桥，清淤工程河道总长度1.72千米(左岸岸线1.85千米，右岸岸线1.66千米)，新建引水设施长788米(埋设暗管608米，明渠180米)，建造拦水堰坝一座长12.50米，两岸砌挡墙1173米，绿化面积2985平方米，拆除老胜建排涝站建筑及通道，道路修复235米。工程概算总投资1444万元。沿线清淤量为19974立方米，其中11301立方米为水力冲挖清淤，将淤泥泵送至运输淤泥船上，船运到悬空沙岛，在悬空沙岛上沙包围堰淤泥沥干后填埋处理。该工程2014年12月开工建设，2015年底竣工验收合格。

【园区王家宕路改造工程】 灵桥工业园区王家宕路改造工程，概算投资1028.79万元，3月进场施工，12月底竣工验收合格投入使用。

【灵桥工业园区截污纳管工程】 该工程概算投资148.28万元，项目主要包括三家工业企业废水截污纳管，污水管道长1.30千米，3月进场施工，年底竣工验收。

【灵桥排渠】 该排水渠全长951.78米，穿过现有道路部分采用钢筋砼盖板涵，全程有5座，排渠末端新建排涝站1座。工程概算投资569.25万元，至年底，已完成总工程量的70%。

【江南新城3、6号地块南侧道路】 该项目道路长483米，宽40米，工程估算投资2330万元，分二期完工，第一期10月已完成招投标项目。

【中沙村安置小区一期东侧道路】 该项目道路长351米，宽16米，工程估算投资1045万元，10月已完成招投标项目。

【中沙村安置小区一期西侧道路】 该项目道路长675米，宽26米，工程估算投资2697万元，10月已完成招投标项目。

【民主安置小区(二期)西侧道路】 该项目道路长690米，宽12米，工程估算投资990万元，11月已完成招投标项目。

【江南分区供水管道工程大源段】 该项目新建供水管道2千米，工程估算投资600万元，由区水务公司负责代建，至年底已完成总工程量的80%。

【蔡伦路综合改造工程】 该项目主要是道路修复、雨污水管道埋设等，工程估算投资5500万元，施工单位在12月完成招投标项目，监理单位招标信息同时发布。

【东升1号区块安置房建设工程(一期)】 该项目总建筑面积121700平方米，一期建设45000平方米，估算投资2.58亿元，至年底方案已完成，并报送规划局，待组织召开方案评审会。

【江南新城应急工程】 灵桥工业园区光明路道路修复工程概算投资48万元，已完成招投标项目。(蔡伦路—科甲路)交叉口改造工程估算80万元，已完成招投标。科甲路、元书路、金昌路、赤停纸路、涌金路、飞马路、井纸路等7条园区道路修复工程，概算投资1200万元，已完成招投标项目，至年底，施工单位已做好各项进场准备工作。

【投资理财】 全年，集团理财金额8.15亿元，实现收益共计1676.50万元。其中，银行保本理财3.15亿元，实现理财收益584.92万元。华融信托理财5亿元，年化收益率8.20%，已实现理财收益1091.58万元。在确保理财收益的同时，更要注重风险防控，确保资金安全，同时通过对存量资金的有效投资，提高了资金使用绩效和收益。

【融资做地】 全年，江投集团创新融资方式，完成融资8.30亿元。 (孙佳奇)

【责任编辑 胡春国】

交通·运输

·综述·

【概况】 2015年，以“撤市设区”为契机，实施融入杭州大都市发展战略，突出“融入”主题，以新型城市化、杭州同城化为指引，加大资金投入，加快推进重大交通项目建设，实现多口子无缝对接和全方位融入大杭州的大交通网络。配合推进杭黄铁路建设，做好杭州绕城高速西复线、春永线、东洲大桥以及配合地铁6号线富阳段等项目前期工作；加强行业监管，推进23省道拓宽改造与综合整治、富阳大桥至320国道连接线、城市内环快速路等工程建设。

全年，主动与杭州市交通运输局等相关部门和单位做好对接，促进320国道杭富公路杭州收费站停止收费并拆除收费站设施；继续推进农村联网公路、农村公路大中修、病危桥梁改造等6个交通专项，完善农村公路网络，提升公路等级水平，改善农村交通环境；切实加强行业管理，进一步提升全体人员业务素质，增强干部廉政勤政意识，凝心聚力，多措并举，推进富阳交通事业的快速有序发展。以交通“融入”先行，行业和社会稳定为根本，谋城市发展，促经济建设，为打造富阳区“新富春山居图”夯实基础。

全年，富阳区交通重点前期项目杭州绕城西复线富阳段完成规划选址、水保、文物调查、地震安全性评价报告、地质灾害报告等取得主管部门批复，社会稳定风险评估完成政府审核意见，环境评价通过省环保厅专家评审，压覆矿协议谈判基本完成，通航论证、防洪评价等已与省市区水利部门进行汇报对接，土地预审报批，初设招投标工作准备中，工程地质勘察等前期工作有序开展，互通连接线初步方案编制完成。春永线改建项目路基宽度、线位基本明确，初步设计文本编制修改完善，路堤结合水利专项技术报告初步编制完成待组织审查，整治工程方案开展设计招标工作。东洲大桥项目开展初步设计招投标相关工作，发布初设招标信息。

全年，建设农村联网公路16条计19.70千米，县乡公路大中修31千米，启动实施病危桥梁改造11座，年末完成工程量50%左右，县乡公路改扩建3条计6.60千米等其他政府专项农村公路建设养护项目进展总体顺利，完成年度目标任务。农村联网公路、农村公路大中修等6个政府专项项目，总投资1.69亿元。

全年，增设和优化公交线路，倡导低碳绿色出行，缓解城市拥堵。增设进杭公交线路，加大多点融入力度，开通富阳南站经黄龙体育中心至杭州北站客运班线，增开富阳银湖、东洲至滨江公交线路，将富阳客运站至杭州城站、火车东站及富阳客运南站至杭州城站客运班线改为公交线路，更好地服务区域企业和方便群众出行；增设城区公交线路3条、优化4条，增加环保节能型公交车20辆，缩短高峰发车班次线路4条，推出首期公共自行车(共21个网点、1000辆自行车)，大力倡导低碳绿色出行，一定程度解决线路不合理、高峰时段拥挤等问题，弥补城区公交空白区域。

修订完善《农村客运服务质量考核办法》，并增设沿线群众和“两代表一委员”对农村客运服务质量和经营行为的满意度测评，进一步规范农村客运经营行为，提升客运服务水平和服务质量；增设新登模拟器集中培训网点，解决大量学车人员预约难问题；组织开展“阳光维修进乡镇”“阳光维修进驾校”等系列活动，组织开展第九次“援助贫困人员免费学车”公益活动，推出首届公交车厢“主题文化”活动，在公交车内以图文并茂的形式，宣传低碳绿色出行、传统文化和现代文明等，连续第10年组织开展“出租车免费爱心接考”活动等。联合交警和城管部门加大“四小车”整治力度，严厉打击“黑车”等非法营运行为，维护客运市场秩序；加强公路超限运输整治和抛洒滴漏治理，做到治理力度不减，标准不降，确保公路通行安全，降低环境污染。

全年，加大安全生产监管力度，组织开展应急演练，提高应急防范能力。建立完善安全生产监管制度，层层签订安全生产目标责任制度，认真汲取事故教训，举一反三，加大监督检查，积极开展隐患大排查，督促落实隐患整改措施，及时消除各类事故隐患，交通项目建设和水陆运输行业安全生产基本平稳。积极组织开展和参与校车事故应急、重特大事故应急和公交车辆火灾逃生应急等演练，进一步提高各类应急防范和处置能力。

加强公路养护管理，全力做好“两路两侧”“四边三化”等工作。首次制定出台《富阳区公路管理段精细化养护考核办法(试行)》，实施公路精细化养护改革，通过明确岗位职责、落实岗位责任，强化督查与考核，进一步提高公路养护质量和管理水平。深入贯彻落实“两路两侧”“四边三化”及“三改一拆”工作的总体部署，全面开展公路沿线垃圾、边沟二次清理，及时做好公路坑洞修补和拆除公路违法广告和非公路标牌等工作。

全年，制定和完善《2015年春运遇旅客滞留应急处置预案》《2015年遇雨雪、冰冻等灾害性天气应急处置预案》等11个工作预案，并相应建立道路抢修、滞留旅客应急驳运等9个专业应急队伍，落实应急客运车辆20辆、船舶3艘、维修企业5家，及时落实防雪防冻物品、除雪清扫车辆等应急物资和设备，统筹安排客运班车、旅游包车、城市公交、出租车等有序投入运行，安排包车和加班运力603班次。春运期间，未发生乱设卡、乱罚款、乱收费及客货滞留、积压、严重超载等现象，未发生停班停线情况，输送旅客197.86万人(次)，城区公交车接送旅客247.13万人(次)。

做好落实2015年度钱塘江船舶更新政府补贴工作。经船舶所有人户籍所在地乡镇(街道)、港航管理处、交通运输局、财政局等单位的层层审核，全年受理申请船舶478艘，其中审核通过411艘，未通过63艘，存在疑问4艘。审核通过的船舶经富阳日报公示后，由区交通运输局、财政局联合发文明确补贴船舶名单和补贴资金发放程序，全年发放船补资金2127.33万元。2016年，将继续开展对符合规定且未能及时申请船舶，以及对存在疑问或矛盾纠纷的船舶经审核后的补贴发放工作。

·公路运输·

【概况】 年末，统计显示辖区管养公路992条，里程1947.21千米。按行政等级分，国道2条79.60千米，占4.09%，省道4条88.55千米，占4.55%，县道公路45条482.07千米，占24.76%，乡道公路89条270.29千米，占13.88%，专用公路4条16.59千米，占0.85%，村道848条1010.10千米，占51.87%；按技术等级分，国家高速公路37.29千米，占1.91%，一级公路112.82千米，占5.79%，二级公路185.69千米，占9.54%，三级公路142.77千米，占7.33%，四级公路973.42千米，占49.99%，准四级公路495.21千米占25.44%；按路面等级分，高级路面1711.10千米，占87.87%，次高级路面211.29千米，占10.86%，中级路面24.82千米，占1.27%。全区公路通乡率100%，公路通行政村率100%。

【320国道杭州收费站撤销】 根据十一届杭州市委常委第101次(专题研究富阳市工作)会议精神及要求，为尽快做好撤销320国道杭富公路杭州收费站等相关工作，特别是2月15日富阳撤市设区正式挂牌后，区交通运输局进一步加快与杭州市交通局、杭州交通集团、华南公司的对接步伐，提出了富阳区人民要求尽早撤销收费站，实现与杭州共享同城待遇和无“障碍”通行的意见与要求。在市局和我区多方共同努力下，320国道杭富公路杭州收费站于5月1日起停止收取车辆通行费，8月，收费站被拆除，终于实现富阳与杭州共享同城待遇和无“障碍”通行。

【交通质监行业管理】 全年，受监项目34个大项110分项，监理招标备案3项，其中续建项目15个大项45分项，新建项目19个大项65分项，建设工程监督覆盖率100%。全年组织各类(执法、专项)检查140次,交通质监人员检查监督477人(次),下发《建设工程质量整改意见书》87份,落实整改各类问题与隐患329条,提出问题与隐患整改意见及建议186条,整改意见反馈率100%;全年落实备案工程项目23个,交(竣)工质量合格率100%;安全监管项目17个,未发生项目责任事故;全年无违法违纪案件、无重大质量责任事故;法制建设取得新突破,实施行政处罚一起,实现建站以来行政执法处罚工作"零"的突破,无行政诉讼、无行政复议情况;"法治质安建设"全面提升,顺利通过杭州市交通运输局下达的"三基四化"执法规范化三级达标基础基层站所建设的创建考核验收。

全年,制定出台《区交通建设工程质量安全问题与隐患整改督查制度》等创新管理方式的制度六项,取消一般农村公路项目的检测方案论证环节,简化检测备案手续;根据杭州市交通工程质量安全监督局下达的《2015年质量安全监督工作责任书考核结果的通知》,区交通质安站被评为目标考核优秀单位,列杭州市交通质监系统考核排名第一。

【公路养护】 全年,制定出台《公路精细化管养考评办法》,对沪瑞线、牧松线等四条国省道计75.12千米及胥高线等20条重要县道计293.87千米实施精细化养护。2015年,是交通运输部五年一次的全国干线公路养护管理检查工作年,区公路管理部门紧紧围绕国省道干线公路路面大中修工程、路况应急处治工程、病危桥梁及隧道治理工程,强化小修保养等四项工作,圆满完成迎检任务。

全年,区公路养护机构改革得到提升,管养分离有实质性的进展,理清了养护公司与公路管理段之间的关系;拓宽公路养护市场,成立交达养护公司,承担部分国道、省道、县道的公路养护任务,开创公路养护工作新模式;乡村公路养护机构日益健全,全区24个乡镇(街道)均设立公路养护站,其中大源、灵桥、渔山、新登、万市、场口6个乡镇已创建规范化乡镇公路养护站,为乡村公路的养护提供了有力保障。

【公路路政管理】 根据省、市建立的超限超载治理长效机制,结合工作实际,建立完善以政府主导、多部门协作的治超长效机制。在常态化管理情况下,开展流动治超及代号为"风暴""百日治超"等专项整治活动。先后会同交警、运管、城管等部门,开展25余次整治活动。查处违法超限车辆357辆,卸载货物11009.91吨,罚款1757400元,征收公路赔补(偿)费50689元,重大案件报备169件。经公安配合,查处2起抗法事件,当事人各被行政拘留5天,执法环境得到改善。处置裁量严格按照公路路政处罚行政裁量权基准制度执行,执法信息及时、准确录入超限运输联网查讯系统,录入率达100%。

随着路网建设的有序推进,运输车辆的流量和治理任务相应增加,为解决此类问题,在上级部门指导和帮助下,进行非现场执法点建设,预算经费1300万元,选择S307、S305和春永线三条公路合理位置,积极推广公路路政非现场执法工作。

【道路运输安全管理】 按照"抓好源头、抓好预防、做好事前监督"指导思想和"安全第一、预防为主、综合治理"的工作方针,开展不同形式的安全专项检查和专项整治工作。年初,通过印发宣传册、发放宣传单、悬挂横幅、张贴标语及现场咨询、企业自查、行业督查及相关部门实地排查等多种方式,认真完成平安综治双月宣传活动。在春节、清明节、"五一"节、端午节等小长假节前,组织安全生产检查200余次,积极开展安全生产隐患排查工作。为全面推进全区道路运输企业安全生产标准化建设,3月,召开全区11家普通货运企业安全标准化达标动员大会。4月,召开全区111家维修企业安全标准化达标创建动员大会。6月,全国第十四个安全生产月期间,积极开展"安全生产月"和"安全生产万里行"活动,全行业共悬挂横幅128条、张贴宣传画320张、出黑板报58期;向驾驶员、乘客发放《道路运输安全宣传手册》等资料4000余份,印有宣传标语的环保袋等物资1000余只,同时发送安全短信58次,8700余条。6月,联合浙江东南汽运股份有限公司在场口镇中心小学开展校车事故应急演练,模拟突发事件应急现场演练;组织富阳公共交通有限公司在客运南站举行重特大事故应急演练,模拟客车在运行途中与自行车相撞的突发交通事故。

天津“8·12”事故后，立即组织召开紧急会议，成立检查领导小组，制定并下达安全隐患专项整治方案；各业务科室、辖区运管所督查指导企业开展自查，对全区12家危货企业（包括新增2家）开展安全隐患排查；稽查部门安排24小时不间断上班，重点打击无证营运、非法改装、站外组客等涉及安全隐患的违法违章行为，并利用短信平台、运管手机微信群等加大安全宣传。8月，与区公安交警大队联合开展危化品货物运输车辆源头管理专项检查。重点检查基础信息强化，企业切实报备责任，开展安全技术检查，动态监控系统实时在线监管，同时抓好宣传教育工作。9月，开展第二阶段的督查和整改工作。专项行动共检查企业32家，出动人员280余人次，发现一般安全隐患130余条，行政处罚2起。8月，联合公交公司开展公交车辆火灾逃生应急演练。演练主要针对富阳公交车火灾突发事件以及夏季车辆自燃频发，结合安全生产大排查大整治等专项行动而组织开展的“火灾逃生应急演练”。

【公交行业】 全年，优化调整7路、城东站至沈家坞、城东站至白龙寺线路的站点和线路走向；510路调整为510、511两路公交；6路、12路延伸至医疗卫生中心；在原有公交线路基础上顺利开行506路、516路A线、5016路B线夜间班线。增开富阳文化中心至医疗卫生中心15路公交车，城区鹳山公园到人民医院新院区16路公交车，富阳客运南站至杭州汽车北站的公交车；增设3条定制公交线路，分别为“硅谷小镇”至富阳城区、“硅谷小镇”至滨江区、东洲新区至滨江区。全年优化调整9条、增设6条公交线路。

3月30日，第一期公共自行车投放结束，全区城市主要街道设有21个网点、1000辆自行车，有效实施绿色交通。结合“公交出行周”和城市文明指数测评，联合公交公司，推出第一届公交车厢“主题文化”活动，全力打造城市流动的“文化课堂”。

【客运市场整治】 全年，取消“黄标车”办理营运证核发、年审、二级维修签证等工作，并督促经清理登记在册的297辆营运“黄标车”企业（经营者）做好《道路运输证》注销和车辆报废工作。同时，加大执法力度，加强对营运“黄标车”违法上路稽查，严查各类违法行为，一经发现，一律扣车。

针对以“专车”“黑车”形式的违法营运行为，积极开展整治行动。3月，接群众举报，查获第一起私家车利用专车软件“拉活”，涉嫌非法营运的案子。4月，查扣无工商注册登记的代驾车辆4辆，非法营运面包车4辆，涉嫌非法营运面包车2辆。同时，协调有关部门做好城区残疾车、电瓶三轮车等“四小车”整治。全年，查处非法营运“四小车”435辆，其中残疾车292辆，电动车143辆。批评教育766辆次，配合公安110执法31次，与交警联合执法103次，出动372人次。全年，相关人员晚上及双休日加班加点，有效遏制了“四小车”的泛滥，规范了本地的客运市场。

【出租车行业管理】 针对1月全国多个省会城市发生出租车大面积停运和目前出租车行业受“滴滴”及专车等冲击影响，为防止出租车停运事件发生，积极做好出租车行业维稳工作。全年，做好对出租汽车经营关系规范清理、有偿使用费清退、出租车服务区选址和前期基础工作，并与交警部门联系增设出租车招手即定泊位、候车通道。同时，与企业、经营者、驾驶员进行沟通、协调，降低分子钱，从每月8500元下降到每月6000～8000元不等。

为提高行业从业人员的业务素质和服务水平，全年，组织出租车从业人员培训和复训9期，培训人员515人；客、货、危从业人员培训10期，培训人员405人；维修从业人员培训2期，培训人员105人；道路客货运驾驶员继续再教育培训16期，培训人员716人；免费举办维修从业人员安全培训二期，培训人员210人；按照上级数据清理要求，注销超过有效期180天的从业资格证1214本，其中客、货、危从业资格证856本，维修从业资格证358本。

6月上旬，继续开展“的士”免费爱心接考，更好地服务考生。9家出租车公司78辆出租车和131名出租车驾驶员参加此次活动。另外，一家民权驾校还组织12辆教练车，在全市范围内进行免费爱心接考。8月，开展出租车“文明礼让斑马线”活动，以进一步营造和谐交通环境，规范出租车营运服务行为，树立出租车良好形象，有效提升富阳城市文明程度；6—9月，开展为期3个月的“打击无证营运、规范出租车运输市场”专项整治。检查车辆1200余辆次，处罚出租车违章11起，无证营运（含专车）6起。全年，查处各类违章339件，其中客运24件，货运286件，出租车39件，维修驾培17件，罚款49.20万元，无行政复议和行政诉讼。同时，对管辖区域内的37家客、货运及危化品运输企业进行年度信用考核，考核结果良好。

【维修驾培行业管理】 协助驾培行业协会投资50余万元增设新登模拟器集中培训网点，解决新登、龙羊地区每年1万余名学员预约难问题；组织开展第九次“援助贫困人员免费学车”公益活动，有7位学员获得免费学车资格；3月，联合区机动车维修驾培行业协会组织上海大众和一汽大众4S店等维修企业开展“阳光维修进驾校”活动。免费检测车辆61台，维修咨询100余人次，发放汽车保养宣传单100余份，派送工时优惠券等100余份。6月，组织全区15家品牌4S店及1家大型综合维修企业，开展“安心服务到农家，阳光维修进乡镇”活动。免费维修检测车辆94辆，维修咨询130人次，购车咨询82人次，派送大礼包、工时优惠券、现金抵价券等224份。

同时，增设新登、龙羊、大源、场口四个机动车服务办事窗口，具体办理辖区维修企业行政许可事项受理，维修企业的年度考核，配件经销业备案受理、汽车租赁业备案的受理、道路运输从业人员诚信考核、维修从业人员从业资格证换证等业务，最大限度满足群众办事需求。

·水路运输·

【概况】 年末，全区境内有定级航道6条，计67.92千米，其中四级航道1条，49.16千米；6级航道3条，12.56千米（新江线5.23千米，渌渚江4.41千米，赵东线2.92千米）；7级航道2条，6.20千米（壶源江3.80千米，大源江2.40千米）；另有一座被作为旅游资源开发利用的岩石岭水库（库容量为4200万立方米）和一条尚待开通的东洲北江叉江支流（9.20千米）。年末，富阳航区有各类船舶205艘，73422载重吨，31217.33千瓦，316客位，其中机动货船201艘，73422载重吨，30509.81千瓦；客船4艘，316客位，707.52千瓦。全区有各类码头35处，其中砂石料码头23处，煤炭码头5处，成品油码头2处，件杂货码头2处，客旅码头3处。有渡口8处，渡船12艘。

全年，杭州港富阳港区货物吞吐量2888.29万吨，其中进口量761.91万吨，出口量2126.38万吨。富阳港区货物吞吐量约占整个杭州港的30%，位列杭州航区第二。港口吞吐量按货种分类，煤炭322.81万吨，成品油33.39万吨，金属矿石10.54万吨，钢材78.68万吨，矿建材料2313.66万吨，水泥19.96万吨，非金属矿石48.56万吨，其他60.69万吨。全年，航区货运量355.83万吨，货运周转量46257.80万吨千米。

【海事管理】 春运期间，排查安全隐患25起，发放草包1000余只，出动海巡艇50余次，车辆10次，海事执法人员200余人次，发布GPS短信1400余条。启动“三防”二级响应3次，6月富春江流量最高达10100立方米/秒，两次启动“三防”一级响应，向辖区船舶、渡口、水运企业及相关单位发布三防信息5000多条。“三防”一级响应期间，安排值班人员50余人次，出动海事艇救助群众5次。针对各渡口存在问题，向相关乡镇（街道）、渡口单位发送检查通报，督促相关乡镇和渡口及时解决存在问题。国庆小长假期间，每天安排专人专艇负责新沙渡安全监管，同时根据区政府要求派工作人员参与由交通、公安（交警）、街道、工商、村委组成的联合工作组，加强横向联动，确保渡运安全。3—5月，开展密洞垅通航秩序整治，增加现场巡查人员和巡查次数，出艇22艘次，人员83人次，劝离违停船舶约450艘次；利用综合监管系统设置GPS进入该水域航段短信自动提醒和界面了解停泊航行情况；对个别为装货排队方便屡教不改的船只进行行政处罚，查处违章船舶35艘次、处罚金额32700元。通过专项整治取得明显效果，通航秩序明显改善，船舶锚泊井然有序；事故明显下降，在密洞垅水域发生事故2起（上年同期9起）。4—6月，开展通航桥孔专项整治工作，采取GPS宣传，强化现场巡查，出艇72次300余人次，约谈运输企业、渡口等相关经营单位负责人，查处违章船舶15艘次、处罚金额18000元，发生桥梁水域事故2起(上年同期9起)，同比下降77.70%。通过专项整治，船舶能自觉遵守通航桥孔航行规则，保障航行安全。

【航道管理】 加强航道巡查，确保航道完好和畅通。开展航标夜查工作，做到实时检查与台账记录同步，确保航标设施正常使用。在航道巡查中，发现由富阳鸿富矿业实施的谢家堤护岸、切湾工程疏浚深度不足，造成船舶搁浅。组织人员进行断面测量，并要求业主按内河通航标准疏浚。区人民政府将渌渚江综合治理、码头工程列入2015年富阳区政府投资前期项目计划，由区交通运输局负责牵头，富阳处配合做好此项工作。6月，组织召开渌渚江综合整治、码头工程项目可研报告编制大纲讨论会，10月，组织召开了渌渚江综合整治、码头工程可行性研究方案讨论会，11月，拟定规划方案最终稿。

【港口管理】 开展港政执法工作，全年，检查码头225余次，责令整改72起。查处港政违法案件57起，罚款11.40万元。对辖区内违章码头、无证装卸作业点、水上加油站列入打非治违项目，并及时向区政府分管领导作专题汇报。汲取“8·12”爆炸事故教训，提高企业安全生产意识，按照上级部门相关要求，开展危险品码头及客运码头专项检查，全年，不定期对辖区危险品码头及客运码头进行安全检查，责令码头企业就存在问题进行整改。三家货运企业完成安全生产标准化达标工作，一家码头企业创建星级美丽码头。全年，客运码头及成品油码头均做好码头应急预案及安全现状评价备案工作，富阳辖区所有普货码头均完成应急预案备案工作。加强码头扬尘污染防治管理工作，开展“挂牌戴帽防扬尘”专项活动，10月，开展“挂牌戴帽防扬尘”专项活动，所有在富港口货运企业按文件要求进行自查自纠；做好码头堆场扬尘调查工作，对辖区散货码头全面排查堆场扬尘情况，调查结果显示大部分散货码头均已做到循环喷淋和定期洒水；严把许可关，2014—2015年，富阳港区24家码头参加老码头技术检测评估重新许可发证，要求这些码头输送带必须安装喷淋设施，堆场之间(煤炭堆场和其他堆场)做好隔离措施，并配备必要的环保设施。

【运输管理】 全年，建造货船12艘，5588载重吨，转入3艘，1026载重吨；货运量355.83万吨，货运周转量46257.80万吨千米，客运量3.86万人，客运周转量42.65万人千米。全年，富阳辖区货物发送量达1920.52万吨，到达量达686.62万吨，分别比去年增长1.69%和增长2.10%。做好辖区3家水路货运企业安全生产标准化达标工作；做好内河船型标准化工作，受理申请67艘船舶拆解改造申请，并拟制出拆解改造完工报告，上报申请审批补贴资金约808万元。落实钱塘江船舶更新政府补贴工作，受理申请478个，审核通过上报政府411个，金额2127.33万元，其中富阳人船舶331艘，金额1671.50万元，非富阳人船舶80艘，金额455.83万元，未通过63个，存在疑问4个。

根据2015年交通部货船小抽样调查工作要求，做好处属287艘内河货船基本整理并录入部软件，对18艘抽样船舶前期确认替换，协助杭州市港航管理局调查机构做好抽样船舶联系调查工作。全年，核查船舶138艘，水运企业4家。在天津港爆炸事故后，根据上级部门的要求，对辖区新沙岛旅游开发有限公司进行检查，要求公司加强内部安全管理，健全制度、台账和档案，发现公司海务主管兼职的违法行为并对其进行处罚，要求公司在一个月内落实整改。做好辖区水运经济专项调查工作，通过对现有货源基地的走访，涉水厂矿企业的调查，分析水运存量货源，预测水运增量货源，形成完整的水运经济专项调查报告。另外，注销富阳泽南航运有限公司所属船舶的水路运输许可证。

【船舶检验】 全年，各类船舶检验306艘，总吨87363，主机功率47509千瓦，载重吨90766吨；节假日前，对“二客一危”船舶增加临时检验，确保重点船舶处于适航状态；全年，做好钱江水系船舶一站式服务42次，检验船舶189艘，总吨55026；做好浙江省船舶安全技术分中心富阳工作站工作和内河船舶吨位证书换发工作。 (赵灵芝)

·重点工程·

【概况】 全年，列入在建项目23个，其中建设项目7个、续建项目12个、前期项目4个，实现交通工程建设总投资3.34亿元。其中，有开建项目杭黄铁路富阳段工程、公共自行车一期试点工程、S302（05省道）新淳线富阳松溪至桐庐桐岭段2015年公路养护大中修工程、杭富公路（老320国道）部分路段路面整治工程、馒头山边坡崩塌治理工程、新桐乡春渚村吴家坞边坡综合治理工程、渔山乡三元石料厂废弃矿山生态环境治理工程。续建项目有23省道富阳横凉亭至新登段综合整治和改建工程、富春江第一大桥维修加固工程、320国道至富阳大桥连接线工程、场口客运站工程、汤马线（老320国道）善浦口大桥改造工程、汤马线（老320国道）馒头山桥病危桥改造工程、S302（05省道）新淳线松溪桥维修加固工程、G320沪瑞线富阳段甘浦头桥修复工程、G320沪瑞线欧家溪桥病危桥修复工程、G320富阳受降至高教园区段绿化工程、富萧界废弃矿山生态环境治理工程、电子站牌、候车亭工程。

项目前期有东洲大桥工程、长兴至泰顺公路（灵桥至渔山段）工程、320国道至富阳大桥连接线鹿山隧道工程、公交停保中心工程。

【杭黄铁路富阳段工程】 杭州至黄山高速铁路（简称杭黄高铁）工程全长265千米，投资338.30亿元。其中，富阳段长39.19千米，途经渔山、里山、灵桥、大源、春江、环山、常安、场口8个乡镇（街道），通过时长9分钟，在春江街道山建村与大源镇亭山村交界处设置车站一座，站房建筑面积6000平方米。工程于2014年10月开工，建设工期为4年，预计最快2018年开通。至2015年12月底，完成涵洞11座662延米；桥梁已开工11座，折合成桥6112延米；隧道已开工12座，掘进8506延米；制梁场一处，完成制梁57孔。完成产值约10.50亿元，占总工程量的50%。

【公共自行车一期试点工程】 该工程内容包括21个租赁网点、1000辆公共自行车、一个调度热线中心和配套中心机房、一个停保中心，总投资800万元。于2014年12月25日批准建设，2015年3月30日投入试运行，8月28日通过验收。借鉴杭州主城区经营模式，采取“基本免费”的阶梯收费标准，目的是引导绿色出行，缓解交通“两难”，实现节能减排，提倡休闲健身。截至2015年底，总租借量82.90万次，平均每天单车周转3.70次，最高周转7次，租赁总收入为97203元。

【S302（05省道）富阳松溪至桐庐桐岭段工程】 为迎接交通运输部全国干线公路养护管理大检查工作，对收费公路S302（05省道）富阳松溪至桐庐桐岭段进行大中修。该工程路线全长15.24千米，总投资4119万元。7月24日开工建设，项目包括：对K0+310～K1+460左幅、K1+800～K2+000左幅、K7+500～K9+750左幅、K12+750～K15+240左幅和K0+310～K15+240右幅共五个段落计21.02Km（单幅），双幅10.51千米路段进行大中修；沿线波形护栏外移至土路肩；k10+000～k13+188四处边坡整治；修复和完善公路养护大中修路段的排水、防护、标志标线等沿线附属设施。10月，该工程竣工，并通过验收合格后交付使用。

杭黄铁路示意图　　（区交投集团　供稿）

公共自行车　　　　　　（区交投集团　供稿）

67.40万吨，销售收入790.48万元。

【23省道富阳横凉亭至新登段改建和综合整治工程】 该工程是省重点工程项目，起点位于23省道与320国道交叉的横凉亭立交处，终点与23省道新登至渌渚段、05省道、富阳经济开发区1号路的平交口相接，全长约为17.10千米，采用6车道一级公路标准，兼具城市道路功能，其中起点至大青互通段路基宽45米，大青互通至终点段路基宽42米，设立养护中心一处。该项目概算总投资73500万元，建设资金除省、杭州市专项补助外，主要由区政府负责筹措，截至年底，路基完成总工程量的80.20%；路面水稳上下基层完成约25%；沥青下面层完成3%；完成产值1.79亿元，完成投资4.96亿元，占总投资的67.50%。综合整治工程是为提升改建工程的区重点工程，项目包括沿线道路景观绿化、电力管线及弱电管线、自来水管网、污水管网改造等。该项目概算投资10.15亿元，资金由财政拨款及自筹解决。截至年底，自来水管道铺设25640米，占总量的95%；电力工程铺设管道18069米，占总量的67.20%；弱电工程铺设管道17000米，占总量的49.80%；路灯工程埋设横穿管600米；中压和高压铺设管道25468米；完成投资8.74亿元。

【杭富公路(老320国道)部分路段路面整治工程】 该工程投资39万元，7月31日进场施工，主要项目包括杭富公路(老320国道)K239+550～K239+605段左幅辅车道及与之相连的道口和K248+649～K248+884.4段的右幅辅车道的路面整治。9月，该工程竣工，并通过验收后交付使用。

【馒头山边坡崩塌治理工程】 该工程投资209万元，11月开工建设，计划2016年1月完工。项目包括清理边坡土石方，铺设支护钢丝网绳、锚杆、浇筑混凝土截水沟建设等。

【新桐乡春渚村吴家坞边坡综合治理工程】 该项目是富春江治理工程的组成部分，项目包括削坡作业和喷坡复绿。1月22日动工建设，12月31日已完成A区块和C区块+165米、+150米马道及以上坡面、B区块+150米大平台的修建工作，完成部分C、B区块+150米至+135米的削坡工作，完成C区块至B区+120米施工装运便道的修建。2015年工程累计爆破48次，使用炸药55.50吨，削方36.60万立方米，外运石料198173.60吨，销售收入404.04万元。

【渔山乡三元石料厂废弃矿山生态环境治理工程】 该项目是浙江省“四边三化”的矿山治理项目，内容包括削坡作业和喷坡复绿。1月起相继完成了工程设计变更、政策处理和石料拍卖等工作，4月23日开工建设，至年底完成整体工程量的50%，累计外运石料

【富春江第一大桥维修工程】 该工程投资2097万元，7月开工建设，工期8个月，项目主要包括对主桥和引桥上下部结构裂缝、混凝土破损露筋等病害常规处理，对主桥变截面连续箱梁增设体外预应力、粘贴镀锌钢板和涂刷防护涂装加固，对桥面铺装进行凿除并重新浇筑、种植剪力筋、更换伸缩缝，对主桥和引桥的老化开裂支座进行整体顶升更换及盖梁进行粘贴钢板加固，另增设助航标志等。至12月底，累计完成总工程量的83.30%。

【320国道至富阳大桥连接线工程】 该工程概算投

资5.52亿元，2013年4月15日开工建设，起点位于规划新桥新路与二环路交叉处，终点为鹿山路与规划鹿山5号路交叉口，并通过规划鹿山5号路接已建成的富阳大桥。该项目将320国道、富阳大桥、杭新景高速富阳互通有效的连接起来，加速与杭州“大交通”的接轨，同时也形成富阳市西部区域主入城口的快速通道，促进中西部组团的发展。该工程2015年底基本完成。

【场口客运站工程】 该项目是区政府2014年十大为民办实事工程之一，总投资3460万元，占地面积30亩，按三级客运站标准建设，规划进入公交车线路数10条。站区内设置候车长廊5条，发车位10个，公交停车位48个，小型机动车停车泊位42个（含无障碍车位2个），非机动车位308个。2014年9月30日开工建设，2015年底竣工验收。

【汤马线（老320国道）善浦口大桥改造工程】 该工程投资1100万元，2014年8月开工建设，项目主要包括对该桥墩台、盖梁及上部结构拆除重建，锥坡维修；桥梁布跨形式及其他技术指标与老桥一致。2015年5月20日，该工程完工。

【汤马线（老320国道）馒头山桥改造工程】 该工程主要对该桥盖梁及上部结构拆除重建，桥梁布跨形式及其他技术指标与老桥一致。总投资553.89万元，2014年10月开工建设，2015年8月5日完工。

【S302（05省道）松溪桥维修工程】 该工程项目包括对左半幅桥梁桥面铺装进行加固修复，对锥坡水毁处进行桥台护坡重建。总投资77.37万元，2014年10月开工建设，2015年2月完工。

【G320富阳段甘浦头桥修复工程】 该工程内容为老桥拆除并重建。新桥跨径为13米，桥梁荷载公路—Ⅰ级，上部采用预应力钢筋砼空心板，下部结构采用桩接盖梁桥台，基础为钻孔灌注桩。该工程投资154万元，2014年8月开工建设，2015年9月完工。

【G320欧家溪桥修复工程】 该工程项目包括对左幅桥面铺装凿除后重新浇筑，更换2块下挠明显的梁板，更换左幅支座和伸缩缝，对混凝土缺陷进行常规处理。总投资94.38万元，2014年11月开工建设，2015年2月完工。

【G320富阳受降至高教园区段绿化工程】 因四边三化、千岛湖配水工程绿化整治需要，该工程对路段两侧及部分征地进行绿化建设。总投资1550万元，实施规模约5.50千米，绿化面积16.50万平方米，2014年11月28日开工建设，2015年5月31日完工。

【富萧界废弃矿山生态环境治理工程】 该项目位于富阳与萧山的交界处，是杭州市“三江两岸”生态环境保护和建设整治的重点难点工程，至12月底，已建设C区块64.22万立方米的削坡作业和所有坡面、上山道路的喷坡绿化工作，喷坡绿化面积为36500平方米，外运石料1605403.60吨，创造效益1893.46万元。

320国道至富阳大桥连接线工程（新桥新路至横凉亭路段铺设沥青后）
（区交投集团 供稿）

【电子站牌、候车亭工程】 该工程项目包括富阳区部分街道候车亭、主城区电子站牌建设及电网铺设工程，总计20个候车亭、40套电子站牌、铺设58.50千米公交候车亭用电电缆。6月，该工作竣工并通过验收。该批电子设施的投入使用，规范了所经线路的运营秩序及班次准点率，实时显示公交到站信息，受到市民一致好评。

【东洲大桥工程】 该工程起点为徐婆桥村南，与规划的江南大道(现春永线)T形平交，路线向北延伸跨富春江航道及空沙岛后在东洲岛登陆，终点顺接东洲街道中桥路，路线全长3.30千米。按双向六车道一级公路工程技术标准，兼顾城市道路功能设计，设计速度80千米/时，路基宽度为40米。项目主要设特大桥梁1座，长2.47千米，桥梁宽36.20米，工程总投资15.20亿元。截至年底，该项目已得到批复，准备初步设计和招标文件工作，预计2016年开工建设。

【长兴至泰顺公路(富阳灵桥至渔山段)工程】 该工程全长13.98千米，采用一级公路技术标准兼顾城市道路功能，设计速度80千米/时，其中K0+000～K3+050段长3.05千米采用双向六车道标准，路基宽36.50米；K3+050～K13+978段长10.93千米采用双向四车道标准，路基宽33米，项目估算总投资为12.20亿元。

【320国道至富阳大桥连接线鹿山隧道工程】 本项目起点位于育才西路以北248m处，起点桩号K0+000，终点位于富阳大桥北侧桥头，终点桩号K5+488.64，路线总长5488.64米，项目总投资17.50亿元。该项目按区政府要求暂缓建设。

【公交停保中心工程】 该项目位于富阳区23省道铁坞口村南侧，占地面积85411平方米，进场道路用地面积11267平方米，总投资19000万元(含征地拆迁费用)。9月22日完成初步设计文本及概算送审，进入施工图编制及清单编制。截至12月31日，根据区财政局要求，等待富春街道办事处提供征用土地和政策处理等费用预算后，再办理概算审核。

(徐　瑶)

【责任编辑　胡春国】

邮政·电信

·邮政·

【概况】 2015年全区邮政业务实现收入6623万元，完成利润-175万元。其中，金融业务收入完成2667万元，较上年增长16.20%；寄递类实现“两包业务收入”1915万元，由于调结构，减少代理小包收入1015万元，拉低了总收入的增长率；建成农村电商“村邮乐购”点231个，完成年计划105.80%；函件业务收入413万元，同比增长10.10%；集邮业务收入163万元，完成率85.80%。至年底，区邮政分公司有员工281人，下设3个职能部室，5个专业化经营单位，邮政网点21个。

【邮务类业务】 全年快递包裹业务实现收入413万元。快包业务收入1620万元，国际小包295万元。为进一步提升寄递业务市场竞争力，按服务区域成立城区、城郊、新登、大源、场口、银湖等6个包裹快递类业务片区，较好整合全区包裹快递类业务的营销和客户开发级邮件揽投工作。在投递方面，制定投递网改造方案，优化了投递信息系统，进一步提升邮件妥投率。

报刊方面，重点开发校园报刊、商务报刊、印广发、图书、动漫等营销项目，同时积极培育集邮品预订、高端产品等潜力市场，开展集邮品鉴会、“生肖贺岁”等活动，取得了较好的社会效益和经济效益。

【金融类业务】 全区邮政储蓄共有二级及代理网点17个，均获得风险达标证书；ATM/CRS共计26台（ATM15台，CRS11台）。全区邮政储蓄代理网点期末余额为13.3046亿元。

【邮政服务】 继续开展“营业、投递基础管理，规范服务”达标竞赛活动，强化执行岗位责任制，首问责任制，服务承诺制，邮政服务质量综合满意度92分。全年总包邮件损失率、延误率，给据邮件损失率、延误率均为零，机要邮件失密丢损率为零，邮件处理规格合格率为98.94%，邮件全程时限准确率

2015年富阳区邮政局基本情况

表9

项　目	单位	2015年实绩	项　目	单位	2015年实绩
业务总量	万元	5149.00	邮运车辆	辆	5.00
业务收入	万元	6623.00	计算机总数	台	80.00
收支差额	万元	-175.00	全员劳动生产率（按业务收入计算）	万元/人	23.50
固定资产原值	万元	4725.00	函件	万	413.00
本年新增固定资产	万元	-82.00	包件	万	1899.00
期末员工总人数	人	281.00	汇票	万张	8.81
邮政（电）所总数	处	27.00	订阅报刊流转额	万元	1519.10
自有房屋建筑面积	平方米	28110.00	特快专递	万件	2.12
邮路单程长度	千米	400.00	集邮业务	万元	163.00
农村投递线路单程长度	千米	3645.80	邮政储蓄余额	亿元	13.30

为98.50%，邮件赔偿处理及时率实现100%。

【邮政安全】 严格落实安全生产责任制，层层签订安全责任书。全年开展“安全大检查”“邮政储蓄重点环节专项整治活动”“查漏洞、扫盲点、排隐患”等专项行动，突出“八个查”，注重“回头看”，强化安全发展，确保邮件安全、资金安全、交通人身安全、消防安全、信息网络等邮政五大安全。开展全局性的消防安全专项检查，抓好消防器材的调配、维护保养，按照消防法律法规对消防器材进行保养。结合消防安全“四个能力”建设，积极组织开展消防安全“应急预案”演练和“安康杯”“安全生产月”知识竞赛等形式多样的宣教活动，使员工能较好掌握各类消防器材的正确使用方法，全面提高消防安全处置能力和防范意识。同时，结合安全生产月、四守一保等活动，认真做好全国“两会”“3·15”期间全省邮政通信服务质量等各项工作。

【邮政便民服务工程】 全年在充分发挥邮政农村市场传统优势的基础上，集中整合了农村小商超、村邮站两大资源，并确立以小商超为主的农村电子商务渠道建设，紧紧围绕“购物不出村、销售不出村、生活不出村、金融不出村、创业不出村”五大服务，使邮政农村电商服务主渠道作用初步得到认可。同时在区农办的大力支持下，组建起农村电商运营团队，农村电商专业管理体系得到进一步完善。全年建成“村邮乐购”农村电商服务点231个，一个覆盖农村的邮政电商渠道已初具规模。全年富阳各村邮站投递各类邮件总数为345万件，其中：平函6.90万件，挂函2.70万件，普包0.80万件，快包0.90万件，报刊杂志269万份、特快1.40万件。月均投递量近26万件，便民业务交易33.20万笔，较上年同期略有增长。 （王安娜）

·中国电信股份有限公司富阳分公司·

【概况】 中国电信股份有限公司富阳分公司（简称富阳分公司）有员工382人；下设3部1室、14个支局。辖8家自建自营营业厅、7家自建外包营业厅（专营店）、59家他建他营（专营店）、3家大型连锁合作卖场，48家二级渠道实名制网点全年完成业务收入2.46亿元，比上年增长5.83%。实现税前利润6604万元，比上年增长2.36%。荣获中国电信分公司杭州分公司颁发的2015年度信息化应用优秀奖、先进基层（部门）工会一等奖、运维服务支撑奖和4G网络大建设攻坚先锋奖。

【拓展营业服务网点】 新建专营店20家，核心商圈内新建3家，次核心商圈内新建9家，省级连锁门店1家，大大缩短了服务半径。

【光小区拓展与平移】 完成了285个光小区建设，新增FTTH覆盖能力为4.50万线，FTTH接入能力达23.50万线；共完成838个网格单元的光网覆盖能力建设，覆盖网格内宽带用户达10.80万户，光宽带网格单元覆盖达到97.50%。

【打造首个全光城区】 5月15日，富阳分公司提出了创建首个“全光网”支局，建设“全光网”城区，打造100个百兆村的设想。5月下旬，富阳分公司网运部制定了《富阳“全光网”支局劳动竞赛》相关规则，通过以赛代训的方式，组织14个支局开展了PK赛，选择在光覆盖能力最好、光宽带占比最高的金桥支局进行了本公司首个“全光网”支局光改平移PK赛，旨在将金桥支局打造成富阳分公司第一个全光支局；金桥支局光改平移工程，采取了光网格建成一片，平移一片的策略，集中优势装维人员，连续奋战1个月，最终实现了金桥支局全光城区的目标，在此基础上，富阳分公司又陆续启动了桂花支局、迎宾支局及春秋支局的全光支局改造计划，通过劳动竞赛，共平移宽带用户6100余户，基本达到预期的效果。9月7日，随着桂花路母局F-150交换机退网下电，标志富阳城区（桂花支局、迎宾支局、金桥支局和春秋支局所辖区域）全面进入光网时代。

【签订常安镇“智慧小镇”战略协议】 为进一步推进上级公司和本公司智慧城市建设及实现“加快发展互联网+信息化应用的战略）目标，在上年3月富阳区人民政府与中国电信杭州分公司签订《战略合作实施协议》的基础上，经中国电信股份有限公司富阳分公司(以下简称富阳分公司)与富阳区常安镇人民政府多次沟通，8月24日，双方正式签订了信息化建设和构建“生态智慧小镇”项目战略合作协议，协议规定，由富阳分公司为合作方提供资金、人才、技术和设备支持，并成立专业服务团队或专家组，具体承担合作相关工作，富阳区常安镇人民政府提供必要的工作条件、业务指导和政策支持，为双方合作项目提供经费保障；双方将在加快“智慧旅游”信息化建设构建“生态农业小镇”、推进城镇信息化平台建设、促进区域经济发展以及运用信息化手段完善社会管理服务能力三方面进行合作；富阳分公司依据富阳区政府规划，按照走集约、智能、绿色、低碳的新型城镇化道路的总体要求，围绕“镇区景区化、景区全域化”战略目标，以互联网应用为主线，创建开放共享的“互联网+”生态圈，不断提高常安镇互联网聚合力，增强互联网创新的体验感，在常安镇走出一条具有诗画山水和互联网双重特色的“互联网小镇”发展新道路。

【增强通信能力】 2015年，在校园网项目建设上，完成了杭州科学技术职业学院(富春校区)和浙江省中医药大学(富春校区)校园网建设；完成金桥虚拟交换机业务上线、校园网专用BAS等建设工作；在城域网扩容改造项目上，通过完成城域网4台宽带接入服务器(BAS)至杭州中心路由器(CR)的扩容，使BAS的出口带宽达到180吉/秒，同时，通过完成2台业务路由器(SR)至杭州CR的扩容，使其带宽达到180吉/秒，二平面SR出口带宽达40吉/秒。至年底，富阳至杭州的出口带宽已达400吉/秒；在传输和数据设备项目上，完成了传输、数据老设备的全部退网；全年共立项主干中继层项目35个，立项资金约600万元，完成主干光缆建设324皮长千米、计1.51万芯千米。在LTE网项目建设上，开通LTE-频分双工(FDD)站点101个，时分双工(TDD)站点27个，室分系统点位5个，完成了富春和园等6个小区的4G信号的深度覆盖。

【打造移动4G精品网络】 2015年的4G网络建设由前两年的广覆盖向深度覆盖转型，并力争实现信号质量比肩C网。在市公司建设部的统一部署下，开展了第三期和三期增补工程。开通4G站点128个，完成了富春和园等6个小区的4G深度覆盖，4G基站数量达403个。根据LTE无线网络总体规划，已完成富阳市区、各街道乡镇、行政村和较大自然村、各大开发区和工业园区，以及境内高速、国道、省道以上道路的4G无线信号覆盖。通过持续有效的网络优化工作，全网各项质量指标始终保持着稳中有升大的较好水平。富阳市区的网络覆盖率为99.39%，语音质量维持在99.96%以上。（周　辉）

·中国联通富阳区分公司·

【概况】 中国联合网络通信有限公司杭州市富阳区分公司(简称富阳区分公司)是中国联通杭州市分公司下设的区分公司。公司现有在职员工100余人，平均年龄32岁，大专及以上学历的专业人员占员工总数98%以上。2015年，在省市公司的指导下，富阳区分公司聚焦市场发展，实施营销管理改革，使组织架构变得更加灵活、高效、富有弹性，具有更强的市场反应能力和竞争能力，由原来的“大而全”转变为“小而专”。深化网格化营销，实现“责权利”统一，信息对称，减少损耗，建设起一支团结高效、充满活力的营销队伍。全年发展移动用户数10万户，宽带数据业务3.50万户，实现业务收入1亿元。

全年获得了“浙江省消费者信得过单位”“杭州市文明单位”“杭州市巾帼文明岗”“杭州市青年文明号”等荣誉称号。

【精品网络建设】 公司以不断增强网络建设能力和持续提升网络支撑能力为突破口，开展无线网、宽带固网、传输数据网的建设及优化工作，全面提升网络安全。随着4G业务的快速发展，全年有针对性地开展网络优化建设工作，并成立建设相关专项工作小组，实时管控优化进度，制订专项优化具体方案、重点区域分场景问题跟踪表，从网络资源扩容调整、主城区及重要道路感知优化，网络热点区域建设改造等方面入手，针对客户平时反映的室内信号差、上网慢、通话断续等问题进行优化。全年建设3G基站630个，4G基站450个，同比上年增长150%，一批基站的投入使用，区域内用户满意度明显提升，网络吞吐量持续上升。与此同时，富阳区分公司全面做好“宽带光改”工作，在此项目上，全年总投资1300万元。通过优化接入点机房104个，数据端口容量8万端，语音端口容量7万端，配线容量20万线。经过近三年的光改、提速工作，富阳地区75%以上的住宅小区、商务楼宇进行了光改、提速工作，全面为用户提供了快捷舒适的上网体验。

【营业窗口优化】 随着网格化的深化落地，公司先后建成大源区域、新登区域、灵桥区域等营业厅。此外，完善了主城区春秋北路营业厅、桂花西路营业厅、秋月营业厅服务能力的提升和打造，向客户提供一站式体验服务做了扎实有效的保障工作。

【智慧城市打造】 随着网络服务能力的不断提升，公司积极响应上级公司关于“智慧城市”打造的要求，充分发挥自身优势，全年不仅在基础的语音、数据业务上对智慧小镇做了发展，还进一步加大了大带宽、园区WIFI、IDC业务、物联网平台、移动互联网、云计算等新一代信息技术在各领域的合作，为打造可靠、高效的资源整合对接平台、凝聚干事创业的浓厚氛围，汇聚成一股更为强劲的发展气势。此外，还借助杭州市公司“智慧交通”为主题的展示馆，集中做好智能公交、车载监控、“智慧物流”“智慧监控”“智慧城管”等多个“智慧交通”移动应用，满足车联网、物联网、移动监控等实际需求，真正实现富阳智能化管理城市交通，科学控制交通流，提高富阳城市道路交通效率。

【通信服务提升】 公司始终坚持以用户为中心，以满足广大用户日趋个性化、便捷化的通信需求。全年组织开展了“联通服务在身边”的活动，以手机终端售后服务、4G全网络和光宽带体验为主题，相继开展了近200场“走进用户身边”的体验式服务活动，让广大用户尽享联通便捷、优质的通信服务。

【实名制落实工作】 加强客户实名制落实工作。为确保实现新增用户全部实名登记，严格执行移动电话用户真实身份信息登记制度，建立监督、检查的长效机制。公司组织营业员、代理渠道对实名制工作的培训，通过实名制海报、标语、短信等一系列宣传，有效提高了全体员工和社会层面对实名制工作的重视，为贯彻好实名制工作奠定了坚实基础。

（曾沅良）

【责任编辑　胡春国】

运动休闲

·综述·

【概况】 2015年，全区接待国内外游客951.30万人次，比上年同期增长19.01%；实现旅游总收入83.45亿元，比上年同期增长18.14%，其中接待境外游客1.71万人次，比上年同期下降22.15%，实现旅游外汇收入479.80万美元，比上年同期下降27.02%；接待国内游客949.59万人次，比上年同期增长19.13%，实现国内旅游收入83.15亿元，比上年同期增长18.40%。收费景区接待游客458.10万人次，同比增长1.95%，收费景点实现门票收入1.47亿元，同比增长6.58%。至年底，全区有国家A级景区6家，其中AAAA级景区4家，AAA级景区2家。有星级宾馆酒店15家，其中五星级2家，三星级6家，二星级5家。国家银叶级绿色饭店3家。旅行社20家，其中三星级旅行社7家。拥有富阳永安高山农庄、富阳中医骨伤科医院、杭州华鹰船艇有限公司三家社会资源国际旅游访问点，华宝斋古代造纸文化村一家浙江省工业旅游示范基地。

组织群众参加上级体育竞赛活动49次，举办区级体育竞赛活动25次，共有33000余名运动员参加赛事活动。主要的赛事有：富阳区“场口杯”女子保龄球比赛、庆“五一”登山比赛、“富春杯”领导干部乒乓球比赛、“灵桥杯”领导干部羽毛球比赛、省级体育先进社区共建体育比赛，富阳区第八届全民运动会等。另组织非奥项目（拔河）基地银湖街道、春建乡的“大力士”参加浙江省第二届海洋运动会、杭州市第三届社区运动会（体育节）。还组织体育先进社区参加全国百城健身气功交流展示（杭州市第九届健身气功交流比赛）、参加2015年浙江省全民健身系列运动会，展示出运动休闲之城风采。协助富春街道各社区、场口镇、春建乡、卫生局、鹿山街道等单位开展好省级体育创强（复评）和全民健身运动会。

【2015中国（杭州）西湖国际茶文化博览会闭幕式暨安顶云雾茶文化节】 4月25日，2015中国（杭州）西湖国际茶文化博览会闭幕式暨富阳安顶云雾茶文化节品赏会在里山镇安顶山举行，“茶丝之旅，品质共享”是闭幕式主题。杭州旅委副主任王信章、副区长裘富水参加闭幕式。闭幕式上，安顶云雾茶香和金富春中华嫁衣秀融合，设置市民采茶体验、丝模茶园走秀、手工炒茶和安顶云雾茶、高山茶叶蛋、裕达抹茶蛋糕、金富春丝绸等特色产品展销等活动。

【富阳区第八届全民运动会暨2015富春江运动节】 富阳区第八届全民运动会暨2015富春江运动节以“活力新区，运动富阳”为主题，自7月开赛，到11月底圆满完成各项赛事，历时5个月，共有来自全区各乡镇（街道）、机关、企事业单位的53个代表队近8000名运动员参赛，规模创历届之最，比赛项目有篮球、足球、田径、游泳、气排球、羽毛球、乒乓球、网球等14个大项及第九套广播操、排舞两个集体项目。经过激烈角逐，共产生金牌、银牌、铜牌186枚，决出金牌总数、团体总分、体育道德风尚奖、优秀组织奖等四大奖项。2015富春江运动节活动内容囊括2015中国富春江国际皮划艇马拉松比赛、中美篮球对抗赛、2015全国业余铁人三项积分赛、滑翔伞定点世界杯赛等多项品牌赛事，以及安顶山茶文化节、杭州野生动物世界百兽狂欢节、龙门古镇民俗风情节等多项旅游品牌节庆活动。富春江运动节获评第17届中国杭州西湖国际博览会最佳品牌奖。

【中美篮球对抗赛】 10月12日晚，由浙江省体育竞赛中心、富阳区人民政府主办的2015年中美篮球对抗赛在富阳区体育馆开战，浙江广厦职业男子篮球队对阵美国波士顿联合明星职业男子篮球队，最后，浙江广厦职业男子篮球队以86:71获得胜利。

【滑翔伞定点世界杯赛】 10月23—25日，由国家体育总局航空无线电模型运动管理中心、中国航空运动协会主办，富阳区人民政府承办的2015滑翔伞定点世界杯(中国站)比赛在永安山滑翔基地举行。来自印尼、日本、斯洛文尼亚等12个国家的和地区的上百名滑翔伞运动员参赛，中国共派出48名运动员参赛，比赛设男子组个人定点、女子组个人定点、团体定点三个项目。经过三天的激烈比赛，最终，中国国家队、河南林州队和泰国队分获团体定点赛前三名。中国的朱志锋获得男子组个人定点赛冠军，女子组个人冠军被“铁妞”李晨男收入囊中。

【2015全国业余铁人三项积分赛】 10月24—25日，由国家体育总局自行车击剑运动管理中心、中国铁人三项运动协会主办，杭州市体育局和富阳区人民政府承办的2015年杭州富阳全国业余铁人三项积分赛在富阳举行。大赛共设置男女精英组，男女全程分龄组、水陆两项组，男女半程分龄组，混合接力组以及杭州体验组。共有来自全国各地业余运动员约640人，杭州地区体验组运动员60人，共计约700人，年龄最小的仅8岁。2015年，全国共有8个城市开展铁人三项赛事，富阳是年度铁人三项赛事的收官之站，也是继2014年第二次举办全国业余铁人三项积分赛。

【浙江华鹰控股集团被授予“国家体育产业示范单位”称号】 2015年11月，浙江华鹰控股集团被授予“国家体育产业示范单位”称号，成为全省仅有的2个国家体育产业示范单位之一，富阳成为全国拥有国家体育产业基地和国家体育产业示范单位两项称号的唯一县(市)区。

・旅游开发・

【规划编制】 编制完成了《富阳区运动休闲“十三五”发展规划》《富阳区沙洲岛屿运动休闲专项规划》《富阳区常安生态旅游区总体规划》三项主要规划。

【重点项目】 省级重点项目——锦绣富春运动休闲综合体形象初现，总建筑面积2万平方米的飞翔假日酒店一期进入装修尾声；龙门溪漂流7月对外开放；龙门驿雷迪森庄园酒店对外试营业；龙门古镇景区入口花海种植初见成效，智慧旅游设施设备安装完毕。永安山区块投资近2亿元，项目用地53.33余公顷项目，完成规划调整；龙门印象度假精品酒店建成；湖源溪漂流项目建成并对外开放。

【景区提升】 杭州野生动物世界投入3000万元，建成“猛兽山”主题动物展区。龙门古镇投入1400余万元，加强古建筑的修缮力度，开发开放旧厅堂，新增水磨咖啡吧、木雕坊、木制工艺品店、富春古墨、唐氏姜糖等商家，成功培育孙大嫂民宿、尚古小筑、树下、东吴御龙寨等民宿品牌；利用废旧厂房开设“东吴牛锅营”特色餐厅，提升了古镇人气和旅游吸引力。天钟山景区进行公司重组，引进资金以AAAA级景区标准提升改造。

・宣传促销・

【概况】 1月7日—1月8日，参加了杭州市旅游委员会组织的在建德的旅游信息工作会议。1月26日—1月27日，参加了杭州市旅游委员会组织的在南京的杭州市旅游市场工作会议暨杭州旅游(南京)推广活动。3月9日—3月10日，组织杭州野生动物世界、富春桃源、龙门古镇、黄公望隐居地、浙江南国大酒店、富阳国际贸易中心大酒店等20余家旅游企业赴苏州、常熟、昆山等地开展旅游促销活动。3月30日—4月2日，参加了杭州市旅游委员会组织的赴武汉、长沙的旅游促销活动。4月8日—4月12日，参加了在江西省南昌市举办的浙江省旅游交易会，并在上饶、鹰潭、南昌等地开展富阳旅游推广活动。4月21日—4月23日，与萧山区联合在赴嘉兴、湖州等地的旅游促销活动。5月16日，在玉长城商业广场组织开展“中国旅游日”宣传活动。6月1日，组织开展“公望富春”文化周系列活动，联合省中山国旅、台湾富豪旅行社等，推出台湾万人游富春山居图实景地活动。6月5日，上海新四军历史研究考察黄公望隐居地。6月29日—7月3日，参加杭州市旅游委员会组织的赴泰安、徐州、蚌埠旅游促销活动。7月14日—7月15日，组织杭州野生动物世界、富春桃源、龙门古镇、黄公望隐居地、浙江南国大酒店、富阳国际贸易中心大酒店等20余家旅游企业赴温州、宁波等地开展旅游促销活动。8月11日—8月12日，互联网旅游营销高峰论坛在富阳举行。8月25日—8月28日，组织杭州野生动物世界、富春桃源、龙门古镇、浙江南国大酒店、富阳国际贸易中心大酒店等20余家旅游企业赴合肥、芜湖等地开展旅游促销活动。8月29日，东方茂杯2015潮小孩暨富阳区首届旅游宝贝决赛，浙江少儿频道《我是潮小孩》栏目组。9月7日—9月12日，参加了杭州市旅游委员会组织的赴长春、沈阳等地的东北促销活动。10月9日，2015富春江运动节开幕式在区体育中心举行。10月16日—10月19日，组织开展第十七届中国杭州西湖国际博览会休闲节富阳主题推广活动。10月31日，在富阳秦望广场举办富阳“运动休闲日”暨旅游惠民活动。11月7日，富阳区万市杨家村举办第七届银杏节。11月13日，赴昆明参加了中国国际旅游交易会。10月14日，富阳区渔山稻草节开幕暨富阳农事节庆活动发布推广。11月25日—11月19日，组织富阳主要旅游参加在萧山举办的第十一届浙西旅游合作峰会。

【会展旅游】 2015年浙江南国大酒店举行了农工党医药卫生界院、所长骨干培训班暨医药卫生政策研讨会、富阳市第十五届人民代表大会第四次会议、第六届浙江省书法家协会沙孟海研究委员会年会、2015年全国老年人柔力球教练员、裁判员培训班(富阳站)开班仪式等6项重要会议；富阳国际贸易中星大酒店举行了SECOP全球管理会议、安佰诺上市会、北京华夏儒商教育、浙商证券半年度工作会议、海立集团高管会议、中美篮球对抗赛、中策伴你行项目启动大会等10项会议。

【节庆主题活动推广】 10月16日—10月19日，组织开展第十七届中国杭州西湖国际博览会休闲节的主题活动。10月24日—10月25日，承办2015全国业余铁人三项积分赛、永安山国际滑翔伞邀请赛、富阳区市民“运动休闲日”嘉年华等活动。全年还指导开展了杭州龙门古镇民俗风情节、杭州野生动物世界百兽狂欢节、富春桃源野桂花节、新登半山桃花节、安顶山茶文化节、万市银杏节、洞桥油菜花节、新沙岛露营大会等旅游节庆活动。整合农事节庆与乡村旅游资源，推出了春萌富阳、夏品富阳、秋实富阳、冬暖富阳等系列产品的推广。

【旅游形象宣传】 2015年，与浙江之声、浙江电视台、《休闲》杂志、《中国旅游报》、杭州十九楼、《假日自助游》《私旅游》《富商》杂志等专业媒体密切合作，宣传富阳旅游专版共计80余个，拍摄富阳旅游专题片6期、微视频2个。与浙江之声联办《钱塘江春行》自驾游栏目；与富阳日报合作，策划萧山、余杭、富阳三地联动“周末去哪儿”亲子活动以及首届富阳旅游宝贝评选；出品《家在富春江上》农事节庆体验游专题片，实现两天点击量4万多。投入宣传资金200多万元，在武林广场围挡、西湖环湖游览车、杭州社区灯箱、杭州地铁1号线、杭州东站LED、上海地铁、上海公交车身等户外平台发布富阳旅游形象宣传，制作简练版本的“富阳新富春山居游”宣传推广PPT，编印“魅力富阳”“富阳旅游指南”等宣传资料20余万份。富阳旅游微信粉丝突破2万人，建成富阳旅游天猫旗舰店。

【旅游信息采集及旅游资讯服务网点调整】 2015年，新建新兴路咨询点并通过验收；原金凤路咨询点、玉长城咨询点分别搬迁至孙权路和桂花路，改名为孙权路点和桂花路点；新沙岛咨询点因景区提升改造停业，至2015年底，共有杭州富阳旅游咨询服务网点13个。

·旅游管理·

【星级饭店复核】 10月，按照杭州市饭店星级评定委员会的要求，对富阳区星级酒店复核，富春宾馆、水坞山庄通过三星复核，中港大酒店、富春山庄、万友度假村、春城国际度假村和新山外山大酒店通过二星复核。富阳凯悦宾馆，取消星级，收回星级标牌。

【旅游教育培训】 举办各类培训班10期，培训各类在职人员1000余人次，其中导游员年审业务知识培训班2期，旅行社总经理业务知识培训班1期，讲解员培训班1期，餐厅服务员（技师）培训班1期，旅游行业安全生产管理人员培训班1期，安全生产培训班1期，旅游行业艾滋病防控知识培训班1期，旅行社计调人员培训班1期，导游员安全生产培训班1期。

【旅游行业安全生产】 2015年12月，在蓝钻国际城堡大酒店召开2015年度安全生产工作会议，与所属45家旅游企业签订《富阳市旅游行业安全生产管理目标责任书。6月，开展第十四个"安全生产月"活动，下发活动方案，购买一批安全生产宣传挂图，利用画廊、黑板报、标语牌等进行宣传，营造"安全生产月"氛围。6月5日，组织部分旅游企业在时代广场开展旅游安全知识咨询问答活动。组织执法安全检查38次，共有350余人次参加安全生产大检查，检查发现隐患50条，整改50个，整改率100%。各宾馆饭店、旅行社和景点景区开展急救援预案演练，6月15日，杭州野生动物世界组织了一次猛兽饲养员安全教育活动；6月3日，杭州龙门古镇景区与区导游协会开展导游安全生产应急演练活动；6月18日，兵器装备集团杭州疗养院开展了火灾扑救应急演练；6月24日，富春桃源风景区组织开展景区滑道应急救援演习；6月25日，南国大酒店开展了灭火实战疏散消防演练；6月25日，黄公望隐居地组织开展了森林公园火灾扑救安全演练活动。7月13日，组织各旅游行业单位开展安全生产工作季度例会暨安全生产月总结大会。全年开展元旦、春节、"五一"、"十一"等黄金周期间安全大检查和"富春江运动节"安全保障工作；组织开展富阳区景区水上旅游项目、高星级饭店游泳池安全联合检查；高星级旅游饭店、AAAA级旅游景区安全生产和反恐怖防范工作专项检查；富阳区星级饭店（餐馆）进行餐饮食品安全专项检查；富阳区旅行社旅游包车客运安全等专项整治检查。

【行业管理】 2015年，富阳区旅行社实现一社一档，对三年无投诉的旅行社质保金减存、责任险投保、分支机构设立备案，完善了富阳区导游协会各项规章制度，建立了导游服务管理平台，进一步规范了导游管理。全年走访企业70余次，召开各类座谈会30多次。

【参加杭州"优秀旅游纪念品"评选】 4月，组织富阳旅游商品生产企业参加2015年度杭州市优秀旅游纪念品大赛，富阳区导岭新新湖笔厂选送的《阳春白雪》获得杭州市优秀旅游纪念品评选金奖，富阳区浮云堂工艺美术伞厂选送的"西湖十景系列工艺伞"杭州富阳孙尚香电子商务有限公司厂选送的汉唐遗韵.饰品获得杭州市优秀旅游纪念品评选银奖。

【举办2015年富阳区"龙门古镇杯"导游服务技能大赛】 6月8日，由区运休办、区总工会、区人社局、共青团区委联合举办的2015年度"龙门古镇杯"杭州市富阳区导游技能大赛（初赛）在福源山庄举行。20家旅行社和8家景区共选送了45名导游员和26名讲解员参赛。通过笔试、面试的环节，评选出富阳区优秀的导游员和讲解员各10名。

【参加2015杭州市第四届金牌导游大赛】 10月28日—29日，区导游协会、富阳中天运动休闲旅行社有限公司、黄公望隐居地、浙江红太阳旅行社有限公司富阳分公司抽调4名景区讲解员组建代表队，代表富阳参加2015杭州市第四届金牌导游大赛，区导游协会导游员汪程远荣获优秀导游员。

·学校体育·

【参加杭州市中小学生各类赛事】 2015年，富阳注册运动员300余名，参加20余个项目的赛事，主要有：乒乓球、篮球、田径、排球、武术、羽毛球、中国象棋、国际跳棋、举重、摔跤、柔道、跆拳道、散打、拳击、击剑、射击、校园足球、水上项目等。全年共获省、杭州市级比赛金牌52枚、银牌41枚、铜牌44枚，总奖牌137枚。

【富阳籍运动员比赛成绩】 2015年，富阳区有多名运动员在国家、省市级比赛中取得不错的成绩。在福建举办的全国青运会上，杭州女足代表队中有4名富阳籍主力队员，为杭州女足摘得全国第三的成绩。万市镇小输送的运动员汪思铭荣获2015年全国青少年自由式摔跤冠军，现已选送去解放军八一队训练。小将杨晨在2015年浙江省青少年乒乓球锦标赛中夺得F组男单冠军、团体冠军、男双亚军。在浙江省第12届青少年田径冠军赛中，富阳区选派的运动员参加了4个组别的比赛，最终以6金4银2铜，总分137分的成绩获得乙组团体第5名，成功冲入甲级队行列。在2015年杭州市中小学阳光体育锦标赛中，实验小学的篮球荣获女子第一，男子第二；富春三小的射击分别获得男子、女子团体冠军，团体总分第一；鹿山小学、鹿山中学组队的摔跤获6金10银13铜，团体总分第一；万市镇小的举重获得7金8银3铜，团体总分第二；高桥镇小、银湖中学组队的跆拳道获2金5银11铜，团体总分第二，富阳区总奖牌数在杭州地区名列前茅。富春二小成功承办2015杭州市中小学乒乓球锦标赛。与区教育局联合主办4项比赛：富阳区第44届田径运动会、富阳区中小学乒乓球比赛、富阳区中小学羽毛球比赛、2015—2016年度杭州市“市长杯”校园足球第一阶段联赛暨富阳区第六届小学生足球比赛，比较往年，在比赛规模、竞技水平、参与人数上均有提高。

【传统项目学校命名】 2015年，全区拥有省级阳光体育后备人才基地3所（实验小学篮球、郁达夫中学田径、春江中心小学足球），省体育特色学校8所，杭州市级传校7所，富阳本级传校14所（新增富春五小短式网球、鹿山中学摔跤），杭州市队联办基地1个（乒乓球项目），富阳区青少年训练基地3个。富阳传统项目学校在年度考核中，郁达夫中学、富春中学、实验小学（鹳山校区）、春江中小、鹿山中小荣获一等奖。

【体育人才输送】 全年向上级少体校输送参加试训学员70余名，输送体育苗子30余名，涵盖篮球、足球、体操、举重、摔跤、击剑、赛艇、皮艇、武术、田径、跆拳道、散打等项目。

【校园足球】 春江小学代表队参加2015年杭州市“市长杯”校园足球联赛，获女子组第三名，男子组三等奖；参加“希望杯”浙江省校园足球总决赛，分获女子甲、乙组二等奖等。2015年7月，春江中心小学承办了第四届杭州富阳“春江杯”全国青少年校园足球邀请赛，来自台湾及各省的8支代表队参赛，春江中小荣获冠军。10月，富阳区第六届小学生足球比赛，全区10所小学的20支代表队参加比赛，春江中小、万市镇小、大源镇二小分获男子甲组前三名，春江中小、大源镇小、高桥小学分获男子乙组前三名，春江中小、富春七小、三桥小学分获女子组前三名。2015年，春江中心小学被教育部授予“全国首批校园足球特色学校”荣誉称号。富春三中、大源二小、场口中学三所学校入选浙江省青少年校园足球特色试点学校。

【富阳市第44届中小学生田径运动会】 10月22—24日，杭州市富阳区第44届中小学生田径运动会在场口中学举行，本次运动会由区教育局和区政府运动休闲办公室共同主办。全区有67所中小学1074名运动员参加了比赛。18人次破纪录，13人达国家二级运动员水平。

·社会体育·

【体育创强】 2015年，创建场口镇（排舞）、鹿山街道（太极拳）2个省级体育特色乡镇；场口镇、春建乡完成省级体育强乡镇和省级体育先进社区（富春街道城西、城东、凤浦、金桥、春南、虎山、秦望7个社区）复评工作；富春街道22个社区、新登镇4个社区参加杭州市星级创建复评；浙江美科斯叉车有限公司创建省星级职工体育俱乐部；富春街道的春晖、巨利、鹿山、东山、金秋、太平桥、秦望和后周社区8个单位创建省级社区俱乐部；富春街道的执中亭、西郎、三桥、扬清庙、秋丰和春华村6个单位创建省村级俱乐部春江中心幼儿园创建省体育示范幼儿园；银湖街道观前村、大庄村；鹿山街道谢家溪、蒋家村、江滨村、汤家埠村、三合村、南山村、五四村、新祥村10个单位创建省体育小康村，鹿山街道省级体育小康村创建达到全覆盖。

【全民健身提升工程】 2015年，布建富阳区体育健身公园9个：春江街道新建村，银湖街道受降村、勤乐村，灵桥镇永丰村，渔山乡五岭村，场口镇上沙头村，新登镇湘溪村、五里桥村，湖源乡石龙村；新建环山乡中兴村1个健身广场以及东洲街道东洲村、鹿山街道五四村2个室内体育场。布建完成杭州市提升工程(健身公园3个)，分别为：富春街道执中亭村、新登镇官塘村、渌渚镇莲桥村；省级中心村体育休闲公园2个，分别为鹿山街道汤家埠村、新登镇双庙村。

【学校体育场地面向社会开放】 2015年，根据杭州市为民办实事工作要求，富阳区15所学校面向市民有序落实室外体育场的开放工作：富阳中学、富阳市二中、富春三中、实验小学(鹳山校区)、富春二小、富春四小、富春七小、大源镇中心小学、万市镇中心小学、洞桥镇中心小学、新登镇贤明小学、永昌镇中心小学、上官乡中心小学、场口镇中心小学、常安镇中心小学。

【富阳区第八届全民运动会】 富阳区第八届全民运动会以“活力新区、运动富阳”为主旨，于7月至11月举行，历时5个月，设机关、乡镇街道、企业3个组别，包括14个大项的竞赛，以及广播操、排舞等两个集体项目，新设足球、网球两个项目，共吸引全区各乡镇(街道)、机关、企事业单位53个代表团近8000名运动员，参与人数创历届之最。共决出金牌总数各组别前八名、各组别团体总分前八名、体育道德风尚奖、体育优秀组织奖，以及富阳区首届十佳运动达人奖。

【富阳区“场口杯”女子保龄球比赛】 2015年3月4日，由富阳区政府运休办、富阳区妇联、富阳区体育总会举办的富阳区迎三八“场口杯”女子保龄球赛在富阳区体育中心福帝保龄球馆举行。共有来自机关、乡镇(街道)的36支代表队250余名运动员参赛。最终，财政局、监管局、电视台、人大办获机关组团体一等奖；春江街道、场口镇、常安镇、新桐乡获乡镇街道组团体一等奖。

【富阳区庆“五一”登山比赛】 2015年4月28日，富阳区庆“五一”登山比赛在里山镇安顶山举行，赛事由富阳区总工会、富阳区政府运休办、富阳区体育总会主办，富阳区里山镇人民政府、富阳区登山协会协办。共有来自乡镇(街道)、机关企事业单位的51支代表队250余名运动员参赛。富春街道、教育局、环卫处获团体一等奖。

【富阳区“富春杯”领导干部乒乓球比赛】 2015年5月16—17日，由中共杭州富阳区委直属机关工作委员会、富阳区总工会、富阳区政府运休办、富阳区体育总会主办的“富春杯”领导干部乒乓球赛在区体育中心举行，有20支代表队，约150余名运动员参加比赛，场口片1队、富春春建联队、政直系统获得一等奖。

【全民健身日】 2015年8月8日是全国第7个全民健身日。富阳区第八届全民运动会组委会、富阳区运动休闲总会、富阳区政府运动休闲办公室休办组织开展以“发展体育运动，增强人民体质，同心共筑中国梦”为主题的富阳区“全民健身日”活动展示暨富阳区第八届全民运动会代表团授旗仪式。区四副班子领导、区第八届全民运动会54个代表团、富春街道社区代表人员、老年体协各辅导站人员近2000余人参加了授旗活动。授旗完毕之后，全体人员参加了从秦望广场到鹳山公园的健步走活动。

【富阳区“灵桥杯”领导干部羽毛球赛】 2015年6月13—14日由中共富阳区委直属机关工作委员会、富阳区总工会、富阳区政府运休办、富阳区体育总会主办的“灵桥杯”领导干部羽毛球比赛在富阳区胜大羽毛球俱乐部举行。共有15支代表队200余名运动员参加比赛。最后，万市镇、大源片、上官乡获乡镇组团体前三名；政法系统、政直系统、发改系统获机关组团体前三名。

【国民体质监测】 完成机关干部监测300余名；完成老年人监测200余名；完成旅游行业协会人员监测200余名。全区共监测20～69周岁不同人群、不同年龄段的市民2100人。监测结果为：20～59周岁人群中优秀率15.78%，良好率33.40%，合格率43.76%，不合格率7.14%。60～69周岁人群中，优秀率5.27%，良好率25.36%，合格率63.16%，不合格率6.21%。

【社会体育队伍培养】 举办了门球、气排球三级裁判员培训，参训54名；举办富阳区健身气功社会体育指导员培训，参训300余人；组织100余名群体骨干参加杭州市农村文化礼堂体育指导员培训。4月至5月举办城市基层体育工作星级评选培训班；5月23日，与鹿山街道一起在区秦望广场开展富阳区全民健身太极项目风采展示活动，1000余人同台展示太极运动风采；7月，举办二、三级社会体育指导员的培训，参训263人；8月，举行第九套广播体操的培训，参训160余人；举办排舞三级社会体育指导员培训，参训100余人。组织体育业务骨干参加省、市培训。组织30余人分别参加省了创强乡镇复评培训会。省、市全民健身活动拔河、太极、排舞、健身球等项目的培训，省体育特色乡镇、杭州市城市基层体育联络员培训。

【体育行政执法】 做好体育行政权力清单工作。全区游泳场所行政许可工作依法有序开展，至2016年3月底，全区有30家游泳场所拿到经营高危险性体育项目(游泳)许可证。培训合格救生员117人、合格水质处理员14人，会同相关部门体育市场执法20余次；组织人员参加杭州市局高危性体育经营项目管理和经营高危性体育项目许可培训工作。全年开展对体育经营单位执法检查75次，检查各类体育经营场所300余家次。

【老年体育】 2015年5月20—26日，全国老年柔力球教练员裁判员培训班在富阳圆满举行。4月至9月富阳区老年人体育协会积极组队参加杭州市第八届老年人运动会并取得优良成绩(承办健身球操表演赛)。4月21—28日举办富阳区迎“五一”暨庆祝区老年人体育协会成立三十周年地掷球比赛，共有14支代表队参加。老年体协全年组织开展的培训、竞赛、参训、参赛、展示、交流等各类活动58项(次)，参与人数6952人次，参加杭州市、省、全国比赛32项(次)，参赛348人次。

·体育产业·

【体育制造业】 至2015年底，全区共有体育用品制造企业和个体户1400多家。浙江华鹰控股集团生产的“无敌”牌赛艇是中国赛艇制造领域唯一的中国名牌，是2004雅典、2008北京、2012伦敦、2016巴西四届奥运会比赛用艇的官方唯一指定品牌，2015年已生产游艇20艘，产值达6945万元。华鹰集团在2015年获得“国家体育产业示范单位”荣誉称号。“中国球拍之乡”——上官乡现有各类球拍生产及配件企业100多家，从业人员0.70万余人，年产球拍超亿副，占国内外中低档球拍市场75%以上的市场份额，远销海外20多个国家和地区。上官球拍研发中心的富羽公司成立首个球拍设计研发工作室，并与浙江理工大学工业设计部签署了《工业设计合同》，量身定制研发一款具备读数功能的羽拍追踪器新型球拍。

【体育服务业】 至2015年底，全区现有体育服务企业和个体户2100多家。富阳区健身大楼3家单位(名士堡健身中心、福帝保龄球馆、富阳弘国羽毛球馆)营业额达190余万元，参与活动场所的人数达12万余人次。体育中心全年接待赛事活动39项，举办各类培训班人数达到2000余人，创收200多万元。金都网球俱乐部2015年全年营业额达504万元，参加活动人数达19800多人次。2015年，对富阳壶源旅游开发有限公司、富阳永胜游乐有限公司、富阳区桐洲岛海岸线皮划艇俱乐部、富阳区胜大羽毛球俱乐部有限公司进行了补助，总计达109万元。2015年9月，深圳南方五环体育产业发展有限公司成功签约，引进南方五环体育项目，注资资金1000万元。

【体育彩票】 2015年，全市体育彩票销售收入12150万余元，比上年增长730万元，增6.40%，增幅位居杭州各(县)市区前列，其中电脑型彩票11340万元，即开型彩票810万元。

(华　梅)

【责任编辑　赵慧雯】

经济管理

·发展改革·

【概况】 2015年，区发改局在区委、区政府的正确领导下，认真贯彻落实中央、省、杭州市一系列决策部署，紧紧围绕“转型升级、城市治理、法治建设”三大中心任务，深入开展“标杆三学”“三严三实”专题教育和“三个主题年”活动，狠抓各项工作落实，发展和改革工作取得明显成效，为促进富阳区经济社会平稳较快发展做出了积极贡献。进一步完善政府投资项目决策机制和管理制度，推动扩大有效投资；强化过程考核，增加节点权重；对重大项目、重大平台实行一对一督查。全年实现固定资产投资403.80亿元，同比增长15.30%。科学引导现代服务业发展，全年实现服务业增加值285.90亿元，占地区生产总值比重显著提高，服务业从业从业人员占全部从业人员比重达29.90%。积极培育特色小镇。完成硅谷小镇建设方案和三年行动计划编制，富春硅谷小镇、药谷小镇分别入选第一批、第二批省级特色小镇创建名单。提升完善政策软环境，制定出台《杭州市富阳区中央预算内工业投资项目竣工验收管理办法(试行)》《杭州市富阳区实施差别水价征收管理办法(试行)》《杭州市富阳区实行政府定价的涉企经营服务收费目录清单》《杭州市富阳区农民专业合作社资金互助会试点管理暂行办法》《杭州市富阳区气象监测设施规划建设和资源共享协调办法》等5个政策性文件。深入开展调查研究，完成《富阳区“十三五”重大建设项目规划研究》《关于推进资源要素市场化配置改革的思考与建议》《富阳区国民经济和社会发展第十三个五年规划基本思路研究》《完善重大项目推进机制的思考》《新常态下探索开发区整合提升新思路》《富阳区政府投融资体制机制创新研究》等14个课题。

2015年，区发改局被省人民政府评为浙江省重点项目建设立功竞赛先进集体；被省发改委授予浙江省发改委政务信息工作三等奖；被富阳区委、区政府授予区级机关窗口单位综合考评一等奖(满意单位)，连续第10年在全区区级机关单位综合考中获一等奖(满意单位)；2014年服务业发展工作荣获杭州市现代服务业先进单位称号；投资和重点项目管理分别获杭州市2014年度投资及重点项目建设先进集体、杭州市2014年度投资及重点项目建设前期工作先进单位称号；富阳区散装水泥办公室被评为2015年度省散装水泥政务信息工作先进单位和2015年度杭州市散装水泥工作先进集体。

【全面开展“十三五”规划编制】 制定“十三五”规划编制方案，完成“十三五”规划纲要。开展“十三五”规划前期城市转型、产业转型、政府转型三个重点课题调研。为合理制定“撤市设区”后的第一个五年规划，主动对接杭州，形成“十三五”规划思路。坚持问题导向，对产业结构调整、城市建设管理优化、城乡空间开发等八个重大问题进行专题研究。注重重大平台、重大工程、重大项目、重大改革“四个重大”的谋划，开展“开门编规划”，广泛征求并吸纳市民意见建议。着力推进“多规融合”，统筹协调经济社会发展规划、市域总体规划、土地利用总体规划、生态环境功能区规划等规划。

【加强计划管理】 完成2015年国民经济和社会发展计划草案的报告，明确年度经济社会发展目标。为抢抓富阳撤市设区新机遇，积极应对发展模式向都市转变的新挑战，科学编制《杭州市富阳区大计划(2016年度)》(富计统委〔2016〕1号)，内容涉及富阳区主要目标计划、投资项目计划、专项政策计划和专项项目计划等四类投资项目计划及节点计划，涵盖经济社会发展各个领域。

【项目推进竞赛年活动】 2015年，富阳出台项目攻坚年活动方案和扩大有效投资考评办法，深入开展项目推进攻坚、征迁攻坚等专项行动，进一步完善项目推进工作机制、区领导联系项目机制和项目督查通报机制。全年完成征地4438亩、拆迁民房571户、企业92家、营业房仓库等184间，保障了重点项目顺利落地开工。全年完成固定资产投资403亿元，增幅为15.30%。20个省重点项目完成投资47.90亿元，完成年度计划的116%；13个省“411”重大项目完成投资31.25亿元，完成年度计划的133.50%；35个杭州市重点项目完成投资66亿元，完成年度计划的125.90%；69个重大项目完成投资124.80亿元，完成年度计划的83.80%。

【项目申报和资金争取】 积极争取国家、省和杭州市在项目报批、土地指标、资金补助等方面的支持。成功申报鞍钢金固、富生电器、海正辉瑞等省级重大工业项目、重大产业项目和重大外资项目共计4个。成功申报各类国家中央预算内投资工业项目、省循环经济“991”行动计划项目、杭州市发展循环经济“770”项目、高技术产业化项目共计27个。富阳区共有3个省审批重大前期项目，其中长兴至泰顺公路富阳灵桥至渔山段工程完成初步设计审查，准备报批；杭富城际铁路试验段工程已完成省发改委工可批复，开工建设前各项准备工作有序进行；220千伏龙星输变电工程完成省发改委申请报告审查，进入报批环节。积极拓展融资渠道，推动企业债发行工作，富春山居二期企业债获批。大力推广PPP模式。建立面向社会资本的政府投资项目清单，完成与中建国际战略合作，签约协作项目6个，总规模20亿元，银湖学校开工建设。加强资源要素保障，争取各类财政扶持奖励资金2159万元，国家专项项目建设基金6300万元，省级奖励土地指标50亩。政府投资项目全年争取到各级扶持资金1.91亿元。钱塘江治理工程（富阳富春江段）等7个项目列入中央预算内投资计划，江北第二水厂一期获得国开行专项建设基金。

【深化负面清单制度改革】 取消非行政许可事项，削减许可事项3项。做好负面清单再“瘦身”，压缩清单17项92条目。制定零地技改项目不再审批改革方案。抓好负面清单外项目不再审批试点，优化操作流程，增强操作性。完善新建工业投资项目模拟审批实施办法，进一步提高审批效率。

【推进资源要素市场化配置改革】 初步建立亩产效益综合评价体系，出台亩产效益综合评价办法，对全区规上、规下企业进行数据统计和分析，并在鹿山街道进行试点。开展用能量交易、排污权有偿使用及交易，拟定差别化水价、电价等配套政策，进一步完善政策体系。

【开展低效用地再开发】 全面启动低效用地再开发工作，完善低效用地再开发实施细则，明确具体的操作程序，编制开发规划，建立2015年度项目数据库。新宇假日酒店等2个地块进入实施阶段，对光明印刷厂等6个地块控规方案进行审查。全年完成低效土地再开发1911亩。

【推进工业发展】 为进一步规范富阳区工业发展软环境，制定出台《富阳区中央预算内投资工业项目竣工验收管理办法（试行）》《富阳区分布式光伏发电应用项目建设管理实施细则（试行）》，起草了《富阳区开发区（产业园区）整合优化提升实施方案》，制度建设得到有效加强。加强项目管理，全年共征集和筛选新增建设工业用地建设项目19个，区政府安排用地指标388.80亩，总投资8.50亿元。会同区经信局等部门编制了《2015年区重点工业投资项目计划》《2015年区重点工业投资项目节点计划》，明确和细化了富阳全年重点工业项目数和投资额。做好项目前期服务及批后监管，完成了25个新建工业项目的模拟审查综合评价、34个工业用地项目的竣工评价考核、5个中央预算内工业投资项目的竣工验收以及5个分布式光伏发电应用项目的竣工验收。完成全区2010—2014年度温室气体清单总报告和5个分报告的编制；完成全区90余家重点企（事）业单位基本信息和碳排放报告的编制和核查；完成《富阳区2015年大气污染防治暨“西湖蓝”行动环境保障实施计划》的各项重点任务。

【推进现代服务业健康发展】 杭州首创奥特莱斯、京东宇培杭州电子商务运营中心、龙晖水上乐园及生态主题酒店、宝湾物流杭州电商供应链中心等一批重大服务业产业项目落户富阳，为今后一个阶段服务业发展提供了后劲。服务业发展平台加快构建，完成《中国(杭州东洲)跨境电商保税物流园区发展规划》编制；传化物流等项目建成投用，鹿山总部区块项目有序推进。富阳绿色物流集聚平台入选2016年浙江省服务业发展重点领域试点名单，争取省级服务业发展资助资金600万元；智慧服务业集聚区入选杭州市第四批市级培育类服务业集聚区名单。全年实现服务业增加值286.90亿元，同比增长16.20%，对经济增长的贡献率超过60%。全年服务业占地区生产总值比重达44.40%，较2010年提高11个百分点；服务业税收收入40.50亿元，占富阳全年税收收入比重46%，较2010年提高21个百分点；服务业从业人员占全部从业人员比重达29.90%。

【金融业稳步发展】 2015年，富阳积极引进银行业金融机构，设立江苏银行、台州银行、南京银行等银行分支机构，银行机构总数达到29家。大力发展特色金融产业，根据省政府钱塘江金融港湾发展布局，启动以高端私募金融为核心产业的黄公望金融建设。开展资金互助会试点工作，出台《富阳区农民专业合作社资金互助会试点管理暂行办法》，组建富阳山居农民专业合作社联合社资金互助会。稳步推进企业对接资本市场，杭州中泰深冷技术股份有限公司实现深交所创业板上市，浙江同兴技术股份有限公司、杭州百事特实业股份有限公司、杭州爱普医疗器械股份有限公司、浙江永盛科技股份有限公司等四家企业完成新三板挂牌，浙江富春江环保热电股份有限公司完成4.78亿元定向增发。

【推进小城市和中心镇培育】 2015年，富阳区继续推进小城市和中心镇培育工作。围绕《新登镇小城市培育试点新一轮三年行动计划(2014—2016年)》，深入开展小城市培育，明确新登镇以建设“古韵田园、产城融合”的新型小城市培育思路，着力加强平台建设，加速推进新城建设和老城更新。根据《浙江省人民政府办公厅关于印发浙江省强镇扩权改革指导意见的通知》(浙政办发〔2014〕71号)要求，出台了《进一步完善新登镇审批服务工作的实施意见》和《关于分解下达2015年度新登镇小城市培育试点工作任务的通知》，新下放88项经济社会管理事项。2015年，文件规定的新增审批服务权限已全部落实到位。新登镇城市综合执法中心实体化运作，执法范围从4平方千米扩大到22平方千米，并设立4平方千米严管区，实行全天候巡查。继续执行以2007年、2008年、2009年三年平均财政收入为基数，按照“分类管理、保证运转、超收分成、一定五年”的管理模式。新登镇财政收入超基数部分全额留镇使用，2015年度区财政返还新登镇财政收入超收留用资金共计4727万元。新登镇范围内的土地出让净收益、城市建设维护税等税费全额返还，2015年共计返还城建税1302万元、土地出让净收益7087万元。各类项目倾斜安排，2015年度新登镇安排项目60个，场口镇安排项目75个、大源镇安排项目32个、万市镇安排项目21个，共计208个。全年新登、场口、大源、万市分别完成固定资产投资40.36亿元、26.09亿元、9.20亿元、1.26亿元，共计76.91亿元。新登镇在2014年小城市培育考核中，位列21，排名上升6位。

【积极培育特色小镇】 完成特色小镇建设课题调研，编制了药谷小镇、电商物流小镇、金融小镇规划，形成梯度推进格局，促进产业转型升级和产城融合发展。完成硅谷小镇建设方案和三年行动计划编制，富春硅谷小镇、药谷小镇分别入选第一批、第二批省级特色小镇创建名单。培育建设黄公望金融小镇，与招商局集团资本、中科招商等达成了合作框架协议，引进十余家股权投资基金。

【开展信用体系建设】 2015年，正式启动信用富阳建设工作。积极开展开展信息收集，摸清了各部门在行政管理中使用信用记录或信用报告情况，以及黑名单信息发布、负面清单列入范围、信用信息归集周期和开放等级，同时对失信惩戒典型案例进行梳理。在前期部门调研的基础上，于2015年底启动

《富阳社会信用体系五年行动计划》编制工作。根据省、市信用工作要点，结合富阳区实际，全面梳理建设任务，起草形成《2016年富阳信用体系建设工作要点(征求意见稿)》，面向各部门、行业代表征求意见。积极对接杭州市一级信用平台，启动富阳区级信用平台构建的准备工作。

【监测和经济形势分析】 加大经济监测分析的密度，针对经济新常态，由一季一监测加密到一月一监测；并拓展监测领域，在对245家工业企业开展监测的基础上，启动服务业农业企业运行监测。加强监测数据分析工作，每月形成监测预测分析报告，每季召开全区经济形势分析例会，随时掌握宏观微观经济动态，及时掌握全区经济运行情况，提出有针对性的政策建议。完善风险企业预警机制，加强区、乡镇(街道)两级资金链涉险企业的监测，及时形成风险预警分析报告；协助小贷公司做好有关风险贷款工作，积极参与企业两链风险处置，确保地区金融稳定。

【加强散装水泥业管理】 2015年，区发改局积极开展散装水泥、预拌砂浆的推广应用和“禁现”工作。全年散装水泥供应量353万吨，散装率达到92.13%；预拌混凝土供应量287万方，完成年度计划的67%；供应预拌砂浆31万吨，完成年度计划的124%。经测算，全年可节约标准煤约2.75万吨，减少粉尘排放约3.55万吨，减少二氧化碳排放约15.89万吨，减少二氧化硫排放约117.55吨，实现社会、环境综合效益2.29亿元。 (陶益林)

·市场监督管理·

【概况】 至2015年底，全区共有各类市场主体56980家，其中公司制企业及分支机构17243家(其中外商投资企业及分支机构278家，非上市股份公司24家)，农民专业合作社及分支机构643家，非公司制企业法人296家，营业单位及非公司制企业法人分支机构127家，集团28家，独资企业及分支机构2345，合伙企业及分支机构157，个体工商户36141户。新增经济户口8519户，内资公司及分支机构3003家(含个体户转公司332家，非上市股份有限公司5家)，同比增长7.70%，外资公司及分支机构29家，农民专业合作社31家，非公司制企业法人12家，营业单位及非公司制企业法人分支机构2家，农民专业合作社31家，独资企业及分支机构74家，合伙企业及分支机构29家，个体工商户5341户。2015年个体户转为公司制企业332家(2014年个体户转为公司制企业1313家)。办理先照后证企业3521户，证照合一655家，五证合一636家，一照一码2434家，一照多址11家，简易注销127家，杭州名称1040个。

富阳区共有在册各类食品相关经营主体10879家，其中农林水产品种养殖基地204家、食品生产企业134家、流通企业7726家、小作坊180家、食品相关产品生产企业26家、餐饮服务单位2609家(其中餐馆932家，快餐店、小吃店、饮品店1349家，学校和幼儿园食堂211家，其他食堂117家)。

至2015年，全区有药品生产企业10家，其中，原料药生产企业1家，制剂生产企业4家(其中2家有注射剂类产品)，中药饮片生产企业3家，医用氧生产企业1家；药包材生产企业3家；医疗机构制剂室2家。另有厂外车间1家(含注射剂类产品)；医疗器械生产企业26家；药品批发企业6家，其中一家为中药饮片批发企业；零售连锁企业6家，药品零售企业297家；医疗器械经营企业306家，其中三类医疗器械经营企业65家，二类备案企业241家；医疗机构496家，其中，市级医疗机构6家，乡镇(街道)社区卫生服务中心25家。办理医疗器械经营企业许可37家(申办9家、变更18家、换证8家、注销2家)；办理药品经营许可(零售)476家(其中申办27家、变更324家、注销24家、换证101家)；办理执业药师注册172份；办理GSP认证44家。

至2015年底，全市有特种设备制造单位61家，安装维修保养单位7家，气瓶检验单位3家，气瓶充装单位8家。全市注册登记在用的特种设备总数17561台，比去年同期增长1.60%，其中，锅炉381台、压力容器6574台、电梯3402台、起重机械5429台、游乐设施19台、厂(场)内机动车辆1755台、索道1台。全市在用压力管道超过500千米，各类气瓶近30万只。全年新注册登记特种设备2511台，注销、报废、停用设备1328台。

【食品安全基层网络建设】 根据省、杭州市政府关于加强食品安全基层责任网络建设实施意见和《富阳市基层食品药品安全监管体系建设实施方案》(富政办〔2013〕105号),制定了《富阳区加强食品安全基层责任网络建设实施办法》,要求全区乡镇(街道)建立食安委、办,完善乡镇(街道)食品安全工作领导组织,全区乡镇(街道)食安办均要配备专职工作人员不少于1名,乡镇(街道)根据实际,结合平安综治等网格化管理资源,细化村(社区)监管小网格,落实网格信息员,进一步充实人员,加强基层责任网络建设,确保达到杭州市实施意见要求。目前全区305个村(社区、股份合作社)已建立312个监管网格,落实312名网格信息员。

【为民办实事工程】 "阳光厨房"建设:出台《富阳区餐饮服务单位"阳光厨房"建设实施方案》,明确完成"阳光厨房"建设的社会餐饮服务单位,每家给予3000～5000元奖励。2015年建成"阳光厨房"137家,超额完成"100家"的年度目标任务。放心农贸市场建设:第二农贸市场、花坞南路菜场通过省农贸市场改造提升领导小组办公室验收,成功创建省放心市场。食品定量检测:根据杭州市食安办《关于印发2015年杭州市食品安全检测工作意见的通知》(杭食安办〔2015〕10号)要求,制定下发了《2015年度杭州市富阳区食品抽样检测计划》(富食安委〔2015〕4号),组织各有关部门加大食品安全抽检力度。2015年市场监管、卫计等部门共抽检各类食品共3791批次,超额完成3600批次的年度目标批次。农村集体聚餐食品安全责任:以效益最大化为原则做好农村集体聚餐食品安全责任保险。因2015年区财政局正在对各类政府专项购买商业保险清理合并,建议将农村集体聚餐食品安全责任保险纳入全区公共灾害民生保险项目中,增加险种相应条款和内容。经区财政局、区人力资源和社会保障局、中国人寿保险股份有限公司富阳市支公司、区食安办四方共同协商,同意在区公共灾害民生保险中增加保险险种,补充协议已于4月10日签订完成。全区农户家庭式30人以上的集体聚餐经申报备案后,出现的食品安全事故均纳入保险范围内,为保障农村食品安全提供了有力的保障,保险协议已签订完成。

【国卫复评迎检及食品三小行业整治】 根据国卫复评工作部署安排和要求,组织开展食品"三小"行业调查摸底,全区共有无证无照"三小"行业1300多家;城区(五个街道)范围内无证无照"三小"行业共有482家,其中小餐饮437家、小食品店37家、食品加工小作坊8家。按照分类整治的要求,通过规范提升已达到许可条件引导办证259家;对因房产、设施设备等原因无法达到许可条件的,取缔关停223家。定岗、定时、定人,开展食品三小经营单位地毯式排查,对建城区内的食品三小经营单位按片区、按行业明确责任人,要求经营时间内全程监管。对发现不规范行为要求即时整改,对于不配合进行整改、无法整改的即时取缔。以食品安全信用信息公开为抓手,督促食品"三小"行业做到亮证亮照,规范经营,统一配制信息公示牌,主动接受社会监督,并加大媒体公示、宣传力度,提升量化分级管理效能,促进行业自律,倒逼主体责任落实。以提高从业人员素质为根本,提升"三小"服务单位自我管理水平。

【肉品和水产品百日会战】 根据省、杭州市统一部署,结合富阳实际,制定印发了《富阳区肉品和水产品安全专项整治"百日会战"行动方案》,组织全区各乡镇(街道)、有关部门开展肉品和水产品安全专项整治,明确整治目标任务、重点违法行为、重点区域场所、整治步骤、部门职责分工及整治工作有关要求。按照通告发放张贴工作要求,区食安办统一印制了《肉品和水产品安全专项整治"百日会战"行动通告》10000张,并下发各乡镇(街道)及有关部门张贴,广泛宣传发动。在全区范围内中小学、幼儿园随机抽取了16家食堂实施监督抽检,主要抽取了生鲜肉、生鲜蔬菜、豆制品、冷冻食品、粮油、调味品等六大品种101个批次样品,其中生鲜肉6批次,贡丸、肉肠、鸡排、鸡腿等肉制品5批次,覆盖了11家大宗食品供应商。通过检测,及时排除学校食堂食品安全风险。结合百日会战行动,组织开展食品生产、流通、餐饮经营主体及仓储信息普查工作，摸清食品生产、流通环节的仓储底数，规范食品仓储管理，探索建立仓储冷库、运输在途、畜禽屠宰等方面的长效机制。至5月底，全区共出动执法人员1217人次，检查肉品、水产品重点区域场所1075个次，其中畜禽、水产养殖场154个，屠宰场（点）86个，仓库冷库52个，肉品、水产品交易农贸市场31个，肉品、水产品生产经营单位752个；查获问题肉及肉制品、水产品342公斤，涉案货值4.55万元；立案查处52起，罚没款28.50万元。其中，新登镇松溪市场内鲜肉经营户金洪生销售未经检验检疫猪肉的违法行为和富春街道秋丰村王木春无证无照经营制售蒸糕的违法行为被列为黑名单在区食品安全网公布，并已被列入杭州市黑名单榜。

【最严年夜饭及春节餐饮食品安全专项整治】 开展春节餐饮食品安全专项整治工作，检查餐饮单位266家，责令停业整顿25家，停岗无健康证从业人员62人，下架来源不明食材8公斤，抽检食材及相关产品229批次，检出不合格餐具28份，不合格洗洁精11批次，不合格食品2批次，查处使用过期食品、不合格食品、猪肉冒充牛羊肉欺诈消费者、无证无照等案件12起，罚没款16.60万元。集体约谈“年夜饭”餐饮单位39家，点评存在问题，明确规范意见，签订约谈记录。羊年春节年夜饭905桌，就餐人员近万人，未发生一起食品安全事件。

【整治规范火锅行业】 针对央视焦点访谈栏目曝光的杭州火锅店存在剩菜二次回收出售、锅底勾兑、餐饮具不消毒、部分从业人员没有健康证上岗、餐饮操作不规范等问题，集体约谈火锅店业主，点评春节前餐饮食品完全专项整治中发现的主要问题，讲解火锅店餐饮食品安全监督要求。通过持续强化餐饮抽检针对性和有效性，加大对无证无照火锅店查处力度，跟踪关注集体约谈后的自查自纠进展情况，督促35家火锅店主动公示“四制食品”添加剂、火锅底料配方和投诉举报电话，广泛接受社会监督，其中11家大中型火锅店建成阳光厨房。

【长效规范网络订餐经营行为】 对辖区内网络订餐平台、网络供餐单位逐户开展排查，全面掌握线上线下基本情况，现场核查、自查自纠、集中整治等多举措督促自律，稳步规范网络订餐市场，下线无证无照或超范围经营餐饮单位115家。确保2家注册登记在富阳区的网络订餐交易平台——宅乐网和富阳外卖网对线上供餐单位100%网上亮证亮照。10月底联合网监科集体约谈6家外地第三交易平台富阳区负责人，要求在11月10日前全面完成自查自纠，逾期未完成整改的通过媒体曝光，并按照《网络交易管理办法》相关规定，移交平台所在地市场监管部门进一步处理。11月中旬组织互联网＋餐饮战略培训班，邀请市局餐饮食品安全监管专家为150余家餐饮单位讲解新《中华人民共和国食品安全法》对第三方平台提供者和入网食品经营者的新规定，网络供餐单位食品安全操作规范，互联网＋餐饮市场风险防控等知识，并由宅乐网等电商平台管理人员介绍运行模式，让更多的餐饮单位与网络交易平台供需信息对接，让更多安全放心的富阳美食名点通过网络市场走入千家万户。

【春秋季学校食品安全专项检查】 开展春秋季学校食品安全监督检查，对全区大、中、小学校及托幼机构的食堂、校园店，校园周边直线距离200米范围内的餐饮单位、食品小作坊、食品（杂）店、食品摊贩、订餐网络平台，重点整治无证无照、环境卫生脏乱差及经营不规范等行为，整治学校周边无证餐饮单位25家，关停3家，办理餐饮服务许可证22家。3月底，对11家学校大宗食品供应商配送食品开展全面抽检，抽检大米、肉制品、生鲜肉、生鲜蔬菜、食用油、酱油、食醋、料酒、火锅料等101批次，覆盖13个市场监管所辖区，检出1批次大米镉含量微量超标，召回同批次大米45公斤，对供应商处以罚款2万元，并责令同品牌、同厂家生产的大米退出富阳学校食堂。

【规范食品源头和仓储管理】 据杭州市局《关于流通环节食用农产品质量安全追溯体系建设的实施意见》（杭市管明电〔2015〕74号）的要求，以食用农产品流通环节的市场准入管理为基础，以浙江省农贸市场综合监管平台数据录入为重点，督促市场主办方完善市场经营户的信息资料和原始书式材料，建立并完善“一户一档”的书式档案。督促经营者落实索(供)证票和建立登记制度，将台账数据及时、准确、完整的录入浙江省农贸市场综合监管平台，确保数据的有效性。开展食品流通经营主体及其仓储基本情况普查工作，做到普查一次、规范一批、整改一批、查处一批。登记仓储信息单位186家，覆盖率达91.18%。约谈65家，出动执法人员762人次，立案5起，罚没款3.20万元。

【食品安全信用信息公示】 以食品经营户信用信息公示牌为展示载体，以社会舆论为倒逼力量，以责任区监管为基础，推动食品生产经营主体自觉主动落实食品安全自律制度。印制流通领域食品安全信用信息公示牌2000份，生产环节食品安全信用信息公示牌300份，各市场监管所结合“国卫复评”工作，查漏补缺，力争将公示牌全部悬挂到位。结合食品小作坊整治工作的开展，为获证照小作坊制作信息公示牌、确保食品安全制度上墙，初步打算印制小作坊信息公示牌、制度公示牌1200余块。

【促进行业自律】 先后在生产、流通环节召开食品安全电子监管系统培训会，发挥科技手段，实现对食品生产经营严管企业监管的信息化、精准性和可追溯性。组织召开生产环节食品安全电子监管系统培训，肉制品、豆制品、方便食品等15家生产企业参加，现已有杭州和宇食品有限公司安装并使用。组织召开流通环节食品安全电子监管信息系统培训，主要涉及婴儿配方乳粉、酒类经营者等经营范围和大型商超，提高流通环节食品质量安全的可追溯性。组织召开首次富阳区食品行业协会座谈会，会议邀请大型商超、批发企业及总经销、总代理参加，介绍当前食品安全监管形势，重点分析点评严管企业前期巡查过程中发现的问题，提出明确整改要求。开展企业检验人员培训，组织对肉制品、桶装水企业检验人员进行了培训及考核比对，全面提高了企业质量检验与管理队伍的综合素质。8月，对全区10家饮用水生产企业负责人进行了集体培训约谈。邀请杭州相关检测机构的工程师对GB19298《包装饮用水》新标准进行了仔细的解读，对比分析了新国标和之前DB383《瓶装饮用天然水》的不同和企业需要注意改进的地方，帮助企业更好的理解法律法规及相关标准。9月召开了新食品安全法培训会议，230余名企业负责人、质量管理人员参加此次培训会议。重点讲解了新修订内容解读及实施要求、新旧食品安全法对比，解读了该法的立法背景、主要条款和适用范围。结合实际，以案说法，讲解了食品生产企业、食品流通企业和食品相关产品企业应当具备的条件、实际生产经营中重点要关注的环节，违法行为的法律责任等等一系列内容。签订主体责任承诺书。与辖区131家食品生产企业，签订食品安全主体责任承诺书，借集体约谈之际，与全区25家食品相关产品生产企业签订承诺书，开展年度审查，明确企业主体责任，开展企业自查核查。

【推行食品安全管理员及从业人员持证上岗】 发挥餐饮美食协会作用，从4月底开始组织对全区餐饮服务单位专(兼)职食品安全管理人员进行轮训，全面提升食品安全员素质，增强餐饮单位食品安全主体责任意识和自律能力。每期培训，发放食品原料采购、餐饮具清洗消毒、废弃油脂等管理台账，结合监管中发现的突出问题，讲解索证索票对降低企业风险、分解经营责任的促进作用和食品安全突发事件应急处置程序等要求，提高经营者建立健全食品管理台账、规范餐饮操作流程的主动性和自觉性。至10月底，1680家餐饮单位的食品安全管理人员参加了培训，占全区持证餐饮单位的70%。创新餐饮从业人员培训方法，开发了专门的“餐饮从业人员培训考核系统”，上传《餐饮服务食品安全操作规范》和《餐饮服务食品安全风险防控》教学片，拟定100道题库，年内首先完成对212所学校食堂2000名左右从业人员的培训，对在线考核合格者当场发放从业人员食品安全知识培训合格证。目前有6所高中学校食堂从业人员已开展网上学习并预约考试。

【开展新《中华人民共和国食品安全法》宣贯活动】 根据杭州市食品安全委员会办公室《关于印发宣传贯彻新修订〈食品安全法〉工作实施方案的通知》(杭食安办〔2015〕35号)要求，下发了富阳区开展新修订《食品安全法》宣贯实施方案，印制宣传资料35000余份，制定展板9块。各相关职能部门、乡镇街道、村(社区)组织新修订《中华人民共和国食品安全法》专题培训1500余人次，开展各类宣传活动30余场次，发放宣传资料15000余份，通过农民信箱向全区人民发送宣传短信43万余条。

【协助建立区食品安全监督协会】 在前期预核名称、召开筹备大会等前期准备工作的基础上，完成了富阳区食品安全监督协会的建立。协会主管部门为区市场监管局，注册资金3万元。协会按个人自愿、有工作责任心、社会服务意识强、有一定食品安全知识、熟悉所在辖区区域情况的原则，向社会招募会员132名，会员有乡镇街道工作人员，有从事医务、食品安全检测等专业人士，有人大代表、政协委员、村(社)负责人等社会工作者，涉及全区24个乡镇街道，按各乡镇街道食品经营主体、人口数量分配会员名额，各乡镇街道会员3～11人不等。设理事30名，其中富春街道5名，新登镇3名，其他乡镇街道1名。食品安全监督协会是基层食品安全信息员队伍外又一支对食品安全监管发挥重要作用的生力军，协会的成立进一步完善了富阳区食品安全社会共治格局的建设。

【推进商事制度改革及工商登记便利化工作】 按照国务院有关部署和要求，全面落实企业注册资本制度改革、前置改后置、市局新九条、“五证合一、一照一码”等多项改革措施，切实降低准入门槛，简化办事流程，提高办证效率，激发创业活力。同时，根据“四张清单一张网”和“三单一图一改”总体部署，对行政审批事项进行全面梳理，进一步做好简政放权工作，清理无法定依据前置审批项目，承接好市局下放权限的工作。逐步将组织机构代码证、个人独资企业、餐饮服务许可、食品流通许可审批权限下放到新登分中心和基层站所，以点带面，推进就近登记、局所一体化。2015年，全区新设各类市场经济主体8471户。办理“先照后证”3521家；“证照合一”655家，“五证合一”636家，“一照一码”2434家，简易注销127家，直接核准杭州名称1040个。

【启动小微企业三年成长计划】 根据省、市政府“小微企业三年成长计划”(2015—2017年)及省市局相关文件要求，根据富阳明确的任务(发展七大重点产业1162家，淘汰落后产能581家，发展科技型小微企业116家，科技、金融对接350家，个转企572家，培育上规升级232家，培育领军企业12家，组织培训35场次，服务交易中心挂牌35家，3家实企业现规模融资3487万元，新增股份公司23家，新增上市企业2家，培育省著名商标1件，获得省级以上守合同重信用企业称号1家，获省级信用管理示范企业1家)，成立领导小组并组织召开了领导小组办公室成员会议，牵头拟定富阳区小微企业三年成长计划方案，明确职能部门的职责分工和相关目标任务。11月27日，牵头组织召开富阳区小微企业成长计划推进工作会议，全面深入推进此项工作，着力推动由小微企业由“低、散、弱”向“高、精、优”迈进。开展“百名市场监管干部服务小微企业成长”活动，完成走访348家企业，按一户一档标准，建立培育库，确定服务样本174家。已发展七大产业小微企业761家，新增科技型小微企业82家，科技金融双对接402家，小微企业专场培训12场，新增规上工业企业60家，新增限上服务企业35家，新增限上批发零售、住宿企业36家，整治落后产能、不达标企业782家。

【民企“双对接”工作】 大力开展民企“双对接”工作(帮助企业对接金融，对接科技)。拟定了《关于推进民营企业对接现代科技现代金融工作的实施意见》并以区政府办公室名义下发。共走访调研企业、发放“双对接”企业需求调查表299家。在服务“硅谷小镇”“金融小镇”建设中，主动对接送政策，指定专人送服务，积极当好“店小二”，为100家入驻企业办理相关证照，“一对一”指导30余家企业熟练应用企业信用信息公示系统；对企业提供商标、品牌、质量等方面业务支持，协助开发区对40余家成长型企业的培育。

【“个转企”“无转有”工作】 修改2014年补助政策执行程序，减少中间环节，尽快将补助资金补助到位。同财政联合下发富财企〔2015〕295号《关于组织申报2015年富阳区个体工商户转型升级为企业财政专项补助资金的通知》，完成相关申报、审核、公示、报批等工作，补助资金已下拨至所在乡镇、街道，由所在乡镇、街道拨付至相关企业。2015年，有2315家已转型企业申报财政补助，经财政等相关部门审核，符合财政补助政策的有1962家企业，补助资金为2092.35万元。2015年，共完成“个转企”343家，完成全年目标任务的119.93%，其中公司331家，占比96.50%。顺利完成无照经营摸底数3412家，实现“无转有”1328家，已完成市局下达的“实现935户无转有”的目标任务的142.03%。

【质量强区】 实施质量发展工程，出台《2015年质量强区建设行动计划》；牵头开展2014-2015年度区政府质量工作自评及乡镇街道政府常规考核；在杭州地区率先将全区质量发展规划纳入“十三五”国民经济和社会发展规划并启动编制；东洲街道入选杭州市创建“全国质量强市示范城市”典型示范点。实施品牌战略工程，引导、帮扶全区76家企业争创省、市、区三级名牌，13个产品荣获浙江名牌，21个产品被认定为“富阳名牌”，落实市、区两级质量品牌荣誉扶持资金290万元，企业品牌效力成为助推经济转型升级的原动力。推进名企培育工程，贯彻实施省政府有关“浙江制造”品牌建设指导意见，建立推进工作机制，以《破解管理难题，迎接“浙江制造”品牌建设新常态》为主题，举办高层研讨会一期，新增导入卓越绩效模式企业24家，组织认定“区政府质量奖”企业7家，培育“浙江制造”省市试点企业12家，富阳区富通集团制定的两项“首批浙江制造团体标准”批准发布，龙头名企的培育初现成效。

【构建全社会质量治理机制】 做好各级政府质量考核工作，牵头协调区质量强区工作领导小组各成员单位，召开专题会议，开展2014—2015年度区政府质量工作自评，进一步查漏补缺，确保杭州市政府考核A类优异成绩。强化目标驱动，牵头开展镇街质量工作考核，对镇街政府质量目标完成情况和质量措施落实情况进行指导和监督核查，进一步强化基层政府质量工作主体责任作用发挥。推进质量激励工程，2015年“推进质量强区建设，争创名企”举措首次纳入政府经济转型升级年度专项考核目标，龙头企业培育力度进一步加强。发动战略性新兴产业、现代建筑业等领域中8家企业组织申报区政府质量奖，并按照政府质量奖管理办法规定程序，组织开展了资格审查、资料评审、现场评审。落实2014年度质量品牌荣誉扶持资金248万元，全面推进质量奖励制度实施。

【推进自主商标品牌培育】 完成《富阳区知名商标认定和管理办法》及配套文件的调研、起草、意见征集、修改、报批、下文等工作。2015年，共走访商标企业280余家，发放行政指导书228份，组织培训4期。2015年，全区新增有效注册商标1019件，比上年度同比增长36%。新增驰名商标2件；新增杭州市著商标13件；新增富阳区知名商标20件，延续确认26件。此外，指导、行文推荐2015年度省著名商标8件、延续确认20件。引导浙江美科斯叉车有限公司、杭州方圆塑料机械有限公司争创驰名商标，提前超额完成目标任务。此外，“湖源元书纸”成功核准，成为杭州地区在商标所属商品分类第十六类(相关纸、纸制品和办公文化用品中)获得核准的第一件中国地理标志证明商标。组织开展2015年省、市名牌产品推荐和富阳名牌产品认定工作，利用局基层监管所加强行政指导、再挖潜力，强化培育梯队建设。2015年，共组织、指导25家企业申报杭州名牌产品、21家申报浙江名牌产品，新增申请量位居杭州地区前列。

【质量宣传】 以“迈向质量时代　建设质量强区”为主题，部署开展全区“质量月”活动。举办了“2015年富阳区“全国质量月”暨“全国安全用药月”大型广场宣传咨询活动等4个大类25个大项的主要活动。区政府领导参加，主流媒体对重点活动全程跟踪并报道。社会各界和全体市民以高度的热情对质量月活动给予了极大的关注，积极营造了政府重视质量、企业追求质量、社会崇尚质量、人人关注质量的良好社会环境，全区共制作、播放各类公益广告25条(次)，制作张贴宣传画955张，制作发放各类宣传资料57180份，制作展板500块，发送短信20878条，处理消费投诉49件，出动执法人员396人次，查处违法案件15起，查获假冒伪劣产品货值40余万元，曝光制假售假企业10家，参与质量月活动人数逾12000人（次）。

【标准强区】 推进标准化建设，“工业强区”考评指标中“采标率”指标高达65.41%，位于杭州地区各县市区前列，2015年各级先进技术标准修制定完成52个，其中国家标准5个、行业标准46个，超出2015年目标任务数。争创杭州市级农业标准化项目6个，申报成功数量达到历年最多。指导完成杭州市级《农民专业合作社运行与管理指南》首个地方标准规范，率先在浙江省乃至全国制定出适应农民专业合作社的建立、运行、服务与管理各环节首个标准规范。重点技术标准有突破，《涂布白纸板》国家标准中确保了富阳企业参与，新国家标准中技术指标反映出富阳涂布白纸板产品质量特点，提升富阳造纸企业在国内外市场核心竞争力。富阳区域块状经济《热转移印花原纸》联盟标准及时出台并顺利通过杭州市验收，夯实“富阳创造”印花纸地区品牌基础，服务富阳印花纸产品生产企业做大做强。

【计量监管和合格评定】 完成强制检定的农贸市场计量器具、医疗计量器具、加油机、出租汽车计价器、测速仪、呼出气体酒精含量探测器等共计3654台工作计量器具的检定，检定合格率达到100%。对餐饮、集贸市场、超市、电子秤销售行业开展电子计价秤销售、使用单位执法监督检查，净化公平诚信计量社会环境。推进农贸市场“四统一”管理，突出创建星级示范农贸市场作为“四统一”管理的重点。完成10家医疗卫生机构的计量检查，巩固计量管理，未出现因计量器具不准而引发的医疗误诊、医患矛盾问题。完成14家检验机构检查和检验机构负责人法治培训。帮助富阳区车辆检验机构顺利通过GB21861新标准变更确认，确保车检机构车辆检测资格，消除了富阳区车辆因不能年检可能引发的群体事件隐患。对全区范围内40余家防火产品生产企业进行3C认证培训。建立31家有机认证、47家226个3C强制性产品获证企业信息台账，并会同农业部门开展有机认证专项监督检查。

【广告商标侵权专项整治】 以新《中华人民共和国广告法》实施为契机，广泛开展新法的学习、宣传和培训，通过报纸、广播等大众媒介及广场活动向全社会宣传新《广告法》；以专题节目形式着重解读新法亮点，每天两个时段10天重复播报，广泛宣传新法。通过层层培训、指导，组织各基层所干部及主要广告发布单位，开展新法学习。组织、参加各类培训10余次，行政指导181家次，发放宣传资料3万余份。每季度1次开展以食品、药品、医疗、房地产等为重点的违法广告集中清理、整治活动，针对各类媒体的药品、医疗器械、保健食品、医疗、特殊化妆品等广告进行重点监测，共监测327条次，共发现38条次问题广告，移交相关所（队）立案查处8件。共查处违法广告案件34件，罚没款19.70万元，其中大要案9件。同时，组织开展打击假冒伪劣日用品、“红盾护航”知识产权保护等专项行动，查获假冒“蓝月亮”“舒肤佳”“海飞丝”等品牌的日化用品1000余箱，案值10万余元；查处网络销售侵犯商标专用权商品案件3件，案值48万元，并移交司法机关。共查处商标案件34件，罚没款55.60万元，其中大要案14件。

【推进新版GMP和GSP规范的实施】 富阳区共有药品生产企业11家，零售企业278家。一方面通过召开会议、约谈、上门服务指导、日常监督检查等形式，督促和帮助企业加快整改，鼓励有条件的企业加快技术改造，尽早提出认证申请。另一方面对通过认证有困难的企业提早介入，做好监督指导，帮助其有序做好停产过渡，防止违规生产经营，确保所有药品生产企业和零售企业自2016年1月1日起均按新版规范组织生产和经营。目前所有药品企业均按规定积极准备迎接新规范认证检查或申报中，富阳区基本完成新版GMP和GSP规范的推行实施工作。（GMP指《药品生产质量管理规范》、GSP指《药品经营质量管理规范》。）

【推进药品电子监管码的实施】 根据国家总局《关于做好全面实施药品电子监管工作的通知》（食药监办药化监〔2015〕2号）的要求，2015年要实现全部药品制剂品种、全部生产流通过程的电子监管。市场监管局踩准节点，按计划分步推进，确保企业顺利入网。一方面积极做好药品制剂生产、批发零售等经营企业电子监管入网及产品赋码情况摸底；另一方面组织辖区内生产、经营企业参加省局组织的入网培训，组织单体药店的电子监管培训，为做好入网工作积极谋划。富阳辖区内相关的5家制剂生产企业和6家批发连锁企业均已加入电子监管网，130个批准文号已有93个品种已入网，确保2016年1月1日起，实现全部药品制剂品种、全部生产流通过程的电子监管。扎实推进药械信用体系建设，对富阳区240家药品零售企业开展信用等级评定工作，并做好分类监管和评定结果的运用。

【药械市场专项整治】 开展“保双节”、“医疗器械”、中药饮片、银杏叶片、胶囊剂等专项检查，加大对零售企业的飞行检查力度，共检查各类生产经营医疗等涉药单位880余家次，移送违法案件线索30起，立案查处24起，警告6起。完成新版GSP药品企业验收151家，完成药械监督抽检215批次。成功创建“浙江省药品安全示范市”。

【加强药械不良反应监测】 加强监测体系网络建设，通过监测点的扩面，扩大不良反应信息的收集范围，共建立药品不良反应监测点214家，医疗器械监测点106家，配备监测联络员320名；建立完善监测点制度建设，制定了监测点不良反应上报制度和监测点考核奖励制度，规范了监测点的检测工作；强化监测结果的运用力度，对监测点上报的不良反应，实施原因分析、专人跟踪和信息发布制度，以防范不良反应的蔓延，确保安全用药，2015年，监测站共收集药品不良反应监测报告1146份，完成杭州市监测中心目标任务的181.60%，对所有不良反应事例，均采取了有效措施予以防范解决。市场监管局监测站连续4年被杭州市局评为不良反应监测先进单位。

【保健食品化妆品规范整治】 开展各项专项检查对委托生产、原料采购进货查验，生产工艺等进行检查，对在产的保化生产企业检查覆盖面100%，检查48人次。完成1家化妆品生产企业卫生许可的现场检查；完成1家化妆品、2家保健食品生产企业的信用等级评定和4家化妆品生产企业7个品种、2家经营企业2个品种的国产非特殊用途化妆品资料备案和现场检查工作，全面完成了辖区内非特备案工作。对辖区内19个保健食品批准证书持有者开展了检查，并全部报送国家局。突出重点加强经营环节监管，结合2014年创建的48家保化示范店开展“回头看”检查。2015年，新推进7家化妆品专营店参加创建，通过宣传、调查摸底。稳步推进，现场指导和督查，目前已完成创建前期工作，准备迎接省局的验收。结合专项整治工作，加大抽检力度，生产企业所有在产品种全覆盖检测；全年完成流通企业保健食品12个批次；完成保健食品国家抽样2批次，合格率100%；完成省局保健食品抽样5批，化妆品11批次；完成市局保健食品抽样8批次，化妆品抽样5批次(其中1批次不符合规定，已查处)。建立保化生产企业的“一企一档”工作，建立档案10家，全面掌握了生产企业基本状况及其产品注册备案、委托生产及在产停产品种情况，实行“痕迹”动态更新。

【开展特种设备“三大战役”】 打好电梯安全监管、燃煤锅炉节能减排、燃气管道隐患整治三大战役。自4月电梯安全大会战起截至9月底，共检验电梯2164台，检验不合格电梯2台(经整改后复检合格)。在全区范围内共出动电梯安全监察人员700余人次，开展电梯安全隐患和风险排查2653台，发现隐患电梯154台，现场落实整改52台，存在严重隐患电梯41台，经督促已全部整改到位。按照G20峰会准备工作的要求和职能分工，积极配合相关部门做好10吨/时以下燃煤锅炉的淘汰工作。配合政府共淘汰改造燃煤锅炉548家，同时汇同经信、环保两部门检查、核查改造质量、核查超期未检锅炉企业35家，发现安全隐患7起，下达特种设备安全监察指令书7份，查封锅炉2台。配合住建、发改等部门做好燃气管道的隐患排查和治理工作，重点围绕城市燃气管道进行了专项检查。期间，还结合液化气充装单位检查情况，重点对富阳区7家液化石油气和气体充装单位开展了集中检查。

【构建特种设备“多元共治”管理体系】 加强与各

行业主管部门和镇(街办)政府沟通协调，配合参与各项特种设备有关的执法行动，组织召开全区市场监管工作大会、特种设备安全与管理工作大会、乡镇安全员等3次大型会议，进一步明确责任，分解任务。以点带面建立部门、乡镇各个层级的"特种设备联席会议"制度，建立与各行业监管部门联合检查机制。完善应急处置机制。加快完成杭州市96333和富阳区110的整合，在两个平台指挥下，发出电梯困人救援指令147起(110平台处理103件，96333平台处理44件)，营救成功率100%。同时，联系走访了日立、日峰、西子奥的斯等维保单位(点)，指导筹建新的电梯应急救援点，进一步扩大应急救援的覆盖面、提升救援效率。以安全生产月"活动、特种设备安全宣传和预警短信平台等为载体，深化宣传培训工作，让企业做到要我安全转为我要安全。

【市场提升和禽流感防控】 组织市场负责人召开动员会，科所联动，加强对市场的监督检查，现场查纠市场各类问题30余个，责令市场及时整改，推进市场硬件设施改造，提升市场举办单位市场监管能力，全力确保市场国卫复评迎检任务完成。做好农贸市场H7N9禽流感防控工作。根据区防控办要求，关停全区活禽交易市场，督促市场落实消毒措施，联合卫生、城管、农业等部门4次开展市场禽流感防控督查工作，及时上报活禽交易市场监管情况周报工作，确保各项H7N9防控措施在农贸市场得以及时有效执行。开展市场商品检测工作。完善局检测车、所检测箱、市场检测点三位一体的检测体系建设，检测车出动检测检查市场38家，检测商品1865批次，所检测箱、市场检测点检测商品63428批次，销毁不合格商品1026公斤，维护市场安全稳定有序。

【合同监管】 开展霸王条款专项整治。经过整治，联通、移动、电信三大运营商的宽大入网服务协议、话费充值卡协议等格式条款中不公平条款被全部被改，并促使其到省局备案；停机保号等不合理规定被叫停，切实维护了消费者权益；银行逾期还款违约金、抵押登记费等不当转嫁费用的条款被封杀，并促使多家上级银行到省局备案，两大领域格式条款整治工作初显成效。2015年，再次组织回头看，对兴业、浦发、光大等三家银行使用的合同文本进行调查取证，对合同违法行为进行查处。开展合同格式条款备案后续检查行为。继续加强与建设主管部门的配合，将职能科室的细致审查与市场监管所的严格监管紧密结合，通过建设局网上公布的商品房预售证信息，对商品房买卖合同是否备案、少报备、漏报备及擅自修改通过备案的条款等问题加强现场监督检查，对各房地产公司继续开展格式条款备案检查，并针对违规行为作出多项行政指导，严防备而不用、不备而用、少备、漏备等违规行为。向杭州市局推荐申报8家企业参加2015年"AAA"级守重企业评定。

【严厉打击传销活动】 根据富阳本地打传的严峻形势，专门抽调二名执法人员成立打传组，强化打传执法工作。全年，共出动执法队员1500余人次，捣毁传销窝点145个，劝返遣散涉传人员1300余人次；联合公安部门共办理传销刑事案件和行政案件97件，其中传销团伙案件2起，涉传非法拘禁案14起，参与传销案件24起，不按规定登记、为传销活动提供住所案件57起；受理群众咨询500余人次。顺利使富阳的打传工作从年初的"红色预警"降为年底的"绿色预警"。

【重点突破大案要案】 以重点专项整治为切入点，加大执法办案力度，有效维护市场经济秩序，树立执法权威。全年办结各类案件691起，罚没款1258.76万元，万元以上案件283起，百万元以上案件2起，移送公安机关追究刑事责任案件18起、案件线索5起。与往年相比呈现出以下特点：一是罚没款数创历史新高；二是百万元案件历史性突破；三是个案罚没比大幅度提高，"攻大奸、诫小过"的执法理念进一步得到体现。

【加大专项执法整治力度】 针对体育用品器材、日化用品、酒、卷烟、家居用品等进行重点检查，查获了一批有影响力的大案要案，如杭州方辰物流有限公司销售假冒日化用品案等多起大案被浙江电视台、《钱江晚报》、新华网等媒体相继报道；全年共查办各类商标侵权案件41起，其中移送公安部门刑事立案7件，傍名牌不正当竞争案件23起，捣回制假窝点2个，罚没款50多万元，没收了大量的假冒侵权商品。针对肉类冻品、微整形及成人用品、汽车销售维修领域开展重点检查，检查各类企业300余家，办结案件23起，其中销售假药案10起，全部移送公安部门，汽车领域类案件6起，罚款10.60万元。公用企业限制竞争类案件首次突破。查获了富阳华数数字电视有限公司限制竞争案，罚款10万元，维护了群众权益。进一步规范微整形产品及成人用品的市场秩序。

【民生检测】 开展食品安全检测，完成食品检测1425批次，在22个乡镇(街道)抽检食品561批次，涉及18类食品，集中力量完成了食安委任务的检测工作。纸张检测完成省内外委托监督等检测任务425个批次，产品覆盖白纸板、卫生纸、瓦楞纸、新闻纸、复印纸等多个品种。计量检定工作重点围绕医用三源、燃气表、出租车计价器等民生计量开展，检定量达16000余台件。建立健全强制检定计量器具台账动态管理，及时公示检定情况，确保周检率100%、合格率100%。开展市场商品检测工作。完善局检测车、所检测箱、市场检测点三位一体的检测体系建设，检测车出动检测检查市场38家，检测商品915批次，所检测箱、市场检测点检测商品36874批次，销毁不合格商品667公斤，维护市场安全稳定有序。

【申诉举报和应急处置】 成立申诉举报和应急处置指挥中心以来，整合了原工商局“12315”、原质监局“12365”、原食药局“96317”三台举报投诉电话平台，承接了市长(区长)电话以及其他来人、来信、网络等信访案件的办理工作，2015年，进一步完善值班制度，每个节假日了安排2人到指挥中心值班室值班，处理日常投诉举报工作，并组建了70人的应急处置队伍，承在不增加人员编制的情况下，解决了非工作时间的值班和应急工作。至12月底，共办理各类投诉举报案件2881件，其中重大信访案39件，市长(区长)电话件1101件，初信初访满意率100%，逾期反馈率0.10%、重复投诉率为0.80%；全年接到应急响应事项155次，其中非工作时间由应急队员赶赴现场响应26次，均现场处理完毕或控制局面，没有发生过一起纠纷升级的事件。

【消费维权及消费宣传】 理顺运转机制，新建企业监督联络站5家(全区企业消费监督联络增至73家)；组建人应急处置队伍，承担非工作时间的应急处置工作；投诉中心、基层所和自行处理消费争议企业三级联动维权网络作用有效发挥，社会化维权格局进一步完善。举办“3·15”国际消费者权益日宣传纪念活动，仅3月10—20日，受理投诉96起，受理咨询1100起，发放宣传资料4220份，展出图版86块，检测消费者送检商品36件等。开展你举报我查处”专项利剑行动、“你点我检”和检验检测中心开放日活动，针对百姓反映的餐桌安全问题和销售不合格商品、掺杂掺假、以次充好、伪造冒用、虚假或者引人误解的宣传、个人信息保护、霸王条款等方面的侵害消费者合法权益的违法行为。

【依法行政】 对2014年清理出的1060项原始行政权力(其中常用权力185项、非常用权力875项)、责任清单进行了回头看工作，取消了权力清单的非行政许可事项，1项非行政许可事项调整为其他行政权力事项，对前期梳理的12项事中事后监督管理制度进行查漏补缺，完善事中事后监督管理制度。完成“三局”法规范线整合，2015年5月1日起统一了执法主体“杭州市富阳区市场监督管理局”并统一了执法文书。编制了《市场监管法律汇编》(上下册)，为执法人员依法行政提供指导。完成691件案件的审核和督查。至12月底，全局已办结各类案件691件，未发生行政诉讼败诉的案件。

(蒋　蓉)

·审计·

【概况】 2015年，区审计局在杭州市13个区、县(市)审计机关工作考核中继上年再次荣获第一名，并被省审计厅评为考核先进单位。全年完成审计项目25个，其中：法定项目1个(财政同级审)，署、省、杭州市定“同步审计”项目4个，领导干部经济责任审计项目12个，自定项目8个。通过审计，查出违规金额2118万元、管理不规范金额169499万元，其中：应上缴财政1765万元，应归还原渠道284万元。上报综合审计报告22个，出具审计报告22个、审计决定28个，向有关部门移送案件线索和事项21起，编发审计信息（专报）65期。审计报告、审计信息（专报）被区委区政府领导批示21篇（次），被上级审计机关采用18篇（次）。在《中国审计报》等报刊杂志发表审计调研文章或信息19篇。此外，获评浙江省优秀审计项目1个、杭州市优秀审计项目3个，优秀审计项目总量在杭州地区位列第一，创历史最佳成绩。

【财政审计】 区审计局牢固树立大财政审计理念，继续深化“核心+专项”的审计模式，以财政审计为“龙头”，将各个专业审计有效地结合起来，组织实施我区2014年度财政预算执行和其他财政收支情况审计。2014年度财政审计报告反映了预算编制、资金管理、预算执行等3个方面22个问题。为有效解决上述问题，区审计局提出完善预算体系、推动财政改革、完善制度建设等3方面意见建议。相关单位进行认真整改，出台或完善了《富阳区休闲观光农业（农家乐）发展专项资金管理办法》《杭州市富阳区涉企财政专项资金监督管理暂行办法》等制度，同时进一步强化了财政预算调整、财政预算执行、财政结余资金管理、小额贷款发放等方面的管理。

【政府投资审计】 2015年，区审计局共组织实施竣工结算审计项目2623个（送审金额52.75亿元），已完成1537个（送审金额25.56亿元），核减工程造价2.71亿元，净核减率10.61%。对其中21个中介协审项目进行了抽查复审，比例为1.36%，已完成18个，再次核减工程造价162.68万元，复审核减率1.81%。收缴施工单位审计核减（增）费及中介协审单位审计误差违约金共计20.56万元。组织实施竣工决算审计项目100个（送审金额24.87亿元），已完成25个。

【经济责任审计】 2015年，区审计局对区法院、区国土局、区科技局、区人社局、区史志办、区新投集团、富阳广播电视台、龙门镇、胥口镇、东洲街道、万市镇、大源镇等12家单位的19名党政主要领导干部开展了任期经济责任审计。此外，2015年上半年省审计厅派出审计组对区委区政府主要领导进行了任期经济责任审计，区审计局对此高度重视，组织专人全力做好了相关保障协调工作。

【专项审计调查】 2015年，区审计局对全区公务支出公款消费情况、城乡供用水及运营管理情况、居住区公建配套政府性资产、社区卫生服务中心财务收支及运营情况、区科技扶持资金管理使用绩效情况、“五水共治”政策措施落实情况以及部分非全额拨款事业单位财务收支情况等进行了专项审计调查。其中，向区纪委、检察院等有关部门及乡镇（街道）移送案件线索17起，已有1人被追究刑事责任，4人受党纪政纪处分；促成区委区政府或有关部门完善体制机制43个。

【内部审计指导】 2月中旬，富阳区召开内部审计协会第三次会员代表大会，65家会员单位的111名会员参加会议，会议选举产生以章永南为会长的新一届协会理事。区内审协会全年组织内审人员参加省、杭州市举办的培训班共计14期231人次，并通过内部审计工作座谈会、分片交流会等形式加大交流力度，促进提高内部审计水平；推荐5个项目参加浙江省、杭州市优秀内审项目评比，其中3个项目获浙江省内审表彰项目，2个审计项目获杭州市内审表彰项目；推荐19篇论文参加浙江省、杭州市优秀内审论文评比，其中1篇论文获省优，3篇内审论文获杭州市二等奖，6篇内审论文获杭州市三等奖，其余9篇内审论文获杭州市优秀奖。

（王　凯）

·统计·

【概况】 2015年，区统计局在区委、区政府的正确领导和上级统计部门的指导下，认真贯彻落实各项统计调查制度，做好综合统计、工业统计、服务业统计等20余项专业统计调查工作。加强地区生产总值、规上工业增加值、固定资产投资、能耗、服务业增加值、社会消费品零售总额、城乡居民收入等指标的监测分析。巩固夯实乡镇（街道）、村（社区)、企业的基层统计基础建设。修订完善部门统计联席会议制度。加强部门统计调查项目管理,新审批区运休办的“富阳体育产业专项调查”和开发区的“硅谷小镇专项调查”2个项目。依法治统,统计法治建设不断深化,全年共投入普法经费1.50万元。

【统计服务】 紧紧围绕区委区政府工作中心,深化经济运行监测分析,加强对信息经济、城乡统筹、转型升级等重点领域、重点行业、重点企业的监测、调研,强化各类考核排序指标的动态监测。全年共撰写统计调查材料32篇,区委区政府领导批示7篇。改版《统计月报》,全年累计印发20000余册。编印《工业动态专报》共计4000余册,《富阳统计年鉴2015》1000册。编写《国民经济和社会发展统计公报》。通过统计信息网和“一报两台”等新闻媒体,及时向社会公众发布统计信息资料。2015年《富阳日报》和广播电视台共编发统计报道11篇。

【大型国情国力调查】 2015年,圆满完成第三次经济普查后续工作。开展经济普查先进集体与个人评选与表彰,整理编印《经济普查大事记》《经济普查技术文章汇编》《经济普查数据简要本》《经济普查数据汇总本》等资料。发布《杭州市富阳区第三次全国经济普查公报》。扎实开展1%人口抽样调查。顺利完成样本整理、两员选聘、区划绘图、宣传动员、业务培训、入户登记、数据审核、修改评估、总结上报等工作。

【社情民意调查】 2015年,先后开展了群众安全感、法治政府、五水共治等14项民情民意调查,同时做好低收入户调查、月度劳动力调查、粮食生产统计监测、妇女儿童发展监测、CPI指数(消费价格指数)等各项社情民意的监测和评价,为富阳区民生建设提供统计支撑。

【统计基础建设】 做好杭州市统计调查工作先进乡镇(街道)创建复评工作,到2015年底全区共有13个乡镇(街道)荣获杭州市统计工作先进乡镇(街道)。做好村级统计调查工作规范化验收考核,各乡镇(街道)根据考核结果核发考核奖金。做好统计诚信单位创建工作,到2015年底已成功创建区统计诚信单位50家,杭州市统计诚信单位8家。做好统计从业人员资格认定报名考试和统计继续教育,2015年共有509人参加统计从业资格报名考试,2350人参加继续教育。

【统计法治建设】 积极推行政府法律顾问制,聘请2名律师为常年法律顾问。积极推行行政机关合同履行和备案制度,2015年签订的4起合同全部实行合同管理情况审计报告制度。规范了除行政处罚外其他7大类行政权力事项,保持与浙江省、杭州市同步。严格贯彻落实省统计局《关于严格依法统计坚决反对在统计上弄虚作假的若干意见》,积极开展经常性统计稽查,全年共对52家单位实施了统计稽查,8家单位予以书面警告,3家单位予以书面警告并处以经济处罚。组织全区1650家单位开展统计从业资格专项检查。(杨　芳)

·物价管理·

【概况】 2015年,区价格部门调整政府定价管理权限、完成行政事业性收费改革、实施居民阶梯水价制度、建立居民生活用管道天然气实行阶梯价格制度、公布经济适用住房市场评估价格、废止富阳区客运出租汽车现行运价标准。注重民生热点问题监管,组织开展医疗价格、教育收费等专项检查。开展节假日重要商品市场价格、旅游市场价格、养老机构收费、社会中介机构收费、涉农涉企价格与收费等专项检查。全年共查处各类案件10起,实现经济制裁10.91万元,受理各类价格投诉80起。

【调整政府定价管理权限】 2015年,区价格部门贯彻落实新版《浙江省定价目录》(2015年版),开展价格管理文件清理工作,公布《实行政府定价的涉企经营服务收费目录清单》和《行政事业性收费目录清单》收费目录清单。取消收费许可证制度,全面停止收费许可证核发及收费许可证年度审验工作,建立收费执行情况报告制度、收费政策及执行情况评估制度、收费诚信档案制度,完善收费情况公示制度。

【资源价格改革】 2015年，区价格部门实施居民阶梯水价，调整污水处理收费制度。结合富阳区资源要素市场化配置改革，出台差别化水价改革政策。完成富阳区居民生活用管道天然气实行阶梯价格改革工作，对富阳区居民生活用管道天然气实行阶梯价格制度，调整居民生活用管道天然气销售价格，建立上下游价格联动机制，根据上游气价的调整，4月和11月二次下调非民用天然气销售价格。

【民生价格服务】 2015年，根据出租车与杭州主城区一体化运营、经营区域打通的要求，实行同城同价，废止富阳区客运出租汽车现行运价标准，执行杭州市区客运出租汽车运价标准相关规定及机制。公布经济适用住房市场评估价格，公共租赁住房租金定价机制。开展农村中巴定期成本监审工作，完善农村客运财政补贴监管机制。对县级公立医院医药价格改革的前期改革情况进行回头评估。区价格部门注重民生热点问题监管，开展旅游市场价格行为、药品价格市场行为和养老机构收费专项检查，检查各类单位近20家。探索介入网络市场价格监管方式方法，积极进行流程再造。开展明码标价百日整治行动，选择餐饮行业作为明码标价整治重点，巡查餐饮行业200余家。

【开展涉农涉企价格和收费专项检查】 为进一步规范涉农涉企价格和收费行为，扎实推进涉企收费专项检查，通过发放问卷、现场调查等方式，对环评、工程造价、招投标代理、勘测设计、节能评估、水保、图审等涉企中介服务机构分别进行抽查，规范中介收费行为，优化发展环境。

【价格宣传】 2015年，完善相关机制，修订《市场价格异常上涨事件应急预案》。举办了《网络交易价格行为法律法规宣讲》和《网络交易价格行为法律实务》两期培训。通过QQ群发布价格行为警示，提升电商遵法守法意识，促进电商企业规范发展。对大型超市进行“一对一”价格热点案例分析，促进商贸企业的生产和经营。开展价格法律法规宣传活动，组织人员积极参与“3·15”消费者权益保护日宣传和“12·4”全国法制宣传日活动。

【价格举报投诉受理和查处】 2015年，富阳区价格部门为有效化解价格矛盾，维护消费者合法权益，全年受理“12358”价格举报电话、上级部门的转办和“12345”市长公开电话交办的各类价格投诉共计80起。查处各类案件10起，其中经济制裁案件8起，销案2起；实现经济制裁10.91万元，其中没收4.65万元，罚款6.26万元。

【价格鉴证】 富阳区价格认证中心严格按照《浙江省价格鉴定操作规程》开展价格认定工作，确保了认定案件质量，全年共办理各类涉案财物价格认定案件近663件，认定金额9000余万元，其中：公安机关价格认定535件，标的金额6000余万元；道路交通事故车辆物品损失价格鉴定及行政机关委托价格认证119起，标的金额近1000万元；涉税价格认定案件8件，标的金额2800万元；涉纪价格认定案件1件，标的金额14余万元。 （陶益林）

·安全生产监督·

【概况】 2015年，全区发生工矿商贸、道路交通、水上交通三类生产安全事故278起，死亡82人。与2014年相比：事故起数减少18起，下降6.08%；死亡人数与上年持平。工矿商贸企业生产安全事故8起，死亡8人，与2014年相比：事故起数减少1起，下降11.11%；死亡人数减少1人，下降11.11%。道路交通事故268起，死亡72人，与2014年相比：事故起数减少19起，下降6.62%；死亡人数减少1人，下降1.37%。水上交通事故2起，死亡2人，2014年没有发生水上交通亡人事故。一般经营性火灾事故77起，无人员死亡。发生1起死亡3人的较大道路交通事故。

【隐患排查治理】 2015年，全区开展危化、矿山、烟花爆竹、交通运输、消防、建筑施工、特种设备、职业安全健康等行业领域安全生产检查，排查事故隐患4.53万条，已整改4.53万条。对1处省级、1处杭州市级事故多发点段道路安全隐患实行挂牌督办，对12家工矿商贸重点隐患单位实行分级挂牌督办，其中，杭州市级督办1家，富阳区级督办2家，乡镇(街道)督办9家。

【安全生产执法】 2015年，区安监局会同市公安局富阳区分局、区总工会、区监察局等单位，查处工矿商贸企业生产安全死亡事故8起；全年共办结行政处罚案件11起，收缴罚款103.50万元；查处各类非法经营和储存烟花爆竹4000余箱，涉案价值60余万元，治安拘留5人次。

【安全培训】 全年共举办18期一般性生产经营单位主要负责人和安全员培训班，培训一般性生产经营单位主要负责人和安全员1874人，危化生产经营单位主要负责人53人、安全员116人，矿山企业主要负责人21人、安全员29人，特种作业人员1861人，全员培训47000余人次。职业卫生监管职能划转后，举办用人单位负责人培训班10期，参加培训人员524人。

【安全生产标准化建设】 至2015年底，规上企业标准化完成创建147家，完成杭州市下达任务数的219.40%，小微企业完成创建129家，完成杭州市下达任务数的103.20%。

【安全生产月活动】 6月，区安监局在全区范围内集中组织开展以“加强安全法制，保障安全生产”为主题的安全生产月活动。举办乡镇(街道)安全生产协会杯执法比武活动，开展安全生产咨询日活动，发放各类资料3000余份。

【职业安全健康监管职能划转】 2015年6月，区编办下文明确了职业安全健康监管职能由区卫生局划转到区安监局，增加局行政编制1名、安监大队参公编制4名。

【专业应急队伍建设】 2015年，富阳区金鑫矿山专业应急救援队升级为杭州市级矿山专业应急救援队伍。10月，富阳区政府开展危化(燃气)专业应急救援演练。

【行政审批】 2015年，按照省、杭州市和区行政服务中心的要求，对所有行政审批事项和备案服务事项进行了梳理，调整后，共有行政权力172项，其中行政许可8项，行政处罚140项，行政强制5项，行政奖励1项，其他行政权力17项，审核转报1项。全年办理各类行政许可事项221项，其中办理烟花爆竹经营(零售)许可证8家，换证37家，危险化学品经营许可证164家，生产、储存危险化学品建设项目安全设施设计审批8家，新建、改建、扩建建设项目和技术改造、技术引进项目职业病危害预评价报告审核1家，建设项目职业病防护设施竣工验收3家。受省局委托实施危险化学品安全生产许可证行政许可3家，受市局委托实施危险化学品建设项目安全条件审查9家，实施危险化学品经营许可证发证审查69家，烟花爆竹批发经营许可证发证审查1家。办理各类备案服务事项280项，其中剧毒化学品储存登记备案9家，危险化学品生产、储存、使用企业安全评价报告备案51家，生产安全事故应急救援预案备案213家，第三类非药类易制毒化学品经营登记备案7家。 (骆雨果)

【责任编辑　赵慧雯】

城乡建设与管理

·综述·

【城乡建设概况】 2015年，富阳区住建局抓住“撤市设区”的契机，主动适应城市发展新常态，抓建设、重管理、促发展、惠民生，完成了省、市、区下达的各项年度目标任务，实现“十二五”圆满收官。

窗口全年共办理各类行政许可业务2445件，按时办结率100%，其中建筑业1374件，房地产业237件，市政公用事业834件，收取各类行政审批费用4908.51万元。发放各类房屋权证38151份，其中房屋所有权证20152份，他项权证9271份，预告登记证明8728份。获得窗口获月度服务明星11次，月度红旗窗口10次，在月度行政审批效能指数考核中2次名列第一，收到锦旗4面。局行政中心窗口获全省建设系统“优秀服务窗口”称号，章旭霞获全省建设系统窗口“服务明星”称号。

对建筑工程施工许可证核发、临时占用城市道路审批等23个事项进行了全面梳理。推出证书预告服务，面向房地产中介机构备案、业主委会备案、物业服务企业资质核准、房地产企业资质核准等业务推出电话和短信预告知服务。实行施工许可并联审批、临时占用城市道路并联审批，通过网上受理、扫描、流转、审批和发证，减少申请人材料提交份数。全年窗口共办理联办业务892件，跨部门共享材料1800份，精简申请材料200余份，大幅缩短审批时限，提高审批效率。

完成“数字城建档案馆”四期建设，接收、组卷各类档案11327卷，共扫描文字资料575374页，图纸资料248693张。（孙　鹏）

【城乡规划概况】 2015年，杭州市规划局富阳规划分局根据区政府年度规划编制计划，为了更好深入推进杭富融合发展，立足“撤市设区”，完成《杭富一体化发展战略规划研究》深化工作，进一步明确富阳产业发展战略、空间发展战略、交通发展战略、城市特色与生态建设等相关内容。在《杭富一体化发展战略规划研究》基础上，完成《富阳市域总体规划中期评估》工作。完成高教园、银湖分区受降区块、银湖分区高桥区块、杭黄铁路站场周边城市设计及控规及主城区03、05单元等6个单元控规编制，

城东社区小花坞区块（改造前）

城东社区小花坞区块（改造后）

（区住建局　供稿）

基本实现了主城区控规全覆盖；继续强化专项规划编制，开展富阳区低丘缓坡用地梳理及重点区块规划研究、富阳区综合交通规划实施评估、东洲分区规划修编等专项规划编制工作。为了引导城市形象打造，开展轨道交通沿线城市设计及站点概念方案设计、公望街沿线城市设计、东洲分区建筑高度控制规划及核心区块城市设计。2015年是进一步深化“千万工程”，全面推进美丽乡村建设的关键之年，富阳美丽乡村“浙派民居”“杭派民居”建设取得阶段性成果。（陆晓宏）

【城市管理概况】 2015年，杭州市富阳区城市管理局以队伍建设为抓手、服务群众为根本，围绕党要管党、从严治党的政治思想理念，进一步树立“抓队伍促业务、抓人促事”的工作思路和工作作风，严格执行各项工作规程，积极探索工作创新和活动平台，不断推进各项工作进程。2月，富阳撤市设区，原富阳市城市管理局更名为杭州市富阳区城市管理局。3月起，开展国卫复评迎检工作。5月，修订《局中层干部综合考评实施办法》《局一般干部考评实施办法》《局年度评先评优实施办法》。9月，城东、新城中队成为杭州四星级中队，城南中队成为杭州二星级中队。12月，生活垃圾分类工作通过杭州市考评。全年清运生活垃圾20万余吨，疏通管道8100米，清理化粪池1500只，清运粪便2100吨，清除“三不管”地带的卫生死角200余处、清运建筑装潢垃圾10000余吨。（章　强）

·城乡规划·

【杭富一体化发展战略规划研究】 为充分抓住“撤市设区”契机，实现与杭州主城同城同质发展，杭州市规划局富阳规划分局提前谋划杭富一体化发展思路与策略。在现状调研分析、考察交流、经验借鉴的基础上，提出了富阳新形势下的发展定位——“富春新居图、创智阳光城”，致力于打造国际运动休闲基地、海峡两岸交流基地、长三角智慧养生基地、浙江省文化发展基地、杭州市城市副中心和创智产业化基地、以富春山水文化为特色的富裕阳光之城这些重点项目。

【主城区03单元控制性详细规划】 2015年，富阳区主城区03单元规划出台，范围东至金桥北路，南至公园西路—内环快速路—二号渠，西至新320国道，北至高教路。规划总用地面积约4.56平方千米。规划以“生态、创意、乐居、文化”为主题，围绕“生态湖、活力心、乐居城”，打造以高档居住、旅游创意、文化商务、商贸休闲、科研孵化等功能为一体的生态型城市湖滨区。

规划形成“两心两轴四区”的规划空间结构。“两心”：指阳陂湖公共服务中心和综合商业商务中心。“两轴”指金桥路城市公共发展轴和二号渠综合发展轴。“四区”指创意产业综合区、湿地综合服务区、和两个城市生活区。

【主城区05单元控制性详细规划】 2015年，富阳区主城区03单元规划出台，范围东至西环北路，南至23省道，西至新320国道，北至2号渠。规划用地面积约9.67平方千米。规划以“品质生态、集约高效、产城融合”为发展理念，打造创新产业平台、城西特色商圈、生态宜居园区。

规划形成“一片、两区、三轴”的规划空间结构。“一片”指园区中部高新技术产业片。“两区”指金秋大道东部居住片区、西部沿双峰山、乌龟山居住片区。“三轴”指金秋大道、23省道、达夫路三条公建发展轴。

【富阳区高教园控制性详细规划修编】 2015年，富阳区高教园控制性详细规划修编出台，规划东至新320国道，南至南部山脚线，西至西部山脚线，北至北部山脚线，总规划面积9.49平方千米。规划打造富阳智慧之区；创建“产学研”一体、营造绿色生态的居住环境；发展美丽山水生态旅游的高教园区。

规划建设以教育科研、生态居住、运动休闲、特色旅游等功能为一体的生态型城市湖滨区，用地布局空间结构形成“两心一轴四区”的格局。“两心”：指综合商业商务中心和生态景观核心。“一轴”指学院路公共发展轴。“四区”指人才教育片区、生活配套居住区、山地休闲居住区和生态农业保护区。

【杭黄铁路站场周边城市设计及控规】 2015年，杭黄铁路站场周边城市设计及控规出台，规划范围分为两个层次，核心区城市设计范围：东至岩山路，南至杭千高速，西至规划纬二路，北至蔡伦路，总面积约1.12平方千米。控制性详细规划范围：东至大源溪，西至中沙路，北至蔡伦路，南至杭千高速，总面积约4.50平方千米。规划定位为集山水门户及客流枢纽为一体的产城融合综合体。

规划布局结构形成“高山流水、诗意绽放、一圈五脉”的整体结构，一圈指杭黄铁路富阳站周边风景圈，五脉指仙霞岭山脉入城，形成“山色入城轴”，随后辐射分别形成景观商务轴(沿大桥南路)、文化水街、市井生活轴(亭山路)、绿色动线等五个线性空间。

绿地景观系统规划以站前广场和商务休闲公园为核心，构建“一核、两带、三区、多点”的景观体系。其中，一核指站前广场和商务休闲公园的景观核心，两带指山麓乡村景观带及滨水休闲景观带，三区指工业景观风貌区、商务景观风貌区、生活景观风貌区。

【银湖分区受降区块控制性详细规划】 2015年，银湖分区受降区块控制性详细规划出台，规划东邻杭州市西湖区，北与杭州市西湖区以及余杭区接壤，东南靠富阳东洲街道，西南至高桥片区控规范围线，规划范围52.12平方千米。规划优化片区的交通组织和用地功能布局，完善城市功能，把受降片区打造成为融入杭州的桥头堡、创新创业的新平台、城市品质的金名片、人居休闲的示范区。

规划结构为形成“两心、一轴、五区”的用地布局结构。“两心”：以轨道交通站点为基础，周边商业形成的两个综合服务中心。“一轴”：以320国道为骨架，两侧商业办公为主题，形成一条沿320国道的发展轴。“五区”：九龙大道和320国道围合的区域形成的银湖科创核心区、九龙大道北侧的三个宜居生活区和以320国道南侧老镇区的基础综合生活区。

【银湖分区高桥区块控制性详细规划】 2015年，银湖分区高桥区块控制性详细规划出台，规划东至北渠及工业园，南至高教路、西至杭州科技职业技术学院，北至勤丰村及其北部自然山体，规划面积28.87平方千米。规划优化片区的交通组织和用地功能布局，完善城市功能，把高桥片区打造成为融入杭州的桥头堡、实现宜居宜业的商业服务中心。

规划结构为空间形成“二带聚五片、三心联主城”的结构。“二带”：320国道产业承接带，承接杭州公共服务功能、产业转移，发展创意研发、服务配套等产业；金桥北路城市综合服务带，依托轨道交通线，集聚商务、商业等城市服务功能。“五片”：根据各片区自身条件，形成低丘缓坡综合开发片、绿色产业片、公共服务片、产城融合生活片、活力创新生活片等五大片区，呈聚合发展态势。“三心”：打造公共服务中心、中短途客运中心、山水度假休闲中心，三者互为补充，完善城市服务体系。

【富阳区综合交通规划实施评估】 2015年，为融入长三角区域一体化发展和杭州网络化大都市，落实可持续的科学发展观，打造“绿色交通”；统筹城乡发展，实现城乡一体化，促进城市产业提升转型；优化城市功能布局，与富阳城市总体规划相匹配，完善交通规划系统链，《启动了富阳区综合交通规划实施评估》编制工作。

规划目标为增强富阳作为杭州网络化大都市副中心的城市职能，区域交通发展目标定位为实现区域交通一体化。依据富阳城市空间“一城六组团”(“一城”指中心城区，“六组团”指富春组团、东洲组团、银湖组团、鹿山组团、江南组团、场口组团)的结构定位，确定富阳城市交通规划的目标为实现城市交通的现代化。

【低丘缓坡用地梳理专项规划】 2015年，启动了《低丘缓坡用地梳理专项规划》，规划从富阳低丘缓坡资源相对丰富的实际出发，全面实施以生态建设为基础、以实现耕地占补平衡为保障、以拓展建设用地利用空间为突破口的低丘缓坡开发战略，确定低丘缓坡建设用地重点区块，明确功能定位、开发布局及时序，科学开发和合理利用低丘缓坡，为全省实现保护耕地与保障建设用地目标提供保障，促进经济社会可持续发展。

【公望街沿线城市设计】 2015年，启动了《公望街沿线城市设计》，规划范围为公望街沿线地块，西至新320国道，东至舒菇坪山体，总面积约为448公顷。规划定位为山水清远的卷轴与文化精神的载体、生活悠游的画境与创新创业的磁场，打造生活、人才、产业、休闲的目的地。

规划形成“一带、二门、三街区、四片段”的总体结构。其中，“一带”为公望街景观带，“二门”为山林洲岛之门和湖山人文之门，“三街区”指创享小镇、缤纷街区、财富小镇，“四片段”指分别以理想纷飞、乐活街区、财富人生和山水雅境为主题的四个片区。

【轨道交通沿线城市设计及站点概念方案设计】 2015年，启动了《轨道交通沿线城市设计及站点概念方案设计》，其中城市设计范围为北至新320国道、南至桂花路的轨道交通沿线地块，城市设计面积5.53平方千米，同时对富阳区境内的8个站点进行概念方案设计。

规划形成“一轴、四段、多片”的总体结构，“一轴”指以金桥北路作为区块内的功能联系轴，“四段”分别为北部门户段、商业商务集聚段、科研居住段和老城中心段，“多片”为根据四大功能区段，对地块内部进行详细功能划分，形成功能完善且统一的区块，包括商住片区、科研片区、品质住区、商务片区、医疗服务片等。

【富阳城市环卫布局专项规划】 2015年，从进一步加大城乡垃圾综合处理力度，提高生活垃圾减量化、资源化和无害化水平，改善人居环境，提升生活品质，制定《富阳城市环卫设施布局专项规划》。

规划目标是建成科学合理的城乡一体的垃圾清运处理体系，配备先进的工程设施和技术装备，逐步实现环卫事业现代化。结合城乡各类垃圾产生量预测，提出道路清扫保洁、生活垃圾、建筑垃圾与工程渣土、粪便、餐厨垃圾、医疗废物、固体危险废物等不同垃圾的处置规划。

【富阳养老服务布局专项规划】 2015年，制定《富阳养老服务设施布局专项规划》，规划总体目标为按照“政府主导、政策扶持、社会参与、市场推动”的原则，以老年人养老服务需求为导向，完善机制、创新模式、加大投入，基本建成以居家为基础、社区为依托、机构为支撑，集团化运营、规范化管理、信息化支撑、标准化服务，布局合理、功能完善、覆盖城乡的养老服务体系，打造“富裕阳光、幸福养老”的富阳养老服务新模式。

【富阳体育设施布局专项规划】 2015年，围绕“运动休闲之城”建设，以提高全民身体素质和生活质量为目标，以提高竞技体育水平、普及全民健身活动、加快体育基础设施建设为重点，积极构筑面向大众的体育健身服务体系，努力提升竞技体育综合实力，不断加快体育产业发展步伐，确保富阳区体育整体实力位居全省前列，制定《富阳体育设施布局专项规划》。

本次规划结合富阳区总体规划公共服务设施分类体系，立足富阳区的城市地位和体育资源的统筹，建立“区级—街道(乡镇)级—居住区(行政村)级”三级的体育设施配置体系，并形成“一线三心五点”的体育设施布局结构，串联富阳区“三江两岸”、城区内部水系等公共开放空间系统，构建“点、线、面”相结合的系统的体育设施空间框架。其中，“一线”为以富春山黄金水系为体育设施发展和串联轴线；“三心”为富春、鹿山、阳陂湖三个区级体育中心；“五点”为东洲、银湖、春江、新登、场口五个街道级体育公园。

【富阳教育设施布局专项规划】 2015年，为优化各级各类学校总体布局，进一步改善教学设施设备，提升教师素养，使教育的均衡性和公平性得到充分体现，并全面融入杭州主城区，并根据适度超前原则、可持续发展原则、统筹发展原则、因地制宜原则和规模办学原则，制定《富阳教育设施布局专项规划》。

规划将富阳区域范围划分为重点区、次重点区和一般区域。其中，重点区主要对现有中、小学的布点进行整合、改(扩)建、新建，使其达到合理的平衡的布局；次重点区主要任务是完善教育设施的配套，提高教学质量，缩小城乡差距；一般区域主要以提高教学质量，规模办学为重点，整合规模小的学校，高标准作好教育设施的配套工作。

【富阳区胥口镇总体规划】 由于胥口生物医药产业园区的规划及胥口镇新型城镇化发展的需要，胥口镇委托杭州市城市规划设计研究院编制了《富阳区胥口镇总体规划(2013—2030)》。

该总体规划对胥口镇存在的问题及面临的挑战作了分析，在此基础上提出了“构建胥口可持续发展格局为重点，以生物医药产业为龙头，以多样化农业为基础，以休闲旅游为特色，将胥口建设成为生态环境良好、产业经济繁荣、景观风貌独特，城镇个性鲜明，基础设施完善、生活质量高尚的小城镇”的城镇发展目标和规划编制思路，对胥口的产业发展、05省道和胥高线线形优化、供电供水等基础设施配套、商业等配套设施布局、城镇发展空间统筹等内容作了研究和规划，明确了胥口下一步发展的思路和方向。

【富阳区常安镇总体规划】 常安镇总体规划从2014年初开始编制。常安镇总体定位为富阳市东南部美丽山乡、田园小镇。城镇职能为富阳区生态农业基地、休闲旅游基地、养生度假基地。城镇总体布局形成“一带两轴六区多点”的规划结构，镇域整体形成北城、南湖、西田、东山的景观格局。规划近期(2020年)、远期(2030年)镇域总人口规模分别为2万人、2.50万人，城镇人口规模分别为0.90万人、1.25万人，近、远期城镇建设用地规模分别为1.19平方千米、1.50平方千米。

【美丽乡村建设规划】 以“兼田园之美、具城市之利”理念，以打造“望得见山、看得到水、记得住乡愁”的美丽乡村升级版为目标，着力推进中心村、精品村、风情小镇、历史文化村落、精品线路和精品区块建设。至2015底，完成了以富春江为主轴，以4条精品线为主线的全区美丽乡村总体规划，完成了32个中心村、30个精品村、4个风情小镇、6个历史文化村、4条精品线路、2个精品区块和所有提升整治村等片区规划编制。

美丽乡村“浙派民居”“杭派民居”建设取得阶段性成果。完成洞桥文村“浙派民居”和场口东梓关、大源望仙村“杭派民居”规划和村居设计工作，并积极协助相关单位推进三个村庄建设。开展新秉贤村、场口青江村、鹿山江滨村、环山诸佳坞村、银湖金竺村等杭派民居村庄规划和村居设计工作。“浙派民居”“杭派民居”村庄规划建设工作深受群众好评和上级领导肯定，2015年浙江省美丽宜居村庄设计现场会在富阳召开。

举办富阳农村住宅设计通用图集比赛，优秀作品充实富阳农村住宅设计图库。印制《富阳市农村住宅设计通用图集》2000册，免费发放到各乡镇(街道)，指导富阳新农村建设。积极推进东梓关设计小镇，胥口药谷小镇打造。村庄规划编制指导意见办法得到住建部、省建设厅充分肯定，并被省住建厅组织起草的《村庄规划编制导则》采纳。

【村镇规划荣誉】《渌渚镇总体规划》《洞桥镇美丽乡村总体规划》获2015年度杭州市优秀城乡规划二等奖和三等奖，《富阳区洞桥镇查口村村庄规划》获2015年度浙江省优秀城乡规划三等奖。

(陆晓宏)

·城市有机更新和市政共用事业·

【概况】 2015年，完成鹿山大道、春秋北路等路面的维修，全年日常养护维修沥青路面71000平方米。完成文教路、体育场路、孙权路等人行道改造维修，全年共维修人行道13000平方米。完成城区12个区块，计263万平方米的绿化养护工作。开展市政、园林绿化在建工程质量安全大检查5次。完成外地进富市政、绿化企业年度复核。开展燃气安全大检查5次，完成燃气经营许可证有效性验证工作，及从业人员上岗培训。完成市政附属设施验收99项，排水许可现场踏勘141项，挖掘城市道路现场踏勘7项。

【城市治理】 富阳区委区政府下发《关于成立富阳区“标杆三学”活动领导小组的通知》(富委办〔2015〕26号)，成立区一级“标杆三学”领导小组，下设“城市治理学河西(天津)”工作组，由区委吴玉凤副书记担任组长，办公室设在住建局，具体由住建局牵头。印发《关于深入推进城市治理加快融入杭州主城区的实施意见》（富标杆三学办〔2015〕1号），形成2015年度重点任务分解表，涵盖70项工作任务，明确牵头领导和责任单位。完善规划编制，强化治脏、治废、治堵、治差、治乱、治气六大治理，建设精品线路，理顺机制体制，构建智慧城市，注重基层治理，提升文明素质。报道相关信息、文章120篇，拍摄三部专题宣传片，在富阳电视台滚动播放。利用手机APP“爱尚富阳”进行民意测验和调查，征求群众对城市治理的意见建议。据调查，有43.65%的受访市民表示富阳区正在开展的城市治理明显改善了其日常生活；有34.52%的受访民众认为通过城市治理富阳区的城区功能和市容市貌有明显改善；有55.21%的受访民众认为有一定改善。联合区纪委和富阳电视台开展城市治理电视问政工作，8个单位负责人上台问政，相关问题得到及时反馈。

【背街小巷整治】 完成四个区块的背街小巷整治，整治面积200000平方米。其中，秋月社区彩虹桥区块人行道及路面挖除3400平方米，浇筑混凝土基础3320平方米，荷兰砖铺设1970平方米，平侧石铺设1570米，雨污管道埋设395米，绿化提升1000平方米。春晖社区迎春路区块旧人行道挖除600平方米，荷兰砖铺设9500平方米，侧石更换4000米，花岗石安装4400米，绿化提升13000平方米，雨污管道埋设4900米，在该区块引入“文创窨井盖”等有关设计，增添了当地的文化气息和动漫趣味。鹿山社区富源弄区块路面开挖17800平方米，管道埋设4030米，砌筑窨井1080座，清理化粪池48座，铺设荷兰砖4000平方米。鹳山社区邮舍弄区块完成外立面真石漆修复9000平方米，屋顶漏水修补1500平方米，做好管线整理。

【城区河道治理】 完成城区河道截污纳管主体工程，建设一体化提升泵站25座，远程控制系统26套，对城区134个雨污合流排放口进行截流，完成区委区政府提出的“晴天零排放”要求，城区河道水质从劣5类提升到3类。

【停车泊位建设】 全年共完成新增公共停车位1180个。其中，结合背街小巷整治和社区整治增加240个，利用闲置土地开发增加540个，人行道改造增加90个，利用封闭小区停车泊位改造和老小区改造增加260个，建设立体车库增加50个。

【“三改一拆”】 根据上级机构改革要求，完成“三改一拆”办、督违办、“无违建”创建办的“三办合一”。在住建局的牵头组织下，结合“两路两侧”“四边三化”工作开展，全区完成旧住宅区改造44.99万平方米，为全年任务的264.65%；旧厂区改造28.44万平方米，为全年任务的183.48%；城中村改造50.07万平方米，为全年任务的111.27%。拆违213.59万平方米，为全年任务的177.99%。

在“三改一拆”“无违建”创建、“两路两侧”“四边三化”工作开展中，重视古建筑、古民居、古村落的保护和修复，保留乡村建筑原有文化传承和自然风貌。全区乱搭乱建、未批先建、占用耕地等违法现象得到遏制，企业、村民依法审批、依规建房、美化洁化的意识得到强化，相互监督机制得到完善。

·建筑业·

【概况】 全区建筑业总产值达184亿元，税收5.30亿元；建筑业从业人员约7万人。获得杭州市西湖杯优质工程2项，钱江杯优质工程1项，杭州市建设工程安全生产文明施工样板工地8项。评选出2015年度富阳区建设工程安全生产文明施工样板工地9项。全年共完成建设工程项目交易540项，面积314.78万平方米，金额60.26亿元。开展安全生产、打非治违、商品混凝土生产、预拌砂浆推广等专项大检查。对122家外地企业进行了年度诚信复核，清退建筑施工企业17家、监理企业8家、劳务分包企业1家。处理施工影响周边和农民工工资纠纷等信访。

【建筑工地扬尘治理】 按工地路面100%硬化，出工地车辆100%净车出场，工地周边100%围挡，外架密目网100%封闭，工地内道路100%清扫，裸露土堆100%覆盖要求做好建筑工地扬尘治理。开展建筑工地扬尘治理巡查，共检查建筑工地150项／次，对8家施工企业进行通报批评，要求全区在20000立方米土方量以上的新开工工地安装自动冲洗装置，推广工地雾炮机及塔吊喷淋设备。

【“7·27”事故处理】 7月27日，市心北路10-2号楼倒塌，造成两人轻伤及财产损失，被中央电视台等媒体曝光。根据区委区政府安排，区住建局和区安监局牵头调查，通过笔录、勘查、鉴定，组织调查组成员开会，完成调查报告，送区政府审批。开展危房排查，共登记房屋2663幢，计建筑面积713万平方米、住宅总套数65849套。鉴定富阳区243幢丙类房屋中有C、D级危房140幢，其中C级69幢75014平方米，D级71幢28162平方米，共涉及住户717户。

【工程质量治理两年行动】 督促企业签订工程质量责任终身承诺书，在工地设置工程质量终身责任铭牌，抓“三包一靠一违”（违法发包、违法分包、违法转包、挂靠和参与无施工许可证工程的施工）。召开动员大会、推进会议及培训班，开展专项检查，公布工作方案，督促企业开展自查，上报治理数据。对青少年宫工地违法分包情况进行立案调查和行政处罚。

【完善市场与现场联动制度】 为加强对企业市场行为和施工现场的监管，规范建筑业市场主体及从业人员行为，增加质量安全监督站通报表扬加0.01分的条款。共发出市场与现场联动通报10期，表扬施工企业87家/次，监理企业58家/次。批评施工企业43家/次，监理企业33家/次。

【外地企业年度检查】 对122家外地企业进行了年度诚信复核，清退建筑施工企业17家、监理企业8家、劳务分包企业1家、建筑起重机械安拆企业1家。开展企业资质动态检查，利用信用网加强建造师调动管理。通过企业资质条件检查三级企业2家、造价咨询企业1家。延续设计、施工、监理企业15家。

·房地产业·

【概况】 完成房地产开发固定资产投资97.02亿元，同比增长1.20%。2015年，全区新建商品房共签约5612套，同比增长30.80%；销售面积65.51万平方米，同比增长32%；销售金额78.44亿元，同比增长35.50%；销售均价11974元/平方米，同比上涨2.70%；房屋施工面积415.77万平方米，同比增长16.50%。举办第十三届房地产展示交易会。办理房屋产权登记78575件，缴存物业专项维修资金5626.77万元，累计本金5.02亿元。

【房地产去库存政策】 12月8日，出台《富阳区促进房地产市场健康稳定发展实施意见》，从落实购房补贴优惠，人才引进购房补贴、规费减免、优化金融服务等方面促进房地产市场健康发展。中央二台、钱江频道、杭州电视台等媒体对富阳区房产新政进行报道。

【商品房预售资金监管】 对在建开发项目全面实行商品房预售资金监管，要求被监管项目每月15日前报送上个月的建设工程形象进度表、项目预售清单表、监管银行出具的预售资金收缴支出对账单、预（销）售汇总表。8月，会同人民银行富阳支行抽查房地产开发企业预售资金使用情况。9月，会同人民银行召集房产企业、监管银行、监理单位集体约谈，发出书面整改通知书，确保预售商品房所得款项用于工程建设。

【中介行业监管】 加强对房地产中介机构违规代理无证房源、代理经济适用住房出租、不依法进行备案行为的监管。完成房地产经纪机构年检67家。开展中介机构检查“百日行动”，对10家存在问题的经纪机构发出整改通知。

【白蚁防治】 全年完成新建房屋白蚁预防施工合同107份，预防施工面积429万余平方米，完成房屋建筑白蚁预防工程竣工验收135项。接待蚁情来电来访183次，全部实现防治处理。对有白蚁危害的低保户、残疾户进行免费治理5户。对城区东吴公园、鹳山公园、镬子山公园绿化的白蚁危害进行复查和全面治理。对区龙门古镇面积约0.93平方千米的古建筑及农户进行白蚁危害的复查和治理，基本达到了控制蚁害的目标和要求。对完工5年以上的工程建设单位，进行白蚁预防的上门回访和复查，共回访单位413家。

【住房改革和保障】 完成第七期经济适用住房交付工作，第七期经济适用住房位于富春街道香槟路，建有房源368套，共有365户准入家庭选购住房。第八期经济适用住房与第三期公共租赁住房竣工，完成销售。做好富阳区首期公共租赁住房申请受理和廉租住房实物配租家庭年审工作。有109户家庭符合廉租住房实物配租准入资格，69户家庭不符合准入标准。

【公职人员物业费自查自清】 为破解物业收费难、服务水平低等突出问题，6月会同区委直属机关工作委员会和区精神文明建设委员会办公室等部门联合下发文件，开展全区公职人员物业费缴纳情况自查自清活动。经活动开展，有50名公职人员补交物业费，共计补交物业费20万元。

【村镇建设】 渌渚莲桥村和永昌唐昌村通过省级美丽宜居示范村验收，新申报湖源窈口村和环山诸佳坞村为省级美丽宜居示范村。完成22个乡镇街道，1800名村镇工匠的年检换证和400名村镇建筑工匠的继续教育。全年完成农村住房改造3133户，面积93.18万平方米，投资7.70亿元。完成农村困难家庭住房救助202户，补助资金873.08万元，其中区级财政582.06万元(含中央、省补助)，乡镇配套291.02万元。（孙　鹏）

·城市管理·

【国家卫生城市复评】 3月，根据区政府要求，对照2014版《国家卫生城市标准》，梳理国卫复评迎检要求，依照职责配合制定全区创建工作实施方案，细化分解市容环境专项组各成员单位工作任务，迎接卫生城市复评工作验收。4月，牵头召开市容环境专项组18家成员单位工作会议，明确一期分解任务共2121条。同月，召开局复评迎检工作动员会，布置国家卫生城市复评迎检相关工作。5月起，加大执法力度，增加巡查力量，建立日常巡查检查、序化专项督查、数字城管交办、重点投诉督办等相结合的工作机制，城区开展城区市容环境各类乱象清查整治行动。6月，明确市容环境专项组各成员单位二期分解任务共137条。7月，成立局国卫复评督察组，组织开展复查整改工作。9月，抽调全局乡镇中队人员参加白天市容管控与夜间执法，迎接复评。国卫复评期间，完成市容环境专项组一期整改任务2169条，二期整改任务137条；组织大型集中整治25次，小型定点整治89次，劝导教育22000余次，立案查处各类案件876起。

【数字城管】 4月，修改完善《富阳区数字城管工作问责办法》《富阳区2015年度数字城管考核办法》；制定下发《关于调整新登镇数字城管工作领导小组的通知》《关于调整新登镇数字化城市管理部件和事件立案结案规范(修订版)的通知》。5月起，进行数字城管扩面计划，将覆盖范围将向鹿山、东洲、灵桥三个高速入城口和银湖街道入城口延伸，扩面后所有五个街道均纳入网络成员单位。8月，召集全市29家网络成员单位及中心镇业务骨干开展业务培训。全年共组织全区综合业务、核查结案等各类培训6次，累计采集数字城管案卷76580件，解决率100%，及时解决率99.90%，发出及时解决率过低预警5份，综合成绩位列杭州15个区、县(市)前三。

【信息化建设】 3—7月，对全区二十个环卫中转站的监控视频信号进行梳理，将信号接入数字城管平台监控系统。4—10月，对主城区474个泊车位的路面咪表升级芯片进行后续安装维护工作。7月，组织完成“城管通”及“采集器”两类设备的招标工。8月，组织完成“数字城管城市事件和部件管理信息采集”招标工作。12月，完成扩面覆盖范围地理信息数据的编写工作。

【行政许可】 4月，做好省政务服务网数据统计、汇总工作。联合城管科做好城区户外广告专项整治工作的现场探勘、手续补办工作。5月，简化LED显示屏审批流程，审批时限从7日提速至1日。7月，新开发“证件到期告知系统”，对即将到期的审批证件进行事先通知。9月，开展取消渣土处置费宣传告知工作。11月，结合深化权力清单制度改革工作，进一步清理、规范行政审批事项，提高行政审批效率。全年共受理各类审批2499件，事项办结率为100%，同比增长23%。其中，临时占道类721件，广场活动类360件，大型户外广告类92件，临时广告类184件，店招店牌类599件，渣土处置类58件，渣土准运类正本278件，审核车辆778辆，渣土准运类副本180件，审核3577辆/次，消纳场地类27件。

【生活垃圾“三化四分”】 3月，制定《2015年富阳城区推进生活垃圾分类收集处置工作实施方案》《富阳区农村生活垃圾减量化资源化处理工作实施方案》。5月，组织召开社区动员会议，明确垃圾房改造、垃圾桶摆放、低价值可回收点设置、厨余垃圾设备采购及摆放等相关工作事宜。6—8月，推行部分小区放置废旧衣物回收桶（熊猫桶）累计放置废旧衣物回收桶98个。7—12月，城区22个社区的22台低价值可回收物、有害垃圾智能回收平台建设基本完成。10月，开展富春七小餐厨垃圾、农贸市场生鲜垃圾就地处理试点工作。12月，完示范小区、星级小区评选工作。全年城区新增生活垃圾分类小区26个，拆除垃圾房9只，封闭垃圾房37只，新建生活垃圾分类示范亭6个，发放四分类垃圾桶共计919只，回收废旧衣物38.08吨，低价值可回收物6.07吨，有害垃圾0.81吨。（减量化、资源化、无害化，分类投放、分类收运、分类利用、分类处置）

【两违防控】 1—3月，配合区督违办修订和完善2015年度全区“两违”防控相关制度、考核细则。4—10月，集中开展以城区“私搭乱建”为主要内容的违法建筑专项整治行动，调查摸底登记信息2830件，面积55596平方米，组织拆除国有土地上违法建筑（构筑）物164处，13608.80平方米，拆除广告牌453处，5065.40平方米。7—8月，开展全区已认定登记危房（C级、D级）涉违情况集中大排查行动。9月，组织开展杭州市“违建处置信息平台”操作业务培训。全年组织强拆帮拆1148次，面积3.32万平方米（含大型户外广告），出动人员3165人次；配合乡镇（街道）组织拆除65次，出动人员769人次；配合区级重大工程项目推进执法保障工作4次，出动人员320人次，直接受理来电、来访186件，巡查发现违建信息980件，抄送乡镇（街道）588件，移交区督违办重点案件296件。

【城管服务】 3月，修改完善《全区文明卫生社区共建考核办法》《全区乡镇（街道）综合执法工作考核办法》，《富阳区城市管理局城管进社区考核细则》《富阳区城市管理局乡镇中队“集镇管理”工作考核细则》。同月，制定《富阳区“门前新三包”工作实施方案》。5月，城区各中队成立志愿者队伍。7月起，城区桂花路、孙权路等18条道路实施“新门前三包”。12月，组织开展“门前新三包”问卷调查活动。全年指导参与社区主题活动312次，组织开展志愿服务活动70余次，开展“门前新三包”调查整改行动84次，发现整改问题361处，评选笑脸上墙单位21家，流动红旗单位3家。

·行政执法·

【概况】 2015年，全局共组织各类整治行动近400余次，累计参加数5500余人（次），教育纠正各类违法（章）行为7万余次；办结各类行政许可2499件；办理行政处罚案件14284起，其中一般程序案件1652件，人行道违停案件12632起；全年组织强拆帮拆国有土地违章搭建1148次，面积3.32万平方米。受理各类群众投诉5966件，其中受理区长公开电话交办864件，“96310”受理投诉件5102件；完成数字城管案卷76580件，问题解决率100%，及时解决率99.90%，杭州地区考核排名名列前三；承办人大议案、政协提案23件，收到社会评价意见39条。

【执法提升】 4月，组织开展新“行政诉讼法”知识竞赛活动，举办新“行政诉讼法”讲座。同月，起草《违法建设的处罚参照标准（草稿）》。5月，组织学习《城管执法难点问题处置典型案例汇编》。同月，组织学习区法学会编写《行政诉讼案例选编》一书。7月，开展行政处罚结果信息网上公开录入工作。8月，参加城管委组织的“培训课件比武活动”。同月，参加区法制办全区案件评查工作。12月，组织开展全局执法人员业务考试。

【城市治理工程】 强化杭富交界周边乡镇外来渣土蹲点值守力度，完善应急机制，实行通宵监管，实施联动协作，先后在富阳城区、银湖街道、东洲街道、大源镇、灵桥镇、场口镇开展渣土整治集中行动，全年共办理渣土类违法案件(包括抛洒滴漏)226件，罚款118万元。强化对一般道路、背街小巷的人行道违停治理力度全年查处人行道违停案件16248起，其中首次教育4311起。开展机动车占道贩卖、车行道散发小广告治理行动30次，查处违法、违规行为681起，其中专项查处无证摊点508处，查扣经营工具709件。开展“城区私搭乱建违法建筑专项整治”调查摸底行动，登记信息2830件，组织强拆帮拆1148次，面积3.32万平方米。开展犬类治理20次，办证420件，收容无证流浪犬132只。开展城区道路广告、郊区杆类广告、低俗医疗广告、沿路工地围挡广告等专项整治行动，清查广告管理档案，完善广告数据资料库734条，拆除广告1570块，面积7734平方米。开展夏季夜宵摊点专项整治，秋季“回头看”复查治理，共查处无证烧烤摊点550处，查扣经营工具804件。

按照“七无”标准(无出店经营、无乱摆摊设点占道经营、无乱贴乱画、无违规促销、无违规搭建、无路面污染、无损坏城市公共设施和临街建筑立面)，完成七个严管街区打造工作，城区金桥南、北路等共18条道路实施“新门前三包”，确定专职管理员34名，兼职管理员625名，街长18名，涉及店家总数2424家，承诺书签订率2424家，签订率100%。

根据城市治理范围，拟定富春街道22个社区及鹿山新区为主城区保洁范围，拟定社区、敞开式公园绿地的接管方案；按照环卫行业标准化管理工作的要求，落实每日清洗沿街果壳箱、垃圾房制度，全力做好二次清运，做到重点区域垃圾不满溢。

以三个入城口和主城区为数字城管扩面范围，完成前期调研工作；以住建局“数字富阳”地图作为基础底图，按照平台系统的数据要求与杭州市数字城管做好对接，完成扩面后覆盖范围道路长度测算及所需采集经费及人员数量测算。

组织社区志愿活动16次，参与社区洁化、美化、绿化工作。参加七个社区组织的“暖侨敬老 孝亲爱残”活动和后亭子社区志愿服务“富春微笑亭”服务。

【户外广告管理】 1月，制定《户外广告专项整治工作方案》，明确相关整治工作要求。6—12月，对城区40多条主要、次要道路组织开展“一个中队一个月整治一条路(街)”的户外广告管理“三个一”整治行动。7—8月，开展杭新景高速、320国道等9条道路沿线户外广告专项整治工作。9—10月，开展道路两侧路灯杆、电线杆违规广告、指示牌“清杆”专项整治行动。12月，开展低俗医疗广告专项整治行动。全年踏勘、审核大型户外广告90件，拆除违法横幅、灯箱、广告5749处，拆除广告面积7803.29平方米。

拆除违法大型广告　（区城管执法局　供稿）

【工程渣土管理】 4月，开展沿路沿线渣土堆积点清查行动。5-7月，开展全区渣土夜间专项整治行动。9月，取消工程渣土处置行政许可中的渣土处置收费。全年共踏勘建筑工地61处，审核渣土准运类正本278件，车辆778辆/次，审核渣土准运类副本180件，车辆3577辆/次。登记备案消纳场地27处，累计能消纳渣土360多万立方米。查处建筑渣土、装修垃圾类案件210件。

（章　强）

【责任编辑　赵慧雯】

环境保护

·综述·

【概况】 2015年，富阳环保工作围绕“建设新城区、实现新发展，描绘富春山居新画卷”的发展目标，践行“绿水青山就是金山银山”的发展理念，秉承“宣传引领、服务为先、执法推进”的工作方针，着重做好生态建设、执法监管、污染减排、行业整治、“五水共治”“五气共治”和宣传教育等重点工作，全面完成治气、治水、治废等年度任务，区域环境质量稳中有升。

2015年，富阳区空气优良天数(AQI)302天，优良率82.70%，较2014年72.30%上升10.40个百分点；PM2.5日均浓度50微克/立方米，同比下降19.40%；雾霾天数39天(常年平均数43.20天)，相比2014年减少79天。按照新《环境空气质量标准》(GB3095—2012)进行评价，全年大气主要污染物年平均值二氧化硫0.015毫克/立方米、二氧化氮0.035毫克/立方米、臭氧0.069毫克/立方米、可吸入颗粒物(PM10)0.092毫克/立方米、细颗粒物(PM2.5)0.050毫克/立方米。二氧化硫、二氧化氮均低于环境空气质量标准的二级标准年平均浓度限值。可吸入颗粒物(PM10)、细颗粒物(PM2.5)高于环境空气质量标准的二级标准年平均浓度限值。

2015年，富春江干流水质稳定保持Ⅱ类，出境断面水质省级考核全年“优秀”，为近十年来首次。全区6个集中式饮用水源水质全年达标率100%。12个地表水断面均值达到相应的功能区要求。其中，II类水体5个，III类水体7个。全区41个考核点位中，I～III类水质断面28个，占68.20%；IV类4个，占9.80%；V类或劣V类9个，占22%。同年5月份起，全区286条河道委托第三方监测，实现了区域河道监测全覆盖，劣V断面数量从5月的38个下降到12月的11个，Ⅰ至Ⅲ类断面从5月的56%上升到12月的85.50%。

2015年，区域环境噪声平均等效声级为54.10dB(A)，比2014年53.80dB(A)略高，低于GB3096—2008标准中Ⅱ类标准[昼间噪声60dB(A)]。全区道路交通噪声路长加权平均等效声级为64.30dB(A)，低于国家推荐控制值70dB(A)，与2014年基本持平。

2015年拍摄的富春江干流水质情况　　（区环保局　供稿）

·污染控制·

【污染减排】“十二五”期间，共实施减排项目251个。其中，工程减排项目19个，结构减排项目171个，监管减排项目20个，农业减排项目41个。2015年，总实施减排项目97个，包括涉水项目71个，涉气项目26个，投资1.50亿元。化学需氧量排放量为17092.80吨，比2014年净削减1635.90吨，下降8.73%，“十二五”期间，累计削减6556.60吨，比2010年下降27.70%。氨氮排放量为957.94吨，比2014年净削减162.90吨，下降14.53%，“十二五”期间，累计削减368.30吨，比2010年下降27.80%。二氧化硫排放量为11805.10吨，比2014年净削减6702.90吨，下降36.22%，“十二五”期间累计削减14839.90吨，比2010年下降55.70%。氮氧化物排放量为14007吨，比2014年净削减2922吨，下降17.26%，“十二五”期间累计削减4449吨，比2010年下降24.10%。圆满完成杭州市下达的减排任务。

【污染总量控制】 作为全省19个污染总量控制制度创新示范点之一，2015年，富阳区按照总量制度创新原则，积极推进重点企业总量指标量化管理。全年，收到排污权初始申购企业205家，申购化学需氧量、氨氮、氮氧化物和二氧化硫排放权分别为7287.50吨、432.39吨、3877吨和6614.42吨；完成74家企业建设项目总量调剂工作，27家次企业参与杭州市六期排污权竞价交易竞拍，交易费326.20万元；完成18家企业排污权银行抵押贷款登记工作，抵押金额4.80亿元；完成29家兼并重组造纸技改项目排污权初始交易费奖励工作，共奖励资金9713万元。

【五气共治】 2015年，富阳区环保局按照《富阳市大气污染防治行动计划(2014—2017年)》，出台《富阳区2015年大气污染防治实施计划》，坚持整治高污染燃料锅炉与优化能源结构并举、工艺废气治理与清洁化生产并举、控制车辆污染与建设绿色交通并举、城乡扬尘废气治理与复垦复绿并举，破立结合，城乡统筹，有序推进“五气共治”。

2015年，建成区范围内淘汰燃煤锅炉12台，搬迁3台，煤改气改造10台，基本建成“无燃煤区”；淘汰479台10吨以下燃煤锅炉，下达淘汰补助资金1566万元；完成6家企业9台10蒸吨以上燃煤锅炉清洁化改造主体工程建设和设备安装；关停拆除江南片5家造纸企业自备电厂9台35蒸吨和1台75蒸吨燃煤锅炉；全面启动4家27台65蒸吨以上热电燃煤锅炉的超低排放改造；加大天然气管网等基础设施建设和清洁能源供应，新建天然气管网150千米。完成10家挥发性有机污染物、1家挥发性有机污染物泄漏与修复(LDAR)整治任务；5家水泥企业烟粉尘提标改造，烟粉尘达到特别排放限值；实施清洁生产企业26家，其他强制性清洁生产23家。积极推广新能源汽车，投入5479.70万元，采购环保节能型公交车108辆，包括75辆气电混合动力车、33辆天然气动力车，并全部投入营运。进一步完善步行、自行车交通系统，当年富阳主城区新增公共自行车1000辆，涉及21个网点，完好率90%以上。10月1日起，实施全区域全时段黄标车禁行措施。并淘汰黄标车3150辆，完成率100.41%。全年，富阳区综合利用秸秆20.53万吨，利用率91.08%；创建绿色矿山3家，治理露天矿山粉尘2家；完成造林更新任务656.67公顷，其中人工造林123.33公顷，迹地更新200公顷，无林地封育333.33公顷。

【特色行业整治】 2015年，富阳区环保局对造纸、电镀、印染、化工等重高行业整治进行扫尾，并加快推进区域特色行业整治和污染点源治理。全部完成大源彩钢、上官球拍等区域特色行业整治提升任务，建成上官特色工业功能区。有序推进万市石灰窑和何家煤矿危险废液治理、上官油漆渣处置及常安七一煤矿治理。全年，52家彩钢企业关停淘汰9家，整治提升43家；58家球拍企业关停淘汰7家，整治提升49家，搬迁入园2家。关停拆除万市6家石灰窑，实现了万市镇辖区内石灰窑“零存量”。

【固废及辐射源处置】 2015年，富阳区环保局对危废经营单位、固体废物进口单位、危废固废重点产生单位加强监管，确保危废、固废产生清晰、贮存安全、处置规范。共办理进口废纸企业45家次、进口废塑料企业10家次，进口量分别为470.70万吨和20.40万吨。配合城市治理，按照“点对点处置、市场化运行、全过程监管”模式，继续开展废塑料整治工作，基本实现“产生清晰、运输清晰、处置清晰、责任清晰”目标，10个废塑料集中处置点通过“三同时”验收，14个废塑料集中处置点与造纸企业签订点对点处置协议。按照省、市要求，对污泥处置单位、集中式污水处理厂和污泥排放量在前几位的造纸企业共9家开展污泥刷卡转移试点工作。规范辐射监管、监督性监测等工作，共收贮或暂存13家单位17枚放射源，另有5家单位停产、破产、重组。完成江北水厂取水口上下游各10千米、纵深各10千米范围内，共68家放射源单位饮用水源放射性水平调查。

·生态区建设·

【五水共治】 2015年，制定《杭州市富阳区“五水共治”2015年工作计划》，确定治水项目78个，落实财政项目资金32亿元。年中增加城区截污纳管等项目。全年总投入35亿元左右。其中，治污水25.20亿元，排涝水、防洪水7.40亿元，保供水、抓节水2.30亿元。结合富阳实际，进一步完善《杭州市富阳区“五水共治”工作制度》，专门出台《进一步加强“河长制”工作的通知》和《关于进一步推进河长履职常态化和信息化系统使用管理的通知》，明确河长工作职责，积极推广APP管理系统。“清三河”工作稳步推进，完成黑臭河整治2条，乡镇级劣V类断面稳定在10个以下。城区“污水零直排区”建设全面开启，建成污水管网15千米，城市污水处理厂四期12月土建开工，新登污水处理厂二期7月开工建设。启动3个排涝站建设，完成山塘水库除险加固28座、堤防加固10.20千米，中小河流治理10千米。完成管网清疏168.70千米，整治积水点4处，新增应急排涝设备2500立方米/小时。完成、改造供水管网30千米，新增农村饮用水受益人口7900人。完成“一户一表”改造1773户，开展节水小区创建3个。完成节水灌溉面积建设193.33公顷。

2015年，富阳区“五水共治”工作，被浙江省委、省政府授予全省治水最高荣誉——“大禹鼎”。

【创建成为国家级生态区】 自2003年富阳区正式启动国家级生态区创建以来，历经13年，至2015年，全区24个乡镇（街道）全部创建成为杭州市级以上生态乡镇（街道）。其中，国家级生态乡镇（街道）20个。2015年，是创建工作的最后验收阶段富阳区根据国家环保部生态司《关于浙江省富阳市国家级生态市建设工作技术评估整改意见的函》中提出的11条技术资料补充完善意见、3条生态环境保护整改意见和3条工作建议，分解落实整改任务，收集整改资料；完成整改工作支撑材料和台账的收集，生态区创建工作报告、技术报告、整改报告及相关指标报告等技术材料的编写，以及宣传画册、宣传片的制作。6月24-26日，富阳区接受了国家环保部考核组的严格考核，并顺利通过了国家级生态区创建验收。

【生态区划编制】 经过基础资料调研、区域环境状况综合评价，以及和其他重要规划衔接对接后，1月，初步完成《杭州市富阳区环境功能区划》，将富阳全区国土空间划分6类区块32个小区，明确每一块国土面积的功能定位和管控措施，合理布局生产、生活和生态空间。2月至10月，分别以书面和会议等形式征求意见，通过专家评审、技术审查及区政府常务会议讨论。10月，完成最终修改，并通过区人大审议，上报省人民政府。开展“十三五”环保规划编制工作，5月，完成规划大纲的编制，并召开部门工作会议，征求修改意见，部署资料收集任务。11月，多次实地调研和资料收集，梳理出富阳区“十三五”重点环境问题和重点工程，明确指标体系，完成初稿。

【“四边三化”专项行动】 2015年，根据省、市工作要求，编制《富阳区深化“四边三化”行动方案》《杭新景高速富阳区段深化“洁化、绿化、美化”专项整治行动实施方案（2015年）》，分解落实“四边三化”工作任务。通过行业整治关停拆除、自备电厂停用以及美化等措施，综合整治杭新景高速、320国道沿线可视烟囱94支，完成春江街道岸线生态修复建设工程和东洲三家船企整改工作。

【“绿色单位”创建】 2015年，大源中学、东洲中学、东洲中心小学、胥口镇中心小学成功创建为杭州市第九批绿色学校。新登镇贤明小学、灵桥镇中心幼儿园被评为区级绿色学校。杭州富伦生态科技有限公司成功创建为第五批浙江省生态文明教育基地。创建绿色矿山3家、杭州市生态村173个。

·环境管理·

【探索乡镇(街道)环境质量报告制度】 2015年，为解决生态环境保护责任落实“最后一千米”难题，富阳区根据新环保法“地方各级政府应该对本行政区域的环境质量负责”及中共中央办公厅、国务院办公厅印发的《党政领导干部生态环境损害责任追究办法(试行)》“地方各级党委和政府对本地区生态环境和资源保护负总责，党委和政府主要领导成员承担主要责任，其他有关领导成员在职责范围内承担相应责任”等规定，结合实际，率先在全省探索推行乡镇(街道)环境质量报告制度。该制度通过进一步发挥乡镇(街道)、村企(社区)的基层工作优势，构建环境小问题不出村、一般问题不出镇(街)的环保生态建设责任体系，实现在不增加机构、人员、资金等基础上，夯实基层环境管理基础。至年底，有11个乡镇(街道)以召开生态环境质量报告会的形式向所在辖区社会各界通报了2015年度区域生态环境质量，参会社会各界代表891人，征集到意见建议290余条。

【环保审批】 2015年，富阳区环保局以便民高效为出发点和落脚点，把严格依法行政与提高服务质量有机地融为一体，全面提升提速行政服务水平。全年共办理排污许可证216个，审批项目785个。其中报告书32个、报告表379个、登记表158个、排污许可证216个。坚持推行“三比一争”，即“比服务态度、比办事效率、比工作纪律、争红旗窗口”活动，环保窗口效能指数排名有了较大提升，全年共有10人次获得“月度服务明星”称号。积极推进行政审批制度改革，在省环保厅和杭州市环保局的指导下，做好工业企业“零土地”技术改造项目审批方式的改革工作，将符合条件的报告表和登记表项目由审批制改为备案制，工作时限为1个工作日。

【环境监测】 2015年，紧紧围绕富阳区环境保护工作的重点任务，以污染总量监测为重点，以地表水和饮用水常规监测为基础，紧密配合建设项目环评和环保设施竣工验收工作，不断加强监测能力建设，积极做好环境污染应急监测。全年共获得水、气、声等监测数据231360个；累计实施在线监控比对监测等5628家，污染源监督监测563家次，委托监测项目975家、监测验收企业178家。

【执法监管】 2015年，富阳区环保局以改善生态环境质量、服务经济社会发展为目标，规范执法行为，完善环境监管。全年累计组织执法人员9000余人次，检查企业8000余家次，累计立案214家，作出行政处罚决定书206件，处罚金额734万元；下达停产整治决定2家，实施查封6件、扣押3件；移送公安13件，其中涉嫌环境犯罪类案件8件，采取刑事强制措施13人，行政拘留类案件5件，行政拘留3人。共梳理出“违法违规”建设项目1452个，至12月，清理1051个，完成率72.38%，提前完成上级环保部门下达的年度目标任务。对全区306家企业2014年度环境行为信用等级进行分类。其中，绿色企业7家，蓝色企业187家，黄色企业86家，红色企业21家，黑色企业5家。新增环境污染责任保险投保企业20家，累计达55家企业，投保保费5500万元。7月，成功发放杭州地区首笔环污险理赔款，赔付金额5万元。共受理各类环境信访2961件次，较去年同期下降56.70%，受理率、办结率均为100%。接待群众来访67批111人次，较上年同期分别下降23%和37%。实施有奖举报4个，全年未发生重大环境应急事故、因环境应急事故引发的次生污染事件，连续5年实现信访维稳“三无”上访目标。

【宣传教育】 2015年，富阳区环保类信息在《人民日报》《浙江日报》《中国环境报》《杭州日报》《富阳日报》等报道200余篇近20个专版；在区委区政府信息排名中列区级机关第2位，共有3篇政务信息获省市领导批示肯定。以“6·5”世界环境日和“6·30”浙江生态日为契机，成功举办环保文艺演出、环保科普宣传、环保知识进课堂进社区等活动，共发放楼道标志、宣传画册等环保宣传材料近10万份。

(王　昕)

【责任编辑　赵雪红】

国土资源管理

·综述·

【概况】 2015年，富阳区国土资源工作以"适应新常态、建设新城区、实现新发展"为目标，以"工作落实年"活动为主线，着力抓好存量建设用地盘活力度、不动产统一登记、重点项目征地拆迁"清零"暨回迁安置"清零"、垦造水田、审批权力下放、农村土地民主管理试点等重点工作。

全年，国土富阳分局开展永久基本农田和永久基本农田示范区划定工作，落实耕地保护共同责任；推进资源要素市场化配置改革，提高土地节约集约利用水平；建立储备中心"一个口子收储、一个口子做地、一个口子招商"做地新机制，理顺做地机制；以"健全制度，精简审批，优化流程"为主抓点，深化行政审批制度改革，实现办件"零"投诉；开展闲置低效土地处置"百日攻坚""三改一拆""无违建创建""两路两侧"、"四边三化"、打击盗采盗挖矿产资源、"规范宅基地管理，破解农民建房难"等专项整治行动，解决群众关心的热点难点问题。

2015年，国土富阳分局开展的农村土地民主管理试点工作、快速反应处置执中亭村山体边坡崩塌事件均先后得到了浙江省委常委、杭州市委书记赵一德，浙江省副省长黄旭明，浙江省国土资源厅党组书记、厅长陈铁雄，杭州市副市长戚哮虎等领导的肯定批示，并在全省作经验交流。国土富阳分局获得杭州市国土资源系统2015年度综合考评先进单位称号，成为杭州地区唯一一个连续6年获此殊荣的区(市、县)局。

【行政审批制度改革】 2015年，国土富阳分局深入推进行政审批制度改革。取消了失地农民保险审核手续和地质灾害危险性评估报告备案制度；减少了群众办事审核环节3项；精简了农居点用地审核、土地证名称变更的股东决议等申报材料；制定"月度案卷评查"制度，对在行政服务中心设立办事窗口的各科室每月定期组织开展业务检查、案卷评查工作；建立"审批事项集体会审"制度，对历史遗留问题进行集体会审，并提出处置意见。全年召开行政审批会议10次，处理疑难历史问题30余件，办理各类事项共计16789件，提前办结率为90%，办件实现"零"投诉，行政中心国土窗口6次评为月度服务明星窗口。

【规范农村宅基地管理】 为进一步加强和规范农村宅基地管理，切实破解当前农民建房难问题，优化农村人居环境，推进美丽乡村建设。自2013年开始，浙江省国土资源厅在全省开展"规范宅基地管理，破解农民建房难"专项行动，力争通过3～5年时间基本解决全省农村无房户、危房户建房用地问题，使农民合法居住权得到有效保障。2015年，国土富阳分局继续深入开展全区"规范宅基地管理，破解农民建房难"专项行动，共计安排农村建房指标40.50公顷，重点保障无房户、危房户建房需求。其中无房户749户，危房户1240户。办理农村村民建房审批手续1945户，确权登记3959户。

【国土资源法律法规宣教】 2015年，组织开展"4·22"世界地球日、"6·25"全国土地日等主题宣传活动4次；开展地质灾害防治、依法行政等业务知识培训13次，参加人员共计1667人(次)；开通"富阳国土"政务微博、微信，发送原创微信微博260余条。全年，国土富阳分局被各级各类刊物录用信息161篇；撰写调研文章9篇，其中由黄益明撰写的《关于加强国土资源执法监察工作的思考——以浙江省杭州市富阳区为例》调研文章获全区领导干部优秀调研文章三等奖；编发局内部刊物《富阳国土资源动态》23期；编印国土资源宣传册1.50万册；编制《行政处罚案卷审核通报》12期。

·土地管理·

【土地供应出让】 2015年，国土富阳分局理顺储备做地机制，建立储备中心“一个口子收储、一个口子做地、一个口子招商”的做地新机制。全年共办理具体建设项目供地233宗，供地总面积338.71公顷。其中公开出让土地49宗、面积167.74公顷，总成交额31.52亿元；协议出让6宗、面积29.13公顷；划拨25宗、面积32.23公顷；集体使用152宗、面积25.96公顷；单独选址项目1宗，面积83.65公顷。出让金成交总额391508万元。其中，经营性用地公开出让成交总额339790万元，工业用地公开出让成交总额29352万元，协议出让成交总额22366万元。收储土地8宗，面积33.30公顷。

【土地规划】 2015年，国土富阳分局完善土地规划中期调整，通过摸底调查、征求意见、召开听证会等程序，报请区政府常务会议同意以及区人大审议通过，新增用地空间3066.67公顷，基本能够满足五年用地空间需求。推进县乡两级规划编制，完成全年土地规划调整完善工作，共审批完成规划调整方案8个，总调面积123.09公顷；上报农转用批次18个，盘活批次2个，单选项目批次1个，总项目数129个，新增建设用地总面积180.87公顷，保障了杭黄高铁、京东、大华等重点项目用地需求。

【土地综合整治】 2015年，富阳区土地综合整治兑现“占优补优、占水补水、补改结合”承诺，全年共立项水田项目23个，面积96.33公顷。其中，已施工项目12个，面积51.20公顷。共完成垦造耕地185.60公顷，完成建设用地复垦116.60公顷。其中，农村土地综合整治项目增减挂钩报批7个项目，面积54.67公顷。

【试点土地要素配置改革】 富阳于2014年被列入全省首批24个资源要素市场化配置改革试点扩面县(市、区)之一。2015年，富阳区结合资源要素市场化配置改革试点工作，开展土地要素改革，制订出台了《深化土地要素配置改革实施盘活存量土地专项行动(2015—2017年)》，明确全面清查1999年以来批而未供土地，以切实加快批而未供土地消化利用，计划至2017年累计完成批而未供消化利用533公顷以上，累计盘活指标67公顷；推动已供土地开发建设，计划在2015—2017年三年期间的建设项目按期开工率和闲置土地处置率达到90%以上；推动城镇低效用地再开发建设，计划至2017年累计完成城镇低效用地再开发250公顷以上。全年，全区完成消化批而未供土地348.80公顷，盘活存量建设用地74.47公顷，城镇低效用地再开发127.40公顷。

【土地征收】 2015年，全区加快征地速度，严格执行征地补偿费预缴工作，全年共签订协议征收土地288公顷，收缴征地补偿费2.39亿元，拨付4.08亿

6月17日，杭州市土地整治暨垦造水田工作现场会在富阳召开

（区国土富阳分局　供稿）

元，征地完结率达到98%。简化被征地人员参保手续，并将被征地人员的审查权限下放到属地乡镇（街道），共核拨被征地人员社会保障指标7884名。

【开展“双清”专项行动】 2015年，杭州市政府组织开展重点项目征地拆迁和回迁安置两项“清零”工作（简称“双清”工作），富阳区被首次纳入开展。国土富阳分局通过实施按时统计上报工作进展、对乡镇街道实施量化排名通报、全程跟踪工作推进、及时报道工作进展和典型经验等工作机制，提前完成下达的重点项目征迁“清零”和国有、集体土地回迁安置年度“清零”任务。全年征迁非住宅35家，拆除建筑面积1.74万平方米，完成率100%；农户住宅28户，拆除建筑面积1.03万平方米，完成率100%；完成国有土地回迁安置36套，完成率100%；完成集体土地回迁安置人数9090人，完成率103%。

【消化村级留用地】 实施村级留用地动态管理，全年共消化留用地21.60公顷。提出《关于进一步落实安置土地及完善相关政策，加强村级留用地后续开发扶持力度的建议》，被列为区人大常委会领导重点督办、区政府主要领导牵头办理的重点建议。

【深化农民建房民主自治管理】 农民建房民主自治管理是富阳自2014年以来实施的一项以进一步破解农民“建房难”为目的，通过村规民约、村民自治、民主监督等形式，让村民在依法依规的前提下自觉做好宅基地管理的新的宅基地管理方式。2015年，此项工作在上年试点的基础上进行了两项深化，一是进一步扩大试点面，全区管理试点村由4个行政村扩面至40个行政村；二是进一步规范管理权限，统一由乡镇（街道）负责村级组织审批行为进行监督管理，国土、规划部门负责指导与监督。

【高标准基本农田建设】 高标准基本农田是一定时期内，通过土地整治建设形成的集中连片、设施配套、高产稳产、生态良好、抗灾能力强，与现代农业生产和经营方式相适应的基本农田。2015年，富阳区认定类高标准基本农田建设共1854.47公顷，完成率126%。

【低效用地再开发】 低效用地是指城镇中布局散乱、利用粗放、用途不合理的存量建设用地。符合土地利用总体规划的下列城镇存量建设用地可列入试点范围：国家产业政策规定的禁止类、淘汰类产业用地；不符合安全生产和环保要求的用地。2015年，国土富阳分局展闲置低效土地处置“百日攻坚”专项行动，处置45宗供而未用土地。全年共完成低效用地再开发110.47公顷。

【卫片监测】 2015年，通过卫星摇杆监测方式进行土地变更调查，富阳区共监测到图斑619个，监测土地总面积288.57公顷，其中，涉及耕地172.25公顷。经外业核查汇总，初判实地伪变化图斑278个，面积143.58公顷，耕地79.73公顷；合法用地图斑数186个，面积102.88公顷，耕地61.89公顷；涉嫌违法用地图斑155个，面积42.11公顷，耕地30.63公顷。

【土地违法查处】 全年通过动态巡查和信访举报立案查处土地案件373宗，收缴罚没款966.40万元，发出党纪处分建议书35份，申请法院强制执法85件。通过拆除复耕和补办用地手续后，富阳区上报2014年度土地卫片执法检查数据为：违法用地面积38.20公顷，耕地面积20.56公顷，违法用地耕占比为7.05%。

【设立区不动产统一登记机构】 根据省、市相关工作精神以及富阳区关于《杭州市富阳区人民政府办公室关于做好不动产登记职责调整工作的通知》文件要求，自2014年起，将通过五年过渡期，区住建局的房屋登记职责、区农林局的林地登记职责、区农办的农村土地承包经营权登记职责统一划归国土富阳分局。2015年11月，经富阳区编办批复同意，国土富阳分局内设不动产登记局（富编〔2015〕42号），下设富阳区不动产登记服务中心（富编〔2015〕43号）。区不动产登记服务中心为国土富阳分局所属财政补助公益服务类事业单位（公益一类）。内设机构综合科、业务一科、业务二科、信息科四个科室。核定区不动产登记服务中心事业编制30名（区国土资源服务中心划转事业编制8名、区房地产管理处划转事业编制21名、区森林和野生动植物保护管理总站划转事业编制1名)。核定单位领导1正3副，核定科领导4名。调整后，区国土资源服务中心事业编制11名，区房地产管理处事业编制36名，区森林和野生动植物保护管理总站事业编制20名。

·地矿管理·

【矿产资源整治】 根据《富阳市2013—2015年矿山整治行动方案》要求，全年富阳区关停矿山12家，全区有效期内持证矿山数为21家，其中，砂石土矿11家，石灰石矿4家，铅锌、银、硫铁矿等金属矿产4家，萤石矿1家，矿泉水1家。矿产资源向骨干优势企业集聚，矿山开发规模化、集约化水平不断提高。

【矿产资源开发管理】 2015年，富阳区收缴资源补偿费2406万元、生态治理备用金1281.80万元，新申请设立采矿权5宗。

【采矿权出让】 2015年，富阳区继续推进里山王洲坞石矿、银湖街道坑西大娘坞矿等矿权的设置工作。全年共出让矿山3宗，分别为坞口东夹岭石矿、钱潮水泥石灰石矿、新桐大山顶西段石灰石矿，成交总金额为7.24亿元。

【绿色矿山创建】 至2015年，富阳区共有11个露天生产矿山，其中，富阳山亚南方水泥有限公司大同石灰岩矿等7个已完成绿色矿山创建；富阳宏升建材有限公司江洲村砂岩矿等2个处于创建验收中；富阳市坑西建材厂采矿权于2016年7月到期，不再要求创建绿色矿山；富阳区坞口东夹岭石矿处于基建期，不符合创建条件。

【废弃矿山整治】 2015年，通过建立月报制、督查制和通报制等督促制度，推进雁峨山、杨家煤矿等5个治理工程进度。继续推进“三江两岸”(钱塘江、富春江、新安江两岸)矿山整治行动、“四边三化”(公路边、铁路边、河边、山边，洁化、绿化、美化)矿山整治工作。新启动治理2个(渔山三元矿、晖山石英砂二厂)，全年整治完工2个、交工验收5个、竣工验收5个。

【开展集中打击盗采盗挖矿产资源专项行动】 10月，国土富阳分局制定并由区政府下发《关于开展集中打击盗采盗挖矿产资源专项行动实施方案的通知》，明确用3个月的时间开展打击盗采盗挖矿产资源专项行动，集中时间、集中力量，采取突击行动等措施惩处盗采盗挖矿产资源行为，同时建立长效机制，有效遏制全区盗采盗挖矿产资源情况。在此次专项行动中，国土富阳分局会同公安、安监、农林、水利、交通等部门，共查扣挖掘机等设备30台次，已完成非法采矿处罚案件28宗，没收违法所得181.50万元，罚款36.30万元。

【地质灾害防治】 2015年，国土富阳分局进一步完善地质灾害防治信息系统和群测群防体系，构建区、乡镇(街道)、村、点四级群测群防网络，通过签订地质灾害防治责任书、开展部门联动责任制，督促检查防灾责任和措施的落实，联合相关部门共同做好相关领域的地质灾害防治工作。9个年度地灾计划项目完成7个，农村山居地质灾害调查成果通过专家验收。对冻融期、汛期、台风期发生的97处地灾险情及时开展了应急调查和处置，新登镇昌东村临灾前紧急避让成功1起，全区连续16年实现地质灾害零伤亡。

【地矿信用体系建设】 2015年，富阳区加快推进地矿信用体系建设，区内所有矿山企业纳入信用系统，实现了全区矿山全覆盖，共报送失信信息18条(从2012年1月起)，荣誉信息12条。

(陈双兰　郑冰昕)

【责任编辑　赵雪红】

财政·税务

·财政·

【概况】 2015年，富阳区实现地区生产总值643.50亿元，比上年增长9.30%。其中：第一产业增加值42.20亿元，增长1.90%；第二产业增加值315.40亿元，增长5.70%；第三产业增加值285.90亿元，增长16.20%。三次产业结构由上年的6.6:52.7:40.7调整为6.6:49.0:44.4。按户籍人口计算，人均生产总值96475元，增长8.60%。全区财政总收入91.57亿元，增长0.50%，其中一般公共预算收入54.32亿元，增长3.80%；一般公共预算支出68.96亿元，增长12.40%。全年财政实现收支平衡，略有结余。（全区财政收入情况见表10）

富阳区2015年财政收入执行情况表

表10　　单位：万元

项　目	年度预算	累计收入	上年同期	为上年%	为预算%
财政总收入	915000	915674	911469	100.50	100.10
一、一般公共预算收入	543200	543226	523255	103.80	100.00
（一）税收收入	469200	468603	457577	102.40	99.90
1. 增值税（25%）	81300	81412	86770	93.80	100.10
改征增值税	14800	15184	12259	123.90	102.60
2. 营业税	115000	117092	106280	110.20	101.80
3. 企业所得税（40%）	63000	62356	63867	97.60	99.00
4. 个人所得税（40%）	21600	22465	21014	106.90	104.00
5. 城建税	28500	28419	27400	103.70	99.70
6. 契税和耕地占用税	44500	42368	55028	77.00	95.20
7. 其他地方各税	100500	99307	84959	116.90	98.80
（二）非税收入	74000	74623	65678	113.60	100.80
1. 排污费收入	6000	1429	2992	47.80	23.80
2. 教育附加收入	15000	13761	14070	97.80	91.70
3. 其他专项收入	33000	35357	27253	129.70	107.10
4. 行政性收费收入	3000	4138	4427	93.50	137.90
5. 罚没收入	13000	11228	13348	84.10	86.40
6. 其他收入	7000	11710	6588	177.70	167.30
7. 国有企业计划亏损补贴	-3000	-3000	-3000	100.00	100.00
二、上划中央收入	371800	372448	388214	95.90	100.20
1. 增值税（75%）	243900	244236	260310	93.80	100.10
2. 消费税	1000	980	582	168.40	98.00
3. 企业所得税（60%）	94500	93534	95801	97.60	99.00
4. 个人所得税（60%）	32400	33698	31521	106.90	104.00

【组织财政收入】 优化收入结构。一般公共预算收入占财政总收入比重59.30%，其中税收收入46.86亿元，占一般公共预算收入的86.30%。注重预测分析。完成《富阳区2015年度税源调研分析报告》《富阳区2015年房地产业税收分析及2016年税收预测报告》，确认重点税源监控企业763户，同比增加138户，监控面扩大22%。按照财政预算安排，及时分解和落实全年收入计划。强化征管措施。深化应用风险管理模块，有效堵塞征管漏洞，完成项目风险64条、高危欠税风险68条，补缴地方税费及滞纳金1363万元，压缩高危陈欠和滞纳金122万元。开展风险评估。开展多年未查的税收风险，推送风险1289户次，完成应对1222户次，入库地方税费及滞纳金743万元。营业税专项清理推送风险409条，确认风险企业89户，补缴地方税费及滞纳金1581万元。挖掘税源潜能。深化房产税、土地使用税信息联动，促进数据有效集中和高效应用。利用房产办证信息、国土办证信息，增加房产税、土地使用税税源3223万元，入库房土两税5.07亿元，同比增长13.50%。完善非税征收。进一步深入调查研究、强化票据和绩效管理等，不断提升非税收入科学化、精细化。组织政府非税收入66.80亿元，同比减少0.10%。

【支持经济发展】 建设"硅谷小镇"。主动对接硅谷小镇，专题上门进行财政税收问题调研，听取硅谷小镇负责人项目建设情况介绍，与企业财务人员探讨项目建设过程中存在的税收问题，并商量解决方案。出台扶持政策。参与制定《关于进一步加快电子商务发展的若干意见》等扶持政策，以增强产业政策的导向性，进一步理顺政府与市场的关系，安排各类涉企财政专项扶持资金16.58亿元，其中区本级支出13.46亿元，上级专款支出3.12亿元。落实税费减免。办理各类税费优惠3.90亿元，其中1183户小微企业减免企业所得税597万元；70户企业享受研发费及残疾人工资加计扣除1.48亿元；25户高新技术企业减免企业所得税3144万元。推进"引企引税"。参与制订《杭州市富阳区2015年零地招商工作建议方案》，加大"富商回归""零地招商"力度。通过招引企业(项目)对接与政策服务、工作考核与督查通报，完成新增零地招商引进企业59家，招商引税入库税款3.59亿元。编好产业规划。科学编制2016—2018年农业综合开发扶持优势特色产业规划，新组织实施土地治理项目3个，产业化经营项目4个，得到上级财政补助资金2901万元。改善融资环境。参与制定《杭州市富阳区金融机构支持地方经济发展工作评价办法(试行)》等政策，鼓励和引导企业加快推进直接融资。区中小企业风险基金和科技中小企业风险池资金在保企业90户，融资担保余额4.50亿元。设立15亿元规模的产业发展引导基金，帮助55家"塔基工程"企业引进流动资金1.35亿元。

【保障民生事业】 全年财政用于民生项目支出50.35亿元，占一般公共预算支出的73%，其中教育、医疗卫生、农林水、社会保障和就业支出占财政总支出的61.20%。严格控制行政开支。贯彻落实中央八项规定，其中区机关本级"三公"经费支出7215万元，同比下降15.30%；会议费支出1189万元，同比下降21.60%；培训费支出4067万元，同比下降5.10%。融合杭州改善民生。以"一年启动、两年实施、三年融合"为目标，首年实施与杭州主城区接轨的民生项目40个，增资1.24亿元，其中本级财政增资1.19亿元，主要受益对象涉及孤、老、幼、残、优抚军人、下岗工人、农民工等弱势群体。加大教育医卫投入。新建教育项目15个，总投资7.78亿元，富春八小等学校相继投入使用。对义务教育农教津贴单列不再纳入绩效工资范围，年增资930万元。新增投入1600万元用于发放"农村特岗教师津贴"。总投入医疗卫生5.26亿元，区医疗卫生中心、区妇保院住院大楼建成使用。推进"五水共治"工程。整合和筹措本级各类资金、省、杭州市专项补助、社会各界捐赠款及农村公益金结余等资金31.47亿元，实施治水项目78个，其中治污水21.90亿元，排涝水和防洪水7.29亿元，保供水和抓节水2.25亿元。推行政府购买服务。出台《富阳区政府购买服务采购管理暂行办法的通知》，以政府购买居家养老服务作为试点项目，由社会组织为全区6000余名补贴对象提供生活照料、健康保健、文体娱乐、精神慰藉、法律维权等多方面的养老服务，养老服务补贴支出618万元。(全区财政支出执行情况见表11)

富阳区2015年财政支出执行情况表

表11　　　　　　　　　　　　　　　　　　　　　　　　　　单位：万元

项　　目	年度预算	累计支出	上年同期	为上年％	为预算％
一般公共预算支出	689000	690049	612373	112.70	100.20
一、一般公共服务	55000	55329	55714	99.30	100.60
二、公共安全	33000	31931	30702	104.00	96.80
三、教育	186000	192603	185188	104.00	103.60
四、科学技术	28300	29976	26417	113.50	105.90
五、文化体育与传媒	14800	14558	12754	114.10	98.40
六、社会保障和就业	65000	71432	61882	115.40	109.90
七、医疗卫生	55000	52584	41419	127.00	95.60
八、节能环保	30000	30050	22729	132.20	100.20
九、城乡社区事务	27500	27551	24167	114.00	100.20
十、农林水事务	105000	105839	97560	108.50	100.80
十一、交通运输	40800	36726	15848	231.70	90.00
十二、资源勘探电力信息等事务	25000	17440	15713	111.00	69.80
十三、商业服务等事务	6800	6115	6511	93.90	89.90
十四、援助其他地区支出	2600	2159	2371	91.10	83.00
十五、国土资源气象等事务	3200	3277	3078	106.50	102.40
十六、住房保障支出	8700	9433	8680	108.70	108.40
十七、国债还本付息支出	—	2689	1557	172.70	—
十八、其他支出	2300	357	83	—	15.50
十九、预备费	—	—	—	—	—

【推进现代财政制度】 按照上级部门《关于推动地方财政部门履职尽责　奋力发展全面完成各项财税改革管理任务的意见》及新《中华人民共和国预算法》的要求，加快推进现代财政制度。推进预算管理改革。邀请浙江大学等教授解读新《中华人民共和国预算法》，使各单位（部门）及时贯彻执行新法，掌握改革核心。主动提前对接发改部门，防止政府投资项目预算缺项、漏项；全面对接建设单位，防止预算编制与预算执行“两张皮”。在执行中推进项目全过程管理，厘清平台、部门、乡镇之间的模糊概念。推进支农资金改革。开展政府专项一般性转移支付“2+4”改革试点工作，其中2个乡镇（街道）实行综合性改革，4个乡镇（街道）实行单项性改革。改革试点工作安排本级预算1.62亿元，占涉农项目预算资金的18%，试点项目337个，涉及6个部门、19个政府专项，项目进度与未纳入试点项目相比提高一倍左右，本级预算执行率100%，增强乡镇（街道）实施涉农项目主动性。推进国资监管改革。出台《杭州市富阳区国有房产清查处置工作总体方案》，提出《国有资产分类处置管理办法》，开展国有房产清查处置工作，对4家平台公司11处房产办理拆除、转让报批手续；对4宗地块的处置利用提出办文意见；办理拆迁收购资产处置评估，审核结果确认批复66件，办理行政事业单位资产转移12件次。推进投资融资改革。推行项目备用金制度，各国有平台月均存款余额比上年同期下降53.90%。经测算，全年减少财务成本0.50亿元。对各“平台公司”超过备用金额度的存量资金进行理财管理，以提高资金收益，实现理财收益3.38亿元。创新直接融资模式。严控融资结构和进度，在直接融资市场实现三个浙江省第一，直接融资规模54亿元。全省首单以供水收费权进行资产证券化的产品；全省首单以公交经营收费收益权资产证券化的产品；全省首单非公开发行公司债。

【强化财政管理】 加强绩效管理体系建设，落实刚性要求。完善预算决算公开。按新预算法要求，公开预决算报告，并将一般公共预算细化至功能分类科目项级、经济分类科目款级，政府性基金细化至功能分类科目项级。公开“三公”经费和政府债务等，并督促各预算单位按规定公开相应内容。整合政府专项清单。根据省“四张清单一张网”改革，做好专项资金管理清单信息公开的试点，对原有159个政府专项清理整合成大专项13个，子专项152个，安排预算38.30亿元。同时上传838条预算数据、8338条预算分配和支出情况的数据，初步构建起财政专项资金综合监管体系。盘活库存财政资金。开展存量资金清理与统筹工作，提高财政保障能力，共盘活8.29亿元，其中收缴3.95亿元，统筹4.34亿元。在乡镇层面，通过分类梳理逐项提出处理意见，集中清理2014年度以前政府专项执行情况，专项存量资金从1.22亿元压缩到4499万元，盘活资金7671万元。打通资金流通环节。进一步简化资金拨付流程，根据“能简则简”的原则，完善管理办法。严格执行《富阳区行政事业单位综合性开支标准的通知》等文件规定，严把支付审核关，纠正退付预算单位各类不合规不合法资金支付313万元。实施公款竞争存放。出台《富阳区区级单位公款竞争性存放管理暂行办法》，首期存放社保竞争性资金3亿元，利率分别比人民银行一年期基准利率上上浮40%和30%。提高会计信息质量。完善会计工作管理制度，有效发挥会计管理在财政、税收工作中的基础性作用。完成单位会计信息质量检查11户，会计人员扣分89人次，会计人员吊证1人。

【加强财政监督】 开展财政监督检查。监督检查5家节能环保企业的会计工作，查补税费9万元，调增企业所得税应纳税所得额1507万元。专项检查7家融资性担保公司2013、2014年的财务管理，追缴财政资金2万元，补缴税款7万元。拓展资金监督平台。上报《税友龙版》深化应用平台二期、地税网络改造项目、乡镇公共财政管理服务数字电视云平台3个信息化专项，得到上级补助信息化项目建设资金150万，其中乡镇公共服务平台作为省财政厅的试点项目，从涉农项目扩展到民生项目，上线总项目55项。强化绩效指标运用。强化绩效目标申报制度执行及绩效评价结果的应用，实现绩效目标申报全覆盖。其中确定“社区党建工作经费”等25个政府专项为财政支出绩效自评项目，组织开展绩效评价业务培训，评定产生10个自评优秀项目并发文通报。加强政府采购监管。对政府采购评标现场启用音视频远程监管系统，部署公务机票购买管理工作，完成政府采购4120批次，金额2.24亿元，其中公开招标金额1.45亿元，占政府采购金额65%。节约资金3500万元，资金节约率16%。深化投资项目管理。完善中介机构考核办法，推行工作质量月报，分行业确定项目预算标准化参考指标，审核项目1489个，金额85.49亿元，审定金额81.82亿元，净核减3.67亿元，核减率4.30%。其中，复核重审92个，净核减1.03亿元；自审项目16个，送审金额12亿，审定11.80亿，核减率1.60%。（刘学文）

·国家税务·

【概况】 2015年，富阳区国税局牢记“为国聚财、为民收税”的神圣使命，围绕“服务科学发展、共建和谐税收”工作主题，认真贯彻党的路线方针政策，全面落实省市局和富阳区委、区政府的系列重大决策部署，坚持依法征税、依法治税，推进改革创新，不断优化服务，全面加强队伍建设，为富阳经济社会平稳健康发展做出了重要贡献。

2015年，在杭州市国税系统绩效年度考核中获得“杭州市国税系统2014年度绩效管理优秀单位”的称号；顺利通过复评，继续保持浙江省委、省政府授予的“省级文明单位”称号，杭州市委、市政府授予的“市级文明单位”称号；区国税局机关党委获富阳区委组织部授予的“双百结对”优秀机关党组织称号；区国税局办税服务厅通过复评，继续保持中华全国妇女联合会、全国妇女“巾帼建功”活动领导小组授予的“巾帼文明岗”称号，共青团浙江省委、浙江省国家税务局授予的“省级青年文明号”称号；区国税局纳税服务科（办税服务厅）、区国税局新登税务分局办税服务厅、区国税局大源税务分局办税服务厅获得共青团杭州市委员会、杭州市国家税务局授予的“市级青年文明号”称号；区国税局新登税务分局通过杭州市富阳区精神文明建设委员会复评，继续保留“杭州市富阳区示范文明单位”称号，区国税局稽查局、区国税局青云税务分局、区国税局龙羊税务所、区国税局场口税务分局、区国税局大源税务分局通过杭州市富阳区精神文明建设委员会复评，继续保留“富阳区文明单位”称号。

【组织收入】 2015年，全年组织国税收入478201万元，同比减少15797万元，下降3.20%，完成杭州市局调整后年度目标469779万元的101.80%。其中：入库增值税356404万元，同比下降4.19%；企业所得税103545万元，同比增长1.33%；车辆购置税17271万元，同比下降10.10%。按财政口径统计，全年完成国税收入445104万元，同比减少16903万元，下降3.66%。

【服务经济】 2015年，富阳区国税局围绕富阳“工业兴区”战略，用足用好科技创新、节能环保、改善民生以及促进小微企业发展等各项税收优惠政策。“十二五”期间累计办理出口退(免)税33.70亿元，比“十一五”时期增长1.50倍；办理各类税收减免28.50亿元，比“十一五”时期增长45%。2015年，办理出口退税116753万元(含免抵调库32400万元)，同比(105445万元)增加11308万元，增长10.72%。办理其他各类税收优惠68199万元，同比增加31165万元，增长84.15%。同步落实好小微企业、资源综合利用、福利企业、软件企业等税收优惠，促进经济转型升级，支持大众创业、万众创新。全年共299051户次纳税人享受小微企业征前减免增值税5602万元，101户次资源综合利用企业退税16206万元，64户福利企业退税7674万元，7户软件企业退税449万元。充分落实结构性减税政策，推进“营改增”工作，自2012年12月1日启动“营改增”试点工作至2015年底，全区共有试点纳税人4843户，累计入库改征增值税28965万元，累计为试点纳税人减负28505万元。

【税收征管】 2015年，纳税评估工作通过风险分析识别，查找企业税收征管的漏洞和薄弱环节，实施有效风险应对，增强税收风险应对能力，提高风险管理质效，共完成评估任务138户，其中，省局重点62户，杭州市局重点57户，区局重点19户，除外，督促自查了45户省局重点税源企业。全年共完成评估税款2809.90万元，加收滞纳金150.76万元，调减亏损3669.62万元；完成省局重点税源企业督促自查45户，自查补缴税款339.04万元，加收滞纳金16.92万元，调减亏损4014.28万元。开展2014年度企业所得税汇算清缴，2014年度应参加汇算清缴企业9332户，实际参加汇算清缴企业9332户，比上年增加1976户，汇算清缴面达到100%；其中盈利企业5428户，比上年增加1068户，盈利面为58.17%，本年纳税调增211430.08万元，纳税调减36101.59万元，纳税调整后所得为495088.34万元，实际应纳税额为106905.29万元，预缴率81.84%。全面加强企业所得税后续审核，2015年共有1026户企业(其中省局必审539户)纳入后续审核，总计调增应纳税所得额34662.01万元，其中减少本年度亏损及弥补以前年度亏损18739.41万元(折合税款4684.85万元)，补缴企业所得税3881.70万元，补缴增值税137.91万元，滞纳金172.30万元。有针对性地开展非居民税收管理，争取“马背上”的税收留在富阳，全年非居民企业税收共入库1676.33万元，其中，企业所得税入库1473.93万元，增值税入库202.40万元。

【网格化管理】 2015年，充分借助社会化协税护税网络功能加强税收征管，提升税收征管质量，方便纳税人办税。至年底已建乡镇街道、市场网格点26个，共管辖纳税人47064户(其中企业17066户，个体工商29998户)，累计入库税收35523.50万元。下发各类信息采集任务30620余条，完成29923条。清理漏征漏管户490户，上门核查1122户。实现纳税服务职能、沟通协调职能、纳税人管理职能、综合治税职能等各项功能。杭州市国税局关于网格点工作开展情况的考评中，区国税局取得第二序列第一名、全杭州第二的好成绩。

【税务稽查】 2015年，区国税局稽查局共立案检查户数36户，查结案件36户，其中，有问题户数为35户，累计查补入库金额2355.26万元，调减企业申报亏损额339.56万元；布置自查入库金额为2126.52万元，调减企业申报亏损额845.29万元，冲减增值税留抵税额3.08万元。加强整治发票违法犯罪活动，全年共查处发票违法企业18户，查处非法发票185份，涉案金额1084.55万元，查补税款765.85万元，加收滞纳金582.64万元，罚款740.23万元。

【纳税服务】 2015年，区国税局认真开展“便民办税春风行动”，不断探索创新服务举措。积极开展办税服务厅标准化建设，实现全区办税服务厅标准化“全覆盖”。推行涉税事项“一窗统办”，推广办税“免填单”服务，拓展自助办税项目，推广网上办税，努力构建方便、快捷、多元化办税体系。加强税法宣传平台建设，成立纳税服务志愿者突击队，与地税联合开通“富阳纳税人之家”微信公众号、开设纳税人实体学堂、加强门户网站管理，多渠道推送宣传税收政策。全面落实上门服务、预约服务、延时服务、承诺服务等措施，建立局领导大厅值班制。筹备推行国地税联合办税，在龙羊地区筹备实行国地税“合署办公、联合办税”，在新登地区筹备实行国地税业务“一窗统办”联合办税模式。积极运用“互联网+”思维，试行“网上申请代开+邮政配送发票”服务，推广微信取号服务，进一步提高办税效率。推进纳税信用体系建设和应用，为A级信用纳税人提供优先叫号服务；积极与金融机构开展税银互动，共为30户守信企业提供信用贷款1851万元。持续开展纳税服务品质观察活动，成立纳税人权益保护协会，纳税人维权渠道更加畅通。

（王　新）

·地方税务·

【收入情况】 2015年，富阳区地税部门共组织各项收入73.02亿元，增长7.90%。其中，税收收入37.68亿元，增长2.40%。其他收入35.34亿元，增长14.60%，其中社保基金收入30.26亿元，增长14.40%。

面对经济下行压力及国家稳增长和企业减负等政策持续作用，“营改增”结构性减税等政策的叠加影响，通过依法征税、挖潜堵漏，在三大主体税种中，营业税入库11.33亿元，增长8.90%；企业所得税入库3.72亿元，下降15.50%；个人所得税入库5.62亿元，增长6.90%。地方七税入库12.77亿元，增长13.70%，占地税税收收入33.90%。（全区地方税收收入情况见表12）

2015年富阳地税收入情况

表12

序号	项　　目	2015年（万元）	2014年（万元）	增减（万元）	增长±（%）
1	总计	730211.22	676479.31	53731.91	7.94
2	一、税收收入	376767.53	368024.32	8743.21	2.38
3	1. 营业税	113260.50	104018.11	9242.39	8.89
4	2. 企业所得税	37248.75	44082.15	-6833.40	-15.50
5	3. 个人所得税	56163.30	52535.94	3627.36	6.90
6	4. 资源税	10014.68	5596.34	4418.34	78.95
7	5. 土地使用税	26476.59	25456.40	1020.19	4.01
8	6. 城建税	28420.79	27402.00	1018.79	3.72
9	7. 印花税	8682.59	8070.94	611.65	7.58
10	8. 土地增值税	25174.48	22336.38	2838.10	12.71
11	9. 房产税	24139.09	19229.73	4909.36	25.53
12	10. 车船税	4819.05	4268.18	550.87	12.91
13	11. 契税	34383.76	42141.80	-7758.04	-18.41
14	12. 耕地占用税	7983.96	12886.35	-4902.39	-38.04
15	二、非税收入合计	353443.68	308454.99	44988.69	14.59
16	1. 教育费附加	15290.68	15634.24	-343.56	-2.20
17	2. 文化事业建设费	205.49	253.50	-48.01	-18.94
18	3. 税务部门罚没收入	27.46	77.59	-50.13	-64.61
19	4. 社保基金收入	302610.42	258959.44	43650.98	16.86

续表12

序号	项　　目	2015年（万元）	2014年（万元）	增减（万元）	增长±（%）
20	其中：(1)养老保险基金	223904.22	194228.67	29675.55	15.28
21	(2)失业保险基金	9352.31	9530.56	-178.25	-1.87
22	(3)医疗保险基金	55218.60	43186.65	12031.95	27.86
23	(4)工伤保险基金	8814.89	7520.77	1294.12	17.21
24	(5)生育保险基金	4072.43	3393.47	678.96	20.01
25	(6)其他社保费	1247.96	1099.32	148.64	13.52
26	5. 地方水利建设基金	19468.08	18379.94	1088.14	5.92
27	6. 地方教育附加	10200.00	10428.77	-228.77	-2.19
28	7. 残疾人就业保障金	3301.61	2440.97	860.64	35.26
29	8. 工会经费	2339.94	2280.54	59.40	2.60

【征收管理】 做好税收形势与增减因素分析，谋划和测算全年地税收入，定期做好收入分析。对全区102户企业、集团开展税收调查，完成《富阳区2015年度税源调研分析报告》《富阳区2015年房地产业税收分析及2016年税收预测报告》，摸清全区可征税源。确认重点税源监控企业763户，监控面扩大22%。税收月度预测平均误差率1.90%，比上年降低0.20个百分点。强化征管措施，深化应用风险管理模块，有效堵塞征管漏洞，完成项目风险64条、高危欠税风险68条，补缴地方税费及滞纳金1363万元，压缩高危陈欠和滞纳金122万元。开展风险评估，开展多年未查的税收风险，推送风险1289户次，完成应对1222户次，入库地方税费及滞纳金743万元。营业税专项清理推送风险409条，确认风险企业89户，补缴地方税费及滞纳金1581万元。挖掘税源潜能，深化房产税、土地使用税信息联动，促进数据有效集中和高效应用。利用房产办证信息、国土办证信息，增加房产税、土地使用税税源3223万元，入库房土两税5.07亿元，同比增长13.50%。建立与区法院地税税费征缴协作机制，从源头上破解税费征缴难题。申报破产企业债权7户，向富阳区人民法院去函17件，成功实施法院协助执行3户，入库税款138万元；强制执行1户，入库税款125万元。

【管查互动】 进一步完善以查促管机制，推动稽查结果向管理成果转化。在案件查处中发现行业规律性税收违法行为，及时与税政、征管、法制及分局联系，充分发挥“以查促收、以查促管”的作用。全年提交《征管建议单》18份、完成案例分析3例。全年完成检查户数290家，其中责成自查167家，重点检查123家，查补税费、滞纳金、罚款2791万元。重点检查选案准确率95%、检查案件处罚率91%，入库率99%，查结率90%。

【管理员等级评估】 出台税源管理员等级评估实施办法，严格按程序分步实施，经各分局支部自评，区局重点评估，党委审定等步骤，全局2014年度56名管理员中，由一级降为二级的4人，二级降为三级的3人。评估结果和年终考核、评优、中层干部竞岗等方面挂钩。

【国地税合作】 9月，召开国地税联席会议，明确从联合办理税务登记证、互相代征税款、互通稽查信息、互设办税窗口、联合建立网格化办税平台、联合建立税收宣传微信公众号、共同举办税收宣传月等多个方面合作。10月，共同发文建立国地税联系会议制度，使得工作合作常态化。新登分局在整体搬迁后，积极探索联合办税模式，整合服务资源，强化服务衔接，实现国税、地税涉税业务“一窗统办”的联合办税模式。

【纳税服务】 以第24个税收宣传月活动为载体，开展“便民办税春风行动”，组织干部进企业、入园区、到校园，采取座谈、宣讲、咨询、辅导等多种形式，举行结对服务、全程服务、跟踪服务及送政策等个性化服务。举行首个“税收开放日”，来自全

5月6日，全区各界人士参加“税收开放日”活动（区地税局 供稿）

区企事业单位的纳税人代表、行风监督员、新闻记者等近30人参加，使大家深入了解纳税服务、税收征管、税务稽查等方面的工作。成立杭州市纳税人权益保护协会富阳分会，保障纳税人合法权益。加强实体和网上纳税人学校的建设，国地税联合开展每月一次的新办企业辅导培训；整合不同科室、不同单位的各类业务培训，将其纳入学校的统一培训计划；加强师资库和课程库建设，充分利用第三方力量，推进网上及实体纳税人学校建设，拓宽税企沟通渠道。“富阳纳税人之家”关注人数已增加至6638人，全年发送信息245期713条。推行自助办税终端应用、扩大“同城通办”范围，推行免填单服务等一系列优化服务措施。办税大厅平均等候时间4.40分钟，比上年压缩3.20分。2015年度，在纳税人满意度调查中，全局列全省第19位，比上年提升40位。

【队伍建设】 细化分解党风廉政建设、惩防体系构建源头治理工作，确定班子成员党风廉政建设责任分工，制订落实党风廉政建设责任制工作方案。组织开展作风效能检查，做好廉政效能风险应对，抽查风险预警记录72条，分析原因、落实整改。有序开展各项教育培训工作，组织每位干部参加脱产学习、自主学习等13个项目，进行量化考核，通过考核验收率100%；举办税收业务培训班，53名税收业务骨干赴省税务干部学校开展为期一周业务培训，基层分局税收业务副局长、主办和一级税源管理员及稽查局全体干部参加。落实“三严三实”党课宣讲活动，听众涉及局机关及万市、湖源等地的7个行政村，约500余名党员干部。推进“千名党员干部结对帮扶千户城乡困难家庭”活动，组织党员干部走访慰问场口、渌渚、大源等结对家庭70户、140次，送出慰问金、慰问品7万余元，“春风行动”捐款14万元。开展“美丽富阳·我先行”志愿服务植树活动，种植树苗两千余株等。

（刘学文）

（责任编辑 赵雪红）

金融·保险

·综述·

【概况】 2015年，全区金融机构围绕“稳增长、调结构、转方式、惠民生”的目标，认真贯彻落实稳健货币政策，改进信贷政策实施方式，优化区域金融服务，维护金融稳定，有效满足了地方经济社会发展的多元化金融需求，促进了全区经济民生和金融工作平稳发展。全区银行类金融机构比上年增加3家银行(分别为台州银行富阳支行、江苏银行富阳支行、南京银行富阳支行)，从业人员2806人，比上年减少69人。(2015年全区银行类金融机构设置及从业人员情况见表13)

信贷投放较快增长，金融支持作用明显。至年末，全区金融机构本外币各项贷款余额968.71亿元，全年新增77.78亿元，同比增长8.73%；本外币各项存款余额878.18亿元，全年新增9.56亿元，同比少增71.82亿元(2015年全区金融机构本外币存贷款余额表、人民币存贷款余额表、外币存贷款余额表见表14～表16)。年末银行承兑汇票余额211.98亿元，全年减少23.98亿元，同比下降10.16%；累计签发银行承兑汇票381.32亿元，同比减少60.76亿元，下降13.74%。小额贷款公司贷款余额20.83亿元，全年减少6.93亿元。

信贷结构持续优化，资源配置重点突出。一是实体经济金融支持力度不减。至年末，第二产业贷款比年初增加22.52亿元，同比增长5.14%；第三产业贷款比年初增加19.87亿元，同比增长9.93%。二是“三农”和小微企业信贷资金投入平稳增长。至年末，全区涉农贷款余额790.74亿元，新增58.58亿元，同比增长8%；其中农户贷款余额118.74亿元，新增14.36亿元，同比增长13.76%，高出全部贷款增幅5.03个百分点。小微企业贷款余额421.60亿元，比年初增加34.65亿元，同比增长8.95%。三是信贷投向结构持续优化。至年末，全区工业企业贷款余额469.73亿元，新增24.08亿元，同比增长5.40%；政府类贷款余额112.24亿元，比年初新增19.95亿元，同比增长21.62%；农业贷款余额103.28亿元，比年初新增13.44亿元；商业企业贷款余额56.57亿元，比年初减少4.42亿元。四是表外融资规模下降。至年末，全区金融机构表外业务余额336.83亿元，比年初减少37.64亿元，同比下降10.05%。

金融创新有效推进，定向政策持续发力。一是定向政策支持效果持续显现。对富阳农村商业银行定向发放3亿元支小再贷款，向富阳恒通村镇银行发放1.10亿元支农再贷款，有力提升金融“支农支小”能力。二是金融创新成效明显。配合政府推进排污权有偿使用改革，推进排污权抵押贷款，实现9家银行签订合作协议，排污权抵押贷款累计发放2.45亿元。土地流转经营权抵押贷款试点工作有序推进，与区农办联合制定并印发《富阳区土地流转经营权抵押贷款管理暂行办法》。应收账款融资服务平台推广应用工作取得明显成效，完成融资63笔、金额6.17亿元，位居杭州辖内七县(市)前列。三是直接融资取得新进展。全区累计发行超短期融资券26亿元，短期融资券5亿元、中期票据3亿元，私募债6亿元，至年末各类债务融资余额39亿元，进一步改善了企业融资结构。

贷款利率持续下行，企业融资成本明显降低。2015年，央行五次下调存贷款基准利率，四次普降金融机构存款准备金率，五次定向降准。积极引导辖内金融机构结合浙江省利率定价自律机制要求，合理确定贷款利率水平，切实降低实体经济的融资成本。全年全区一般性贷款加权平均利率(一年期贷款加权平均利率为例)为6.36%，同比下降1.10个百

2015年末富阳区银行类金融机构人员情况表

表13

名称 项目		人行	银监办	工行	农行	中行	建行	交行	农发行	中信银行	杭州银行	农村商业银行	邮政储蓄	招商银行	兴业银行	民泰银行	泰隆银行	浦发银行	浙商银行	民生银行	南浔银行	恒丰银行	北京银行	平安银行	稠州银行	恒通村镇	光大银行	华夏银行	宁波银行	江苏银行	台州银行	南京银行	合计
金融机构数（家）		1	1	7	10	8	9	3	1	3	3	86	21	1	5	2	1	1	1	3	2	2	1	2	1	2	1	1	1	1	2	1	184
其中	市级机构	1	1	1	1	1	1	1	1	1	1	1	1	1	1	1	1	1	1	1	1	1	1	1	1	1	1	1	1	1	1	1	31
	二级支行	—	—	6	9	7	5	2	—	2	2	19	4	—	4	1	—	—	—	2	—	1	—	1	—	1	—	—	—	—	1	—	67
	分理处	—	—	—	—	—	3	—	—	—	—	48	—	—	—	—	—	—	—	—	1	—	—	—	—	—	—	—				—	52
	储蓄所	—	—	—	—	—	—	—	—	—	—	18	16	—	—	—	—	—	—	—	—	—	—	—	—	—	—	—				—	34
从业人数（人）		26	4	170	209	156	172	45	19	90	75	946	159	28	60	92	36	41	48	36	36	39	25	26	36	47	26	34	34	23	48	20	2806

2015年富阳区金融机构本外币存贷款余额表

表14　　　　单位：亿元

栏目 机构名称	年末余额	比年初增减 2015年	比年初增减 上年	栏目 机构名称	年末余额	比年初增减 2015年	比年初增减 上年
金融机构存款合计	878.18	9.56	81.38	金融机构贷款合计	968.71	77.78	99.90
人民银行存款	5.04	0.76	-0.97	人民银行贷款	—	—	—
工商银行存款	63.28	-2.60	4.26	工商银行贷款	79.03	0.30	7.72
农业银行存款	64.48	-4.29	5.91	农业银行贷款	49.39	-8.80	5.37
中国银行存款	37.58	-6.55	1.53	中国银行贷款	62.57	-2.20	6.17
建设银行存款	58.34	-6.85	-0.14	建设银行贷款	62.64	-2.89	6.86
交通银行存款	33.95	-1.43	-1.60	交通银行贷款	40.03	-0.05	-0.76
农业发展银行存款	1.70	-0.02	0.54	农业发展银行贷款	12.85	-0.76	4.67
中信银行存款	63.57	4.93	6.54	中信银行贷款	76.04	5.62	5.96
杭州银行存款	37.08	-3.63	2.00	杭州银行贷款	50.41	0.34	3.17
农村商业银行存款	263.32	22.24	23.17	农村商业银行贷款	192.96	14.21	16.47
邮政储蓄银行存款	22.66	-3.57	7.34	邮政储蓄银行贷款	16.69	2.96	-0.23
招商银行存款	12.19	-3.83	1.34	招商银行贷款	25.41	5.86	-0.93
兴业银行存款	30.78	-6.82	-4.40	兴业银行贷款	52.16	4.12	5.01
民泰银行存款	16.92	-2.99	1.31	民泰银行贷款	19.94	1.45	3.78
泰隆银行存款	2.84	-0.15	-1.05	泰隆银行贷款	4.58	-0.01	-0.88
浦发银行存款	17.31	-2.19	-2.38	浦发银行贷款	27.38	5.30	0.17
浙商银行存款	20.86	5.61	1.52	浙商银行贷款	36.77	-0.91	7.30
民生银行存款	14.14	-2.14	1.99	民生银行贷款	30.51	9.62	5.54
南浔银行存款	9.00	-1.50	1.80	南浔银行贷款	10.21	0.76	1.08
恒丰银行存款	29.86	9.95	-0.68	恒丰银行贷款	24.31	10.64	5.20
北京银行存款	11.94	-3.25	5.04	北京银行贷款	23.00	1.29	3.00
平安银行存款	12.58	3.36	-0.51	平安银行贷款	7.90	1.76	1.72

续表14

栏目 机构名称	年末余额	比年初增减		栏目 机构名称	年末余额	比年初增减	
		2015年	上年			2015年	上年
稠州银行存款	10.26	-1.56	1.78	稠州银行贷款	8.10	0.85	-0.30
恒通村镇银行存款	4.00	0.06	3.95	恒通村镇银行贷款	8.65	3.00	5.66
光大银行存款	11.87	5.98	5.90	光大银行贷款	24.14	13.66	10.47
华夏银行存款	6.50	2.15	4.35	华夏银行贷款	7.50	3.56	3.95
宁波银行存款	9.47	-3.49	12.96	宁波银行贷款	11.86	4.40	7.46
台州银行存款	1.16	1.16	—	台州银行贷款	1.36	1.36	—
江苏银行存款	1.58	1.58	—	江苏银行贷款	2.34	2.34	—
南京银行存款	3.37	3.37	—	南京银行贷款	—	—	—

2015年富阳区金融机构人民币存贷款余额表

表15

单位：亿元

栏目 机构名称	年末余额	比年初增减		栏目 机构名称	年末余额	比年初增减	
		2015	上年			2015	上年
金融机构存款合计	854.92	-8.90	79.58	金融机构贷款合计	958.29	73.00	103.00
人民银行存款	5.04	0.76	-0.97	人民银行贷款	—	—	—
工商银行存款	62.73	3.32	3.34	工商银行贷款	79.00	0.27	7.72
农业银行存款	58.61	-9.87	5.84	农业银行贷款	49.04	-9.12	6.77
中国银行存款	35.63	-7.37	1.55	中国银行贷款	61.37	-1.47	4.95
建设银行存款	57.80	-7.18	-0.15	建设银行贷款	62.64	-2.89	-6.81
交通银行存款	33.14	-2.06	-1.56	交通银行贷款	39.99	-0.05	-0.80
农业发展银行存款	1.70	-0.02	0.54	农业发展银行贷款	12.85	-0.76	4.67
中信银行存款	58.75	0.85	6.22	中信银行贷款	74.91	5.34	6.55
杭州银行存款	36.31	-4.35	2.01	杭州银行贷款	50.39	0.52	2.96
农村商业银行存款	263.18	263.18	—	农村商业银行贷款	192.79	192.79	—
邮政储蓄银行存款	22.66	-3.57	7.34	邮政储蓄银行贷款	16.69	2.96	-0.23
招商银行存款	11.41	-4.41	1.18	招商银行贷款	24.78	5.23	-0.88
兴业银行存款	30.73	-6.83	-4.32	兴业银行贷款	52.16	4.12	5.01
民泰银行存款	16.92	-2.99	1.31	民泰银行贷款	19.94	1.45	3.78
泰隆银行存款	2.84	-0.15	-1.05	泰隆银行贷款	4.58	-0.01	-0.88
浦发银行存款	16.74	-2.55	-2.48	浦发银行贷款	26.89	5.99	2.08
浙商银行存款	20.86	5.61	1.52	浙商银行贷款	35.52	-0.98	7.78
民生银行存款	14.14	-2.14	1.99	民生银行贷款	30.51	9.62	5.54
南浔银行存款	9.00	-1.50	1.80	南浔银行贷款	10.21	0.76	1.08
恒丰银行存款	24.78	4.89	-0.69	恒丰银行贷款	19.25	5.58	5.20
北京银行存款	11.94	-3.26	5.04	北京银行贷款	23.00	1.29	3.00
平安银行存款	12.57	3.35	-0.51	平安银行贷款	7.90	1.76	1.72
稠州银行存款	10.26	-1.56	1.78	稠州银行贷款	8.10	0.85	-0.30
恒通村镇银行存款	4.00	0.06	3.95	恒通村镇银行贷款	8.65	3.00	5.66
光大银行存款	11.87	5.98	5.90	光大银行贷款	24.14	13.66	10.47
华夏银行存款	5.90	1.55	4.35	华夏银行贷款	7.45	3.50	3.95
宁波银行存款	8.76	-4.20	12.96	宁波银行贷款	11.86	4.40	7.46
台州银行存款	1.16	1.16	—	台州银行贷款	1.36	1.36	—
江苏银行存款	1.58	1.58	—	江苏银行贷款	2.34	2.34	—
南京银行存款	3.37	3.37	—	南京银行贷款	—	—	—

2015年富阳区金融机构外币存贷款余额表

表16　　　　单位：万元

栏目 机构名称	年末余额	比年初增减		栏目 机构名称	年末余额	比年初增减	
		2015年	上年			2015年	上年
金融机构存款合计	35819	27970	2925	金融机构贷款合计	16053	6825	-5119
人民银行存款	—	—	—	人民银行贷款	—	—	—
工商银行存款	849	-1232	1495	工商银行贷款	39	39	—
农业银行存款	9043	8564	109	农业银行贷款	543	489	-2293
中国银行存款	3003	1160	-53	中国银行贷款	1858	-1293	1998
建设银行存款	830	481	12	建设银行贷款	—	—	-89
交通银行存款	1250	951	-56	交通银行贷款	57	—	57
农业发展银行存款	—	—	—	农业发展银行贷款	—	—	—
中信银行存款	7438	6209	511	中信银行贷款	1732	356	-978
杭州银行存款	1180	1111	-23	杭州银行贷款	30	-300	330
农村商业银行存款	215	215	—	农村商业银行贷款	269	269	—
邮政储蓄银行存款	—	-1	1	邮政储蓄银行贷款	—	—	—
招商银行存款	1205	876	247	招商银行贷款	967	967	-87
兴业银行存款	76	18	-121	兴业银行贷款	—	—	—
民泰银行存款	—	—	—	民泰银行存款	—	—	—
泰隆银行存款	—	—	—	泰隆银行存款	—	—	—
浦发银行存款	880	527	169	浦发银行贷款	755	-1185	-3129
浙商银行存款	5	5	—	浙商银行贷款	1920	—	-800
民生银行存款	1	1	—	民生银行贷款	—	—	—
南浔银行存款	—	—	—	南浔银行贷款	—	—	—
恒丰银行存款	7818	7804	14	恒丰银行贷款	7792	7792	—
北京银行存款	3	1	2	北京银行贷款	—	—	—
平安银行存款	10	8	2	平安银行贷款	—	—	—
稠州银行存款	—	—	—	稠州银行贷款	—	—	—
恒通村镇银行存款	—	—	—	恒通村镇银行贷款	—	—	—
光大银行存款	1	1	—	光大银行贷款	—	—	—
华夏银行存款	933	933	—	华夏银行贷款	90	90	—
宁波银行存款	1080	1080	—	宁波银行贷款	—	—	—
台州银行存款	—	—	—	台州银行贷款	—	—	—
江苏银行存款	—	—	—	江苏银行贷款	—	—	—
南京银行存款	—	—	—	南京银行贷款	—	—	—

分点以上。

风险管控不断增强，资产质量总体稳定。至年末，全区金融机构本外币不良贷款(五级分类)余额为17.10亿元，比年初增加4.53亿元，不良贷款率为1.77%，比年初上升了0.36个百分点。至年末，全区银行业金融机构全年累计新发生不良贷款27.22亿元，通过各种方式累计处置22.69亿元，是2014年处置额的3.45倍。

外汇管理改革不断深化，涉外经济平稳发展。全面推进外汇管理改革，继续落实贸易投资便利化。至年末，全区各外汇指定银行共完成国际收支统计间接申报43885笔，同比增加108笔，金额28.83亿美元，同比增加0.33亿美元，国际收支顺差1.13亿美元。拓展人民币跨境结算和投融资业务，努力打造人民币跨境使用的新走廊。至年末，全区跨境人民币结算量达18.26亿元，同比增长3.63%，占全部国际收支的比重为9.74%。

金融运行环境不断改善，金融服务水平持续提升。一是金融组织体系不断完善。富阳农村合作银行顺利改制为农村商业银行，台州银行、江苏银行、南京银行富阳支行和富阳恒通村镇银行江南支行等6家新设银行分支机构顺利开业。二是金融普惠有序推进。组织开展“普惠金融深化年”活动，辖内金融机构积极推动制度创新、服务创新、模式创新、产品创新，支持“大众创业、万众创新”，切实破解小微企业、个人创业等融资瓶颈。三是农村支付服务环境持续改善。推动银行助农服务点升级改造为农村电子商务服务点，至年末，已有67个点成功升级。大力推进网上支付、手机支付推广应用，创建2个“网上支付应用示范区”，完成“玉长城刷卡无障碍示范市场”的创建工作。四是征信服务水平全面提升。开展征信服务示范点创建活动，组织开展“信用记录关爱日”和征信知识宣传活动，有效提升全社会信用意识。持续推进农村信用体系建设。五是区域金融秩序继续保持稳定。继续落实非银行机构风险监测制度，加强辖内风险企业预警分析，有效应对企业“二链”风险处置，配合做好大集团企业的组建工作。

保险业务持续健康发展。全年累计保费收入14.30亿元，同比减少4.30亿元；理赔支出5.20亿元，同比增加0.90亿元；对全区经济社会发展、灾后恢复生产发挥了较好的作用。

【中国人民银行富阳支行】 坚持稳中求进工作思路，认真贯彻落实稳健货币政策，大力支持地方经济结构调整和转型升级，切实维护区域金融稳定，促进地方经济社会平稳发展。

贯彻落实稳健货币政策，保持信贷总量合理适度增长。正确把握稳健的货币政策内涵，引导社会预期，推动辖内银行业金融机构信贷资源投入。至年末，全区金融机构本外币各项存款余额878.18亿元，全年新增9.56亿元，同比少增71.82亿元；本外币各项贷款余额968.71亿元，全年新增77.78亿元，同比增长8.73%。推动企业发行债务性融资工具，全区累计发行超短期融资券26亿元，短期融资券5亿元、中期票据3亿元，私募债6亿元，至年末余额39亿元。督促两家地方法人金融机构落实合意贷款计划，均衡把控贷款投放规模和节奏。

改进信贷政策实施方式，促进全区经济结构调整和转型升级。加强窗口指导，制定下发《2015年富阳区金融支持地方发展货币信贷工作指导意见》，引导金融机构信贷投放支持重点行业、重点项目和重点企业发展，增强金融服务能力。认真落实5次利率下调和5次降准政策，释放地方法人金融机构流动性；认真落实浙江省利率定价自律机制意见，指导银行机构合理定价存款利率；加强贷款利率定价指导，确保利率市场化改革进程在辖内有序推进。加大定向政策支持，积极为富阳农商行争取了3亿元的支小再贷款，向富阳恒通村镇银行发放1.10亿元支农再贷款，提升其支农支小金融服务能力。落实富阳农商行改制后存款准备金调整工作，制定和报批法定存款准备金半年分6次调整方案，解决其流动性暂时性困难。积极配合做好地方政府债券置换和新增债券发行工作，到年末，累计完成政府债券置换资金50.09亿元，挪腾更多信贷资金支持实体经济发展。大力推进“普惠金融深化年”活动，通过制度创新、服务创新、模式创新、产品创新，切实破解小微企业、个人创业等融资瓶颈，进一步提升普惠金融发展质效。加强金融服务创新，积极配合政府推进排污权有偿使用改革，联合区环保局与9家银行签订合作协议，促成2.45亿元排污权抵押贷款发放；切实加大对“互联网+”新业态的金融服务，积极融入中国杭州电子商务综合试验区建设，支持全区进出口企业开展跨境电子商务的金融配套服务工作；推进土地流转经营权抵押贷款试点工作，与区农办联合制定并印发《富阳区土地流转经营权抵押贷款管理暂行办法》。

稳步推进金融改革，切实改善金融运行环境。助推富阳农村合作银行成功改制农商行，年审通过农商行合格审慎评估，充分兑现其市场基础成员红利，全年累计发行14亿元同业存单业务。加强利率市场化和存保制度实施过程中的银行审慎管理。全面组织实施《存款保险条例》，指导督促2家法人机构完成首次投保工作。加强金融机构“两管理、两综合”、重大事项报告和金融消费权益保护工作，指导6家银行分支机构加入人行金融管理与服务体系。组织开展2014年度在富银行金融机构综合评价工作，评定A等行8家、B等行14家，并对1家B等行开展综合业务执法检查。开展“3·15”金融消费者日和“金融知识普及月”宣传活动，加强消费者投诉处置管理，金融消费权益保护工作取得明显成效。协调政府做好企业“二链”风险处置，积极配合做好两家造纸大集团企业的组建工作，协助做好政府应急转贷基金的审核，切实维护好地区金融稳定。持续深化外汇管理改革。全面推进直接投资项下外汇管理改革，继续落实货物贸易和服务贸易便利化改革措施。鼓励辖内银行业金融机构拓展外汇业务，促成全区外汇指定银行达20家；大力推广远期结售汇业务、人民币对外汇期权业务、人民币与外币掉期业务等避险工具，缓解涉外企业融资难。积极推进区域跨境电子商务发展，稳步推动跨境人民币结算，全年全区跨境人民币结算量达18.26亿元，同比增长3.63%，占全部国际收支的比重为9.74%。

进一步提升金融服务水平，担当市场建设者责任。结合政府“电商换市”工程，引导67个银行助农服务点升级改造为农村电子商务服务点；完成2个“网上支付应用示范区”和1个“刷卡无障碍示范市场”的创建工作，农村手机支付业务快速增长，农村支付服务环境得到持续改善。严守国库核算安全和国库信息系统安全两条底线，强化国库资金风险管理。开展人民银行经理国库30周年宣传活动。开展征信服务示范点创建，组织开展“信用记录关爱日”活动，全面提升征信服务水平。推进应收账款融资服务平台推广应用工作，进一步拓宽小微企业融资渠道，全年完成融资63笔、金额6.17亿元。切实履行反洗钱监管职能，开展对辖内法人金融机构工作指导和业务培训，深化洗钱风险自评估工作。联合公安开展打击利用离岸公司和地下钱庄转移赃款专项行动，督促银行机构完善反恐融资机制。认真做好2015年版人民币发行前的各项准备工作和各类纪念币的公开兑换工作。

协调地方金融事务。协同完成2014年度富阳区金融机构支持地方发展先进单位、6家小贷公司考核工作。协同财政部门完成2014年度全区银行业金融机构农业贷款和小微企业贷款风险补偿的审核、申报工作。配合政府做好首期3亿元社保基金竞争性存放招投标工作。鼓励并动员各金融机构积极参加“五水共治”“慈善捐赠”活动。落实区长公开电话、数字城管案卷、人大交办单等督办工作。

【浙江省银监局富阳监管办】 积极应对复杂经济金融形势和严峻风险防控压力，以推进企业授信总额管理、造纸企业大集团组建工作为契机，努力处置辖内两链困局，推动辖内银行业支持实体经济发展，着力保障不发生区域性风险。

引领银行业提升服务品质，重点做好支小金融文章。指导辖内两家法人机构持续开展农业、电商业产业链金融服务试点，推动普惠快车做好增量扩面工作；继续帮助区政府引进国开行第二批1.37亿元专项资金到位支持“塔基工程”建设，以基准利率支持辖内56户重点培育小微企业发展；引导辖内各行为经济转型提供有力的金融保障，全辖新增贷款规模77.76亿元，进一步支持经济结构调整和化解产能过剩，全年完成小微企业贷款“三个不低于”目标。

推进银行业支持转型升级，探索创新合作金融模式。结合辖内造纸行业转型升级实际，推动银行业做好产能升级过程中金融保障工作，在信贷总量不减、风险可控的基础上，支持富阳造纸行业做大做强。探索对省内最大造纸企业永正集团组建工作开展会商机制，帮助集团组建获得近5亿元新增信贷支持；创新对春胜造纸大集团组建以授信总额联合管理形式开展会商，得到所有授信银行一致同意。引导富阳农商行创新小企业授信总额管理，全年完成118家小企业授信总额协议签订工作，进一步助推小企业健康稳健发展。

全力打好分类帮扶攻坚战，有效开展风控金融工作。坚持分类帮扶，配合政府明确辖内“政府牵头、银监引导、协会会商、企业自救、银行帮扶”的帮扶工作机制，强化企业风险研判，更合理地建立防火墙，全年配合协调处置“两链”企业19家，涉及直接融资近72亿元。同时积极探索担保替代方式，全年推进造纸企业排污权质押贷款10笔，缓释了7家造纸企业担保压力。与法院联合召开全辖银行业不良资产处置专题会议，理顺各类处置难点问题10项，全年共处置不良资产14.39亿元。

强化依法监管提升市场秩序，引导树立合规金融意识。开展“两加强、两遏制”专项检查及“监管政策落地”现场检查；牵头开展辖内法人机构员工行为警示教育活动，与区公安部门联合对全辖165个银行网点进行了安全评估工作，进一步增强银行整体金融安全防范能力。同时，与银行业协会富阳代表处共同探索健全金融知识公众教育长效机制，引导辖内银行开展金融消费者宣传活动80余次，普及金融知识，强化金融消费者保护。

·商业银行·

【中国工商银行富阳支行】 以效益和发展作为全行工作的出发点和落脚点，不断扩张经营规模，创新服务方式，持续优化信贷结构，全新开启综合营销，强化内控案防工作，推进支行各项工作开展并取得实效。至年末，本外币各项存款余额63.28亿元，比年初增加2.60亿元，增长4.28%；各项贷款余额79.03亿元，比年初增加0.30亿元，与上年基本持平；不良贷款率1.88%，同比下降0.60个百分点；实现中间业务收入0.52亿元，同比减少7.14%；全年实现净利润1.73亿元，同比减少9.42%。

【中国农业银行富阳支行】 围绕全面提升市场竞争力、价值创造力、风险控制力目标，加快转变经营理念，围绕核心业务、重点客户、重点产品推进工作，不断强化基础管理，严格控制信贷风险和案件风险，抓好企业文化建设和党建工作，各项工作成绩明显。至年末，本外币各项存款余额64.48亿元，比年初减少4.29亿元，减少6.23%；各项贷款余额49.39亿元，比年初减少8.80亿元，减少15.12%；不良贷款率3.99%，同比上升2.25个百分点；实现中间业务收入0.48亿元，同比减少0.06亿元；全年实现净利润0.22亿元，同比减少89.37%。

【中国银行富阳支行】 坚持以效益为中心，结合实际主动调整信贷投放结构，调整授信思路，加强风险防控和化解，强管理、提效能，努力提升服务质量。至年末，本外币各项存款余额37.58亿元，比年初减少6.55亿元，减少14.84%；各项贷款余额62.57亿元，比年初减少2.20亿元，减少3.39%；不良贷款率2.47%，同比下降1.90个百分点；实现中间业务收入0.83亿元，同比增长25.76%；全年实现净利润-0.49亿元。

【中国建设银行富阳支行】 围绕省分行营业部“转型发展战略”指导思想，按照“践行核心理念 提升员工满意度”要求，以不良压降和案件防控为硬约束，以提升盈利能力为总目标，推动转型发展，提升执行能力。至年末，本外币各项存款余额58.34亿元，比年初减少6.85亿元，减少10.50%；各项贷款余额62.64亿元，比年初减少2.89亿元，减少4.41%；不良贷款率3.50%，同比上升1.09个百分点；实现中间业务收入0.28亿元，减少56.25%；全年实现净利润1.65亿元，同比减少17.91%

【交通银行富阳支行】 积极应对整体经济环境和市场变化的不利形势，狠抓主体业务，推进客户发展战略；强化风险防范，加强内控管理；加强队伍建设，提升优质服务水平；推动支行经营管理和营销工作稳步运行。至年末，本外币各项存款余额33.95亿元，比年初减少1.43亿元，减少4%；各项贷款余额40.03亿元，比年初减少0.05亿元；不良贷款率1.60%，同比上升1.01个百分点；实现中间业务收入0.11亿元；全年实现净利润1.31亿元，同比减少0.68亿元。

【中信银行杭州富阳支行】 面对全区金融总量下降、信贷压力上升等严峻形势，以“管理思维”转型为出发点，及时调整经营思路，把改善和创新金融服务作为推动业务发展的不竭动力，受到了区委区政府领导的充分肯定。至年末，本外币各项存款余额63.57亿元，比年初增加4.93亿元，增长8.41%，存款规模在全区股份制商业银行中名列第一；各项贷款余额76.04亿元，比年初增加5.62亿元，增长7.98%；不良贷款率0.46%，同比下降0.15个百分点；票据直贴量110.20亿元，全区占比35.10%；实现中间业务收入0.70亿元；全年实现净利润1.35亿元，同比增长13.40%。

【杭州银行富阳支行】 坚持“改革兴行，质量立行，创新强行”的指导思想，执行业务转型策略，紧抓优势业务不放松，尝试多渠道融资业务品种，支持实体经济特别是小微企业发展。立足小城镇建设，第2家辖属行江南支行9月正式开业。在注重业务发展的同时，强化内控管理和信贷风险。至年末，本外币各项存款余额37.08亿元，比年初减少3.63亿元，减少8.91%；各项贷款余额50.41亿元，比年初增加0.34亿元，增长0.67%；不良贷款率0.11%，同比下降0.11个百分点；全年完成国际业务结算量2.70亿美元；全年累计办理贴现业务90.03亿元，连续五年在系统内保持第一；实现中间业务收入0.22亿元；全年实现净利润2.06亿元，同比减少0.20亿元。

【富阳农村商业银行】 2015年5月18日，正式挂牌成立富阳农商银行，实现股份合作制向股份制的成功转变。完善普惠体系建设，坚持“服务三农、服务中小企业”为经营主线，持续推进产品创新，发放全区首笔“排污权抵押贷款”；探索产业链金融服务模式，在全省农信系统首家推出万事易·光电贷—太阳能光伏发电贷款产品。推进社区银行转型建设，开辟电商合作突破口，与省自行车电动车行业协会开展合作，建立了浙江省自行车电动车电商平台。建立授信总额管理制，强化风险防控效力，引导企业稳健经营。至年末，本外币各项存款余额263.32亿元，比年初增加22.24亿元，增长9.23%；各项贷款余额192.96亿元，比年初增加14.21亿元，增长7.95%；不良贷款率2.36%，同比上升1.08个百分点；实现中间业务收入2910万元，同比增加301万元；全年实现净利润4.07亿元，同比减少0.62亿元，减少13.31%。加强品牌文化建设，以股份制改革为契机，出版发行《富阳农村合作银行志》。主动履行社会责任，向富春教育基金会捐资500万元设立了“园丁之星”奖励基金，发放第五笔“阳光成才奖学金”80.80万元。荣获“浙江省红十字功勋奖”荣誉称号。

【邮政储蓄银行富阳支行】 坚持效益优先，通过资源整合，狠抓经营，严控风险。践行普惠金融，争当“三农”金融服务主力军。至年末，本外币各项存款余额22.66亿元，比年初减少3.57亿元，减少13.61%；各项贷款余额16.69亿元，比年初增加2.96亿元，增长21.56%；不良贷款率0.42%，同比下降0.12个百分点；全年实现净利润0.42亿元，同比增长10.53%。

【招商银行杭州富阳支行】 围绕分行指导思想，加快经营模式转变，改善客户结构；力拓低资本消耗业务，增加利润来源；不断完善资产风险管理体系，增强风险管控能力；多方位发展零售业务，改善服务环境。至年末，本外币各项存款余额12.19亿元，比年初减少3.83亿元，减少23.90%；各项贷款余额25.41亿元，比年初增加5.86亿元，增长29.97%；不良贷款率2.06%，同比下降4.04个百分点；实现中间业务收入0.29亿元，增长31.82%；全年实现净利润-1.43亿元。

【兴业银行杭州富阳支行】 按照“调结构、增效益”的工作思路，以合规经营为原则，加强业务和管理创新，不断完善内控管理，各项业务经营呈现稳中有进的发展态势。至年末，本外币各项存款余额30.78亿元，比年初减少6.82亿元，减少18.14%；各项贷款余额52.16亿元，比年初增加4.12亿元，增长8.58%；不良贷款率0.81%，同比上升0.50个百分点；实现中间业务收入0.20亿元，同比增加0.13亿元；全年实现净利润2.63亿元，同比增加0.42亿元，增长19%。

【浙江民泰商业银行杭州富阳支行】 加大产品与营销创新，继续开展民泰银行特色“一乡一品”活动，开展金融普惠，塑造民泰文化。至年末，本外币各项存款余额16.92亿元，比年初减少2.99亿元，减少15.01%；各项贷款余额19.94亿元，比年初增加1.45亿元，增长7.84%；不良贷款率1.20%，同比增加1.03个百分点；全年实现净利润1.11亿元，同比增加0.13亿元，增长13.27%。

【浙江泰隆商业银行杭州富阳支行】 立足地方经济发展实际，坚定服务小微、服务村居的市场定位，注重合规经营，着力夯实信贷结构，创新金融产品创新，积极开展金融普惠活动。深入开展“信用村”和“信用家庭”创建工作，进一步“贴近三农、支持三农，助力三农”，实现了各项工作平稳发展。至年末，本外币各项存款余额2.84亿元，比年初减少0.15亿元，减少5.02%；各项贷款余额4.58亿元，比年初减少0.01亿元，与上年基本持平；不良贷款率1.54%；全年实现净利润0.46亿元，同比增加0.16亿元，增长53.33%。

【上海浦东发展银行杭州富阳支行】 秉承“新思维 新服务”的发展理念，围绕把控风险、做大规模中心目标，坚持规模、效益、质量三轮驱动，稳健推进各项业务。至年末，本外币各项存款余额17.31亿元，比年初减少2.19亿元，减少11.23%；各项贷款业务27.38亿元，比年初增加5.30亿元，增长24%；不良贷款率0.25%；实现中间业务收入0.25亿元；全年实现净利润0.46亿元，同比减少39.47%。

【浙商银行杭州富阳支行】 按照“维稳”主基调，坚持发展业务和控制化解风险并重，推进精细化考核，强化合规管理，经营业绩趋于平稳发展。至年末，本外币各项存款余额20.86亿元，比年初增加5.61亿元，增长36.79%；各项贷款余额36.77亿元，比年初减少0.91亿元，减少2.42%；不良贷款率2.23%，同比上升0.24个百分点；实现中间业务收入0.026亿元；全年实现净利润1.72亿元，同比减少4.40%。

【中国民生银行杭州富阳支行】 坚持以“控风险、调结构、夯基础、稳增长”为主基调，创新经营思路、应对市场变化、破解资源环境约束难题，各项工作健康发展、运营安全稳健。至年末，本外币各项存款余额14.14亿元，比年初减少2.14亿元，减少13.14%；各项贷款余额30.51亿元，比年初增加9.62亿元，增长46.05%；不良贷款率为0.75%；全年累计票据贴现量39.04亿元；全年实现净利润-858万元。

【南浔银行富阳支行】 坚持“做小、做广、做精”发展定位，不断优化业务结构，强化风险防控，努力实现可持续健康发展。至年末，本外币各项存款余额9亿元，比年初减少1.50亿元，减少14.29%；各项贷款余额10.21亿元，比年初增加0.76亿元，增长8.04%；不良贷款率2.06%，同比下降2.07个百分点；全年实现净利润407万元。

【恒丰银行杭州富阳支行】 贯彻“抓两头、稳中间，走出富阳做大业务”的业务发展思路，考核先行、精细管理、动态调整，各项业务发展稳健。至年末，本外币各项存款余额29.86亿元，比年初增加9.95亿元，增长49.97%；各项贷款余额24.31亿元，比年初增加10.64亿元，增加77.83%；不良贷款率2.26%，同比上升0.87个百分点；实现中间业务收入0.04亿元；全年实现净利润0.12亿元。

【北京银行杭州富阳支行】 以“夯实基础、加快转型、凝聚合力、稳健发展”为目标，坚持“增利润、扩规模、防风险、储人才”的发展战略，全力以赴抓发展，坚定不移抓质量，大刀阔斧抓改革，持之以恒抓内控，整体经营得到良好发展。至年末，本外币各项存款余额11.94亿元，比年初减少3.25亿元，减少21.40%；各项贷款余额23亿元，比年初增加1.29亿元，增长5.94%；不良贷款率0.67%；实现中间业务收入0.12亿元；全年实现净利润0.45亿元。

【平安银行杭州富阳支行】 以存款业务为中心，以科学管理为抓手，积极转型，实现规模和效益均衡发展，加强日常内控管理，确保安全运营。至年末，本外币各项存款余额12.58亿元，比年初增加3.36亿元，增长36.44%；各项贷款余额7.90亿元，比年初增加1.76亿元，增长28.66%；不良贷款率为0.01%；全年实现净利润0.10亿元。

【稠州银行杭州富阳支行】 围绕“规范为基础，市场为导向，效益为目标”的经营理念，坚持“支持中小，服务个私”的市场定位，严守风险底线，深化结构调整，强化内部管理，扎实推进各项工作的有序开展。至年末，本外币各项存款余额10.26亿元，比年初减少1.56亿元，减少13.20%；各项贷款余额8.10亿元，比年初增加0.85亿元，增长11.72%；不良贷款率0.31%；全年实现净利润0.19亿元。

【富阳恒通村镇银行】 秉承“持之以恒，通商惠农”的经营理念，继续坚持服务“三农”、助力小微，实现各项业务稳健发展。至年末，本外币各项存款余额4亿元，比年初增加0.06亿元，增加1.52%；各项贷款余额8.65亿元，比年初增加3亿元，增长53.10%；不良贷款率1.63%；全年实现净利润0.12亿元。

【光大银行杭州富阳支行】 围绕“稳中求进，内涵发展”工作方针和“争创当地主流银行”的战略规划，充分依托区域经济特点，实现各项业务稳健较快发展。至年末，本外币各项存款余额11.87亿元，比年初增加5.98亿元，增长101.53%；各项贷款余额24.14亿元，比年初增加13.66亿元，增长130.34%；不良贷款率为零；全年实现净利润0.87亿元。

【华夏银行杭州富阳支行】 围绕“强化创新驱动 推进结构效益型发展，努力开创新常态下分行发展的新局面”工作要求，坚持依法合规、经营转型、降本增效，推进结构效益型发展。至年末，本外币各项存款余额6.50亿元，比年初增加2.15亿元，增长49.43%；各项贷款余额7.50亿元，比年初增加3.56亿元，增长90.36%；不良贷款率为零；实现中间业务收入295.96万元；全年实现净利润0.18亿元。

【宁波银行杭州富阳支行】 坚持“诚信敬业，合规高效，融合创新”工作理念，确保效益、质量、规模协调发展。至年末，本外币各项存款余额9.47亿元，比年初减少3.49亿元，减少26.93%；各项贷款余额11.86亿元，比年初增加4.40亿元，增长58.98%；不良贷款率为零；全年实现净利润0.17亿元。

【台州银行杭州富阳支行】 2015年5月8日，台州银行杭州富阳支行正式营业，坚持以市场为导向，以客户为中心，树立简单、方便、快捷的金融服务品牌，以小额贷款为抓手，以村居和小微企业为目标，精耕细作，创新管理，优化业务拓展模式，提高信贷工作效率，防范信贷风险。至年末，本外币各项存款余额1.16亿元；各项贷款余额1.36亿元；不良贷款率为零；全年实现净利润603.06万元。

【江苏银行杭州富阳支行】 2015年5月29日，江苏银行富阳支行正式营业。支行坚持以“风险可控、结构优化、效率优先、资本节约”为原则，坚持“特色发展、内生增长、创新驱动”发展理念，积极支持富阳经济发展。至年末，本外币各项存款余额1.58亿元；各项贷款余额2.34亿元；不良贷款率为零；全年实现净利润 -561万元。

【南京银行杭州富阳支行】 2015年12月10日，南京银行杭州富阳支行正式开业，是一家在小微企业、科技金融、投资银行、债券市场、电子银行等众多领域具有鲜明特色的综合性金融服务提供商。秉承总行经营管理理念要求，初步形成了差异化、特色化和综合化、批量化的新型业务模式，树立了服务实体经济、城市居民和回馈股东、社会的良好品牌。至年末，本外币各项存款余额3.37亿元；不良资产率为零。

·政策性银行·

【中国农业发展银行富阳市支行】 认真落实上级行抓投放调结构、谋长远开好局，在支持浙江新农村建设中推进支行转型“发展”和“两轮驱动”的业务发展战略要求，着力优化信贷结构。把握经营重点，守住风险底线，严格内部管理，推动支行各项工作更上新台阶。至年末，本外币各项存款余额1.70亿元，比年初减少0.02亿元；各项贷款余额12.85亿元，比年初减少0.76亿元；除政策性挂账贷款余额和关注贷款外，不良贷款率0.60%，同比上升0.60个百分点；全年实现中间业务收入43万元，同比增加47.48万元，增长38.60%；全年实现账面利润1490万元，同比减少1655万元。履职尽责，切实做好政策性粮油收购资金供应与管理，新增储备贷款3500万元。

（于亚杰）

·保险业·

【概况】 财产保险业务经营范围涵盖机动车辆保险、责任保险、信用保险和保证保险、短期健康保险和意外伤害保险、机动车辆保险及经保监会批准的其他业务，在富阳，机动车辆保险是财产保险的主要险种。2015年，共有20家财产保险公司在富阳市场开展业务，与上年持平。全年保费收入为67529万元，比上年增加7081万元，增长率为11.70%。中国人民财产保险公司富阳支公司在富阳市场份额最大，占比为43.57%。（2015年富阳区财产保险机构情况见表17）

人寿保险业务经营范围涵盖人寿保险、健康保险和意外保险等一切人身险业务。2015年，共有15家人寿保险公司在富阳市场开展业务，比上年增加1家，为中国平安健康保险股份有限公司。全年保费收入为75352万元，比上年增加12472万元，增长率为19.80%。中国人寿保险富阳支公司在富阳市场份额最大，占比为36.55%。（2015年富阳区人寿保险机构情况见表18）

（赵雪红）

2015年富阳区财产保险机构情况

表17 单位：万元

机构名称	2015年保费收入	2015年市场份额%	2015年排名	2014年保费收入
中国人民财产保险公司富阳支公司	29422.50	43.57	1	26079.40
中国平安财产保险富阳支公司	7748.50	11.47	2	5730.00
太平洋财产保险富阳支公司	5303.00	7.85	3	5136.00
中国大地财产保险富阳支公司	4435.00	6.57	4	3960.00
中国人寿财产保险富阳支公司	3777.00	5.59	5	2905.00
阳光财产保险富阳支公司	3410.00	5.05	6	3582.00
安诚财产保险富阳支公司	1773.00	2.63	7	1576.00
天安保险富阳支公司	1696.00	2.51	8	1505.00
长安财产保险富阳支公司	1545.00	2.29	9	1365.00
太平财产保险富阳营销服务部	1280.00	1.89	10	1364.00
浙商财产保险富阳支公司	1266.00	1.88	11	1384.00
中华联合财产保险富阳支公司	1263.00	1.87	12	1219.00
都邦财产保险富阳服务部	1084.00	1.60	13	818.00
永安财产保险富阳支公司	956.00	1.42	14	565.00
安邦财产保险富阳营销服务部	899.00	1.33	15	777.00
华泰财产保险富阳支公司	586.00	0.87	16	485.00
泰山财产保险	529.00	0.78	17	745.00
华安财产保险富阳营销服务部	337.80	0.50	18	422.20
中银保险公司富阳营销服务部	220.00	0.33	29	288.00
大众保险富阳市营销服务部	-2.70	0	20	542.00
合　计	67528.757	100%	—	60448.00

2015年富阳区人寿保险机构情况

表18 单位：万元

机构名称	2015年保费收入	2015年市场占比%	2015年排名	2014年保费收入
中国人寿保险富阳支公司	27536.25	36.55	1	24342.587
中国平安人寿富阳营业区	13756.65	18.26	2	11256.91
中国太平洋人寿保险富阳支公司	10851.33	14.40	3	9887.70
中国人民人寿保险富阳营销服务部	7531.53	10.00	4	4942.10
中邮人寿保险富阳营销服务部	4532.25	6.01	5	3535.99
太平人寿保险富阳营销服务部	3258.93	4.32	6	2351.07
新华人寿保险富阳营销服务部	3249.05	4.31	7	3079.14
中国生命人寿富阳营销部	1843.28	2.45	8	1489.958
民生人寿保险富阳营销服务部	1354.02	1.80	9	963.52
阳光人寿保险富阳营销服务部	966.82	1.28	10	631.62
华泰人寿保险富阳营销部	273.37	0.36	11	307.39
泰康人寿保险富阳营销服务部	141.87	0.19	12	43.07

续表18

机构名称	2015年保费收入	2015年市场占比%	2015年排名	2014年保费收入
中国人民健康保险富阳营销服务部	35.40	0.05	13	36.91
中德安联人寿保险富阳营销服务部	12.49	0.02	14	11.99
中国平安健康保险富阳营业区	5.57	0.01	15	0
合　计	75351.82	100%	—	62879.955

【中国人民财产保险公司富阳支公司】 中国人民财产保险股份有限公司富阳支公司成立于1981年，是主要以富阳地区为经营和服务范围的保险企业，公司本部设在桂花路21号金融大楼。公司拥有同行业中最多的保险服务机构和各类专业人才，内设办公室、人力资源部、出单中心、理赔中心、三农保险部以及多个营业部。其中，外设营业部和营销服务部遍布全区各主要乡镇，共有员工160余人，公司同时与20余家专业、兼业代理机构建立了良好的合作关系。

公司开办有企财险、车辆险、家财险、船舶险、货运险、工程险、意外险和责任保险等100多个险种。公司十分注重行业自律，严格按照监管要求实行规范经营，并带领行业实行规范，创造健康有序的市场经营环境。自2007年以来，公司一直独家承保富阳区的政策性农村住房保险和政策性能繁母猪保险等农业农村保险，为保障农村经济和农民利益，推进新农村建设起到了积极的促进作用。

2015年，公司充分发挥了保险的社会保障功能，为保障地方经济建设、支持地方经济发展做出了积极贡献。承保了富阳多家主要重点企业的财产险、富阳区政府公务用车保险、富阳区公安局和交投集团下属子公司的车辆险、富阳区教育局直属学校校园方责任险等。全年实现保费收入2.94亿元，支付赔款1.65亿元，上缴税收1800余万元，占全区财产保险市场份额的1/3强，涵盖富阳区400多家企业、3万余辆机动车辆。（羊一峰）

【中国人寿保险股份有限公司富阳支公司】 中国人寿保险股份有限公司富阳支公司位于富春街道龙浦街200号青少年宫二楼，公司设有个险、团险、银保三大业务渠道和综合部、客户服务中心两个部门，下设新登、场口、大源和万市等营业网点。公司有正式在编员工39人，劳务派遣员工2人、各类销售人员610余人。2015年，公司实现保费收入27539万元，其中新单保费11551万元，市场份额36.55%，各类赔款与给付支出5116万元，上缴国家各类税收610余万元。获得了“全国实力百强县支公司”荣誉称号。

2015年是“十二五”的收官之年。“十二五”期间，中国人寿富阳支公司走过了一段改革进取、创新超越的辉煌历程，业务发展突飞猛进，队伍基础不断夯实，市场份额稳中有升，合规经营意识强劲，品牌形象大幅提升，员工面貌焕然一新。

2015年，公司高度重视党建工作，积极开展“三严三实”专题教育活动；集中开展“两个加强、两个遏制”的专项自查自纠；切实做好风险防范，坚持依法合规经营，确保公司持续健康发展。积极弘扬公司优秀的企业文化，大力倡导社会主义核心价值观，树立和宣传正能量。公司参与了“抗战老兵圆梦在重阳”活动；在第八届全民运动会、第15次春风行动、无偿献血等活动中发挥积极的作用。

2015年，公司与区政府及相关部门间的合作进一步深入，同时与全区10余家银行间建立良好的业务合作关系。“富阳区公共灾害民生保险”的社会影响不断提高，社会效益不断呈现。公司主动作为把区政府确定的2015年十件民生实事之一的“加强食品安全管理”纳入“民生保险”责任范围，建立农村集体聚餐食品安全保险，得到了政府及相关部门的高度认可。计生系列保险、公安民警保险、大学生村干部保险等合作进一步顺畅。（胡军民）

·证券·

【概况】 2015年，富阳区有证券业营业机构6家，比上年增加2家，为民生证券股份有限公司富阳金平路证券营业部和申万宏源证券有限公司富阳江滨西大道证券营业部。除申万宏源证券有限公司富阳江滨西大道证券营业部外，全年交易量为2252亿元，比上年增加1571亿元。（赵雪红）

【财通证券股份有限公司杭州江滨西大道证券营业部】 财通证券股份有限公司杭州江滨西大道证券营业部位于富阳区富春街道江滨西大道50号，总面积800平方米，设施完备。比邻五星级国贸大酒店，交通便利。营业部为企业提供多市场挂牌、财务顾问、资产管理等资本中介业务；为中小微企业提供规范、高效的投融资方案；为上市公司提供股权托管、质押、减持、收购兼并等服务。同时，为市民提供固定收益、主动管理等丰富的理财品种。2015年，营业部证券交易总量1335.57亿元，比上年增长256%，新增客户5342户，比上年增长146%，累计开户数33405户，累计销售理财产品10个亿。

（倪建军）

【浙商证券富阳文教路营业部】 浙商证券富阳文教路营业部成立于2010年4月，位于富阳区文教路50-5号，紧邻体育馆。营业部有员工人数30名，为企业、个人提供全方位的投融资服务。2015年成功推荐同兴股份登陆新三板。至2015年底，累计开户数10200多户，全年A股成交量436亿元，比上一年增长400%以上。

（沈建农）

【中信证券股份有限公司杭州桂花西路证券营业部】 2015年，中信证券股份有限公司杭州桂花西路证券营业部有员工18人，全年开户7438户。其中上海开户3723户，深圳开户3715户，比2014年增加6675户。全年交易量为304.44亿元，比2014年增加102.83亿元。

（潘慧敏）

【中国银河证券富阳迎宾路证券营业部】 2015年，中国银河证券富阳迎宾路证券营业部开户6021户。其中上海3010户，深圳3011户。全年交易量175亿元，比上年增长2059%。

（刘明昆）

【民生证券股份有限公司富阳金平路证券营业部】 民生证券股份有限公司富阳金平路证券营业部成立于2015年6月19日，有员工4名。至2015年底，累计开户159户。其中上海股东账户160户，深圳股东账户157户。全年交易量为9204万元。

（陈伟岳）

·期货·

【信达期货富阳营业部】 信达期货有限公司成立于1995年10月，系经中国证券监督管理委员会核准的专营国内期货业务的有限责任公司。公司由信达证券股份有限公司全资控股，注册资本5亿元，是国内规范化、信誉高的大型期货公司之一。公司现拥有上海、大连、郑州商品交易所三大期货交易所的全权会员资格和三个交易席位，且成为中金所（现有品种：股指和国债，未来会有期权和利率汇率产品）全面结算会员之一，可以为客户代理四大交易所所有已上市品种的标准期货合约交易，向客户提供交易、结算、交割、信息咨询、培训等全方位服务。

信达期货富阳营业部成立于2008年7月，办公地址位于国贸写字楼9楼，营业部共有包含营业部经理在内的执业人员14名，驾驶员1名，营销人员20余名，分别设立财务、技术、客服、交易、市场各岗位。营业部依托信达资产管理公司强大的金融综合平台，根据富阳地方产业特点，形成了的特色服务有：金属产业链套保，针对铜、锌、螺纹等产业链的各个环节出具可行性套保方案；对冲套利产品，提供商品的跨期、跨品种及跨市套利对冲服务；新上市品种专项团队，专为期权上市打造的精英服务团队；程序化交易服务，对专业化的投资者提供程序化量化平台，并在平台和程序编写上给予协助；常规每日转发长江现货、升贴水等各类品种报价短信，周末常规技术培训；期权培训及未来的开户和交易。至2015年底，营业部共开发客户2800余位，日成交量保持万手。全年成交310.80万手，成交金额6920亿元。

（李　华）

·小额贷款·

【概况】 2015年，富阳区共有六家小额贷款公司，分别是富阳区浙丰小额贷款有限公司、富阳区永通小额贷款有限公司、杭州富阳富通小额贷款有限公司、富阳区海通小额贷款有限公司、富阳先进小额贷款有限公司及富阳区富仓小额贷款公司，注册资本总额20亿元（小额贷款公司2015年注册资本情况汇总见表19），净资产合计24.65亿元。各小额贷款公司严格按照《中华人民共和国公司法》的相关规定及《浙江省小额贷款公司试点暂行管理办法》等要求，分别设立股东会、董事会、监事会。建立有效的监督制衡机制，包括《股东会决策运行制度》《董事会决策运行制度》等，以确保公司合规、稳健、持续发展。各小贷公司按规定制定并执行《贷款风险管理办法》《内部风险控制制度》《贷款损失追偿制度》《高管人员风险责任追究制度》等一系列规章制度。

各小额贷款公司严格按规定在本区开展业务活动，不存在非法集资、非法吸收公众存款或变相吸收公众存款行为及发生高利贷、暴力催贷、金融欺诈等严重违法活动和行为。2015年，全区6家小额公司累计发放贷款2487笔，贷款金额20.81亿元，贷款余额20.81亿元，贷款存量笔数1803笔(小额贷款公司2015年发放贷款情况汇总见表20)。全年共实现营业收入29405万元，缴纳税收6891万元，净利润10304万元。

【支农支小】 2015年，全区小额贷款公司小额贷款(含涉农贷款)余额总计140808万元，平均占比为67.68%。经营性贷款余额总计206743万元，平均占比为99.37%。全年累计向弱势群体发放贷款总计7912万元(小额贷款公司2015年支农支小情况汇总见表21)。

【行业投向】 2015年，各小贷公司贷款行业投向相对分散。其中，永通、富通、海通、富仑四家小贷公司的贷款最高行业投向均为批发零售业，浙丰小额贷款有限公司的贷款最高行业投向是造纸及纸制品业，先进小额贷款有限公司的贷款最高行业投向是建筑业(小额贷款公司2015年末贷款投向情况汇总见表22)。

【最高单户贷款余额】 2015年，小额贷款公司最高单户贷款余额为2500万元，最高单户贷款余额占公司资本净额比重达到4.10%，未发生单户贷款余额占比超过5%的情况。

【资本管理及融资】 2015年，小额贷款公司均依法办理公司变更、年检，无虚报资本金、虚假出资和抽逃资本金行为。2015年，6家小贷公司均无银行融资。

(王振民)

小额贷款公司2015年注册资本情况汇总表

表19　　单位：万元

公司名称	注册资本	主发起人
浙丰小额贷款公司	30000	浙江华达集团有限公司
永通小额贷款公司	60000	浙江富春江环保热电股份有限公司
富通小额贷款公司	50000	富通集团有限公司
海通小额贷款公司	20000	海通能源集团有限公司
先进小额贷款公司	20000	杭州先进富春化工有限公司
富仑小额贷款公司	20000	浙江富轮橡胶化工集团有限公司

小额贷款公司2015年发放贷款情况汇总表

表20　　单位：万元

公司名称	累放贷款笔数	贷款金额	贷款存量笔数	贷款余额
浙丰小额贷款公司	484	56871	418	34814
永通小额贷款公司	542	93777	442	64606
富通小额贷款公司	486	137825	410	42067
海通小额贷款公司	176	35165	125	23505
先进小额贷款公司	326	56165	258	21475
富仑小额贷款公司	473	48384	416	20721
合　计	2487	428187	2069	207188

小额贷款公司2015年支农支小情况汇总表

表21 单位：万元

单位	小额贷款(含涉农)		经营性贷款		弱势贷款发放额
	余额	占比	余额	占比	
浙丰小额贷款公司	25868	74.30%	34814	100.00%	2706
永通小额贷款公司	33877	51.74%	65006	99.29%	110
富通小额贷款公司	35596	84.62%	42067	100.00%	1700
海通小额贷款公司	10855	46.18%	23205	98.72%	595
先进小额贷款公司	1847529	86.03%	21130	98.39%	1935
富仓小额贷款公司	16135	77.87%	20521	99.03%	866
合计	140808	67.68%	206743	99.37%	7912

小额贷款公司2015年末贷款投向情况汇总表

表22 单位：万元

单位	最高行业投向(余额)		
	行业	金额	占比
浙丰小额贷款公司	造纸及纸制品	3564	10.2%
永通小额贷款公司	批发零售业	13182	20.1%
富通小额贷款公司	批发零售业	11218	26.7%
海通小额贷款公司	批发零售业	6990	29.7%
先进小额贷款公司	建筑业	4775	22.2%
富仓小额贷款公司	批发零售业	4871	22.9%

·担保·

【概况】 富阳区担保行业起步于2000年3月，2006年12月前，是担保行业的起步阶段，全区只有3家国有或国有参股的担保机构，担保机构注册资金和担保业务规模较小。2006年，富阳出台鼓励民营企业和自然人投资组建融资担保机构，为中小微企业提供融资担保服务。从2007年开始，每年新增融资担保机构3-4家，最高峰时，正常开展融资担保业务的担保机构达到18家。

2009年，区经信局为加强对担保行业的管理，由诚信、平平、鑫立等3家担保机构发起成立了富阳区担保行业协会，协调管理行业的发展。2010至2013年，4年间平均每年增加担保金额8.22亿元，平均增幅56.67%，年末在保责任余额平均增加4.96亿元，平均增幅为39.64%。从2014开始，由于受国内经济形势下行的影响，中小微企业的经营困难越来越大，严重地影响到融资担保机构的正常经营，特别是民营担保机构，由于担保代偿的大量增加，致使极大部分民营担保机构已无法正常开展融资担保业务。至2015年末，民营担保机构已所存无几。

2015年，担保机构累计为中小微企业和“三农”提供融资担保金额12.46亿元，年末在保责任余额14.20亿元，担保金额和在保余额分别比2014年度下降58.20%和37.70%。(2015年富阳区担保机构融资担保业务明细见表23)

(金志明)

【责任编辑 赵雪红】

2015年富阳区担保机构融资担保业务明细表

表23 单位：万元

担保机构名称	注册资金	2015年担保金额	2015年脱保		2015年在保责任余额	
			户数	金额	户数	金额
中小保	18000	35123	14	42013	73	40909
诚信	5200	26286	76	34376	171	22036
阳光	5000	12428	68	21994	169	11478
农信	5000	15525	63	16037	129	12761
民信	5118	12977	203	22247	112	11442
平平	2018	7960	106	15154	21	2080
鑫立	5000	9832	347	28413	132	13568
众信	5018	150	22	2591	115	9218
恒隆	5018	2076	2	156	220	6931
金幸	5000	107	32	2065	33	756
协诚	2500	2123	184	16159	0	0
支点	2008	0	146	8956	0	0
金马	5010	0	18	774	55	1891
和众	5008	0	12	363	98	8914
鼎联	5000	0	11	520	2	40
合计	79898	124587	1304	211818	1330	142024

教 育

·综述·

【概况】 全区有各级各类学校、幼儿园163所。其中：幼儿园88所（教育部门29所、民办51所、集体办8所），小学44所，初级中学15所，九年一贯制学校1所（民办），普通高级中学6所（民办1所），中等职业学校2所，特殊教育学校2所，独立建制区域性成校5所。其中，省一级幼儿园10所，省二级幼儿园25所，省三级幼儿园34所；省示范学校16所，其中小学8所、初中8所；杭州市示范学校23所，其中小学12所、初中11所；杭州市示范学校认定15所，其中小学6所、初中9所；省一级特色示范普通高中1所、省二级特色示范普通高中2所，省三级特色示范普通高中1所，国家级重点职高、国家中职改革发展示范学校1所，省中职改革发展示范学校1所，国家级实训基地1个，省级骨干专业3个，省级示范专业3个，省级特色专业1个，省级开放性实训基地3个，省级示范师训基地4个，省级产学研联合体1个，省级新兴专业1个，杭州市示范实训基地1个，杭州市示范专业4个。另有中小学素质教育实践基地1个。

在校学生约10.90万人，其中：幼儿约2.41万人，小学生约4.49万人，初中学生约1.95万人，高中学生约1.26万人，中等职业学校学生约0.74万人，盲、聋哑学生314人。全区教职工约0.97万人，其中专任教师约0.77万人。

全区学前三年净入园率为99.30%。九年义务教育入学率、巩固率以及“三残”适龄儿童少年入学率均保持100%。初中生99.94%升入高中，普通高中与职业高中（含中专、技校）的招生保持基本平衡。

根据浙江省教育厅2015年新的《浙江省现代化县（市、区）评估操作标准》文件精神，对照省教育现代化41项创建指标，富阳重新全面开展自查自评，重点针对薄弱环节，对未达标指标和易波动指标进行认真分析，制定落实针对性措施，着力补缺、补短、补软，确保相应指标如期达标。组织力量做好台账资料和申报材料的重新梳理，于2015年11月及时重新上报。切实做好申报和迎检各项准备工作。

积极落实整改措施，做好全国义务教育发展基本均衡县（市、区）评估验收后的整改复查工作。在2014年12月通过国家义务教育发展基本均衡县（市、区）考核评估的基础上，根据国家义务教育发展均衡县（市、区）评估验收的整改要求，进一步强化责任意识，落实整改措施，加快推进中小学（幼儿园）标准化建设，完善和提升学校的基本办学条件。从硬件条件和内涵发展上努力促进城乡、区域、校际之间教育均衡发展。部署督促学校落实整改。并积极做好国家教育督导委员会的复查准备。2015年6月浙江省90个县域全部通过了教育部的考核评估，为创建浙江省教育现代化区，基本实现教育现代化，打下坚实的基础。

课改工作稳妥推进。根据省教育厅关于深化普通高中课程改革的要求和高考改革的实施方案，建立富阳区教育局普高深化课改和考改工作领导小组，组织普高学校和教研员对深化课改和新考改工作推进过程中的课程设置、选考、学考安排、教学管理与教学评价等进行多次研究探讨，确保高考改革和课程改革工作深入稳妥地推进。10月上旬，富阳二中接受了省教育厅课改工作巡查组的督查，巡查组对学校的课改工作予以了充分肯定。

创建目标如期达成。普高学校以创建浙江省普通高中特色示范学校为抓手，注重学校内部精细化管理，完善规章制度，落实管理细节，努力提高教育教学质量。4月，富阳二中通过省教育厅组织的省一级特色示范高中评估验收，新登中学、场口中学通过省教育厅组织的省二级特色示范高中评估验收。

2015年高考成绩再创新高。普高一本上线1041名，上线率达到23.96%，有9名学生被北大、清华等高校录取。富阳中学张晨星同学获第46届国际中学生物理奥林匹克竞赛金牌，是2000年以来杭州地区学子在国际物理奥林匹克竞赛中获得最好的成绩。高职单考单招上线人数857人，上线率为97.70%，其中，本科上线150人，列杭州地区前列。另有7名同学被录取为空军飞行学员，富阳区教育考试管理中心、富阳中学和富阳二中同时被南京军区空军政治部评为2015年空军招飞工作先进集体。

主动接轨杭州主城区，对接优质教育结对互助工作。抓住富阳“撤市设区”这一契机，以东洲中学和东洲中小为试点，学习借鉴主城区先进学校的教育思想、办学理念、教学方法和管理经验，与杭州市最优秀的学校——北师大附属杭州中学和学军小学对接成为联盟学校，建立优质教育资源共建共享的渠道，通过多种途径，切实推进深度合作，努力缩小城乡教育差距，整体提升全区教育品质。

成功举办富阳区中职师生专业技能大赛。共有230位学生、46位教师参赛，有118位师生获奖。选拔组队参加杭州市、浙江省和全国职业学校技能大赛，实现新突破，共获得国赛1金2银2铜、省赛2金7银6铜、市赛2金28银40铜成绩，居杭州七县市前列。富阳学院陈晓洋获得了手工制茶国赛一等奖，实现了富阳区中职学生在国家级技能竞赛中一等奖零的突破。

评选最美，榜样楷模引领，新登镇小洪尘获得浙江省美德少年荣誉。创造实践体验教育途径，积极培育和践行社会主义核心价值观。深入推进“美丽学校”建设行动系列主题活动。扎实开展学校艺术教育，举办第二届“孙过庭奖”中小学生书法比赛，选送16幅作品参加浙江省第四届“兰亭奖”中小学生书法比赛；选拔优秀节目参加浙江省中小学生艺术节杭州赛区比赛，选送10个节目参加杭州市中小学生舞蹈、戏剧比赛。组织开展富阳区第11届中小学生合唱比赛，38支队伍2000余名学生参赛，是历年来参与学校规模之最。丰富中小学科技活动，深入开展富阳区中小学生科技节系列活动，提升全区中小学生科技教育教学水平及中小学生的科学素养、创新精神和实践能力。里山镇小在2015年全国青少年DI创新思维大赛(国际邀请赛)中荣获一等奖。

全区教育经费总体稳中有升，教育投入结构不断优化，妥善解决教育经费使用中的突出难题，提高教育经费使用绩效，2015年始将每年安排3500元/人的教师福利费。完善教师绩效工资政策，在保持绩效工作总量不减的基础上，单列农教津贴和特岗津贴，以提高农村教师工资待遇，有2197人享受特岗津贴1504万元，2775人享受农教津贴902万元。推进教育经费投入和管理科学化、精细化，提高经费使用的合理性和预算的科学性，为学校平稳发展提供保障。

加强对教育工程的监督管理，2015年新建教育项目15个，总投资为7.78亿元。两个为民办实事项目(富春八小、松溪辅小)及新桐中小、受降中心幼儿园、受降镇小改扩建、里山镇小改扩建、永昌镇小改扩建等工程于9月投入使用。富阳学院改建、富阳中学改扩建、常绿镇中心幼儿园新建等项目正在顺利推进。完善学校布局规划，新设立富春春蕾小学、富春第五幼儿园、新登镇第二幼儿园。投入2680万元对全区学校累计完成135个维修和13个校园文化建设项目。规范学校固定资产管理工作，全区直属学校新增固定资产总值约1671万元，并对约142万元报废资产进行处置。完成义务教育阶段学校校园饮水质量提升工程建设，加热保温供水达100%。实施办公电脑人手一机、课堂教学实时共享、教育资源云端存储等三大工程，投入520万元，采购教师办公电脑1254台，使全区中小学校师机比达到1:1，新建学生机房10个，配备电脑493台；投入116万元，建设智慧教育录播平台，新建18个录播教室，打造“空中课堂”；投入287万元，建设教育数据中心，打造富阳教育云。实施教育装备管理应用绩效评价工程，提高学校管理应用水平。

深入贯彻落实中央关于加强作风纪律建设的“八项规定”，对照习近平总书记指出的“七个有之”、省委夏宝龙书记指出的“九种表现”，密切联系群众，切实改进工作作风。加大明察暗访力度，对顶风违纪、情节严重，造成恶劣影响的，做到发现一起、查处一起。切实加强机关思想作风和效能建设，推进机关学习型党组织建设和文明机关建设，局机关老干部支部被评为杭州市先进基层党组织。深入开展“城乡结对”“关爱帮扶”“一对一”共建等活动，帮扶慰问困难户28户，党员进社区志愿服务共4500人次，提高党员干部服务群众的能力。召开纪念建党94周年表彰大会，表彰先进基层党组织6个，先锋党员314名。认真办理人大代表建议、政协委员提案共23件，受理群众来信来访49件信，区长公开电话243起，党政办公网部门信箱36件，省教育厅（杭州市）厅长局长信箱89件，区教育局局长信箱1027件，办结率、反馈率、满意率均为100%。

【国务院职业教育督导组到富阳督导检查】 6月18日，国务院教育督导委员会职业教育专项督导检查组到富阳督导检查。督导组在听取汇报、实地查看了区职教中心的化工工艺实训室和联想3C服务实训中心后表示充分肯定，认为富阳区的职业教育工作领导重视、注重实效，关注学生发展，取得了可喜的成效。

【国家语言文字工作委员会到富阳开展语言文字规范化工作调研】 9月16日，国家语言文字工作委员会和省教育厅调研组到富阳，调研乡镇（街道）语言文字规范化工作开展和中小学经典诵读情况。重点了解了富阳城区学校经典诵读的开展情况。

【富阳学院成为“国家中等职业教育改革发展示范学校”】 11月中旬，教育部办公厅、人力资源社会保障部办公厅、财政部办公厅联合发文，公布“国家中等职业教育改革发展示范学校建设计划”第二批项目学校验收结果，富阳学院成为“国家中等职业教育改革发展示范学校”。

【全国书法教师“蒲公英计划”第三期开班】 7月25日，全国书法教师公益培训——“蒲公英计划”在富阳开班，来自全国各地的133名中小学教师参加培训。为期10天的培训结束后，举行了“蒲公英计划”三年成果展。至此，由《浙江日报》《美术报》联合陈振濂教授共同发起书法教师“蒲公英计划”大型公益培训历时三年，对来自全国31个省区市的500余名基层中小学书法教师进行了书法教学专项培训。

【教育学会召开第十次代表大会】 1月20日下午，富阳区教育学会召开了第十次代表大会暨第二届特级教师论坛。大会审议通过了《九届理事会的工作报告》和《章程修改的说明》，选举了第十届理事会理事。召开了十届一次理事会，选举产生了理事会理事长、副理事长，秘书长、副秘书长，包国灿任第十届理事会理事长，凌国柱、邵俊、何文明任第十届理事会副理事长，章敏毅任第十届理事会秘书长、章叶英任第十届理事会副秘书长。

【召开2014年全区中小学校（园）长会议】 2月3日，富阳召开2014年全区中小学校（园）长会议，回顾总结2014年全区教育发展情况，并就2015年具体工作进行了部署。提出以创建浙江省教育现代化县（市、区）为抓手，以推进区域教育优质均衡发展为主线，深入开展党的群众路线教育实践活动，力求各项工作顺利推进，为加快推进教育现代化夯实了基础。

【举行第四届浙江中学校长论坛】 4月下旬，主题为“浙江高考改革与高水平大学创新人才培养”的第四届浙江中学校长论坛在富阳中学举行，省内40多所知名中学校长出席论坛活动。

【召开教育系统庆“五一”优秀教师座谈会】 4月28日，富阳区教育系统庆“五一”优秀教师座谈会召开，27名来自全区各中小学、幼儿园的优秀教师代表参加座谈。区职教中心谢红旺、场口镇中陈晓松、洞桥镇小徐明军、东洲中幼邵丽美等优秀教师代表发言。

【举行富阳区第八届青少年模型锦标赛】 5月19日上午，富阳区第八届青少年模型锦标赛举行。来自富阳20所中小学近300名选手参加比赛。比赛设小学组和中学组，分为“极光”2.4G电动遥控双体快艇绕标航行竞赛、“未来之星”初级遥控平跑车绕标竞速比赛、“绿野仙踪”花园别墅模型制作比赛等组别。通过角逐，实验小学获小学组团体第一名，富春中学获中学组团体第一名。唐远扬等75名同学分获小学组各项目的一、二、三等奖，王佳驰等75名同学分获中学组各项目的一、二、三等奖，金敏烽等19位教师获得优秀教练员称号。

【1070名“阳光成才优秀学生”受表彰奖励】 5月27日，2014年度富阳农商银行阳光成长奖学基金颁奖大会举行。全区1070位学生获“2014年度富阳农商银行阳光成才优秀学生”称号，152个班级获得“富阳区先进班集体”称号。共发放奖金80.80万元，累计发放奖金380余万元。

【富阳7名高考考生被空军招收】 7月27日上午，由南空招飞中心与杭州市教育考试院共同举办的杭州市2015年空军招收飞行员录取通知书发放仪式在富阳举行。全区共有7名学员被空军录取。富阳中学有5名学生入选，成为向空军输送学员最多的学校之一。

【举行教育系统领导干部暑期读书会活动】 7月29日至7月31日，举行了2015年富阳区教育系统领导干部暑期读书会活动暨富阳区教育系统第十六轮师德教育暑期专题培训启动仪式。本届读书会活动围绕会议主题，对做好富阳区2015年下半年的教育工作进一步提出要求，部署下半年工作，并邀请校长代表作校长观点报告；张国华、缪水娟、徐彬、朱敬东、杨全印等专家讲师到会作专题讲座。

【召开庆祝第31个教师节暨中小学育人工作座谈会】 9月9日上午，富阳召开庆祝第31个教师节暨中小学育人工作座谈会，表彰了全区获得浙江省中小学教坛新秀、杭州市五一劳动奖章等荣誉的教师；以座谈形式交流、探讨了全区中小学育人工作。

【举行第44届中小学生田径运动会】 10月22日上午，富阳举行了区第44届中小学生田径运动会。来自全区各中小学的67支代表队，1139名运动员参加了60米、100米、200米、400米、800米、1500米、3000米、110米栏、4×100米接力、跳高、跳远、三级跳远、铅球、铁饼、标枪、垒球、三项全能、五项全能等19个项目的比赛，充分展示了全区中小学生阳光健康精神风貌。

【举行2015年全民终身学习活动周启动活动】 10月30日，举行主题为“推进终身学习，打造智慧富阳”的2015年全民终身学习活动周启动活动。开展了富阳社区教育10年成果图版展示、社区教育志愿者宣讲、市民科普宣传、市民课堂、“百场健康知识宣讲”进社区进农村、市民广场舞菜单培训等活动。还向市民代表赠送了富阳社区教育系列读本，表彰了各类先进。

·幼儿教育·

【概况】 全区有各类幼儿园88所，其中教育部门办29所、集体办8所、民办51所，在园幼儿约2.41万人，学前三年入园率99.30%。幼儿园教职工2664人，园长和专任教师1774人，其中本科毕业680人、专科毕业929人、高中阶段毕业165人；具有专业技术职称的园长和专任教师652人，其中中学高级9人、小学高级240人、小学一级400人、小学二级3人。

甲级幼儿园15所；乙级幼儿园25所；丙级幼儿园24所；丁级幼儿园24所。有省一级幼儿园10所，省二级幼儿园25所，省三级幼儿园34所。

学前三年幼儿入园率为99.30%、等级幼儿园在园人数比例为100%、优质学前教育覆盖率为74%。通过幼儿教师定数量、定山区、定年限“三定”招考模式，从2015年起，连续三年定向分配到农村的幼儿教师在当地服务须满8年，进一步提升了农村幼儿园的师资力量。

完善幼儿园考核办法，实行分类考核，修订出台《杭州市富阳区幼儿园等级标准》和《杭州市富阳区幼儿园年度考核办法》。规范幼儿园招生工作，出台《杭州市富阳区公办幼儿园招生工作指导意见》，完善公办幼儿园招生机制，进一步推进全区教育阳光招生。加强幼儿园教学管理，树立“儿童本位”理念，防止和纠正“小学化”倾向，全面提高保教质量。加强民办幼儿园管理，通过等级评定、专题检查指导及年度考核等方式，对全区民办幼儿园进行有效管理，促进其规范发展。积极开展幼儿园等级创建工作，新增浙江省一级幼儿园1所，富阳区甲级幼儿园1所，富阳区乙级幼儿园5所。

强化管理机制，深化互动交流，扎实推进学前教育城乡幼儿园互助共同体工作。以“搭建舞台、智慧资源、抱团共赢”为目标，充分发挥核心园的示范辐射作用，加大对农村幼儿园的指导帮扶力度，增强农村幼儿园自身的“造血”功能，实现城乡互助共同体各成员单位理念共享、资源共享、管理共享、成果共享，促进城乡教育均衡优质发展，全面提升学前教育发展水平。至2015年底，全区幼儿园（含民办）成立全覆盖的区级层面互助共同体25个。农村中心幼儿园中，与杭州市上城区结对5所幼儿园、与萧山区结对12所幼儿园、与滨江区结对21所幼儿园。

项目建设有序推进。银湖街道受降幼儿园等工程于9月投入使用，常绿镇中心幼儿园等项目正在顺利推进。完善学校布局规划，新设立富春第五幼儿园、新登镇第二幼儿园。

【举办首届幼儿园游戏节】 5月15日，首届富阳区幼儿园游戏节开幕。全区各公办幼儿园全面开展此项活动，分别结合幼儿园特色和实际情况，推出具有特色的游戏活动，区教育局教研室就此次游戏节活动开展情况进行综合评比，并进行游戏展示与观摩活动。

【召开学校幼儿园安全德育工作会议】 8月27日，富阳区2015年学校幼儿园安全、德育工作会议召开。区教育局党委书记、局长包国灿，副局长邵俊及全区各辅导学校、中小学、幼儿园分管德育的校（园）长、教育保安大队负责人等180人参加会议。会议总结回顾2015年上半年学校幼儿园德育、安全工作，部署下半年学校幼儿园德育、安全主要工作。

【举行富阳区第一届游戏节研修成果展示活动】 10月29日，杭州市幼儿园“游戏中的一百种对话”分会场暨富阳区第一届游戏节研修成果展示活动举行。活动以“围绕现场建构游戏及室内自主性游戏”为主题，从游戏前的准备初探、导引时的策略例谈、游戏后的小结评价等方面展开，有效提升了教师的理论素养和实践能力。

·中小学教育·

【概况】 全区有小学44所，九年一贯制学校小学部1所，1226个班，学生44988人，教职工2904人。专任教师2555人，其中研究生毕业5人，大学本科毕业1699人、大学专科毕业780人、高中段毕业71人，大专及以上学历97.22%。具有专业技术职称的专任教师有2447人，其中中学高级101人、小学高级2028人、小学一级316人。

全区有初级中学15所，九年一贯制学校初中部1所，483个班，学生19535人。教职工2245人，专任教师1759人，其中研究生毕业15人、大学本科毕业1670人、大学专科毕业74人，大学专科及以上学历为100%。专任教师中具有专业技术职称的1734人，其中中学高级595人、中学一级943人、中学二级196人。

全区普通高中6所（含民办高中1所），267个班，学生12601人。教职工1182人（含民办高中），专任教师1049人（含民办高中），其中研究生毕业65人、大学本科毕业982人、大学专科毕业2人，大学本科及以上学历为99.80%。专任教师中具有专业技术职称的956人，其中中学高级390人、中学一级422人、中学二级144人。

九年义务教育入学率、巩固率及“三残”儿童教育率继续保持全省领先水平。积极深化名校集团和城乡学校互助共同体建设，现有名校集团8个（高中段3个、小学段2个、学前教育段3个），城乡互助共同体18个，15所初中、42所小学与杭州城区及兄弟县市学校结为互助共同体，区内结对率达到100%。严格执行招生政策，实施“阳光招生”。制定出台《2015年富阳区公办初中、小学秋季招生工作指导意见》，成立由分管副区长任组长，区纠风、教育、公安、住建、人社和市场监管局等部门负责人组成的招生工作领导小组，严格执行招生政策和招生纪律。实施“零择校，不收费”，小学按照“分类报名、按序入取”的方式，初中继续实行“电脑派位”招生制度，稳步推进招生工作规范有序，公开透明，取信于民。

加大招生政策宣传力度，举行教育招生政策大型广场咨询活动，提高招生工作的公正性和透明度。

出台《富阳区2015年各类高中招生指南》，规范高中招生秩序，严格执行公办普高择校“三限”政策，稳步推进中考招生制度改革，省一级重点普高提前自主招生名额重点向农村薄弱初中倾斜。

出台2015年富阳区各类高中入学考试和招生工作实施办法，“异地中考”继续施行，班级规模有所缩小。全区初中毕业生升入各类高中的比例为99.94%，优质高中招生比例达到90%以上，普职招生比基本平衡。

深入贯彻省教育厅普高课改指导意见，稳妥推进课改各项工作。结合省厅新高考改革方案，鼓励各高中结合自身办学情况，发挥传统优势，优化课程结构，开设校本选修特色课程。深入推进分层教学、走班制、学分制等改革，切实增加学生个性化、多样化学习选择空间，促进人的全面发展。积极创建省普通高中特色示范学校，富阳二中通过省教育厅组织的省一级特色示范高中评估验收，新登中学、场口中学通过省教育厅组织的省二级特色示范高中评估验收。落实“减负”规定，进一步促进规范办学行为。通过不同层面的工作会议、专题宣传和专项检查等途径，减轻学生过重的课业负担，并协同督导科对全区中小学进行“减负”工作专项检查。

2015年，全区高考报名总人数达5224人。其中，普通高校报考4345人，一类本科上线1041人，上线人数再次突破千人大关，上线率达23.90%；二类本科录取2012人，三类专科录取1223人，共录取人数2941人，本科录取率为67.70%；本、专科共录取人数为4164人，录取率为95.80%，超出全省平均录取率近十个百分点，有9名同学被北大、清华等高校录取。高职单考单招报名人数为879人，上线859人，录取852人，上线率为97.70%，录取率为96.90%，150名同学进入高职本科学习。

2015年，空军招飞工作成绩突出，有7名同学被录取为空军飞行学员。富阳区教育考试管理中心、富阳中学和富阳二中同时被南京军区空军政治部评为2015年空军招飞工作先进集体。

分别在春江街道、富春街道、鹿山街道、东洲街道、大源镇、灵桥镇独立设置10所外来务工人员子女学校，接纳外来务工人员子女约1.50万人。强化义务教育学生学籍管理，进一步规范了全区学籍管理。制定《杭州市富阳区义务教育学籍管理办法(试行稿)》，对入学与注册、学籍变更、奖励和处分、毕业、结业、肄业等方面作了详尽的阐述与规定，使学籍管理有章可循；梳理并解决前几年积累的问题数据5000余条；举行学籍管理员专项业务培训，办理各类转学、休学、复学手续1100余次，

继续推进省市农远工程、“书香校园”工程、杭州市教育信息化帮扶工程、中小学课桌椅配备项目建设，改善农村中小学办学条件。完成义务教育阶段学校校园饮水质量提升工程建设，加热保温供水达100%。实施办公电脑人手一机、课堂教学实时共享、教育资源云端存储等三大工程，投入520万元，采购教师办公电脑1254台，使全区中小学校师机比达到1:1，新建学生机房10个，配备电脑493台；投入116万元，建设智慧教育录播平台，新建18个录播教室，打造“空中课堂”；投入287万元，建设教育数据中心，打造富阳教育云。实施教育装备管理应用绩效评价工程，提高学校管理应用水平。

积极推进“百校结对”“千校结好”工程，加强国际理解教育品牌创建，鼓励本区学校与国外(境外)优秀中小学开展深度交流与合作。东洲中学与台湾高雄市右昌中学、春江中小与台湾苗栗县泰安乡士林小学、常安镇小与台湾南投县草屯小学结为友好学校并开展合作交流；推荐湖源乡中心小学特色项目——“湖源样式”的特色文化，参加“千校结好特色学校”评选；推荐富阳学院等5所学校参加杭州市国际理解教育创建评比。支持海外名校来富合作办学，有序推进“校校有外教”工作。

2015年，中美国际班77名毕业生中5名进入美国前30名的大学，33名进入美国前50名的大学。中加国际班20名毕业生，100%取得留学签证。选送优秀教师和优秀校长到国外培训进修，开阔教育视野，提升办学理念。

【举行第七届中学生社团文化节】 1月14日下午，举行了主题为“最环保、炫社团”的第七届富阳区中学生社团文化节活动。来自18所中学的20个社团参加了本次活动。充分展示全区中学生丰富多彩的校园文化生活和蓬勃向上的精神风貌，促进学生社团健康发展，全面活跃了校园文化。

【举行首批“大鼻子”校车开运仪式】 1月16日下午，首批“大鼻子”校车正式投入营运。富阳东南校车服务有限公司由东南汽运公司全额出资，首期投入200多万元，购置了6辆专用校车，专门担负场口镇中心小学600多名小学生上下学的接送重任。

【第二届“孙过庭奖”中小学生书法大赛圆满落幕】 5月8日，富阳区第二届“孙过庭奖”中小学生书法大赛现场比赛举行，大赛分为作品初评和现场比赛两个阶段。经专家评审，最后共有122位选手参加现场比赛，分小学低段、小学高段和中学段三段，按照比赛规则在规定时间内完成书法作品。获奖作品结集由《富阳教育》杂志刊发。

【举行“5·12”防灾减灾日应急疏散演练】 5月12日下午，由富阳区教育局、地震局主办，区减灾委成员单位及春江街道协办的“5·12”防灾减灾日应急疏散演练现场会在春江中小举行。在听到地震警报后，模拟教室内的师生迅速采取紧急避险措施，教学楼内的师生紧急撤离，整个疏散演练过程有序、快速，取得了实效。

【举行2015年教育招生政策广场咨询活动】 5月23日上午，2015年富阳区教育招生政策广场咨询活动在秦望广场举行。区教育局相关科室、各高中学校、城区公办中小学在内的相关负责人，现场解答包括义务教育招生、中考、中考志愿填报、学生资助、学校收费、高校招生在内的教育相关政策问题。

【春江中小成为欧亚校园足球促进会会员单位】 7月22日，2015年第四届杭州富阳“春江杯”全国青少年校园足球邀请赛在富阳区春江中心小学举行。来自台湾苗栗县尖山小学、士林小学、上海、江苏、山东等八支队伍的150多名足球小将同台竞技。春江中心小学荣获全国2015年首批校园足球特色学校荣誉称号，成为欧亚校园足球促进会会员单位。

【优秀教师赴新疆阿克苏市支教】 8月17日，富阳区实验中学教师王国灿赴杭州师范大学附属阿克苏高级中学任副校长，支教期限为一年半。

【举行“山水富阳”教师书画作品评比活动】 9月10日，区教育工会组织开展了第五届“山水富阳”教师书画作品评比活动。活动共收到参赛作品186件，优秀作品将于9月8日至11日在富阳影剧院展出，反映了全区中小学校书法、美术教育教学成就，展示了全区教师的书画艺术才华。

【举行首届青年教师基本技能竞赛和中小学班主任基本功大赛】 12月22日和12月24日，分别举行了富阳区首届青年教师基本技能竞赛和中小学班主任基本功大赛，旨在进一步提升青年教师的师德修养和专业化水平，为实施学生“纽扣工程”，打造育人工作“富阳经验”奠定基础。

【富阳区实验小学纪念建校110周年】 12月31日，富阳区实验小学建校110周年纪念活动举行。实验小学创建于1905年。近百年来，学校几经易名，从最初的春江书院到如今的“杭州市富阳区实验小学”，为高一级学校输送了近3万名莘莘学子，赢得了社会的一致肯定和赞誉，成为远近闻名的百年名校。

·中等职业教育·

【概况】 全区中等职业学校(机构)2所，学生7464人，教职工628人，专任教师557人。具有专业技术职称的609人，其中副高级206人、中级283人、初级120人。

富阳学院由原电大富阳学院、原富阳市职业高级中学统筹整合组建，以先进制造业为主要办学方向；富阳区职业教育中心由原城镇职业高级中学和原富春职业高级中学统筹整合组建，以现代服务业为主要办学方向。2014年职业教育格局的重大调整，使富阳区中等职业学校的管理体制更顺畅，专业结构更合理，资源配置更优化，功能组合更有效，资源共享更便捷，为培养更多优秀实用型人才打下了坚实基础。

富阳学院为国家中职改革发展示范学校、国家级重点中等职业学校，全国职教先进单位，全省电大先进办学单位、全省电大招生工作先进单位、全省电大新闻宣传工作先进单位，首批浙江省中等职业教育改革发展示范学校，浙江省示范性社区学院，首批浙江省中等职业教育德育工作实验基地学校，浙江省中职学生创业基地。学校开设旅游服务、医药化工、信息技术、服装、公共管理与服务、财经商贸等六大类20个专业。富阳学院实行“多块牌子、一副班子、两个校区”办学管理模式。大青校区以中等职业教育为主，文教路校区以成人教育(成人高等教育、教师教育、社区教育、职工培训等)为主。学院中职教育开设机电、财经、学前教育、护理、汽修、建筑、园林等七大类共11个专业。省示范专业、骨干专业、特色专业各1个，杭州市示范专业2个。其中，数控技术应用专业为国家立项重点建设专业，电子技术应用专业是浙江省骨干专业，财会专业是杭州市示范专业，汽修专业是浙江省示范专业，园林专业是浙江省特色专业，建筑专业是富阳市唯一定点培养建筑专业技能人才基地，学前教育专业是杭州市示范专业，护理专业被推荐申报养老护理专业示范点。

富阳区职业教育中心为国家级重点中等职业学校、浙江省首批改革发展示范学校，首批浙江省中等职业教育德育工作实验基地学校，浙江省中职课程改革首批试点学校，浙江省中职德育创新学校(中职学生“第一技能”培养研究)，浙江省中职学生创业基地，浙江省教育科研“百强学校”，第三届黄炎培职业教育“优秀学校奖”。学校开设旅游文秘、信息技术、医药化工、财经商贸四大类16个专业。拥有1个国家级实训基地，1个省级骨干专业，3个省级示范专业，3个省级实训基地，1个省级新兴专业，1个省级产学研联合体，1个省级开放性实训中心。学校联合杭州科技职业技术学院、富春成人文化技术学院、海正药业(杭州)有限公司、富阳国际贸易中心大酒店、富阳卡特兰酒店管理有限公司等企业、行业协会、高职院校、兄弟学校等27家单位，共同组建富阳区职业教育中心教育集团。整合区域职业教育资源，构建现代化职业教育综合实力，打造职教品牌；探索校企合作、产教研一体的新途径、新模式；探求职业教育集团化社会化发展的规律，促进职业教育可持续发展。学校一流的实验实训设施为学生的专业技能训练提供了优质的平台。

积极稳妥推进中职选择性课程改革工作，成立中职课改领导小组，制定出台《杭州市富阳区中等职业教育课程改革指导意见》，整体推进全区中职课改工作。区职教中心作为省首批中职课改视点学校，其制订的课改方案于3月通过专家论证，并在杭州地区作典型经验交流。积极探索现代学徒制办学路子，制订《关于开展现代学徒制试点工作实施方案》，着力提升职教学生技能素养。

重视职高学生技能培养和训练，以师生技能竞赛为抓手，以赛促教，以赛促练。高职单考单招上线人数857人，上线率为97.70%，其中，本科上线150人，列杭州地区前列。成功举办富阳区中职师生专业技能大赛。共有230位学生、46位教师参赛，有118位师生获奖。选拔组队参加杭州市、浙江省和全国职业学校技能大赛，实现新突破，共获得国赛1金2银2铜、省赛2金7银6铜、市赛2金28银40铜成绩，居杭州七县市前列。特别是富阳学院的陈晓洋同学获得了手工制茶国赛一等奖，实现了富阳区中职学生在国家级技能竞赛中一等奖零的突破。

“十二五”期间，富阳区中等职业教育通过采取加大投入、资源整合、错位发展等一系列措施，办学规模逐步扩大，专业设置更加合理，办学特色逐步明显，服务经济社会能力逐步增强，走出了一条具有鲜明富阳特色的中等职业教育发展道路。

【建德市人大到职教中心考察职业教育工作】 4月2日，建德市人大常委会副主任吕建月一行7人到富阳区职教中心考察职业教育工作。重点交流了组建职教中心的经验做法以及职教中心的功能定位、运作管理、经费保障等相关情况。

【举行富阳区中职师生技能大赛】 6月12日，富阳区中等职业学校师生专业技能大赛顺利结束，共评出一、二、三等奖118个(含团体奖项)，获奖师生代表到场接受表彰。本届大赛覆盖了富阳中职学校所有专业，共设18个专业大类，34个比赛项目，学生选手215人，教师选手40人参赛，形成了“校校有大赛，层层有选择”的良好竞争氛围。

【举行首届全区中学生健美操比赛】 11月27日，举行了富阳区首届中学生健美操比赛。来自富阳区各初中、高中学校的17支代表队参加此次比赛，展显青少年的青春、激情和健美，展示了富阳区体育教育的丰硕成果。鹿山中学、春江中学获得初中组一等奖；富阳学院、富阳中学获得高中组一等奖。

【区职教中心获黄炎培职业教育优秀学校奖】 12月10日，由杭州市中华职业教育社、杭州市教育局和杭州市人力资源和社会保障局共同组织的杭州市第四届黄炎培职业教育奖颁奖大会隆重举行，富阳区职业教育中心荣获杭州市职业教育界的最高荣誉奖—黄炎培职业教育"优秀学校奖"，校长何永刚代表该校参加了颁奖典礼。

·高等教育·

【概况】 2015年，富阳区成人高等教育在读学员5627人。其中，开放教育学员共3461人(本科1363人、专科2098人)、网络教育1233(人大620人、奥鹏613人)，函授教育486人。新招收农民大学生60人，退役士兵学员83人。春季共招收各类成人高等教育新生894人，中央电大开放教育511人，杭师大函授198人，人大网络学院92人，奥鹏网络教育93人。秋季共招收各类成人高等教育新生836人，其中开放教育613人(包含30名纯农专业园林技术学员和农民学校招收的30名观光农业学员)，人民大学网络教育93人，奥鹏网络教育130人。2014年春季本专科毕业生885人，开放689人，网院179人，函授17人，秋季本专科毕业学员共946人，其中开放教育602人，人大网院80人，奥鹏网院123人，函授教育141人。

区职教中心新设立西南科技大学网络教育学院富阳学习中心，和成人教育处合并办公。远程教育专职人员在编5人，聘请了5名教授、副教授及中级以上职称10余人作为远程教育的兼职辅导老师，建立成教平台，有网上课件、在线作业、网上答疑等学习系统。

电大富阳学院进一步拓展办学空间，新增浙江大学远程教育、杭州科技职业技术院成人专科、成人中专等合作办学项目；继续保持全省电大招生工作先进单位、全省电大系统教材发行管理先进单位、浙江电大奥鹏远程教育管理中心2015年春、秋季招生组织工作先进单位、2014—2015年全省电大系统学生思想政治工作先进单位、"双节文化"被评为全省电大系统第二批校园文化品牌、大连理工大学现代远程教育2014—2015年度招生组织工作优秀奖、浙江省现代远程教育科学研究先进单位、全省电大财务工作先进单位等荣誉。

积极打造品牌，提升支持服务水平。切实加强专任教师、外聘教师、班主任、专业责任教师队伍建设，完善兼职教师选聘管理办法和兼职教师资源库。切实加强主干专业建设，逐步解决开放、网络、函授教育专业重叠设置问题，重点打造会计学、学前教育、建筑施工与管理(土木工程)及行政管理四大专业。不断改进教育教学方法，充分发挥开放远程教育优势，切实创新解决工学矛盾新方法。提升支持服务水平，优化富阳电大在线学习平台建设，完善网络教学资源，顺利完成近4.50万人次的高等教育期末考试。加强成人大学生思想工作，组织开展各种形式的业余大学生校园文化活动，完善评优、奖学、助学机制，做好对贫困学生的助学工作。

·成人教育·

【概况】 全区现有社区学院1所，区域性成校(社区教育中心)5所、乡镇街道成校(社区教育学校)19所，农民学校1所，市民学校302所，基本构建了以社区学院为龙头、乡镇(街道)成校为骨干、市民学校为基础的成人教育(社区教育)三级培训网络。全区现有成人教育干部教师127人，成校校园占地面积149100平方米，校舍面积64800平方米，拥有专用培训教室120余个，计算机970余台，实训基地或实训室51个。至2015年底，全区24所乡镇(街道)成校已全部创建成为浙江省标准化乡镇成校，有浙江省企业职工培训示范基地1个、省职工教育培训优秀基地2个、省家政服务员培训基地1个、省优秀农村预备劳动力培训基地1个；有杭州市示范性成校10所、杭州市职工教育培训示范基地9个、杭州市职工教育校企合作示范基地3个。

以创建促发展，不断提升成人教育办学基础能力。对照教育部《申报全国社区教育实验区的基本条件》，通过自查、自评，启动全国社区教育实验区创建申报工作。10月中旬，通过了省教育厅组织的专家组评审，经公示后，已推荐报送教育部审批。6月，根据省、市统一部署，富阳社区学院启动浙江省县级社区教育示范院校、银湖街道成校启动浙江省新型农民素质培训基地、大源成校启动杭州市校企合作职工教育培训示范基地等创建工作。至2016年1月，三个创建工作均顺利通过有关专家组的评审，并发文公布，较好地推进了富阳区成人教育(社区教育)基础能力建设，提升了成人教育办学层次。

进村入户送教上门，全面完成扫盲培训任务。全区25个扫盲教学点，充分发挥在职中小学教师、退休教师、各行政村文化员、大学生村干部等社会资源，通过进村入户摸底调查，确定扫盲对象。采用集中办班与“一对一”上门辅导相结合、教师授课与“小手牵大手”帮扶相结合、规定脱盲教材教学与日常生活知识教学相结合等方式，努力实现逐个脱盲。经过三年的努力，全区实际完成脱盲任务8415名，其中自然脱盲2386人、培训脱盲6029人，完成率达125.60%，超额完成了上级下达的三年扫盲任务。同时表彰了11个富阳区扫盲教育工作先进集体和34名扫盲教育先进工作者。三年扫盲工作，得到了省教育厅考核组的充分肯定。

创新活动载体，扎实开展社区教育工作。全区各成校(社区教育学校)结合本辖区市民的需求，组织开展多渠道、多层次、多形式的市民教育活动，不断提高市民文化素养。据不完全统计，2015年开展各类社区教育培训服务活动3500余场次，参与教育培训活动的人数达到35.80万人次。同时，以“全民终身学习活动周”为契机，评选表彰富阳区学习型社区11个、示范社区学习共同体10个和学习型家庭207户。其中，有2名农民大学生被评为杭州市“百姓学习之星”，吉庆农庄总经理倪庆凤还被评为2015年全国“事迹特别感人的百姓学习之星”，这也是浙江唯一获此殊荣的全国十佳百姓学习之星。

打造“田间课堂”，提升农民素质培训实效。以培养有文化、懂技术、会经营的新型职业农民为目标，以转移就业技能培训为重点，全年共完成各类农民培训11250余人，其中：农业专技能培训2531人、转移就业培训1121人、实用人才培训1568人、文明素质培训5115人、农民讲堂915人。坚持以“实际、实用、实效”为原则，开设切合农村实际、符合农民需求的培训项目，开展“送技能、送培训、送文化”进农村下田头系列活动，着力打造“进门是课堂，出门是现场”农民讲堂培训项目，有效解决农民种植养殖过程中的技术难题，大幅提高了农业经济效益，培训成效明显。

坚持把成人教育(社区教育)纳入经济社会发展规划、教育事业发展规划和社区建设发展规划，把成人教育纳入大职教体系，不断加强成人教育和社区教育基础能力建设，积极探索成人教育(社区教育)运行机制，构建了较为完善的组织管理网络和教育培训网络，基本形成了以推进学习型城市建设为核心，以服务社会主义新农村建设为重点，以“突出主体(农民素质培训)，兼顾两头(老年人教育和青少年校外素质教育)，拓展外围(新富阳人素质提升)”为培训策略的农村成人教育(社区教育)模式。

【启动2015年农民素质提升工程培训】 为深入实施农民素质提升工程，着力加强农村实用人才队伍建设，全面提升农民思想水平和科学文化素质。4月15日，富阳学院美科斯叉车新员工转移就业技能培训开班，标志着2015年富阳区农民素质提升工程培训正式启动。

【启动“百场健康知识宣讲”活动】 4月29日，“百场健康知识宣讲”活动启动。活动以“合理用药，科学就医”为主题，以进社区、进农村文化礼堂为主线，倡导全民健康生活方式，深化社区教育工作，推进全民健康促进工作。至2017年，将每年组织举办“百场健康知识宣讲”活动。

【富阳社区学院创建成为浙江省县级社区教育示范校】 6月，富阳社区学院本着以评促建的原则，抓住契机，周密部署，大力开展各项创建工作。经杭州市教育局审核推荐，浙江省教育厅和省财政厅组织的专家评审，最终被确定为浙江省县级社区教育示范学校。

【富阳农民大学生倪庆凤荣获全国“百姓学习之星”】 10月，由中国成人教育协会组织的“百姓学习之星”评比揭晓，富阳区农民大学生常安镇吉庆农庄负责人倪庆凤跻身全国12名“事迹特别感人的百姓学习之星”之列，是浙江省唯一获此殊荣的现代新型职业农民。教育部在全国全民终身学习活动周启动仪式上专门对学习之星进行表彰和个人事迹展示。

【举办桐庐、富阳、临安、建德四地成教联盟工作研讨会】 11月20日，以“打造特色精品，促进内涵建设”为主题的桐庐、富阳、临安、建德四地成教联盟2015年下半年工作研讨会在富阳社区学院举行，四县(区、市)教育局成教分管干部、区域性成校校长等40余人参加会议。活动分享了四地成人教育、社区教育的工作经验，更好地推进了各地成教工作。

·特殊教育·

【概况】 全区有特殊教育学校2所，即浙江省盲人学校(省教育厅委托富阳区教育局代管)和富阳区特殊教育学校。两校共设32个班，其中视力残疾25个班，智力残疾7个班；在校学生314人(其中视力残疾258人，智力残疾56人)；教职工88人，专任教师85人。2015年，全区特殊教育事业取得新发展，“三残”(包括智力、语言听力、视力残疾)儿童少年入学率超95%。

发挥区特殊教育指导中心作用，提高残疾儿童随班就读质量。区特殊教育指导中心认真履行工作职责，协助区教育局做好全区特殊教育工作。2015年下半年，送教学生达到56名，对残疾儿童少年进行生活技能、心理健康、文化知识、康复训练等方面的辅导，让他们在家里也能享受到教育和关怀。全区义务教育阶段残疾儿童入学率超过95%，受到了省残联的充分肯定；协助省盲校、杭州聋校招生工作，认真做好区特殊教育学校的招生工作，确保残疾儿童接受义务教育。继续推进在普通学校建设特殊教育资源教室工作，切实提高随班就读质量。2015年，出资40万元用于8个新增特殊资源教室建设。4月，在春江中小举行了特殊资源教室建设现场会，并组织专家多次到学校进行资源教室的创建指导。同时制定完善特殊教育考核细则，进一步完善了富阳区特教网络布局，加强了普通学校特殊教育的指导和管理，提升普通学校特殊教育质量。组织专项培训，提升特殊教育师资水平。5月，制定普通学校首席资源教师培训方案，组建为期两年的首席资源教师培训班。由特教中心负责开展全区性的特殊教育研讨活动，同时提高资源教室的利用率与实效。6月中旬，培训班正式开班授课，为整体推进富阳区特殊教育事业的发展做出了贡献。

不断改善学校硬件建设。2015年，出资近60万元用于更新课桌椅、食堂餐桌，添置食堂监控、食堂餐梯、空调、图书及其他教学设备和办公设备；出资40余万元建设浴室热水工程，校舍、厕所维修改造等，以满足智障儿童的生活、学习所需。

【举行首席资源教师培训班】 6月11日上午，富阳区普通学校首席资源教师培训班开班。培训旨在促进教师对全纳教育理念的了解，掌握资源教室建设、运行与管理的基本知识和技能，具备对特殊儿童进行评估、制定个别化教育计划的基本技能，提高随班就读工作的基本能力。首席资源教师培训班培训周期为两年，总学时为90学时。

【浙江省特殊教育指导中心授牌成立】 6月15日上午，浙江省特殊教育指导中心正式成立。该中心集特殊教育研究、评估、咨询、服务于一体，对全省特殊教育学校规范化办学进行专业的评估与指导，开展全省特殊教育的重点及难点问题研究，指导各级特殊教育指导中心、特殊教育学校及普通学校随班就读的教育教学、医教结合、送教上门、卫星班建设等工作，引领特殊教育专业发展，开展特殊儿童的评估与康复训练，负责编印《浙江省特殊教育》专刊，指导学校编写特殊教育相关课程教材、教学用书等，努力提升特殊教育质量。

·学校管理·

【概况】 以“学习贯彻中共十八大和十八届三中、四中、五中全会精神”为主题，深入开展党员进社区、送温暖(送清凉)、文明劝导、进村入企、党代表爱心助学和争创“先锋党员”等活动。通过开展“立德树人，教书育人”调研活动、寻找“最美教师”“美德少年”等系列活动，树立师德典型。根据省市委的部署，认真开展“三严三实”专题教育、党员固定活动日，切实深化党的群众路线教育实践活动。党委书记、局长包国灿《洁身修己、敢于担当、做群众满意的干部》刊登在《富阳日报》相关专题上，副局长黄玉林的党课《践行“三严三实”，建设美丽乡村》和副局长邵俊的党课《努力践行“三严三实”要求，切实增强党性修养》被评为富阳区级优秀党课。召开纪念建党94周年表彰大会，表彰先进基层党组织6个，党员积极分子314名。深入开展“六个一”、党员志愿服务及深化“一个支部一面旗、一名党员一颗星”活动，严格落实基层党建工作责任制，积极推行党建、纪检工作和党员先锋指数信息化管理年度考核评价机制，切实提高基层党组织和党员干部服务群众的能力。

切实落实廉政建设责任，推行党风廉政建设“主体责任”“第一责任人责任”和“监督责任”报告制度，签订党风廉政建设责任书，落实“一岗双责”，党委书记包国灿代表区教育局参加“e动直播”《我们的责任》访谈活动。定期召开党风廉政建设情况分析会，定期开展廉政谈话提醒教育和基层学校廉政情况巡查活动。举办新任局管干部集体廉政教育，做好教育系统领导干部“三不”问题调研，汇编作风建设制度。积极推进“阳光工程”建设，对干部竞聘、教师招考、高考中考、工程管理、小额公共资源交易等工作实行过程监督，实施“阳光招生”专项检查。强化审计监督，完成10所直属学校公务支出公款消费专项审计和29所学校进行校长离任(在职)经济责任审计，并开展审计约谈落实整改。

深入贯彻落实中央关于加强作风纪律建设的“八项规定”，对照习近平指出的“七个有之”、省委书记夏宝龙指出的“九种表现”，密切联系群众，切实改进工作作风。加大明察暗访力度，对顶风违纪、情节严重，造成恶劣影响的，做到发现一起、查处一起。切实加强机关思想作风和效能建设，推进机关学习型党组织建设和文明机关建设，局机关老干部支部被评为杭州市先进基层党组织。深入开展“城乡结对”“关爱帮扶”“一对一”共建等活动，帮扶慰问困难户28户，党员进社区志愿服务共4500人次，提高党员干部服务群众的能力。认真办理人大代表建议、政协委员提案共23件，受理群众来信来访49件信，区长公开电话243起，党政办公网部门信箱36件，省教育厅(杭州市)厅长局长信箱89件，区教育局局长信箱1027件，办结率、反馈率、满意率均为100%。

根据省委省政府关于开展“四张清单一张网”的要求，及时完成除行政处罚外其他七项权力事项的三次梳理比对，做到省市区三级权力名称一致、流程信息一致、环节操作一致。积极营造依法治教、依法办学氛围，完成全区中小学(园)一校一章程修改备案工作，提升学校科学化、规范化、制度化管理水平。认真开展政府信息公开工作，切实贯彻依法行政、依法公开相关政府信息工作，对人民群众要求的“依申请公开”的信息，按区政府信息公开的要求，及时、仔细的公开政府信息，努力做到让人民群众满意、便捷。加强师生法制宣传教育，提高了教师依法执教能力，使学生知法、懂法、守法。组织开展教育行政执法人员培训考试，提高教育执法能力。

修订《杭州市富阳区教育局局管干部选拔任用工作实施办法》，对局管干部选拔任用的条件和资格、选拔任用的程序、职位管理、纪律和监督等方面作明确的规定。对7个职位的中小学、幼儿园校级干部实施了竞争上岗，对30个职位的校级干部实施了民主推荐、考察任用，对34个职位的校级干部实施交流，19人因年龄到岗或工作需要从干部岗位退出，进一步优化了干部队伍结构，增强了学校的生机和活力。出台《杭州市富阳区学校领导班子后备干部工作暂行办法》，启动后备干部库建设，对160余名后备干部人选的条件和资格进行确认，明确学校领导班子后备干部工作原则、数量和结构、选拔、培养、管理、任用等，使后备干部队伍建设有章可依。认真做好学校领导班子述职述廉与民主评议工作。

创新教研活动方法，探索教学、调研、培训、评价一体的教研活动模式，强化“服务”和“指导”功能，实行“校(园)本教研”指导预约制度，进一步增强了教研工作的针对性和实效性。深化课堂教学研究，各学段课程改革稳步、健康推进。加强高考中考研究，把握教育改革和高考、中考方向，进一步探寻复习教学规律，提高课堂教学和训练的有效性。扎实开展“一师一优课、一课一名师”活动，富阳中学陈宏等7位教师的课荣获国家教育部“优课”。投资90万元建成富阳中学创新实验室，组建省级名师网络工作室2个，开展面向全国的网络教研活动。教育科研成绩实现质的提升，全年省级各类立项课题37项、杭州市级立项课题88项；获省级奖励教育科研成果共35项，其中一等奖5项，二等奖8项，三等奖22项；获杭州市级奖励教育科研成果共60项，其中一等奖14项，二等奖23项，三等奖23项。区职业教育中心的《中职学生“第一技能”培养的载体设计与实践研究》获杭州市级教学成果一等奖。

创新活动载体，丰富活动形式，进一步推进学校体育、艺术、科技教育。举办富阳区第44届中小学生田径运动会，组织开展中小学生篮球赛、乒乓球、羽毛球、足球、游泳、“三棋”等单项竞赛活动。举行富阳区第11届中小学生合唱比赛，开展全区中小学生艺术素养监测工作，促进学校艺术教育质量提升。举办第二届“孙过庭奖”中小学生书法比赛，选送16幅作品参加浙江省第四届“兰亭奖”中小学生书法比赛。富春五小陶笛合奏《海之声》获浙江省中小学生艺术节比赛二等奖。开展“DIY”创意培训，举行DIY青少年创新思维大赛，里山镇小获2015年DI青少年创新思维中国总决赛一等奖。举行2015年全区中小学生科技节系列活动，选送优秀项目参加杭州市中小学生科技节比赛，进一步提升区中小学生科技教育教学水平，培养学生独立思考、追求新知、大胆实践、勇于探索的理念，提高中小学生的科学素养、创新精神和实践能力。

深入贯彻省教育厅普高课改指导意见，稳妥推进课改各项工作。结合新考改方案，鼓励各高中结合自身办学情况，发挥传统优势，优化课程结构，开设校本选修特色课程，全区普高开发校本选修课程700余门，其中省级精品课程5门，杭州市级精品课程33门。建立普高深化课改和考改领导小组，积极参与“上海—杭州—苏州”三地高中生涯辅导研讨会，组织普高学校干部和教研员对深化课改和新高考改革的工作推进过程中各校的课程设置、生涯规划、选考与学考的安排、教学管理与教学评价问题的研究探讨，确保高考改革和课程改革工作深入稳妥地推进。积极稳妥推进中职选择性课程改革工作，成立中职课改领导小组，制定出台《杭州市富阳区中等职业教育课程改革指导意见》，整体推进全区中职课改工作。区职教中心作为省首批中职课改视点学校，其制订的课改方案于3月通过专家论证，并在杭州地区作典型经验交流。积极探索现代学徒制办学路子，制订《关于开展现代学徒制试点工作实施方案》，着力提升职教学生技能素养。制定出台《富阳区教育局关于贯彻落实〈浙江省教育厅关于深化义务教育课程改革的指导意见〉的实施意见》，指导和推荐实验小学、富春七小和永兴学校申报杭州市深化义务教育课程改革试点学校，并组织专家认定其他32所学校为富阳区级试点学校。

贯彻执行省市教育行政部门关于“减负”工作的文件精神，减轻学生过重的课业负担。关注农村薄弱初中、小学的教学管理，以教研组、备课组建设为抓手，改进课堂教学，提升师资队伍素质。发挥考核评价的导向作用，调整出台《杭州市富阳区小学教育质量考核办法(试行)》，完善学校质量评价机制，引导树立科学、全面的质量观。稳妥推进课改，切实增强学生个性化、多样化学习空间，实现特色发展，提升教育教学质量。2015年，全区初升高比率达99.20%以上，优质高中招生比例达95%以上，普通高中与职业高中招生比大体相当。共有4345名毕业生参加高考，其中上重点大学一本线人数为1041名，上线率达23.90%，再次突破千人大关。9名学生被北大、清华等高校录取，7名学生被录取为空军飞行学员，富阳考试中心、富阳中学和富阳二中被南京军区空军政治部评为2015年度招飞工作先进单位，富阳中学张晨星获第46届国际中学生物理奥林匹克竞赛金牌。879名参加高职单考单招，上线859名，上线率97.70%，150人进入高职本科学习。区中职师生在各级技能大赛中获国赛1金2银2铜、省赛2金7银6铜、市赛2金28银40铜成绩，居杭州七县市前列。校企合作走入深水区，订单式、定向式等工学结合教学模式进一步推广，毕业生专业技能扎实，对口就业率高，社会反响好。

严格落实以“三项制度”为核心的各项安全管理

制度，全面落实“一岗双责”安全管理责任体系。制定《富阳区中小学(幼儿园)校园安全稳定隐患排查手册》，有效解决校园安全隐患怎么查、查什么的问题。举行富阳区中小学地震应急疏散演练、第二届校园消防运动会观摩活动。深入开展“爱心家长护学岗”工作，全区共42所学校(幼儿园)11622名家长参与爱心护学。扎实推进学生上下学交通安全保障工程，GPS实时监控、急救装备等配备率达100%。稳妥扩大专用校车服务区域，东南校车服务公司投入1350余万，购买24辆专用校车在场口镇、东洲街道、春江街道投入运营。举行教育保安技能大比武，以赛促练，不断提高教育保安的业务能力。进一步深化“学生安全千万家”教师家访活动，以外来务工人员子女、农村留守儿童为重点，有针对性地开展家访活动，宣传安全知识，提醒安全防范重点，督促家长履行法定监护职责。扎实推进等级“平安校园”创建工作，制定《杭州市富阳区等级平安校园建设工作实施方案》，建立“平安校园”等级动态管理机制，以创建促工作提升，促校园平安。

开展以“培育‘四有’教师”为主题的“师德师风建设巩固年”活动，组织广大中小学教师深入学习新修订的《中小学教师违反职业道德行为处理办法》，坚决反对并严肃查处在职教师体罚侮辱学生、从事有偿家教、违规参与经营性活动等行为。开展“学习教育政策法规，争当‘四有’好老师”为主题的第十六轮暑期师德教育全员专题培训，提高学校和广大教师严格依法依规履职的能力。树立先进典型，弘扬教师敬岗爱业、无私奉献的精神，开展“师德标兵”“师德先进个人”的评选活动，并积极宣传先进事迹，大力弘扬教职工爱校爱生、爱岗敬业、乐于奉献的良好师德师风和工作作风，浓厚师德师风建设氛围。隆重举行庆祝第三十一个教师节表彰座谈会，表彰通报了省级先进3人，杭州市先进50人，富阳区先进763人。开展中小学校和在职中小学教师有偿补课专项治理工作。正面引导和督查整治相结合，构建师德师风长效机制。

圆满完成国培项目和省、杭州市各项教师培训任务，因地制宜地组织、指导好本土教师专业发展培训，有计划地开展新教师、教师成长期、骨干教师、德育师资、名师培养人选等各类培训，着力构建教师梯队培养机制。完成选送29人国家级培训，5人中小学“浙派名师名校长培养工程”，77人省级各类骨干教师培训，4人中小学骨干校长和骨干培训者省级培训，5人特殊教育学校教师省级培训和51人中职省级骨干教师培训和34位校级领导参加杭州市级及以上干部培训。继续做好暑期校长读书会、富春教育论坛等本土化的干部培训。加强干部、教师的异地交流与培养。选派6位教师赴杭州城区学校挂职学习，富阳中学老师马伟贵赴青海海西州支教、实验中学老师王国灿赴新疆阿克苏市高级中学援疆支教；选派名优骨干教师分别到贵州锦屏、新疆阿克苏进行一周的支教活动。积极实施名师名校长工程，进一步完善奖励扶持政策，加强管理与考核、搭建成长平台，继续开展好富阳区名师培养人选高研班的研修活动，做好名师工作室建设，充分发挥名师引领作用和示范辐射效应。

稳妥推进事业单位聘用制度改革试点，实施义务教育学校教师校长交流工作，现有的46个城区义务教育学校校级干部中，32人有农村学校校级干部任职经历。最近三年来，共有20余位城区学科带头人、优秀中层干部、副校长到农村学校任职。2015年，义务教育学校共交流校级干部26人，其中在同一岗位工作满10年的7人100%进行交流，有效促进了教师资源合理配置，推进义务教育学校均衡、优质发展。2015年，义务教育学校共有145名教师进行交流，其中普通教师交流116名，达到符合交流条件教师数的20%，骨干教师交流29名，达到符合交流条件骨干教师数的38%。另有6名城区学校教师到农村学校全职支教1年，2名农村骨干教师到城区学校挂职1年。实行学校招聘工作“逢进必考”的用人政策，做到公开、公平、公正，择优录用，共招考公办新教师152人，民办新教师31人，引进学校急需人才13人。继续推行面向偏远山区教师定数量、定山区、定年限“三定”招考模式，优化农村师资队伍结构，2015年，年定向万市中学招考服务期8年以上的教师3名，定向万市、洞桥、常绿、湖源4个偏远乡镇招聘学校教师13名，逐步改善优化农村师资队伍结构，提升农村学校师资力量。

充分利用教育宣传资源，加强对创新举措、为民服务、典型事迹、优秀人物的宣传力度。加强舆情监控，完善舆情信息收集处置机制，健全教育信息员、网评员等队伍建设，增强基层新闻意识，提升教育宣传整体水平。开通“富阳教育”政务微博、微信，建设微网站，重点发布教育新闻和群众关心的热点问题，主动回应社会关切。继续做好新疆阿克苏市、衢州市柯城区等的教育对口支援工作。选派6位教师到杭州城区学校挂职学习一学期；接待1名新疆阿克苏教师到富春三小挂职培训，贵州锦屏县7名校级干部到东洲中学等中小学、幼儿园挂职培训。

加强特殊教育管理，不断提高残疾儿童少年入学率。发挥区特教指导中心作用，提高残疾儿童随班就读质量，切实做好56名持证重度残疾适龄儿童的送教上门工作，确保所有残疾儿童接受义务教育。推进普通学校特殊教育资源教室建设工作，新增8个特殊资源教室，切实提高随班就读质量。2015年，富阳区外来务工人员子女入学总人数达到1.55万人，100%在公办学校就读。关爱生活困难教职工，走访慰问生活困难教职工419名，发放困难慰问金64余万元。开展2015年度“金秋助学”活动，为7户困难教职工家庭子女入学提供帮助。开展在职教职工医疗互助保障工作，全区有82个单位5366名教职工参加了职工医疗互助；有83个单位5608名教职工参加了重大疾病和住院互助；有91个单位4357名教职工参加了女职工特殊疾病互助，为教职工再筑一道医疗保障。2015年，各类教育资助经费达6469万元。学前教育段幼儿资助金额19.33万元；义务教育阶段资助金额为4475.70万元；普高段资助金额255.90万元；职高资助金额为1779.10万元；高等教育段大学生贷款贴息近13万。社会捐资助学的热情高涨，“未来基金”资助学生88人，计44.40万元；“合作银行阳光成才基金”奖励80.80万。在大力宣传国家资助政策的同时，引导激励广大受助学生奋发图强、励志成才、感恩奉献。王宇等9名学生获得“2015年富阳区励志成长成才优秀学生”荣誉称号。

进一步完善学校食堂大宗物品统一配送采购或定点采购工作，扩大统一配送采购范围，联合市场监督管理局建立食堂食品配送采购工作监督检查的长效机制；加强学校饮用水设备管理，对义务教育阶段学校校园饮水质量提升工程进行公开招标采购，采用服务租赁模式，全区所有义务教育阶段学校均已建成加热保温水设施，保障师生健康安全饮用水。加强学校后勤队伍建设，分层分类开展学校后勤干部培训，努力提升后勤干部的业务水平。同时，加强后勤人员的廉政建设，引导树立正确的权力观、利益观。投入10万余元资金建立学校食堂采购管理信息系统，学校食堂食品采购进行网上操作，并实时公布菜单、采购量、采购价格、供应商等信息，接受社会各界的监督。进一步规范校园超市经营行为，全面推行“超市”进校园经营模式，统一公开招标采购，确定合格经营单位，统一经营范围，明确食品安全责任。提升“校园超市”整体形象，保障师生消费安全，全区寄宿制学校品牌超市进校园比率已达100%。

完善机制，深化改革，规范行政许可，强化民办培训学校管理工作。一是落实行政许可职能。按照上级有关部门的要求和权力清单，着手规范行政许可项目和程序，做好信息公开和依法办事，配合相关部门做好行政审批和年检年审工作。二是以“引导民办培训学校规范办学”和“建立和完善培训学校日常管理巡查机制”两大工作重点，加强民办培训学校的日常教学监管。针对培训学校突出存在的消防、食品、接送等安全问题，与消防、公安等部门加强对民办培训学校的安全指导与检查。三是继续深化民办培训机构的管理。在做好常规管理的基础上，联合民政、消防部门等组织全体培训学校负责人进行年检、劳动用工培训及年检的初检审核工作。完成民办培训学校的教师备案，及时处理发现的无证无照教育培训机构，同时借助杭州市富阳区民办培训学校管理行业协会，促进行业自我管理、自我规范、自我发展。

【开展“迎新春　送温暖”活动】 1月28日至1月30日，区教育工会组织开展了“迎新春　送温暖”活动，组织教育局机关的63名干部对全区107所学校419名生活困难教职工进行了上门慰问，发放慰问金63.90万元。为全区各校的困难教职工送上了关怀和温暖。

【开展“一师一优课、一课一名师”活动】 3月24日，富阳区教育系统“一师一优课、一课一名师”活动正式启动。至6月底，全区学校有25%左右的教师在省教育资源公共服务平台上“晒课”。

【举办教育系统青年人才联谊会】 5月20日，区教育工会、教育局团工委联合区供电公司、区公安局团委举办了“拥抱春天，放飞梦想”教育系统青年人才联谊会。富阳近100位年轻教师以及公安和电力系统的青年参加了本次活动，进一步营造了尊重人才、关爱人才的社会氛围。

【举行名师培养人选研修班结业典礼】 5月28日，举行富阳区名师培养人选研修班结业典礼。富阳区名师培养人选研修班自2012年12月开班以来，采用双向导师制、基地实习制、高校研读制、在岗研修制、任务管理制、领导联系制等“六制式”研修模式，有针对性地引导学员在个人发展规划、教育教学理论、现代教育技术、教育科学研究、教育教学特色和风格等方面进行学习和研修，成效显著，有3位学员被评为省级特级教师。

【开展“法律进校园”主题系列活动】 6月12日上午，富阳区“法律进校园”主题系列活动举行，普法动漫剧《与法同行之远离犯罪》首发。法律专业人士、校长、家长、学生代表分别就动漫剧中法律知识、教育形式、教育实效进行了互动交流。

【58名贫困大学生接受“未来基金”资助】 8月26日，杭州市富阳区人民教育基金会2015年“未来基金”助学仪式举行。全区共有88名品学兼优、家境贫困的准大学生享受“未来基金”资助，合计发放44.40万元。富阳区已有1200余名贫困学生接受“未来基金”的资助，进入大学校园。

【开展新任局管干部廉政教育活动】 9月16日，开展了2015年新任局管干部廉政教育活动。来自全区基层学校的60余位中小学(幼儿园)新任(转任)的正、副校长(园长)参加了教育活动。在集体教育培训后，还进行了“廉政知识闭卷测试”，每位新任干部在《教育系统党风廉政建设承诺书》上签字，并撰写心得体会。

【区教育局在富阳纪念抗战胜利70周年机关干部职工合唱大赛中获得金奖】 9月30日下午，区教育局代表队参加了富阳区“农商银行杯”纪念抗战70周年暨建国66周年机关干部职工合唱大赛决赛，并在此次比赛中表现出色，以最高分获得金奖。

【举行初中、小学第十二届“园丁杯”教工男子篮球比赛】 12月上旬，举行富阳区初中、小学第十二届“园丁杯”教工男子篮球比赛。共16支初中代表队和18支小学队参加比赛。比赛历时半个多月，进行了80场精彩、激烈的比赛，为进一步推动全区教工健身运动的广泛开展、推进和谐校园建设创设了良好的氛围。

·教学与教育科研·

【概况】 秉承科研和课题研究聚焦课堂教学、课题研究植根于教学实践的理念，注重教育科研主题的前沿性、内容的群众性、成果的实用性，在实践中把前沿性课题做实、做细，切实解决教育科研的普及问题，努力把优秀的科研成果转化成教育教学的生产力，形成了研教结合、优质实用、内涵丰富、有效推广的科研成果。一是继续推进和完善科研聚焦课堂教学系列活动。加大教育科研成果的推广应用力度，通过科研目标聚焦课堂、科研选题聚焦课堂、科研过程聚焦课堂、科研方式聚焦课堂、科研成果聚焦课堂的“五个聚焦”活动，开展“一项成果、一次推介、一次讲座、一堂研究课、一次培训”活动，将优秀成果推广应用于课堂，实现科研成果教学化。二是加大优秀科研成果著作化力度，打造富阳特色科研精品。注重教育思想修炼，强化科研课题引领，建设教科研实践基地，提升教育科研成果品牌特色，培育有学术影响的科研精品。三是统整各类课题资源着力推进教育科研大众化。充分发挥课题在教学研究中的引领作用，统整教育科研规划课题、教师小课题、教研课题、教师教育课题等各类课题资源，辅之以富阳本级课题，扩大课题资源受益面，着力推进教育科研大众化。四是积极探索教育科研骨干理论与实践相结合的培训方法。注重培训实效，减少工学矛盾，建设高素质的教学科研相融的、专兼职结合的教科研队伍，发挥其区域内的指导功能。五是课题研究聚焦义务教育课程改革，探索课改新思路。课题管理与学校课改相融合，凸显亮点。以《浙江省教育厅关于深化义务教育课程改革的指导意见》文件为依据，以《区域推进“智慧教育”的实践研究》《基于地域文化的初中拓展性课程的设计与实施》等课题为载体，深入开展新形势下义务教育课程改革的探索和研究，为后续课程改革和拓展性课程开发做好准备，积淀经验。

全区教育科研课题研究成果质量显实效，全区立项课题市级88项、省级37项，总量列杭州七县市区第一；获奖成果市级60项(其中：一等奖14项、二等奖23项、三等奖23项)；重大成果：市政府级教学成果一等奖1项(区职业教育中心)《中职学生“第一技能”培养的载体设计与实践研究》，二等奖3项，省级35项(其中：一等奖5项、二等奖8项、三等奖22项)；获奖论文市级112篇、省级17篇。

(陆永明)

【责任编辑　蒋虹瑶】

科学技术

·科技进步·

【概况】 2015年，全区新认定国家重点支持高新技术企业19家，累计115家；新列入省级科技型企业108家、市高新技术企业15家，累计351家和78家。全年实现规上高新技术产业销售产值402.20亿元，同比增长6%，增幅全杭州市排名第3，七县市区排名第1；规上工业高新技术产业销售产值增加值187.70亿元，杭州市排名第7，七县市区排名第4；规模以上工业新产品产值491.90亿元，同比增长11.20%；规模以上工业新产品产值率37.80%，同比增长3.80%。全区专利申请3270件，同比增长18.60%；专利授权3465件，同比增长67.30%。其中，发明专利申请584件，同比增长37.10%，发明专利授权205件，同比增长60.20%。

【表彰科技先进】 根据《富阳市科学技术奖励办法》有关规定，评选出2013—2014年度本级科技进步奖一等奖8项、二等奖18项、三等奖24项，优秀发明奖8人。3月，区委、区政府召开全区工业强区建设推进大会，对2013—2014年度富阳区科技进步奖和优秀发明奖获得者进行表彰。杭州中泰深冷技术股份有限公司承担的"年产50万吨合成氨配套深冷净化装置的研制"等8个一等奖项目主要完成人和杨惠忠等8名优秀发明奖获得者上台领奖。

【编制自主创新示范区拓展区建设规划】 9月，杭州国家自主创新示范区获批，该区银湖新区、东洲新区、金桥园区和富春高教园区("两区两园")，作为子单元园区被列入之富片统一规划和建设。启动《杭州国家自主创新示范区富阳拓展区建设规划》编制工作。该规划明确未来五年"两区两园"的发展重点和方向，12月形成规划初稿。

【完善科技政策体系】 出台《杭州市富阳区企业研发经费投入财政资助管理实施细则》，明确1000万元用于扶持企业研发经费投入，鼓励企业加大研发投入，提高自主创新能力；出台《杭州市富阳区创新示范高新技术企业认定办法(试行)》，分行业确定全区创新示范高新技术企业，在省级研究院创建、产学研合作、创新券应用等方面给予优先扶持。出台《杭州市富阳区创新券管理试行办法》，依托省科技创新云服务平台，建立运行系统，采取电子券形式发放创新券，用于鼓励各级科研机构、研发平台、科技服务机构按要求向该区企业开放共享科技资源。办法出台后，该局组织人员在全区各乡镇(街道)开展政策解读和培训，扩大宣传范围。至2015年底，全区共发放创新券19余万元。

【"富春硅谷"杯2015富阳创新创业大赛】 8月，由富阳区政府、杭州日报报业集团主办的"富春硅谷"杯2015富阳创新创业大赛启动，设初创组和成长组。区科技局负责成长组项目的参赛工作。杭州美溯科技有限公司的"木塑复合材料集成墙板项目"获得大赛成长组一等奖，获奖项目均获得一定的资金和政策扶持。

【强化研发平台建设】 切实推进企业研发机构建设，着重开展企业研究院和企业研发机构的实地调研和政策督导工作。2015年，该区的"富生工业信息工程省级重点企业研究院"被认定省级重点企业研究院、"浙江省美科斯仓储物流设备研究院"被认定为省级企业研究院，全区累计分别达到3家和7家。新认定省级高新技术企业研发中心4家、杭州市企业高新技术研发中心8家、区级研发中心14家，累计分别达到33家、62家和154家。

【科技孵化器建设】 10月，在杭州科技职业技术学院创业园召开富阳区科技企业孵化器建设工作推进会。通过现场参观和座谈交流，明确下一阶段科技孵化器发展思路，推动全区科技孵化器发展。2015年，该区新认定银湖创新中心创业园为区级科技孵化器，富春硅谷孵化器和春胜科技孵化器为区级科技孵化器创建单位。截至2015年底，全区共有杭州市科技孵化器1家、富阳区级科技孵化器2家、富阳区级科技孵化器创建单位2家。

【在杭州地区率先推出科技创新顾问模式】 积极搭建产学研合作新平台，创新科技服务新模式，在杭州地区首次提出科技创新顾问理念，邀请高校专家入驻企业担任科技创新顾问，为企业发展出谋划策。浙江大学、杭州电子科技大学、杭州科技职业技术学院的19位专家已经成功签约该区企业，成为入驻企业科技创新顾问。该模式的特点在于：强化企业需求主导化、实现资源共享最大化、享受科技政策优先化。

【引进创新专利信息支撑平台】 7月，在杭州科技职业技术学院举行富阳创新专利信息支撑平台启动仪式。该平台最大亮点在于引入世界级科技创新云数据平台项目——世界专利数据库，可为企业和技术人员提供关于各行业技术现状和趋势的最新最直接的技术参数。目前，该平台已在推广应用中。

【知识产权工作】 10月，杭州特种纸业有限公司被国家知识产权局认定为2015年度国家知识产权优势企业，这是该区首家获此殊荣的企业。围绕“4·26”世界知识产权日，开展系列宣传工作。通过“一报两台”新闻媒体开设主题为“强化科技支撑、推进转型升级”的宣传报道；通过富阳便民服务信息平台，向广大市民进行“贯彻实施知识产权战略行动计划，依法打击侵权行为，切实保护知识产权，让创新之树枝繁叶茂”的主题宣传；举办“富阳区企业自主创新专利产品（技术）展示活动”，向市民展现企业加强科技创新、重视发明创造、推进转型升级、提升企业核心竞争力、有效实现可持续发展的良好形象。

【科技活动周和科技下乡】 以“创新创业　转型升级　科技惠民”为主题，联合区委宣传部、区科协举办举办2015年杭州市富阳区科技活动周。举办广场宣传和科技成果展示，提高公众的科技意识。在银湖街道、洞桥镇、上官乡等11个乡镇（街道）开展科技下乡活动。3月，会同区气象局等部门开展“世界气象日”广场宣传活动，解答群众提出的地震知识的问题，分发《浙江省防震减灾条例》《富阳区农村新社区民居抗震知识读本》等资料。“5·12”期间，会同区教育局等部门开展防震减灾日活动，邀请省地震局专家对全区中小学（幼儿园）分管校长开展地震知识培训。开展春江中心小学地震逃生演练活动，增强广大居民对防震减灾工作的认识。8月，省、市农科院有关专家在该区开展惠农政策、农业科技咨询、涉农法律宣传等送科技下乡活动。

2015年富阳区科技活动周　　（区科技局　供稿）

【科技特派员工作】 7月，完成第五批科技特派员任期总结和第六批科技特派员选派工作。8月，组织召开全区科技特派员工作座谈会，要求新任科技特派员尽快到岗到位，发挥自己的特长与优势，为富阳的农业增效、农民增收做出贡献。目前，来自杭州市下派7名科技特派员和区本级12名特派员均已到位。8月，富阳云开生态农业开发有限公司和富阳东洲芦笋专业合作社，获得“2015年度浙江省科技特派员示范基地”称号。

【本级科技项目经费检查】 为强化财政资金的使用绩效，1月组织开展本级科技计划项目经费使用监督检查活动。检查对象为2011—2013年间获得富阳本级财政资金资助的各类科技计划项目，重点检查项目法人责任落实情况、经费管理使用情况和项目执行情况。3月，成立科技经费监督检查小组，会同会计师事务所对94个抽查项目进行实地检查，共梳理出各类问题292个，并及时下发整改通知书落实整改责任。

【科技金融】 与富阳诚信担保公司、富阳农商银行共同设立风险池基金700万元，银行计划安排定向信贷资金2800万元，支持辖区内科技型中小企业发展。开展13家科技型中小企业专利权质押贷款融资需求调查，落实5家企业授信额3000万元的前期贷款准备工作。全年落实27家企业获得集合债和风险池贷款金额1.03亿元，缓解中小企业融资难题。

（汪晓萍）

·中国水稻研究所·

【概况】 2015年，中国水稻研究所共取得4项成果奖励，分别是浙江省科学技术重大贡献奖、浙江省科学技术进步一等奖、中国农科院杰出科技创新奖和大北农科技成果一等奖各1项。获省级以上新品种审定17个，获新品种权7个；获专利42项，其中发明专利23项、实用新型19项。

【“水稻高原粳型不育胞质的发掘及其新不育系的选育与应用”获浙江省科技进步一等奖】 曹立勇研究员主持完成的“水稻高原粳型不育胞质的发掘及其新不育系的选育与应用”获2015年浙江省科技进步一等奖。该成果针对浙江省乃至我国杂交水稻高产与优质、抗病不协调的矛盾，创造性地以低纬度、高海拔的带云南粳稻血缘的资源作为新的不育胞质资源，育成品质优良、氮肥利用率高、病虫抗性强的具有良好推广前景的16个内香系列品种，24次通过省级以上品种审定。其中，内2优6号、内5优8015被农业部认定为超级稻品种。

【程式华获2015年浙江省科学技术重大贡献奖】 程式华研究员与他的团队创建了培育籼粳中间型恢复系的技术与方法，突破了利用亚种间杂种优势选育超级杂交稻的技术瓶颈，首创以提高水稻生育后期光合能力为目标的育种技术体系，为超级杂交稻育种提供了新思路和方法。主持培育出通过国家和省级审定的杂交稻品种20个，其中6个品种被农业部确认为超级稻品种，4个品种9年次被农业部列为国家农业主导品种。育成品种在省内外累计推广6000多万亩，取得了显著的社会和经济效益。相关成果获4项国家奖和多项省部级奖，其中以第一完成人获国家技术发明二等奖和国家科技进步二等奖各1项，以参加人获国家科技进步特等奖和二等奖各1项。

【“超级专用早稻中嘉早17的选育与应用”获2015年中国农业科学院杰出科技创新奖】 胡培松研究员主持的“超级专用早稻中嘉早17的选育与应用”获2015年中国农业科学院杰出科技创新奖。“中嘉早17”于2009年5月通过国家农作物品种审定委员会审定，被列为国家级水稻新品种示范品种，该品种农艺性状、适应性、抗性和丰产性较好，米质胶稠度长、直链淀粉含量高，适合米粉、味精等加工用粮和储备用粮。2015年推广面积预计超过1000万亩。

【超级稻研究】 “春优84”通过农业部超级稻认定，该所超级稻品种认定数继续保持全国第一。在农业部组织遴选的2015年30个水稻主导品种中，中国水稻研究所育成的“中嘉早17”“中早39”“内5优8015”“中浙优1号”“天优华占”等5个超级稻品种入选。

【高产栽培技术集成示范】 经专家组实割测产验收，中国水稻研究所在浙江省宁波市宁海县越溪乡小宋塘村开展高产栽培技术集成示范中，“春优927”百亩示范片平均亩产1015.50公斤，刷新了该品种2014年小面积亩产955公斤的纪录，实现了亩产1000公斤的目标，同时创造了浙江省水稻百亩示范片最高产量纪录。

【新品种新技术推广】 据农业部统计，2014年“中嘉早17”推广面积916万亩，系我国籼稻品种中推广最大的品种；“天优华占”和“中浙优1号”2014年推广面积分别达到309万亩和204万亩，位居杂交稻面积第4名和第6名。钵型毯状机插秧技术在黑龙江等20余省市年推广面积突破3000万亩。

【北方水稻科技研发中心成立】 与黑龙江省宝清县人民政府签署战略合作协议，达成在该县筹建中国水稻研究所北方水稻科技研发中心的合作意向，该中心已获中国农业科学院批准成立。

【公共科技服务】 中国水稻研究所建设与维护“中国水稻品种及其系谱数据库”“水稻基因数据库”“参考文献数据库”等多个数据库，累计收录近8万条记录。承担稻米品质等样品检测20922份。与湖北浠水、新疆温宿签署科技合作协议。

【国际合作与交流】 全年共邀请外国专家来中国水稻研究所开展合作交流或研究14批20人次，接待外宾19批49人次，派出专家19批43人次；与巴基斯坦、澳大利亚、斯里兰卡等国科研院校、企业签署合作协议；与印度尼西亚合作建立“亚洲农业技术转移中心”。

【人才培养】 魏兴华研究员入选国家“百千万人才工程”，并被授予“有突出贡献中青年专家”；魏兴华研究员、唐绍清研究员分别领衔的创新团队入选农业部农业科研杰出人才及创新团队。2名青年专家入选浙江省“151人才工程”第三层次培养人选，2名青年专家入选为下城区“258人才”。全年招收博士12人，硕士生20人；招收海外留学生8人，其中博士生7人。

（章蓉蓉）

·亚热带林业研究所·

【概况】 至2015年末，全所有在职人员169人，离退休人员125人。在职人员中，正高级职称16人、副高级职称54人、博士学位67人、硕士学位39人、博士生导师10人、硕士生导师20人。省部级以上中青年专家3人，享受国务院特殊津贴20人。全所在读全日制研究生58人。

【科技创新】 全所在研项目年度计划执行总体良好，34个项目顺利通过验收，1个项目通过查定。在油茶遗传资源编目、面源污染控制、覆盖雷竹林劣变土壤生态恢复、含笑和耐寒木麻黄新品种选育等多个领域取得重要研究进展。各项科技产出质量稳步提升。主持完成的：“笋用林钻蛀性害虫监测及综合治理技术研究与示范”获浙江省科学技术奖二等奖，“毛竹材用林下多花黄精复合经营技术”获梁希三等奖，“浙江红花油茶主要性状变异规律研究及良种选育”获浙江省科技兴林一等奖；排名第二的“南方特色干果良种选育与高效培育关键技术”获国家科技进步二等奖（见表24）；鉴（认）定成果6项，标准颁布6项（见表25）；国家发明专利授权15项、实用新型专利3项，受理2项，公示29项，（见表26）；审定良种6个，认定良种3个，授权植物新品种4个（见表27）；以第一作者发表论文135篇，其中CSCD核心库94篇，其中影响因子大于0.50的65篇；SCI收录23篇，EI/ISTP收录4篇；主编著作4部、参编3部。实用技术成果总数同比增长40%。

2015年亚林所获奖成果一览表

表24

序号	成 果 名 称	获奖类别等级	授奖单位	单位排名
1	笋用林钻蛀性害虫监测及综合治理技术研究与示范	浙江省科技进步二等奖	浙江省人民政府	第一
2	毛竹材用林下多花黄精复合经营技术	梁希林业科技技术三等奖	中国林学会	第一
3	浙江红花油茶主要性状变异规律研究及良种选育	浙江科技兴林一等奖	浙江省林学会	第一
4	南方特色干果良种选育与高效培育关键技术	国家科技进步二等奖	国务院	第二

2015年亚林所鉴(认)定成果及标准一览表

表25

序号	成果名称	组织单位
1	白术连作障碍生物修复的PGPR微胶囊菌种及应用技术	国家林业局
2	山苍子优良家系选育技术	国家林业局
3	毛竹林生态系统碳库分配格局	国家林业局
4	木荷育种种质收集、保存和利用	国家林业局
5	水源区面源污染林业生态控制技术	浙江省林学会
6	覆盖雷竹林劣变土壤生态恢复技术研究与示范	浙江省林学会
7	亚热带泥质海涂消浪林造林技术规程	行业标准
8	薄壳山核桃采穗圃营建技术规程	行业标准
9	纸浆用丛生竹培育技术规程	行业标准
10	笋用丛生竹培育技术规程	行业标准
11	绿竹笋(马蹄笋)栽培技术规程	地方标准
12	山茶花盆栽技术规程	行业标准
13	毛竹材用林培育技术规程	地方标准

2015年亚林所专利情况一览表

表26

序号	类 别	名 称	状态
1	发明专利	一种毛竹林下栽培多花黄精的方法	授权
2	发明专利	一种提高高节竹笋品质的培育方法	授权
3	发明专利	草酸青霉BAM-1及其分离纯化方法与应用	授权
4	发明专利	一种利用油茶蒲制备亲水易降解聚氨酯泡沫的方法	授权
5	发明专利	竹加工剩余物微波液化产物制备聚氨酯硬泡的方法	授权
6	发明专利	一种高效低廉快速的废弃尾矿植被修复方法	授权
7	发明专利	植物内生蒙塔腔菌及其用途	授权
8	发明专利	一种粘红酵母高产亚油酸基因工程菌的构建方法和应用	授权
9	发明专利	一种粘红酵母高产油脂及亚油酸基因工程菌的构建方法和应用	授权
10	发明专利	一种自动灌溉装置	授权
11	发明专利	一种竹炭猪粪堆肥高效去除抗生素的方法	授权
12	发明专利	一种用于苗木扦插的盐碱地土壤基质改良的方法	授权
13	实用新型	便携式苗木切根机	授权
14	实用新型	芽苗快速移栽器	授权
15	实用新型	一种安全无损果实采摘装置	授权
16	发明专利	地被类观赏竹地毯式景观苗培育技术	公示
17	发明专利	N-取代-柠檬醛胺类化合物及其合成方法和应用	公示
18	发明专利	一种经济林加工剩余物制备聚氨酯泡绵的方法	公示

续表26

序号	类 别	名 称	状态
19	发明专利	一种石斛栽培基质及其制备方法	公示
20	发明专利	一种纳塔栎组织培养方法	公示
21	发明专利	一种檫木种子处理及播种方法	公示
22	发明专利	一种含笑属树种扦插繁殖方法	公示
23	发明专利	一种阔叶树种基部包埋式扦插繁殖方法	公示
24	发明专利	一种绿化苗木切根方法	公示
25	发明专利	一种生物降解造林装置及造林方法	公示
26	发明专利	含笑新品种的培育方法	公示
27	发明专利	无患子高位嫁接方法	公示
28	发明专利	皱皮木瓜乔化培育方法	公示
29	发明专利	无患子种子大田育苗方法	公示
30	发明专利	一种无患子扦插育苗方法	公示
31	发明专利	利用近红外光谱技术确定松脂化学成分的方法	公示
32	发明专利	一种松脂标准化测试分析的采样方法	公示
33	发明专利	杞柳矮林生物质能源林培育方法	公示
34	发明专利	多功能树干保护装置及制作、使用方法	公示
35	发明专利	一种低成本茶皂素连续提取原料预处理工艺	公示
36	发明专利	一种茶油化妆品基础油的加工法	公示
37	发明专利	一种低成本茶皂素高效连续提取工艺	公示
38	发明专利	一种麻竹遗传转化和植株再生的方法	公示
39	发明专利	促进镉积累的基因及其应用	公示
40	发明专利	一种建立湖滨防护林、营造良好湖滨生态环境的方法	公示
41	发明专利	一种建立湖滨人工湿地恢复生态的方法	公示
42	实用新型	植物组织表面消毒的简易装置	公示
43	实用新型	适用于拟南芥真空抽滤的转化装置	公示
44	实用新型	一种非损伤微测系统用微电极校正液密封保存盒	公示
45	实用新型	一种非损伤微测系统用微电极的多体支撑装置	公示
46	实用新型	一种非损伤微测系统微电极的单体把持装置	公示

2015年亚林所审（认）定品种一览表

表27

序号	品 种 名 称	审／认定单位
1	梦荷	国家林业局
2	梦景	国家林业局
3	梦舞	国家林业局
4	凤羽栾	国家林业局
5	姥山马尾松二代无性系种子园种子	浙江省林木品种审定委员会
6	长乐林场1.5代火炬松种子园种子	浙江省林木品种审定委员会
7	火加松3104122	浙江省林木品种审定委员会
8	火加松3106221	浙江省林木品种审定委员会
9	早香栗	浙江省林木品种审定委员会
10	弗吉尼亚栎上虞母树林	浙江省林木品种审定委员会
11	兰溪苗圃木荷一代无性系种子园种子	浙江省林木品种审定委员会
12	木麻黄无性系慈36	浙江省林木品种审定委员会
13	大木竹贡后种源	浙江省林木品种审定委员会

【服务林业大局】 参与国家“十三五”林业科技规划、林木育种规划编制，组织完成油茶、马尾松林业创新体系方案编制；参加浙江省林业“十三五”规划编制。参与国家重点研究计划方案编制。参与林木种质资源培育与利用、经济植物培育、林木育种等“十三五”国家重点研发专项方案编制。参与中国林科院学科群建设。牵头完成经济林学科建设方案。组织专家调研，提出马尾松产业发展规划。组织召开国家油茶科学中心科技支撑赣南苏区油茶产业发展研讨会，依托江西省赣州市林科所成立国家油茶科学中心赣南试验站。成立油茶产业联盟建立营林机械研发基地。依托全国油茶技术协作组、油茶产业联盟、国家林业局山核桃工程技术研究中心等创新平台召开全国木本粮油、薄壳山核桃（山核桃）产业发展研讨会和技术培训会，促进油茶、薄壳山核桃产业健康发展。

【科技服务地方】 继续推进地方合作。完成中国亚热带植物园（三门）总体规划编制，并召开专家论证咨询会；与东台市政府签订“中国林科院东部沿海林业种业基地合作”协议，并启动建设；拓展与江西赣州、山东日照等地合作渠道。加大科技推广与培训。组织近百人次专家先后参加国家林业局扶贫技术培训、浙江省林业科技周、浙江省政协送科技下乡、各地科技下乡和科技培训等活动，把最新的林业科技成果、林木新品种、新技术送到生产一线。加强定点帮扶。召开全所科技特派员工作会议，完成科技特派员微调，个人、团队和法人特派员对口帮扶基层农民增收和产业发展成效作用日益凸显。推动江山试验示范点建设和张村结对帮扶，先后落实油茶生态复合经营、毛竹种植多花黄精、甜柿高产培育等项目在江山实施。

【学术交流】 构建多种学术交流研讨机制，开展多种形式学术交流。邀请10余位专家来所开展学术交流；组织或协助举办十一届中国竹业学术大会、油茶产业高质发展研讨及果实机械处理观摩会等全国性学术活动；森林生态系统和气候变化团队、林业生态工程、花卉分子设计和育种等国际合作创新团队邀请国外专家来所开展系列学术交流活动。拓展对外交往渠道，先后派出近20位科研人员分赴墨西哥、古巴、美国、德国、日本、奥地利等国家学习或交流，2人获批欧亚太平洋学术联盟奖学金并成功出访。邀请来自美国、新西兰等国7位专家到所开展学术交流。新增引智项目1项，申报2016年引智项目2项，示范推广项目2项，加强智力引进。

【创新平台建设】 平台建设不断加强。全国经济林产品标准化委员会正式批复并召开成立大会，国家林业局马尾松工程技术研究中心批复成立并授牌，进一步彰显经济林、用材林领域影响及地位。实验大楼投入使用，国家林业局经济林产品质量检验检测中心顺利完成复评审。

【人才培养与团队建设】 接收应届博士毕业生3名，聘任客座研究员2名；新增正高级职称1人、副高级职称4人。新增博士生导师、硕士生导师各1人。完成岗位等级调整，聘任二级、三级研究员各1名，33人被聘任为专业五级及以下各等级岗位。1人入选浙江省151人才工程选拔第三层次，4人获批国家留学基金资助出国留学。启动部分科研岗位及管理岗位竞聘晋升，1人晋升责任专家，7晋升专家岗位，其中4人由中级破格晋升，管理3人晋升助理岗位。

开展“三严三实”教育，践行林科亚林精神。代表林业厅参加省直机关“纪念抗战胜利70周年”合唱比赛并获银奖。一篇党建征文获全国科研院所2015年党建研究会课题成果评选活动二等奖。继续通过省级文明单位复评，自1996年至今一直保持浙江省省级文明单位称号。 （贾兴焕）

【责任编辑　董江军】

文 化

·综述·

【概况】 2015年，全区组织举办各类文化活动900余场，其中乡镇（街道）720余场，社区170余场，参与人数9.06万余人，观看人数147.60万余人次。渌渚镇新港村、环山乡诸佳坞村、富春街道春晖社区创建“浙江省文化示范村（社区）”，通过评审、抽查等程序，创建结果等待浙江省人民政府发文明确；灵桥镇综合文化站、新桐乡综合文化站获“杭州市示范乡镇（街道）综合文化站”称号。至年底，杭州市富阳区文化广电新闻出版局（简称杭州市富阳区文广新局）直属事业单位6个，局机关科室4个，全局在职人员128人，其中有艺术、群文、图博等高级专业技术职称30人，中级专业技术职称45人。

1月，“2015戏曲迎新春惠民演出”暨企退人员共建平安活动在富阳影剧院举行。1月至2月，以“笔墨迎新春，书画送乡亲”为主题的2015文化志愿者新春惠民活动举行。2月至3月，2015年“新春文艺进礼堂”下乡巡回演出——2015文化志愿者新春惠民活动举行。3月，“春天，相约在竹乡”暨第二届上官竹笋文化系列活动在上官乡举行；第十二届富阳新登半山桃花节开幕；洞桥镇第七届四月山乡休闲文化节开幕；永昌镇第二届春笋赶集月活动启动仪式在该镇长盘村举行。4月，2015中国（杭州）西湖国际茶文化博览会闭幕式暨富阳安顶云雾茶文化节品赏会在里山镇安顶山举行。5月，由富阳区人防办、富春街道办事处主办的“防灾减灾·和谐社会”文艺晚会在富春街道银泰广场上演；由富阳区残疾人联合会、银湖街道办事处主办，银湖街道综合文化站、富阳阳光公益、富阳区生命阳光艺术团承办的“与你同行、走向未来”富阳区第25次全国助残日文艺演出在银湖街道文化广场举行；由区文广新局、区教育局、富阳电视台主办，区文化馆承办，杭州野生动物世界、杭州大觉科技有限公司、富阳在线协办的杭州野生动物世界杯“快乐阳光·多彩家园”富阳首届少儿声乐、舞蹈大赛决赛暨颁奖晚会在富阳影剧院举行。6月，由杭州市文广新局、富阳区环保局、富阳区平安办主办的富阳区第44个环境日文艺晚会上演；由区文广新局主办的富阳区布文化艺术展在富春街道东吴公园举行；由区侨联、富春街道办事处主办的“粽情传侨情”暨侨法宣传进社区大型广场系列活动在富春街道东方茂中心广场举行；由区文广新局、富阳广播电视台、富春街道党工委、

2015富阳“唱响富阳　最美歌声”大赛

（区文广新局　供稿）

2015杭州市“三江歌手”大赛在富阳举行 (区文广新局 供稿)

办事处联合主办的“知行合一，党在心中”迎七一文艺晚会在富阳影剧院举行。7月，2015浙江省全民阅读专家巡展巡讲系列活动启动仪式在大源镇赆口村农家书屋举行。8月，2015“唱响富阳，最美歌声”大赛暨杭州市第二十三届“三江歌手”选拔赛在富阳影剧院举行；“唱响富阳，最美歌声”获奖歌手巡演暨“关注消防安全，构建平安社区”文艺晚会在东方茂中心广场举行。9月，由杭州市文广新局、富阳区人民政府主办，区文广新局承办的杭州市第23届“三江歌手”大赛总决赛及优秀歌手展演在富阳影剧院举行。10月，由区民政局、老龄办、富春街道办事处主办的“培育敬老家风，建设和睦家庭”——迎重阳文艺晚会在秦望广场举行。11月，“美丽富阳　秀水淳安”——2015年淳安·富阳“文化走亲”文艺演出在鹿山街道举行。12月，由区残疾人联合会、富春街道办事处主办的“爱在富春　牵手圆梦”文艺演出在富春街道秦望广场举行。

【基层文化队伍建设】 4月下旬起，组织举办四期公共文化服务基层业务骨干培训班，乡镇(街道)综合文化站站长、宣传干事、村(社区)宣传文化管理员共300余名参加培训，学习上级有关公共文化服务的精神，掌握杭州市公共文化服务标准化、均等化53项分解任务，进一步认识当前基层公共文化服务的新形势、新任务、新要求。5月至6月，多次组织部分基层文化管理人员和骨干参加浙江省农村文化礼堂建设系列培训，提升基层文化队伍的专业技术水平和管理能力。举办富阳区基层图书管理员业务培训班、非遗知识讲座、非遗申报工作培训、竹纸制作讲座、洞桥镇镇级非遗名录普查动员培训会等，提升基层文化队伍的整体素质。10月，举办2015年杭州市村级宣传文化员(富阳区)培训班6期，课程分排舞、戏曲、摄影、声乐、美术书法5类，乡镇(街道)综合文化站站长、村(社区)宣传文化员共300余人参加。

【文化志愿者队伍建设】 2015年，区文广新局组织区文化市场行政执法大队、区文化馆、区图书馆、区文物馆、区非遗中心等所属单位的文化工作者，联络、协调区文联所属协会的文艺工作者，组建多门类的文化志愿者服务队伍。通过个人报名、乡镇(街道)综合文化站推荐等途径，招募500余名公共文化服务志愿者。组织志愿者队伍参与“笔墨迎新春，书画送乡亲”和“新春文艺进礼堂”下乡巡回演出等2015文化志愿者新春惠民活动，以及“唱响富阳，最美歌声”大赛、公益性文化培训等活动，丰富和拓宽社会力量参与公共文化服务的形式和渠道。

【公共文化服务标准化、均等化试点工作】 2015年2月，杭州市出台《杭州市推进公共文化服务标准化、均等化工作方案》，将富阳区与余杭区、萧山区、拱墅区、建德市一同确定为杭州市5个综合试点单位。区文广新局多次召开专题会议研究部署，对照标准要求，查找问题与不足，研究落实行之有效的举措，加强公共文化服务建设。5月，《关于加快公共文化服务体系建设的审议意见》(富人大〔2015〕11号)文件出台。7月，区文广新局梳理得到标准化、均等化实现路径——《富阳区公共文化服务标准化、均等化整改任务和具体工作》，严格执行杭州市《关于加快构建现代公共文化服务体系的实施意见》。制定《富阳区公共文化服务标准化、均等化实施意见》，明确工作协调、成员单位职责分工、工作运行机制等。

【原创越剧《孝子周雄》首演】 4月28日，由区文广新局主办，杭州富阳越剧艺术传习院承办的“五一”越剧折子戏惠民演出暨富阳原创越剧《孝子周雄》首演在富阳影剧院举行。周雄是中国南宋时期著名的大孝子，其事迹代代相传，感人至深。为纪念周雄、弘扬孝道，周雄故里渌渚镇于每年农历三月三、九月九举行祭祀活动，该活动已经延续600余年。2014年12月3日，“孝子祭”项目作为民间信俗扩展项目入选第四批国家级非物质文化遗产代表性项目名录。《孝子周雄》由杭州富阳越剧艺术传习院根据周雄事迹创编，国家一级编导陈伟龙编导，省戏剧研究所陈国良编曲。该剧在继承传统的基础上博采众长，调动各种戏曲元素，塑造出一个可亲可敬的孝子形象，使观众感受到孝子周雄的孝道魅力和越剧的艺术风采。

【富阳泗洲造纸文化遗址入选杭州生活品质十大现象】 6月6日，2015杭州生活品质总点评交流发布会在富阳区举行，2015杭州生活品质总点评十大现象发布。杭州市领导杨戌标、吴春莲、陈红英、何关新，富阳区领导姜军、黄海峰、吴玉凤、赵玉龙、华之江、孙洁、蒋建民出席交流会。富阳泗洲造纸文化遗址作为“活态保护激发文化遗产活力”现象的区块代表入选。该奖项点评语为：“中国四大发明之一的造纸术，是我们祖先对人类文明的伟大贡献。薄薄的纸张，承载的是厚厚的历史。富阳竹纸工艺精良，从杆杆青竹到层层白纸，经过了时间的炼淘，经过了汗水的漂洗，经过了智慧的萃取。泗洲造纸作坊遗址，佐证了千年的辉煌，诠释了今天的精彩。”

【民办博物馆扶持】 2015年，与陈志贤竹雕陈列馆、场口镇上村私塾博物馆、环山乡诸佳坞村胡震纪念馆、华宝斋印刷文化博物馆、洞桥镇山山居等5家民办博物馆达成资金扶持意向。按照政策文件规定，对五家民办博物馆进行业务能力、馆藏登记、博物馆注意事项等基础项目的培训与审核，并核拨相关经费。根据《富阳市民办博物馆扶持办法》规定，分别对民办博物馆给予陈列展览一次性补助和免费开放、场地租用、外来展览等多方面多层次的补助，可基本达到民营资本介入公共文化设施投资后，利用政府补助资金维持博物馆、纪念馆的正常对外开放和基本维护。

【富阳竹纸制作技艺和印刷技艺在德国展演】 6月18日至10月11日，由纽伦堡—埃尔兰根孔子学院与纽伦堡工业文化博物馆共同举办的“黑白艺术——纽伦堡地区的造纸和印刷艺术展”在德国纽伦堡工业文化博物馆举行。华宝斋富翰文化有限公司参加展览。展览会对富阳区非遗项目竹纸制作技艺和印刷技艺进行展演，对竹纸制作技艺的宣传录像资料、多种不同材质规格的纸品和华宝斋提供的多种古籍印刷书会进行展示。此次展示展演加深德国民众对于中国传统造纸和印刷艺术的了解，进一步推动两国民间文化的交流。

【2015中国竹纸保护与发展研讨会举行】 10月22日至23日，在富阳宾馆举办2015中国竹纸保护与发展研讨会。高校竹纸研究者、国家级非遗项目竹纸制作技艺所在区域代表、非遗保护专家、书画家代表、媒体代表等70余人受邀参加。与会人员重点就竹纸生产的历史与现状研究、传统竹纸制作技艺的传承机制研究、手工纸产业的发展策略研究、各地竹纸生产民俗文化研究、高桥泗洲宋代造纸遗址考古研

2015中国竹纸保护与发展研讨会 （区文广新局 供稿）

究等主题进行研讨并发言交流。与会人员还实地调研高桥泗洲造纸遗址、湖源乡新二村、新三村、大源镇大同村。（刘怡沙）

·专业艺术表演团体·

【杭州富阳越剧艺术传习院】 2015年，该院赴富阳农村、社区和台州、金华地区及萧山、余杭等县(市、区)边远山区、海岛巡回演出，参与杭州市文化广电新闻出版局主办的“我送你秀”百场社区文化行活动演出和富阳区文广新局主办的“送戏下乡”服务农村文化礼堂惠民演出、文化走亲演出42场，累计开展各类演出活动123场。4月28日，“五一”越剧折子戏惠民演出暨富阳原创越剧《孝子周雄》首演。5月8日，传习院党支部开展党员下基层公益性活动，在由富春街道鹳山社区主办的“母爱无限、幸福永远”广场文化晚会上表演《春香传》选段·爱歌。6月25日，在“知行合一，党在心中”迎七一文艺晚会上表演越歌《红梅赞》。8月25日至26日，为纪念抗战胜利70周年，开展公益性演出，演出剧目为现代越剧《孙晓梅》。10月18日至20日，在富阳影剧院开展惠民演出，表演《五女拜寿》。9日至12月，参与由区文广新局主办的“送戏下乡”服务农村文化礼堂演出活动。（陈银峰）

·群众文化·

【概况】 杭州市富阳区文化馆全年举办、联办各类文艺演出130余场次，美术、书法、摄影比赛8次，新故事·小品征文比赛、群文理论研讨等活动5次，组织摄影、美术、书法、文学创作骨干外出写生、采风等活动10余次。开展文化惠民服务，免费开设古筝演奏、排舞、少儿戏曲、美术、摄影、文学创作培训班30期，100余次，参加学员3000余人。到企事业单位、乡镇(街道)、社区和农村辅导文艺节目130余次。

【文化志愿者新春惠民活动】 1月15日至2月15日，由区文广新局主办，区文化馆、区青年书法美术家协会、黄公望国画院承办的“笔墨迎新春　书画送乡亲”2015年区文广新局文化志愿者新春惠民活动在24个乡镇(街道)举行。活动累计举办40场，约40名书画家参与活动，创作对联15000余副、福字1800余个、国画百余幅，为老百姓送上新春祝福。2月28日至3月10日，组织开展2015年“新春文艺进礼堂”下乡巡回演出——2015文化志愿者新春惠民活动。活动惠及新桐乡、渔山乡、湖源乡、渌渚镇、常安镇、春建乡、上官乡、常绿镇、灵桥镇和鹿山街道10个乡镇(街道)。活动中，文化志愿者为当地群众表演独唱、舞蹈、小品、越剧、街舞等节目。

【首届“唱响富阳，最美歌声”大赛】 8月14日晚，由区文广新局、区教育局、富阳日报社、富阳广播电视台共同主办，区文化馆、区音乐舞蹈家协会承办的“唱响富阳，最美歌声”大赛总决赛暨杭州市第23届“三江歌手”选拔赛在富阳影剧院举行。近千名市民观看比赛。本次比赛分海选赛、复赛、半决赛、总决赛等阶段进行。总决赛采用两轮淘汰赛制，经过角逐，6号选手张娜赢得大赛总冠军，9号选手陈琴、2号选手张晓雪分获亚军、季军。赛后，参赛歌手被聘请为富阳区文化馆文化志愿者和声乐团成员，受邀参与各种社会文化活动。

【杭州市第23届“三江歌手”大赛总决赛】 9月28日至30日，由杭州市文广新局、富阳区人民政府主办，区文广新局承办、区文化馆执行承办的杭州市第23届“三江歌手”大赛总决赛在富阳影剧院举行。此次大赛包括9月28日举行的五县市青年组半决赛和决赛，9月29日举行的杭州市老年组半决赛、决赛以及9月30日晚举行的“迎国庆”优秀歌手展演专场。本届大赛设美声、民族、通俗等唱法，分青年组、中老年组进行，分别评出演唱、创作和辅导等各类奖项。本次青年组决赛，有4个节目获得金奖，其中由区文化馆选送的无伴奏男声合唱《塞维利亚理发师序曲》(演唱者：严钧华、韩洋等)获得组合组金奖，歌曲《高山流水》(演唱者：王菁菁)获得民族唱法组金奖。同时，富阳选手在比赛中获得4项银奖和5项铜奖，为富阳选手在该赛事中取得的最好成绩。区文广新局获突出贡献奖，区文化馆获优秀组织奖，区文化馆副馆长李丽获优秀编导奖。

【文化走亲活动】 9月18日，“钱江溯源”——富春精英书画作品邀请展暨富阳——开化两地文化走亲活动在衢州市开化县举行。富阳区美术家协会秘书长李增江、书法家协会副主席李志荣及富阳区创作书画家20余人参与活动，展示由富阳区43位书画爱好者创作的70多幅不同内容和风格的作品，开展文化艺术创作交流，实地采访和参观学习文化创意园。10月21日、22日，区文化馆组织文艺演出爱好者、书画家等30余人，分别赴淳安县、建德市开展文化走亲活动，为当地群众表演具有富阳地域特色的表演唱《春江家园》、歌曲《富春山居随想》以及器乐、戏曲、舞蹈等文艺节目，书画家们现场开展书画创作交流。12月8日，区文化馆举办富阳——建德文化走亲之文学走亲活动，两地20余名作家及业余作者交流群众文学创作心得体会。

【首期艺术类免费培训班】 11月7日，区文化馆首期艺术类免费培训班开班，120余名市民参加培训。该艺术培训班分为美术、排舞、声乐、古筝四个门类。聘请中国美术学院、中央美术学院的讲师，杭州市舞蹈家协会的专业老师，上海音乐学院、浙江音乐学院的在读研究生以及四川音乐学院的专业老师前来授课。受名额、场地限制，区文化馆通过面试从200多名报名者中选拔120余人参加第一期培训班。

【2015富阳区“以文治水”新故事·小品征文比赛】 3月20日，区文化馆发起了2015富阳区“以文治水”新故事·小品征文比赛活动。至6月底，共收到参赛作品近50件，这些作品从不同角度塑造一个个保护环境、热爱环境、在”五水共治”中勇作环境使者的鲜明人物，讴歌人间真善美。经过评选，新故事获奖作品8篇，小品获奖作品8篇。由朱剑星创作的新故事《夫妻婚介所》获新故事类一等奖，由成志红、彤彤创作的小品《鲜上顶和顶上鲜》荣获小品类一等奖。 （应秀玉）

·图书·

【概况】 杭州市富阳区图书馆全年接待读者39.30万人次，书刊外借118.70万册次。专项购书经费110万元，新购图书43687册、22237种，订购报刊745种，收集地方文献97种、352册。至年底，藏书43.60万册。全年举办各类读者活动89次，参加人员6万余人次。组织开展送书下乡活动，向24个乡镇(街道)、村基层图书室赠送书刊1.20万余册。

【第五届富春江读书节】 3至12月，区图书馆举办富阳区第五届富春江读书节，内容包括启动仪式、“走读富阳”大型系列活动、富阳区2015年春季书友大会、“海峡两岸施肩吾文化”研讨会、“图书馆亲子悦读”活动、“弘扬精神文明　诗诵道德模范诗词创作”座谈会、“循着富春诗路，重温乡愁之美”活动、“缅怀抗日英烈，践行社会主义核心价值观”主题征文活动、纪念抗战胜利70周年诗歌朗诵会、重点图书期刊推荐活动等。其中，“循着富春诗路，重温乡愁之美”活动获得杭州市第九届西湖读书节优秀项目奖。

【公共图书馆服务体系建设】 区图书馆在富阳看守所、鹳山书院等建立图书流通点15个，配置图书1.50万册。开展农家书屋图书更新补充工作，为全区276个农家书屋补充新书2.76万册。对大源地区的55个农家书屋管理员开展业务辅导与培训。在富春街道、银湖街道、灵桥镇等6个乡镇(街道)新建图书分馆。

【读者活动】 举办“迎新春送春联”“羊年元宵谜语竞猜”活动。世界读书日开展“我想送本好书给你”活动，一百名读者参加微信平台的活动。举办2015年浙江省公共图书馆走进文化礼堂“双百活动”启动仪式暨富阳区图书馆“双百活动”走进湖塍村文化礼堂活动。举办2015浙江省全民阅读专家巡展巡讲系列活动启动仪式，《国家人文历史》杂志编辑周渝现场作题为“1942—1945年中国远征军入缅甸抗击日军情况介绍”的讲座。组织参加浙江省未成年人“五水共治、两美浙江”故事大赛杭州地区选拔赛，吕桉睿获中学组一等奖，朱锐获小学组三等奖，李珂娴、章听喻获优秀奖，其中吕桉睿代表杭州市参加全省比赛。组织人员参加2015年富阳区科技活动周广场活动，向市民赠送科学养殖、医疗保健、花卉培育类书籍450册。举办暑期优秀电影展播，播放主题电影16场。举办“用法治点亮中国梦——依法治国图片展”“第一、二、三届富阳区道德模范”图版展、“以史为鉴，面向未来”纪念中国人民抗日战争暨世界反法西斯战争胜利70周年宣传图片等图版展16期。

（彭　丰）

·文物·

【概况】 2015年，区文物馆修缮孙氏家庙等农村历史建筑25处。完成2015年第一次可移动文物普查工作任务。联合杭州市文物考古研究所，对大源溪流域和银湖区块进行地下文物考古调查工作。配合完成抗日战争胜利浙江受降纪念馆史料征集与展陈设计工作。通过“富阳文博”微信公众号、公交广告等形式，开展“文化遗产日”宣传服务活动。泗洲造纸作坊遗址先后入选“杭州生活品质总点评十大现象”“2015杭州国际体验点”，保护大棚一期工程通过正式验收，二期工程进入前期考掘。全面升级改造郁达夫故居陈列设备。

【农村历史建筑维修】 区文物馆落实2015年农村历史建筑修缮工作，局部维修受降厅等10处文物保护单位，组织专门人员配合龙门镇人民政府保护修缮龙门古镇历史建筑。2月，杭州市文物保护管理所领导调研场口镇曹氏宗祠等5处农村历史建筑的修缮情况。8月，杭州市园林文物局文物处处长陈军、副处长郎旭峰来富阳调研农村历史建筑修缮和管理工作。

【文物安全与保护】 1月，省文物局审核通过由区文物馆向提交的国家级文保单位泗洲造纸作坊遗址的记录档案。4月，浙江省文物监察总队和杭州市园林文物监察支队到富阳查看泗洲造纸作坊遗址、恩波桥和受降厅3处省级文物保护单位的保护情况。6月，区委副书记吴玉凤到区文物馆调研全区文物保护工作。同月，上城区区委常委、宣传部长金承涛，副部长余向平，上城区文广新局党组书记、局长丁建华率学习团对郁达夫故居、双烈亭等进行实地考察。8月，区文物馆为受降厅、文村老厅、臧氏宗祠等8处文物保护单位树立保护标志碑及说明碑。9月，杭州市园林文物局公布杭州市级文物保护点，其中富阳区共有54处。10月，组织召开民间收藏家座谈会，讨论研究博物馆建设和藏品展览。11月，组织举办业余文保员培训班，乡镇（街道）20余名业余文保员参加历史建筑的保护方法的学习。同月，划定董氏宗祠等8处文物保护单位保护范围。12月，组织考察萧山博物馆工作。同月，申报两浙公所等四处为第七批浙江省级文物保护单位。年底，完成对郁达夫故居的陈列布置和语音导览系统的升级改造。

【文物考古发掘】 1月，区文物馆配合杭州市文物考古研究所，对杭州都市经济圈环线富阳段（二绕）开展地下文物考古调查工作，在春建乡上唐村张家岭、高桥镇馒头山等处发现遗址。2月至4月，区文物馆联合杭州市文物考古研究所，对大源溪流域开展地下文物考古调查工作，发现蒋家畈遗址、方家地遗址、宫前村遗址等地下文物埋藏点8处。4月，杭州市文物考古研究所副所长郎旭峰带队到富阳区实地考察高桥镇和大源镇考古现场。同月，浙江省环评部门到富阳审核杭州二绕施工地段考古调查情况。12月，完成对银湖街道区块的地下文物考古调查，为杭州市地下文物重点埋葬区的划定提供考古依据。

【富阳区第一次全国可移动文物普查】 2015年，区文物馆落实专门普查人员对文物库房馆藏玉器、书画、青铜器等不同种类的文物进行清点和登记，采集信息数据。赴胥口中心小学、区史志办等馆外文物收藏单位采集可移动文物信息。采集和录入2540件馆藏和19件馆外藏品的信息，离线报送浙江省第一次全国可移动文物普查办公室。

【抗日战争胜利浙江受降纪念馆开馆】 开展抗日战争胜利浙江受降纪念馆史料征集与展陈设计工作。5至9月，开展展品征集、整理等工作，参加抗战文物征集小组远赴云南省腾冲、昆明、东阳等地，征集头盔、刺刀等军事类有价值的抗战文物，共计220项，500余件，同时从全国各地征集抗战文物线索27项，119件。9月，抽调人员开展开馆前布展及开放值班工作，确保抗日战争胜利浙江受降纪念馆开馆及纪念日活动工作正常安全运行。9月3日，抗日战争胜利浙江受降纪念馆正式对外开放，至年底开馆76天，参观人数240279人次。

【文物宣传与利用】 全年在《富阳日报》周末版刊出不可移动文物系列宣传。1月，由区政协编撰的《富阳石刻遗存》出版发行，该书以区文物馆历时2年完成的全区177件历代碑刻拓片为素材。6月“文化遗产日”，推出“富阳文博”微信公众号，开展“文化遗产日”文物知识问答活动，制作50余幅文化遗产宣传广告，在全区公交站点开展为期1年的文物保护宣传。8月，央视《新闻直播间》栏目、浙江电视台等国内多家媒体报道区文物馆从民间征集的侵浙日军牛岛部队《圣战纪念(第一辑)》。10月，“富阳区最美古建筑摄影大赛”活动启动。 (陈玲丹)

·非物质文化遗产保护·

【概述】 组织开展非遗四级名录项目申报评审工作，至年底，全区有国家级非遗代表性名录3项，省级名录12项，市级名录17项，区级名录52项，四级非遗名录总计84项；国家级代表性传承人3名，省级9名，市级27名，区级67名。组织非遗项目参加展示展演和文化交流活动，扩大影响力。组织编撰《杭州市富阳区非物质文化遗产大观·民俗卷》，正式出版《富春江渔文化记忆》和《张氏骨伤疗法》。争取国家级补助资金43万元，省级补助资金35.30万元，市级补助资金5.85万元，富阳区下拨专项经费36.24万元。

【非遗名录项目挖掘申报】 组织申报杭州市第六批非遗名录项目，推荐施肩吾传说、纸糊高照、土烧酒酿制技艺、手工织带技艺、高桥湖笔制作技艺、孙式太极拳、周氏骨髓炎疗法等7个项目申报第六批杭州市非物质文化遗产名录。在洞桥镇开展镇级非遗名录建设试点工作，指导洞桥镇普查、挖掘整理非遗资源。组织非遗保护专家赴龙门、洞桥等地挖掘抢救非遗项目。

【服务传承人活动】 开展第八个“服务传承人月”活动，内容包括向传承人发放津贴、通过新闻媒体宣传报道、走访慰问传承人、为传承人免费健康体检等。开展第三批区民族民间艺术家申报评审工作，授予王一平等37人富阳区第三批民族民间艺术家称号。组织开展第四批杭州市富阳区代表性传承人申报评审工作，董柏源等28人被评为第四批非物质文化遗产项目代表性传承人。开展第五批杭州市非遗代表性传承人申报工作，华明坤等9人被评为第五批杭州市代表性传承人。推荐李仁贤申报第五批国家级代表性传承人。

【非遗展示展演与交流活动】 与上官乡联合举办首届杭州市富阳区“上官杯”竹编竹雕大赛。“文化遗产日”，举办富阳区布文化艺术展，展示以丝、棉、麻、毛等天然材料为介质，经手工制成的生活、礼仪用品和艺术作品。举办传统戏剧大赛富阳区选拔赛，推荐张琦和孙香娣参加杭州市传统戏剧大赛决赛，均获三等奖。组织华宝斋富翰文化有限公司赴德国“黑白艺术——纽伦堡地区的造纸和印刷艺术展”展示展演竹纸制作技艺和印刷技艺。组织富阳纸伞参加“非遗薪传”——浙江传统纸艺彩扎精品展活动。与桐庐县联合举办“富阳·桐庐剪纸作品交流展”。与江西省景德镇市开展纸与瓷的非遗走亲活动。

【非遗保护载体建设】 组织开展首批富阳区非遗生产性保护基地建设，确定杭州富春江宣纸有限公司、杭州富阳逸古斋元书纸有限公司等18家单位为首批区非物质文化遗产生产性保护基地。组织开展第二批非遗传承教学基地建设工作。举办非遗讲座，向中小学教师普及非遗知识。指导银湖街道金竺村伞笔馆、灵桥镇王家宕传统木船展示馆进行文化陈设和布展。

【富阳竹纸制作技艺保护与传承】 成立富阳竹纸文化保护与传承发展促进会。举办2015中国竹纸保护与发展研讨会，邀请高校竹制研究者、竹纸产区代表、非遗保护专家、书画界代表探讨竹纸保护与发展传承。组织开展富阳竹纸制作生产状况调研。开展中国文房四宝行业特色区域——中国竹纸之乡申报工作。 (李莲君)

·文化市场·

【概况】 2015年末，全区有文化、广电、新闻出版经营单位695家，其中歌舞娱乐场所52家，游艺娱乐场所20家，互联网上网服务营业场所105家，出版物经营单位88家，艺术表演团体16家，演出场所15家，艺术品经营单位19家，电影放映单位12家，印刷业经营单位358家，文化类民办非企业单位10家。

区文广新局驻行政服务中心窗口(行政许可科)全年受理、办结各类事项1646件，其中即办率91.70%，上网审批率、办理准确率和按时办结率均为100%。窗口被区行政服务中心评为服务明星1次，窗口工作人员蒋晓标被评为2015年度服务标兵。区文广新局下属文化市场行政执法大队全年出动执法人员1927人次，检查经营场所3049家次，受理举报82起，一般程序立案45起，做出行政处罚决定46起，简易程序处罚12起，办结案件57起。收缴罚没款279533元，停业整顿6家次，没收违法物品241件。

(李　刚　孙雪年)

【法制宣传】 区文化市场行政执法大队全年印制、发放各类宣传资料20000余份(册)，组织、参加各类宣传活动3次，组织召开全区性行业协会、文化市场业主培训会议、宣教会5次，在《富阳日报》刊登信息3篇，富阳电视台《富阳新闻》报道文化市场执法行动2次，利用平安富阳的宣传平台和载体在全区300多处公众位置用电视视频形式宣传文化市场相关法律知识。在“3·15”国际消费者权益日、“3·18”文化市场法制宣传日、“12·4”全国法制宣传日等宣传日，以现场讲解、咨询、发放宣传资料和图版展示等形式向市民宣传教育，制作文化市场法治宣传片，通过送电影下乡活动等载体宣传文化市场无证照整治工作，接受法律咨询500余人次。

【文化市场执法】 开展“扫黄打非”专项整治行动。对出版物、互联网、校园周边等集中治理行动，严查盗版教材、教辅读物以及含有淫秽色情、凶杀暴力、封建迷信等内容的非法出版物。全年，区文化市场行政执法大队检查出版物、印刷经营单位200余家次，查处违规经营单位15家(次)，立案8件，停业整顿1家，收缴罚没款1万元。

开展平安浙江文化市场专项整治。严查校园周边文化市场、互联网文化内容和歌舞娱乐场所(KTV歌舞厅)非法曲库、演出场所非法表演、游戏机房非法经营等行为。区文化市场行政执法大队对营业性演出进行全程监管，查处未经批准举办营业性演出案件1起，罚款6.50万元，取缔大篷车演出4起，制止未经批准的非法演出、展览3起。

开展暑期文化市场整治。严查网吧、电子游艺游戏、歌舞娱乐场所违规接纳未成年人等违法经营行为。全年查获接纳未成年人进入营业场所的网吧16家(次)、歌舞娱乐场所3家(次)，停业整顿5家(次)，罚款13.90万元。

开展文化市场无证无照经营整治。全年开展无证无照整治，其中与公安部门、工商部门开展联合行动9次，发现无证无照经营47家次，引导办证4家次，取缔40家次，立案查处3家次，收缴罚没款4万元，收缴游戏机46台、地面卫星接收设备19套。

开展文物保护单位(点)检查。对在册文物保护单位进行全覆盖检查，向文物保护单位附近群众发放文保宣传资料，公布举报电话。1月和6月，开展冬季消防、雨季防汛文物安全检查。

【文化市场安全生产】 区文化市场行政执法大队在日常巡查中将网吧、歌舞娱乐场所、电子游戏房、影剧院等人员密集经营场所作为安全生产重点检查对象，组织文化市场人员密集经营场所负责人和工作人员开展消防安全培训和消防演练活动。6月，组织全区网吧、KTV、游艺游戏场所、电影院、演出场所等人员密集型场所负责人参加消防安全专题培训，提高场所负责人消防安全意识及自我防范和处置能力。组建富阳区文广新消防联防中队，由1名专业消防员为指导员，9名区文化市场行政执法大队执法人员为队员，不定时与相关部门联合开展文化市场消防安全专项检查。

(孙雪年)

【农村数字电影放映】 2015年，全区农村数字电影放映4181场，其中“2131工程”公益电影放映4070场，观众37万余人次。3月，下发《关于做好2015年农村数字电影放映工作的通知》(富文广新〔2015〕

11号），部署农村数字电影放映工作。至12月，超额完成放映3444场的任务，放映区域遍布全区24个乡镇（街道）共276个行政村，放映点涉及619个自然村、24个社区和6所学校，实现中心村覆盖率100%、数字化放映程度100%的“双百”工作目标。

【广播电视安全播出管理】 落实元旦、春节、“两会”“五一”国庆等重要保障期的广播电视安全播出管理工作。履行重要保障期“零报告”值班制度，落实指挥靠前、应急准备、重要岗位双人双岗24小时值班等安全播出工作制度。区广播电视安全播出领导协调小组办公室发挥牵头协调作用，第一时间将上级通知、急件密电、文件精神和有关事故通报等重要指示传达到各相关单位和部门。2015年8月丽水市莲都区万地广场大屏幕播放不雅视频的事件发生后，立即组织执法人员对辖区内浙江移动通信有限责任公司富阳分公司、浙江省电信有限公司富阳分公司等14家公共视听载体运营单位开展专项检查，要求运营单位时刻保持警惕，严格遵守操作规程，加强对播放内容的实时监控，确保播放安全。

【境外电视网络接收设备专项整治】 10月至12月，根据上级统一部署，结合富阳区实际，开展境外电视网络接收设备专项整治行动。研究制定《杭州市富阳区境外电视网络接收设备专项整治行动实施方案》，成立由区领导担任组长、副组长，相关职能部门为成员单位的境外电视网络接收设备专项整治行动领导小组。通过全面清理排查、开展联合执法、加大宣传力度等手段，共查处案件7起，没收非法接收设备20套。

【农村应急广播体系建设】 农村应急广播体系建设工程于2014年下半年启动，当年完成了50%行政村级平台的安装，2015年6月完成县级总控平台和24个乡镇级分控平台的建设，2015年9月完成全区276个行政村的应急广播体系建设工作。经过验收，富阳区农村应急广播工程硬件设施全面到位，应急广播工程的智慧功能全面实现，接收终端采用可寻址户外广播和有内置喇叭的数字电视机顶盒相结合的技术方案，实现“平时广播、突发事件时应急插播”的传输模式。（叶　昕）

【行业协会】 至年末，区文广新局主管32家行业协会。2015年，各行业协会根据“依法办会、民主办会、开放办会、学习办会”的原则，开展工作。

印刷协会　4月15日，组织32名会员参观在上海举办的国际瓦楞展。4月19日，召开二届三次会员大会，170家会员单位出席，审议通过协会工作报告及财务报告、2015年工作计划。6月9日，举办绿色印刷培训班，邀请北京大城新华公司对部分印刷企业进行培训。

网吧协会　全年召开理事和理事扩大会9次。3月27日，召开二届三次会员大会，审议通过协会工作报告和财务报告，表彰8家2014年度先进网吧。9月15日开始试行网吧收费系统调整和升级。参加杭州市星级文明网吧评定小组组织的星级文明网吧评定，金宇网吧、飞乐网吧被评为五星级文明网吧，科源网吧被评为四星级文明网吧，情缘网吧被评为三星级文明网吧。

富阳区企业报研究会　全年召开理事会4次，培训通讯员300余人（次）。3月31日召开年会，总结2014年度工作，表彰优秀企业报特等奖2家、优秀奖14家、纽带奖5家；奖励突出贡献奖3名、优秀办报工作者37名、优秀报业人员1名。派代表出席中国内刊协会在西安市召开的年会暨表彰大会，《永泰报》《华达报》《富阳合作银行报》分别获得中国内刊“好报纸”特等奖，《板桥报》《富阳人民医院》《正大报》获一等奖，2家单位被评为二等奖、2家单位获组织奖。全年在国家、省、市、区各级刊物上发表业务论文9篇。

周雄孝文化研究会　成功申报国家级非遗保护专项资金40万元，杭州市级非遗保护专项资金4万。农历三月三、九月九举办孝子祭祭祀活动。推荐省级非遗传承人李仁贤申报第五批国家级非遗代表性传承人。参与周雄纪念馆的布展设计和论证。组织专家探讨孝子祭祀仪式的程序和祭祀活动的服装道具等工作。

富阳竹纸文化保护与传承发展促进会　6月，杭州市富阳区富阳竹纸文化保护与传承发展促进会成立，选举产生第一届理事会理事17名，理事会选举张金鸿担任促进会会长。10月，协助区文广新局举办2015中国竹纸保护与发展研讨会。12月，协助区非遗中心开展富阳竹纸生产情况调研和中国竹纸之乡申报工作。

富阳茶文化研究会　4月，在茶叶一条街(鹿山街道依江路)举行2015年富阳安顶云雾茶文化节暨茶叶街开市活动，组织全民饮茶日四场讲座。5月，召开第二届茶文化研究会第二次会议暨理事培训会。8月，在新锦程职业技能培训学校举办高级茶艺师培训班；由会长率团前往桐木关、祁门等地考察茶文化活动。　(叶　昕　李莲君)

·文化创意产业·

【概况】 2015年，富阳文创产业坚持“运动休闲、创新创意、生态人居”发展理念，贯彻落实省委打造特色小镇决策部署，投入250万元专项扶持资金，扶持黄公望村、东梓关村、上官球拍、诸佳坞篆刻文化等文创小镇建设。对富阳城市公园建立文创标识地进行可行性研究，东吴公园街肆区块整体招商成为文创标示地先试区，有力促进产城融合发展。合作举办中国球拍之乡球拍产业发展上官论坛，试点融合传统块状经济品质提升项目。开展文创项目申报，建设富阳文创项目库，征集评选出本级文创资金扶持对象26个，扶持资金499.30万元，推荐华宝斋、颐高圣泓工业设计申报国家文化部、财政部文化产业项目2个，申请中央文化产业资金各600万元。强化审计监督，完成2014年度国家级项目现场督查工作，委托中介机构对2014年度区本级项目进行审计。推进文创招商项目落地建设，新沙岛玫瑰乐园、富春山居创意广场、富兴喜马拉雅家具生活体验中心和爱丽芬富春文创产业园等已引进项目基本完成前期建设，共计新增投资8500万元。组织有关人员赴北京、深圳、上海、西安、成都等地招商，“阿卡·文村”和“自在—公望”艺术小镇两个项目成功签约，储备浙报数据中心、天朗文创农业、老鹰画室总部基地等项目。组织参展24家文创企业参加第九届2015杭州文博会；全年举办4次创意集市，参与全区创新创业大赛和首届富商大会，推荐引进一批高质量的项目和企业。

【新沙岛玫瑰园首展开幕】 新沙岛玫瑰园首期建设的20公顷玫瑰种苗科研基地，于5月1日开园迎客。“新沙岛玫瑰园·2015春季花展”活动同步启动，花展持续至6月30日。2014年12月，富阳文创办引进新沙岛玫瑰园项目，由浙江龙灿实业有限公司投资5.60亿元，流转土地100公顷，主要开展玫瑰花研发、种植和加工，并结合文化创意、运动休闲发展观光旅游业。园内设丰花、微型、藤本、花海等区块，展示古老玫瑰、茶香玫瑰、藤本玫瑰等各类地栽精品，品种达400多个，逐步打造成爱情玫瑰文化主题园、水陆空全栖婚庆婚典圣地、婚纱拍摄基地、爱情微电影拍摄基地。

【富春山居创意广场隆重揭牌】 5月23日，综合性文化创意园——富春山居创意广场，在江滨东大道138号富春江集团举行的揭牌仪式。该创意广场依托中国美术学院艺术文化资源优势，以“艺术改变生活，科技定义未来”为理念，打造一个以“艺术之旅·创意生活”为宗旨的第四代创意产业园标杆和城郊厂区产业转型的示范，及浙江省文化产业示范基地。浙江大学校长吴朝晖、全国工商联副主席徐冠巨、中国美术学院党委书记钱晓芳、杭州市人大常委会副主任徐祖萼、杭州市政协副主席何关新、杭州市富阳区区长黄海峰、富阳区区委副书记吴玉凤、富阳区宣传部长赵玉龙等领导出席揭牌仪式。

【“阿卡文村”“自在公望”项目参加集中签约】 6月10日，“阿卡文村”“自在公望”两个文创项目举行集中签约仪式。洞桥镇与北京阿卡控股有限公司、东洲街道与北京德美艺嘉文化产业有限公司分别就“阿卡·文村”“自在—公望”艺术小镇签约。“阿卡·文村”项目落户洞桥镇文村村，项目借助互联网，打破传统的农业生产经营模式，将消费者、农民和农业企业三者有机地组合在一起，有序整合农产品、农业生产、服务、旅游、民宿、儿童教育等相关产业，实现为农民增收、为农业企业增收，带动合作伙伴共同致富，创造全新的农业产业生态群。项目计划总投资3.50亿元，是互联网+金融+农业+民宿+旅游+文创+养老产业综合性项目，通过移植阿卡农庄在北京的成功经验，利用京东物流资源、阿卡农业产业联盟合作，把富有富阳文化的特色民宿等产品辐射到长三角地区，从而带动洞桥镇的联动发展，为富阳农业生产注入新的活力。“自在—公望”艺术小镇项目计划总投资2亿元，计划租用黄公望村民居20幢以上，利用黄公望村周边闲置地块进行PPP模式开发，围绕当代艺术，将展览活动、手工作坊、音乐表演、旅游餐饮、聚会民宿、创意市集、培训实习等内容融合在一个大的文化产业孵化平台上，引入互联网生态，加强当地的文化特色，带动文化产业及旅游业的发展。

【2015年度文创产业扶持项目评审会议召开】 9月17日，区文创办在富阳文创大楼会议室召开文化创意产业专项资金2015年度扶持项目评审会议，49家文创企业参加评审。评审专家组由区委宣传部、区财政局、区商务局、区经信局、区发改局、区科技局、区文创办等职能部门和杭州专家组成。企业分别通过PPT展演、现场解说等形式展示了各自的文创项目，与会专家向企业代表就项目特色、项目进展、实施情况、社会效益和经济效益等进行提问。通过评审，26个企业项目达到评分标准，进入实地考察环节。（朱爱国）

·广播电视·

【概况】 2015年，富阳广播电视台电视《富阳新闻》播出各类新闻稿件4300多条，其中时政新闻2500多条，民生新闻1800多条。广播《富阳新闻》用稿4000多条，其中当天新闻2400多条、民生新闻1600多条。

对外宣传，广播和电视在省台分别发稿70多条和90多条，分别获得浙江广电集团新闻协作县级二等奖。

【主题报道】 围绕“撤市设区”元年、“三严三实”专题教育活动、《对标学习　学天津、上海、深圳》、“奋战四季度　冲刺全年红”攻坚行动等主题开设专栏，展开全面、充分、及时、深入的报道，发挥了党的喉舌作用和主流媒体的使命责任，在全社会形成了积极健康的主流舆论。

【民生报道】 着力提高民生类报道的可听、可看、可亲性，策划系列报道明显增多，有《慈善十年特别报道》《国卫复评进行时访谈报道》《“记得住乡愁　看得见发展”特别报道》等，特别是《‘记得住乡愁　看得见发展’特别报道》，从市民心中的乡愁、红火农事节庆、新业态引领乡村旅游新发展、建设美丽乡村和传承历史文化五个方面诠释了乡愁的内涵，展现了一种对过去岁月的追忆和一份对美好未来的期望，使市民们感受到了“乡愁”无尽的韵味，得到了领导的好评，社会反响良好。

【纪念抗战胜利70周年暨建国66周年机关干部职工合唱大赛】 9月30日晚，富阳广播电视台与农商银行共同承办的纪念抗战胜利70周年暨建国66周年机关干部职工合唱大赛在富阳体育馆落幕。本次比赛从报名到预赛决赛，历时近一个月，共有46支来自乡镇街道和机关单位的队伍参赛，参赛人数达2500余人，各参赛队表现出的艺术水准和精神面貌及完美的赛事组织、良好的宣传效果受到了区委主要领导和在场及电视机前观众的充分肯定。（郭少华）

·《富阳日报》·

【概况】 2015年，《富阳日报》每周出版120个版面，其中周一至周五为正报，开设富阳时政、城事、资讯、春江两岸以及天下、综合、体育等新闻版面；运动休闲周刊（双休日出报），开设周末关注、写一句话、听一首诗、城市面孔、文化看台、老家、行走、走读、听说、达夫弄、原创、涂一张画、乐学少年等版面。《富阳日报》平均期发量3万份，出版300期，总发行量900万份。

富阳日报社实行采编、经营分离，报纸广告委托杭州富阳日报传媒有限公司经营。富阳日报社员工45人，下设办公室（总编办）、融媒体中心、时政部、民生部、周刊部。

全年杭州市领导共8次对本报采编工作作出肯定和表扬，省新闻出版广电局报刊阅评共计3次对本报宣传报道工作给予专题表扬，市心北路楼房倒塌实时播报和内参2次获得杭报集团总编辑嘉奖。富阳日报假日刊获2015年度杭报集团读者最喜爱的十佳栏目称号；董剑飞获2015年度杭报集团读者最喜爱的十佳记者(编辑)称号。

【聚焦“撤市设区”】 纸媒报道有力度、有深度、有创新，新媒五大微秀策划性报道总阅读量近20万。围绕富阳撤市建区，编辑出版城市手册《富阳》，受到社会各界好评。

【配合“对标三学”】 助推区委区政府“对标三学”工作，做好宣传报道。城市治理学天津河西、法治建设学普陀、转型升级学南山，通过评论、消息、通讯、图片、微秀等形式，反映三地经验，刊发20多个专版报道，树立可学可供借鉴样本。

【助推智慧经济发展】 联合有关部门，开展推进富阳智慧经济“五个一”系列宣传活动，加大对富阳智慧经济特别是硅谷小镇的推介力度，全面提升富阳智慧经济的整体影响力，得到区委区政府主要领导批示肯定。

【深入宣传抗战胜利七十周年】 围绕纪念抗日战争胜利70周年，推出了“寻找抗战老兵的故事”“抗日战士郁达夫”“阅兵式现场的富阳元素”“抗战纪念馆开馆”“帮18位老兵圆心愿”“抗战在富阳”“寻找抗战阵亡士兵‘王宝林的亲属’”等系列报道，形成全方位宣传声势。

【宣传“美丽富阳”】 继续推出“美丽富阳行”报道，全景式展示“家乡美”。着力宣传各乡镇(街道)、村和各部门的新理念、新思路、新举措，宣传治水、治气、治堵攻坚战，“五水共治”“三改一拆”报道形成常态。

【实施流程再造，成立“中央厨房”】 组建融媒体中心，成立“中央厨房”，着力打造“资源通融、内容兼容、传播互融、利益共融”，在区域内极具影响力、传播力、竞争力的融媒体集群。《富阳日报》包括网站(富阳新闻网)、手机报、官方微博、官方微信、移动客户端(无线富阳)、网络视频(E动直播、富报有约)、互联网广播(听一首诗)等多种传播形态、多元传播渠道、多个平台终端的全媒体矩阵。

【舆论引导】 牢牢把握正确导向，借助新技术、新渠道，努力做到热点引导及时有效。在23省道改建、五水共治、三改一拆、四边三化、应对台风等热点问题上，充分发挥媒体优势，坚持多角度、多层面深入报道，正面引导舆论。在“市心北路楼房倒塌”事件发生后，富报新媒第一时间启动实时播报，记者轮流坚守现场近30小时，用大量图文引导社会舆情、疏导百姓情绪，实时播报交出阅读量20万+的成绩，成为通过全媒体融合播报、有效引导社会舆论的典型案例。

【融合发展】 创新新媒体产品，打造新媒体产品矩阵，包括言归政传、听一首诗、九区夜谭、红吉看天、富阳假日、富阳城记，乐活富阳、乐学富阳等分众微信号。富阳日报官方微信在刺猬公社等有关全国纸媒公众号影响力权威排名中，10余次入围前十，最好成绩第七。新媒体关注度和覆盖面数量超过18万人(不包括手机报、富阳新闻网)。富阳日报新媒体产品受到了富阳市民以及区领导的关注，其中《市心北路楼房倒塌实时播报》阅读量超过20万，《富阳区委书记心中的乡愁》微秀阅读量近21万人次。

【新闻内参】 不定期推出新闻内参，反映热点难点问题，为党委、政府提供决策参考。2015年，围绕撤市设区、项目攻坚、城市治理、文化强区、民族统战等热点难点焦点问题，撰写编发内参6篇，得到区委、区政府主要领导批示肯定7人次。

(杨晓英)

【责任编辑　董江军】

卫　生

·综述·

【概况】 2015年，全区共有各级各类医疗卫生机构496家。其中：区属医疗卫生机构8家（包括卫生监督所、疾病预防控制中心各1家，区属医院6家），疗养院3家，民营医院8家，门诊部33家，改制卫生院13家（包括3家卫生室），厂矿学校医务室35家，社区卫生服务机构181家（其中村卫生室14家），集体办村卫生室137家，个体诊所76家。其他，医疗急救中心1家，计划生育宣传技术指导站1家。

全区公立医疗卫生机构有各类卫生技术人员3519人，有卫生技术职称2940人。其中：高级职称372人（正高54人，包括主任医师、护师、药师、技师等），中级职称（主治医师、主管医师、主管护师）1058人，初级职称1510人。招聘录用大专院校毕业生243人。

区财政卫生事业费投入37774.57万元，占财政总支出5.48%，人均卫生事业费518.74元。年内在建项目12个，建筑面积21.57万平方米。区医疗卫生中心竣工并投入使用；区第二人民医院病房扩建工程结顶；区第一人民医院教学楼、高压氧舱楼工程竣工；富阳中医骨伤医院教学楼竣工并投入使用；启动区中医院搬迁改造工程；东洲街道社区卫生服务中心迁建工程、大源社区卫生服务中心公卫综合楼工程投入使用，启动新登镇、渌渚镇、常安镇3家社区卫生服务中心迁建工程及永昌镇、湖源乡2家社区卫生服务中心改造工程。

2015年全区共出生5682人，计划生育率95.88%，出生人口性别比108.71:100，统计误差率控制在1.50%以内，无计生侵权行为发生。居民平均期望寿命为81.62岁。其中：男性79.65岁，女性83.80岁。居民前5位死亡原因顺序为：恶性肿瘤、脑血管疾病、呼吸系统疾病、心脏病、损伤和中毒，占总死亡数的87.25%。

【机构改革】 6月16日，根据富阳区委、区政府办公室转发《杭州市委办公厅、市政府办公厅关于印发〈杭州市富阳区人民政府职能转变和机构改革方案〉的通知》的通知（富委办〔2015〕29号）文件，不再保留区卫生局、区人口和计划生育局，组建成区卫生和计划生育局。调整后，将区卫生局除用人单位职业卫生监督检查等相关职责以外的职责、区人口和计划生育局计划生育管理和服务的职责，整合划入区卫生和计划生育局；将区卫生局的用人单位职业卫生监督检查等相关职责划入区安全生产监督管理局（区安委办）；将区人口和计划生育

区第一人民医院新院区全景　（区卫计局　供稿）

局的研究拟订人口发展战略、规划及人口政策等职责划入区发展和改革局。6月29日，新组建的富阳区卫生和计划生育局发文正式成立，公布党政班子成员名单，并启用新印鉴。

【国家卫生城市复评】 2014年底，富阳撤市设区，首次作为杭州市的城区纳入2015年国家卫生城市复评迎检区域。2015年年初，启动“国卫复评”迎检工作，建立由区长为组长，区委副书记及其他相关区级领导为副组长，各相关部门负责人为成员的国卫复评工作领导小组，下设综合协调、宣传舆论、市容环境、环境保护、食品安全、公共卫生等6个专项组。召开全区国卫复评迎检动员大会和工作推进会，动员部署复评迎检工作。按照2014版《国家卫生城市标准》要求，下达国卫复评工作任务书，明确要求和责任。利用社区黑板报、宣传橱窗、LED大型显示屏、楼宇电视、车载电视、公交站台电子屏等各种阵地，开展主题宣传和教育活动，设置国卫复评宣传阅报栏41处、墙体美化5000余平方米、大型广告2块、道路小炮台50余处、墙体宣传牌500余块。电视、报纸开辟《国卫复评进行时》专栏，“一把手”系列访谈栏目。社区开展环境卫生大整治共建活动。工青妇开展雷锋角、志愿者、“小手牵大手”“美丽庭院”评比、《致市民的公开信》等活动。加大城市基础设施建设，加强市容环境等重点难点问题专项整治，对年初各部门各街道和督查组摸底排查出来的2477个问题实施上墙“消号”行动。对原金桥村、虎山村、后周村、巨利村等21个区块的城中村和城郊接合部开展环境卫生综合整治，拆除违章搭建8万余平方米，清除房前屋后堆积杂物5000余吨，规范拾荒者管理1400余户，平整硬化道路1500余平方米。对镬子山社区新建路区块、春南社区南园路区块、苋浦社区后拔路区块等8个老旧区块开展背街小巷整治，累计整治面积27.50万平方米，累计埋设雨、污水管道约2万米，改造路面、人行道约3.60万平方米，新增停车位180个。对大源镇、渔山乡、东洲街道等乡镇街道在城区待建“飞地”、国有收储地块开展专项整治，清除堆积建筑、生活垃圾10000余吨，建设围墙2500米并进行墙体美化。出台“八小行业”规范管理意见，对食品和公共场所“八小”行业开展规范化整治，对有证单位100%实行量化分级管理。采取“数字城管”工作模式，推动市容环境洁化、序化。对城东、城西、鹿山、金桥、巨利等区块实施环卫一体化管理，投入日常保洁经费500余万元，推进撤村建社区域环卫一体化工作。对沿街经营户、单位实行以环境整洁、文明劝导、应急参与为主要内容的门前“新三包”机制。建立2个生活垃圾分类处置示范小区，22个社区开展垃圾分类工作。对城区河道开展由区环卫处实施日常保洁管理的区域化保洁试点。完善城区主次干道路日常保洁机制，建立道路保洁分类考核机制。区领导6次带队对国卫复评工作进行现场督查，落实整改突出难点问题。综合协调组每日实地督查，落实问题，下达任务分解2期、工作联系单及整改通知单206份。复评工作纳入全年区政府重点工作任务，列入专项考核。区财政落实基础设施建设、市容环境卫生管理、行业卫生专项整治、宣传发动等国卫复评专项经费2000余万元。于5月和9月分别通过省级明察和全国爱卫办的暗访考核。

【新诊疗模式推进】 2015年，富阳通过推进智慧医疗云建设项目、加强农村卫生工作指导员制度的实施及专项考核等措施，进一步加大了先看病后付费、按时段预约挂号、双向转诊等新诊疗模式的宣传、推广、实施力度。先看病后付费服务：借鉴银行信用管理办法，建立了个人就诊信用档案，欠费额度最高可达3000元。截至12月底，全区先看病后付费共签约32万人，占富阳区常住人口46%；服务市民350余万人次，占医疗机构市民卡就诊率的68%。按时段预约挂号：区卫生计生局及各区属医疗卫生单位建有微信预约挂号平台，方便市民用手机预约挂号。手机、网站自助预约量持续上升至30000人次/月。双向转诊：完善工作软件，采取激励机制，调动基层医务人员工作积极性。2015年，共完成向上转诊23555人次，向下转诊15654人次。同时，通过短信通知平台，自动发送预约挂号、就诊提醒，检查取单提醒，就诊满意度测评，检验检查报告一键发送、移动支付提醒、住院每日费用清单等服务。建立全民医疗档案，市民可通过手机短信验证查阅每一次就诊及相关数据，为每一个市民建立一份实时动态的电子档案。

【智慧医疗云】 富阳智慧医疗云平台于2013年正式启动。通过近3年的努力，已建成了统一高效、互联互通、信息共享、使用便捷、实时监管的信息化管理平台，在推进新医改项目、统筹利用卫生资源、提升群众就医感受和强化卫生计生管理服务等方面成效显著。2015年，入围由新华社新华网等单位主办的“十二五”民生改善优秀案例推选活动，富阳因此荣膺“全国民生改善十佳典范城市”称号。2015年，富阳继续加大该项目的开发和应用力度取得良好成效。一是升级先看病后付费新诊疗模式。在全区公立医疗机构推行门诊报到系统、“银联卡就诊一卡通”、网上在线支付及开发线上医生电子名片、手机短信服务评价等，切实缓解看病烦、难问题。完成先看病后付费签约32万，门诊使用达350余万人次。二是提供医疗大数据服务。平台实时采集和展现全区的医疗服务大数据，如实时公布各医疗机构门诊就诊人数，方便群众避开就诊高峰；又如通过实施医生电子名片，帮助群众了解医生一年内的日均门诊量、总体满意度、治疗均次费用等关键信息，帮助患者挑选医生，倒逼医院提升医疗服务质量。三是提供如影随形的电子健康档案。为全区65万户籍人口和5万外来常住人口建立了可随时、随地、随身查看且实时更新的电子健康档案，并可以通过个人授权给就诊医生及保险、养老等第三方机构查阅，确保了个人档案的可及性与安全性。同时，实现区域范围电子病历、居民健康档案等信息共建共管共享，为市民提供医疗资源查询、个人健康档案查询、个人健康教育等全方位服务。四是统筹整合区域医疗资源。通过智慧医疗平台，实时连接区内6家大医院和25家社区卫生服务中心（包括站点），实现医疗数据实时互联互通，通过全门诊分时段实时挂号、异地预约检查、缴费、双向转诊及检验、影像会诊服务，对全区的医疗资源进行了统筹整合，整体提升区域医疗服务能力。五是实现医院管理精细化。通过智慧医疗云平台推行区属公立医院PDCA和安全生产隐患排查在线管理，实时监测医院药品使用、医疗安全、质量控制及服务人次、均费等运行指标，加大医院运行质量检查评估、督查考核和责任追究力度，切实加强医院运行质量和安全生产监测管理，进一步提升医院科学管理能力，并为领导提供决策依据。

【区属医院业务】 公立医院改革平稳推进，保持良好态势。与2014年相比，开放床位增加124张（区第一人民医院新院区投用），卫生技术人员增加154人，各区属医院完成门急诊281.34万人次，同比增长1.47%，其中区第一人民医院增长6.22%；出院6.94万人次，同比增长5.31%。全年完成医疗业务总收入12.34亿元，同比增长12.07%。

【社区卫生建设】 东洲街道社区卫生服务中心完成异地新建并投入运行，完成大源公卫楼新建工程；改扩建18家社区卫生服务站。全区25家社区卫生服务中心收入总计35078万元，支出总计31467万元，收支结余3611万元。继续深化公立医院对口支援社区卫生工作，新诊疗模式得到进一步推进，新增“先看病后付费”签约58215人，社区预约挂号27783人，向上转诊29481人次。提高基本医疗服务工作效率，全区社区卫生服务中心总门（急）诊人次188.63万，较2014年度增长19%，门（急）诊均费95.08元，较2014年度增长15.16%。将城乡居民健康体检标准提高至70元／人，共完成60岁以上老年人体检65399人。加强社区人才队伍建设，选派165人到上级医院进修，招录农村社区临床医学专业定向培养生10名。组织参加杭州市基层卫生综合技能竞赛，获得团体三等奖。开展满意度短信测评，收到满意度测评回复短信15118条，回复满意14653条，满意度达96.92%。

【基本公共卫生服务项目】 加强项目管理，成立基本公共卫生服务项目领导小组。将基本公共卫生服务项目经费补助标准从35元／人提高至40元／人。规范项目考核，与区财政局联合制定下发《富阳区基本公共卫生服务项目绩效考核办法》，在年度杭州市基本公共卫生服务项目考核中取得第三名。强化项目执行，建立城乡居民电子健康档案621549份，建档率93.30%；加强城乡居民慢性病管理，发现高血压患者并建档60842人，规范管理45376人，发现

2015年各区属医院业务情况

表28

单　位	开放床位（张）	卫生技术人员（人）	门诊人次（万人次）	出院病人（万人次）	住院总床日（万床日）	平均住院床日	床位使用率（%）	业务收入（亿元）
区第一人民医院	720	857	95.56	3.16	27.49	8.82	106.35	5.01
区第二人民医院	234	341	29.74	0.82	8.68	11.04	101.64	1.28
区中医院	100	360	76.23	0.35	2.62	7.48	79.77	1.67
中医骨伤医院	500	408	27.67	1.01	13.84	13.35	75.83	2.75
区妇幼保健院	338	448	48.47	1.51	7.62	5.08	62.01	1.41
区第三人民医院	150	94	3.67	0.09	7.64	85.16	139.56	0.22
合　计	2042	2508	281.34	6.94	67.89	—	94.19	12.34

率9.13%，规范管理率74.58%；发现糖尿病患者并建档14617人，规范管理9278人，发现率2.19%，规范管理率63.47%。落实重性精神病人管理，共管理精神病患者3179人，规范管理率达85.20%。

【行风建设】 强化廉洁从业和医德医风教育，增强卫生从业人员廉洁从业意识。开展正反典型教育，通过媒体宣传、事迹报告会等形式，深入学习“三十佳”先进事迹，大力弘扬大医精诚、廉洁奉公、勤政为民的奉献精神。邀请杭州市卫计纪检组组长开展“以案说法”讲座，全系统280余人参加讲座接受教育。局党委书记陆国民还为局机关全体党员干部、区属医疗卫生计生单位党政正职、乡镇(街道)社区卫生服务中心主任共80余人上了《老老实实做人，踏踏实实做事》专题廉政党课，达到良好警示效果。紧扣“四风”问题，开展正风肃纪专项行动，重点对会风文风、“三公经费”、公车管理、“会所中的歪风”“酒局牌局”问题、行风效能等进行专项整治。2015年，全系统“三公”经费支出较上年同期下降46.78%；发文做到无纸化；公务用车严格实行申请、审批、登记制度。邀请“两代表一委员”和社会人士不定期开展行风效能暗访督查，定期下发督查通报。实施医疗服务满意度短信及网络测评，规范医疗卫生服务行为，共发送测评短信894.56万条，群众满意度达95%以上，作风效能得到明显改善。组织学习中国共产党廉洁自律准则、中国共产党纪律处分条例和观看“廉政教育每月一课”等警示教育片，增强对法纪的敬畏感。严格实施《卫生系统效能问责办法》，加强行风效能督查问责。开展谈话提醒教育，全年开展廉政提醒谈话共4000多人次。开展党风廉政建设责任制落实情况督查4次、行风效能督查4次，办理纪检信访5件，发现上报案件线索5件，问责处理6人，告诫谈话26人次，党纪政纪处理3人。

·卫生保健·

【孕产妇系统管理】 区妇保院每周一、二、三，区第二人民医院每月5、15、25日开设高危筛查门诊，并开展下基层高危筛查25次，共筛查出A★中度以上高危孕妇1692例，重症高危55例。孕28周孕妇(本地户籍)区级筛查5896人，筛查率达99.28%。全年分娩产妇数5939人(本地)，活产数6005，住院分娩活产5939人，新法接生率100%，高危孕产妇住院分娩率100%。建围产期保健卡5939，建卡率100%。其中孕12周建卡5925例，达98.67%；系统管理数

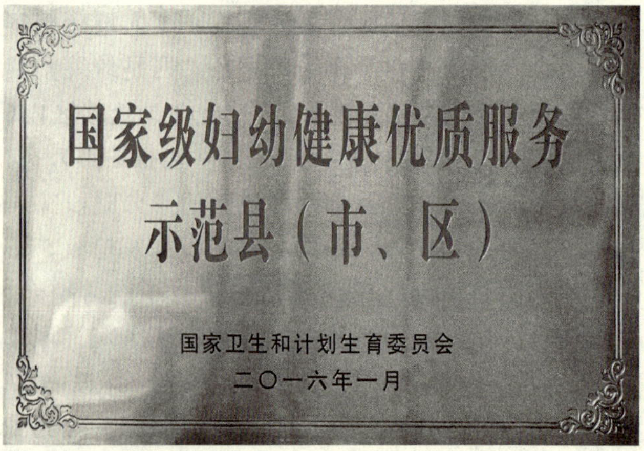

2016年1月，国家级妇幼健康优质服务示范县(市、区)——国家卫生计生委颁发　（区卫计局　供稿）

5921例，管理率98.60%。2015年孕产妇死亡2例。

【妇女保健】 全年完成妇女病普查83849人，疾病检出率为29.92%。完成了国家级农村妇女宫颈癌筛查6312例，乳腺癌筛查200例。完成省级宫颈癌筛查HPV检测项目3000例。完成区级两癌筛查36504例，共查出恶性肿瘤16例，其中宫颈癌6例，乳腺癌9例，卵巢癌1例；宫颈癌前病变146例。

【儿童保健】 全区7岁以下儿童应检38634人，建档管理38633人，保健覆盖率99.99%。当年管理38428人，当年管理率99.47%；系统管理38178人，系统管理率98.82%。全年活产婴儿6005人。围产儿死亡27人，围产儿死亡率3.74‰；全年5岁以下儿童死亡23例，死亡率3.83‰；婴儿死亡16例，死亡率2.66‰；新生儿死亡8人，死亡率1.33‰。全区0～3岁疑似残疾儿童监测22884人，检测率99.69%，发现疑似残疾儿童26人，0～3岁儿童疑似残疾发生率11.35/万。全区儿童保健门诊68856人次，查出疾病15043人，总患病率21.85%。其中佝偻病46人，贫血2300人，肺炎457人，腹泻840人，营养不良693人，肥胖888人。全区托幼机构卫生保健工作验收94家，验收率100%，合格92家，合格率97.90%。集居儿童应检25535人，实检25265人，受检率98.94%。

【干部保健】 区干保办全年为保健对象提供医疗保健服务4580余人次。其中，上门巡诊3320人次，陪诊470人次(前往杭州91人次、前往上海等地5人次)，住院或留观9人次，手术3人次；上门抽血服务60余人次；接待国家、省、市等干保病人来富骨伤医院就诊170余人次。区政府干部保健站为保健对象测血压2870余人次，配药1200余人次，接受咨询1020余人次。区一院干部门诊为离退休干部提供配药、检查、预约等服务185人次。富春街道卫生服务中心保健医师上门为离退休老干部免费量血压、测血糖、健康咨询等服务200余人次。组织完成全区592名区管干部、4批79人次一级保健对象的健康体检。一级保健对象体检结果邀请相关医疗专家进行一对一的反馈；各部委办局干部的体检结果在区政府大院设点进行反馈和咨询；首次组织相关专家上门为乡镇干部进行体检结果反馈。完成“两会”、全区老干部大会等会议健康保障和上级各驻本区工作组在富期间的医疗健康保障工作。完成区级老干部和区级组织的外出工作考察的健康保障工作。邀请省知名专家为在职干部和离退休老干部开展《肿瘤的防治》《健康从心开始》等专题讲座和咨询3场，发放健康保健书籍5000余册，进一步提升了干部、特别是离退休老干部的健康素养。

·计划生育·

【全面实施单独两孩政策】 在强化政策宣传、优化审批服务、加强动态监测、完善政策研究等方面狠下功夫，确保单独两孩政策全面稳妥实施，截至2015年12月底，全区共审批单独两孩1488对，已出生928人。并开展了进一步调整完善生育政策的前瞻性研究分析，为实施全面两孩政策奠定基础。

【实行生育服务证改革】 在省内率先将再生育证审批系统和生育登记服务系统进驻浙江省政务服务平台，实现生育审批“一站式”网上办理，推行生育服务证办理“承诺制度”和“代办服务”，实行全程代办，为群众提供“零距离”服务。实行委托办理，乡镇(街道)负责再生育审批的受理、初审、公示等事项，区卫生计生局负责复核、核准，将再生育证的打印与发放委托给乡镇(街道)办理。压缩审批时间，从原来50个工作日压缩为7个工作日以内，乡镇(街道)公示的时间从原来规定的7个工作日减为5天。2015年共受理行政审批2017件，审批准确率、群众满意率均达100%。

【新型人口文化建设】 优化宣传阵地建设，在交通要道口、人流聚集区设立大型户外宣传牌18块，在24个乡镇(街道)建立新型人口文化园，在305个村(社区)设立人口计生宣传栏。因地制宜开展“人口文化进礼堂”活动，建立49个“人口文化进礼堂”宣传点，在274个农家书屋中设立计生图书角，举办人口文化培训讲座50期，发放宣传资料累计3万余份。开展幸福家庭创建活动，共举办“5·29”会员活动日、“7·11”世界人口日等大型宣传活动3次，积极参加杭州市卫生和计划生育委员会“中国梦·我说我的幸福家”作品征集活动，上报作品200余篇，荣获“最佳组织奖”。加强新闻媒体宣传，在《富阳新闻》《下班路上》等栏目中播放计划生育公益宣传片，播出《人口之声》专题49期，在《富阳日报》刊登人口与家庭专栏2期，在国家、省、市等各级新闻媒体发表报道196篇。扎实推进优生优育优教促进工作，整合社区卫生服务中心、公办幼儿园等资源，提升4家“三优”指导中心硬件设施，共举办人口早教讲座17场，对每户新生儿家庭免费发放“三优”宣传品，新婚、待孕夫妇和0—3岁抚养人“三优”知识普及率达到90%以上。

【计划生育优质服务】 实施育龄妇女生殖健康促进工程，全年春秋两季应普查人数192181人次，已普查人数188617人次，普查率98.15%。规范计划生育避孕药具发放管理，全区共设有自动售套机150台，安装高新智能免费发放机9台，发放避孕药具55万人次。组织11户病残儿家庭参加杭州市病残儿医学鉴定，全部被批准可再生育。全年完成四项节育手术11899例，无计划生育手术并发症。

【国家免费孕前优生健康检查项目】 深入推进国家免费孕前优生健康检查项目，整合免费婚前医学检查和孕前优生检测，统一规范检查服务流程，加强实验室质控检查，做好高风险对象的风险评估、转诊服务，落实参检对象的早孕、妊娠结局的跟踪随访，为待孕夫妇提供全过程、个性化的优生指导。2015年，全区参加国免检查共计7702人，国免项目覆盖率为98.74%；婚检率91.25%，检查出疾病1786人，疾病检出率23.43%；完成免费孕前优生检测3584人次，优生检测率100%。

【落实利益导向政策】 健全计生优抚机制。落实法定奖励扶助政策，开展计生特殊家庭关怀扶助，发放奖扶特扶金603.40万元，计划生育公益金68.78万元。加快与主城区一体化融合，提高农村独生子女父母参加城乡居民社会养老保险补贴标准，计划分3年时间实现主城区同步。2015年，补贴标准由每人每年300元提高到500元，全区共有11188人受益。创新失独家庭帮扶模式。开设再生育咨询门诊，认真做好“失独”家庭辅助生育服务，对3户“失独”建立生育档案，提供优生指导，报销辅助生育医疗费9.70万元。组织开展全区失独计生家庭大走访活动，为169户失独计生家庭进行专业心理测评，对84名失独人员开展心理疏导和治疗，建立信息档案。在银湖街道开展计生特殊家庭帮扶服务试点工作，积极探索“政府牵头、协会负责、公益参与”的长效帮扶服务机制，开展医疗服务、心理慰藉、生活照料、法律援助等一对一帮扶服务活动，受到群众一致好评。开展生育关怀行动。扎实推进计生系列保险，继续实施独生子女、村级计生服务员保险制度，扩大投保范围，独生子女平安险由0～18周岁提高到0～24周岁，共投保5.70万人，理赔金额从3万元提高到4万元，建立特殊计生家庭综合保险，提供意外伤害、寿险、住院补贴等保障制度。为带动计生家庭共同致富，共争取省、市发展致富项目16个，投入资金68.50万元，建立“1+10+X”项目管理新机制(一个项目点帮扶10户以上家庭脱贫、对X户家庭进行技术扶持)，实现共同致富。

【计划生育依法行政】 开展权力事项清理工作，建立原始权力库，梳理法律依据，制定运行流程图，建立健全和完善事中事后监管制度，率先在全省晒出区县级的计生权力清单。规范社会抚养费征收管理，严格实行“收支”两条线，创新工作方法，采取联合取证、笔迹鉴定等形式，努力破解行政执法取证难、执行难。积极协调法院，通过实施银行代扣、司法拘留等强制手段，加大执法力度，提升执法实效。2015年，共立案220例，征收社会抚养费1054万元，查处违法生育党员11人，全部移交区纪委进行党纪处分。

【出生人口性别比综合治理】 出台整治“两非”专项行动实施方案，成立整治“两非”专项行动领导小组。联合公安、市场监管等有关部门提高对重点地区和单位的日常巡查频率，加大“两非”案源排查力度，严厉打击“两非”行为。出台性别比专项治理有奖举报制度，在全区村(社区)、流动人口集聚地以及各医疗机构进行张贴有奖举报通告牌。广泛开展专题宣传，在区电视台新闻频道、图文频道以及秦望广场和东吴公园等人口聚集地电子显示屏滚动播出宣传视频，投入经费达15万元。加强执法监管和生育全过程管理，健全有奖举报、凭证引产、孕情消失倒查等长效机制，治理工作始终保持高压态势。2014年10月至2015年9月，富阳区出生人口性别比为108.71，其中户籍人口为107.35，省外流动人口113.75。

【流动人口计生生育服务管理】 继续加强流动人口新居民计生服务窗口的建设，推进村（社区）全程代办流动人口“一孩”生育服务登记和流动人口婚育证明，新登镇流动人口“新居民”计生示范窗口建设达到省级示范窗口创建标准；灵桥镇“新居民计生之家”窗口顺利通过杭州市验收；春江街道积极开展流动人口社会融合工作，结合流动人口计生协会组织，探索“以外管外”新模式，关怀流动人口计生困难家庭，开展慰问救助等活动，维护流动人口合法权益，成为杭州市十个社会融合示范样本点之一。创新工作机制，推进全区流动人口计生服务管理工作转型发展，巩固强化流动人口卫生和计划生育基本公共服务均等化成果。全区登记流入人口152800余人，省外流入139300余人、省内流入13400余人，其中已婚育龄妇女49200余人；户籍人口流出30900余人，其中流出省外育龄妇女3378人；全年为流入贫困孕产妇提供分娩救助3例，为育龄妇女提供计划生育技术服务642例，共免费四项手术经费10.30万余元；为已婚育龄妇女免费环孕检31231例。同时，加强部门协作，为流动人口提供法制保障、便民维权、救助帮扶、关怀关爱等社会融合服务。以宣传促服务，以服务促管理，强化信息采集、提升信息交换、完善信息质量。

【计生队伍建设】 配足配强基层计生工作人员，确保各乡镇（街道）计生办公室均有1名以上公务员，2000以上人口的村（社区）均有不少于2名的计生服务员。健全村级计生服务员“区管乡聘村用”工作机制，工资报酬从每人每年1800元提高到6000元，乡镇（街道）再实行一定的配套，确保年收入不低于村（社区）主要领导的70%。组织区卫计局和乡镇街道计生干部参加浙江省基层计生干部素质提升培训班，对全区427名村级计生服务员开展集中培训，实现区、乡、村三级计生干部培训全覆盖。

【计生协会工作】 2015年区计生协会成为二级财务独立预算单位，确定工作项目经费90万元。联合区委党校举办4期村级计生协会秘书长素质提升培训班，全区427名村级计生协秘书长参加培训。全力开展“生育关怀—圆梦微心愿”活动，共征集微心愿343个，发动理事、会员、致富发展项目点、爱心人士、企业、志愿者认领，帮助圆梦。乡级计生协企业冠名基金走访慰问计生贫困家庭224户、独生子女家庭成员死亡和伤残家庭73户、老计生工作者150人，共发放慰问金65.40万元。为全区682名计生特殊家庭成员投综合保险，保费每人每年80元，为55876名独生子女投保意外伤害险，保费每人每年10元，完善了计生家庭的意外死亡、住院补贴、医药费报销等保障机制。开展首期区级师资认证，36人通过认证，首次在富阳区举办杭州市级师资认证，22人通过认证，初步建立省、市、区三级师资队伍。依托“爱心假日学校”、会员之家和区青春健康教育基地，开展青春健康技能培训和咨询服务，开展迎接青春期、预防性骚扰等技能培训43期，受训达4000余人次。全市共有11个项目被列为省、杭州市致富发展项目，以及6个独生子女大学生创业项目，共获得帮扶资金68.50万元。

·卫生监督·

【公共场所卫生监督】 全区有持证公共场所经营单位1355家，新发放卫生许可证235家、换证267家、不合格单位1家、停业65家，建档率100%，信息公示率100%。从业人员6150人，体检、培训率均为100%。出动执法人员1310人次，监督4156家次。监测251家单位1129份、合格1113份、合格率98.60%。行政处罚132起，其中公共场所114起、饮用水1起、其他16起，罚款21万余元。开展了美容美发业的“你点我检”、二维码信息公示，检测结果媒体公示4次。完成了国家卫生城市复评、组团执法、公共场所控烟、住宿业、美容美发场所、沐浴场所、游泳场所等10余个专项卫生监督检查。开展公共场所量化分级，持证1355家，应量化1236家，已量化1236家，量化评定等级A级5家，B级130家，C级1101家，不予评级0家，量化分级率100%。

【饮用水卫生监督】 全区有持证集中式供水单位3家，建档率100%。制水从业人员56人，体检、培训率均为100%。监测生活饮用水115份，合格率100%。开展了“五水共治”保供水、社区生活饮用水监测公示等专项监督检查。对全区集中式供水单位卫生量化分级评定，全年应量化单位3家，其中：A级单位1家，B级单位2家。

【学校卫生监督】 全区共有各级各类学校（含幼儿园）232所（大学3所，中学26所，小学43所，小学分校区29所，幼儿园89所，幼儿园分园42所），其中170所学校供水方式为市政供水，54所为村级水站供水，7所为自备水，2所同时使用市政供水和自备水。上述学校中有使用二次供水的学校8所，使用直饮水的学校13所。继续实施春、秋季及中、高考的学校卫生专项检查，开展教室环境卫生监测、传染病防控、学校病媒生物防制、控烟工作等，并对20所学校开展学校卫生综合监督评价。全年出动执法人员303人次，监督517家次。对使用自备水、二次供水及直饮水的学校开展水质检测，共检测水样67份、合格65份、合格率97%，对不合格的1所学校实施警告的行政处罚。全年未发生学校卫生安全事件。

【职业卫生监督】 至6月30日（7月15日，用人单位职业卫生监督检查等相关职责划转入区安全生产监督管理局），共有376家用人单位通过作业场所职业危害网络申报系统向区卫生计生局申报职业危害项目。全年共出动卫生监督员220人次，有效检查单位181家，监督覆盖率达100%。根据《富阳区化工行业整治提升工作方案》要求，对全区49家化工企业进行专项整治，目前11家化工企业、1家电镀企业通过了职业卫生验收，其余均在进一步落实整改过程中。同时，加强源头管理，对4个新建项目进行职业卫生初步设计审查，对3个新建项目开展了职业病危害项目预评价审核，对3个新建设项目进行职业病防护设施的竣工验收，从源头上预防、控制和消除职业病危害。2015年，共收到126份职业健康检查报告，2538名劳动者进行了职业健康检查，查出疑似职业病患者1名，职业禁忌人员45名，观察复查人员126名。2015年，确诊职业病人9名，其中尘肺病人8名，患者均得到妥善安置，未发生上访等现象。

【医疗机构监督】 全区有489家医疗机构建立档案。对医疗机构的医政管理、传染病防治、消毒产品生产企业进行监督检查，出动执法人员1026人次，监督661家次。实施行政处罚36户次，罚款达11.80万元。对57家次医疗机构实施了不良行为记分管理。完善畅通投诉举报渠道、列入项目管理、聘请义务宣传员、部门联动配合、建立无证行医“黑名单”制度、涉嫌构成犯罪移送公安部门、定期巡查回访联动等七位一体的“打非”监管新模式，充分发挥富阳区公安局驻杭州市富阳区卫生监督所打击非法行医工作联络室作用，联合打击非法行医行为，规范和净化医疗市场，共取缔无证行医店（摊）14家次，没收药品器械165箱（件），价值5.85万元，移送涉嫌犯罪1起。

·疾病预防控制·

【免疫规划工作】 全区开展卡介苗、脊灰疫苗、无细胞百白破三联疫苗、麻风二联疫苗、麻腮风三联疫苗、乙肝疫苗、A群流脑疫苗、A+C群流脑疫苗、乙脑疫苗、白破疫苗、甲肝疫苗共11种Ⅰ类疫苗的常规免疫接种工作。全区四苗（卡介苗、脊灰疫苗、百白破疫苗、麻疹疫苗）全程接种率98.31%，五苗（卡介苗、脊灰疫苗、百白破疫苗、麻疹疫苗、乙肝疫苗）全程接种率98.26%，乙肝首针及时率96.29%。全年报告麻疹44例、百日咳4例。

【传染病疫情】 全区报告法定传染病22种。其中：乙类传染病有梅毒、淋病、肺结核、肝炎、痢疾、麻疹、猩红热、艾滋病、百日咳、布氏病、疟疾、人感染H7N9禽流感、出血热、新生儿破伤风、登革热和伤寒+副伤寒16种，报告病例1924例，发病率273.10/10万。丙类传染病有其他感染性腹泻病、手足口病、流行性腮腺炎、急性出血性结膜炎、流行性感冒和风疹6种，报告病例1863例，发病率264.44/10万。梅毒报告发病率位居乙类传染病首位，报告发病885例，占乙类全部病例的46%，较上年增加60例。淋病报告发病481例，占乙类全部病例的25%，较上年增加40例。肺结核、肝炎和痢疾报告发病率，分别位居乙类传染病第三、四、五位。手足口病报告发病1326例，占丙类全部病例的71.18%，无死亡病例报告。报告聚集性事件79起，其中结核病疫情12起，手足口病聚集性疫情26起，流行性感冒聚集性疫情10起，诺如病毒感染性腹泻聚集性疫情9起，水痘聚集性疫情10起，急性胃肠炎聚集性疫情5起，疱疹性咽峡炎聚集性疫情5起，水污染事件2起。2015年度，无突发公共卫生事件报告。

【H7N9禽流感防治】 完成人感染H7N9禽流感外环境监测样本185份，涉及21个城乡活禽交易场和20个家禽散养户。其中，城乡活禽交易场103份，占55.68%；家禽散养户82份，占44.32%。人感染H7N9禽流感病毒核酸阳性标本数27份，阳性率为14.59%；阳性监测点数11个，阳性率26.83%。仅城乡活禽交易场，共采集标本103份，阳性标本27份，阳性率26.21%；阳性监测点数11个，阳性率为52.38%。通过《富阳日报》、富阳电视台、富阳广播电台等传统媒体刊登专版信息1次；通过微信、微博等新媒体刊登专版信息各两条；通过短信平台发送专版短信3000人次；通过各乡镇(街道)社区卫生服务中心(站)视频软件反复播放健康121人感染H7N9禽流感电视专栏多次并开放区卫生局96301热线电话帮助广大居民解疑释惑；向各乡镇(街道)免费发放了《预防人感染H7N9禽流感》宣传单10000余份、宣传画500余张；拍摄人感染H7N9禽流感防控微电影1部。

【艾滋病防治】 全年新报告感染者和病人27例，累计197例。全年完成暗娼人群检测1243人次，男男人群检测580人次，外来务工人员检测3395人次，吸毒人群检测231人次，学生人群检测2775人，外来婚嫁女检测661人次，外出返乡人员检测351人次，中老年男性检测542人次，羁押人群检测866人次，在以上各类人群中发现HIV抗体确证阳性5例。全区全年完成VCT(自愿咨询)检测2356人次，其中富阳区疾病预防控制中心完成VCT检测1075人次，富阳区第一人民医院338人次，富阳区中医院300人次，富阳区第二人民医院339人次，富阳区妇幼保健院301人次，共确证HIV抗体阳性3例。全区4家区属医疗机构规范化性病门诊完成性病门诊就诊者HIV抗体检测15781人次，确证HIV抗体阳性3例。全区已有20家社区卫生服务中心参与开展艾滋病感染者的随访、管理工作，及时告知和流调率达100%，首次随访CD4和结核病筛查比例达100%；完成艾滋病个案随访151人，失访2人，随访比例达98.70%；新增抗病毒治疗21人，死亡1人，累计抗病毒治疗309人，目前在治133人，单阳家庭治疗覆盖率达100%，MSM人群治疗覆盖率达98.50%，CD4＜500者治疗覆盖率达95.20%，治疗病人CD4和病毒载量检测率均达100%；全年完成CD4检测约500人次，CD4检测比例达98.70%，结核病筛查比例达98.70%。11月初开始，艾滋病抗病毒治疗相关的工作向富阳第一人民医院定点诊疗点转移，12月底完成全区艾滋病抗病毒治疗转移工作，社卫中心保留参与开展艾滋病感染者随访工作。

【结核病防治】 2015年，共发现肺结核病人309例，其中：初治涂阳病人115例，复治涂阳病人20例，菌阴病人172例，肺结核病人涂阳构成比44.34%。发现结核性胸膜炎病人75例，肺外结核病人50例。肺结核病人查痰率100%，系统管理率98.36%；涂阳病人家属(包括密切接触者)肺结核筛查率100%，新发涂阳病人治愈率86.36%。发现耐多药可疑病人135例，确诊耐多药病人2例，耐多药结核病人医务人员直接面视下服药率80%。

【慢性病防治】 2015年，全区共计出生报卡6005例，死亡4032例。报告富阳区户籍：糖尿病2163例，肿瘤2431例，心、脑血管病急性事件2468例，伤害病例11990例。全年累计首诊病例数639121例，测血压人数632712例，测压率达99%，其中：高血压病例数69283例，新发病例数2894例。

【地方病防治】 血吸虫病 开展春季查螺、秋季查病工作，对5个乡镇(街道)的11个行政村开展查螺，共查18.99万平方米，未查到钉螺。全年累计监测来自疫区的流动人口血吸虫抗体489例，未发现阳性病例。

疟疾 4月25日，在秦望广场开展以“消除疟疾、谨防境外输入”为主题的疟疾防治日宣传活动。全年累计完成“三热”病人血检2554人，未发现疟原虫阳性病例，血片复检258份，复检率10.10%。

碘缺乏病 全年对食用盐批发场所检测碘盐样本108份，合格108份，合格率100%；居民用户碘盐检测300份，合格294份，合格率为98.64%。共检测灵桥、洞桥、环山、常绿、东洲5个乡镇(街道)学生尿碘200份，尿碘中位数为152.90微克／升，并对200名学生甲状腺肿大率进行检查，Ⅰ°甲肿大6人，甲肿率3%。抽检孕早期妇女(0～13周)碘盐和尿碘各100份，盐碘合格率为98.98%，尿碘中位数为151.95微克／升。抽取200名5年级学生进行碘缺乏病问卷调查，知晓率达98.67%，抽取100名家庭主妇进行问卷调查，知晓率达98%。

地氟病 在丰水、枯水期，对湖源乡厅基村、塔坞村的源头水和用户水的水氟监测，共采集水样12份，经检验水氟含量均合格。完成上述两村8～12岁学龄儿童的尿氟和氟斑牙检查，未有氟超标现象、未发现有疑似氟斑牙的儿童。

布氏病 5月区中医院和区第一人民医院分别报告布氏病病例各1例。完成重点人群布鲁氏菌监测25例，未发现阳性。

【生活饮用水监测】 对富阳区水务有限公司江北水厂和江南水厂两家自来水厂全年开展管网末梢水“三定”(定采样点、定采样频率、定检测项目)采样4次，采集样品96份，合格95份，样品合格率98.96%，共监测2304项次，合格2303项次，项次合格率99.96%。采集3家水厂水源水样品各2份，共监测192项次，合格率100%。采集3家水厂出厂水样品各2份，共监测198项次，合格率100%。采集富阳区城区二次供水样品22份，合格15份，样品合格率68.18%，共监测726项次，合格719项次，项次合格率为99.04%。开展农村饮用水监测，基础监测项目共采集448份，每份水样检测细菌总数、总大肠菌群、浑浊度与游离余氯等4个指标，合格水样266份，合格率为59.40%。重点监测项目共采集272份，合格水样130份合格率47.80%，每份水样检测微生物指标、毒理指标、感官性状和一般化学指标等24项。

【精神卫生】 积极贯彻实施《精神卫生法》，加大政策保障，加强部门协作，落实病人管理，提升防治能力，完善精神卫生防治体系建设，建立了“政府主导、部门协调、全社会参与”的精神病防治协调工作机制，区精神(心理)卫生工作领导小组工作正常开展，协调解决实际困难和问题。卫生、民政、公安、财政、残联等部门分工明确，责任到位。完善了“三无”流浪、肇事肇祸、残疾等精神障碍患者救治救助机制和精神、智力残疾病人康复工作机制。建立健全了重性精神障碍患者三级管理网络，网络覆盖率达100%。强化部门职责，发挥乡镇(街道)主体作用，全面摸排和发现辖区内精神障碍患者、疑似患者，为确诊重性精神障碍患者建立信息档案，定期上门随访指导、开展危险性评估，落实管控措施。拍摄了精神卫生工作电视专题片《飘扬的绿丝带》，广泛开展了精神卫生和心理卫生宣教活动，消除减少了社会对精神障碍患者的歧视和偏见，促进了市民心理健康。精神障碍患者农医保报销比例门诊提高到50%，住院报销比例提高到75%，并对低保患者提供住院费用二次补助。全年各类精神障碍患者门诊、住院治疗费用减免302.20万元。心理咨询工作室受理心理咨询1457人次，参与特殊人群心理援助、心理危机干预700多人次，深入基层开展心理健康讲座55场次，受益群众5000余人次。区第三人民医院发挥浙江省基层卫生适宜技术成果转化示范基地优势，推广运用抑郁症和老年期痴呆防治技术。添置了多功能麻醉机、彩色B超等医疗设备，建立了动态心电图工作站，实行护理电子病历，精神科业务不断拓展。全年急诊诊疗人次36686次，住院床日76408日，总出院人数882人次，业务收入2143.60万元。完成法医精神病鉴定

165例。富阳精神卫生工作在全国精神卫生综合管理试点工作专家指导组、杭州市人大常委会督导、视察活动中得到充分肯定，杭州市副市长陈红英对“富阳积极做好精神（心理）卫生工作关爱特殊群体的做法”作了批示。富阳区精神卫生工作办公室荣获2015年度浙江省严重精神障碍管理治疗工作先进集体。截至12月底，全区登记在册精神障碍患者4236人，其中在册重性精神障碍患者3239人，重性检出率达到4.60‰。精神分裂症1648人，双相情感障碍615人，偏执性精神病9人，分裂情感性精神障碍20人，癫痫所致精神障碍360人，精神发育迟滞伴发精神障碍587人，其他精神障碍997人。通过三级网络管理，全区监护精神障碍患者4231人，监护率达到99.90%；重性患者规范管理人数3231人，规范管理率99.70%；重性患者病情稳定人数3204人，稳定率98.90%；重性患者治疗人数1796人，治疗率67.70%；精神分裂症治疗人数1142人，治疗率69.30%，各项指标均达到国家规范要求。全年无重大精神障碍患者肇事肇祸案（事）件发生。

·健康城市·

【宣传阵地建设】 进一步打造“健康城市”“健康121”“健康加油站”栏目，讲解常见病、多发病、慢性病、传染病等防治知识，倡导健康生活方式，传授防病技能。全年录播“健康121”栏目52期，刊出“健康城市”专版60期。“健康加油站”栏目每天辐射人群达3万人以上。利用墙绘、LED显示屏、楼宇电视、车载电视等阵地，开展“健康四大基石”“健康素养66条”等相关内容的宣传，倡导居民养成良好的生活习惯。调整富阳区健康教育讲师团，吸纳名医名家和社区优秀全科医生讲师，深入社区、村、机关、企业和学校，讲解常见病、慢性病、心理卫生、家庭急救及健康生活方式等相关知识。结合卫生日等活动，开展广场义诊和宣教活动，宣传“先看病后付费”“网上预约挂号”“双向转诊”“医养护一体化”等政府惠民政策，倡导“合理用药、科学就医”理念。与区社区教育委员会合作，开展“百场健康知识宣讲进礼堂”活动，倡导健康理念，传授健康知识。全年开展健康知识巡讲213场，发放各类健康宣传资料8万余份。

【健康教育和健康促进】 制定《富阳区2015年健康教育与健康促进工作计划》，落实全区健康教育成员单位及各级各类医疗卫生机构的工作任务。共组织开展“儿童预防接种日”“世界无烟日”等大型户外健康宣教活动11次，发放宣传资料累计4万余份，在“一报两台”上刊登、播出健教专题（刊）160余期，播放车载电视7200小时，楼宇电视播放宣传片2100条，发送健康短信8万余人次，“健康121”微信发送70余条。全区讲师团讲座190次，24个乡镇、街道实现全覆盖。全年完成3所“健康促进学校”、2家“WHO”健康单位、2家健康单位的申报和审核工作。

【健康支持性环境建设】 新建东洲街道社区卫生中心、银湖街道高桥社区卫生中心健康自助中心2个，富春街道巨利服务站健康自助站1个。试点建设万市镇中心小学和实验小学虎山校区学校健康教育基地2个，打造学生健康教育第二课堂。开展控烟执法、舆论宣传和“无烟单位”建设工作，营造无烟环境。机关工委、卫生计生、文化、烟草、新闻媒体等多部门联合开展控烟执法活动，规范机关、学校、医院、商场、宾馆、娱乐场所等公共场所控烟行为。在教育系统，以“小手牵大手”方式，开展“我身边的戒烟故事”征文活动。5月31日“世界无烟日”，开展主题控烟宣传和执法活动。全年实施行政处罚37起，罚款24550元。2015年创建杭州市级无烟单位8家。

【健康细胞工程建设】 湖源乡中心小学和中国移动富阳分公司成功建设成为“WHO健康城市合作中心健康单位”，富春五小建设成为省健康促进金牌学校，富春二小、新登镇小建设成为杭州市健康促进银牌学校，渔山乡社区卫生服务中心和湖源乡新二村建设成为杭州市健康促进医院和健康村。

·爱国卫生·

【城乡爱国卫生】 深化“两代表一委员”城乡爱国卫生督查机制，每季开展暗访督查。元旦、春节、

"十一"等节假日和爱国卫生月，开展城乡环境卫生综合整治。洞桥镇启动国家卫生镇创建，12月中旬通过杭州市爱卫办明查考核。区城市管理局、富春第一幼儿园、春晖社区居委会3家单位新命名为省卫生先进单位。洞桥镇洞桥村、贤德村等5个村新命名为省卫生村。富阳区第一人民医院、杭州日月电器股份有限公司等25家单位(村)通过省级卫生先进单位复查考核。渔山乡中心小学、富春街道金秋社区等9个单位(村)新命名为杭州市爱国卫生先进单位(村)。

【除"四害"】 根据年初制定《富阳区2015年除"四害"工作计划》，继续推行城区公共环境除"四害"市场化运作机制，根据"四害"的消长规律和各自防控重点场所、重点行业、重点虫害，统一部署，落实环境治理为主、药物消杀为辅的综合防治措施，发动群众，人人参与除四害工作。全年组织开展春、秋两季灭鼠活动，夏季除"四害"活动，为千户家庭除"四害"公益活动，以及冬季杀灭越冬成蚊成蝇活动。结合防控输入性登革热需要，开展环境综合整治活动，消除"四害"孳生地，降低和控制"四害"密度，防止"四害"传播疾病发生。市场监管、城管、住建、交通、卫生计生等主管部门对饮食行业、单位食堂、农贸市场、建筑工地、垃圾中转站、车站、公厕等重点行业、重点区域开展除"四害"工作督查，提高除"四害"工作水平。区疾控中心开展除四害工作技术指导和"四害"密度监测分析工作。城区新安装毒鼠屋500只，洞桥镇安装毒鼠屋300只。

【农村饮用水放心工程】 强化农村水站管理，确保农村饮水安全。加强对农村水站的日常监督管理，健全水站管理网络建设，及时维护和养护水站设施设备，委托第三方开展水质检测，掌握水站水质情况。对水质消毒开展技术指导和消毒效果监测，向全区农村水站免费发放水质消毒药物—余氯缓释消毒剂。在丰、枯水期，对全区516座农村水站开展水质监测。其中对68个重点项目监测点采集样品272份，作水质全分析，检测合格137份，合格率为50.37%。对其余448座农村水站开展基础项目监测，共采集样品448份，检测合格169份，合格率为37.72%。及时将水质监测情况和年度水质分析报告报送区政府领导，以供政府决策。通报各乡镇街道，督查查找原因，落实整改。2015年完成农村饮用水提升工程7个，投入资金1545万元，受益群众11263人，有力改善了群众用水条件。

【农村改水改厕】 结合"五水共治"活动要求，按照《富阳市农村生活污水治理工作三年行动计划》《富阳市农村生活污水治理工作实施细则》等系列文件安排，进一步推进农村生活污水治理工程。创新工作机制，积极协调配合，全面推进农村生活污水截污纳管治理工程。全年完成全区第二批126个行政村3万余户的农村无害化三格式户厕改造，其中新增无害化卫生厕所3041座，全区无害化户厕普及率达到95.32%。

·医政管理·

【概况】 以撤市设区和机构改革为契机，继续深化医药卫生体制改革，提升公立医院管理水平，拓展"智慧医疗"项目应用，加快卫生基本建设步伐。推进"双下沉、双提升"工程：区一院成为浙江中医药大学附属医院，与邵逸夫医院洽谈协作办医；推动"政事分开"改革，强化区医学会、中医药学会和医师护士协会主体职能，充分赋予管理自主权。稳步执行新一轮国家基本药物制度：自5月20日起，区卫生计生局以全部配备、分类确标、划片跟标、平稳过渡、公正公平为原则，采取药物分类、专家分类、随机抽签、票决制、痕迹保全、纪检监督等操作办法，开展新一轮基本药物确标工作，切实加强基本药物集中采购使用管理。进一步加大社会办医力度：区政府出台鼓励社会办医实施意见，新增民办医疗机构26家，社会办医工作成效分别获得省政府副省长郑继伟、杭州市政府副市长陈红英批示。做好卫生计生机构改革工作：120急救中心单设已批复。进一步调整医院综合考评办法，推进公立医院PDCA在线考核管理，提升医院管理能力；重点抓好学科建设，切实加强医院运行质量监测和管理，加大检查评估、督查考核和责任追究力度，强化重点环节和领域精准管理，引导医务人员科学用药、合理诊疗。区一院“64排CT购置项目”已获批准，选送的“新型全腹腔镜下断流术”手术视频获“浙江省首届青年医师腔镜外科手术DV大赛”三等奖，成为县(市)级医院唯一获奖的参赛作品。区一院神经外科副主任医师沈佳成功完成一例“经股动脉插管全脑血管造影术”，填补富阳脑血管造影技术的空白。区二院药师在“杭州市第五届医院青年药师岗位技能竞赛”中获得一等奖。区一院输液室被全国妇联评为全国巾帼文明岗，中医骨伤医院《小针刀配合手法松解治疗膝关节炎》获得省卫计委科学技术奖三等奖。全区现有执业医师1864人，助理执业医师326人，执业护士1857人，乡村医生267人。

【新一轮基本药物确标】 富阳根据国家、省市有关药品集中采购政策规定及省新一轮药品集中采购中标结果，制订了基本药物采购使用确标办法，明确了全部配备、分类确标、划片跟标、平稳过渡、公正公平的原则，稳步执行新一轮国家基本药物制度，各单位根据临床需要全部配备、优先使用812种基本药物的确标采购药品，非基药采购金额总量控制在总量的30%以内，确保各单位有药可用，单位间用药一致。同时，采取划片跟标办法，将全区25家社区卫生服务中心分三个片区分别与区一院、二院、中医院等区级医院跟标(上级医院可用的药，基层也可以用)，较好地解决了社区用药需求，实现了基层医疗卫生机构用药范围、用药品质与对应的区属医院的无缝对接，有效缓解基层群众配药难、配好药难的问题，为真正实现“小病在社区、大病到医院、康复回社区”分级诊疗模式奠定基础。25家社区卫生服务中心平均可选用品种达2000余种，实际用药达500～1000余种。

【医疗责任商业保险制度实施】 5月起，富阳区属公立医院试行医疗责任保险，积极探索建立院内调解、人民调解、司法调解、医疗风险分担有机结合的“三调解一保险”工作机制，有利于进一步保障医患合法权益、防范化解医疗纠纷、管控医疗风险、构建和谐医患关系。全区6家区属公立医院均与医疗保险机构签订医疗责任保险协议，共计投保金额300余万元。实施以来，由于保险公司第三方的介入和全程参与，进一步明确、规范了医疗纠纷解决的方法途径流程、医疗机构经济赔偿责任量化标准及相关保障，对加强医疗纠纷因果分析、沟通、协商、交流及建立医患互信等方面起到了积极作用。同时，由保险公司牵头，建立了医疗纠纷处理信息通报制度、案例分析制度和定期联系制度，对投保医疗机构的医疗质量、医疗安全开展了事前、事中、事后的监管，有效防范和化解了医疗纠纷。据统计，全年属于保险责任的37例，已结案25例，已决赔款78万元。均未发生严重影响医疗秩序的重大医疗纠纷或医闹案件，涉案赔款金额较2014年同期明显下降。

【医师多点执业】 富阳自3月起执行《浙江省多点执业实施办法》，医师多点执业和医师自由执业，自新政实施来共办理67人88人次。部分区属医院制定单位内部医师多点执业管理措施。执业类别分布依次为中医、临床和口腔，较好地解决了社会办医人才紧缺问题。

【医疗机构审批校验】 依法审批医疗机构34家，其中：社区卫生服务站1家，学校卫生站1家，门诊部14家，各类诊所15家，民办医院3家；完成校验医疗机构465家。其中区属医疗机构6家，疗养院3家，社区卫生服务机构180家(中心25家、服务站(室)155家)，改制卫生院15家(下设卫生室4家)、民营医疗机构(医院6家、门诊部17家、个体诊所64家)87家，厂矿学校医务室(卫生站)34家，村卫生室135家，其他(社会办医等)5家；注销19家。

【医疗设备添置】 区卫生计生局对区属医疗机构价格在5万元以上的医疗设备继续实施集中招标采购，全年共采购5万元以上诊断和治疗设备128台件。乡镇街道社区卫生服务中心实施基本医疗设备三年配置计划，2015年共采购便携式B超、全自动生化仪、全自动尿沉渣分析仪、三分类血球计数仪、电子显微镜等医疗设备共计39台件。

【无偿献血】 2015年，全区累计献血9494人，献血量约273.64万毫升，其中：团体无偿献血5376人，占总献血量的48.84%，一次献血300毫升以上占团体总人数的35.92%；流动献血4118人，一次献血300毫升占流动总人数的85.50%。5家区属医院临床用血量为167.64万毫升，临床用血100%来自无偿献血。全年共有86人报销输血费79965元，比上年略有下降。继续以新的《浙江省实施〈献血法〉办法》颁布实施为契机，大力宣传无偿献血优惠政策。全区有213名获国家无偿献血奉献奖的志愿者申办“三免”荣誉证即“浙江省无偿献血荣誉证”电子卡；“6·14”世界献血者日期间表彰了2013—2014年无偿献血者先进个人共653人，制作光荣榜6块在献血点巡展，同时在《富阳日报》上专刊表扬。为了方便广大无偿献血者临床用血报销，10月份起，在全区区属医院推行“输血费医院直报”服务，受到了无偿献血者好评。举办第二期大学生暑期下乡无偿献血宣传活动，宣传地点是新登镇各社区和村。富阳获2014—2015年度浙江省无偿献血先进区称号；区献血办公室获2014—2015年度浙江省无偿献血促进奖单位；区城管局环卫所、区第二人民医院分别获得2015年杭州市“我为七一献热血”活动优秀组织奖称号。

·中医中药·

【概况】 2015年，新增中医类医疗机构12家，其中：门诊部5家，中医诊所7家。全区现有中医医疗机构37家(包括中西结合医院)，其中：区级中医医院2家，其他民营中医医院、中西医结合诊所35家。现有国家级中医重点专科建设基地1个，国家级名中医工作室1个，全国综合医院中医药工作示范单位1家，省中医重点学科1个，省中医药适宜技术示范基地1个。2015年，申报杭州市重点学科1个，富阳区级中医类重点学科6个，中医类科研项目10项，确定富春、高桥、春江、场口、万市、新登等6家社区卫生服务中心中医馆建设项目，进一步提升基层中医药服务能力。2015年，区第一人民医院、中医骨伤医院为浙江中医药大学附属医院，区中医院与杭州市中医院建立合作办医机制，进一步促进了全区中医药事业的发展。结合优质医疗资源双下沉等工作，富阳积极开展中医药服务进社区结对帮扶工作，指定富阳区第一人民医院、中医院等区属医院分别与全区25家社区卫生服务中心建立结对帮扶机制，通过下派指导员、实施“基层首诊、分级诊疗、双向转诊”新诊疗模式。

【中医骨伤医院】 医院全年业务总收入2.89亿元，实现稳步增长。为医院招聘临床、护理、财务、基建等专业人才19名。申报新技术新项目2项并进入临床应用。申报课题6项(其中，国家卫计委、省中管局、杭州市科技计划局各1项，区科技局3项)。申报立项继教项目3项(其中，国家级1项，市级2项)。丁方平等主持完成的《小针刀配合手法松解治疗膝骨关节炎》获2015年浙江省中医药科学技术奖三等奖。全院发表论文45篇。医院名誉院长张玉柱被中华中医药学会评为“中医骨伤名师”，同时还被聘为中华中医药学会骨伤科分会顾问。继续开展全国第五批名老中医药专家(张玉柱)学术经验继承(杨力、郎永)工作，完成了国家中医药管理局组织的师承结业考核、论文答辩等工作；浙江省基层中医药优势病种建设项目(腰椎间盘突出症)通过省中管局组织的中期考核；富阳区重点学科中西医结合骨关节病科学和中西医结合脊柱病科学通过区卫生计生局组织验收。全面开展临床路径建设，继续开展优势病种诊疗与方案优化，在全院范围内共开展中医骨伤临床路径管理33个病种，同病种624例，进入路径421例，完成路径369例。医院被授予中国中西医结合学会骨科微创专业委员会“骨科微创全国培训基地”和“全国理事单位”。浙江中医药大学人文社会科学学院志愿者协会授予富阳中医骨伤医院“浙江中医药大学人文社会科学学院服务基地”。联合浙江省中医药学会在富阳成功举办了“中医骨伤科国家级非遗项目传承与发展论坛－暨骨伤名师张玉柱从医50周年学术经验交流会”。表彰宣传张玉柱先生潜心于中医骨伤临床，秉承祖辈手法整复、杉树皮夹板外固定、中药外敷内用的中医药传统手段，并坚持继承不离古，创新不离宗的医德医风，更好地宣传张氏骨伤技术。

【区中医院】 完成医院搬迁改造工程调查摸底和后勤人员培训及各项物资交接等工作，做好物资、设备的保管及日常维护，招聘专人加强重点部位巡逻检查，定期召开搬迁工程推进会议。确定工程投资概算，完成代理单位、设计单位、医疗电梯、危房拆除招投标，完成14类预算新增设备的招标采购工作。制定《多点执业工作方案》，明确管理细则及申请流程。制定并实施《科室月度绩效考核办法》《绩效分配制度改革实施方案》，细化、量化考核指标。完成区卫生计生局OA系统在线考核管理的培训和任务分派制定人事管理制度改革方案。招聘中医类研究生10名，外出进修19人次，外派学术交流培训79人次。对8个院级重点学科进行中期评估，重点扶持3个，一般扶持4个，完成4个区级重点学科终期验收。研究新建临床科室和临床专科工作，设立25个专病及专病带头人。创新管理方式，在护理和药剂开展品管圈管理试点工作。发表Ⅱ级杂志以上论文18篇。申报各级课题20余项，新立项9项，结题1项，已在研课题8项。申报各级继教班9项。加强质量考核通报，严格执行15项核心制度，规范三级查房，强化业务学习和培训，完成“三基”理论、心肺复苏操作考核。加强临床路径和单病种管理，开展17个病种中医临床路径管理，成立中医优势病种领导小组，加强对28项中医优势病种的管理、督查。开展社区慢性病防治协作，与鹿山、常安、大源、灵桥、常绿、里山、渔山、湖源8家乡镇(街道)社卫中心建立协作关系，签订《富阳区慢性病联合诊疗协议书》，选派慢病联合防治导师和工作指导员。与大源社区卫生服务中心签订医联体协议，帮扶开设针灸科、中医调理科、超声科等科室。成立中医药健康教育基地建设领导小组，建立中医药健康教育工作网络。举办中医药适宜技术推广应用培训班4期，中医药网络视频会议培训6期，接收社区医护人员进修13人次，组织常用中医适宜技术规范培训达200人次；与10家社卫中心签订了基层中医药服务能力帮扶协议书，全区25家社卫中心均能开展10项以上中医药适宜技术；扶帮16家社区卫生服务中心开展了冬病夏治服务；与6家社卫中心签订合作协议，免费培训小儿哮喘拔罐技术；承办富阳区基层医疗卫生机构中医药适宜技术竞赛。举办社会开放日6次，承办杭州市庆祝“5·12”国际护士节暨中医特色护理市民体验日富阳分会场活动；举办病人家属学校17期，涉及脾胃病科、皮肤科、风湿病科等10余个专科医疗保健内容，受益达1700余人次。

·医教科研·

【概况】 2015年，申报并立项国家卫生计生委医药卫生科技发展项目1项，省卫生科技计划4项，杭州市科技局科技计划5项、杭州市卫生科技计划6项，富阳区科技局科技计划12项。完成科技成果验收13项，课题结题2项。富阳中医骨伤医院张玉良承担的《桥接系统治疗四肢骨折的临床应用及疗效观察》获国家卫生计生委医药卫生项目立项，区第一人民医院《慢性肾脏病早期筛查实用技术在基层医院推广应用》等4项课题被列入2015年浙江省医药卫生科技计划项目。富阳中医骨伤医院《小针刀配合手法松解治疗膝骨关节炎》获省中医药科学技术奖三等奖。全年发表论文共144篇，其中SCI源论文3篇，Ⅰ级期刊论文18篇。2015年度成功申报国家级继教项目1项，省级继教项目3项、杭州市级继教项目28项。获富阳区优秀论文一等奖13篇，二等奖22篇，三等奖35篇。

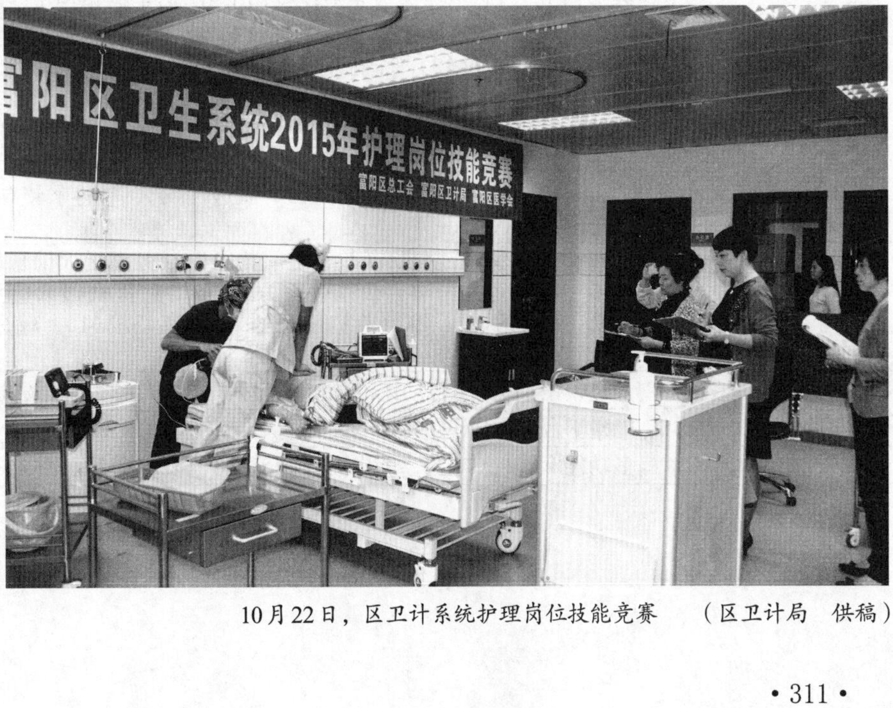

10月22日，区卫计系统护理岗位技能竞赛　（区卫计局 供稿）

【技能比武】 富阳区卫生计生局、总工会、人社局、区医学会联合举办“富阳卫生行业岗位技能比武”，6家区属医院和25个社区卫生服务中心参加，区一院、区二院、区妇保院获护理岗位技能比武团体前三，区一院王珺君、邹茜、陈高平分别获得个人前三。富春社卫中心黄丹君、春江社卫中心许海燕、场口社卫中心方晓波获富阳区基层中医药适宜技术比武个人前三。大源社卫中心王平华、富春社卫中心徐晓燕、灵桥社卫中心邓秋芳获社区全科医师技能比武个人前三。洞桥社卫中心杜小君，富春社卫中心沈利芳、金晓英分别获富阳区全科护理技能比武个人前三。组队参加杭州市手术室护理操作技能比武团体一等奖、杭州市品管圈(Quality Control Circle)经验交流与成果评比三等奖、浙江中医药大学专科护理技术工作坊竞赛活动最佳技术内涵奖，120急救中心获得杭州市急救分中心急救知识和操作技能竞赛团体二等奖；区疾控中心获得杭州市卫生应急技能比武活动荣获组织奖；大源社卫中心王平华、徐晓燕获得杭州市卫生综合技能竞赛二等奖，春江社卫中心刘红获得三等奖。

【学术活动】 全年主办国家级继教项目(“优质护理服务新进展”)1项，省级继教项目3项，市级继教项目28项。举办杭州市中西医结合学会肛肠分会、杭州医学会肾内科分会2015学术年会及杭州医学会泌尿外科分会学术沙龙活动各一期，承办杭州市临床决策中的伦理问题新进展暨职业道德教育培训一期，开展全区疑难病例讨论会10期。

主要区属医疗机构新添置5万元以上医疗设备情况

表29

单　位	新添置医疗设备
区第一人民医院(82)	直线加速器(1)、64排CT(1)、生化+发光流水线(1)、钬激光(1)、彩超(2)、超声内镜系统(含小探头)(1)、电子胃镜\肠镜系统(3)、高分辨数字病理切片(1)、全自动包药机(2)、激光脉冲光系统(2)、移动式数字化X线机(1)、翠绿宝石激光治疗仪(1)、床旁B超(1)、腹腔镜(高清配镜子)(1)、流式细胞分析仪(1)、眼科手术显微镜(1)、全自动酶免疫仪(1)、电子喉镜(1)、环氧乙烷灭菌器(1)、超声刀(1)、自动清洗机(双缸)(3)、电子十二指肠镜(1)、多导电生理记录仪(1)、心脏射频消融仪(1)、多头显微镜(10人)(1)、脱水机(1)、电子乙状结肠镜(含工作平台)(1)、医用悬浮床(1)、自动清洗机(单缸)(1)、气动磨钻镜(动力系统)(1)、血液透析治疗仪(5)、降温仪及降温毯(ICU用)(2)、LEEP刀(1)、小五分类血球计数仪(1)、转运呼吸机(1)、手机清洗注油机(1)、口腔牙种植系统(1)、等速推胸与划船训练机(1)、MOTOmed机器人(1)、口腔半导体激光治疗仪(1)、医用干燥箱(1)、全身垂直律动机(1)、实时动态血糖监测系统(1)、幽门螺杆菌(HP)测试仪(1)、多导心电图机(2)、血库冰箱(2)、转运用监护仪(1)、牙科综合治疗仪(2)、全排生物安全柜(1)、可视喉镜(2)、温毯机(麻醉科用)(1)、温液系统(麻醉科用)(1)、光子治疗仪(1)、耳鼻喉治疗台(2)、移动式无影灯(LED)(2)、便携式电子视频肛肠镜(1)、心电图机(1)、婴儿辐射台(1)、震动排痰机(1)、振动排痰器(3)、温毯机(1)
区第二人民医院(14)	电子胃肠镜系统(1)、彩色多普勒超声诊断仪(1)、数字医用X射线摄影系统(1)、全自动微生物分析技术(1)、超声诊断系统(1)、血透机(4)、软性喉镜(1)、Leica转切片机(1)、艾捷特牙科综合治疗台(3)
区中医院(17)	多普勒超声仪(心脏机)(3)、过氧化氢低温等离子灭菌系统(1)、内窥镜摄像机系统(1)、全自动微生物鉴定及药敏分析系统(1)、全自动封片机(1)、全自动凝血分析仪(1)、脑干诱发电位(1)、CT球馆(1)、麻醉监护仪(1)、医用离心机(1)、输尿管镜(1)、灭菌器(2)、声阻抗(1)、电测听(1)
中医骨伤医院(6)	人体模型(1)、全自动尿液分析仪(1)、呼吸机(2)、呼吸机控制软件(1)、全自动分析仪(1)
区妇幼保健院(6)	能量平台(1)、五分类血球仪(1)、显微镜(2)、PCR仪(1)、彩超(1)
区第三人民医院(3)	多功能麻醉机(1)台，脑电图仪(1)，彩色多普勒超声系统(1)

(蒋军华)

【责任编辑　蒋虹瑶】

社会事业

·社会救助·

【城乡居民最低生活保障(残疾人基本生活保障)】 9月，调整全区城乡居民最低生活保障线标准：城镇低保家庭每人每月618元，农村低保家庭每人每月495元。农村低保标准为城镇的80%，城乡差距进一步缩小。残疾人基本生活保障标准等同城乡居民最低生活保障标准。城乡低保对象实行差额救助，城镇“三无”(无劳动能力、无收入来源、无法定赡养)和农村五保对象以及生活不能自理的重度残疾救助对象按最低生活保障线标准全额救助，其中城镇“三无”对象在享受全额救助的基础上，每人每月再增加60元。全年低保新增2944户3841人，退出716户1524人，至年底，全区共有低保对象6336户9805人，比2014年增加31.47%，社会化发放低保资金2611.37万元；全年累计新增残疾人基本生活保障对象883人，退出2758人，至年底，共有残保对象2892人，比2014年减少39.71%，累计发放残疾人基本生活保障金2508.28万元；全年累计新增城乡困难家庭942户2462人，退出1145户2928人，共有城乡困难家庭2681户7130人，比2014年减少6.13%。

【修订出台新低保办法】 11月，修订出台《杭州市富阳区城乡居民最低生活保障办法》，一是调整低保认定条件，凡杭州市富阳区行政区域内持常住户籍的城乡居民，其共同生活的家庭成员人均可支配收入低于我区的低保标准，且家庭财产状况符合本实施办法有关规定的，经审批给予低保救助。二是扩大救助对象范围，新增7类单独户申请低保情形，如“与无赡养能力的法定赡养人共同居住且无自理能力的老年人”“与60周岁(含)以上父母(或无抚养能力的法定抚养人)共同居住且无自理能力或丧失劳动能力的成年子女”“社会散居孤儿或事实无人抚养的困境儿童”等。三是提高救助标准，城镇低保标准按不低于当地上年企业最低工资标准的40%～50%之间确定；农村低保标准按不低于当地城镇低保标准的80%确定，并根据区政府接轨主城区的规划，进一步缩小差距，直至城乡统筹。四是加大保障力度，低保家庭人均最低补差额由原来的“城镇低保不低于低保标准20%；农村低保不低于低保标准30%”统一为“城乡低保人均补差不低于低保标准的30%”，增加对每户低保家庭的资金保障。五是统一救助期限，原先城镇低保救助期限为6个月，到期重新进行审验。现与农村低保一样，调整为12个月的救助期限。六是规范救助程序，新低保办法严格按照民政部《最低生活保障审核审批办法(试行)》等上位法，分12条对低保申请、审核、审批等流程进行规定，简化办理程序，严格执行民主评议、公示公开、回避与备案等审核审批机制，并对限制申请低保条款进行调整。

【五保供养】 2015年，农村五保供养标准为12945元，比上年提高1315元，增长11.30%。继续实施农村五保集中供养机构整合提升工程，2015年新开办福利性民办养老机构3家，获得筹建许可的民办养老机构2家。至年底，全区共有五保老人466人，集中供养率为100%。

【收入核定工作】 全年核定完成110户廉租房对象，4266户低保对象，4955户残保对象，其中不合格家庭分别为35户、24户、25户，检出率分别为31.80%，0.56%，0.50%。

【临时救助】 全年开展临时救助工作，发放救助金额200万元，救助人次达395人次。其中，救助“救急难”对象三例，救助资金0.45万元。

【防灾减灾】 全年下拨今冬明春受灾群众基本生活救助款57.26万元，用于解决因遭受灾害造成的“双缺户”(缺粮、缺钱)的基本生活问题。继续在全区城乡社区开展“全国综合减灾示范社区”创建活动，加大减灾宣传力度，健全城乡社区减灾工作机制。以“科学减灾、依法应对”为主题，积极开展第七个“5·12”全国防灾减灾日活动。至年底，富春街道太平桥、盘龙山、虎山、苋浦、城西、鹳山、新登镇登云、古城等8个社区获全国综合减灾示范社区称号；富春街道后周、大源镇蒋家村、场口镇下图山村等3个城乡社区获省级综合减灾示范社区称号。全年新建避灾安置场所28个，至年底，全区共有避灾安置场所277个。

【社会救助对象生活补助】 调整部分社会救助对象生活补助标准：40%救济对象生活补助从1215元/月调整到1340元/月，精减退职职工生活补助从1090元/月调整到1200元/月，因公受伤定补人员生活补助从1070元/月调整到1180元/月。全年发放困难群众水电气定额补贴318.69万元。

·优抚 双拥 安置·

【落实优抚政策】 调整部分优抚对象抚恤补助标准，足额发放各类补助金。向831名义务兵家属发放优待金1732.71万元(其中含84名大学生入伍奖励金168万元)，比2014年增加380.35万元；完成精减老复员军人“补差”工作，发放补差经费48.10万元；向重点优抚对象及时发放10%医疗门诊费223.32万元；向全区3072余名60周岁以上农村退伍军人发放生活补助金359.56万元。落实《富阳市抚恤优待对象医疗保障实施办法》，加大医疗和临时困难救助力度，落实“一站式”医疗服务，全年补助各类优抚对象1322人次，发放医疗补助金175.97万元。贯彻落实新的《带病回乡退伍军人认定和管理办法》，分三批组织120余名带病回乡退伍军人申请者病情鉴定工作，新认定54名带病回乡退伍军人。按条件和程序开展定补审批工作，对全区120多名定补对象进行了逐一上门调查，新增37名定补对象。

【开展双拥活动】 深入开展“关爱功臣”活动，分两批组织264名重点优抚对象体检疗养，并前往驻军参观，体验军营生活；结合春风行动，全年共慰问各类困难优抚对象492人，发放慰问金约49.66万元；充分利用“八一”、春节等重大节日，走访慰问杭州警备区、省预备役师、中村部队等13家驻地部队，为部队送去慰问金及慰问品共计61.50万元；“八一”前夕，区领导带队前往象山、定海慰问驻训部队及海军“富阳艇”官兵。积极开展困难优抚对象生活救助活动，共救助21人，发放救助资金12万元；继续实施三年零散烈士纪念建筑维护工程计划，下发《关于做好我区2015年零散烈士纪念设施管理保护工作的通知》，完成10个乡镇(街道)的17处烈士纪念设施和零散烈士墓的修缮工程。

4月27日，组织110名重点优抚对象的体检疗养活动　　（区民政局　供稿）

【退役士兵安置培训】 完成2015年秋冬季退役士兵和2015年春季转业士官接收报到工作，共接收退役士兵296名、转业士官17名。4月，举办富阳区退役士兵就业专场招聘会，为退役士兵就业上岗牵线搭桥。8月，出台《杭州市富阳区人民政府关于部分退役士兵安置的实施办法(试行)》，明确国有事业单位安置比例，妥善完成17名转业士官安置任务；继续开展退役士兵职业技能教育培训工作，共有95名退役士兵报名参加电大成年大专和本科学历教育培训；及时做好2014年311名退役士兵和2015年9名转业士官自主就业经济补助金测算及发放工作，共发放自主就业补助金944.98万元，涉及320人。

【抗战胜利七十周年纪念活动】 落实48名原国民党抗战老兵生活补助金政策，发放救助金36.79万元。为全区26名在乡原国民党抗战老兵颁发了抗战胜利七十周年纪念章。按程序调查、报批金焕章、章秉华两位原国民党抗战牺牲将士评烈工作。

·基层政权和社区建设·

【推进和谐社区建设】 3月，区政府同意批复成立银湖街道如意社区(下辖清竹蓝庭、华庭云顶、秀水山庄、紫云山庄、伊甸山庄、云河福邸、铭鹤花园等共7个小区，总占地面积93.77公顷，总建筑面积64.50万平方米，总户数4988户，常住人口约9700人，其中户籍人口379人，党支部5个，在册党员28名)、鹿山街道东吴社区(辖区范围为东至富春江，西至鹿山大道(包括鸣翠桃园、新桃园区块和水印林语区块)，南至鹿山新区8号路，北至华庭路)。至年底，全区共有28个社区，其中富春街道22个，新登镇4个，鹿山街道1个，银湖街道1个。推行“前台综合接待”“全科全能社工”“绩差薪酬考核”等工作制度，全区各社区均实现了“开放式办公、零距离服务”的逐步转型。进一步理顺社区工作机制，推行“一站式服务”，提升后周社区、春晖社区的办公用房条件，增加了社区居民的公共服务场所。进一步完善农村基础设施建设，落实好杭州福彩公益金资助农村社区建设项目，为湖源乡杨家坞村、新桐乡江洲村和大源镇大同村3个精致田园社区，大源镇觃口村、万市镇人民政府、新登镇潘堰村和场口镇华丰村4个“一门式”服务大厅提升项目，常安镇人民政府慈善爱心超市共8个项目投入资金63万元。

【社会组织管理与培育】 2015年，全区新登记注册58家社会组织，其中社会团体11家、民办非企业45家、基金会2家。至年末，全区在册社会组织556家，其中社会团体224家、民办非企业330家、基金会2家；备案农村专业经济协会30家、社区社会组织334家。3月至7月，开展社会组织年检工作，应检社会组织458家，其中社会团体206家、民办非企业单位252家，实际参检率为100%。开展社会组织等级评估工作，对符合条件的30家社会组织进行评估。开展社会组织品牌建设工作，同时深化社会组织诚信自律与服务社会等活动，区机动车驾驶员协会被认定为成长型社会组织品牌。组织开展了五期社会组织工作人员能力建设培训。实体化运行社会组织服务中心，通过政府购买服务的方式，定向委托专业社会组织进行管理，并为入驻的社会组织提供了场地、技术等服务。开展一系列社会组织培育孵化活动，包括以“社会组织创新、成长、发展——我们结伴而行”为主题的开园活动、“开放空间”项目实训活动，以及在国际社工日开展的“社会组织未来发展方向及疑难问题探讨”参与式研讨活动等。12月，出台《关于政府向社会力量购买服务的实施意见》，下发《关于做好社会组织承接政府购买服务资质申报工作的通知》，开展社会组织资质审查和目录编制工作，并公布第一批(共34家)具备承接政府购买服务资质的社会组织推荐目录。

【社会工作人才培训】 加大社会工作人才培训力度，在社会组织、社区社工、镇、村等各个领域全面开展社工人才培训，并根据不同服务人群的特点，开展各类培训班五期，投入培训资金15万元，参加培训人员300余人，进一步提高社区工作者的专业素质和服务能力。

·社会福利·

【慈善活动】 全年共募集社会各界捐款3014.99万元。全年慈善项目投入和各项慈善救助支出3310.52万元。2月，向全区21231户困难对象发放春节慰问金1301万元。7月，开展“衣循环爱循环”大熊猫桶旧衣捐赠活动，在全区投放大熊猫桶46只。8月，向全区208位大学新生、高中新生和826名大学老生、高中老生发放助学金224.48万元。向11340户困难家庭发放夏季“送清凉”慰问金349.70万元。10月，开展海正爱心助学活动，为全区20位困难大学生送上每人5000元助学资金，共计10万元。开展“小手拉大手——红领巾少年走进敬老院暨博爱超市向敬老院五保老人发放慰问物资活动”，向全区12家五保供养中心的477位老人送去了9.54万元慰问物资。

【推进慈善冠名基金工作】 鼓励社会各界在区慈善总会设立冠名基金，冠名基金分为自行管理基金、冠名微基金和民间公益组织基金，同时鼓励企业和个人成立基金会。2015年，在区慈善总会设立企业冠名基金4个(富春江集团“永通关爱慈善”基金、富阳农商银行“农商银行金晚霞慈善”基金、海正药业“海正爱心慈善”基金、王振和基金)；审核同意1家由个人发起的基金会——关瑞慈善基金会，注册资金200万元，为非公募基金会，主要开展慈善助困、助学等各类救助活动；设立个人冠名基金1个——“富春小熊慈善”基金，并向2名白血病患者各发放救助金3000元。

【公益组织】 2月，成立区慈善义工交流中心作为义工交流的平台。7月，投入20余万元资金开发完成富阳慈善之家，建立了富阳首个为义工服务的时间银行系统和义工星级管理系统，进一步加强对公益组织的引导和监督。至年底，慈善之家在册备案义工2199名、正式义工147名，到民政部门报备开展的募捐活动23次。服务时间达100小时已成为一星慈善义工21名、二星慈善义工2名、省级五星级义工1名。入驻富阳慈善之家的慈善公益组织31家，其中，民政部门登记注册的民非企业型慈善义工组织9家(平安爱心公益、江南爱心公益、蓝天下公益、正步公益、牵手公益、滴水公益、同心公益、公狼应急救援、瑞丰公益)、7支区慈善总会义工分会直属服务队(春风摄影公益服务队、婚姻家庭辅导团队、永昌分部、胥口分部、老百姓小白鸽服务队、清茶公益、海善堂爱心服务队)和8家区慈善总会义工分会会员单位(富春论坛志愿服务队、东吴公益、绿舟公益、程妈妈工作室、程妈妈公益团、涌爱志愿服务队、富阳在线公益、开元珠宝志愿服务队)，注册的慈善义工遍及机关、企事业单位、学校、社区(村)等领域。全年开展各类公益活动622场，主要有“居家养老助老活动”“后亭子社区微笑亭服务”“区主要路口交通劝导”“妇保医院导医”“鹿山中心小学交通疏导”“重阳百岁老人设计公益行”“关于开展关爱抗战军人赠送轮椅活动”“福彩杯慈善公益摄影比赛”，并积极参与祭奠抗战70周年纪念活动，发起了“勿忘英雄，我为抗战老兵做点事”活动。

【残疾职工保障】 至年底，登记在册的福利企业48家，就业人员5358人，其中残疾人职工有1957人，比例为36.50%，残疾人职工人均月工资为1917元，为富阳区最低工资标准1470元的130%，缴纳社会保险率为100%。3月，举办残疾人人力资源交流大会，19家福利企业提供岗位147个，72名残疾人达成就业意向。8月，走访福利企业6家，慰问福利员工289人。11月，经过企业申报，民政、残联、人社、财政4部门的审核与审批等流程，完成社保补贴和超比例奖励工作，本次补贴奖励资金为371万元，其中保险补贴273万元，奖励98万元，惠及45家企业。

【孤残儿童保障】 区社会福利中心收养孤残儿童21人，基本生活费标准为每人每月1505元。认定社会散居孤儿37名，基本生活费标准为每人每月905元，全年累计发放社会散居孤儿生活费27.82万元。

【扶持困难家庭儿童】 开展贫困残疾儿童抢救性康复项目，结合贫困残疾儿童抢救性康复项目摸底调查，5月，上报24例需抢救性康复儿童名单。11月，邀请专业人士对全区村(社区)儿童福利督导员开展培训工作，对全区305名困境儿童福利督导员分批进行上岗培训，并对参加培训的学员进行考核发证。

【福利彩票销售】 3月，中福在线大厅正式搬入新址，改善彩民投注环境。全年累计销售即开型视频福利彩票共计5416.90万元，日均销售15.13万元；共出累积大奖13个，奖金达297.80万元。

·社会事务·

【殡葬管理】 开展殡葬改革宣传工作，印发《关于加强殡葬管理的通知》2300份，编印《殡葬改革文件资料汇编》3000余本。推进生态墓地建设，完成新（改、扩）建生态墓地项目29个，拨付补助资金418.30万元。开展“两路两侧”“四边三化”青山白化整治，完成全区77处整治点，涉及坟墓1350穴。全年火化遗体4038具，接待服务治丧人员近15万人次。享受基本服务对象和重点救助对象3889名，共计免除殡葬基本服务费用305.73万元，其中基本服务对象3184名，免除殡葬基本服务费用236.15万元；低保户、百岁以上老人、老复员军人等17类重点救助对象705名，免除殡葬基本服务费用69.59万元。

【大中型水库移民扶持】 开展大中型水库移民直补人口年度复核工作，年度核减289人，补登刑满释放等4人，核减后直补对象为23210人，全年共发放资金1392.39万元。围绕“创业致富和创新发展”这一中心，创新培训方式、引入绩效考核模式和培训竞争机制，全年培训移民1968人次，占全区移民劳动适龄人口的14.60%。6月，下发《关于开展全区移民项目资金清理工作的通知》，针对2013年度以前的移民项目资金，包括后扶、结余、小水解困、库区基金、应急资金等安排的移民项目，未完成和完成未验收报账、报账资金核减的移民项目资金，进行了全面的清查。经实地调查走访、协商，取消、核减补助资金项目4个，收回资金45万元。全年共安排移民项目41个（其中2014年度资金项目14个），资金3055万元，其中创业致富项目有19个，资金1680万元，占55%。7月，组织区文联、区书画协会，赴重庆涪陵，开展送书画活动，当地多家媒体报道。

【婚姻登记】 全年办理各类登记事项16116件，其中结婚登记5081对，离婚登记1674对，补发婚姻登记证件2100件，无婚姻登记记录证明7667件。深化婚姻家庭辅导工作，全年婚姻辅导志愿者出勤391次，接受婚姻辅导和离婚预约服务1853对，预约后未办或暂缓离婚1349对。推送婚辅信息262篇，信息图文阅读总数达34315人/次，阅读总人数15344人/次。

【流浪乞讨人员救助管理】 按照“自愿救助，无偿救助”原则，采用站内站外救助相结合的方式，对城市生活无着的流浪乞讨人员实施人性化、规范化救助。区救助站每月至少1次对重点管理区域内的乞讨人员进行劝导和救助，爱心志愿者劝导服务队和由民政、公安、执法三部门组成的劝导小分队不定期开展对街头乞讨人员劝导、救助及教育活动，尤其加强寒冬酷暑天气的救助工作。全年救助各类流浪乞讨人员647人次。（吴　凌）

【地名命名更名】 开展第二次全国地名普查属性库的数据导入、转换、核对以及建库工作。开展“浙江省千年古镇（古村落）地名文化遗产”认定申报工作，省民政厅初步确定富阳区千年古镇1个——新登镇、千年古村落1个——场口镇东梓关村。办结数字城管地名交办单30件，审核办理道路命名11件、道路更名16件、住宅区命名6件和更名1件、建筑物命名2件，地名预申报2件；出具地名证明52份；编制道路、住宅区、农居点等门（幢）牌5849块，设置更名道路和新增路牌173块；门牌证发放8085本。

（袁明武）

3月，新版《富阳区地名图册》正式发行　（区民政局　供稿）

富阳区2015年居住区、建筑物命名更名一览表

表30

序号	所在乡镇（街道）	标准地名	所处地理位置和特性	地名含义	地名类别
1	富春街道	新凯商务楼	位于城区体育馆路与金浦路交汇处	为新建商业综合楼，寓示新一代鹿山人定会凯旋	建筑物
2	新登镇	新登正和商业中心	位于新登镇登城北路与城河东路交汇处	是新登镇首个集休闲、娱乐、购物、办公于一体的城市综合商业中心，名称中“正和”取自宋黄庭坚“正须众贤和”，寓意汇聚贤能力量，为新登经济建设做贡献	建筑物
3	新登镇	贤明府	位于新登镇南津村，在罗隐路与贤明路交汇处	“贤明”指楼盘位于贤明山公园斜对面，主入口在贤明路；“府”指现代人有品位、有才智的人士居住的府邸，故名	居住区
4	大源镇	大源永庆湾	位于大源镇永庆路与亭山路交汇处	楼盘因入口位于大源镇永庆路上，西侧为大源溪，故名	居住区
5	新登镇	新堰阳光家园	位于新登镇松溪村，在金城北路与松溪交汇处	该居住区为拆迁安置小区，“新堰”为当地拆迁前地名、“阳光”寓意“生活富裕、生命阳光”“家园”让居民有家的感觉	居住区
6	银湖街道	野风山城秋雅苑	位于银湖街道九龙大道，是野风山城住宅区内组团名称	“秋”指收获的季节，“雅”指美好的、高尚的，表示该楼盘提供优越的自然环境以及高贵、舒适的生活方式，故名	居住区
7	富春街道	逸晴东都府	位于城区桂花西路与文教北路交汇处	因该楼盘占据富裕繁华中心，在此居住显示出闲情逸致的生活篇章，让人心生向往的东方名流之都	居住区
8	富春街道	三联嘉苑	位于富春街道三联村，在高科路与320国道交汇处	原先申报小区名称为“三联家园”，但确定为“三联人家”，该名称村里大多数人不认可，要求变更。经过三联村村支两委及全体村民代表同意重新申报地名为“三联嘉苑”	居住区

2015年富阳区道路命名更名一览表

表31

序号	所在镇街道	标准地名	原名称	类别	路长（米）	路宽（米）	路质	走向	起止点	命名更名含义
1	富春街道	富春街	富春路	道路	1000	20	沥青	东西	东起鹳山路南，西至富春桥	保留富春涵义，按东西向道路取“街”原则更名
2	富春街道	体育馆路	体育场路	道路	2580	27	沥青	东西	东起西堤路，西至横凉亭路	延续原路名释义沿路有体育中心，与原路名相近而更名
3	富春街道	龙浦街	龙山路	道路	1000	23	沥青	东西	东起花坞路，西至恩波大道	取自原路名释义盘龙山和路西端苋浦、大浦闸，与原路名接近而更名
4	富春街道	达夫路	市心路、市心北路	道路	750	8	沥青	南北	南起富春街，北至小垄桥	取自老地名“达夫弄”，道路南接郁达夫公园(原达夫弄所在)，路北有郁达夫中学而更名
5	富春街道	康月路	康达南路、康达路、秋月路	道路	1330	18	沥青	南北	南起秦望路，北至青云浦	原路名各取一字“康”和“秋”，取意原道路名称变化而更名
6	富春街道	金浦路	金城南路、金城路	道路	1500	16	沥青	南北	南起体育馆路，北至北环路	取自道路所在原区片名称金桥和道路所经过的凤浦路、青云浦，与原路名接近而更名

续表31

序号	所在镇街道	标准地名	原名称	类别	路长（米）	路宽（米）	路质	走向	起止点	命名更名含义
7	富春街道	恩波大道	迎宾南路、迎宾路、迎宾北路	道路	5560	50	沥青	南北	南起富春街，北至高富路	取自古春江八景之一的“恩波夜雨”，道路起点南侧有恩波古桥、恩波公园而更名
8	富春街道	公望街	公园路、公园西路	道路	4500	32	沥青	东西	东起汪家村，西至320国道	取意路名公众之所望，与原路名接近而更名
9	富春街道	文居街	育才路、育才西路	道路	4000	32	沥青	东西	东起北渠，西至步桥	取意人文居所之道路，所在有永兴学校而更名
10	富春街道	大盘山路	南山路	道路	1300	6	沥青	南北	南起西山路，北至小湖南山	取自自然地理实体名称，道路邻近大盘山而更名
11	富春街道	北渠路	大桥北路	道路	2500	29	沥青	南北	南起大桥路，北至区委党校	取自水利设施名称，道路西边一侧沿北渠延伸而更名
12	春江街道	同登路	金昌路	道路	840	12	沥青	东西	东起竹简路，西至科甲路	取自区片道路所在区片历史地名同登畈而更名
13	春江街道	雁沙路	学院路	道路	1300	20	沥青	南北	南起中沙村俞家，北至大桥南路	道路所在有古春江八景之“中沙落雁”，以景得名而更名
14	鹿山街道	江波街	江城路	道路	1200	40	沥青	东西	东起江滨西大道，西至鹿山大道	取自古诗“山色愁无尽，江波去不回”，与原路名相近而更名
15	鹿山街道	望波街	望江路	道路	1500	40	沥青	东西	东起富阳大桥，西至鹿山大道	道路延伸富阳大桥，通富春江，取意经由此路望见富春江水中波浪，与原路名释义接近而更名
16	银湖、东洲街道	大岭山路	沿山路	道路	4000	6	沥青	南北转东西	南起高尔夫路，北至高桥北渠桥	道路沿大岭山脚而建，以山得名而更名
17	银湖街道	万通东路		道路	555	16	沥青	东西	东起原东坞山老路，西至富闲路	因道路隔富闲路与万通路相连接，位于万通路东面，故名
18	场口镇	孙吴路		道路	1504	37	沥青	南北	南起塘东畈24号路，北至320国道	为进场口主干道，结合场口孙权故里，吴大帝孙权命名
19	场口镇	驾校路		道路	1775	26	沥青	南北	南起塘东畈24号路，北至320国道	道路以东为杭州驾考中心，故以驾校路命名
20	场口镇	场口东街		道路	3480	30	沥青	东西	东起塘东畈7号路（工程名称），西到场口大桥	以壶源溪为界，东侧为场口东街，是场口集镇重要商业街
21	场口镇	场口西街		道路	1700	26	沥青	东西	东起场口大桥，西至320国道	以壶源溪为界，壶源溪西侧为场口西街，是场口集镇重要商业街
22	场口镇	木排路		道路	1100	26	沥青	南北	南起塘东畈24号路（工程名称），北至320国道	所处区块为原木排头村命名
23	场口镇	场瑞路		道路	765	20	沥青	南北	南起汤横线公路，北至320国道	场口塘东畈工业园区道路，“瑞”寓意丰收，故命名场瑞路
24	场口镇	场泰街		道路	810	16	沥青	东西	东起驾校路，西至汤横线公路	场口塘东畈工业园区道路，“泰”寓意安定顺利，故命名场泰街
25	场口镇	场康街		道路	422	16	沥青	东西	东起驾校路，西至孙吴路	场口塘东畈工业园区道路，“康”寓意平安富裕，故命名场康街
26	场口镇	马山路		道路	1266	16	沥青	东西	东起塘东畈5号路（工程名称），西至驾校路	场口塘东畈工业园区道路，所处区块为马山村命名
27	场口镇	化竹路		道路	901	16	沥青	南北	南起场口东街，北至老320国道	场口塘东畈工业园区道路，因是化竹自然村地块，故名

·老龄工作·

【概况】 至年底，全区总人口66.79万人，60周岁及以上老年人口13.17万人，占总人口的19.72%，比上年同期增加6475人。80岁以上的高龄老人21846万人，比上年净增696人。90周岁及以上老年人口2407人，占老年人口总数的1.83%，比上年同期增加332人。

【为老年人购买意外伤害保险】 7月，为全区12.93万老年人办理了老年人意外伤害保险，共出资258.50万元。为了让更多的老年人了解老年人意外伤害保险及办理程序，在电视台、报纸等新闻媒体上做了大力宣传，并印刷了15万份《杭州市老年人意外伤害保险》宣传彩页，分发到各乡镇、街道。同时，开发《杭州市老年人意外伤害保险》微信投保链接，有效利用先进的网络平台，方便全区老年人进行网上投保。截至年底，全区共受理案件1369件，完成理赔1240件，赔款金额409.60万元，其中：身故57人，身故赔偿135.70万元。

【养老服务】 全年新筹建(扩建)民办养老机构6家，新增养老床位数1569张，拨付养老机构床位和建设补助134.86万元。至年底，全区新增居家养老服务照料中心65家，全区共有居家养老服务照料中心219家，覆盖率达70%以上。投入618万元用于养老服务补贴，6000余名老年人享受政府购买服务。推进“智慧养老”项目建设，发放“智慧养老”服务终端1330只。7月至11月，开展首批养老护理员职业技能培训，204人获得养老护理员初级资格证书。

【基层老年协会建设】 引导基层老年协会开展“银龄互助”“爱暖空巢”行动，为全区1465名独居、空巢高龄困难老人建立信息档案，指导各村、社区老年协会建立一对一帮扶制度。结合“敬老文明号”创建，以点带面，提升农村孝文化建设，鼓励基层老年协会开展“敬老文明号”创建。全区共有22家老年协会完成区级“敬老文明号”创建工作，并有4家老年协会——富春街道杨清庙村、银湖街道梓树村、鹿山街道汤家埠村及永昌镇长盘村老年协会申报创建杭州市第二轮“敬老文明号”。创新出台《老年协会工作目标考核办法》，分组织建设、经费保障与经费管理、活动场所建设、日常工作、权益保护、老年活动六类大项考核指标，对基层老年协会进行考核并分三类进行补助。

【老年文化活动】 全区参加各类老年文艺团队人数达8656人，参加各类老年体育团队人数达7775人。组织参加杭州市第8届老年人运动会和2015年杭州市老年文化艺术节，区参赛项目获得多个奖项。开展第六个“敬老月”系列活动。围绕“培育敬老家风，建设和睦家庭”敬老月主题，举办重阳节主题文艺晚会。三月三、“九九”重阳节，举办“周雄孝子祭”大典、孝道文化节，评选孝道之星，开展和谐婆媳趣味活动。在富阳电视台和富阳日报上广泛宣传“尊老孝亲”道德模范。开展以“弘扬孝道文化，构建和谐社会”为主题的孝文化“三进”(进社区、进学校、进单位)活动，进一步弘扬尊老敬老助老传统美德。

(吴　凌)

·人力资源和社会保障·

【就业形势】 全年全区城镇新增就业人数15687人，引导和帮助5826名城镇失业人员实现再就业，就业困难人员实现就业1798人，城镇登记失业率为2.54%，低于4%的目标，就业形势保持总体稳定。

【创业就业扶持】 推进创业带动就业工作，发放专项资金5866万元。组织315人参加SYB创业培训，200余人参加大学生网上创业培训。发放小额担保贷款74笔，贷款金额1114万元，贴息170.30万元。协助举办“富春硅谷”杯2015富阳创新创业大赛，20个优秀创业项目入围决赛并获奖。

【公共就业服务】 开展“服务企业，促进就业”高校毕业生主题招聘服务月和“333就业服务月”活动，共举办各类招聘会40期，涉及1422家企事业单位，提供岗位2.50万余个，达成就业意向4106人。累计发展人力资源信息网络会员单位671家，发布用工岗位需求11920个，接待求职者4万余人次。拓展

“掌上就业”服务平台，累计通过微信服务求职人员700余人。

【职业技能培训】 确定27家定点职业技能培训机构，全年完成失业人员再就业培训582人、创业培训461人、失土农民培训621人、企业在职职工培训3729人，核发职业技能资格证书9748人。举办全区建筑工人、汽修保养、电力、医卫等职业技能大赛，涉及10个工种共1300多名选手参与，带动7500余名人员参与练兵。

【企业职工基本养老保险】 全区参加企业职工基本养老保险246635人，完成杭州市下达净增任务数8600人的396%。征缴基本养老保险基金25.98亿元，支付23.56亿元，累计积余基金49.93亿元，基金支付能力为26个月。按月领取养老金的企业退休（职）人员共有109401人。2015年度，企业基本养老保险、失业保险、工伤保险和生育保险等社会保险费缴费基数为48372元。

【机关事业单位养老保险】 全区参加机关事业单位养老保险18972人，全年征缴基金4.39亿元，支付4.56亿元，累计积余基金859.70万元。按月领取养老金的机关事业单位离退休人员为6948人。

【城乡居民社会养老保险】 全区参加城乡居民社会养老保险73001人，全年征缴基金1.34亿元，支付1.24亿元，累计积余基金1.18亿元。按月领取城乡居民社会养老金47490人，其中31950人不缴费直接享受150元每月基础养老金。城乡居民各类养老保险参保率为95.30%。

【被征地人员社会保障】 全区被征地人员纳入社会保障范围有8557人，收缴被征地人员基本生活保障资金2.37亿元，支付3.57亿元，参保人员中，有8490名符合条件的被征地人员已按月领取生活保障金。允许当年75周岁以上本地户籍城乡居民以及部分精减人员参照被征地人员社会保障政策参保，共有9300余人参保并享受待遇。

【工伤保险】 全区参加工伤保险275937人，比上年净增参保2100人；征缴工伤保险基金9224万元，支付9780万元，累计积余基金36.53万元。

【生育保险】 全区参加生育保险167739人，比上年净增参保2373人；征缴生育保险基金4175万元，支付2582万元，累计积余基金6504万元。

【失业保险】 全区参加失业保险189454人，比上年净增参保2653人，完成杭州市下达净增任务数2500人的106.12%；征缴失业保险基金9353万元，支付9207万元，累计积余基金21651万元。全年发放失业保险金1299.94万元，有11793人次按时足额享受失业保险待遇，有9661名农民合同工享受一次性生活补助，补助金额3749万元。

【基本医疗保险】 全区职工基本医疗保险参保261801人，比上年净增参保12037人，参保率超过98%；城乡居民基本医疗保险参保420002人，其中农民参保387418人，农民参保率99.83%，城镇居民参保32584人。职工基本医疗保险定点医疗机构79家（不包括卫生服务站点），杭州市级“一卡通”定点医疗机构69家，定点零售药店163家；城乡居民基本医疗保险定点医疗机构75家（不包括卫生服务点）。以人均28元为标准，筹集医疗救助资金1934万元，有3530人享受医疗救助金共计2117万元。

【撤市设区人力社保一体化工作】 按照“一年启动、两年实施、三年融合”的要求，推进富阳人力社保政策与杭州主城区融合发展。成立人力社保一体化建设工作领导小组，开展政策差异梳理和数据对比，制定人力社保一体化三年行动计划，推进政策融合并轨，率先释放就业社保民生红利，社会保障总支出提高近3亿元，惠及30余万人。

【提高社保待遇水平】 城乡居民社会养老保险基础养老金从130元/月提高至150元/月；企业最低基本养老金标准从1116元/月提高至1286元/月；企业退休人员一次性生活补助标准由800元提高到1000元；企业退休人员免费健康体检标准从200元

提高到300元；农业户籍遗属生活困难补助费标准从每人每月720元提高到840元；出台15种特殊药品大病保险制度，年度支付最高限额为45万元；提高城乡居民基本医疗保险门诊报销和医疗救助比例，其中医疗救助金最高限额提高到10万元。

【退休人员社会化管理】 根据上级政策，增发企业退休人员养老金，平均每人每月增资238元。开展65周岁以下企业退休人员免费健康体检，全区共有52040名退休人员纳入体检范围；开展80周岁以上退休人员春节特困慰问和重阳节慰问。

【大病保险政保合作工作】 探索并试行"政府主导、专业运作"的重大疾病补充医疗保险政保合作工作模式，推进医保第三方监管服务，有470人次享受城乡居民重大疾病补充保险，补助资金1190万元。国务院医改办多次到富阳调研，中央电视台、人民日报、光明日报、经济日报等国内主流媒体也相继对该项工作进行报道。

【和谐劳动关系建设】 开展"企业关爱职工、职工热爱企业"活动，上门为企业印发各类劳动合同样本和宣传资料6000余份，完成对65家用人单位人工成本和劳动者工资报酬情况的调查，组织对13家劳务派遣单位的年检，对6户劳务派遣单位和12户重点用工单位进行劳务派遣管理专项检查。做好杭州市劳动关系和谐指数测评工作，测评结果在杭州地区14个区域中排名第三。

【劳动用工诊断和HR门诊服务】 会同总工会、工商联启动开展"劳动用工诊断评估、助推企业和谐发展"活动，引入第三方专业评估公司帮助企业免费评估诊断劳动用工情况，征集600家企业作为服务对象，覆盖全区7个工业重点乡镇(街道)，有225家企业完成评估并得到有效整改，涉及职工26888人。为春江、场口、银湖、鹿山40余家企业进行上门现场咨询服务，面对面解决企业管理中的各类劳动用工问题。

【劳动保障监察执法】 实施防欠薪四色预警，及时管控恶意欠薪风险，11个工业强镇(街道)欠薪应急周转金额度从原来的不少于50万元调整为不少于100万元。开展农民工工资支付情况专项检查行动、清理整顿人力资源市场秩序"春雷"行动、用人单位遵守劳动用工和社会保险法律法规情况专项检查、整治非法用工打击违法犯罪专项行动等检查行动，检查用人单位1267家，开展劳动保障书面审查9473家。全年办理欠薪案件349件，追发工资8155.39万元，结案率达98%。对13家存在严重违法行为的用人单位实施行政处罚或行政处理，累计金额841.90万元。

【劳动人事争议仲裁】 推进现代化庭审建设，促进仲裁调解向基层延伸，聘任9名兼职仲裁员参与案件处理，在大源建立首个基层劳动人事争议仲裁派出庭，规模以上企业劳动争议调解组织组建率达96.06%。全年共立案处理劳动人事争议案件642起，结案率为95.86%，调解率71.90%，为劳动者挽回损失5859.41万元。

【特殊审批制度】 全年认定工伤3890件，办理工伤鉴定1504人次。全年累计审批企业正常退休、特殊工种退休、退职、因病退休退职790人，审批实行特殊工时制企业48家，未成年工招工录用备案登记25件。

【信访和建议(提案)处理】 开展信访维稳"百日攻坚"活动，出台实施《关于进一步加强重点信访群体稳控工作的通知》，共受理各类来信来访、区长公开电话、网上信箱617件，办结率和反馈率均为100%。办理人大建议和政协提案21件，按时办结率和意见征询满意率均为100%。做好"12333"咨询电话接听解答工作，来电总量69972个，接听率为90.30%。

【大社保体系建设】 推广和完善掌上大社保微信服务平台，开展每周掌上信息推送服务，提供各类社保信息查询提醒服务，深化企业大社保网上服务超市应用，有2.50万余人关注。开展基层大社保工作人员业务培训、"送法上门"等活动，组织第二届"大社保——寻找身边的典型"宣传活动。 (颜艺华)

·民族宗教·

【民族概况】 至年底，全区有少数民族34个，户籍人口5245人，主要分布在富春街道新联村，新登镇双江村，万市镇槎源坞村、万市镇白石村。外来暂住人口26000余人，呈现大散居，小聚居的分布格局。富阳市有3个少数民族聚居村和1个少数民族村。

【宗教概况】 至年底，全区有佛教、基督教、天主教等宗教，经政府登记的寺观教堂及固定处所93处，其中佛教32处，天主教2处，基督教59处。共有已登记的教职人员112人，其中基督教72人；佛教40人。

【扶持民族村发展】 帮助双江少数民族村向省、市民宗部门申报民族村发展项目，争取帮扶资金22万元，用于畲族村寨建设和千亩水果园项目实施。至12月，双江村畲族家园至太婆湾道路路基建设项目已经完成。

【维护少数民族合法权益】 维护少数民族群众合法权益，贯彻落实省、市教委关于对少数民族考生实行加分录取优惠政策，全年为72名少数民族学生出具升学优惠证明，为24名未满20周岁的不同民族婚生子女办理更改民族成分手续。

【推进民族"三进"工作】 2015年，春江街道"少数民族之家"举办多次民族文艺会演，展示民族风采，传播民族文化，促进民族团结，成为维系全区各民族群众的重要纽带。2015年1月，"少数民族之家"负责人卢祝靖被评为浙江省民族团结进步模范个人。

【全面推进宗教场所标志物整治工作】 根据省、市有关指示精神，在全区开展宗教标志物专项整治工作。至6月15日，全区涉及整治任务的41处宗教标志物已全部完成整治任务。

【全面开展民间信仰场所登记编号工作】 为充分发挥民间信仰的积极作用，加强对民间信仰场所的管理，根据浙政办〔2014〕113号和省民宗〔2014〕63号等文件精神，在全区范围内开展民间信仰点登记编号工作。5月初，民间信仰场所登记编号工作全面铺开。11月13日，组织乡镇(街道)统战委员到灵桥镇菖蒲村太平庙进行走访观摩并召开现场会，要求各乡镇(街道)确保工作进度。截至年底各乡镇街道申请上报民间信仰场所共153家，其中133家申报材料通过市民族宗教事务局审核，完成了年度工作目标。

【全面完成宗教场所登记证换发工作】 3月，全面完成93处已登记宗教活动场所的换发证工作。根据《关于开展佛道教活动场所挂牌工作的通知》(杭民宗〔2014〕59号)文件要求，4月份完成全区32处佛教场所挂牌工作。

【加大文明敬香工作力度】 推广文明敬香理念、落实文明敬香举措。开展全区所有佛教场所文明敬香工作，其中天钟禅院、延寿禅寺、白龙禅寺、广福禅寺、集庆禅寺、刘显庙、朝阳寺、东山禅寺、胡公庙、佛光禅寺、天雷寺、真潭讲寺、永寿寺、圣僧古刹、净土寺、永昌禅寺、贝山寺等17处场所已完成文明敬香工作，覆盖率达到53%。年底基本实现文明敬香全覆盖。

【全面推动"同心同行·共建和谐"活动】 为进一步规范宗教活动场所的管理，拉近与宗教界代表人士的距离，及时传达各项政策法规，帮助信教群众解决实际困难，开展"同心同行·共建和谐"活动，为所有宗教场所征订《富阳日报》，年底制作完成相关标识标牌，在全区范围内营造了良好的宗教和谐氛围。

(郑文年)

·人民生活·

【城镇居民生活】 2015年，据城乡住户一体化调查资料显示，城镇常住居民人均可支配收入为43510元，同比增加3556元，增长8.90%。人均工资性收入24964元，增长3.80%。人均经营净收入12385元，增长12.20%。人均转移净收入2158元，增长32.30%，人均财产净收入4003元，增长23.30%。

城镇常住居民人均生活消费支出27130元，同比增加1360元，增长5.30%。人均食品类消费支出7984元，增长0.80%，城镇居民恩格尔系数(食品消费占消费性支出的比重)为29.40%。人均衣着类消费支出2817元，增长3.20%。人均教育文化娱乐服务类消费支出3458元，增长11.50%。人均生活用品及服务类消费支出1499元，下降8.80%。人均交通和通讯消费类支出4896元，增长6.60%。人均其他商品和服务类消费支出574元，增长7.10%。人均居住类消费支出为4586元，增长11.20%。人均医疗保健类消费支出1316元，增长17%。

【农村居民生活】 2015年，据城乡住户一体化调查资料显示，农村常住居民人均可支配收入25010元，同比增加2170元，增长9.50%。农村居民人均工资性收入14854元，增长8%。人均经营净收入6962元，增长10%。人均财产净收入357元，增长16.30%。人均转移净收入2837元，增长15.80%。

农村常住居民人均生活消费支出18169元，同比增加1890元，增长11.60%。在八大类消费支出中，食品类消费支出人均5438元，增长2.30%，恩格尔系数29.90%。衣着类消费支出人均1353元，增长12.10%。居住类消费支出人均3979元，增长24.50%。生活用品及服务类消费支出人均1018元，下降11.90%。交通和通讯类消费人均2875元，增长13.40%。文化教育、娱乐消费类支出1710元，增长20.90%。医疗保健消费支出人均1469元，增长30.30%。其他用品和服务消费支出327元，下降1.20%。

【居民消费品价格】 2015年，居民消费品价格总水平比上年上涨1.10%，服务项目价格上涨2.30%。八大类商品和服务项目价格中，食品类价格上涨2%，烟酒及用品类价格上涨3.30%，衣着类价格上涨1%，家庭设备用品及维修服务类价格上涨2.50%，医疗保健和个人用品类价格上涨7.30%，交通和通信类价格下降4.10%，娱乐文化教育用品及服务类价格上涨0.20%，居住类价格上涨0.20%。农业生产资料价格上涨0.80%。

【居民住房】 2015年末，城镇居民人均住房建筑面积48.70平方米，比上年末减少3.50平方米；农村居民人均住房建筑面积82.60平方米，比上年末增加9.80平方米。 (杨　芳)

·残疾人工作·

【概况】 至年底，全区持有第二代中华人民共和国残疾人证的残疾人18658人，其中肢体残疾10092人、视力残疾2081人、听力残疾2185人、言语残疾128人、精神残疾1937人、智力残疾2037人、多重残疾198人。

接待处理来信来访来电11件次，其中来信来访6件、区长公开电话5件，件件有答复，事事有回应，维护了残疾人的合法权益。开展“法律援助扶残助残”为民服务月活动。制定残疾人普法教育计划，253名残疾人参加法律知识讲座。

【全区残疾人工作会议暨区残联六届四次主席团会议】 召开富阳区残疾人工作会议暨区残联六届四次主席团会议，学习传达贯彻了全省残疾人工作会议精神，回顾总结2014年度工作，部署2015年残疾人工作任务。调整区残联六届主席团委员、副主席，选举产生区残联执行理事会理事长、副理事长。

【实施残疾人共享小康工程】 全区7104名贫困残疾人享受基本生活保障，发放生活补助金510.87万元(其中低保家庭残疾人1717名，单独施保4700名，城乡困难家庭残疾人687名)。结合“春风行动”，区残联上门慰问了599户困难残疾人家庭，发放慰问金48.70万元。85名因遭受自然灾害、重大疾病等造成生产生活困难的残疾人得到临时救助，发放临时救助金15.70万元。32名残疾人得到省级爱心救助。60户贫困残疾人家庭列入“安居工程”。

为650例白内障患者实施复明手术；150名听力残疾人得到免费验配助听器。65名患有骨关节坏死的贫困残疾人施行人工关节置换手术；发放残疾人辅助性器具620件，其中轮椅450辆、其他小型辅助性器具170件；出台《关于做好贫困精神残疾人服用基本抗精神药物费用全额保障工作的通知》，落实精神病患者每月500元住院补助政策；开展新发疑似残疾儿童信息监测工作，新发疑似残疾儿童15名；通过对全区0～6周岁残疾儿童基本情况调查摸底，开展残疾儿童抢救性康复工作，为62名残疾儿童实施康复训练评估，为2名0～6周岁聋儿申报人工耳蜗手术项目。开展残疾人“无障碍设施进家庭”项目，为残疾人家庭免费安装扶手等无障碍设施，免费配送护理床、助行车、坐便器、淋雨凳、防褥床垫、坐垫等无障碍辅助器具。结合“爱耳护耳，健康听力——预防从初级耳科保健做起”主题宣传教育活动，免费开展健康咨询、听力检测、助听器赠送、宣传资料发放等系列服务。

全区1500名残疾人纳入重度残疾人托（安）养工程，其中集中托养101名，居家安养1399名，发放补助金457.30万元。举办居家安养监护人员和集中托养护理人员护理专业知识培训，90名监护人和护理人员受到培训。

【残疾人文体活动】 组队参加杭州市残疾人田径、游泳锦标赛，夺得22金9银2铜，以总分211分获得团体第二名。富阳籍残疾人运动员夏志伟、何美红、李彦术等在全国第九届残疾人运动会上勇夺四金三银一铜，并在女子T60级跳高和F60级七项全能上打破全国纪录；富阳轮椅篮球队代表浙江省出战夺得第六名。组织12名聋哑人参加杭州市聋人太极扇比赛，并获得二等奖。

参加杭州市特教艺术会演包揽一、二、三等奖的好成绩。通过选送，再次在省特教会演中夺得一、二、三等奖。盲童大合唱《世界因我而美丽》在全国特教会演中获得一等奖，被选为2016年春晚备选节目。参加杭州市第六届残疾人文化艺术周活动。残疾人艺术家羊晓君作品参加苏、杭两地艺术家书画展。“国际残疾人日”系列活动期间，区残联联系社会爱心企业富阳百大和爱心人士参与助残扶残活动，举办了“善行富阳　助残惠民”扶残助残公益活动，为10户特困残疾人家庭送上了彩电、洗衣机等物品。在“国际残疾人日”文艺会演中，富阳百大再次为九残会获得优异成绩的4名运动员送上平板电脑，为7户特困残疾人家庭送上了洗衣机，为60户困难残疾人家庭送上了电炖锅等物品。爱心企业及爱心人士积极参与残疾人活动，在全社会营造了浓厚的扶残助残氛围。举办乡镇（街道）残疾人专职委员培训。开展为期两天的全区乡镇（街道）残疾人专职委员业务知识培训，提高残疾人工作者专业知识，提高服务水平。

结合“全国助残日”“全国残疾人日”等节日开展系列活动。在《富阳日报》刊登宣传残疾人事业发展专版；在银湖街道、新登镇等五个乡镇（街道）举行“与你同行，走向未来”等五场文艺会演，展示残疾人自尊、自信、自强、自立的精神风貌；开展残疾人送书画下乡、残疾人康复知识和政策咨询等活动。爱耳日、爱眼日等残疾人重大节日，积极策划并开展主题活动。注重宣传信息收集报送工作，区残疾人电子商务工作的相关信息得到了央视、省市区各级媒体的关注。

【残疾人就业扶贫】 以促进就业增收为目的，全面加强残疾人培训就业扶贫工作。举办美甲、电子商务、香榧种植等残疾人职业技能和实用技术培训，

5月17日，“全国助残日”文艺演出在银湖街道举办　（区残联　供稿）

培训残疾人542人。与区侨联联合开展第二轮“侨爱助残”香榧致富工程助残项目，帮助85个残疾人家庭发展香榧种植业，组织开展香榧种植技术培训，实地帮助指导种植。安置残疾人就业185人，其中按比例就业65人。动员企业为残疾人提供合适的岗位，为残疾人就业创造机会。通过举办残疾人人力资源交流会、开展就业援助月活动等形式，促进残疾人集中就业和按比例就业。按比例就业1138人，按比例就业率由0.15%增长到0.61%。新申报省级基地2个、杭州市级基地2个，富阳区级基地3个。目前，富阳区共有基地33个，不仅帮助180名残疾人在基地实现了就业，还辐射带动周边390多户残疾人户从事种养业，发家致富。

9月24日，中国残联教就部副主任解宏德来富阳调研残疾人自主创业、灵活就业工作时指出：“富阳区残疾人就业创业工作底数清，形式多样，成效突出。”10月12日，杭州市副市长戚哮虎对富阳区全方位促进残疾人就业创业的做法作出“面对残疾人就业过程中的普遍性难题，富阳区创新办法，做实做细做精工作，有效破解现实问题，颇富成效”的批示。10月19日，副省长熊建平对富阳区全方位促进残疾人就业创业的做法作出“富阳区的做法是有很强的针对性”的批示。

【残疾人小康阳光·庇护中心建设】 以规范运行管理为抓手，着力推进残疾人小康阳光庇护中心建设。开展庇护中心安全检查，针对庇护中心防暑措施不完善，工疗车间警示标志、灭火器具不齐全，食堂消毒设施不完善等问题提出整改要求。实地指导建设鹿山、环山、常绿、新登等乡镇街道新申报建设的4家庇护中心。指导庇护中心开展康复知识、劳动技能、安全常识、生活自理能力等培训。全区庇护中心已建22家，其中公办6家、民办16家，有近600名精神、智力和其他重度残疾人得到日间照料，其中531人实现辅助性就业。

【《残疾人证》核发】 为1381名残疾患者办理《残疾人证》提供评定服务。在做好每月10日集中评定办证的基础上，开展为期17天进村入户为重度残疾患者上门评定工作，解决重度残疾患者因行动不变、路途遥远等造成的办证难问题，帮助222名重度残疾患者办理《残疾人证》，其中残疾一级64人，二级128人；完成187名残疾人类别、级别变更和残疾人遗失补办《残疾人证》工作，使重度残疾人能够及时享受到党和政府对残疾人的各项优惠政策，从而改善重度残疾人的基本生活。为142名重度残疾患者办理了富阳区助残免费乘车证。（郭君锡）

【责任编辑　董江军】

乡镇·街道

·富春街道·

【概况】 富春街道位于富阳区中部，是富阳区的政治、经济、文化中心。全境地域总面积103.95平方千米，行政村12个，社区22个，股份经济合作社9个，党员5948人，其中党委28个、党总支11个、党支部321个。年末总户数47432户，总人口126842人，其中城镇人口108323人。全年实现工农业总产值2538827万元，其中工业总产值2510736万元，农业总产值28091万元。全年实现财政总收入102647万元。农村经济总收入4292290万元，农村经济净收入599442万元。农民人均收入31450元。

年末耕地面积1104公顷，其中水田面积953.6公顷。粮食总产量766.6万千克。农机总动力7.13万千瓦。水利投资780万元。存栏生猪13670头，出栏肉猪33740头，存栏家禽4.83万羽，出栏家禽15.33万羽。水产品养殖面积82.3公顷，水产品产量125.4万千克。绿化造林84公顷，封山育林4150公顷。水果种植面积413公顷，水果产量1056.2万千克。茶园面积748.3公顷，茶叶产量203.7万千克。工业企业总数621家，其中规模以上工业企业59家。工业产品销售收入2292509万元，产销率99.1%。外贸供货值89306万元，自营出口22895万美元。小学10所，在校小学生16750人，幼儿园42所，在园幼儿11085人。社区卫生服务中心1家，社区卫生站23个，村级卫生室22个。全年出生1347人，计划生育率96.7%。初级卫生保健普及率100%。自来水普及率100%。参加城乡居民养老保险4300人。参加城乡居民基本医疗保险45328人。最低生活保障救助人数604人。社会福利性敬老院1个，年底供养老人29人。全年农户新建房屋110户，建筑面积39600平方米。

【各行政村基本情况】（见表32）

2015年富春街道各行政村基本情况

表32

村　名	户数（户）	人口（人）	农村经济总收入（万元）	农村经济总支出（万元）	农村经济净收入（万元）	农民人均收入（元）
拔　山	958	3146	21170	12046	9124	19300
三　联	553	1871	10570	5580	4990	25110
三　桥	880	2747	98200	73062	25138	25100
杨清庙	665	2326	14072	8707	5365	21280
湖　塍	509	1501	7168	4537	2631	19067
青云桥	910	2831	19213	10187	9026	21480
西　郎	765	2615	15074	10415	4659	18290
执中亭	451	1448	9046	5178	3868	24502
方家井	683	2291	21193	15633	5560	19297
宵　井	730	2072	12454	8159	4295	23500
春　华	741	2011	56574	44140	12434	25191
秋　丰	1100	2960	53782	45062	8720	25000

【荣获全国暖侨敬老示范社区】 11月，鹳山社区被评为全国暖侨敬老示范社区。鹳山社区有归眷和侨眷家属555人，社区从“切实解决侨眷所难、切实解决侨眷所需”入手，探索“养老、爱老、敬老、助老、扶老、惠老”新思路，不断拓宽服务领域，逐步形成了“一个核心、两个注重、三个分类、四个就近、五个老有”的暖侨敬老服务机制，成为社区归侨和侨眷家属的娘家。

乐青春富阳青年音乐节　（富春街道　供稿）

【获省级示范称号】 12月，富春街道后周社区青少年俱乐部荣获首批省级示范性青少年综合服务平台。后周青少年俱乐部是富阳区首个社区“DO都城”体验活动中心之一，设置有众创空间、青春阅览室、青春手工室、青春放映厅、青春咖啡吧等活动场所。青少年在寒、暑假可到社区免费参加活动。

【启动寻找“最美家庭”活动】 3月，富春街道启动“寻找美、宣扬美、争创美”为主题的寻找“最美家庭”活动。活动通过“秀幸福、晒家风、展文明、扬美德等比武展示，弘扬家风，宣扬家庭美德，展示家庭才艺和幸福。

【开展绿色出行骑车活动】 4月28日上午，富春街道联合鹳山、镬子山、盘龙山、苋浦、后周、金桥六社区，在时代广场开展以“环保　绿色　健康”为主题的骑行活动，来自各社区各共建单位的200多名自行车骑行爱好者参与活动。

【“乐青春”富阳青年梦想音乐节举办】 5月4日晚上，富春街道联合团区委、金桥社区等单位，在东方茂广场举办“乐青春”富阳青年梦想音乐晚会。代表着富阳乐坛新生力量的“月蚀部落”、曾活跃于20世纪八九十年代的“老男孩”、省盲人学校学生组成的“激情飞扬”、少年电声乐队“芒果”等乐队为观众带来了10余首歌曲，给社区居民以及广大群众带来了一场视听盛宴。

【举办禁毒知识法制宣传文艺演出】 6月23日，为纪念第二十八个国际禁毒日，富春街道联合区禁毒办主办，巨利、东山、春秋、城东、苋浦、金秋6个社区联合承办，在秦望广场举办了以“全民狙击合成毒品，共享幸福美好生活”为主题的禁毒知识法制文艺晚会，3100余人观看演出。

【举办计生宣传文艺演出】 7月11日，为纪念全国第26个世界人口日，富春街道联合区卫生和计划生育局主办，城东、东山、春南、春秋、鹳山、苋浦、金秋7个社区联合承办，在影剧院举办了以“让家庭健康和谐”为主题的计生文艺晚会，800余人观看演出。

【富春八小启用】 9月1日，富春第八小学开门迎接新生入学。投资7500万元的富春八小于2014年动工兴建，学校总建筑面积为19000平方米，设计规模为省一类标准，36个教学班能满足1800名师生员工日常教学、活动和生活需要。至2015年底，在校师生达800余人。

【举办纪念抗日战争胜利70周年文艺晚会】 9月2日，为纪念抗战胜利70周年，富春街道联合富阳区文化馆、秋月、江滨、鹿山、城西、秦望、太平桥六个社区，在影剧院举办了以“知行合一，党在心中”为主题的文艺晚会，演出节目10余个，1000余名党员群众观看演出。（王骄阳）

·春江街道·

【概况】 春江街道位于富阳区东北部，距区政府所在地5千米。全境地域总面积36平方千米，行政村9个，村民小组141个。年末总户数7883户，总人口27970人，其中城镇人口27970人。全年实现工农业总产值1854782万元，其中工业总产值1836634万元，农业总产值18148万元。全年实现财政总收入66491万元。农村经济总收入2829357万元，农村经济净收入271124万元。农民人均收入33996元。

年末耕地面积447公顷，其中水田面积447公顷。粮食总产量300.2万千克。行政村等级公路通达率100%。完成环境污染治理项目7个，投资额6840万元。存栏生猪800头，出栏生猪26300头，存栏家禽2.5万羽，出栏家禽16.1万羽。水产品产量66.49万千克，水果产量57.9万千克。绿化造林90公顷，封山育林10875公顷。茶园面积6.33公顷，茶叶产量1.2万千克。工业企业总数224家，其中规模以上工业企业89家。工业产品销售收入1782510万元，产销率99.95%。外贸供货值2294万元，自营出口2294万美元。中学1所，在校中学生720人，入学率100%；小学5所，在校小学生2719人，入学率100%；幼儿园12所，在园幼儿1864人；成人文化学校1所。医院1家，卫生室9个。全年出生302人，计划生育率94.80%。初级卫生保健普及率100%。自来水普及率100%。参加城乡居民养老保险17923人。参加城乡居民基本医疗保险15970人。最低生活保障救助人数45人。农户新建房屋75户，建筑面积27000平方米。

【各行政村基本情况】（见表33）

【少数民族之家负责人被评为浙江省民族团结进步模范】 1月7日，春江街道少数民族之家负责人卢祝靖参加了在省人民大会堂会议厅召开的表彰大会，她被评为2014年度浙江省民族团结进步模范个人。此次模范个人全省共55人，其中少数民族占25人，卢祝靖是富阳唯一一位获此殊荣。卢祝靖原籍广西，现任富阳区第八届政协委员，2009年开始负责春江街道少数民族之家日常管理工作，兼任街道“新居民计生协会”会长和外来民工华共公寓工作小组组长，热心于弘扬、传承和提升民族文化。

【《廉系民心报》正式创刊】 1月20日，由春江街道党工委主办、春江街道纪工委承办的《廉系民心报》正式创刊。《廉系民心报》刊登的内容，除了公开街道党风廉政建设工作内容外，重点以村为单位公布各村的党务、村务和财务情况。该报面向每个村民，每季度出刊1期，每期发至全体村民手中，促进农村基层党风廉政建设和农村基层民主建设。

2015年春江街道各行政村基本情况

表33

村名	户数（户）	人口（人）	农村经济总收入（万元）	农村经济总费用（万元）	农村经济净收入（万元）	农民人均收入（元）
山建	1377	2976	510487.79	440109.22	70378.57	37032
新建	631	2383	453452.68	403197.02	50255.66	37161
中沙	784	2736	15286.50	9806.62	5479.88	31361
建设	743	2685	252584.39	228266.96	24317.43	34532
民主	894	3380	435733.20	421154.46	14578.74	36639
太平	1052	3943	129048.45	105136.82	23911.63	34171
春江	770	2920	32383.34	20876.79	11506.55	32677
临江	1148	4001	702116.40	649664.87	52451.53	34504
八一	536	2012	301430.56	280019.95	21410.61	37294

才艺大赛 （春江街道　供稿）

【举办春江街道首届才艺大赛】 7月1日，春江街道首届才艺大赛在新建村文化礼堂举行。此次才艺大赛以“智慧春江文化先行”为主题，参赛对象为年满18周岁具有春江户籍的文艺爱好者和在春江企事业单位工作的文艺爱好者，经过初赛、复赛，13个节目进入决赛，包括舞蹈、独唱、黄梅戏、越剧、武术表演等多种形式。最终，春江中心幼儿园选送的舞蹈串烧《从春江走来》和中心小学老师钱恒独唱的《爱情让每个人心碎》并列夺冠。

【组建造纸企业大集团】 为助推富阳市造纸行业转型升级，浙江永泰纸业集团股份有限公司联合浙江正大控股集团有限公司，共同组建浙江永正控股集团有限公司。并在此基础上，兼并重组7家造纸企业，组建综合型大集团。浙江永正控股集团有限公司组建后，实际造纸产能达到300万吨，规模有望跃升至全国百万吨以上造纸企业第五名、浙江省第一名。

2015年12月，浙江春胜控股集团有限公司组建成立。浙江春胜控股集团有限公司年审批产能100.8万吨，进入全国造纸行业前20强。与永正控股合并重组的组建方式不同，浙江春胜控股集团有限公司采用收购形式组建，由春胜控股集团收购杭州春胜纸业有限公司、富阳市春胜纸业有限公司、富阳市春森纸业有限公司、杭州华胜纸业有限公司、浙江华远纸业有限公司、浙江众意纸业有限公司、杭州众意纸业有限公司、杭州富泰飞凤纸业有限公司等8家造纸企业股权。

【正式启用“大鼻子”专用校车】 9月，春江街道投资180万元的9辆“大鼻子”专用校车正式启用。专用校车被刷成醒目的黄色，车身上还有特别的“停”车指示、校车的符号以及荧光带。车上有符合小朋友的椅座，有车载GPS装置，专用校车质优、安全性能高，由富阳公交集团校车服务有限公司进行管理、维护和运行。

【春江街道举办第二届体育运动会暨第三届“新春江人”运动会】 9月20日，春江街道第二届体育运动会暨第三届“新春江人”运动会在春江中心小学运动场举行。此次运动会由街道党工委、办事处主办，街道综合文化站、街道总工会承办，春江中心小学协办。来自街道各行政村和企业的16支代表队共599名运动员，以“参与、健身、团结、奋进”为宗旨，参加长跑、短跑、跳高、跳远等11个大项的比赛。 （何芳芳）

·东洲街道·

【概况】 东洲街道位于富阳区东部，全境地域总面积77.71平方千米，下辖15个行政村，村民小组216个。2015年末总户数12034户，总人口44841人，其中城镇人口40810人。全年实现工农业总产值1452764万元，其中工业总产值1387002万元，农业总产值65762万元。全年实现财政总收入60958万元。农村经济总收入1706577万元，农村经济净收入237396万元。农民人均收入30759元。

年末耕地面积1168公顷，其中水田面积1168公顷。粮食总产量853.3万千克。公路通车里程58千米，行政村等级公路通达率100%。水利投工3.5万工，投资950万元。存栏生猪3200头，出栏肉猪

2015年东洲街道各行政村基本情况

表34

村名	户数（户）	人口（人）	农村经济总收入（万元）	农村经济总费用（万元）	农村经济净收入（万元）	农民人均收入（元）
鸡笼山	1334	4686	324333	278926	45407	33757
黄公望	762	2758	182025	156541	25484	32708
富春江	1323	4416	144224	124033	20191	33311
何埭	469	1821	45208	38878	6330	28834
新沙	259	1004	26224	22552	3672	29958
木桥头	596	2144	57583	49521	8062	29657
东洲	1230	4380	146150	125689	20461	29823
红旗	600	2283	57883	49779	8104	28589
张家	862	2959	77133	66334	10799	30119
陆家浦	470	1704	42458	36513	5945	31173
建华	1046	3896	92332	79405	12927	28962
学校沙	790	2851	77566	66706	10860	30178
民联	693	2639	311016	267473	43543	33747
紫铜	640	2204	67508	58056	9452	31338
五丰	617	2255	56716	48775	7941	32532

18250头，存栏家禽5.09万羽，出栏家禽38.2万羽。水产品产量657.8万千克。绿化造林16公顷，封山育林1194公顷。水果种植面积317.7公顷，水果产量747.5万千克。茶园面积69公顷，茶叶产量45.8万千克。工业企业总数572家，其中规模以上工业企业89家。工业产品销售产值1362713万元，产销率99.6%。自营出口16946万美元。中学1所，在校中学生1118人，入学率100%；小学1所，在校小学生2504人，入学率100%；幼儿园5所，在园幼儿1467人。社区卫生服务中心1家，卫生服务站11个。全年出生452人，计划生育率97%。初级卫生保健普及率100%。自来水普及率100%。参加城乡居民养老保险3818人。参加城乡居民基本医疗保险27378人。最低生活保障救助230户318人，残疾人单独低保救助227人。农户新建房屋236户，占地面积28320平方米。

【各行政村基本情况】（见表34）

【成为全省农村基层党建工作推进会考察点】 2015年4月1日，全省农村基层党建工作推进会与会人员，在省委常委、组织部长胡和平带领下，实地考察东洲街道和黄公望村基层党建工作。胡和平一行先后到东洲街道黄公望村和东洲街道党性锻炼服务

4月，全省农村基层党建工作推进会，时任省委组织部长胡和平调研东洲街道黄公望村（区委组织部 供稿）

中心，通过看图板、走现场、听汇报，了解以信息智慧化手段抓党建和以区域化统筹的方式加强思想建党两项特色工作的开展情况。2015年，东洲街道2个党建示范点共接待全国18个省区市的考察团105批，近万人次。

【社区卫生服务中心正式投入使用】 6月15日，街道社区卫生服务中心新大楼正式投入使用。新大楼位于东洲街道红旗村，占地1公顷，建筑面积5995平方米。中心内设中医科、全科、针灸推拿科、骨科、妇科、口腔科、计划免疫科、妇保科、儿保科等业务科室，拥有彩色B超机、心电图机、全自动生化仪、全自动血球仪、尿分析仪、牙科治疗机、DR机等先进医疗设备。下设10家社区卫生服务站，职工63人。

【打造黄公望金融小镇】 11月6日，富阳举办黄公望金融小镇规划研讨会。黄公望金融小镇产业核心为高端私募，重点发展投资基金和产业基金。小镇规划范围东到黄公望风情小镇、西至高尔夫路、南至北支江南岸、北到黄公望森林公园，概念规划面积3平方千米，核心区块1平方千米。小镇总体目标是依托富春山水资源，打造具有宜居宜业宜养宜游的生态休闲型、国内具有影响力的金融小镇，实现生态、生产、生活“三生共融”，金融、文化、艺术、运动休闲、高端房产“五业共兴”，融入钱塘江金融港湾并作为重要组成部分发挥积极作用。

【省委常委、组织部部长廖国勋调研东洲党建工作】 11月20日，省委常委、组织部长廖国勋到富阳东洲调研党建工作。实地踏看了黄公望村基层党建工作开展情况，并给予肯定。廖国勋表示“三大指数”为全省党建工作提供了经验，下一步要创新党建思路、深化“三大指数”，推动基层党建工作更好开展。杭州市委常委、组织部长张仲灿，区领导姜军、仰中旻、徐林亮陪同调研。

【木桥头村文化礼堂被评为富阳区十佳文化礼堂】 11月27日，木桥头村文化礼堂正式落成，占地1460平方米，建筑面积约1800平方米。12月，建设通过省、市考核组验收。该文化礼堂被评为富阳区十佳文化礼堂。

【街道计生协会被评为全国计生协会先进单位】 东洲街道计生协会自1989年成立以来，在加强队伍建设、深化群众自治、开展生育关怀、带动产业发展等方面不断夯实基础、创新思路，确保了该街道计划生育事业的健康和谐发展，曾连续10年人口计生目标责任制考核荣获优胜奖。2015年12月被评为全国计生协会先进单位。

【富阳葡萄获浙江精品果蔬展销会金奖】 富阳葡萄历史悠久，先前仅少数农家房前后屋种植，仅供自食。1970年至1984年，富阳东洲地区开始种植葡萄，30年来，通过引进新品种，探索新技术，本地区葡萄种植产业发展迅速，后又接连带动大青、春江、江丰、王洲等乡镇发展葡萄种植业。至2015年，富阳葡萄种植面积达326.67公顷，仅东洲街道种植面积就达253.33公顷。银湖街道郜村13.33公顷，富春街道青云桥村10公顷、执中亭村6.67公顷，东洲街道新沙岛4公顷，灵桥镇4公顷，新登镇南津村4公顷、湘主村4.67公顷，新桐乡江洲村8.67公顷，渌渚镇0.67公顷，常安真佳溪村8公顷、黄金村2.67公顷、项家村1.33公顷，湖源乡新二村5.33公顷。东洲街道东洲村主要以海拔5-10米的富春江冲击扇为主，数千年的江水冲击孕育了东洲岛，也在土壤中沉淀了大量的营养元素，十分适宜葡萄种植。富阳葡萄果面光洁、色泽晶莹、着色面积达90%以上，葡萄穗大、整齐，果面光洁，无药斑、粉尘、黑霉等污染，香甜可口。1999年、2001年连续两届荣获中国国际农业博览会名牌产品称号，1998年、2002年、2004年获浙江省优质农产品金奖，2001年、2003年获浙江省优质农产品银奖，2002年被评为浙江绿色农产品，2004年5月，被中国果菜专家委员会评定为中国特产名品。2015年获浙江精品果蔬展销会金奖，获奖单位：杭州富阳丰禾生态农业开发有限公司。富阳葡萄经浙江大地农作物产品质量安全检测中心多次检测合格，完全符合NY5230-2005无公害农产品质量标准，是绿色放心水果。

【富春江水电设备有限公司一项目获国家创新基金】 杭州富春江水电设备有限公司是国家高新技术企业、浙江省科学技术厅认定的科技型中小企业和省级民营科技开发机构。专业从事水力动力设备的水轮发电机组成套设备制造、中小型水电站水轮发电机组增效扩容技术改造、维修、保养，电站机组等安全检测及相关业务的技术咨询服务。公司重视科技创新，已获专利9项，其中发明专利2项。其中“面向农村小水电降压增容技术服务中小企业公共技术”项目获得国家创新基金，2015年该项目又获国家水利部《水利先进实用技术推广证书》，并列入重点推广指导目录。2015年，公司董事长吴玉泉获省人民政府颁发的钱江技能大奖荣誉称号。

（江少卿）

·鹿山街道·

【概况】 鹿山街道位于富阳区中部，距区政府所在地6千米。全境地域总面积66.30平方千米，行政村9个，社区1个，村民小组150个。年末总户数7884户，总人口23316人，其中城镇人口23316人。全年实现工农业总产值1224709万元，其中工业总产值1194875万元，农业总产值29834万元。全年实现财政总收入27714万元。农村经济总收入1126459万元，农村经济净收入73157万元。农民人均收入31219元。

年末，耕地面积833.60公顷，其中水田面积750公顷。粮食总产量487.7万千克。公路通车里程56千米，行政村等级公路通达率100%。水利投工2.5万工，投资480万元。存栏生猪4350头，出栏肉猪14140头，存栏家禽3.20万羽，出栏家禽23.60万羽。水产品养殖面积167公顷，水产品产量650万千克。绿化造林66.67公顷，封山育林3470.9公顷。水果种植面积130.4公顷，水果产量501.7万千克。茶园面积37.8公顷，茶叶产量6.7万千克。工业企业总数268家，其中规模以上工业企业40家。工业产品销售收入121.5亿元，产销率101.2%。外贸供货值万元，自营出口1.92万美元。中学1所，在校中学生859人，入学率100%；小学1所，在校小学生1365人，入学率100%；幼儿园1所，在园幼儿665人。社区卫生服务中心1家，卫生室8个。全年出生252人，计划生育率99.2%。初级卫生保健普及率100%。固定电话用户3200户，移动电话用户6600户，电话普及率18.46部/百人，因特网用户6200户。参加城乡居民养老保险1390人。参加城乡居民基本医疗保险14402人。最低生活保障救助人数295人。农户新建房屋139户，建筑面积50040平方米。

【各行政村基本情况】（见表35）

【2015年第十届浙江国际传统武术比赛鹿山街道获佳绩】 7月13日，鹿山街道33名武术健儿参加了由浙江省体育局和浙江省人民对外友好协会主办的2015年浙江省第十届国际传统武术比赛，并获得优异成绩。本届比赛在杭州市黄龙体育馆举行，共有来自美国、法国、日本、俄罗斯、保加利亚等国家，

2015年鹿山街道各行政村基本情况

表35

村　名	户数（户）	人口（人）	农村经济总收入（万元）	农村经济总费用（万元）	农村经济净收入（万元）	农民人均收入（万元）
陆　家	830	2537	67020	59313	7707	32000
谢家溪	866	2704	105523	96514	9009	30440
蒋　家	943	2602	91494	84058	7436	30060
江　滨	578	1639	37485	33100	4385	29100
汤家埠	1118	3341	93860	85576	8284	27500
南　山	1209	3568	79300	70288	9012	29640
三　合	679	1863	65896	59786	6110	32900
五　四	512	1502	46800	42454	4346	30600
新　祥	615	2007	23931	20393	3538	27405

以及中国香港、台湾与境内各个省市的257个代表队、共计5660人报名参赛，分单练、对练、集体等三大系列918个项目。鹿山街道共派出33人参加武式太极单剑、孙式太极单刀、孙式太极双刀、孙式太极拳等四个集体项目的决逐，并取得4金的好成绩。

（孙颖楠）

·银湖街道·

【概况】 银湖街道位于富阳区北部，距富阳区政府所在地5千米。全境地域总面积158.33平方千米，行政村22个，社区1个，村民小组405个。年末总户数15171户，总人口50386人，其中城镇人口29187人。全年实现工农业总产值1821332万元，其中工业总产值1702004万元，农业总产值119328万元。全年实现财政总收入66042万元。农村经济总收入5486437万元，农村经济净收入445535万元。农民人均收入34818元。

年末耕地面积1632公顷，其中水田面积1268公顷。粮食总产量1235.70万千克。农机总动力7.20万千瓦。行政村等级公路通达率100%。水利投工12万工，投资2300万元。完成环境污染治理项目9个，投资额4500万元。存栏生猪10635头，出栏肉猪33770头，存栏家禽15万羽，出栏家禽62万羽。水产品养殖面积55公顷，水产品产量170万千克。绿化造林3公顷，封山育林7877公顷。水果种植面积192公顷，水果产量608.1万千克。茶园面积644公顷，茶叶产量81.6万千克。工业企业总数1529家，其中规模以上工业企业87家。工业产品销售收入183亿元，产销率98%。自营出口17748万美元。中学1所，在校中学生1528人，入学率100%；小学4所，在校小学生3289人，入学率100%；幼儿园7所，在园幼儿1952人。卫生院3家，卫生室31个。全年出生499人，计划生育率96.2%。初级卫生保健普及率100%。自来水普及率100%。固定电话用户8164户，电话普及率16.20部/百人，因特网用户12079户。参加城乡居民养老保险30283人。参加城乡居民基本医疗保险46833人。最低生活保障救助人数495人。农户新建房屋113户，建筑面积40680平方米。

【各行政村基本情况】（见表36）

2015年银湖街道各行政村基本情况

表36

村　名	户数（户）	人口（人）	农村经济总收入（万元）	农村经济总费用（万元）	农村经济净收入（万元）	农民人均收入（元）
高　桥	1392	4803	1371315	1240816	130499	36425
观　前	1225	3989	398617	370126	28491	36276
泗　洲	524	1707	96239	51173	45066	33070
勤　丰	362	1172	111633	102032	9601	36489
郜　村	410	1332	52927	46014	6913	37006
勤　乐	511	1623	303713	290937	12776	35258
唐家坞	520	1737	192518	166766	25752	36684
沈家坞	400	1499	67383	55005	12378	36678
坑　西	525	1825	50722	39870	10852	35487
上　陈	360	1246	100584	90129	10455	35199
洪　庄	684	2391	226589	201798	24791	35425
千　家	438	1505	18237	12537	5700	34735
大　地	503	1787	59893	49840	10053	35709
杜　墓	420	1412	68713	60490	8223	35751
新　生	432	1436	34648	26813	7835	35166
金　竺	440	1532	69174	58214	10960	35090
受　降	1095	3590	513451	485321	28130	35145

续表36

村　名	户数（户）	人口（人）	农村经济总收入（万元）	农村经济总费用（万元）	农村经济净收入（万元）	农民人均收入（元）
新　常	694	2367	544852	524645	20207	35648
大　庄	780	2681	333112	324962	8150	35100
梓　树	573	2113	133767	126742	7025	37903
东坞山	790	3164	308029	300652	7377	31924
银　湖	965	3267	433831	416020	17811	36727

如意社区挂牌成立　　（银湖街道　供稿）

【举办“风雅东吴”书画展览】 9月28日至10月7日，由银湖街道办事处、区美术家协会、杭州市书法家协会等单位举办的“风雅东吴”陈伟民、吴建华书画作品展览在东吴文化公园城楼一楼展厅展出。这次展览共展出2画家油画、书法、国画作品70余幅。

【高桥小学举行“滴水未来班”成立仪式】 11月5日，该街道高桥小学举行“滴水未来班”成立仪式，富阳滴水公益、街道关工委相关工作人员以及高桥小学老师、学生、家长代表参加仪式。“滴水未来班”成立后会经常性组织适合学生们参与的公益活动。

【富阳区知识分子联谊会银湖街道分会正式成立】 12月22日，银湖街道召开了富阳区知识分子联谊会银湖街道分会成立大会。会议选举产生了会长1名、副会长4名、秘书长1名、理事28名。

【亚洲赛艇联合会主席王石到银湖街道浙江华鹰控股集团考察】 3月14日，亚洲赛艇联合会主席、万科集团董事局主席王石一行到富阳考察。在区委书记姜军陪同参观浙江华鹰控股集团有限公司。王石一行先后参观了皮划艇成品车间、赛艇成品车间，了解赛艇的最新工艺，并听取了华鹰集团基本情况介绍，还进行座谈交流。

【如意社区挂牌成立】 10月20日，如意社区正式挂牌成立。该社区下辖华庭云顶、秀水山庄、紫云山庄、天鸿美和院、伊甸山庄和云河福邸6个山庄，东至西湖区金家岭，南至如意山脚，西至华庭云顶小区，北至320国道，占地面积93.77公顷，建筑面积64.50万平方米。至2015年底，工作人员6名。（朱迪君）

·春建乡·

【概况】 春建乡位于富阳区西北部，距区政府所在地13千米。全境地域总面积44.73平方千米，行政村6个，村民小组111个。年末总户数3014户，总人口9284人。全年实现工农业总产值127931万元，其中工业总产值10.1亿元，农业总产值27050万元。全年实现财政总收入3843万元。农村经济总收入192121万元，农村经济净收入21461万元。农民人均收入24306元。

年末耕地面积503.30公顷，其中水田面积402.20公顷。粮食总产量322.6万千克。农机总动力1.98万千瓦。公路通车里程35千米，行政村等级公路通达率100%。水利投工1.60万工，投资1100

11月10日，区委书记姜军在春建乡调研农村生活污水治理工作
（春建乡　供稿）

万元。完成环境污染治理项目5个，投资额350万元。存栏生猪4300头，出栏肉猪20000头，存栏家禽2.20万羽，出栏家禽1.80万羽。水产品产量6.20万千克。绿化造林50公顷，封山育林128公顷。水果种植面积800公顷，水果产量615.4万千克。茶园面积578公顷，茶叶产量74.2万千克。工业企业总数48家，其中规模以上工业企业8家。工业产品销售收入93873万元，产销率95%。小学1所，在校小学生290人，入学率100%；幼儿园1所，在园幼儿91人。医院1家，卫生室6个。全年出生62人，计划生育率98.80%。初级卫生保健普及率100%。自来水普及率100%。固定电话用户1591户，电话普及率17.14部／百人，因特网用户899户。参加城乡居民养老保险7046人。参加城乡居民基本医疗保险6345人。最低生活保障救助人数191人。农户新建房屋34户，建筑面积10200平方米。

【各行政村基本情况】（见表37）

【完成5项重点水利工程】 全年投入700余万元，完成大唐村长塘垅塘坝、春建村牛角干塘坝、咸康村连七坞塘坝综合整治工程、春建溪咸康段和上高段治理工程2.67千米。主要用于村民饮用水源和农田灌溉、防洪，受益人口3700余人，受益农田178公顷。

【完成3条村联网公路】 全年投入290万元完成了石马坞道路1千米改扩建路基工程和两条各5米的桥梁；铁坎村杨家庙至横坞1.70千米道路改扩建工程；徐家坞村至杨家庙联村公路修缮2.70千米工程。3公路的修缮和改扩建，极大的方便群众出行。

【完成4个村生活污水工程】 投入1900多万元完成铁坎村、咸康村、春建村、下俞村4个村的生活污水处理工程。该工程共计铺设主管9.95千米，支管92.50千米，建设集中污水处理池32只，715立方米；分散式处理池51只，1765立方米。共计涉及农户1465户。（孙国明）

2015春建乡各行政村基本情况

表37

村　名	户数（户）	人口（人）	农村经济总收入（万元）	农村经济总费用（万元）	农村经济净收入（万元）	农民人均收入（元）
咸　康	632	2085	100027	94077	5950	25687
下　俞	305	871	17562	15710	1852	23447
徐家坞	299	906	13548	11571	1977	23499
铁　坎	368	1200	13826	11485	2341	23600
春　建	904	2617	33055	27528	5627	23485
大　唐	505	1605	13959	10398	3561	25322

·新桐乡·

【概况】 新桐乡位于富阳区西南部，距区政府所在地20千米。全境地域总面积47平方千米，行政村7个，村民小组83个。年末总户数4611户，总人口13987人。全年实现工农业总产值163697万元，其中工业总产值151118万元，农业总产值12579万元。全年实现财政总收入21368万元。农村经济总收入186191万元，农村经济净收入31780万元。农民人均收入22488元。

年末耕地面积598公顷，其中水田面积558公顷。粮食总产量345.6万千克。农机总动力1.35万千瓦。公路通车里程18千米，行政村等级公路通达率100%。水利投资5500万元。完成环境污染治理项目5个，投资额3500万元。存栏生猪1653头，出栏肉猪2104头，存栏家禽25.35万羽，出栏家禽46.55万羽。水产品养殖面积14公顷，水产品产量205.4万千克。绿化造林2.3公顷，封山育林2238.8公顷。水果种植面积321.9公顷，水果产量447.0万千克。茶园面积37.3公顷，茶叶产量9.4万千克。工业企业总数85家，其中规模以上工业企业7家。工业产品销售收入153351万元，产销率98%。自营出口85万美元。小学1所，在校小学生315人，入学率100%；幼儿园1所，在园幼儿98人。医院1家，卫生室3个。全年出生99人，计划生育率95%。初级卫生保健普及率100%。自来水普及率100%。参加城乡居民养老保险2484人。参加城乡居民基本医疗保险10430人。最低生活保障救助人数357人。农户新建房屋68户，建筑面积23271平方米。

【各行政村基本情况】（见表38）

【荣获“杭州市无邪教乡镇”称号】 2015年，该乡按照“谁主管、谁负责”和“属地管理”原则，以维护社会稳定为目标，继续强化领导责任制，积极开展桐洲岛反邪教警示教育基地建设和“反邪教”普法教育、警示教育，推进防控网格体系建设，落实工作举措，健全完善防范机制。12月，荣获“杭州市

富春江国际皮划艇马拉松赛开幕式　　（新桐乡　供稿）

2015年新桐乡各行政村基本情况

表38

村名	户数（户）	人口（人）	农村经济总收入（万元）	农村经济总费用（万元）	农村经济净收入（万元）	农民人均收入（元）
程浦	693	2055	45080	39979	5101	23450
新桐	1205	3630	91925	79750	12175	25264
小桐洲	473	1329	5843	3385	2458	21941
新中	402	1223	6261	4091	2180	20041
春渚	410	1283	12339	9824	2515	22525
江洲	748	2247	12542	8102	4440	21682
俞家	528	1671	12766	9290	3476	21933

无邪教乡镇”称号。

【新桐乡中心小学新校区落成并投入使用】 2015年8月31日，概算投资3000万元的新桐乡中心小学新校区落成并投入使用。新校区位于新桐乡新桐村包家淇自然村，占地22649平方米，所有教育设施均按照省义务教育一类标准配备。学校有在编教师28人，学生316人，13个班级。

【举办2015中国·杭州第五届划艇文化节暨富春江国际皮划艇马拉松赛】 10月17—18日，2015中国·杭州第五届划艇文化节暨富春江国际皮划艇马拉松赛在桐洲岛举行。活动包括户外知识交流会、皮划艇知识交流会、中华皮划艇运动联盟成立大会及皮划艇马拉松赛。来自中国澳门、云南、西安、海南、湖北、上海等地的皮划艇选手、爱好者300余人参赛。

【江洲村举办“走读农村文化礼堂·体验乡村运动休闲”主题活动】 3月29日，新桐乡人民政府与富阳区文化广电新闻出版局联合主办的——“走读农村文化礼堂·体验乡村运动休闲”主题活动，在江洲村文化礼堂和桐洲岛海岸线皮艇基地进行。活动内容包括“走读农村文化礼堂”“我为农村文化礼堂捐本书”“华宝斋雕版印刷展示”“‘华宝斋杯’春色桐洲摄影大赛”等。　　（孙广华）

·新登镇·

【概况】 新登镇位于富阳区西部，距区政府所在地25千米。全境地域总面积179.92平方千米，行政村28个，股份经济合作社3个，社区4个，村民小组590个。党委15个，党总支21个，党支部199个，党员数4046人。年末总户数23306户，总人口68476人，其中城镇人口48712人。全年实现工农业总产值2576891万元，其中工业总产值2495617万元，农业总产值81274万元。全年实现财政总收入41363万元。农村经济总收入1645592万元，农村经济净收入132037万元。农民人均收入24394元。

年末耕地面积2487.8公顷，其中水田面积2155.15公顷。粮食总产量1310.0万千克。农机总动力3.69万千瓦。公路通车里程266.50千米，行政村等级公路通达率100%。水利投资2300万元，完成农业养殖环境污染治理项目8个，投资额510万元。存栏生猪45000头，出栏肉猪7.80万余头，存栏家禽40万羽，出栏家禽116万羽。水产品养殖面积139.50公顷，水产品产量61.70万千克。绿化造林73.6公顷，封山育林3856公顷。水果种植面积666.86公顷，水果产量2271.1万千克。茶园面积140.33公顷，茶叶产量43.0万千克。工业企业1315家，其中规模以上工业企业54家。工业产品销售收入2455369万元，产销率90%。外贸交货值111743万元，自营出口12246万美元。中学3所，在校中学生5135人，入学率100%；小学4所，在校小学生4137人，入学率100%；公办幼儿园2所，在园幼儿1556人；民办幼儿园4所，在校幼儿627人。医院2家，卫生室18个。全年出生503人，计划生育率96%。初级卫生保健普及率100%。自来水普及率100%。参加城乡居民养老保险10653人。参加城乡居民基本医疗保险40140人。最低生活保障救助人数472户780人。农户新建房屋161户，建筑面积57960平方米。

【各行政村基本情况表】 （见表39）

【新登小城市年度考核获佳绩】 3月17日，由省规划局总规划师顾浩为组长的省考核组到富阳考核2014年新登镇小城市培育工作。副区长王小丁、新登镇党委书记张霖等陪同考核，并作工作汇报。考核组一行实地抽查新登镇小城市培育有关项目建设和运行情况，核查有关台账资料。新登镇荣获2014年度全省小城市培育考核良好单位，排名明显上升。

【抗日战争暨新登战役胜利70周年活动】 6月7日，富阳区“纪念抗日战争暨新登战役胜利七十周年”活动在新登中学举行，区领导王进、丁一等参加，粟裕大将之子、原北京军区副司令粟戎生中将，王必成中将之女、上海市新四军历史研究会副会长，六师分会会长王苏炎大校等出席活动。本次活动由座谈会、报告会及文艺演出等组成。

2015年新登镇各行政村基本情况

表39

村名	户数（户）	人口（人）	农村经济总收入（万元）	农村经济总费用（万元）	农村经济净收入（万元）	农民人均收入（元）
湘河	366	1155	27353	25361	1992	21091
和山	376	1107	27669	25592	2077	22132
湘溪	832	2385	34422	30252	4170	22133
仙里	309	950	26934	25070	1864	22379
马弓	427	1416	32303	29956	2347	22083
长兰	465	1658	31005	27233	3772	24542
湘主	488	1638	30711	27182	3529	23547
潘堰	755	2549	35403	30343	5060	22154
元村	570	1817	53038	48529	4509	22867
半山	1015	3467	106874	98798	8076	26247
九儿	438	1217	37385	34532	2853	25448
长垄	479	1468	54496	50875	3621	24196
双庙	558	1726	32702	28793	3909	23975
五里桥	599	2010	48148	43493	4655	27189
南津	818	2728	48287	41466	6821	25700
昌东	843	2608	74032	67753	6279	24912
上山	326	1065	52645	50288	2357	25112
官山	565	1891	54135	50228	3907	23310
包秦	439	1550	44577	41027	3550	25284
松溪	1355	4537	320306	307178	13128	26042
上旺	472	1705	28274	24373	3901	24401
官塘	607	2100	37396	32728	4668	24685
乘庄	458	1660	162499	156461	6038	24206
双江	302	1075	33047	29949	3098	23572
双塔	319	1056	41098	38641	2457	28267
双联	733	2435	30734	25217	5517	24937
大山	659	2309	42939	36678	6261	26765
塔山	897	2820	97349	85559	11790	28913

【新登镇城市综合执法中心成立】 1月20日，新登镇城市综合执法中心挂牌成立。该执法中心是区政府为深入推进新登小城市培育试点建设而采取的重要举措。中心的执法范围为22平方千米区域，老城区4平方千米设立严管区，新登新区为一般管理区。中心的成立有利于加强新登小城市综合执法工作，理顺各部门和执法中心的关系，完善与小城市建设相匹配的城市管理体制，实现执法中心下移。

【新登半山第十二届桃花节】 3月25日至4月15日，2015富阳新登（半山）桃花节在该镇半山村举行。本次活动由半山村党委、村委会主办，以“共建风情小镇·生态家园”为主题，举行了开幕式暨文艺演出、“桃花仙子”摄影大赛、桃园祈福、草根文艺专场、“名、优、特”农产品推广、单身男女相亲会等活动。

【新登镇成立首个非公企业党委】 2月4日，浙江和鼎铜业有限公司党委成立，这是新登镇首个非公企业党委。新登镇党委书记张霖和市委组织部副部长李丰为该企业党委授牌。浙江和鼎铜业有限公司有职工1000余人，正式党员63名。通过公司党委的组建，不断增强企业的凝聚力、向心力、战斗力，发挥党员的模范带头作用。

【官塘村获杭州市十佳特色农村文化礼堂】 7月，新登镇镇官塘村文化礼堂被评为杭州市“十佳特色农村文化礼堂”。官塘村文化礼堂以“院士故里，人文官塘”为核心，建有休闲文化公园、文化长廊、文化礼堂和院士陈列馆。

【新登镇小张雨含获杭州市十佳“美德少年”】 9月6日，由杭州市委宣传部、市文明办、市教育局等部门主办的杭州市第十一届“美德少年”评选活动颁奖直播晚会在杭州电视台举行。新登镇小张雨含荣获杭州市十佳“美德少年”荣誉称号，新登镇小洪尘荣获十佳“美德少年”提名奖。

【同心公益新登分会成立】 12月19日，同心公益新登分会正式成立，富阳区同心公益理事长授予同心公益新登分会会旗。该组织一直坚持“让公益成为生活”的服务理念。在授旗仪式上，正和新天地作为爱心企业与同心公益新登分会签订了捐赠协议。

【永莱利文化广场建成使用】 2月11日，新登镇永莱利文化广场正式投入使用。该广场一期投资2200万元，总占地面积1万平方米，建筑面积8000余平方米，集电影、娱乐、健身于一体。

【省发改委领导调研新登小城市建设】 12月17日，省发改委副主任翁建荣一行实地调研新登小城市培育建设工作。杭州市发改委领导，区长黄海峰等陪同。翁建荣一行先后踏看了新登新区建设情况及正在建设中的正和新天地、秉贤杭派民居示范点现场，详细了解了村级留用地开发建设情况，并对新登镇小城市建设给予充分肯定。

【王金明荣获“全国劳动模范”荣誉称号】 4月29日，全国劳动模范和先进工作者表彰大会在北京人民大会堂隆重举行。新登镇湘溪村党委书记、村委会主任王金明受邀参加大会，被中共中央、国务院授予“全国劳动模范”荣誉称号，并受到习近平总书记等中央领导接见。

【农家乐(民宿)休闲旅游协会成立】 1月8日，新登镇农家乐(民宿)休闲旅游协会成立，30余家会员单位审议并通过了协会章程，推选产生了会长、副会长及理事、监事。该镇乡村休闲旅游起步早，区域资源优势，全镇有省级农家乐特色村1个、省级美丽乡村1个、杭州市级农家乐2家，富阳市级农家乐9家，农家乐经营点、经营户29家。

【湘溪农耕与民俗馆开馆】 10月1日，湘溪农耕与民俗馆正式开馆。该馆设置于湘溪村史馆内，分农耕民俗器具、民间习俗、传统纪事和家族宗谱等4块内容，展出农耕及民俗器具、非遗物品共200多件。

(何贤坤　孙佳晶)

·胥口镇·

【概况】 胥口镇位于富阳区西部，距区政府所在地30千米。全境地域总面积67.98平方千米，行政村13个，村民小组246个。年末总户数6064户，总人口18342人，其中城镇人口6413人，乡村人口11929人。全年实现工农业总产值268249万元，其中工业总产值236467万元，农业总产值31782万元。全年实现财政总收入26512万元。农村经济总收入220372万元，农村经济净收入33945万元。农民人均收入20670元。

年末耕地面积1137.12公顷，其中水田面积832.33公顷。粮食总产量510.6万千克。农机总动力1.53万千瓦。公路通车里程93.95千米，行政村等级公路通达率100%。水利投工31.50万工，投资500万元。完成环境污染治理项目9个，投资额2500万元。存栏生猪12563头，出栏肉猪46908头，存栏家禽18.85万羽，出栏家禽82.09万羽。水产品养殖面积83.11公顷，水产品产量121.20万千克。绿化造林8.40公顷，封山育林763.20公顷。水果种植面积88.47公顷，水果产量647.6万千克。茶园面积40.10公顷，茶叶产量15.50万千克。工业企业总数63家，其中规模以上工业企业10家。工业产品销售收入227578万元，产销率89.7%。自营出口

3511万美元。小学1所，在校小学生643人，入学率100%；幼儿园1所，在园幼儿309人。卫生院2家，卫生室5个。全年出生137人，计划生育率97%。初级卫生保健普及率100%。自来水普及率100%。固定电话用户2063户，移动电话用户8845户，电话普及率11.25部/百人，因特网用户2696户。参加城乡居民养老保险3030人。参加城乡居民基本医疗保险13410人。最低生活保障救助人数591人。农户新建房屋200户，建筑面积24000平方米。

【各行政村基本情况】（见表40）

【获得“全国文明镇”称号】 胥口镇高度重视精神文明建设工作，以培育和践行社会主义核心价值观为主线，从志愿服务、乡风文明和文化惠民等三个方面着手，广泛深入开展群众性精神文明创建活动，建设里坞村文化礼堂、农家书屋、道德讲堂和风来岭浙江省青年书法家协会篆刻创作基地等文明创建点，推进“五水共治”“三改一拆”等中心工作，镇村文明程度和群众文明素质进一步提升。2月28日，全国精神文明建设工作表彰暨学雷锋志愿服务大会在北京举行。大会公布《关于表彰第四届全国文明城市（区）、文明村镇、文明单位的决定》，共评选产生34个全国文明城市（区）、1159个全国文明村镇、2242个全国文明单位。杭州市共有4个乡镇获得该荣誉称号，胥口镇榜上有名。6月25日，杭州市文明办常务副主任康志友率调研组到胥口镇调研指导全国文明镇创建工作。

【浙江青年书协篆刻创作基地在胥口镇揭牌】 6月19日上午，浙江青年书协篆刻创作基地在胥口镇风来岭印石生态园揭牌，西泠印社社员、浙江省青年书法家协会副主席兼秘书长柳晓康等有关专家、团富阳区委、区文联及胥口镇负责人等出席揭牌仪式。省青年书法家协会和团富阳区委负责人为基地揭牌，现场举行了首期“风来岭”青年书画雅集联谊活动。风来岭印石生态园位于胥口镇上练村富春桃源景区山顶，岭上10公顷的林地中散布着石林、天然泉潭、石缝树、竹林、阔叶林、乡村田野等众多资源，自然分光旖旎。2013年，印石生态园在“风来岭”上建成，篆刻文化与原有的自然风光和风土人情融为一体。

【药谷小镇入选杭州市首批32个特色小镇名单】 12月2日，杭州市政府新闻办公布首批32个市级特色小镇创建名单。富春药谷小镇榜上有名，成为富阳区唯一入选的特色小镇。药谷小镇位于胥口镇，总规划面积3.62平方千米。胥口镇依托海正药业（杭州）公司制药业为主导产业，立足该镇生态环境资源优势，建设集医研、医造、医展、医疗、医闲于一

2015年胥口镇各行政村基本情况

表40

村名	户数（户）	人口（人）	农村经济总收入（万元）	农村经济总费用（万元）	农村经济净收入（万元）	农民人均收入（元）
上练	331	1129	9911	7741	2170	21737
下练	527	1731	47001	42152	4849	21993
里坞	485	1543	11273	8464	2809	21399
新峬	692	2050	11313	7650	3663	21306
查岭	315	979	10252	8374	1878	20884
胥口	353	1147	9888	7553	2335	21451
葛溪	448	1439	21007	18094	2913	21387
金慈	413	1321	17784	15291	2493	20722
棠棣	359	1097	19250	16633	2617	21376
平畈	559	1719	21112	17696	3416	21311
佛鲁	404	1291	25199	22443	2756	21489
高联	514	1564	11332	8760	2572	20780
灵苑	320	910	7197	5579	1618	20770

6月25日，杭州市文明办常务副主任康志友率调研组到胥口镇调研指导全国文明镇创建工作
（胥口镇 供稿）

体的药谷小镇。项目具有特色鲜明、投资项目翔实、社会主体响应、与国家战略充分对接等特点。至2015年，富春药谷小镇医药产业已初具规模，集聚海正药业、海正辉瑞制药、瑞海医药、导明医药科技、昭华生物医药、海正宣泰医药等多家生物医药研发制造企业，形成了包括高端生物技术药物、注射剂和口服制剂及出口原料药等三大主要业务的生物医药产业园，被认定为杭州市级高新技术产业园、杭州生物医药产业国家高技术产业基地拓展区，是中国最大的抗生素、抗肿瘤药物生产基地之一。特色小镇建成后，预计实现年产值100亿元；年税收收入4亿元，新增就业岗位1万个，新集聚企业20家。

【全区党员教育管理工作现场推进会召开】 10月29日下午，全区党员教育管理工作现场推进会在胥口镇召开。各乡镇(街道)党(工)委副书记、组织委员、组织员、组织干事及东洲街道、新登镇和胥口镇的党(工)委书记参加了会议。区委常委、组织部长仰中旻到会做重要讲话。与会人员参观胥口镇党性锻炼服务中心，听取了胥口镇党员党性锻炼服务中心工作推进情况汇报。该镇党性锻炼服务中心自成立以来，已投入财政资金40余万元。轮训党员5726人，教育整转20名党员；开展志愿服务活动26次，参与党员4216人次。

【举行“迎峰会、送文化”迎新惠民活动】 12月13日晚，富阳区“迎峰会、送文化”迎新惠民走进文化礼堂活动首站在该镇平畈村文化礼堂举行。由区文化馆、区音舞协会和胥口镇综合文化站选送的印度舞、器乐独奏、排舞、越剧折子戏、小品和歌伴舞等12个节目，精彩纷呈，吸引700余村民观看。

【举办第五届全民运动会】 11月27日，该镇举办第五届全民运动会，运动会分镇政府和镇中心小学两个赛场，全镇19个代表队、335名运动员参与角逐。本届运动会共设老年组定点投篮等7个项目，镇中心小学、新峤村和里坞村分获团体前三名。

（蔡淑钦）

·渌渚镇·

【概况】 渌渚镇位于富阳区西南部，距区政府所在地35千米。全境地域总面积83.19平方千米，行政村13个，村民小组181个。年末总户5497户，总人口16655人，其中城镇人口16655人。全年实现工农业总产值203948万元，其中，工业总产值171012万元，农业总产值32936万元。全年实现财政总收入11933万元。农村经济总收入418255万元，农村经济净收入38593万元。农民人均收入25922元。

年末耕地面积757公顷，其中水田面积633.33公顷。粮食总产量540.3万千克。农机总动力5.82万千瓦。公路通车里程120千米，行政村等级公路通达率100%。水利投资1786.52万元。完成环境污染治理项目4个，投资额3371.6万元。存栏生猪12350头，出栏肉猪88565头，存栏家禽2.16万羽，出栏家禽14万羽。水产品养殖面积172公顷，水产品产量192.6万千克。绿化造林13.33公顷，封山育林2782.53公顷。水果种植面积147.33公顷，水果产量905.6万千克。茶园面积26.46公顷，茶叶产量2.5万千克。工业企业总数78家，其中规模以上工业企业15家。规上工业企业产品销售收入140753万元，产销率99.3%。外贸供货值9797万元，自营出口828万美元。小学2所，在校小学生438人，入学率100%；幼儿园1所，在园幼儿211人。医院1家，卫生室9个。全年出生130人，计划生育率97.12%。初级卫生保健普及率100%。自来水普及率100%。固定电话用户1067户，移动电话用户8965户，电话普及率6.41部/百人，因特网用户1217户。参加城乡居民养老保险2987人。参加城乡居民基本医疗保险11600人。最低生活保障救助人数402人。农户新建房屋93户，建筑面积32655平方米。

【各行政村基本情况】（见表41）

【启动长效道路管理机制“路长制”】 7月17日，305省道渌渚段、县道新莲线、南新线、镇域重要道路阆坞至岘口矿山运输专用道路、山亚南方至305省道连接线推行“路长制”，沿线村书记、重点企业负责人、农村工作指导员为各责任路段的“路长”，镇长为总路长。重点对辖区内重点污染源、道路交通、道路卫生、沿路违建、沿线庭院进行长效专项整治；建立例会机制、巡查机制、问题销号机制、考核督查机制，科学治理；明确镇、村、企工作责任，细化整治任务，提高道路治理水平，实现全镇道路“畅、洁、绿、美、安”的目标。区长黄海峰批示：渌渚“路长制”经验值得全区推广。望巩固成果、保持常态、不断提升洁化、序化、美化水平；区委副书记吴玉凤批示：立说立行、实事惠民谋民心，再接再厉，美丽渌渚上层楼。

【渌渚镇综合性总体规划论证通过】 8月8日，渌渚镇综合性总体规接受发改局、住建局、规划局、交通局、国土局、林业局等13个审查部门的审查论证，就渌渚镇的规划总则、镇域功能定位与发展、产业发展规划、镇域空间管制、镇域总体规划、镇区用地布局、历史文化和风景资源保护规划、支撑体系规划、建设时序与近期建设规划、规划实施措施，根据职能特色针对性地提出审查意见。通过审查，交通布局、航道升级、产业发展、土地集约、配套设施、集镇转移等方面更加合理、完善、更有操作性，对今后的可行性持续发展有着现实的指导作用。该规划获得2015年度杭州市优秀城乡规划设计评选二等奖。

【叶永棠获得“十佳乡村文化公益使者”称号】 叶永

2015年渌渚镇各行政村基本情况

表41

村　名	户数（户）	人数（人）	农村经济总收入（万元）	农村经济总费用（万元）	农村经济净收入（万元）	农民人均收入（元）
百　前	408	1253	29520	26839	2867	24605
杨　袁	310	885	20686	18712	2160	25288
六　渚	404	1308	31713	28959	2940	24048
莲　桥	289	866	27802	24605	3383	30459
董　湾	357	1037	28172	25520	2838	29585
岘　口	457	1126	33485	30207	3464	34452
阆　坞	645	2139	65432	60128	5490	32088
桃花岭	314	944	20895	18879	2202	24206
新　岭	530	1627	41604	39015	2775	20824
浦　中	399	1226	27161	24565	2782	24543
新　浦	385	1325	36646	33619	3213	25479
新　港	317	920	23301	21315	2172	23739
山　亚	390	1350	33774	29717	4243	33104

渌渚江　　（渌渚镇　供稿）

棠，该镇新浦村老党员，一生勤俭节约，但热心村里公益事业。为建设村文化礼堂，动员家人出资251万元支持文化礼堂建设。10月13日，获杭州市委宣传部、市农村文化礼堂建设工作领导小组办公室“十佳乡村文化公益使者”表彰。

【全区首个乡镇2015年度生态环境质量专题报告会在该镇召开】 12月25日上午，渌渚镇的区、镇两级“两代表一委员”及部分党员代表、企业代表、村民代表、群众代表共计57人参加此次专题会。区环保、交通、水利、公安交警、港航、国土、城管等部门相关领导应邀参加。会上，镇长洪金元作2015年度渌渚镇生态环境质量专题报告，向全镇人民群众报告2015年全镇在绿色生态理念、生态环境治理、生态环境质量等方面所取得的成效，同时就2016年全镇生态环境治理工作思路以及今后如何建设“美丽富阳·和美渌渚”作了详细规划和部署。

（叶建平）

·永昌镇·

【概况】 永昌镇位于富阳区西北部，距区政府所在地26千米。全境地域总面积49.54平方千米，行政村5个，村民小组104个。年末总户数3513户，总人口11103人，其中城镇人口11103人。全年实现工农业总产值169766万元，其中工业总产值146844万元，农业总产值22922万元。全年实现财政总收入6004万元。农村经济总收140583万元，农村经济净收入29671万元。农民人均收入25740元。

年末耕地面积567.11公顷，其中水田面积438.32公顷。粮食总产量305.0万千克。农机总动力0.99万千瓦时。公路通车里程77千米，行政村等级公路通达率100%。水利投工7.10万工，投资500万元。完成环境污染治理项目15个，投资额35万元。存栏生猪6458头，出栏肉猪6848头，存栏家禽15234万羽，出栏家禽20987万羽。水产品养殖面积13.50公顷，水产品产量14.10万千克。绿化造林31.80公顷，封山育林2198.22公顷。水果种植面积28.33公顷，水果产量194.5万千克。茶园面积51.78公顷，茶叶产量9.5万千克。工业企业总数157家，其中规模以上工业企业18家，工业产品销售收入8.93亿元，产销率95%，自营出口4716万美元。小学1所，在校小学生420人，入学率100%；幼儿园1所，在园幼儿185人。医院1家，卫生室5个。全年出生104人，计划生育率99%。初级卫生保健普及率100%。自来水普及率98.80%。固定电话用户2920户，电话普及率26.67部／百人，因特网用户785户。参加城乡居民养老保险2358人。参加城乡居民基本医疗保险6823人。最低生活保障救助人数875人。农户新建房屋37户，建筑面积15540平方米。

【各行政村基本情况】（见表42）

【荣获"浙江省文明镇”称号】 2015年，永昌镇以争创“省文明镇”为主线，着力推进物质、精神、政治和生态四个文明建设协调发展，在全镇上下的共同努力下，工业经济初具规模，支柱产业生机勃发，农村经济春意盎然，基础设施日新月异，镇村面貌焕然一新。11月，作为2015年全区唯一一个创建省级文明镇的乡镇（街道），顺利通过了省级专家组考评验收，荣获“浙江省文明镇”称号。

【荣获"杭州市基本无违建乡镇”称号】 2015年，永

2015年永昌镇各行政村基本情况

表42

村　名	户数（户）	人口（人）	农村经济总收入（万元）	农村经济总费用（万元）	农村经济净收入（万元）	农民人均所得（元）
永　昌	1127	3392	72168	60832	11336	26132
长　盘	369	1229	9220	6260	2960	25642
唐　昌	459	1487	22568	18820	3748	25912
昌　岭	505	1727	14821	10730	1091	25856
青　何	978	3165	22033	14270	7763	25957

昌镇将创建“杭州市基本无违建乡镇”工作作为全年民生实事工程扎实有序推进，从全镇发展大局出发，形成“思想重视、目标清晰、分工明确、责任落实、管理严格、强化投入、齐抓共管”创建工作体系。12月，作为2015年全区创建杭州市基本无违建的乡镇（街道）之一，顺利通过了杭州市级专家组考评验收，荣获“杭州市基本无违建乡镇”称号。

【举办“竹香永昌”农事系列活动】 为丰富广大群众的娱乐生活，提升永昌农产品的知名度，3月中旬，永昌镇举办了第二期“春笋赶集月”农事系列活动，挖春笋，品臭干，看山花，其间还举办了“摄影比赛”。农事系列活动吸引市内外近5000名游客市民参与，杭州、富阳等新闻媒体进行报道推介。

【率先开展农村生活垃圾减量化、资源化分类处理】 2015年，永昌镇被确定为全区唯一一个作为杭州市农村生活垃圾减量化、资源化处理整乡镇推进试点单位，根据“垃圾分类”要求，整合“清洁乡村”基础，出台《永昌镇农村生活垃圾分类处理工作考核实施细则》，通过唐昌、长盘2村试点，已全域推开，基本实现“农村生活垃圾分类收集、分类投放、分类清运、分类处理”。（凌增柱）

·万市镇·

【概况】 万市镇位于富阳区西北部，距区政府所在地54千米。全境地域总面积155.14平方千米，行政村15个，居委会1个，村民小组293个。年末总户数7181户，总人口22790人，其中城镇人口14078人。全年实现工农业总产值201676万元，其中工业总产值146478万元，农业总产值55198万元。全年实现财政总收入3873万元。农村经济总收入641029万元，农村经济净收入38506万元。农民人均收入22114元。

年末耕地面积1223.62公顷，其中水田面积893公顷。粮食总产量925.20万千克。农机总动力1.71万千瓦。公路通车里程160.60千米，行政村等级公路通达率100%。水利投工18万工，投资1850万元。完成环境污染治理项目4个，投资额460万元。存栏生猪8200头，出栏肉猪13650头，存栏家禽1.20万羽，出栏家禽14.80万羽。水产品养殖面积95.34公顷，水产品产量36.20万千克。绿化造林275.13公顷，封山育林6574.40公顷。水果种植面积102.33公顷，水果产量559.1万千克。茶园面积88.20公顷，茶叶产量9.8万千克。工业企业总数181家，其中规模以上工业企业8家。工业产品销售收入143952万元，产销率99.8%。外贸供货值19067万元，自营出口2972万美元。中学1所，在校中学生810人，入学率100%；小学3所，在校小学生788人，入学率100%；幼儿园3所，在园幼儿350人。医院1家，卫生室7个。全年出生133人，计划生育率97.69%。初级卫生保健普及率100%。自来水普及率100%。固定电话用户4900户，移动电话用户8351户，电话普及率21.50部/百人，因特网用户2325户。参加城乡居民养老保险6308人。参加城乡居民基本医疗保险16181人。最低生活保障救助人数962人。农户新建房屋186户，建筑面积61380平方米。

【各行政村基本情况】（见表43）

【举行抗战胜利90周年宣传系列活动】 8月19日，

2015年万市镇各行政村基本情况

表43

村　名	户数（户）	人口（人）	农村经济总收入（万元）	农村经济总费用（万元）	农村经济净收入（万元）	农民人均收入（元）
东　叙	250	815	10829	9233	1596	21975
白　石	344	1102	30105	27683	2422	22223
何　家	445	1438	26951	24274	2677	20563
彭　家	706	2338	59759	55680	4079	24196
众　缘	552	1814	80342	77169	3173	21841
罗　宅	423	1346	82216	79460	2756	23529
白　马	240	784	12736	11495	1241	21696
方　里	278	887	35577	34014	1563	22289
何　务	277	862	19686	18330	1356	19374
杨　家	358	1163	26684	24870	1814	23199
平　山	542	1670	41156	37664	3492	22623
新　民	344	1187	27271	25107	2164	21887
槎源坞	441	1420	22136	19926	2210	21472
万　市	626	1907	126784	122731	4053	23141
田　源	726	2247	38797	34887	3910	20151

“龙羊抗战老故事”在万市镇白石村文化礼堂正式开讲。万市镇退休教师邵国庭讲述自己收集的龙羊地区的抗战老故事。8月27—28日，万市镇在政府一楼大厅举办了主题为“铭记历史、缅怀先烈；珍爱和平、开创未来”的抗战宣传画册展活动，展现中华民族的抗战历史。

银杏之秋活动　（万市镇　供稿）

【镇文化便民服务中心投入使用】 9月底，在历时3年多建设以后，镇文化便民服务中心正式投入使用。该中心建有便民中心(11层)、文化中心(4层)和辅助用房(主体3层局部1层)，中心将成为万市镇居民文化活动和便民服务的主要场所。

【举办第七届“银杏之秋”农事节庆活动】 11月7日，万市镇第七届“银杏之秋”开游仪式在银杏之乡——杨家村隆重举行。来自杭州市旅委以及富阳区有关领导，现场游客和村民500余人参加此次开游仪式。本次银杏节主题口号是“在万市，发现秋天最美颜色”。以银杏节为载体，以乡村游为主线，通过开展“赏、品、游、赛”系列主题活动，运用互联网+旅游模式，进一步增强游客的参与度和黏合度，进一步宣传“富春山居生态万市”“金色银杏魅力山乡”，着重推介万市古朴的乡村风光，推介万市土特产，发展万市民宿产业，打造万市“银杏之秋”乡村游休闲观光运动品牌”。

【槎源坞村文化礼堂落成】 12月21日，槎源坞村举行文化礼堂落成仪式，300余人参加。槎源坞村文化礼堂是龙羊地区最大的室内文化礼堂，是集礼仪活动、文化讲堂、道德宣讲等为一体的思想文化教育基地。礼堂四周的文化长廊，全方位展示了村史村情、乡风民俗、崇德尚贤、美好家园等内容，成为槎源坞村文化传承的重要见证。（方　淼）

·洞桥镇·

【概况】 洞桥镇位于富阳区西北部，距区政府所在地45千米。全境地域总面积147.63平方千米，行政村11个，村民小组251个。年末总户数6135户，总人口19597人，其中城镇人口12846人。全年实现工农业总产值180745万元，其中工业总产值111424万元，农业总产值69321万元。全年实现财政总收入3561万元。农村经济总收入653661万元，农村经济净收入50241万元。农民人均收入22116元。

年末耕地面积1082.27公顷，其中水田面积710公顷。粮食总产量546.2万千克。农机总动力1.35万千瓦。公路通车里程123.5千米，行政村等级公路通达率100%。水利投工3.8万工，投资1105万元。完成环境污染治理项目2个，投资额45万元。存栏生猪7477头，出栏肉猪50912头，存栏家禽19.7万羽，出栏家禽109.5万羽。水产品养殖面积123.8公顷，水产品产量197.6万千克。绿化造林106公顷，封山育林6273.3公顷。水果种植面积68.4公顷，水果产量213.2万千克。茶园面积234.3公顷，茶叶产量36.4万千克。工业企业总数110家，其中规模以上工业企业8家。工业产品销售收入10.49亿元，产销率94%。自营出口132万美元。小学1所，在校小学生425人，入学率100%；幼儿园3所，在园幼儿229人。社区卫生服务中心1家，卫生室6个。全年出生158人，计划生育率97.5%。初级卫生保健普及率100%。自来水普及率100%。参加城乡居民养老保险3820人。参加城乡居民基本医疗保险13225人。最低生活保障救助人数447人。农户新建房屋158户，建筑面积56880平方米。

【各行政村基本情况】（见表44）

【洞桥镇获得“第四届全国文明镇”荣誉称号】 近年来，洞桥镇党委、政府围绕“大美洞桥”建设目标，不断巩固和深化省级文明镇创建成果，助推精神文明建设迈向新高地。洞桥镇党委、政府立足文明创建再提升，工作再创新突破，树“乡风文明”品牌，围绕文明创建做文章，取得成效。2015年3月，洞桥镇荣获“第四届全国文明镇”称号。

【举行渔业资源增殖放流仪式】 3月19日，葛溪渔业资源增殖放流仪式在洞桥举行。省海洋渔业局、杭州市农业局、富阳区农业局、洞桥镇党委政府等各级领导和洞桥村百余名村民代表共同为葛溪放养

2015年洞桥镇各行政村基本情况

表44

村　名	户数(户)	人口(人)	农村经济总收入(万元)	农村经济总费用(万元)	农村经济净收入(万元)	农民人均收入(元)
洞　桥	992	3235	154202	144849	9353	23036
里　仁	607	2080	66796	61204	5592	22865
石　羊	361	1171	69269	65687	3582	22938
枫　瑞	425	1441	33011	29405	3606	22679
袁　家	396	1316	49567	46303	3264	22766
三　溪	670	2200	54488	48727	5761	22836
大　乐	175	506	7936	6701	1235	22628
大　溪	556	1864	59355	54608	4747	22854
贤　德	574	1784	57313	52328	4985	23033
文　村	569	1787	59184	54058	5126	23095
查　口	530	1677	44042	39550	4492	22856

了草鱼、鳊鱼、鲤鱼、鳗鱼等多个种类的鱼苗15万余尾，为洞桥启动开展“小鱼治水创生态葛溪、全民动员在葛溪禁渔”活动拉开序幕。

【举办第七届山乡休闲文化节】 3月28日，洞桥镇第七届山乡休闲文化节正式启动。本届洞桥镇山乡休闲文化节分“以花为媒”“记忆乡愁”“归隐山野”三个版块，为观众呈现“大美洞桥”之景。

【洞桥五保供养中心荣获“杭州市四星级农村五保供养服务中心”称号】 2014年底，杭州市民政局联合对第三方组织洞桥五保供养服务中心进行了规范化等级评审，对中心基础设施建设、法人治理、供养经费和财物管理、内部制度、服务规范、安全管理与应急响应、农副业生产、社会效益等八大项1000分进行评定，中心荣获杭州市四星级农村五保供养服务中心，成为富阳区第二家荣获四星级荣誉的农村五保供养服务中心。

【举办第一届排舞大赛】 9月21日，该镇在洞桥村文化广场举行首届排舞大赛，全镇11个行政村组队参赛。排舞大赛采用“1+1”积分竞赛规则，实行“规定＋自选”舞蹈节目的方式进行。经过2个多小时的竞赛表演，洞桥村表演队夺得一等奖。（陈雪娟）

洞桥镇文村村　　（区农办　供稿）

·大源镇·

【概况】 大源镇镇位于富阳区南部，距区政府所在地7千米。全境地域总面积105.43平方千米，行政村15个，居委会1个，村民小组197个。年末总户数10778户，总人口36624人，其中城镇人口17247人。全年实现工农业总产值1175173万元，其中工业总产值1146171万元，农业总产值29002万元。全年实现财政总收入20441万元。农村经济总收入2425345万元，农村经济净收入378221万元。农民人均收入35035元。

年末耕地面积606公顷，其中水田面积545公顷。粮食总产量322.3万千克。农机总动力1.02万千瓦。公路通车里程53千米，行政村等级公路通达率100%。水利投工1.2万工，投资2000万元。完成环境污染治理项目11个，投资额5110万元。存栏生猪8200头，出栏肉猪41400头，存栏家禽1.4万羽，出栏家禽13万羽。水产品养殖面积46.26公顷，水产品产量32.65万千克。绿化造林5.3公顷，封山育林982.73公顷。水果种植面积16.8公顷，水果产量39.9万千克。茶园面积43.3公顷，茶叶产量5.2万千克。工业企业总数561家，其中规模以上工业企业38家。工业产品销售收入1117416万元，产销率98.74%。自营出口19900万美元。中学1所，在校中学生1169人，入学率100%；小学2所，在校小学生1863人，入学率100%；幼儿园4所，在园幼儿1260人。医院（卫生院）1家，卫生室11个。全年出生283人，计划生育率92.6%。初级卫生保健普及率96%。自来水普及率100%。固定电话用户5289户，移动电话用户10566户，电话普及率14.44部／百人，因特网用户8836户。参加城乡居民养老保险4339人。参加城乡居民基本医疗保险25471人。最低生活保障救助人数656人。农户新建房屋146户，建筑面积50001平方米。

2015年大源镇各行政村基本情况

表45

村　名	户数（户）	人口（人）	农村经济总收入（万元）	农村经济总费用（万元）	农村经济净收入（万元）	农民人均收入（元）
大　源	1157	3799	363609	325419	38190	38260
亭　山	1087	3517	1088321	920513	167808	38499
蒋　家	1122	3843	187087	153918	33169	38350
杨元坎	272	947	24840	21274	3566	36610
东　前	502	1790	37658	25257	12401	32145
稠　溪	746	2478	117444	98809	18635	33394
新　关	622	2175	64263	46904	17359	35090
大　同	855	2690	135211	118240	16971	35193
贬　口	719	2438	138726	117495	21231	35332
骆　村	911	3057	66468	47128	19340	33324
勤　功	364	1213	62490	54922	7568	32333
青　山	589	1791	51205	43317	7888	33099
虹　赤	513	1544	49861	41834	8027	32934
三　岭	558	1793	31204	25095	6109	29236
史　家	297	989	10311	6999	3312	29909

【各行政村基本情况】（见表45）

【创新召开全区首个乡镇人代会】 1月5日，大源镇召开第十六届人民代表大会第五次会议，是2015年全区19个乡镇第一个召开乡镇人代会。全区18个乡镇的人大负责人现场观摩，市人大常委会副主任华之江到会指导。该次会议是大源镇全面贯彻落实《中共杭州市委关于进一步加强和改进乡镇人大工作的意见》精神，依法规范开好人代会的尝试。会议合理安排议程，会期一天，确保代表有充足的时间来讨论审议大会各项报告和决议，提出合理的意见建议。议程除了常规听取和审查政府、财政、人大工作报告外，还增加了听取上一次人代会代表建议办理情况报告，代表票决政府投资项目的内容，充分体现了依法行使乡镇人大的重大事项决定权。

【基层民主协商推动“杭派民居”建设】 望仙“杭派民居”项目是按江南民居风格，具有杭派建筑特色的农民建房项目，总投资8000余万，占地3.33余公顷，总建筑面积22000余平方米，总户数73户。该项目总建设工期360天，预计到2016年8月全面完工。5月项目启动后，按照基层协商民主相关要求，采取村民自荐报名、党委资格审查、村民公开推选的方式产生9名村协商民主工作小组，负责“杭派民居”建设。从土地征用、政策处理、项目选址到设计方案、资金筹措、如何分房等，协商民主工作小组全程参与。自从7月31日正式动工建设以来，至2015年底，50间房屋完成主体，17间已结顶，6间完成基础工程。并协商出台了分房细则，一期42户农户已进行分房。水系、道路、水电等配套项目也有序推进。

【大源溪整治工程（二期）建设】 至2015年底，大源溪整治工程（二期）已完成总工程量的60%，该工程是大源镇2015年重要基础设施工程。整治范围从蒋家村村口到下郎桥，全长3.66千米，总投资8000万元，工期从2014年12月开始到2016年4月结束，历时16个月。

【8个行政村完成文化礼堂创建】 该镇根据各村实际，分步实施，2013年创建2个村，2014年创建4个村，2015年创建2个村，累计达到8个村，完成省委下达的50%创建要求。其中，蒋家村文化礼堂列入杭州市十佳文化礼堂，贬口村文化礼堂列入富阳

区十佳文化礼堂。各村凭借文化礼堂这一文化阵地，经常性开展文体活动、礼仪活动、民俗活动、政策宣讲、实用技术培训等，全面加强农村思想道德建设，打造农民家门口真正的精神家园。　（骆稀罕）

·灵桥镇·

【概况】 灵桥镇位于富阳区东南部，距区政府所在地8千米。全境地域总面积54.78平方千米，行政村13个，村民小组149个。2015年年末总户数7642户，总人口25568人，其中城镇人口22623人。全年实现工农业总产值1012693万元，其中工业总产值995923万元，农业总产值16770万元。全年实现财政总收入33337万元。农村经济总收入1428520万元，农村经济净收入136370万元。农民人均收入28995元。

年末耕地面积586.90公顷，其中水田面积393.50公顷。粮食总产量303万千克。农机总动力1.08万千瓦。公路通车里程75千米，行政村等级公路通达率100%。水利投工3.65万工，投资620万元。完成环境污染治理项目2个，投资额10500万元。存栏生猪1679头，出栏肉猪1660头，存栏家禽0.66万羽，出栏家禽1.50万羽。水产品养殖面积37.60公顷，水产品产量43.60万千克。绿化造林30公顷，封山育林3200公顷。水果种植面积175.80公顷，水果产量153.90万千克。茶园面积175.80公顷，茶叶产量10.20万千克。工业企业总数669家，其中规模以上工业企业51家。工业产品销售收入1010880万元，产销率98%。自营出口7223万美元。中学2所，在校中学生669人，入学率100%；小学2所，在校小学生1657人，入学率100%；幼儿园1所，在园幼儿742人。社区卫生服务中心1家，卫生室17个。全年出生193人，计划生育率95.85%。初级卫生保健普及率100%。自来水普及率100%。固定电话用户2917户，移动电话用户21305户，电话普及率11.41部/百人，因特网用户3181户。参加城乡居民基本医疗保险15972人。最低生活保障救助人数163人。农户新建房屋102户，建筑面积33660平方米。

【各行政村基本情况】（见表46）

【新华村被授予“浙江书法村”称号】 2015年2月1日，“我们的中国梦——浙江书法家送‘福’进万家”活动暨富阳区灵桥镇新华村“浙江书法村”授牌仪式在该村文化礼堂举行。浙江省文联党组书记田宇原、浙江省书协主席鲍贤伦、浙江省书协名誉主席朱关田、浙江省文联书记处书记高克明、浙江省书协副主席兼秘书长赵燕君、杭州市书协常务副主席宋涛、富阳区委宣传部部长赵玉龙出席授牌仪式。灵桥镇党政班子成员、新华村两委会成员、80多位浙江省书协理事、40多位新华村书法爱好者一起参加了授牌仪式。仪式上，省文联党组书记田宇源为新华村授牌，省书协向新华村赠送书法集和书法专著。“送福进万家”活动中，田宇源，省书协主席鲍贤伦等领导和80多位省书协理事挥毫泼墨，为村民送上一个个大大的“福”字。

2月1日，省书协送福送春联暨省级书法村授牌仪式在新华村举行　（灵桥镇 供稿）

【富春环保·东顺集团年产10万吨高档生活用纸项目启动】 2015年11月16日，富春环保·东顺集团年产10万吨高档生活用纸项目启动仪式在该镇举行。中国造纸

2015年灵桥镇各行政村基本情况

表46

村 名	户数(户)	农业人口数	农村经济总收入(万元)	农村经济总费用(万元)	农村经济净收入(万元)	农民人均收入(元)
灵 桥	1303	4027	738678	698939	39739	35200
王家宕	321	1246	266621	229507	37114	36000
江 丰	630	2042	21005	15001	6004	25100
外 沙	530	1910	36710	30933	5777	28600
董家桥	516	1743	92628	77146	15482	33400
永 丰	812	2695	120630	108729	11901	35500
光 明	587	2141	71191	63687	7504	30100
山 基	365	1249	19854	17654	2200	25600
利 民	556	1866	18180	14768	3412	25000
新 华	615	1990	21545	17513	4032	27400
陈 村	276	928	2928	1888	1040	22200
蔡家坞	394	1244	4680	3367	1313	18800
菖 蒲	405	1198	14934	13019	1915	25600

协会生活用纸委员会副秘书长林茹；杭州市富阳区委书记姜军，富阳区政府区长黄海峰，富阳区委常委、副区长方仁臻，富阳区人大常委会副主任、江南新区建设管理委员会主任郎卫国；山东东平县委书记赵德健、东平县政府副县长侯圣玉；富春江集团董事局主席孙庆炎、董事长孙翀，东顺集团董事长陈树明、经营总裁陈小龙，以及国内外原料和设备供应商、周边市场经销合作伙伴共计200人参加了项目启动仪式。

【羊军获得“杭州好人”称号】 2015年5月，羊军获得杭州好人(勤俭节约类)称号，羊军所创建的杭州富伦生态科技有限公司位于杭千高速灵桥出口处，公司长期专注于纸塑铝复合包装物的再生利用，是全国第一家回收废弃牛奶盒、饮料软包装，并进行再资源化综合处理，生产再生纸、再生塑料粒子、铝粉的高科技企业。公司拥有饮料盒“纸塑分离”和“铝塑分离”等专利技术，在国内首次实现了将“废弃饮料纸盒”还原成“纸、塑、铝”的完全再资源化处理过程。公司先后被授予“十一五”科技部示范工程、国家发改委循环利用经典案例、工信部再生利用第一批目录、杭州市循环经济示范企业、杭州市环境保护教育基地、杭州市富阳区清洁生产先进单位等荣誉称号。公司负责人羊军还被评为“杭州市十大民间环保人物”。

【启动灵桥镇富春江治理工程】 2015年9月23日，灵桥镇召开动员大会，集中部署灵桥镇富春江治理工程征迁工作。灵桥镇富春江治理工程是钱塘江治理工程富阳段的一部分，途径外沙、江丰、王家宕、灵桥等四个沿富春江行政村，全长5.80千米，该工程整个征迁区域分上游、下游两段，上游段从外沙村南浦闸出口开始至大源溪出口为止，征迁工作从9月到2016年4月15日结束。下游段从大源溪出口开始至观坞溪出口为止，征迁工作从9月开始到11月20日结束。　　(俞咏梅)

·常绿镇·

【概况】 常绿镇位于富阳区东南部，距区政府所在地38千米。全境地域总面积49.31平方千米，行政村8个，村民小组128个。年末总户数5260户，总人口15941人，其中城镇人口15941人。全年实现工农业总产值69446万元；其中工业总产值59492万元，农业总产值9974万元。全年实现财政总收入1537万元。农村经济总收入146568万元，农村经济净收入28640万元。农民人均收入23016元。

年末耕地面积173.35公顷，其中水田面积109.66

2015年常绿镇各行政村基本情况

表47

村名	户数(户)	人口(人)	农村经济总收入(万元)	农村经济总费用(万元)	农村经济净收入(万元)	农民人均收入(元)
大章村	1233	3519	26480	18667	7813	25384
青龙	383	1182	12319	10811	1508	24737
双溪	305	925	6617	4647	1970	25994
北坞	711	1996	16323	12108	4215	22260
黄弹	413	1245	7848	5745	2103	25620
长佳	953	2834	40642	35267	5375	21962
长春	763	2369	22994	18762	4232	25657
五联	465	1489	15017	11919	3098	22307

公顷。粮食总产量128.3万千克。农机总动力0.88万千瓦。公路通车里程88千米，行政村等级公路通达率100%。水利投工11万工，投资600万元。存栏生猪850头，出栏肉猪5332头，存栏家禽1.24万羽，出栏家禽1.94万羽。绿化造林45公顷，封山育林1670公顷。水果种植面积2.40公顷，水果产量2.82万千克。茶园面积65公顷，茶叶产量6.8万千克。工业企业总数31家，其中规模以上工业企业3家。规上工业产值7744万元。小学1所，在校小学生400人，入学率100%；幼儿园1所，在园幼儿152人。社区卫生服务中心1家，卫生室3个。全年出生105人，计划生育率95.70%。初级卫生保健普及率100%。自来水普及率100%。固定电话用户1500户，电话普及率9.41部/百人，因特网用户850户。参加城乡居民养老保险6700人。参加城乡居民基本医疗保险12112人。最低生活保障救助人数607人。农户新建房屋49户，建筑面积15704平方米。

【各行政村基本情况】（见表47）

【继续推进中心幼儿园建设】 12月，该镇中心幼儿园完成装修工程。该工程总投资1171.25万元，占地3500平方米，建筑面积3252平方米，可同时容纳350名学生，预计2016年9月正式投入使用。

【建成黄弹、长春2个民宿点】 利用得天独厚的生态资源，推进民宿产业健康发展，2015年，该镇建成长春、黄弹2个民宿点。黄弹村有民宿2家，长春村民宿1家。全年黄弹、长春民宿点接待游客量10万余人。

【打造红色教育基地】 2015年，在区委组织部支持下，常绿镇着手打造集蒋忠烈士墓、江南县委旧址、蒋忠烈士陈列馆3个项目红色教育基地，助推常绿党建文化建设，为全区党员教育和学习搭建平台。至12月底，已完成蒋忠烈士墓修缮工程，预计2017年9月完成全部工程并投入使用。（夏震燕）

·里山镇·

【概况】 里山镇位于富阳区东部，距区政府所在地15千米。全境地域总面积25.43平方千米，行政村5个，村民小组72个。年末总户数3063户，总人口10463人，其中城镇人口3138人。全年实现工农业总产值130183万元，其中工业总产值118916万元，农业总产值11267万元。全年实现财政总收入3616万元。农村经济总收入461128万元，农村经济净收入25427万元。农民人均收入25547元。

年末耕地面积697公顷，其中水田面积225.33公顷。粮食总产量193.2万千克。农机总动力536.675万千瓦。公路通车里程19千米，行政村等级公路通达率100%。水利投工0.1万工，投资145万元。完成环境污染治理项目3个，投资额1140万元。存栏生猪1050头，出栏肉猪2200头，存栏家禽1.2万羽，出栏家禽0.749万羽。水产品养殖面积0公顷，水产品产量0.6万千克。绿化造林1026.73公顷，封山

茶叶一条街开街仪式　　（里山镇　供稿）

育林986.67公顷。水果种植面积37.73公顷，水果产量250.9万千克。茶园面积312公顷，茶叶产量46.3万千克。工业企业总数62家，其中规模以上工业企业11家。工业产品销售收入54165万元。小学1所，在校小学生331人，入学率100%；幼儿园1所，在园幼儿175人。卫生院1家，卫生室2个。全年出生80人，计划生育率91.3%。初级卫生保健普及率94.7%。自来水普及率100%。固定电话用户1300户，移动电话用户1008户，电话普及率13.2部/百人，因特网用户750户。参加城乡居民养老保险534人。参加城乡居民基本医疗保险534人。最低生活保障救助人数433人。农户新建房屋30户，建筑面积9000平方米。

【各行政村基本情况】（见表48）

【承办2015中国（杭州）西湖国际茶文化博览会闭幕式】 承办2015中国（杭州）西湖国际茶文化博览会闭幕式暨富阳安顶云雾茶文化节。举办依江路“茶叶一条街”开街仪式、富阳区“十大炒茶能手”比赛，杭州市民茶乡游、“茶丝之旅”闭幕式、富阳区登山比赛等系列活动，“安顶云雾茶”的品牌知名度和里山的生态美誉度得到明显提升。

（高怡宁）

·渔山乡·

【概况】 渔山乡位于富阳区东部，距区政府所在地15千米。全境地域总面积36.71平方千米，行政村4个，村民小组80个。年末总户数3849户，总人口13229人。全年实现工农业总产值114347万元，其中工业总产值102271万元，农业总产值12076万元。全年实现财政总收入24971万元。农村经济总收入228740万元，农村经济净收入30675万元。农民人均收入25597元。

年末耕地面积594.90公顷，其中水田面积264.70公顷。粮食总产量224.6万千克。农机总动力0.60万千瓦。公路通车里程15千米，行政村等级公路通达率100%。水利投资110万元。完成环境污染治理项目6个，投资额450万元。存栏生猪2163头，出栏肉猪13876头，存栏家禽1万羽，出栏家禽1.50万羽。水产品养殖面积4.70公顷，水产品产量10.50万千克。生态公益林管护1640公顷。茶

2015年里山镇各行政村基本情况

表48

村　名	户数（户）	人口（人）	农村经济总收入（万元）	农村经济总费用（万元）	农村经济净收入（万元）	农民人均收入（元）
里　山	962	2832	179794	172020	7773	27448
灵　峰	676	2360	101746	94589	7157	30327
民　强	428	1321	86716	83558	3158	23905
马鞍山	446	1426	42616	39630	2985	20935
安　顶	587	2014	50257	45903	4353	21615

渔山稻香节　　（渔山乡　供稿）

【举办第四届杭州·富阳渔山稻香节】 11月14日—15日，该乡在省级粮食功能区举办第四届渔山稻香节。该乡依托现有粮食生产功能区，整合渔山的山水、历史文化资源，围绕“回归农耕、体验生态”主题，打造“渔樵耕读　山水渔山”文化品牌，突出农民和市民主体，吸引区内外众多游客前来体验农事、观赏风景。高产攻关田以亩产910千克的成绩，再创富阳历史最高纪录。带动渔山精品家具销售，仅稻香节首日成交额达35万元。稻香节期间，接待游客约3万余人次。

园面积260公顷，茶叶产量38.9万千克。工业企业总数68家，其中规模以上工业企业8家。工业产品销售收入101873万元，产销率100.30%。自营出口810万美元。小学1所，在校小学生397人，入学率100%；幼儿园1所，幼儿园分园1所，在建分园1所，在园幼儿148人。卫生院1家，卫生室4个。全年出生97人，计划生育率98.02%。初级卫生保健普及率100%。自来水普及率100%。固定电话用户2900户，电话普及率21.92部/百人，因特网用户2050户。参加城乡居民养老保险6126人。参加城乡居民基本医疗保险12609人。最低生活保障救助人数386人。农户新建房屋54户，建筑面积18160.80平方米。

【各行政村基本情况】（见表49）

【渔葛复线工程通车】 该工程于2014年9月在乡十六届五次人代会上经票决列入乡重点工程、乡村两级为民办实事工程。工程全长约4千米，路基宽12米，总投资近6000万元。2015年2月启动，10月实现车辆通车。

【渔山教育基金成立】 该乡以党委政府为主导，引导村、企事业单位和社会各界踊跃参与，9月，设立杭州市富阳区人民教育基金会“渔山教育基金”，募集资金152万元，助推该乡教育事业。

【乡中心幼儿园墅溪分园通过初验】 该分园位于墅溪村，共投资300余万元。教学楼建筑面积为1047.20平方米，包括3个活动室、3个午睡室、1个多功能活动厅、1个会议室及1个厨房用房，可接收

2015年渔山乡各行政村基本情况

表49

村　名	户数（户）	人口（人）	农村经济总收入（万元）	农村经济总费用（万元）	农村经济净收入（万元）	农民人均收入（元）
墅　溪	729	2526	64210	56500	7710	27836
渔　山	1228	4015	74731	63455	11276	24489
五　岭	712	2516	48215	40500	7715	32212
大　葛	1179	4170	42312	37610	4702	18291

90名幼儿入学。至年底，主体工程和室内装修已完成，并通过初验。（许　珊）

·上官乡·

【概况】 上官乡位于富阳区东南部，距区政府所在地28千米。全境地域总面积27.07平方千米，行政村5个，村民小组72个。年末总户数2678户，总人口8188人。全年实现工农业总产值154542万元，其中工业总产值145032万元，农业总产值9510万元。全年实现财政总收入4155万元。农村经济总收入116739万元，农村经济净收入69087万元。农民人均收入21929元。

年末耕地面积159.2公顷，其中水田面积135.3公顷。粮食总产量115.7万千克。农机总动力0.19万千瓦。公路通车里程10.7千米，行政村等级公路通达率100%。水利投工2.06万工，投资1030万元。完成环境污染治理项目8个，投资额161万元。存栏生猪310头，出栏肉猪1190头，存栏家禽2.1万羽，出栏家禽7.2万羽。封山育林466.9公顷。工业企业总数179家，其中规模以上工业企业1家。工业产品销售收入135672万元，产销率93.57%。自营出口1778万美元。小学1所，在校小学生699人，入学率100%；幼儿园1所，在园幼儿267人。医院1家，卫生室2个。全年出生63人，计划生育率93.75%。初级卫生保健普及率100%。自来水普及率100%。固定电话用户828户，移动电话用户7277户，电话普及率10.11部/百人，因特网用户1540户。参加城乡居民养老保险2875人。参加城乡居民基本医疗保险5795人。最低生活保障救助人数261人。农户新建房屋25户，建筑面积9560平方米。

【各行政村基本情况】（见表50）

【举办第三届竹笋文化系列活动】 3月21日，第三届“春天，相约在竹乡”暨第三届上官竹笋文化系列活动开幕。此次系列活动在推介上官生态产业的基础上，更侧重于上官竹文化资源挖掘和上官球拍产业的打造，以进一步发展上官竹文化软实力，搭建竹文化和球拍产业交流平台。活动推出民间竹编、

竹文化系列活动之球拍产业论坛　　（上官乡　供稿）

2015年上官乡（镇、街道）各行政村基本情况

表50

村　名	户数（户）	人口（人）	农村经济总收入（万元）	农村经济总费用（万元）	农村经济净收入（万元）	农民人均收入（元）
四　堡	406	1195	16214	7866	8348	27511
深　里	480	1590	32809	2454	30355	27677
剡　溪	626	1937	21969	14863	7106	27627
大　盛	881	2625	29229	15150	14079	27609
芳　村	285	839	16862	7663	9199	27546

竹雕大赛、“上官宝”杯毛竹王评选大赛、首届“中国球拍之乡(上官)球拍产业发展论坛”、“笋鲜居”杯“全笋宴”擂台赛、富阳日报小记者团乐游竹海、“风雅上官”书画创作、“上官专场”广场活动等7项活动。

【推进智能供水系统】 为解决村民用水、饮水保障难问题，该乡有序实施“定时限量智能供水”项目。试点大盛村共加固储水量500立方米蓄水池1个，新建500立方米储水池1个，更新消毒设施1个，维护更新自来水管网9000米。大盛村实施的试点项目总投资约90万元，基础设施费用60万元，均由政府出资，农户承担智能水表的费用350元/户。至2015年底，3个行政村实施智能供水工程。

【大盛村便民综合楼工程】 大盛村便民综合楼坐落于大盛村307省道旁原上官客运站地块，用地面积2963平方米。菜场、金融机构、小商品市场、村级办公、商业网点等集中设置在该综合楼，至年底，投资150余万元，吸引一批客商入驻。（孙　波）

·场口镇·

【概况】 场口镇位于富阳区西南部，距区政府所在地18千米。全境地域总面积58.36平方千米，行政村24个，社区个，居委会1个，村民小组323个。年末总户数13549户，总人口43172人，其中城镇人口18406人。全年实现工农业总产值387599万元，其中工业总产值348518万元，农业总产值39081万元。全年实现财政总收入12757万元。农村经济总收入583594万元，农村经济净收入83722万元。农民人均收入20769元。

年末耕地面积1559公顷，其中水田面积1409公顷。粮食总产量1040.0万千克。农机总动力2.01万千瓦。公路通车里程60.50千米，行政村等级公路通达率100%。水利投工2.30万工，投资6700万元。完成环境污染治理项目42个，投资额4780万元。存栏生猪6642头，出栏肉猪20197头，存栏家禽14.55万羽，出栏家禽41.14万羽。水产品养殖面积360公顷，水产品产量404.50万千克。绿化造林26.67公顷，封山育林1125.40公顷。水果种植面积67公顷，水果产量575.0万千克。茶园面积25.80公顷，茶叶产量6.9万千克。工业企业总数543家，其中规模以上工业企业27家。工业产品销售收入267090万元，产销率96.78%。自营出口4369万美元。中学1所，在校中学生1026人，入学率100%；小学1所，在校小学生1237人，入学率100%；幼儿园1所，分园1所，在园幼儿488人。医院1家，卫生室11个。全年出生340人，计划生育率96.65%。初级卫生保健普及率1000%。自来水普及率100%。固定电话用户4148户，移动电话用户33106户，电话普及率9.61部/百人，因特网用户4296户。参加城乡居民养老保险6872人。参加城乡居民基本医疗保险31889人。最低生活保障救助人数1676人。农户新建房屋46户，建筑面积13800平方米。

【各行政村基本情况】（见表51）

【百丈畈企业职工公寓基本建成】 2014年初动工建设，地址为场口新区原百丈自然村，总用地面积25724平方米，总建筑面积51649平方米，建成公寓672套，总投资18333万元，2015年底竣工。

【场口客运中心建成】 2014年9月开工建设，位于320国道和场口东西街交汇处，按三级客运站标准设计，总建设用地面积20000平方米，总建筑面积5714平方米，其中：公交换乘中心建筑面积5339平方米，候车岛和连廊建筑面积375平方米。计划建成小型机动车停车泊位42个(含无障碍车位2个)，非机动车位308个，公交车停车数48辆，公交车线路数10条。总投资3460万元。2015年12月完工。

【场口阳光家园四期完工】 2014年初开始建设，用地面积36666平方米。新建住宅396套，地上建筑面积49822平方米，其中住宅面积41748平方米、配套公建用房建筑面积8074平方米；地下式建筑面积9030平方米。项目总投资23410万元。2015年底竣工。

【“孙权故里　激情场口”精品线路建设】 系富阳

2015年场口镇各行政村基本情况

表51

村名	户数（户）	人口（人）	农村经济总收入（万元）	农村经济总费用]（万元）	农村经济净收入（万元）	农民人均所得（元）
场口	693	2183	19845	14758	5087	20585
真佳溪	1135	3824	25806	18306	7500	19497
叶盛	538	1804	19431	15094	4337	21871
马山	718	2311	21047	16034	5013	20648
青江	766	2365	27866	23060	4806	19818
华丰	625	2078	20696	16485	4211	20125
联群	452	1357	13611	10207	3404	28948
洋沙	435	1304	10799	8608	2191	21147
徐家	621	1830	8357	5375	2982	19423
瓜桥埠	501	1518	12056	9451	2605	20290
上沙	558	1759	18976	15423	3553	21580
百丈畈	365	1184	8054	5939	2115	20987
赵欧	323	1098	7488	5448	2040	20792
东梓关	635	1881	19904	16242	3662	20385
上村	504	1503	14498	11958	2540	19781
乌畴溪新村	698	2224	21049	17523	3526	19525
下图山	301	953	6364	4927	1437	21325
上图山	607	1957	16204	12725	3479	20400
白石皎	425	1425	10386	7767	2619	20327
洪家塘	463	1520	8418	5828	2590	20019
宋家溪	283	902	5518	4059	1459	19361
新元	349	1067	11178	8915	2263	22071
鸿丰	498	1535	16340	13453	2887	22779
红星	668	2007	19654	15897	3757	21154

区四大精品线路之一，沿东上线贯穿红星村、新元村、洋沙村、联群村、瓜桥埠村、上沙村、上村村、东梓关村、赵欧村等9个行政村。将东梓关古村落、上村曹氏后裔聚居地、吴大帝庙、王洲岛风情小镇（联群）、现代生态农业观光园（新元）、壶源溪公园等景点穿点成线，全面带动王洲岛、富春江江岸资源的开发和利用，打造具有场口特色的集观光旅游、产业发展、宜居宜业于一体的精品线路。于2014年10月启动，总投入近2000万元。2015年底基本完工。

【东梓关村省级历史文化村建设】 2012年始，陆续对部分古建筑进行了保护性修缮。2014年始，有计划进行开发建设，打造设计小镇。建成长塘周边修旧复古景观带、江边古埠景观带、东梓关村史馆、张绍富医德馆，基本完成新杭派民居试点小区建设。总投入近5000万元。2015年底，被命名为省历史文化名村。

【集镇25号路建成】 于2013年9月动工，起点为场口新区18号路，终点为东上线，全长520米，路面宽26米，设计车速为40千米每小时，路面结构采用沥青混凝土+水泥稳定级配碎石层+塘渣填筑。总投资1596.23万元，2015年年初竣工。

【镇规划展示馆建成】 位于壶源溪景观公园内，主体建筑400平方米，造价600万元，于2014年12月完工。7月开始布置，分沙盘视频处、图文布置处、办公接待处3个区块，投入230万元，2015年12月建成。

（何鑫柱）

·常安镇·

【概况】 常安镇位于富阳区南部，距区政府所在地21千米。全境地域总面63.31平方千米，行政村16个，村民小组264个。年末总户数7539户，总人口25458人，其中城镇人口21692人。全年实现工农业总产值156532万元，其中工业总产值128542万元，农业总产值27990万元。全年实现财政总收入4864万元。农村经济总收入172449万元，农村经济净收入37782万元。农民人均收入18582元。

年末耕地面积902.8公顷，其中水田面积786.37公顷。粮食总产量490.00万千克。农机总动力1万千瓦。公路通车里程70千米，行政村等级公路通达率100%。水利投工2万工，投资300万元。完成环境污染治理项目3个，投资额120万元。存栏生猪4485头，出栏肉猪7367头，存栏家禽46630万羽，出栏家禽47847万羽。水产品养殖面积13.6公顷，水产品产量130.8万千克。封山育林2552公顷。水果种植面积191.7公顷，水果产量291.10万千克。茶园面积107.4公顷，茶叶产量7.82万千克。工业企业总数90家，其中规模以上工业企业8家。自营出口1424万美元。小学1所，在校小学生420人，入学率100%；幼儿园1所，在园幼儿230人。医院1家，卫生室9个。全年出生222人，计划生育率96.4%。初级卫生保健普及率100%。自来水普及率100%。固定电话用户1995户，电话普及率7.84部/百人，因特网用户1039户。参加城乡居民养老保险19367人。参加城乡居民基本医疗保险17387人。最低生活保障救助人数745人。农户新建房屋16户，建筑面积5112平方米。

【各行政村基本情况】（见表52）

【杭州锦绣富春·运动休闲综合体项目】 锦绣富春运动休闲综合体永安山区块项目主要包括飞翔假日酒店、锦绣农业创意园、体育文化广场、滑翔伞基地景观公园、飞翔乐园和妙智寺迁建等6个项目。至2015年底，飞翔假日酒店一期（约1.18公顷）已完成土建工程，计划2016年底试营业；假日酒店二期工程（约1.02公顷）土地已完成出让。锦绣农业创意园（约40公顷）完成土地流转工作。体育文化广场建设方案已落实，完成土地出让前期准备工作。完

2015年常安镇各行政村基本情况

表52

村名	户数	人口	万元	农村经济总收入（万元）	农村经济费用（万元）	农村经济净收入（万元）	农民人均收入（元）
项家	260	929	25554	2946	839	2023	25554
礼门	318	1092	22830	3566	1312	2119	22830
小剡	593	1770	16254	14780	12553	2336	16254
大田	574	2361	14295	15741	13190	2750	14295
安禾	1079	3577	17498	19818	14764	5082	17498
沧洲	720	2210	14900	8935	6017	2613	14900
东风	498	1622	16831	11408	9248	2188	16831
幸福	600	2140	15776	27450	24837	2702	15776
董家	436	1424	21103	17389	15175	2311	19347
横溪	267	908	33756	11441	9175	2332	36509
东山下	359	1431	18155	3843	1624	2171	18155
横槎	739	2536	15035	25178	22278	3007	15035
杏梅坞	230	745	34215	3419	1127	2256	34215
景山	248	886	31072	2823	603	2185	31072
东村坞	254	821	23448	2674	691	1977	23448
五胜	297	963	25161	3317	1138	2105	25161

成滑翔伞基地景观公园。飞翔乐园主题公园一期建成并于2015年3月对外开放。

【常安镇入选国家级智慧小镇】 2015年4月10日，住房和城乡建设部办公厅和科学技术部办公厅联合发布了《关于公布国家智慧城市2014年度试点名单的通知》，确定富阳区常安镇为国家智慧城市2014年度新增试点。本次全国共有84个城市（区、县、镇）入选国家智慧城市新增试点。其中，浙江省共有三个城市（区、县、镇）入选，全国入选的镇一级单位只有三个，常安镇为其中之一。

举行“立家规、传家训、育家风”主题活动启动仪式暨“传承家风、学会担当”成人礼仪活动

（常安镇 供稿）

【常安镇敬老院完工并投入使用】 常安镇敬老院（常安镇农村五保供养服务中心）位于横溪村六石溪旁，于2013年7月动工建设，2015年5月完工，并于6月9日投入使用。敬老院占地面积0.88公顷，建筑面积4208平方米，总投资1800余万元，设有75个房间，可集中供养150位老人。敬老院配备兼职院长1名，工作人员3名，内部设有食堂、医疗室、洗浴室、活动室、休闲娱乐室等，各项设施齐全，能够充分满足老年人的生活所需。至2015年底，供养五保老人22名。

【举行文化走亲广场舞展演】 4月29日，常安镇、场口镇、上官乡和富春街道联合举办的文化走亲广场舞展演在常安镇大田村文化礼堂举行，参加展演的22支广场舞队伍分别来自常安镇大田村、安禾村、东村坞村以及场口、上官、富春街道的各个村（社区）。周边乡镇和辖区内近千名村民前来观看。

【举行“立家规、传家训、育家风”主题活动启动仪式暨“传承家风、学会担当”成人礼仪活动】 8月10日，常安镇在安禾村文化礼堂举行“立家规、传家训、育家风”主题活动启动仪式暨“传承家风、学会担当”成人礼仪活动，区委宣传部、区文联、团区委相关领导及镇领导，安禾村24户家庭代表、青年代表、常安镇“草根”讲师团成员及16个行政村村干部等120余人参加了活动。启动仪式上，为安禾村“颜”“孙”“李”“倪”四大家族代表颁发了家训牌匾。在“传承家风、学会担当”成人礼仪活动中，安禾村8名18周岁的“颜氏”青年接过成人证书，接受“颜氏家训”的洗礼，在家长和长辈的见证下，迈进成人行列。

【举办徐氏宗谱圆谱庆典】 11月27日，常安镇东风村在文化礼堂举办滚龙坞徐氏宗谱圆谱庆典活动，本村宗亲、外迁各地的同宗共祖的九个徐氏宗亲代表共1000余人参加了此次庆典。活动中，徐氏宗族族长作为家族代表进行了祭祖仪式、宣读徐氏家训、接受徐氏宗亲赠送的家族牌匾——敦亲睦族。

（毛晓红）

·环山乡·

【概况】 环山乡位于富阳市东南部，距市政府所在地15千米。全境地域总面积38.47平方千米，行政村7个，村民小组113个。年末总户数3978户，总人口12793人，其中乡村人口12793人。全年实现工农业总产值404916万元，其中工业总产值398300万元，农业总产值6616万元。全年实现财政总收入22680万元。农村经济总收入524017万元，农村经济净收入44243万元。农民人均收入24893元。

年末耕地面积386公顷，其中水田面积386公顷。粮食总产量221.60万千克。农机总动力0.8395万千瓦。公路通车里程31千米，行政村等级公路通达率100%。水利投工8.5万工，投资9000万元。存栏生猪758头，出栏肉猪7100头，存栏家禽25000万羽，出栏家禽257800万羽。水产品养殖面积11.15公顷，水产品产量87万千克。封山育林2557公顷。水果种植面积27公顷，水果产量74.4万千克。茶园面积35公顷，茶叶产量8.1万千克。工业企业总数314家，其中规模以上工业企业6家。规模工业产品销售收入328789万元，产销率99%。自营出口1430万美元。中学1所，在校中学生780人，入学率100%；小学1所，在校小学生574人，入学率100%；幼儿园1所，在园幼儿266人。卫生院1家，卫生室3个。全年出生104人，计生率94.23%。初级卫生保健普及率100%。自来水普及率100%。固定电话用户2907户，移动电话用户5955户，电话普及率22.72部/百人，因特网用户1846户。参加城乡居民养老保险15233人。参加城乡居民基本医疗保险9421人。最低生活保障救助人数261人。农户新建房屋38户，建筑面积13680平方米。

【各行政村基本情况】（见表53）

【完成大气专项整治】 对照大气污染防治暨“西湖蓝”环境行动计划，根据全区统一部署，对大气污染防治工作任务进行细化分解落实，全年完成8家10蒸吨以下小锅炉淘汰改造工作，拆除2家废弃烟囱，美化8家（申能公司）烟囱，提前完成大气专项整治工作。

【推进特高压工程】 800kv灵绍（宁东）—绍兴特高压，在环山境内有15.50个塔基，涉及5个行政村（环一村、环二村、环三村、中兴村、诸佳坞村），涉及农户110余户。通过走村入户宣传，共完成15.50个塔基建设，征用土地0.87公顷，拆除2户农户。

【生活污水工程全覆盖】 根据区下达任务，全乡7个行政村全被列入农村生活污水治理工程第一批实施行政村名单，涉及3674户农户，人口1.20万余人，7个行政村均完成主管铺设，29只终端生化池建设，全年完成工程总量的90%以上。

（骆鸿群）

·龙门镇·

【概况】 龙门镇位于富阳市南部，距区政府所在地18千米。全镇地域总面积27.17平方千米，行政村4个，村民小组72个。中共党支部27个，党员496人。年末总户数2541户，总人口7309人，其中城镇人口7309人。全年实现工农业总产值35411万元，其中工业产值27157万元，农业产值8254万元。

2015年环山乡（镇、街道）各行政村基本情况

表53

村　名	户数（户）	人口（人）	农村经济总收入（万元）	农村经济总费用（万元）	农村经济净收入（万元）	农民人均收入（元）
中　埠	451	1377	67560	62454	5106	24829
诸佳坞	571	2101	138251	126860	11391	28261
中　兴	674	2278	100452	91218	9234	25233
环　一	503	1658	71119	64861	6258	24627
环　二	342	1146	35095	31635	3460	23564
环　三	354	1150	46754	42755	3999	23599
环　联	886	2870	65450	60657	4793	23378

全年实现财政总收入1198万元。农村经济总收入54526万元，农村经济净收入13298万元。农民人均所得21802元。

年末耕地面积290.26公顷，其中水田面积260公顷。粮食总产量162.3万千克。农机总动力0.30万千瓦。公路通车里程20千米，行政村等级公路通达率100%。水利投工2.1万工，投资750万元。完成环境污染治理项目1个，投资额35万元。存栏生猪363头，出栏肉猪852头，存栏家禽0.61万羽，出栏家禽1.33万羽。水产品产量10.7万千克。绿化造林6.57公顷，封山育林100.3公顷。水果种植面积77.5公顷，水果产量149.4万千克。茶园面积57公顷，茶叶产量9.1万千克。工业企业总数52家，其中规模以上工业企业4家。工业产品销售收入37521万元，产销率98.3%。小学1所，在校小学生168人，入学率100%；幼儿园1所，在园幼儿132人。医院1家，卫生室1个。全年出生58人，计划生育率98.3%。初级卫生保健普及率100%。自来水普及率100%。固定电话用户1530户，移动电话用户6280户，电话普及率20.93部/百人，因特网用户930户。参加农村社会养老保险5631人。参加城居医保4837人。最低生活保障救助人数267人。农户新建房屋10户，建筑面积3300平方米。

【各行政村基本情况】（见表54）

【住建部城乡规划督察组莅临龙门调研指导】 1月25日，住建部驻浙江省城乡规划督察组对龙门历史文化名镇保护工作进行调研与考察。督察组实地踏勘了古建筑修缮施工现场，了解了近几年龙门历史文化名镇规划编制与规划管理情况以及古镇保护工作，对龙门古镇坚持活态保护，保持古镇风貌整体性和原真性的举措给予了充分肯定，对下一步的保护与开发工作提出了很多极具指导性的意见和建议。

【《廉心龙门》首期刊行】 1月27日，由中共龙门镇党委主办，龙门镇纪委承办的廉政建设刊物《廉心龙门》首期正式发刊。《廉心龙门》围绕党委政府和纪委的中心工作，以业务性、指导性、实用性兼备为目标，宣传党风廉政建设，反映全镇廉政工作的新动态、新举措、新成果。刊物刊登龙门镇重要政务、各村党务、村务和财务情况。

【龙门古镇亮相杭州城市规划展览馆】 5月12日，龙门古镇亮相杭州城市规划展览馆。此次龙门主题展内容包括龙门古镇发展与布局、规划与设计、建筑与修缮、建筑与艺术等几大版块，并通过沙画、三维动画等表现方式，全方位展示了龙门古镇自一期保护开发以来的发展历程和规划体系，从而让游客在视觉冲击中全面了解古镇的“前世”“今生”与“未来”，了解古镇的保护开发举措，有效增进杭州市民及各地游客对龙门古镇这一杭州地区唯一的中国历史文化名镇的认识。同时，这也是龙门古镇第一次在展览馆亮相，与杭州市民近距离“互动”。

【省委常委、常务副省长袁家军考察古镇复兴工作】 5月19日，省委常委、常务副省长袁家军到该镇进行考察，先后走访了思源堂、老街、义门、孙氏宗祠等景点，在认真了解了古镇保护开发历程和未来发展规划后，袁家军进一步表示，龙门古镇不仅古色古香，还有着深厚的文化底蕴，党委政府要重点做好古建筑修缮、古镇有机更新、业态培育等工作，坚持保护政府主导，经营面向市场，开拓思路，继续保护好古镇的历史文脉，进一步焕发生机，让古

2015年龙门镇各行政村基本情况

表54

村　名	户数（户）	人口（人）	农村经济总收入（万元）	农村经济总费用（万元）	农村经济净收入（万元）	农民人均所得（元）
龙门一村	603	1804	13305	10011	3294	21545
龙门三村	632	1890	12436	9526	2910	21398
龙门五村	501	1529	11311	8445	2866	21360
龙门七村	805	2084	15002	11567	3434	21238

镇在传承中获得发展。

【两岸交流馆开馆迎客】 5月21日，2015杭台邻里节龙门两岸交流馆开馆仪式在龙门古镇举行。省台办副主任张正墉、市政协副主席叶鉴铭、市台办主任梁建华、富阳区委副书记吴玉凤、区委统战部部长夏芬及台湾南投市市长宋怀琳、南投市民代表会主席张秀枝率队的南投市参访团一行出席并参加仪式。

【省、杭州市妇联调研龙门镇妇女工作】 8月20日，省妇联主席劳红武在杭州市妇联领导陪同下，到龙门镇调研妇女工作。先后走访了龙门孙大嫂民宿、古镇非遗园、墨庄等“妇女之家”创业点，和相关负责人亲切交流，了解古镇农村妇女的创业就业情况。在经过细致了解后，劳红武对龙门镇引导农妇改造现有住房发展特色民宿，并利用闲置厅堂招商引资，带动妇女发展电子商务、旅游文创、传统文化、休闲养生等产业的做法表达了充分肯定。

【首届中国古村大会浙江新闻发布会在龙门古镇召开】 9月16日，首届中国古村大会浙江新闻发布会在杭州龙门古镇召开，标志着国内首个致力于传统村落和古村保护与活化的议事平台落户浙江。发布会上，首届中国古村大会秘书组介绍了大会筹备进展情况，大会发起人之一，清华大学建筑学院罗德胤就此次大会的理念、目的、意义等做了发言。会上，龙门镇政府、古村之友、云咖啡三方签订龙门古村之友创客空间战略合作协议。

【举办龙门镇第三届全民运动会】 10月17日，“锦绣富春杯”龙门镇第三届全民运动会开幕。运动会由龙门镇政府主办，锦绣富春集团提供赞助，以“凝聚龙门魂、共圆复兴梦”为主题。运动会为期2天，共设拔河、乒乓球、穿球拍、定向、象棋、登山、跳绳、独轮车、扳手腕等贴近农村群众的项目。

（应　盼）

·湖源乡·

【概况】 湖源乡位于富阳区南部，距区政府所在地33千米。全境地域总面积127.25平方千米，行政村10个，村民小组107个。2015年年末总户数4423户，总人数15527人，其中乡村人口15527人。2015年全年实现工农业总产值77544万元，其中工业总产值61662万元，农业总产值15882万元。全年实现财政总收入1930万元。农村经济总收入64481万元，农村经济净收入14946万元，农民人均收入18536元。

2015年年末，耕地面积576公顷，其中水田面积220公顷。粮食总产量202.6万千克。水利投资645万元，完成环境污染治理项目2个，投资额95万元。存栏生猪527头，出栏肉猪23506头，存栏家禽1.30万羽，出栏家禽6.80万羽。绿化造林95公顷，封山育林8747公顷。水果种植面积95.60公顷，水果产量213.7万千克。茶园面积35.60公顷，茶叶产量4.04万千克。工业企业总数45家，其中规模以上工业企业4家。小学1所，在校小学生167人，入学率100%；幼儿园1所，在园幼儿61人。社区卫生服务中心1家，卫生室9个。全年出生155人，计划生育率96.80%。初级卫生保健普及率90%。自来水普及率100%。固定电话用户1837户，电话普及率12.60部／百人，因特网用户255户。参加城乡居民基本医疗保险10544人，最低生活保障救助人数739人。农户新建房屋55户，建筑面积10800平方米。

【各行政村基本情况】（见表55）

【“湖源元书纸”获中国地理标志证明商标】 湖源元书纸历史悠久，是竹纸中的名品，制造工艺复杂，大小工序72道，以其质地光滑坚韧，莹润如玉，纸纹细密等特点享誉全国，产品被中央美院等国内外诸多知名画家、画院、高校采用。至2015年底，全乡有规模化元书纸生产企业4家，散户近100家，从业人员400余人，有纯竹浆元书纸、白唐纸、宣纸等40余个品种，价格从50元一刀到3000元一刀不等，年创产值约4000万元。

9月，“湖源元书纸”获国家工商行政管理总局批准，成为继“善琏湖笔”之后的浙江省第二个荣获国家地理标志证明的文化用品类商标。

【“富春第一漂”壶源溪漂流开漂】 2015年5月1日，

2015年湖源乡各行政村基本情况

表55

村　名	户数（户）	人口（人）	农村经济总收入（万元）	农村经济总费用（万元）	农村经济净收入（万元）	农民人均收入（元）
新　一	224	790	13677	12503	1174	20603
新　二	533	2127	5034	2513	2521	22732
新　三	688	2534	11978	8895	3083	19561
常　南	418	1352	1968	655	1313	18453
新　绿	311	1125	4217	3749	468	18936
双　喜	605	2210	12939	11572	1367	19486
杨家坞	439	1433	2478	951	1527	16602
石　龙	388	1221	2102	943	1159	16633
上　臧	187	635	7019	5994	1025	18888
窈　口	368	1149	3908	1760	2148	20457

壶源溪漂流开漂。该漂流位于该乡窈口村，全长2千米，起点为窈口村山毛坞水库，终点为百庄自然村，全程落差60米，其中最大的一处落差6米，共有5处激流，全程漂流约需1小时。该项目总投资约1600万元，分两期建设，一期工程自2014年5月开工，到2015年4月结束。二期工程将改善河道周边环境、完善旅游服务设施、丰富旅游项目等。

【“石头花开”完成商标注册】 2015年7月21日，“石头花开”完成商标注册，并被指定为区少代会专用礼品。“石头花开”是湖源乡中心小学利用山区溪滩鹅卵石素材进行艺术创作的项目，展现山区孩子的独特想象力和创造力，该项目得到省、杭州市媒体的连续报道。

【农村生活污水治理工程】 2015年9—12月，该乡新三村、双喜村、常南村、石龙村、新绿村、杨家坞村等6个行政村开始全面开工建设农村生活污水治理项目，项目总投资2730万元，完成隐蔽工程（管网敷设）、入户工程（化粪池改造）、终端工程（终端处理设施）等3个工程。该项目建设使农村生活污水实现集中纳管处理，减少对壶源溪水质污染。

【创建杭州市“无邪教”乡镇】 该乡把创建“无邪教”乡镇列入重要议事日程，针对防范和处理“邪教”工作的新情况、新问题，强化工作机制，落实工作举措，加大工作力度，标本兼治，综合治理，常抓不懈，维护和谐稳定，成效明显。2015年，湖源乡荣获“杭州市无邪教乡镇”称号。

【完成两个村文化礼堂建设】 2015年底，该乡新一村、常南村文化礼堂建设项目完成并通过验收。其中，新一村文化礼堂建设项目投资15万元，占地约300平方米，常南村文化礼堂建设项目投资20万元，占地约260平方米。

（凌晓飞）

【责任编辑　陈炜祥】

名 录

·先进集体·

【国家级和国家属部门级先进集体】

先进集体单位	先进集体称号	颁奖单位
富阳区	全国民生改善十佳典范城市	新华社、《参考消息》报社、中国网等单位
富阳区	国家级妇幼健康优质服务示范区	国家卫生计生委
富阳区	2015 年度“全国农村基层团建示范县”	共青团中央
区人民法院	2015 年度在司法新闻宣传工作中做出突出成绩的人民法院	最高人民法院
富阳中医骨伤医院	全国骨科微创培训基地和理事单位	中国中西医结合学会骨科微创专业委员会
区第一人民医院	中国卒中中心	中国卒中中心联盟（CSCA）
区第一人民医院输液室	全国巾帼文明岗	中华全国妇女联合会
区第一人民医院院报	2014 年度优秀内部报刊“好报纸”一等奖	中国内刊协会
区疾病预防控制中心	全国部分县（市）疾控免疫预防研讨交流会“编发简报优秀单位”	全国部分县（市）卫生防疫与计划免疫管理研讨协作组
湖源乡中心小学	世界卫生组织 WHO 健康单位	世界卫生组织健康城市合作中心
中国移动富阳分公司	世界卫生组织 WHO 健康单位	世界卫生组织健康城市合作中心
杭州市公安局富阳区分局交警大队车管所	2014 至 2015 年度全国优秀县级车辆管理所	公安部

【省级和省属部门级先进集体】

先进集体单位	先进集体称号	颁奖单位
富阳区	2014 年度平安县（市、区）连续十年平安区	浙江省委、省政府
富阳区	2015 年度平安县（市、区）连续十一年平安区	浙江省委、省政府
共青团杭州市富阳区委	2015 年度浙江省级先进团委	共青团浙江省委
区精神卫生工作办公室	浙江省严重精神障碍管理治疗工作先进集体	浙江省精神卫生工作办公室

区医疗卫生中心	2015年度浙江省建设工程钱江杯奖（优质工程）	浙江省住房和城乡建设厅
区第一人民医院	《我们正在经历着"埃博拉"—"富阳医生在非洲"手记（三）》获全省卫计系统第十二届医院院报院刊好新闻评比交流会好新闻通讯类二等奖	浙江省卫生计生委
区妇幼保健院	浙江省乳腺癌多学科综合诊疗网络支持平台成员单位	浙江省卫生计生委
区第一人民医院	浙江省微信排行优秀单位	浙江省卫生计生委
区第一人民医院重症医学科	浙江省巾帼文明岗	浙江省妇女联合会
区第三人民医院	"抑郁症和老年期痴呆防治技术成果转化工程"示范基地	浙江省卫计计生委
区疾病预防控制中心	2015年度浙江省梅毒血清学室间质量评价活动成绩优秀	浙江省皮肤病防治研究所
区疾病预防控制中心	2015年度浙江省艾滋病检测实验室室间质量评价中成绩优秀	浙江省疾病预防控制中心
富春街道社区卫生服务中心	浙江省卫生监督协管服务示范点	浙江省卫生计生委
东洲街道社区卫生服务中心	浙江省卫生监督协管服务示范点	浙江省卫生计生委
鹿山街道社区卫生服务中心	浙江省卫生监督协管服务示范点	浙江省卫生计生委
银湖街道高桥社区卫生服务中心	浙江省卫生监督协管服务示范点	浙江省卫生计生委
银湖街道受降社区卫生服务中心	浙江省卫生监督协管服务示范点	浙江省卫生计生委
万市社区卫生服务中心	浙江省卫生监督协管服务示范点	浙江省卫生计生委
永昌镇社区卫生服务中心	浙江省卫生监督协管服务示范点	浙江省卫生计生委
新登镇社区卫生服务中心	浙江省卫生监督协管服务示范点	浙江省卫生计生委
场口社区卫生服务中心	浙江省卫生监督协管服务示范点	浙江省卫生计生委
区康洁餐具消毒有限公司	浙江省餐饮具集中消毒卫生示范企业	浙江省卫生计生委
区卫生监督所	省卫生监督系统第二届"健康卫士杯"羽毛球比赛团体第三名	浙江省卫生监督所
富春第五小学	浙江省健康促进金牌学校	浙江省爱国卫生运动委员会办公室
区城市管理局	浙江省卫生先进单位	浙江省爱国卫生运动委员会办公室
富春第一幼儿园	浙江省卫生先进单位	浙江省爱国卫生运动委员会办公室
富春街道春晖社区居委会	浙江省卫生先进单位	浙江省爱国卫生运动委员会办公室
洞桥镇洞桥村	浙江省卫生村	浙江省爱国卫生运动委员会办公室
洞桥镇贤德村	浙江省卫生村	浙江省爱国卫生运动委员会办公室
永昌镇长盘村	浙江省卫生村	浙江省爱国卫生运动委员会办公室
胥口镇葛溪村	浙江省卫生村	浙江省爱国卫生运动委员会办公室
场口镇东梓关村	浙江省卫生村	浙江省爱国卫生运动委员会办公室
区财政局	2015年度县级法制财政建设优秀单位	浙江省财政厅
区财政局	2015年度会计管理工作绩效考核县级优秀单位	浙江省财政厅

区财政局	2015年度全省财政信息工作鼓励单位	浙江省财政厅
区财政局	《浙江财政年鉴》组稿工作先进单位	浙江省财政厅
杭州市富阳区公安局（“4.22”专案组）	集体二等功	浙江省公安厅
杭州市公安局富阳区分局（“6.25”专案组）	集体二等功	浙江省公安厅
杭州市公安局富阳区分局	连续六年执法质量优秀单位	浙江省公安厅
杭州市公安局富阳区分局	2015年度执法质量优秀单位	浙江省公安厅
杭州市公安局富阳区分局灵桥派出所	2014—2015年度“全省优秀公安基层单位”	浙江省公安厅
杭州市公安局富阳区分局指挥中心信访室	2015年度全省公安信访考核县级优秀单位	浙江省公安厅
杭州市公安局富阳区分局银湖派出所	全省公安机关纪念抗日战争胜利70周年安保工作成绩突出集体	浙江省公安厅
杭州市公安局富阳区分局	微电影作品类（《惊险一刻》）优秀奖	浙江省公安厅
杭州市公安局富阳区分局	微电影海报类（《惊险一刻》）优秀奖	浙江省公安厅

【杭州市级先进集体】

先进集体单位	先进集体称号	颁奖单位
富阳区	杭州市2014年度社会管理综合治理目标管理责任制考核达标地区	杭州市委、市政府
富阳区	杭州市2014年度维护稳定工作目标管理责任制考核优秀达标地区	杭州市委、市政府
富阳区	杭州市2015年度平安综治维稳达标地区	杭州市委、市政府
区综治办	杭州市2015年度综治维稳工作先进集体	杭州市委、市政府
区人民法院	杭州市文明单位	杭州市委、市政府
常安镇人民政府	2015年度杭州综治工作先进单位	杭州市政府

·先进个人·

【国家级和国家属部门级先进个人】

姓　名	单位或地址	先进称号	颁奖单位
张玉柱	富阳中医骨伤医院	中医骨伤名师	中华中医药学会
杨晓芬	区中医院	2012—2013年度全国无偿献血奉献奖银奖	中华人民共和国国家卫生和计划生育委员会 中国红十字会总会 中国人民解放军总后勤部卫生部
汪金平	区疾病预防控制中心	全国部分县（市）疾控免疫预防研讨交流会“最美疾控人”	全国部分县（市）卫生防疫与计划免疫管理研讨协作组

盛金芳	区疾病预防控制中心	全国部分县（市）疾控免疫预防研讨交流会“最美疾控人”	全国部分县（市）卫生防疫与计划免疫管理研讨协作组
孙　毅	区第一民医院	全国内部报刊“好编辑”	中国内刊协会

【省级和省属部门级先进个人】

姓　名	单位或地址	先进称号	颁奖单位
陈仰锋	杭州市公安局富阳区分局	个人二等功	浙江省公安厅
李启浩	杭州市公安局富阳区分局	个人二等功	浙江省公安厅
李启浩	杭州市公安局富阳区分局	2014—2015年度“全省优秀人民警察”	浙江省公安厅
朱　峰	杭州市公安局富阳区分局	浙江省公安机关“最美警察	浙江省公安厅
李伟龙	杭州市公安局富阳区分局	全省优秀教育训练工作者	浙江省公安厅
徐　永	杭州市公安局富阳区分局	个人三等功	浙江省公安厅
华成峰	杭州市公安局富阳区公安局	全省公安机关“网上打假”专项行动成绩先进个人	浙江省公安厅
李　霖	共青团杭州市富阳区委	2015年度浙江省志愿服务先进工作者	浙江省志愿者协会
余俊伟	共青团杭州市富阳区委	2015年度浙江省共青团信息工作优秀典型	共青团浙江省委
蒋仁良	区委政法委	2014—2015年度全省社会治安综合治理先进个人	浙江省委办公厅、省政府办公厅
章建文	区委政法委	全省“百日维稳攻坚大会战”先进个人	浙江省委办公厅、省政府办公厅
俞清芳	富春街道社区卫生服务中心	浙江省优秀基层护士	浙江医师协会 浙江省护理协会 浙江省基层卫生协会
李　俊	区第一人民医院	浙江省基层征兵工作先进工作者	浙江省人民政府征兵办公室
王平华	大源镇社区卫生服务中心	浙江省群众满意的社区卫生工作者	浙江省基层卫生协会
何　勇	区疾病预防控制中心	浙江省疾病预防控制系统优秀思想政治工作者	浙江省卫生系统政促会疾控专业委员会
何　勇	区疾病预防控制中心	华东健康教育研究会2015年度先进个人	华东健康教育研究会
濮孙伟	区卫生监督所	浙江省卫生计生系统钓鱼比赛团体一等奖	浙江省卫生计生委
濮孙伟	区卫生监督所	浙江省卫生监督协会第三届“卫监友谊杯”钓鱼比赛个人二等奖	浙江省卫生监督学会
闻桢栋 方金群	区卫生监督所	省卫生监督系统第二届“健康卫士杯”羽毛球比赛混双第一名	浙江省卫生监督所

方金群	区卫生监督所	省卫生监督系统第二届“健康卫士杯”羽毛球比赛女双第二名	浙江省卫生监督所
彭　军 缪洋顺	区卫生监督所	省卫生监督系统第二届“健康卫士杯”羽毛球比赛男双第五名	浙江省卫生监督所
李　洋	区第一人民医院	浙江省 GPM（癌痛规范化治疗）好病例演讲比赛总决赛第一名	浙江省抗癌协会
倪建华	区地税局	2015 年大企业税收服务和管理工作表现较突出的个人	浙江省地税局
刘学文	区财政局	第二届省公务员书画展获优秀作品并展出	浙江省人民政府参事室、省文史研究馆
沈光翠	区人民法院	全省法院调研工作先进个人	浙江省高级人民法院

【杭州市级先进个人】

姓　名	单位或地址	先进称号	颁奖单位
卞良群	区委政法委	杭州市 2014 年度维护稳定工作先进个人	杭州市委、市政府
钟益林	区委政法委	杭州市 2014 年度维护稳定工作先进个人	杭州市委、市政府
钟益林	区委政法委	杭州市 2015 年度综治维稳工作先进个人	杭州市委、市政府

·科研获奖项目·

【医药卫生科研奖】

课题名称	获奖名称等级	第一完成单位	颁奖单位
张氏骨伤诊疗技术及脊柱病新进展学习班	国家级继教项目	富阳中医骨伤医院	国家中医药管理局中医药继续教育委员会
《某公司生产销售无卫生许可批件的涉及饮用水卫生安全产品案》	国家 2013 年度卫生计生监督执法优秀典型案例	区卫生监督所	国家卫计委监督局
《小针刀配合手法松解膝骨关节炎》	2015 年浙江省中医药科学技术奖三等奖	富阳中医骨伤医院	浙江省中医药管理局
“新型全腹腔镜下断流术”手术视频	浙江省首届青年医师腔镜外科手术 DV 大赛三等奖	区第一人民医院	浙江省卫生计生委
夫精人工授精技术（项目）	通过正式运行评审	区妇幼保健院	浙江省卫生计生委
《改良隐匿式切口腹股沟下显微镜精索静脉结扎术的临床观察》	通过了杭州市卫计委验收	区第一人民医院	杭州市卫生计生委
《5Gen 主义在护理不良事件管理中的应用》	通过了杭州市卫计委验收	区第一人民医院	杭州市卫生计生委

【科技进步奖】

课题名称	获奖等级	第一完成单位	主要完成者	颁奖单位
大口径增强复合型缠绕结构壁管材开发项目	浙江省科技进步奖三等奖	杭州联通管业有限公司	陈毅明等	浙江省人民政府

【农业科研奖】

课题名称	获奖等级	第一完成单位	主要完成者	颁奖单位
笋用林钻蛀性害虫监测及综合治理技术研究与示范	浙江省科技进步二等奖奖	亚林所	王浩杰 舒金平	浙江省人民政府
毛竹材用林下多花黄精复合经营技术	梁希林业科技技术三等奖	亚林所	陈双林	中国林学会
浙江红花油茶主要性状变异规律研究及良种选育	浙江科技兴林一等奖	亚林所	姚小华	浙江省林学会
南方特色干果良种选育与高效培育关键技术	国家科技进步二等奖	浙江农林大学	姚小华	国务院

【教育科研奖】

课题名称	获奖等级	第一完成单位	主要完成者	颁奖单位
田野大课堂："农事"特色课程群的架构与实施	2014 年度浙江省教育科学研究优秀成果奖二等奖	富春第七小学	章振乐 蒋卫斌 余利娟 邵群英 戴 君 (执笔)	浙江省教育科学规划领导小组办公室
"三童"课程：架构与实施	2014 年度浙江省教育科学研究优秀成果奖二等奖	富春第二小学	林型娟 孙逸群 袁国潮 章碧云 葛素儿 (执笔)	浙江省教育科学规划领导小组办公室
创新机制·整体规划·强化抓手——优化中小学教师继续教育工作的研究与实践	浙江省"十二五"中小学教师与校长培训研究第二轮课题评奖一等奖	区教师进修学校	叶飞良 等 5 人	浙江省师干训中心
"同课异构"型校本教研的范式建构与实践研究	浙江省"十二五"中小学教师与校长培训研究第二轮课题评奖一等奖	区教育局教研室	刘金虎 等 4 人	浙江省师干训中心
PDCA 视域下中小学教师培训质量管理的实践研究	浙江省"十二五"中小学教师与校长培训研究第二轮课题评奖二等奖	区教师进修学校	郑彩国	浙江省师干训中心

农村普通高中校本研训文化建构研究	浙江省“十二五”中小学教师与校长培训研究第二轮课题评奖二等奖	新登中学	陈建恩 商永明 （执笔）	浙江省师干训中心
胜任力提升：农村小学教师专业化发展的新探索	浙江省“十二五”中小学教师与校长培训研究第二轮课题评奖二等奖	新登镇松溪辅导小学	袁立成 邵立平 陈铁平	浙江省师干训中心
落实教师职业生涯规划，引领教师专业发展	浙江省“十二五”中小学教师与校长培训研究第二轮课题评奖二等奖	新登镇福光小学	胡敬清 方燕华	浙江省师干训中心
提升幼儿教师科学素养的园本研究	浙江省“十二五”中小学教师与校长培训研究第二轮课题评奖二等奖	春江街道中心幼儿园	陈湘君 詹国芬 俞慧娜 （执笔）	浙江省师干训中心
小学品德学习辅助资料包的设计与实施	浙江省“十二五”中小学教师与校长培训研究第二轮课题评奖三等奖	区实验小学	缪笑波 祝婷婷 叶　敏 丁柬英 吕海英	浙江省师干训中心
新形势下教师专业发展规划书的制定与实施研究	浙江省“十二五”中小学教师与校长培训研究第二轮课题评奖三等奖	郁达夫中学	孙建钢 王　双 杨柳青 陈建国	浙江省师干训中心
有效性教学策略的校本培训研究	浙江省“十二五”中小学教师与校长培训研究第二轮课题评奖三等奖	区第二中学	林日青 周玉明 汤柏荣	浙江省师干训中心
以课程园本化为依托促进教师专业成长	浙江省“十二五”中小学教师与校长培训研究第二轮课题评奖三等奖	富春第一幼儿园	金茂芳 丁　健	浙江省师干训中心
“任务驱动式”名校长研修培训的实践研究	浙江省“十二五”中小学教师与校长培训研究第二轮课题评奖三等奖	区教师进修学校	邵燕芬 郎华儿 高浩军	浙江省师干训中心
利用地方名师资源　助推青年教师成长	浙江省“十二五”中小学教师与校长培训研究第二轮课题评奖三等奖	区教师进修学校	沈　霞	浙江省师干训中心
中小学青春期性健康教育师资培训课程建设和开发研究	浙江省“十二五”中小学教师与校长培训研究第二轮课题评奖三等奖	区教师进修学校	俞尤棠 等5人	浙江省师干训中心
解读·研训·实践：县（区）新教师成长期的专业发展的研究	浙江省“十二五”中小学教师与校长培训研究第二轮课题评奖三等奖	区教师进修学校	方苏云 等5人	浙江省师干训中心

基于反思与交流的班主任专业化发展的实践研究	浙江省“十二五”中小学教师与校长培训研究第二轮课题评奖三等奖	区职业教育中心	何永刚 黄宏忠 赵佳梁 高晓春 邵前娟	浙江省师干训中心
自助协作多元交流——互助共同体背景下教师交流制度的建设与完善	浙江省“十二五”中小学教师与校长培训研究第二轮课题评奖三等奖	富春第五小学	孙士法 叶国洪 孙　斌 （执笔） 张　萍	浙江省师干训中心
农村小学教师老龄化问题的策略与研究	浙江省“十二五”中小学教师与校长培训研究第二轮课题评奖三等奖	新登贤镇明小学	沈学南	浙江省师干训中心
基于“三童”理念的教师专业化成长的实践探索	浙江省“十二五”中小学教师与校长培训研究第二轮课题评奖三等奖	富春第二小学	郑玉兰	浙江省师干训中心
小学数学“校组融合式”教研模式实践探索	浙江省“十二五”中小学教师与校长培训研究第二轮课题评奖三等奖	富春第五小学	郑　敏 洪玉芬 蒋卫斌	浙江省师干训中心

【责任编辑　洪菁龙】

附 录

·新任区领导简历·

【区委常委】

仰中旻 男，汉族，1968年7月生，浙江湖州人，1991年1月加入中国共产党，1992年8月参加工作，大学学历。曾任杭州市委组织部调研室副主任；杭州市委组织部干部二处副处长；杭州市委组织部科技干部处处长，杭州市人才研究所所长(兼)；杭州市委组织部干部二处处长；杭州市委组织部部务会议成员、干部二处处长。

丁一 男，汉族，1970年4月出生，浙江天台县人，1989年3月参加工作，大学本科学历。曾任福建省军区海防第十二师四十五团排长、新闻干事、副政治指导员，浙江省军区台州军分区政治部组织干部，浙江省军区政治部转业办公室副主任。

【副区长】

林泉军 男，汉族，1972年6月出生，浙江上虞人，1994年6月入党，1995年8月参加工作，中央党校在职研究生。曾任省环保厅建设处副处长；富阳区人民政府副区长（省下派挂职干部）。

【区检察院检察长】

任平 男，汉族，1963年5月出生，浙江绍兴人，1993年5月加入中国共产党，1981年12月参加工作，在职大学学历。曾任中共杭州市上城区纪委常委、案件审理室主任、区监察局副局长；中共杭州市上城区纪委副书记；杭州市上城区委办公室副主任(保留正处级)；杭州市上城区小营街道党工委书记、人大工委主任；杭州市富阳区人民检察院党组书记、副检察长、代检察长，区委政法委委员。

·重要文件目录·

【中共富阳区委文件】

序号	文号	文件标题
1	富委〔2015〕1号	关于全面深化法治富阳建设的若干意见
2	富委〔2015〕2号	关于进一步推进“工业强市”建设的若干意见
3	富委〔2015〕3号	关于加快推进城乡一体化发展的若干意见
4	富委〔2015〕4号	关于成立富阳市行政区划调整领导小组的通知
5	富委〔2015〕5号	关于进一步严格党的组织生活的实施意见
6	富委〔2015〕6号	印发《关于从严管理干部的意见》的通知
7	富委〔2015〕12号	关于进一步加强人大工作充分发挥人大作用的意见
8	富委〔2015〕17号	关于全面加强基层党建巩固基层政权的决定
9	富委〔2015〕20号	关于省委巡视组反馈意见整改落实情况的通报
10	富委〔2015〕22号	中共杭州市富阳区委关于全面推进区纪委派驻（出）机构统一管理工作的意见
11	富委〔2015〕23号	关于加强和改进人民政协参政议政的意见

【富阳区人大常委会文件】

序号	文号	文件标题
1	富人大〔2015〕6号	杭州市富阳区人大常委会关于富阳撤市设区后有关事项的决定
2	富人大〔2015〕19号	杭州市富阳区人民代表大会常务委员会关于同意富阳区土地利用总体规划中期修改方案的决定
3	富人大〔2015〕41号	杭州市富阳区第十五届人民代表大会常务委员会关于召开区第十五届人民代表大会第五次会议的决定
4	富人大〔2015〕42号	杭州市富阳区第十五届人民代表大会常务委员会关于批准2015年财政预算调整的决议
5	富人大〔2015〕46号	杭州市富阳区人大常委会关于接受王晓光同志辞去杭州市富阳区人民检察院检察长职务的决定
6	富人大〔2015〕47号	杭州市富阳区人大常委会关于任平同志任杭州市富阳区人民检察院代检察长的决定

【富阳区人民政府文件】

序号	文号	文件标题
1	富政〔2015〕1号	杭州市富阳区人民政府关于深入推进依法行政加快建设法治政府的实施意见
2	富政〔2015〕3号	杭州市富阳区人民政府关于印发《杭州市富阳区人民政府重大行政决策程序规则》的通知育实践活动的实施方案》的通知

【中共富阳区委办公室文件】

序号	文号	文件标题
1	富委办〔2015〕1号	关于印发姜军同志在市委十三届十次全体（扩大）会议上的报告
2	富委办〔2015〕2号	关于印发《中共富阳市委常委会2015年工作要点》的通知
3	富委办〔2015〕3号	关于印发《富阳市发展智慧经济打造富春硅谷三年行动计划（2015—2017年）》的通知
4	富委办〔2015〕4号	关于印发《富阳市政协2015年度协商计划》的通知
5	富委办〔2015〕5号	关于印发《富阳市政协2015年度民主监督计划》的通知
6	富委办〔2015〕14号	关于开展项目攻坚年活动的通知
7	富委办〔2015〕16号	关于进一步加强信访干部队伍建设的实施意见
8	富委办〔2015〕20号	关于扎实开展标杆“三学”活动的实施意见
9	富委办〔2015〕21号	关于开展“奋战两个月，实现半年”攻坚行动的通知
10	富委办〔2015〕23号	印发《关于在全区领导干部中开展“三严三实”专题教育的实施方案》的通知
11	富委办〔2015〕28号	关于开展“三严三实”专题教育的实施方案
12	富委办〔2015〕32号	关于进一步加快推进美丽乡村精品示范线路建设的实施意见
13	富委办〔2015〕35号	关于成立富阳区深化“四张清单一张网”改革推进职能转变领导小组的通知
14	富委办〔2015〕42号	关于进一步加强会风会纪建设等有关纪律的通知
15	富委办〔2015〕43号	关于印发《杭州市富阳区区级公务礼品管理办法（试行）》的通知
16	富委办〔2015〕44号	转发《杭州市委办公厅、市政府办公厅印发〈关于禁止领导干部违反规定插手干预工程建设领域行为的若干规定〉的通知》的通知

17	富委办〔2015〕46号	关于印发《富阳区“两路两侧”“四边三化”专项整治实施方案》的通知
18	富委办〔2015〕47号	关于印发姜军同志在区委十三届十一次全体（扩大）会议上的报告的通知
19	富委办〔2015〕48号	关于印发2015年富阳区深化“四张清单一张网”改革推进简政放权放管结合转变政府职能工作方案的通知
20	富委办〔2015〕51号	关于开展“奋战四季度、冲刺全年红”攻坚行动的通知
21	富委办〔2015〕52号	关于印发《富阳区2015项目集中攻坚行动方案》的通知
22	富委办〔2015〕58号	关于加快培育发展社会组织的实施意见
23	富委办〔2015〕59号	关于推进通过法定途径分类处理信访投诉请求工作的实施意见（试行）的通知

【富阳区人民政府办公室文件】

序号	文号	文件标题
1	富政办〔2015〕1号	杭州市富阳区人民政府办公室关于杭新景高速富阳段入城口长效管理的实施意见
2	富政办〔2015〕2号	杭州市富阳区人民政府办公室关于印发富阳市环境污染和生态破坏突发公共事件应急预案的通知
3	富政办〔2015〕5号	杭州市富阳区人民政府办公室关于印发富阳市工业企业认定和考核评价办法的通知
4	富政办〔2015〕6号	杭州市富阳区人民政府办公室关于下达富阳市土地利用总体规划空间规模方案的通知
5	富政办〔2015〕7号	杭州市富阳区人民政府办公室关于开展清理规范税收等优惠政策工作的通知
6	富政办〔2015〕9号	杭州市富阳区人民政府办公室关于印发杭州市富阳区重特大传染病疫情应急预案的通知
7	富政办〔2015〕13号	杭州市富阳区人民政府办公室关于印发杭州市富阳区群体性不明原因疾病应急预案的通知
8	富政办〔2015〕15号	杭州市富阳区人民政府办公室关于下达2015年度森林采伐限额指标的通知
9	富政办〔2015〕16号	杭州市富阳区人民政府办公室关于进一步明确土地整治工作有关事项的通知
10	富政办〔2015〕17号	杭州市富阳区人民政府办公室关于进一步加强省委托下放国土资源审批权限管理的通知
11	富政办〔2015〕18号	杭州市富阳区人民政府办公室关于印发富阳区涉农政府专项资金一般性转移支付“2+4”改革试点方案的通知
12	富政办〔2015〕19号	杭州市富阳区人民政府办公室关于印发富阳区2015年度行政审批制度改革实施方案的通知13 富政办〔2015〕22号杭州市富阳区人民政府办公室关于进一步规范被征地人员社会保障管理工作的实施意见
14	富政办〔2015〕23号	杭州市富阳区人民政府办公室关于印发2015年质量强区建设行动计划的通知
15	富政办〔2015〕25号	杭州市富阳区人民政府办公室关于推广应用“数字富阳”地理信息公共服务平台的通知
16	富政办〔2015〕29号	杭州市富阳区人民政府办公室关于印发富阳区突发性饮用水源污染事故应急预案的通知
17	富政办〔2015〕33号	杭州市富阳区人民政府办公室关于政府向社会力量购买服务的实施意见
18	富政办〔2015〕35号	杭州市富阳区人民政府办公室关于切实做好经营性土地交地工作的通知

19	富政办〔2015〕38 号	杭州市富阳区人民政府办公室关于印发富阳区加强食品安全基层责任网络建设实施办法的通知
20	富政办〔2015〕40 号	杭州市富阳区人民政府办公室关于开展杭新景高速公路（富阳段）视烟囱整治专项行动的通知
21	富政办〔2015〕42 号	杭州市富阳区人民政府办公室关于印发杭州市富阳区人民政府常务会议学法制度的通知
22	富政办〔2015〕50 号	杭州市富阳区人民政府办公室关于印发富阳区人民政府法律顾问工作规则的通知
23	富政办〔2015〕54 号	杭州市富阳区人民政府办公室关于印发富阳区涉企财政专项资金监督管理暂行办法的通知
24	富政办〔2015〕58 号	杭州市富阳区人民政府办公室关于进一步完善企业资金链风险处置机制的通知
25	富政办〔2015〕63 号	杭州市富阳区人民政府办公室关于贯彻落实《浙江省人民政府办公厅关于实行企业“五证合一”登记制度的通知》有关事项的通知
26	富政办〔2015〕66 号	杭州市富阳区人民政府办公室关于印发《杭州市富阳区“大审批”服务体系建设实施方案（试行）》的通知
27	富政办〔2015〕70 号	杭州市富阳区人民政府办公室关于印发杭州市富阳区农业和林业局主要职责内设机构和人员编制规定的通知
28	富政办〔2015〕77 号	杭州市富阳区人民政府办公室关于印发六家造纸企业自备热电车间淘汰实施方案的通知
29	富政办〔2015〕78 号	杭州市富阳区人民政府办公室关于印发杭州市富阳区农村集体产权交易管理办法（试行）的通知
30	富政办〔2015〕79 号	杭州市富阳区人民政府办公室关于印发富阳市造纸企业大集团组建的实施意见（试行）补充意见的通知
31	富政办〔2015〕82 号	杭州市富阳区人民政府办公室关于印发 10 蒸吨以下燃煤锅炉整治工作的实施意见补充意见的通知
32	富政办〔2015〕84 号	杭州市富阳区人民政府办公室关于深化土地要素配置改革实施盘活存量土地专项行动（2015—2017 年）的通知
33	富政办〔2015〕88 号	杭州市富阳区人民政府办公室关于加快发展民宿产业的实施意见
34	富政办〔2015〕89 号	杭州市富阳区人民政府办公室关于印发杭州市富阳区区级单位公款竞争性存放管理暂行办法的通知
35	富政办〔2015〕92 号	杭州市富阳区人民政府办公室关于印发杭州市富阳区人民政府部门职责管理办法的通知
36	富政办〔2015〕97 号	杭州市富阳区人民政府办公室关于建立杭州市富阳区府院联席会议制度的通知
37	富政办〔2015〕104 号	杭州市富阳区人民政府办公室关于印发富阳区促进房地产市场健康稳定发展实施细则的通知

【责任编辑　洪菁龙】